## 독자의 1초를 아껴주는 정성을 만나보세요!

세상이 아무리 바쁘게 돌아가더라도 책까지 아무렇게나 빨리 만들 수는 없습니다.
인스턴트 식품 같은 책보다 오래 익힌 술이나 장맛이 밴 책을 만들고 싶습니다.
땀 흘리며 일하는 당신을 위해 한 권 한 권 마음을 다해 만들겠습니다.
마지막 페이지에서 만날 새로운 당신을 위해 더 나은 길을 준비하겠습니다.

**THE JOY OF KOTLIN**

Original English language edition published by Manning Publications. Copyright © 2019 by ManningPublications.
Korean edition copyright © 2020 by Gilbut Publishing Co,. Ltd. All rights reserved.

이 책의 한국어판 저작권은 대니홍 에이전시를 통한 저작권사와의 독점 계약으로 (주)도서출판 길벗에 있습니다.
저작권법에 의해 한국 내에서 보호를 받는 저작물이므로 무단전재와 복제를 금합니다.

# 코틀린을 다루는 기술
The Joy of Kotlin

**초판 발행** · 2020년 3월 25일
**2쇄 발행** · 2022년 2월 1일

**지은이** · 피에르 이브 쏘몽
**옮긴이** · 오현석
**발행인** · 이종원
**발행처** · (주)도서출판 길벗
**출판사 등록일** · 1990년 12월 24일
**주소** · 서울시 마포구 월드컵로10길 56(서교동)
**대표전화** · 02)332-0931 | **팩스** · 02)323-0586
**홈페이지** · www.gilbut.co.kr | **이메일** · gilbut@gilbut.co.kr

**기획 및 책임편집** · 정지연(stopy@gilbut.co.kr) | **디자인** · 최주연 | **제작** · 이준호, 손일순, 이진혁
**마케팅** · 임태호, 전선하, 차명환, 지운집, 박성용 | **영업관리** · 김명자 | **독자지원** · 윤정아, 홍혜진

**교정교열** · 이미화 | **전산편집** · 책돼지 | **출력 및 인쇄** · 북토리 | **제본** · 북토리

- 잘못된 책은 구입한 서점에서 바꿔 드립니다.
- 이 책은 저작권법에 따라 보호받는 저작물이므로 무단전재와 무단복제를 금합니다. 이 책의 전부 또는 일부를 이용하려면 반드시
  사전에 저작권자와 (주)도서출판 길벗의 서면 동의를 받아야 합니다.

ISBN 979-11-6521-096-0 93000
(길벗 도서번호 080208)

정가 36,000원

독자의 1초를 아껴주는 정성 길벗출판사

**길벗** | IT단행본, IT교육서, 교양&실용서, 경제경영서
**길벗스쿨** | 어린이학습, 어린이어학

**페이스북** · www.facebook.com/gbitbook
**예제 소스** · https://github.com/gilbutITbook/080208

피에르 이브 쏘몽 지음
오현석 옮김

# 코틀린을
# 다루는 기술

THE JOY OF KOTLIN

## 지은이의 말

코틀린(Kotlin)은 2011년 탄생했지만, 자바 생태계에서는 최신 언어에 속한다. 최초 발표 이후 자바스크립트 가상 머신에서 실행되는 코틀린 버전과 네이티브 코드로 컴파일되는 코틀린 버전도 배포됐다. 이 때문에 코틀린은 자바보다 범용적인 언어가 됐다. 다만, 자바 표준 라이브러리를 사용하는 자바 버전과 다른 두 플랫폼 버전은 상당한 차이가 있다. 코틀린을 만든 젯브레인(JetBrains)은 세 버전을 모두 동등한 수준으로 끌어올리고자 열심히 노력하고 있지만, 시간이 많이 걸릴 듯하다.

현재 자바 가상 머신(JVM, Java Virtual Machine) 버전이 가장 많이 사용된다. 구글이 안드로이드 개발 공식 언어로 코틀린을 채택하면서 JVM에서 코틀린 사용이 많이 늘어났다.[1] 안드로이드에서 사용할 수 있는 자바 버전이 6인 반면, 코틀린을 사용하면 자바 11이 제공하는 기능이나 그 이상의 기능을 제공할 수 있다는 점이 구글이 코틀린을 채택한 중요한 이유 중 하나다. 그레이들(Gradle)도 빌드 스크립트 작성 시 그루비(Groovy)를 대체할 언어로 코틀린을 공식 채택했다. 이에 따라 빌드할 대상 언어와 빌드 스크립트에 모두 코틀린을 쓸 수 있게 됐다.

코틀린은 자바 프로그래머를 주 대상으로 개발된 언어다. 언젠가는 프로그래머들이 코틀린을 주 언어로 배우는 때가 오겠지만, 현재 대부분의 코틀린 프로그래머는 자바로부터 옮겨온 프로그래머다.

언어마다 그 언어를 이루는 근본적인 개념에 따라 독특한 프로그래밍 방식이 생긴다. 자바도 프로그래머의 마음속에 몇 가지 개념을 깊이 새겼다. 자바는 어디서나 실행할 수 있는 것으로 간주한다. 즉, JVM만 존재한다면 어디서나 자바를 사용할 수 있다. 자바는 "한번 작성하면 어디서든 실행된다"라는 약속을 했다. 약간의 반론이 있을 수는 있지만, 이 약속은 이뤄졌다. 거의 모든 플랫폼에서 자바로 작성된 프로그램을 실행할 수 있음은 물론이고, 다른 언어로 작성하여 JVM 용으로 컴파일된 프로그램들도 실행할 수 있다. 코틀린도 바로 이런 JVM 기반의 언어다.

자바는 또한 언어가 발전하더라도 기존 코드가 깨지는 일은 없을 것이라고 약속했다. 이 약속이 항상 지켜졌던 것은 아니지만, 자바는 대체로 이를 존중해 왔다. 하지만 이 약속이 꼭 좋은 것만은 아니다. 이 약속 때문에 자바는 다른 언어가 채택해 온 여러 가지 개선 사항을 호환성 보존을 위해 포

---

1 구글은 2017년 코틀린을 추가 공식 언어(first class language)로 지정했으며, 안드로이드 개발에서 코틀린을 사용하는 비율이 50%를 넘어서면서 2019년 구글 I/O에서 코틀린을 최우선으로 대우하는 'Kotlin First' 정책을 공식화했다.

기해야만 했다. 이전 자바 버전에서 컴파일되던 프로그램은 다시 컴파일하지 않아도 새 자바 버전에서 실행되어야 한다. 이런 특성이 유용한가 하는 문제는 그냥 의견에 불과할 수 있지만, 하위 호환성(backward compatibility)에 대한 집착은 자바의 변화를 계속해서 방해하는 걸림돌이 되고 있다.

자바에 꼭 처리해야 하는 예외(checked exception, 검사 예외)를 도입해 프로그래머가 반드시 예외를 염두에 두고 코딩하게 함으로써 보다 더 안전하게 프로그램을 작성할 수 있다고 생각했다. 하지만 대부분의 프로그래머가 이런 예외 처리를 부담스러워하며, 그에 따라 실무에서는 항상 검사 예외를 비검사 예외(unchecked exception)로 감싸는 경향이 정착됐다.

자바가 객체 지향 언어이기는 하지만, 수를 처리하는 속도는 다른 언어만큼 빠르다고 여겨진다. 자바 언어를 설계한 사람들은 수나 불(boolean) 값을 표현하는 객체를 허용하면서도 각각에 대응하는 객체가 아닌 원시 타입(primitive type)을 제공함으로써 보다 빠른 계산이 가능하게 만들었다. 이 결정에 따라 리스트, 집합, 맵 등의 컬렉션에 원시 타입을 직접 넣을 수가 없었다(지금도 여전히 그렇다). 자바에 스트림을 추가하면서 언어 설계자들은 원시 타입에 따른 구체적인 스트림을 추가했지만, 모든 원시 타입이 아니라 자주 쓰는 원시 타입에 대해서만 추가했다. 스트림이 지원하지 않는 원시 타입을 사용해야 한다면 그냥 운이 없다고 할 수밖에 없다.

함수에서도 이런 현상이 벌어진다. 자바 8에서 제네릭(generic) 함수가 추가됐지만, 객체를 다루는 제네릭 함수는 정의할 수 있어도 원시 타입의 값을 다루는 함수는 정의할 수 없다. 따라서 int, long, double, boolean을 다루기 위한 특별한 함수를 만들었다(여기서도 모든 원시 타입을 지원하지는 않는다. 따라서 byte, short, float 원시 타입에 대한 제네릭 함수는 지원하지 않는다). 설상가상으로 이렇게 추가된 함수들을 사용하려면 원시 타입의 값을 다른 원시 타입이나 객체로 변환하고, 처리가 끝나고 나면 다시 원래의 타입으로 역변환해야 한다.[2]

자바는 설계된 지 20년도 넘었다. 그동안 프로그래밍 방법론이나 패러다임에 아주 많은 변화가 있었지만, 그 변화의 대부분은 하위 호환성을 깰 수 있기 때문에 자바에는 도입할 수 없었다. 설령 도입되더라도 하위 호환성을 유지하고자 사용성을 일정 부분 포기하는 형태로 도입됐다.

---

[2] 역주 원시 타입 값을 감싼 객체를 만드는 과정과 객체를 벗겨내 원시 타입 값을 얻어내는 과정을 각각 박싱(boxing)과 언박싱(unboxing)이라고 부르기도 한다. 자바 1.5부터 자바 컴파일러는 단순한 박싱과 언박싱을 대부분 자동으로 처리한다(autoboxing/autounboxing). 그러나 코틀린은 아예 이런 구분을 없앴으며(예를 들어 자바에는 32비트 부호가 있는 정수를 표현하는 Integer와 int가 있지만, 코틀린은 Int라는 한 가지 타입밖에 없다), 컴파일러가 알아서 최대한 자바 원시 타입을 사용해 효율적으로 코드를 컴파일한다.

이런 한계를 해결하려고 그루비, 스칼라(Scala), 클로저(Clojure) 같은 새 언어가 발표됐다. 이런 언어들은 어느 정도까지는 자바와 호환된다. 이 말은 이런 언어로 작성한 프로젝트에서 기존 자바 라이브러리를 사용할 수 있고, 이런 언어로 개발한 라이브러리를 자바에서 사용할 수 있다는 뜻이다.

코틀린은 다르다. 코틀린은 자바와 더 강하게 통합된다. 통합 정도가 얼마나 강력하냐 하면 한 프로젝트 안에서 자바와 코틀린 소스 코드를 혼합해 사용해도 아무 문제가 없을 정도다! 다른 JVM 언어와 달리 코틀린은 자바와 다른 언어처럼 보이지 않는다(물론 약간 달라 보이기는 한다). 그 대신 코틀린은 자바가 하위 호환성을 포기하고 발전해 왔다면 택했을 법한 모습을 하고 있다. 심지어 자바를 제대로 만들면 코틀린 같은 언어가 된다고 말하는 사람도 있다. 이 말은 자바의 여러 문제를 코틀린이 해결했다는 뜻이다(하지만 코틀린 역시 JVM의 한계를 해결해야 한다).

그러나 더 중요한 사실은, 코틀린이 함수형 프로그래밍(functional programming)에서 비롯된 수많은 기법에 더 친화적으로 설계됐다는 점이다. 코틀린은 불변(immutable) 참조와 가변(mutable) 참조를 모두 제공한다. 코틀린은 또한 (전통적인) 제어 구조를 회피할 수 있게 도와주는 다양한 함수형 추상화를 제공한다(단, 전통적인 언어에서 코틀린으로 보다 쉽게 전환할 수 있도록 전통적인 제어 구조도 함께 제공한다).

코틀린을 사용할 때 얻을 수 있는 큰 이점 중 하나는 거추장스러운 준비 코드(boilerplate code)의 사용을 최소화할 수 있다는 점이다. 코틀린을 사용하면 단 한 줄의 코드로 프로퍼티(property)가 들어 있는(물론 프로퍼티가 아예 없을 수도 있다) 클래스를 만들 수 있다(게다가 equals, hashCode, toString, copy 함수도 자동으로 추가된다). 같은 클래스를 자바로 작성하면 게터(getter), 세터(setter), 오버로드(overload)한 생성자를 포함해 코드 양이 30줄 가까이 늘어난다.

JVM 환경에서 자바의 한계를 극복하고자 설계된 다른 언어들이 있기는 하지만, 코틀린은 프로젝트 소스 수준에서 자바와 통합된다는 점에서 그런 언어들과 다르다. 같은 프로젝트에서 자바와 코틀린 소스 파일을 한 빌드 체인 안에서 사용할 수 있다. 특히 자바 환경에서 코틀린을 사용하는 것은 다른 서드 파티 라이브러리를 사용하는 것과 마찬가지라서 팀 프로그래밍에서 판도를 바꿔놓는다. 이 덕분에 자바에서 코틀린으로 이전하기가 쉽고, 그렇게 하면 다음과 같은 특징의 프로그램을 작성할 수 있다.

- 더 안전하다.
- 프로그램의 작성, 테스트, 유지 보수가 더 쉽다.
- 규모 변경이 더 쉽다.

이 책의 독자 중에는 매일 접하는 문제를 해결할 수 있는 새 해법을 찾고 있는 자바 프로그래머가 많으리라 생각한다. 여러분이 이러한 자바 프로그래머라면 왜 코틀린을 사용해야 하는지 궁금할 것이다. 안전한 프로그래밍 기법을 쉽게 적용할 수 있는 다른 언어들이 이미 자바 생태계에 있지 않을까?

물론 있다. 그중 가장 잘 알려진 언어가 스칼라다. 스칼라는 자바의 훌륭한 대안이지만, 코틀린은 스칼라가 제공하지 못하는 것을 제공한다. 스칼라는 자바와 라이브러리 수준에서 상호작용할 수 있다. 즉, 자바 프로그램은 스칼라 라이브러리(그 안의 객체와 함수)를 사용할 수 있고, 스칼라 프로그램은 자바 라이브러리(그 안의 객체와 메서드)를 사용할 수 있다. 하지만 스칼라와 자바 프로그램은 별도의 프로젝트로 빌드되거나 최소한 별도의 모듈로 빌드되어야 한다. 반면 코틀린과 자바 클래스는 같은 모듈에서 함께 써도 된다.

이 책을 읽으면서 여러분이 코틀린을 더 깊게 다룰 수 있기를 바란다.

## 감사의 말

KOTLIN

이 책이 존재할 수 있게 도와주신 많은 분께 감사드린다. 먼저, 기획 편집자인 마리나 마이클즈(Marina Michaels)에게 큰 감사를 표하고 싶다. 원고를 멋지게 다듬어 주었음은 물론이고, 그동안 함께 일하는 것이 너무나 즐거웠다. 또한 리뷰 편잡자인 알렉산다르 드라고사블레비치(Aleksandar Dragosavljevic)에게도 감사드린다.

기술 편집자인 조엘 코타스키(Joel Kotarski), 조슈아 화이트(Joshua White), 리카르도 테렐(Riccardo Terrel)에게 큰 감사를 드린다. 그리고 기술 교정자로 이 책을 더 나은 책으로 만들어 준 알레산드로 캄페이스(Alessandro Campeis)와 브렌트 왓슨(Brent Watson)에게 감사드린다. 나 혼자라면 좋은 책을 내지 못했을 터이다. 모든 리뷰어와 MEAP 독자들, 피드백과 조언을 해준 모든 분께 감사드린다! 여러분이 없었다면 이 책이 지금과 같은 모습을 갖추지 못했을 것이다. 특히 이 책을 살펴보고 조언해 준 알렉세이 슬라이코브스키(Aleksei Slaikovskii), 알레산드로 캄페이스(Alessandro Campeis), 앤디 커시(Andy Kirsch), 벤저민 골드버그(Benjamin Goldberg), 브리저 하웰(Bridger Howell), 코너 레드몬드(Conor Redmond), 딜런 맥나미(Dylan McNamee), 에마뉘엘 메디나 로페즈(Emmanuel Medina López), 파비오 팔시 로드리게스(Fabio Falci Rodrigues), 페데리코 커체이즈(Federico Kircheis), 저고 미할리 나기(Gergo Mihály Nagy), 그레고르 레이맨(Gregor Raýman), 제이슨 리(Jason Lee), 장프랑수아 모랭(Jean-François Morin), 켄트 R. 스필너(Kent R. Spillner), 리안 노스럽(Leanne Northrop), 마크 엘스턴(Mark Elston), 매슈 하버슨(Matthew Halverson), 매슈 프록터(Matthew Proctor), 누노 알렉산드르(Nuno Alexandre), 라파엘라 벤탈리오(Raffaella Ventaglio), 로널드 해링(Ronald Haring), 샤일로 모리스(Shiloh Morris), 빈센트 세런(Vincent Theron), 윌리엄 E. 휠러(William E. Wheeler) 에게 감사드린다.

그리고 매닝 직원인 데어드레이 이암(Deirdre Hiam), 프렌시스 부란(Frances Buran), 케리 헤일스(Keri Hales), 데이비드 노박(David Novak), 멜로디 도랍(Melody Dolab), 니콜 비어드(Nichole Beard) 에게 감사드린다.

## 옮긴이의 말

구글이 코틀린을 주 언어로 채택하고 내가 〈Kotlin in Action〉(에이콘, 2017)을 번역해 내놓은 2017년만 해도 코틀린에 대해 잘 아는 독자가 적었지만, 이제는 안드로이드뿐 아니라 서버사이드나 클라이언트(웹)에서도 코틀린을 사용하고 있다. 스칼라가 유명해지면서 함수형 프로그래밍이라는 용어가 사람들 사이에 회자됐고, 코틀린을 사용하는 함수형 프로그래밍에 관한 책도 시중에서 여러 권 볼 수 있게 됐다. 아쉽게도 대부분의 함수형 프로그래밍 책은 수박 겉 핥기 수준으로 함수형 프로그래밍을 다뤄서 함수형 프로그래밍의 개념을 제대로 잡아주지 못하거나 지나치게 순수 함수형 프로그래밍의 입장에서 함수형 프로그래밍에 접근해 함수형 프로그래밍은 어렵다는 오해를 불러일으킨다.

그런 면에서 이 책은 독특하고 유용한 책이다. 함수형 프로그래밍의 '함수'를 강조하기보다는 '안전한' 프로그래밍이라는 측면을 강조하면서 '값'과 '순수 함수'를 사용한 추상화로 모듈화와 안전성을 동시에 달성하는 함수형 프로그래밍의 특성을 잘 설명한다. 또한, 이론적인 배경보다는 실용적인 측면에서 함수형 프로그래밍에 접근한다. 그리고 이론에 치우치지 않고 다양한 예제로 차근차근 함수형 프로그래밍의 추상화 기법을 알려주며 함수형 프로그래밍의 토대를 다져준다. 따라서 함수형 프로그래밍을 잘 모르고 수학적 기초가 없는 프로그래머라도 이 책을 읽으면 함수형 프로그래밍 기법을 코드를 보면서 쉽게 배울 수 있다. 명령형 프로그래밍에 익숙한 독자라도 실용적인 측면에서 안전한 프로그램을 함수형 프로그래밍으로 작성하는 방법을 배울 수 있다. 이 책을 차근차근 읽고 연습문제를 직접 풀어보면 코틀린 함수형 프로그래밍의 재미를 느낄 수 있을 것이다. 아무쪼록 많은 코틀린 프로그래머에게 이 책이 도움이 되길 바란다.

2020년 2월 오현석

**들어가며**

이 책의 목표는 단순히 여러분이 코틀린 언어를 배우도록 돕는 것이 아니라 코틀린을 사용해 더 안전한 프로그램을 작성하는 방법을 익히도록 하는 것이다. 하지만 이는 코틀린을 사용하는 것만으로 더 안전한 프로그램을 작성할 수 있다거나 더 나아가 코틀린을 사용해야만 더 안전한 프로그램을 작성할 수 있다는 뜻이 아니다. 이 책은 모든 예제에 코틀린을 사용하는데, 그 이유는 코틀린이 JVM(자바 가상 머신) 생태계에서 안전한 프로그램을 작성할 때 사용할 수 있는 가장 편리한 언어이기 때문이다.

이 책은 오래전부터 다양한 환경에서 발전해 온 기법을 가르쳐준다. 사실 그 기법의 대부분은 함수형 프로그래밍에서 왔다. 하지만 이 책은 함수형 프로그래밍의 기초를 알려주는 책이 아니다. 이 책은 실용적이고 안전한 프로그래밍에 관한 책이다.

여기서 설명한 모든 기법은 자바 생태계에서 여러 해 동안 프로덕션에 사용해 왔던 것으로, 전통적인 명령형 프로그래밍 기법보다 버그 발생을 줄이는 데 효과적임이 입증됐다. 이런 안전한 기법은 어떤 언어로도 구현할 수 있으며 자바에서도 다년간 이런 기법을 사용해 왔다. 하지만 이런 기법의 채택은 자바의 한계를 극복하려는 몸부림을 통해 이뤄지곤 했다.

이 책은 맨 밑바닥부터 프로그래밍을 알려주는 책이 아니다. 이 책의 주 대상은 자신의 전문 분야에서 버그가 없는 프로그램을 더 쉽고 안전하게 작성하고 싶은 프로그래머들이다.

## 책에서 다루는 내용

여러분이 자바 프로그래머라면 기존에 배웠던 것과 다른 구체적인 기법을 이 책에서 배우게 된다. 이런 기법의 대부분은 낯설게 느껴지거나 심지어는 과거에 모범 사례(best practice)로 알고 있던 내용과 서로 모순인 것처럼 느껴질 수 있다. 하지만 (전부는 아니지만) 대부분의 모범 사례는 640KiB(키비바이트)의 메모리와 5MiB(메비바이트)의 디스크 공간이 있는 단일 코어 프로세서를 사용하던 시절에 확립됐다. 하지만 모든 것이 변했다. 요즘은 평범한 스마트폰조차도 3GiB(기비바이트)이상의 RAM과 256GiB SSD(Solid State Disk, 고체 상태 디스크) 저장 장치가 있는 8코어 프로세서 컴퓨터다. 마찬가지로 컴퓨터에도 수 기비바이트의 메모리와 수 테비바이트(TiB) 크기의 저장 장치, 멀티코어 프로세서가 들어 있다.

이 책에서 다루는 기법은 다음과 같다.

- 좀 더 추상화하기
- 불변성(immutability) 우선 사용하기
- 참조 투명성(referential transparency) 이해하기
- 상태 변이(state mutation) 공유 캡슐화하기
- 제어 흐름과 제어 구조 추상화하기
- 올바른 타입 사용하기
- 지연(lazy) 계산 활용하기
- 기타 등등

### 좀 더 추상화하기

여러분이 배울 중요한 기법의 하나로 추상화를 더 많이 하는 것을 들 수 있다. 그런데 전통적인 프로그래머들은 섣부른 추상화를 섣부른 최적화와 마찬가지로 나쁘다고 생각한다. 하지만 추상화를 더 진행하면 해결하려는 문제를 더 잘 이해할 수 있고, 그에 따라 엉뚱한 문제 대신 제대로 된 문제를 해결할 수 있다.

추상화를 좀 더 한다는 말이 어떤 의미인지 궁금할 것이다. 간단히 말해 여러 계산에 존재하는 공통 패턴을 인식해 이런 패턴을 추상화함으로써 같은 패턴을 쓰고 또 쓰는 일을 피하는 것을 말한다.

### 불변성

불변성(immutability)은 변경 불가능한 데이터만 사용하는 기법이다. 전통적인 프로그래머라면 변경할 수 없는 데이터만 사용해 쓸모 있는 프로그램을 작성하는 것이 어떻게 가능한지 상상하기 어려울 수 있다. 프로그래밍은 데이터의 변경에 기반을 둔 행위가 아니던가? 그러나 이런 믿음은 마치 회계라는 행위가 주로 장부에 있는 값의 변경에 기반을 둔다는 믿음과 비슷하다.

변경 가능한 회계에서 변경 불가능한 회계로 전환이 이뤄진 때가 15세기다. 그 이후 불변성이라는 원칙은 회계의 안전성을 이루는 주요소로 간주해 왔다.[1] 같은 원칙을 프로그래밍에도 적용할 수 있다. 이에 관해 이 책에서 살펴본다.

## 참조 투명성

참조 투명성(referential transparency)은 **결정적인**(deterministic) 프로그램을 작성할 수 있게 도와주는 기법이다. 이때 결정적이라 함은 프로그램의 결과를 예측하고 추론할 수 있다는 뜻이다. 결정적인 프로그램은 같은 입력이 주어지면 항상 같은 결과를 내놓는다. 이 말은 프로그램이 항상 같은 결과를 내놓는다는 뜻이 아니고, 다른 어떤 외부 요소에 의해 결과가 달라지지 않고 입력이 달라질 때만 결과가 달라진다는 뜻이다.

이런 프로그램은 (프로그램의 동작을 항상 알 수 있기 때문에) 더 안전할 뿐 아니라 더 쉽게 조합하고, 유지 보수하고, 변경하고, 테스트할 수 있다. 그리고 테스트하기 쉬운 프로그램은 일반적으로 테스트가 더 철저하게 이뤄지며 그에 따라 신뢰성이 더 높아진다.

## 상태 변이 공유의 캡슐화

변경 불가능한 데이터를 사용하면 상태 변이를 실수로 공유하는 일을 막을 수 있다. 상태 변이를 공유하면 동시 처리나 병렬 처리에서 데드락(deadlock)과 라이브락(livelock), 스레드 기아 상태(starvation), 최신 상태를 반영하지 못하는 데이터(stale data) 같은 문제가 일어날 수 있다. 하지만 상태 변이를 공유하지 못하게 만들면 상태 변이를 반드시 공유해야만 할 때 문제가 된다. 동시성이나 병렬 프로그래밍에서 바로 이런 일이 벌어진다.

상태 변이를 제거하면 실수로 상태 변이를 공유하는 일이 불가능해지므로 프로그램이 더 안전해진다. 하지만 동시성 프로그래밍과 병렬 프로그래밍을 한다는 말은 상태 변이를 공유해야 한다는 것을 암시한다. 상태 변이 공유가 없다면 동시 또는 병렬 스레드 사이의 협력이 불가능하다. 전통

---

1 역주 대변(credit, 신용)과 차변(debt, 빚)을 분리해 기록하는 복식 부기가 이런 변화를 가져왔다. 복식 부기를 사용하면 대변과 차변을 교차 검증해서 데이터의 무결성을 확인할 수 있다.

적인 프로그래밍에서는 상태 공유가 일어날 때마다 매번 같은 용례를 재구현해 왔지만, 그렇게 하는 대신 구체적 용례를 추상화하고 캡슐화해서 구현한 다음에 그 구현을 완전히 테스트함으로써 여러 번 재사용해도 아무 문제가 없게끔 만들 수 있다.

이 책에서는 상태 변이 공유를 추상화하고 캡슐화하는 방법을 배운다. 이에 따라 같은 상태 공유 기법을 오직 한 번만 작성하면 된다. 그 후 필요할 때마다 이미 작성한 구현을 재사용하면 된다.

## 제어 흐름과 제어 구조 추상화

프로그램에서 상태 변이를 공유하는 것 다음으로 일반적인 버그의 원인에 제어 구조를 들 수 있다. 전통적 프로그램은 루프나 조건 테스트 같은 제어 구조로 구성된다. 이런 구조는 잘못 사용하기 쉬워서 프로그래머들은 가능하면 최대한 세부 제어를 추상화하고 싶어 한다. 가장 좋은 예로 대부분 언어에 존재하는 for each 루프를 들 수 있다(자바에서는 for each 루프를 여전히 그냥 for라고 부른다).

그 외에 while이나 do while(또는 repeat until)을 제대로 사용하지 못해 생기는 문제도 흔하다. 특히 언제 조건을 검사해야 하는지 제대로 알지 못하는 경우가 많다. 또 다른 문제로는 컬렉션에 대한 루프를 수행하는 도중에 컬렉션의 원소를 변경하는 것을 들 수 있다. 이런 경우는 단일 스레드 상에서 상태 변이를 공유함으로써 생기는 문제와 부딪칠 수 있다! 제어 구조를 추상화하면 이런 유형의 문제를 완전히 없앨 수 있다.

## 올바른 타입의 사용

전통적 프로그래밍에서는 단위[2]를 고려하지 않고 int나 String과 같은 일반적인 타입을 사용해 양을 표현하는 경우가 많다. 그 결과 킬로미터에 리터를 더하거나 시간에 금액을 더하는 등 값의 타

---

2 역주 kg, m/s 등의 측정 단위나 원, 달러 등의 금액 단위를 뜻한다.

입과 관련한 실수를 저지르기 쉽다. 값 타입[3]을 사용하면 이런 종류의 문제를 비용을 거의 들이지 않고 해결할 수 있다. 심지어 진정한 값 타입을 제공하지 않는 언어를 사용하더라도 단위를 고려한 값 타입을 사용하면 이런 문제를 방지할 수 있다.

### 지연 계산

일반적인 대부분의 언어는 즉시(strict) 계산을 수행한다. 이는 메서드나 함수를 호출하기 전에 전달되는 인자들을 먼저 계산한다는 뜻이다. 반대로 지연(lazy) 계산은 어떤 요소가 실제로 쓰일 때만 계산을 수행하는 방식이다. 프로그래밍은 근본적으로 지연 계산에 근원을 두고 있다.

예를 들어 if ... else 구조에서 조건은 즉시 계산된다. 즉, if 조건을 판단하기 전에 조건식을 먼저 계산한다. 하지만 if ... else 구조의 각 분기는 지연 계산된다. 즉, 조건에 따라 꼭 실행되어야 하는 분기만 실행된다. 이런 지연 계산은 프로그래머가 제어할 수 없다는 측면에서 볼 때 완전히 묵시적이다. 하지만 지연 계산을 명시적으로 다룰 수 있게 만들면 보다 더 효율적인 프로그램을 작성할 수 있다.[4]

## 대상 독자

이 책은 자바 프로그래밍을 해본 적이 있는 사람을 대상으로 한다. 독자들이 어느 정도 파라미터화한 타입(generic, 제네릭)에 대한 경험이 있다고 가정한다. 이 책에서는 함수를 파라미터로 넘기는 방식의 호출이나 타입의 변성(variance)[5] 등 (강력한 기법임에도 불구하고) 자바에서는 자주 쓰지 않는 기법을 많이 사용한다.

---

[3] 역주 String이나 int 같이 원시 타입(primitive type)처럼 사용할 수 있으며 변경 불가능하고 객체의 참조(메모리상의 위치)가 아니라 내부 값(필드 값들)에 의해 서로 구별되지만, 각 타입이 서로 다른 타입으로 처리되는 타입을 '값 타입'이라 부른다. 그리고 이런 값 타입의 객체를 값 객체(value object)라 부른다. 값 객체는 원시 타입의 값과 마찬가지로 부가 비용이 거의 없이 사용할 수 있어서 간단한 엔터티를 표현할 때 아주 편리하다. J2EE 초기에 사용하던 VO(Value Object)라는 용어와 혼동하지 않기를 바란다.

[4] 역주 크리스 오카사키(Chris Okasaki)가 쓴 《순수 함수형 데이터 구조》(에이콘, 2019)라는 책을 보면 불변성과 지연 계산을 조합해 효율적이고 다양한 데이터 구조를 만들어내는 방법을 배울 수 있다.

[5] 역주 타입 파라미터의 하위 타입 관계에 의해 제네릭 타입의 하위 타입 관계가 어떻게 변하는지를 알려주기 때문에 변성이라는 용어를 사용한다. 어떤 제네릭 타입의 변성은 "Int가 Number의 하위 타입이라 할 때, List[Int]는 List[Number]의 하위 타입인가?"와 같은 질문에 관한 답을 알려주는 성질이다.

## 이 책을 읽는 방법

이 책의 각 장은 앞에서 배운 내용을 바탕으로 이뤄지기 때문에 순서대로 읽어야 한다. 여기서 **읽는다**는 표현을 썼지만, 단지 책을 읽기만 해도 된다는 뜻은 아니다. 이론적인 내용만 들어 있는 절은 거의 없다.

이 책에서 최대한 많은 것을 얻어내려면 연습문제를 풀어보라. 각 장에는 연습문제와 각 문제를 풀 때 필요한 지시 사항, 해법을 찾을 때 도움이 되는 힌트가 들어 있다. 연습문제마다 모범 답안이 있으며 여러분이 푼 해법이 맞는지 검증하는 테스트도 있다.

## 소스 코드

이 책에서 사용한 코드는 길벗출판사 깃허브에서 내려받을 수 있다. 코드에는 프로젝트를 인텔리J(IntelliJ IDEA)에 임포트하는 데 필요한 모든 요소와 그레이들에서 컴파일하고 실행하는 데 필요한 모든 요소가 들어 있다(필자는 인텔리J를 추천한다). 그레이들을 사용한다면 어느 텍스트 편집기에서나 코드를 편집할 수 있다. 코틀린을 이클립스(Eclipse)와 함께 쓸 수도 있지만, 매끄럽게 작동하지 않을 수 있다. 인텔리J가 훨씬 더 좋은 IDE이며[6] 젯브레인 사이트(https://www.jetbrains.com/idea/download)에서 내려받을 수 있다.

- 길벗출판사 깃허브 https://github.com/gilbutITbook/080208

---

[6] 역주 인텔리J를 개발한 회사가 젯브레인이고, 인텔리J 개발에 코틀린을 사용하므로 적어도 코틀린에서는 가장 좋은 IDE라 할 수 있다.

## 실습 후기

### 베타테스터 실습 후기

최근 들어 자바에서 코틀린으로의 전환이 많이 일어나고 있고, 부서에서도 코틀린 전환에 관심이 있어 베타테스트를 신청했습니다. 이 책은 기본서라기보다는 활용서에 가깝습니다. 기본적인 코틀린 문법을 숙지하고 있거나 코틀린을 사용해 보지 않았다면 조금 어려울 수 있습니다. 자바만 사용해 보고 코틀린은 모른다면 기본서를 먼저 읽거나 함께 읽는 것을 추천합니다. 장마다 연습문제가 나오는데, 예를 들어 List나 Option 같은 자료 구조를 단계별로 구현해가며 설명합니다. 앞 문제에서 나온 코드가 뒤에서도 활용되기 때문에 순차적으로 따라가며 실습을 진행해야 합니다. 코틀린은 확실히 자바보다 문법이 간결하며 군더더기가 없어 가독성도 좋습니다. 널 안전하고 (보통) 불변으로 데이터를 다루기 때문에 스레드 안전하기도 하며 순수 함수를 구현하기도 쉽습니다. 따라서 코틀린이 자바의 대안이 되는 데는 부족함이 없어 보입니다.

- **실습 환경** Windows 10 Pro, Kotlin 1.3.61-release-IJ2019.3-1, IntelliJ 2019.3

황나라_Line Biz Plus, 소프트웨어 엔지니어

현재 회사에 들어와서 코틀린으로 6개월가량 프로그램을 만들었는데, 지금보다 더 잘 사용해 보고자 베타테스트를 신청했습니다. 업무에서 코틀린을 사용하고 있었기에 기본기를 조금 갖춘 상태라고 생각하고 한 단계 발전하려는 생각으로 책을 읽어 나갔습니다. 이 책은 조금은 강한 어조로 개념과 반복적인 문제들을 통해 안전한 프로그래밍을 위한 방법을 알려줍니다. 그리고 다른 책에서 접해보지 못한 새로운 개념들을 소개하고 안전한 프로그래밍에 관해 지속적으로 설명해서 프로그램을 안전하게 작성하는 방법을 확실히 고민하게 했습니다. 이 책의 예제와 연습문제의 코드는 간단한 수준이 아니라서 이해하는 데 노력이 필요했습니다. 그러나 시간을 들인 만큼 조금씩 성장하게 해주는 책 같았습니다. 참고로, 코틀린을 처음 접하는 분들에게는 다소 어려울 것 같습니다.

- **실습 환경** Mac Catalina(10.15.3), IntelliJ 2019.3.3

류지훈_마이쿤(스푼라디오), 안드로이드 개발자

〈코틀린을 다루는 기술〉은 코틀린의 기본 문법과 스펙뿐만 아니라 코틀린으로 기본적인 자료 구조 및 알고리즘을 구현해서 코틀린에 대한 이해도를 높여 주었습니다. 또한, 코틀린이 자바를 비롯한 모던한 프로그래밍 언어의 특징을 많이 포함하고 있음을 알게 됐습니다. 이 책은 실무에 적용할 만한 내용이 많아서 코틀린 입문자뿐만 아니라 현업에 계신 개발자분들에게도 충분히 유용할 것 같습니다.

- **실습 환경** Windows10, IntelliJ 2019.3.3, JDK1.8

서영원_머신러닝 엔지니어

코틀린으로 서버를 개발하고 있는 개발자입니다. 자바로 만들어진 서버 애플리케이션을 코틀린으로 전환하는 작업을 했습니다. 이제는 어느 정도 적응되어 코틀린으로 개발하는 데 큰 문제는 없지만, 간혹 제가 잘하고 있는지 의문이 생겨 베타테스트를 신청하게 됐습니다. 테스트 코드가 잘 짜여 있어서 초반 세팅만 잘해 놓는다면 실습하는 데 어려움이 없습니다. 하나의 주제에 대해 간단한 것부터 점차 난도가 올라가면서 깊게 파고들어 좋았습니다. 고급 리스트 처리에서 깊게 알지 못하던 부분이 있었는데, 현업에서 이를 잘 활용할 것 같습니다.

전체 구성은 예제를 중심으로 이루어져 있고 이전 예제에 점차 살을 붙여 어려운 문제로 자연스럽게 유도해 이해하기가 쉬웠습니다. 〈코틀린을 다루는 기술〉이라는 제목 때문에 코틀린에 대한 문법 설명이 자세히 나와 있을 줄 알았는데 독자에게 질문을 던지고 직접 실습해 보면서 습득하는 방식의 책이었습니다. 주입식이 아니다 보니 책의 진도를 나가는 데는 시간이 걸렸습니다. 코틀린이 눈에 익었다고 생각했는데 그게 아니었는지 책의 진도를 빼는 데 오랜 시간이 걸렸습니다. 그러나 오랜 시간이 걸려서 읽은 만큼 기억이 더 오래갈 듯합니다. 알고리즘을 좋아하는 개발자로서 성능 관련 내용도 있어서 좋았고 하나의 문제에 대해 겉핥기 식으로 끝나지 않는 도서여서 만족스러웠습니다.

참고로 IntelliJ 2018.3.6을 사용하다가 Error: Kotlin: [Internal Error] java.lang.LinkageError: loader constraint violation: loader 에러가 발생해 2019.3.3으로 버전 업해서 해결했습니다(https://github.com/ktorio/ktor/issues/1271).

- **실습 환경** Window 10, Java 1.8.0_161, Gradle 5.6.2, IntelliJ 2019.3.3

배현수_서버 개발자

## 편집자 실습 후기

코틀린을 처음 접하다 보니 예제와 연습문제를 실행할 때 잠시 헤맸지만, 프로젝트 구성을 잘해 놓아서 IDE에서 실습하는 데는 문제없었습니다. 다만, 코틀린을 처음 접하는 분들은 저처럼 실행하는 데 조금 어려움을 겪을 수 있습니다. 앞에서 나오는 예제나 연습문제의 코드를 뒤에서 다시 활용하므로 실습은 순서대로 진행하는 것이 좋습니다.

- **실습 환경** Windows 10 Pro, Kotlin 1.3.61, IntelliJ 2019.3.3

## 목 차

### 1장  프로그램을 더 안전하게 만들기 ····· 031

**1.1 프로그래밍의 함정   034**
  1.1.1 안전하게 부수 효과 처리하기   036
  1.1.2 참조 투명성으로 프로그램을 더 안전하게 만들기   038

**1.2 안전한 프로그래밍의 이점   039**
  1.2.1 프로그램을 추론하는 데 치환 모델 사용하기   040
  1.2.2 안전성 원칙을 간단한 식에 적용하기   042
  1.2.3 끝까지 추상화하기   047

**1.3 요약   048**


### 2장  코틀린 프로그래밍의 개요 ····· 049

**2.1 필드와 변수   050**
  2.1.1 타입을 생략해 더 간단하게 만들기   050
  2.1.2 가변 필드 사용하기   051
  2.1.3 지연 초기화 이해하기   051

**2.2 클래스와 인터페이스   054**
  2.2.1 예제 코드 간결하게 만들기   055
  2.2.2 인터페이스를 구현하거나 클래스를 확장하기   056
  2.2.3 클래스 인스턴스화하기   057
  2.2.4 프로퍼티 생성자 오버로드하기   057
  2.2.5 equals와 hashCode 메서드 만들기   059
  2.2.6 데이터 객체 구조 분해하기   061
  2.2.7 정적 메서드 구현하기   061
  2.2.8 싱글턴 사용하기   062
  2.2.9 유틸리티 클래스 인스턴스화 방지하기   063

**2.3 원시 타입이 없음   063**

**2.4 컬렉션의 두 유형   064**

**2.5 패키지 067**

**2.6 가시성 067**

**2.7 함수 068**
    2.7.1 함수 선언하기 069
    2.7.2 로컬 함수 사용하기 070
    2.7.3 함수 오버라이드하기 071
    2.7.4 확장 함수 사용하기 071
    2.7.5 람다 사용하기 072

**2.8 널 074**
    2.8.1 널이 될 수 있는 타입 다루기 075
    2.8.2 엘비스 연산자와 기본 값 076

**2.9 프로그램 흐름과 제어 구조 077**
    2.9.1 조건 선택 사용하기 077
    2.9.2 다중 조건 선택 사용하기 079
    2.9.3 루프 사용하기 081

**2.10 비검사 예외 082**

**2.11 사용한 자원 자동으로 닫기 083**

**2.12 스마트 캐스트 084**

**2.13 동등성과 동일성 086**

**2.14 문자열 인터폴레이션 087**

**2.15 여러 줄 문자열 087**

**2.16 변성: 파라미터화한 타입과 하위 타입 088**
    2.16.1 변성이 문제인 이유 088
    2.16.2 공변성을 써야 하는 경우와 반공변성을 써야 하는 경우 090
    2.16.3 사용 지점 변성과 선언 지점 변성 091

**2.17 요약 093**

## 3장   함수로 프로그래밍하기 ····· 095

**3.1 함수란 무엇인가   097**
　3.1.1 두 함수 집합 사이의 대응 관계 이해하기   097
　3.1.2 코틀린 역함수   099
　3.1.3 부분 함수 다루기   100
　3.1.4 함수 합성 이해하기   101
　3.1.5 인자를 여럿 받는 함수 사용하기   101
　3.1.6 커리한 함수   102
　3.1.7 부분 적용 함수 사용하기   103
　3.1.8 효과가 없는 함수   104

**3.2 코틀린 함수   105**
　3.2.1 함수를 데이터로 이해하기   105
　3.2.2 데이터를 함수로 이해하기   105
　3.2.3 객체 생성자를 함수로 사용하기   106
　3.2.4 코틀린 fun 함수 사용하기   107
　3.2.5 객체 표기법과 함수 표기법 비교   111
　3.2.6 함수 값 사용하기   112
　3.2.7 함수 참조 사용하기   114
　3.2.8 함수 합성   116
　3.2.9 함수 재사용하기   117

**3.3 고급 함수 기능   118**
　3.3.1 인자가 여럿 있는 함수 처리하기   118
　3.3.2 커리한 함수 적용하기   119
　3.3.3 고차 함수 구현하기   119
　3.3.4 다형적 HOF 정의하기   122
　3.3.5 익명 함수 사용하기   124
　3.3.6 로컬 함수 정의하기   127
　3.3.7 클로저 구현하기   127
　3.3.8 함수 부분 적용과 자동 커링   129
　3.3.9 부분 적용 함수의 인자 뒤바꾸기   135
　3.3.10 항등 함수 정의하기   136
　3.3.11 올바른 타입 사용하기   136

**3.4 요약   143**

## 4장  재귀, 공재귀, 메모화 ····· 145

### 4.1 공재귀와 재귀   146
    4.1.1 공재귀 구현하기   146
    4.1.2 재귀 구현하기   149
    4.1.3 재귀 함수와 공재귀 함수 구분하기   151
    4.1.4 재귀 또는 공재귀 선택하기   151

### 4.2 꼬리 호출 제거   153
    4.2.1 꼬리 호출 제거 사용하기   154
    4.2.2 루프를 공재귀로 변환하기   155
    4.2.3 재귀 함수 값 사용하기   160

### 4.3 재귀 함수와 리스트   164
    4.3.1 이중 재귀 함수 사용하기   166
    4.3.2 리스트에 대한 재귀 추상화하기   170
    4.3.3 리스트 뒤집기   173
    4.3.4 공재귀 리스트 만들기   175
    4.3.5 즉시 계산의 위험성   180

### 4.4 메모화   181
    4.4.1 루프를 사용하는 프로그래밍에서 메모화 사용하기   181
    4.4.2 재귀 함수에서 메모화 사용하기   182
    4.4.3 암시적 메모화 사용하기   183
    4.4.4 자동 메모화 사용하기   186
    4.4.5 다인자 함수의 메모화 구현하기   189

### 4.5 메모화한 함수는 순수 함수인가   192

### 4.6 요약   192

## 5장 리스트로 데이터 처리하기 ····· 195

- 5.1 데이터 컬렉션을 분류하는 방법　196
- 5.2 리스트의 여러 유형　197
- 5.3 리스트의 상대적 예상 성능　198
  - 5.3.1 시간 복잡도와 공간 복잡도를 서로 맞바꾸기　199
  - 5.3.2 제자리 상태 변이 피하기　200
- 5.4 코틀린에서 사용할 수 있는 리스트의 종류　202
  - 5.4.1 영속적인 데이터 구조 사용하기　203
  - 5.4.2 불변이며 영속적인 단일 연결 리스트 구현하기　204
- 5.5 리스트 연산에서 데이터 공유하기　207
- 5.6 다른 리스트 연산들　210
  - 5.6.1 객체 표기법의 이점 살리기　211
  - 5.6.2 리스트 연결　214
  - 5.6.3 리스트의 끝에서부터 원소 제거하기　217
  - 5.6.4 재귀와 고차 함수로 리스트 접기　218
  - 5.6.5 변성 사용하기　219
  - 5.6.6 스택을 안전하게 사용하는 foldRight 만들기　232
  - 5.6.7 리스트 매핑과 필터링　235
- 5.7 요약　238

## 6장 선택적 데이터 처리하기 ····· 239

- 6.1 널 포인터의 문제점　241
- 6.2 코틀린이 널 참조를 처리하는 방식　243
- 6.3 널 참조에 대한 대안　245

6.4 Option 타입 사용하기  249
　　6.4.1 Option에서 값 가져오기   252
　　6.4.2 선택적 값에 함수 적용하기   254
　　6.4.3 Option 합성 처리하기   255
　　6.4.4 Option 사용 예   257
　　6.4.5 Option을 조합하는 다른 방법   262
　　6.4.6 Option으로 List 합성하기   265
　　6.4.7 Option을 언제 사용할까   268

6.5 요약   269

# 7장 오류와 예외 처리하기 ····· 271

7.1 데이터가 없는 경우와 관련한 문제점   272

7.2 Either 타입   274

7.3 Result 타입   278

7.4 Result 패턴   281

7.5 고급 Result 처리   287
　　7.5.1 술어 적용하기   288

7.6 실패 매핑하기   289

7.7 팩터리 함수 추가하기   290

7.8 효과 적용하기   292

7.9 고급 Result 합성   295

7.10 요약   300

## 8장　고급 리스트 처리 ····· 303

**8.1** length의 단점　304

**8.2** 성능 문제　305

**8.3** 메모화의 이점　306
　　8.3.1 메모화의 단점 처리하기　306
　　8.3.2 성능 향상 평가하기　308

**8.4** List와 Result의 합성　309
　　8.4.1 Result를 반환하는 리스트 처리하기　309
　　8.4.2 List〈Result〉를 Result〈List〉로 변환하기　312

**8.5** 리스트에 대한 일반적인 추상화　315
　　8.5.1 리스트를 묶거나 풀기　315
　　8.5.2 인덱스로 원소 접근하기　319
　　8.5.3 리스트 나누기　325
　　8.5.4 부분 리스트 검색하기　329
　　8.5.5 리스트를 처리하는 다른 함수들　331

**8.6** 리스트를 자동으로 병렬 처리하기　337
　　8.6.1 모든 계산을 병렬화할 수는 없다　337
　　8.6.2 리스트를 부분 리스트로 나누기　338
　　8.6.3 부분 리스트를 병렬로 처리하기　340

**8.7** 요약　343


## 9장　지연 계산 사용하기 ····· 345

**9.1** 즉시 계산과 지연 계산　347

**9.2** 코틀린과 즉시 계산　348

**9.3** 코틀린과 지연 계산　351

## 9.4 지연 계산 구현   352
- 9.4.1 지연 값 합성하기   355
- 9.4.2 함수 끌어올리기   359
- 9.4.3 Lazy 값 매핑하고 매핑 후 펼치기   362
- 9.4.4 Lazy와 List 합성하기   365
- 9.4.5 예외 다루기   366

## 9.5 추가 지연 합성   369
- 9.5.1 효과를 지연 계산으로 적용하기   370
- 9.5.2 지연 계산이 없으면 할 수 없는 일   372
- 9.5.3 지연 리스트 데이터 구조 만들기   373

## 9.6 스트림 처리하기   376
- 9.6.1 스트림 접기   384
- 9.6.2 평가와 함수 적용 추적하기   388
- 9.6.3 스트림을 구체적인 문제에 적용하기   391

## 9.7 요약   394

# 10장   트리를 사용한 데이터 처리 …… 395

## 10.1 이진 트리   396
## 10.2 균형 트리와 불균형 트리 이해하기   398
## 10.3 트리의 크기, 높이, 깊이 살펴보기   398
## 10.4 빈 트리와 트리의 재귀적 정의   399
## 10.5 잎 트리   400
## 10.6 순서가 있는 이진 트리와 이진 검색 트리   401
## 10.7 삽입 순서와 트리의 구조   402
## 10.8 재귀적 트리 순회 순서와 비재귀적 트리 순회 순서   404
- 10.8.1 재귀적으로 트리 순회하기   404
- 10.8.2 비재귀적 순회 순서   406

## 10.9 이진 검색 트리 구현　407

　10.9.1 변성과 트리 이해하기　408
　10.9.2 Tree 클래스의 추상 함수로 구현하는 방법은 어떨까　410
　10.9.3 연산자 오버로딩　411
　10.9.4 트리에 대해 재귀 사용하기　411
　10.9.5 트리에서 원소 제거하기　416
　10.9.6 임의의 트리 합병하기　418

## 10.10 트리 접기에 대해　424

　10.10.1 두 함수를 사용해 접기　425
　10.10.2 함수를 하나만 사용해 트리 접기　428
　10.10.3 접기 연산 구현 선택하기　429

## 10.11 트리 매핑하기　432

## 10.12 균형 트리 다루기　433

　10.12.1 트리 회전시키기　433
　10.12.2 데이-스타우트-워런 알고리즘 사용하기　436
　10.12.3 자동 균형 트리　441

## 10.13 요약　443

# 11장　고급 트리를 활용해 문제 해결하기 ⋯⋯ 445

## 11.1 자체 균형 트리의 스택 안정성 및 성능 높이기　446

　11.1.1 기본 레드-블랙 트리 구조 이해하기　447
　11.1.2 레드-블랙 트리에 원소 추가하기　449
　11.1.3 레드-블랙 트리에서 원소 삭제하기　456

## 11.2 레드-블랙 트리의 활용: 맵　457

　11.2.1 맵 구현하기　457
　11.2.2 맵 확장하기　459
　11.2.3 비교 불가능한 키를 사용하는 Map 다루기　461

**11.3** 함수형 우선순위 큐 구현하기 **464**

    11.3.1 우선순위 큐 접근 규약 살펴보기 464

    11.3.2 우선순위 큐 용례 살펴보기 465

    11.3.3 구현 요구 사항 살펴보기 466

    11.3.4 레프티스트 힙 데이터 구조 466

    11.3.5 레프티스트 힙 구현하기 467

    11.3.6 큐와 유사한 인터페이스 구현하기 470

**11.4** 원소와 정렬한 리스트 **472**

**11.5** 비교 불가능한 원소에 대한 우선순위 큐 **474**

**11.6** 요약 **478**

## 12장 함수형 입출력 ····· 479

**12.1** 부수 효과를 컨텍스트 안에 가둔다는 것은 무슨 뜻인가 **480**

    12.1.1 효과 처리하기 481

    12.1.2 효과 구현하기 482

**12.2** 데이터 읽기 **486**

    12.2.1 콘솔에서 데이터 읽기 487

    12.2.2 파일 읽기 492

**12.3** 입력 테스트하기 **493**

**12.4** 완전히 함수형인 입출력 **495**

    12.4.1 입출력을 완전히 함수형으로 만들기 495

    12.4.2 순수 함수형 I/O 구현하기 496

    12.4.3 I/O 조합하기 498

    12.4.4 IO로 입력 다루기 500

    12.4.5 IO 타입 확장하기 503

    12.4.6 IO 타입을 스택 안전하게 만들기 506

**12.5** 요약 **512**

## 13장  액터로 상태 변이 공유하기 ····· 513

**13.1** 액터 모델  **515**
　　13.1.1 비동기 메시징 이해하기  516
　　13.1.2 병렬화 처리하기  516
　　13.1.3 액터 상태 변이 처리하기  517

**13.2** 액터 프레임워크 구현하기  **518**
　　13.2.1 한계 이해하기  519
　　13.2.2 액터 프레임워크 인터페이스 설계하기  519

**13.3** AbstractActor 구현  **521**

**13.4** 액터가 행동하게 만들기  **522**
　　13.4.1 탁구 예제 구현하기  523
　　13.4.2 계산을 병렬로 수행하기  525
　　13.4.3 결과 순서 변경하기  531
　　13.4.4 성능 최적화하기  534

**13.5** 요약  **541**

## 14장  자주 일어나는 문제를 함수형으로 해결하기 ····· 543

**14.1** 단언문과 데이터 검증  **545**

**14.2** 함수와 효과 재시도하기  **550**

**14.3** 파일에서 프로퍼티 읽기  **553**
　　14.3.1 프로퍼티 파일 읽기  554
　　14.3.2 프로퍼티를 문자열로 읽기  555
　　14.3.3 더 나은 오류 메시지 만들기  556
　　14.3.4 프로퍼티를 리스트로 읽기  560
　　14.3.5 이넘(enum) 값 읽기  562
　　14.3.6 임의의 타입으로 된 프로퍼티 읽기  563

**14.4 명령형 프로그램 변환하기: XML 리더  566**
    14.4.1 1단계: 명령형 해법  567
    14.4.2 2단계: 명령형 프로그램을 좀 더 함수형으로 만들기  569
    14.4.3 3단계: 프로그램을 더욱더 함수형으로 만들기  573
    14.4.4 4단계: 인자 타입 문제 해결하기  577
    14.4.5 5단계: 원소 처리 함수를 파라미터로 만들기  578
    14.4.6 6단계: 엘리먼트 이름의 오류 처리하기  580
    14.4.7 7단계: 예전 명령형 코드를 추가로 개선하는 방법  582

**14.5 요약  584**

## 부록A  코틀린과 자바 함께 쓰기 ····· 585

**A.1 혼합 프로젝트를 만들고 관리하기  586**
    A.1.1 그레이들로 간단한 프로젝트 만들기  587
    A.1.2 그레이들 프로젝트를 인텔리J로 임포트하기  589
    A.1.3 프로젝트에 의존 관계 추가하기  590
    A.1.4 멀티 모듈 프로젝트 만들기  591
    A.1.5 멀티 모듈 프로젝트에 의존 관계 추가하기  593

**A.2 자바 라이브러리 메서드와 코틀린 코드  593**
    A.2.1 자바 원시 타입 사용하기  594
    A.2.2 자바 수 객체 타입 사용하기  595
    A.2.3 널 값 빠르게 실패시키기  595
    A.2.4 코틀린과 자바 문자열 타입 사용하기  597
    A.2.5 다른 타입 변환 구현하기  597
    A.2.6 자바 varargs 사용하기  599
    A.2.7 자바에서 널 가능성 지정하기  599
    A.2.8 게터와 세터 호출하기  600
    A.2.9 예약어로 된 자바 프로퍼티에 접근하기  602
    A.2.10 검사 예외 호출하기  603

**A.3 SAM 인터페이스  604**

### A.4 코틀린 함수와 자바 코드  605

A.4.1 코틀린 프로퍼티 변환하기  605
A.4.2 코틀린 공개 필드 사용하기  605
A.4.3 정적 필드  606
A.4.4 코틀린 함수를 자바 메서드인 것처럼 호출하기  607
A.4.5 코틀린 타입을 자바 타입으로 변환하기  611
A.4.6 함수 타입  611

### A.5 코틀린/자바 혼합 프로젝트에서만 발생하는 문제  612

### A.6 요약  614


## 부록B  코틀린에서 속성 기반 테스트하기 ······ 615

### B.1 속성 기반 테스트를 사용해야 하는 이유는 무엇인가  616

B.1.1 인터페이스 작성하기  619
B.1.2 테스트 작성하기  619

### B.2 속성 기반 테스트는 무엇인가  620

### B.3 추상화와 속성 기반 테스트  622

### B.4 속성 기반 단위 테스트의 의존 관계  624

### B.5 속성 기반 테스트 작성하기  625

B.5.1 커스텀 생성기 작성하기  629
B.5.2 커스텀 생성기 사용하기  630
B.5.3 추상화를 더 진행해서 코드를 간단하게 만들기  635

### B.6 요약  638


찾아보기  639

# 1장

# 프로그램을 더 안전하게 만들기

1.1 프로그래밍의 함정
1.2 안전한 프로그래밍의 이점
1.3 요약

**이 장에서 다루는 내용**

- 프로그래밍을 하다 빠지기 쉬운 함정 구별하기
- 부수 효과의 문제점 살펴보기
- 참조 투명성으로 프로그램을 더 안전하게 만들기
- 치환 모델로 프로그램 추론하기
- 추상화 최대한 활용하기

프로그래밍은 위험한 활동이다. 여러분이 취미로 프로그래밍을 하는 사람이라면 아마도 이 첫 문장을 읽고 놀랐을지도 모르겠다. 여러분은 모니터 화면과 키보드 앞에 안전하게 앉아 있다고 생각할 수도 있다. 그래서 기껏해야 너무 오래 앉아 있어서 생기는 허리 통증이나 타이핑을 너무 열정적으로 해서 생기는 손목 통증 정도의 위험밖에는 없다고 생각할 수도 있다. 하지만 여러분이 전문 프로그래머라면(또는 그런 프로그래머가 되길 바란다면) 현실은 이보다 훨씬 더 가혹하다.

주된 위험은 프로그램에 숨어있는 버그다. 잘못된 시점에 버그가 나타나면 비용이 아주 많이 들 수도 있다. Y2K 버그를 기억하는가? 1960년부터 1990년까지 작성된 프로그램 상당수는 프로그래머들이 그 프로그램이 21세기까지 존재하리라는 예상을 하지 못했기 때문에 연도를 저장할 때 2자리 숫자만을 사용했다. 이런 프로그램 중 상당수가 1999년도에도 계속 사용되면서 2000년을 1990년으로 취급하게 될 것이라는 우려가 있었다. 이 버그로 인한 비용은 2017년 실제 계산한 결과 4,170억 불에 달한다.[1]

프로그램 하나에서 발생한 버그로 치면 버그 당 비용은 훨씬 더 커질 수 있다. 1996년 6월 4일 프랑스 아리안 5호 로켓이 36초 만에 추락했다. 그 원인은 운항 시스템에 있던 단 하나의 버그였다. 정수 연산 오버플로(overflow) 하나로 인해 3억7천만 불이라는 손실이 발생했다.[2]

여러분에게 이런 재앙에 대한 책임이 있다면 어떤 느낌이 들까? 매일매일 이런 중요한 프로그램을 작성해야 하는데, 오늘 잘 실행된 프로그램이 내일도 여전히 잘 실행될지 확신할 수 없다면 어떤 느낌일까? 대부분의 프로그래머가 하는 일이 바로 이런 일이다. 이들은 입력이 같더라도 항상 같은 결과를 내놓지는 못하는 비결정적인 프로그램을 작성한다. 사용자도 이를 안다. 그래서 프로그램이 제대로 작동하지 않으면, 원인이 같더라도 결과가 달라질 수 있는 것처럼 프로그램을 다시 한번 실행한다. 때로 재시도를 하면 프로그램이 제대로 동작하기도 한다. 프로그램의 출력이 무엇으로부터 비롯되는지는 아무도 모르기 때문이다.

인공지능(AI)이 발전함에 따라 소프트웨어의 신뢰성 문제가 더 중요해졌다. 항공기의 운항이나 자동차의 자율주행 등 프로그램이 인간의 삶을 망가뜨릴 수 있는 결정을 내릴 수 있다면 그것이 우리 의도대로 제대로 작동한다는 사실을 확실히 해야 한다.

프로그램을 더 안전하게 만들려면 어떻게 해야 할까? 훌륭한 프로그래머가 필요하다고 대답하는 사람도 있을 것이다. 프로그래머에게 물어보면, 전체 프로그래머 중 단 10%만이 훌륭한 프로그

---

[1] 미니애폴리스 연방 준비은행 개발 프로젝트. "소비자 가격 지수, 1800-", https://www.minneapolisfed.org/about-us/monetary-policy/inflation-calculator/consumer-price-index-1800-
[2] 아리안 501 로켓 발사 실패에 대한 아리안 501 위원회 보고서, http://www.astrosurf.com/luxorion/astronautique-accident-ariane-v501.htm

래머라고 답하는 사람이 90%나 되며 그와 동시에 프로그래머 중 90%는 자신이 그 10%의 훌륭한 프로그래머에 속한다고 대답한다!

프로그래머에게 가장 필요한 자질은 자기 자신의 한계를 깨닫는 것이다. 우리는 자신이 기껏해야 평균적인 프로그래머에 지나지 않는다는 사실을 직시해야 한다. 우리는 전체 시간 중 20%를 버그가 있는 프로그램을 작성하는 데 소비하고, 40%를 버그가 있는지 없는지 확실치 않은 코드를 리팩터링(refactoring)하는 데 사용하며, 나머지 40%를 프로덕션(production)에 이미 들어 있는 코드를 디버깅하는 데 사용한다. 버그에는 눈에 띄는 분명한 버그와 눈에 띄지 않는 불분명한 버그가 있기 때문이다. 하지만 불분명한 버그가 나중에 분명한 버그로 자신을 드러낸다는 사실은 확실하다(다만 그 모습을 드러낼 때까지 얼마나 시간이 걸릴지가 문제일 뿐이다). 여기서 버그가 분명해지기까지 얼마나 오랫동안, 얼마나 많은 해악을 끼칠 것인가 하는 문제가 남는다.

이 문제를 어떻게 다룰 수 있을까? 현재까지 나온 그 어떤 프로그래밍 도구, 기법, 훈련 방식도 프로그램에서 버그를 완전히 없애지는 못한다. 하지만 특정 유형에 속하는 버그는 없앨 수 있고, 없애지 못하고 남은 버그가 프로그램에서 별도로 구분된(안전이 보장되지 않는) 영역에서만 일어난다고 보장할 수 있는 프로그래밍 기법도 여럿 있다. 이런 기법을 사용하면 버그를 더 쉽고 효율적으로 잡을 수 있기 때문에 프로그래밍에서 아주 큰 차이가 나타난다. 예를 들어 버그의 존재를 증명하지 못할 정도로 프로그램을 복잡하게 짜는 대신, 버그가 없음이 명확히 보이는 단순한 프로그램을 작성하는 방법이다.[3]

이 장의 나머지 부분에서는 불변성(immutability), 참조 투명성(referential transparency), 치환 모델(substitution model) 등을 설명하면서 몇 가지 권장할 만한 코딩 기법을 보여준다. 설명한 기법을 함께 활용하면 여러분의 프로그램을 더 안전하게 만들 수 있다. 이런 개념을 이 책에서는 반복 적용할 것이다.

---

[3] "… 소프트웨어를 설계하는 데는 두 가지 방법이 있다. 한 가지 방법은 설계를 아주 단순화해서 결함이 없음을 확실히 알 수 있도록 만드는 것이고, 또 다른 방법은 설계를 아주 복잡하게 만들어서 결함이 있는지 확실히 알 수 없도록 만드는 것이다." ACM 소식지(Communications of the ACM) 24권(1981년 2월) 75~83페이지에 실린 C.A.R 호어(Hoare)의 "황제의 낡은 옷(The Emperor's Old Clothes)"을 참고하라.

# 1.1 프로그래밍의 함정

프로그램이 일련의 처리를 수행하는 과정을 묘사하는 기법이라고 생각하는 경우가 많다. 이런 묘사에는 문제를 해결하기 위해 프로그램이 사용하는 모델(model)에서 상태를 변경하는 동작과 모델의 상태 변이 결과에 대한 의사 결정이 포함된다. 상태 변이와 의사 결정은 프로그래머가 아닌 일반인들도 이해하고 수행할 수 있는 사고방식이다.

더 복잡한 과업을 완수해야 한다면 그 과업을 여러 단계로 나눈다. 그 후, 첫 단계를 실행하고 결과를 검사한다. 검사 결과에 따라 다음에 수행할 단계를 정할 수 있다. 예를 들어 두 양수 a와 b를 추가하는 프로그램을 다음과 같은 의사 코드(pseudocode)로 표현할 수 있다.

- 만약 b = 0이면, a를 반환하라.
- 그렇지 않으면, a를 1만큼 증가시키고 b를 1만큼 감소시켜라.
- 이렇게 변경한 a와 b를 가지고 전체 과정을 다시 수행하라.

이 의사 코드에서 대부분 언어에 존재하는 전통적인 명령을 알아챌 수 있을 것이다. 조건 검사, 변숫값 변경, 무조건 분기, 값 반환 등이 그런 명령이다. 이 코드를 흐름도로 표현하면 그림 1-1과 같다.

▼ 그림 1-1 프로그램을 시간에 따라 발생하는 처리 과정으로 표현하는 흐름도로, 원하는 결과를 얻을 때까지 여러 대상을 변환하고 상태를 변경한다.

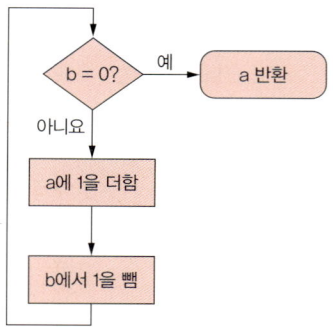

여기서 프로그램이 얼마나 쉽게 잘못될 수 있는지 볼 수 있다. 흐름도에서 데이터를 하나 변경하거나 화살표의 시작이나 끝 지점을 바꾸면 버그가 많은 프로그램이 된다. 운이 좋다면 아예 실행되지 않는 프로그램이나 계속 실행되면서 절대 멈추지 않는 프로그램을 얻을 수 있다. 이런 경우가 운이 좋은 이유는 프로그램을 실행하자마자 바로 문제를 발견할 수 있기 때문이다. 그림 1-2는 그런 문제 몇 가지를 보여준다.

▼ 그림 1-2 같은 프로그램에서 비롯된 버그가 있는 세 가지 프로그램

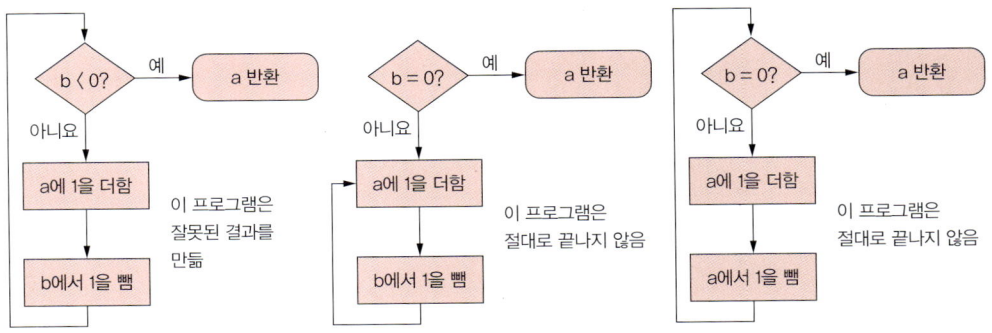

첫 번째 예제는 틀린 결과를 만들어내고, 두 번째와 세 번째는 절대 끝나지 않는다. 하지만 여러분이 사용하는 프로그래밍 언어가 이 예제 중 일부 프로그램을 아예 작성하지 못하게 막을 수 있다는 점을 알아 두라. 참조를 변경할 수 없는 언어나 루프를 허용하지 않는 언어 또는 무조건 분기를 허용하지 않는 언어라면 이 세 가지 프로그램 중 그 어느 것도 작성할 수 없다. 따라서 단지 그런 언어를 사용하기만 하면 이런 문제가 해결된다고 생각할 수도 있다. 그리고 실제로도 그렇기는 하다. 하지만 그렇게 제약을 가하는 언어는 제공하는 기능의 범위가 너무 좁기 때문에 전문적인 프로그래밍 환경에서 사용하기에는 적합하지 않다.

해법이 있을까? 그렇다. 해법이 있다. 문제를 막기 위해 쓸데없이 단순하기만 한 언어를 사용하는 것이 아니라 변경할 수 있는 참조나 언어가 허용하더라도 무조건 분기의 사용을 피하고 루프를 쓰지 않는 것이다. 즉, 여러분이 해야 할 일은 잘 훈련된 방식으로 프로그래밍을 하는 것뿐이다.

상태 변이나 루프 같은 위험한 기능을 사용하지 말라. 비결은 정말 이렇게 단순하다! 그리고 가변 참조나 루프가 필요한 경우가 생긴다면 그들을 추상화하라. 상태 변이를 추상화하는 컴포넌트를 단 한 번만 작성하라. 그 후에는 같은 문제를 다시 처리할 필요가 없을 것이다(다소 멋진 언어 중 일부는 처음부터 이런 기능을 제공할지도 모른다. 하지만 그런 언어는 아마 여러분의 업무 환경에서 사용할 수 있는 언어는 아닐 것이다). 그리고 이와 같은 원리를 루프에도 적용할 수 있다. 최근 대부분의 언어는 전통적인 방식으로 사용하는 루프와 추상화한 루프를 함께 제공한다. 여기서 다시 말하지만 이는 훈련의 문제다. 언어가 제공하는 기능 중 좋은 부분만 사용하라! 이에 대해서는 4장과 5장에서 자세히 다룬다.

버그를 자주 일으키는 다른 근원으로 널(null) 참조가 있다. 6장에서 볼 수 있듯이 코틀린을 사용

하면 널 참조를 허용하는 코드와 널 참조를 금지하는 코드를 명확하게 분리할 수 있다. 하지만 궁극적으로 프로그램에서 널 참조를 아예 사용하지 못하게 막는 일은 여러분의 책임이다.

외부 세계에 의존하는 프로그램을 제대로 실행하려고 노력하는 과정에서 많은 버그가 발생한다. 하지만 어떤 프로그램이든 어느 정도 외부 세계에 의존하기 마련이다. 이런 의존 관계를 프로그램의 일부분으로 제한하면, 외부 세계에 대한 의존으로 인해 생길 수 있는 버그를 완전히 제거하지는 못하더라도 문제를 더 쉽게 찾아내고 다룰 수 있다.

여러분은 이 책에서 프로그램을 더 안전하게 만들기 위한 다음 몇 가지 방법을 배운다.

- 가변 참조(변수) 사용을 피하고, 상태 변이를 피할 수 없는 경우에는 그 부분을 추상화하라.
- 제어 구조를 피하라.
- **효과**(effect, 외부 세계와의 상호 작용을 말한다!)를 여러분이 작성하는 프로그램의 일부 영역 안에서만 일어나도록 제한하라. 이 말은 프로그램을 작성할 때 일부 한정된 영역을 제외한 나머지 부분에서 콘솔 등의 장치에 출력하거나 파일, 데이터베이스, 네트워크 등의 장치에 데이터를 쓰는 등의 행위를 하지 말아야 한다는 뜻이다.
- 예외를 던지지 말라. 예외를 던지는 것은 무조건 분기(GOTO)의 현대적인 변형이라 할 수 있다. 이로 인해 프로그램이 **스파게티 코드**(spaghetti code)가 될 수 있다. 스파게티 코드라는 말은 프로그램 흐름이 어디서 시작하는지 알 수 있지만, 어디로 흘러가는지 제대로 따라갈 수 없다는 뜻이다. 7장에서는 예외를 아예 던지지 않는 방법을 배운다.

## 1.1.1 안전하게 부수 효과 처리하기

앞에서 사용한 **효과**(effect)라는 말은 외부 세계와의 모든 상호 작용을 뜻하는 말이었다. 콘솔에 메시지를 출력하거나 파일, 데이터베이스, 네트워크 등에 데이터를 쓰거나 컴포넌트 범위 밖에 있는 어떤 다른 원소를 변경하는 일을 이런 상호 작용의 예로 들 수 있다. 프로그램은 일반적으로 자신만의 영역이 있는 작은 블록으로 이뤄진다. 어떤 언어는 이런 블록을 **프러시저**(procedure)라고 부르고, 다른 언어(자바 등)는 **메서드**(method)라고 부른다. 코틀린에서는 이런 블록을 **함수**(function)라 한다. 하지만 코틀린에서 사용하는 함수라는 용어는 수학 함수와 같은 개념을 뜻하지는 않는다.

코틀린 함수는 기본적으로 메서드다. 자바나 다른 모든 현대적 언어와 마찬가지다. 메서드라는 코드 블록에는 **영역**(scope)이 있다. 영역이란 말은 코드 블록 안에서 볼 수 있는 정의나 선언이 프로그램의 어떤 범위에 속하는지를 뜻한다. 블록은 그 자신이 둘러싸고 있는 영역을 볼 수 있을 뿐만 아니라 자신의 바깥쪽 영역을 볼 수 있고, 추이적(transative)으로 자신을 둘러싼 영역을 감싸는 더 바깥쪽 영역을 볼 수 있어서 최종으로는 가장 바깥 영역에 이르는 모든 영역을 볼 수 있다. 함수나 메서드가 외부 영역의 상태를 바꾸는 것(바깥 영역을 바꾸는 것을 뜻한다. 예를 들어 메서드가 정의된 클래스는 메서드의 바깥 영역이다)이 바로 효과다.

일부 메서드(함수)는 값을 반환한다. 일부 메서드는 세계의 상태를 변경한다. 일부 메서드는 값을 반환하는 동시에 상태를 변경하기도 한다. 값을 반환하는 메서드나 함수가 외부 상태를 변경하는 경우 이를 **부수 효과**(side effect)라고 한다. 부수 효과를 사용하는 프로그램은 잘못된 것이다. 의약품과 관련해 '부작용'이라는 말은 주된 약효 외에 나타나는 부수적인 효과를 뜻하기보다는 부정적인 효과를 뜻하는 경우가 많다. 프로그래밍에서 부수 효과는 프로그램이 반환하는 결괏값에 덧붙여 프로그램 밖에서 관찰할 수 있는 어떤 변화를 뜻한다.

프로그램이 결과를 반환하지 않는다면 관찰 가능한 효과를 부수 효과라고 부를 수 없을 것이다. 왜냐하면 결과를 반환하지 않는 프로그램에서는 상태 변화가 주된 효과이기 때문이다. 하지만 그런 경우에도 여전히 (이차적인) 부수 효과가 있을 수 있다. 물론 이런 부수 효과는 '단일 책임(single responsibility)' 원칙이라는 실무 지침을 위배하는 좋지 못한 기법이다.

안전한 프로그램은 인자를 받아서 값을 반환하는 여러 함수를 합성해 만들어진다. 그리고 그런 함수 합성이 프로그램을 이루는 전부다. 우리는 함수 안에서 어떤 일이 벌어지는지 신경 쓰지 않는다. 왜냐하면 이론적으로 함수 안에서는 아무런 일도 벌어지지 않기 때문이다. 일부 언어는 부수 효과가 없는 함수를 제공한다. 그런 언어로 작성된 프로그램은 반환 값 외에는 아무런 효과도 관찰할 수 없다. 하지만 실제로는 반환하는 값이 (프로그램을 실행할 때 상태 변이를 통해 발생하는) 효과를 계산하고자 실행하는 새로운 프로그램일 수도 있다. 이런 식으로 효과를 만들어내는 프로그램을 반환하는 기법은 언어와 무관하게 사용할 수 있지만, 종종 비효율적인 기법이라고 여겨진다(이에 대해서는 논란의 여지가 있다). 그보다 더 안전한 대안은 효과 계산 때문에 일어나는 상태 변이와 프로그램의 나머지 부분을 분리하거나 심지어는 효과를 계산하는 부분을 최대한 추상화하는 것이다. 이와 관련된 여러 기법을 7, 11, 12장에서 살펴보겠다.

## 1.1.2 참조 투명성으로 프로그램을 더 안전하게 만들기

부수 효과를 없애는 것(외부 세계를 변경하지 않는 것)만으로는 프로그램을 충분히 안전하고 결정적으로 만들 수 없다. 프로그램을 충분히 안전하고 결정적으로 만들려면 외부 세계로부터 영향을 받아서도 안 된다. 즉, 프로그램의 출력은 오직 그 인자에 의해서만 영향을 받아야 한다. 이는 프로그램이 데이터를 콘솔, 파일, 원격 URL, 데이터베이스에서 읽을 수 없음은 물론이고, 심지어 시스템의 데이터를 받을 수도 없다는 뜻이다.

외부 세계의 상태를 변경하지도 않고 외부 상태에 의존하지도 않는 코드를 일컬어 **참조 투명**(referentially transparent)하다고 한다. 참조 투명한 코드에는 몇 가지 흥미로운 특성이 있다.

- 참조 투명한 코드는 **자기 완결적이다**. 어떤 문맥에서나 그 코드를 사용할 수 있다. 단지 올바른 인자를 그 코드에 제공하기만 하면 된다.
- 참조 투명한 코드는 **결정적이다**. 참조 투명한 코드는 인자가 같으면 항상 결과도 같기 때문에 여러분을 놀라게 하는 일이 없다. 하지만 참조 투명한 코드도 잘못된 결괏값을 돌려줄 수는 있다. 그렇지만 적어도 같은 인자에 대해 항상 같은 결과를 보장한다.
- 참조 투명한 코드는 **절대 예외를 던지지 않는다**. 다만 참조 투명한 코드도 메모리 부족 오류(OOME, Out Of Memory Error)나 스택 오버플로 오류(SOE, Stack Overflow Error)를 발생시킬 수는 있다. 하지만 이런 오류는 프로그램에 버그가 있음을 뜻한다. 메모리 부족이나 스택 오버플로 등은 프로그래머인 여러분이나 여러분이 제공하는 API를 사용하는 쪽에서 처리할 수 있는 오류 상황이 아니다(이런 오류가 발생할 때 취할 수 있는 방법은 애플리케이션을 중단하고 버그를 수정하는 것뿐이다).
- 참조 투명한 코드는 **예기치 않게 다른 코드가 실패하는 상황을 만들지 않는다**. 참조 투명한 코드는 인자를 변경하거나 다른 외부 데이터를 변경하지 않으며, 그에 따라 코드를 호출하는 쪽의 데이터가 오염되거나 동시 접근으로 인해 오류가 발생하는 경우가 없다.
- 참조 투명한 코드는 **자신이 제대로 작동하기 위해 외부 장치에 의존하지 않는다**. 참조 투명한 코드는 외부 장치(예를 들어 데이터베이스, 파일 시스템, 네트워크)를 사용할 수 없거나, 외부 장치가 너무 느리거나 고장 나서 코드가 계속 대기 상태에 머무는 경우가 없다.

그림 1-3은 참조 투명한 프로그램과 참조 투명하지 않은 프로그램의 차이를 보여준다.

▼ 그림 1-3 참조 투명한 프로그램과 참조 투명하지 않는 프로그램의 차이점

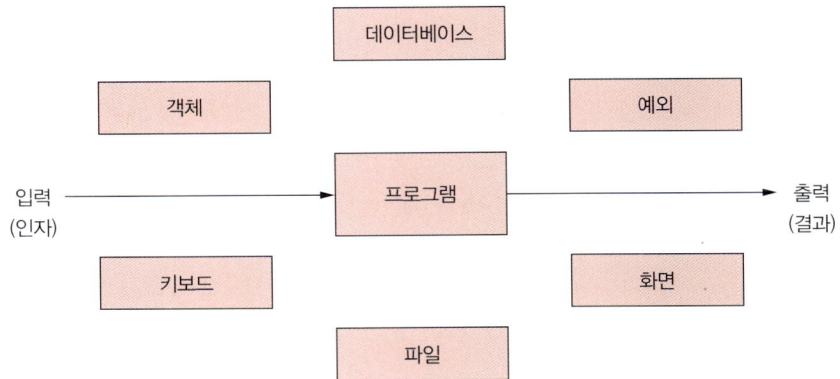

참조 투명한 프로그램은 인자로 값을 받아서 결괏값을 내놓는 행위를 제외하고는 외부 세계와 상호 작용하지 않는다.
참조 투명한 프로그램의 결괏값은 인자 값에만 의존한다.

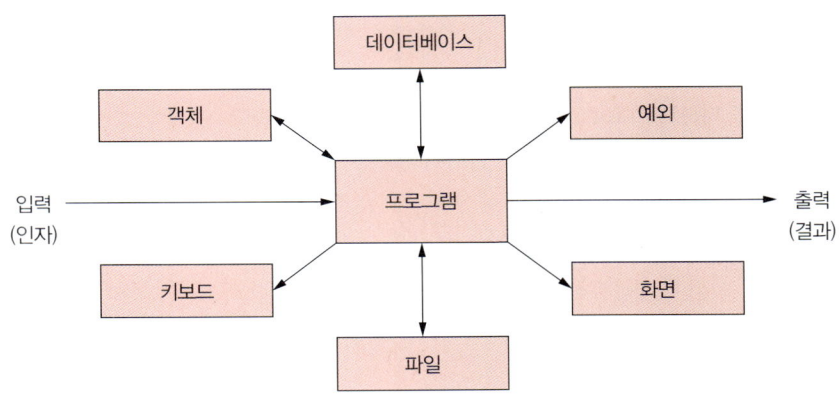

참조 투명하지 않은 프로그램은 외부 세계의 요소로부터 데이터를 읽고 쓰거나 파일에 로그를 남기거나
외부 객체의 상태를 바꾸거나 키보드 입력을 받거나 화면에 출력하는 등의 작용을 한다. 그 결과는 예측 불가능하다.

## 1.2 안전한 프로그래밍의 이점

지금까지 설명한 내용에서 참조 투명성을 사용할 때 얻을 수 있는 다음과 같은 여러 이점을 생각할 수 있다.

- **프로그램이 결정적이기 때문에 프로그램을 추론하기 더 쉽다.** 입력이 같으면 항상 출력도 같다. 따라서 대대적으로 테스트해도 여전히 그 프로그램이 예기치 않은 어떤 조건에서 깨질 수 있는지 확신할 수 없는 비결정적인 프로그램과 달리 프로그램의 올바름을 증명할 수 있다.
- **프로그램을 더 쉽게 테스트할 수 있다.** 부수 효과가 없으므로 테스트하면서 프로그램 컴포넌트를 외부와 격리하기 위해 쓰는 목(mock)을 사용할 필요가 없다.
- **프로그램을 더 모듈화할 수 있다.** 이유는 입력과 출력만 있는 함수로 프로그램을 구성하기 때문이다. 부수 효과가 없으므로 일부러 처리하지 않아도 되고, 예외를 던지지 않으므로 굳이 잡아낼 필요가 없으며, 문맥 상태 변이가 없으므로 상태를 추적하느라 고민할 필요가 없고, 가변 상태를 공유하지 않으므로 동시 변경이 일어나지 않는다.
- **프로그램을 훨씬 쉽게 합성하고 재조합할 수 있다.** 프로그램을 작성하려면 먼저 필요한 여러 기반 함수를 만들고, 그들을 합성해 더 높은 수준의 함수를 만들며, 원하는 프로그램에 해당하는 함수가 만들어질 때까지 이 과정을 반복한다. 이 과정에서 만들어지는 모든 함수는 참조 투명하다. 따라서 이 함수들을 변경하지 않고도 쉽게 다른 프로그램을 만들 때 재활용할 수 있다.
- **공유 상태 변이를 피하므로 프로그램이 태생적으로 스레드-안전하다.** 이 말이 모든 데이터가 불변이어야만 한다는 뜻은 아니다. 다만 공유하려는 데이터는 모두 불변이어야 한다. 하지만 이런 기법을 적용하는 프로그래머는 곧 불변 데이터가 항상 더 안전하다는 사실을 깨닫게 된다. 심지어 밖에서는 관찰할 수 없는 상태 변이라 할지라도 불변 데이터보다는 덜 안전하다. 이는 어느 시점에는 공유하지 않았던 데이터를 리팩터링으로 인해 나중에 실수로 공유하게 되는 경우가 있기 때문이다. 불변 데이터를 항상 사용하면 이런 문제가 절대 일어날 수 없다.

이 장의 나머지 부분에서는 참조 투명성을 사용해 더 안전한 프로그램을 작성하는 예제를 살펴보자.

## 1.2.1 프로그램을 추론하는 데 치환 모델 사용하기

관찰할 수 있는 효과가 없이 값만 반환하는 함수를 사용해서 얻는 주된 이점은 함수 호출이 반환 값과 동등하다는 데 있다. 참조 투명한 함수는 아무 부수 효과도 일으키지 않고, 오직 인자에 따라 결정되는 결괏값만 지닌다. 그 결과, 참조 투명한 함수 호출이나 식은 항상 그 결괏값으로 치환할 수 있다. 그림 1-4는 이를 보여준다.

▼ 그림 1-4 참조 투명한 식을 그 값으로 치환해도 전체 의미는 바뀌지 않는다.

| 3 x 2 | + | 4 x 5 | = 26 |

| 6 | + | 4 x 5 | = 26    3 × 2라는 식을 그 값으로 치환함

| 6 | + | 20 | = 26    4 × 5라는 식을 그 값으로 치환함

이렇게 참조 투명한 식을 그 결괏값으로 치환해 프로그램을 계산하는 모델을 **치환 모델**(substitution model)이라고 한다. 이런 치환 모델을 함수에 적용하면 함수 호출을 그 반환 값으로 치환할 수 있다. 다음 코드를 살펴보자.

```kotlin
fun main(args: Array<String>) {
    val x = add(mult(2, 3), mult(4, 5))
    println(x)
}

fun add(a: Int, b: Int): Int {
    log(String.format("Returning ${a + b} as the result of $a + $b"))
    return a + b
}

fun mult(a: Int, b: Int) = a * b

fun log(m: String) {
    println(m)
}
```

여기서 mult(2, 3)과 mult(4, 5)를 각각의 반환 값으로 치환해도 프로그램 전체의 의미는 바뀌지 않는다. 이를 다음과 같이 볼 수 있다.

```kotlin
val x = add(6, 20)
```

반면에 add 함수 호출을 그 반환 값으로 바꾸면 더 이상 log를 호출하지 않아서 아무런 로그도 남지 않기 때문에 프로그램의 의미가 바뀐다. 이런 의미 차이가 중요할 수도 있고 중요하지 않을 수도 있지만, 어쨌든 프로그램의 결과는 달라진다.

## 1.2.2 안전성 원칙을 간단한 식에 적용하기

안전하지 않은 프로그램을 더 안전하게 바꾸는 방법을 알아보기 위해 신용 카드로 도넛을 구매하는 간단한 예제를 살펴보자.

**예제 1-1** 부수 효과가 있는 코틀린 프로그램

```kotlin
fun buyDonut(creditCard: CreditCard): Donut {
    val donut = Donut()
    creditCard.charge(Donut.price)  ---- 부수 효과로 신용 카드를 청구한다.
    return donut  ---- 도넛을 돌려준다.
}
```

이 코드에서 신용 카드 청구는 부수 효과다. 신용 카드 청구는 은행에 연결해 신용 카드의 유효성을 검사하고 승인을 받은 후 거래 정보를 등록하는 과정으로 이뤄질 것이다. 이 함수는 도넛을 반환한다.

이런 종류의 코드는 테스트하기 어렵다는 문제가 있다. 테스트를 위해 이 프로그램을 실행하려면 은행에 연결해 일종의 목 계정으로 거래를 등록하는 과정이 필요하다. 아니면 목(mock) 신용 카드를 만들고 charge 함수를 호출하는 효과를 등록한 다음, 테스트를 진행한 후 목의 상태를 검증해야 한다.

목을 사용하거나 은행에 연결하지 않고 프로그램을 테스트하고 싶다면 부수 효과를 없애야만 한다. 하지만 여전히 신용 카드로 도넛 가격을 지급하고 싶다면 유일한 해법은 카드 지급이라는 연산을 나타내는 표현을 반환 값에 덧붙이는 것뿐이다. 이제 buyDonut 함수는 도넛과 카드 지급에 대한 표현을 함께 반환해야 한다. 카드 지급을 표현하기 위해 다음 예제처럼 Payment라는 클래스를 사용할 수 있다.

**예제 1-2** Payment 클래스

```kotlin
class Payment(val creditCard: CreditCard, val amount: Int)
```

이 클래스는 카드 지급 표현에 필요한 데이터를 포함한다. 그런 데이터로는 신용 카드와 청구 금액이 있다. buyDonut 함수가 Donut과 Payment를 한꺼번에 반환해야만 하기 때문에 이를 위한 클래스로 Purchase를 정의할 수도 있다.

```kotlin
class Purchase(val donut: Donut, val payment: Payment)
```

앞으로 서로 다른 타입의 두 값(또는 그보다 더 많은 값)을 저장하기 위한 클래스가 자주 필요할 것이다. 프로그램을 더 안전하게 만들려면 부수 효과를 수행하는 대신 그 효과에 대한 표현을 만들어 반환해야 하기 때문이다.

이런 목적으로 별도로 Purchase 클래스를 만드는 대신 더 일반적인 Pair 클래스를 쓸 수도 있다. Pair 클래스는 그 내부에 저장할 두 값의 타입(앞의 예에서는 Donut과 Payment)으로 파라미터화된 타입(parameterized type)이다. 코틀린은 두 값을 표현하는 Pair 외에 세 값을 표현하는 Triple이라는 클래스도 제공한다. 자바 같은 언어에 Pair나 Triple 같은 클래스가 있다면 유용할 것이다. 왜냐하면 Purchase와 같은 클래스를 정의하려면 생성자(constructor), 게터(getter), 세터(setter), 그리고 어쩌면 equals, hashCode 메서드와 toString 메서드까지 작성해야 할 수도 있기 때문이다. 코틀린에서는 다음과 같이 단 한 줄로 Purchase를 만들 수 있어 Pair와 같은 클래스의 효용 가치가 좀 떨어진다.

```kotlin
class Purchase(val donut: Donut, val payment: Payment)
```

이 Purchase 클래스에는 생성자와 게터를 명시적으로 정의할 필요가 없다. 클래스 앞에 data 키워드를 추가하면 코틀린이 자동으로 equals, hashCode, toString, copy 메서드를 구현해 준다. 하지만 코틀린이 제공하는 기본 구현을 받아들일 때만 이런 식으로 간단하게 사용할 수 있다. 한 데이터 클래스의 두 인스턴스 객체는 모든 프로퍼티가 일치할 때만 서로 동등하다. 만약 기본 구현이 제공하는 것과 다른 성질이 필요하다면 직접 함수를 오버라이드(override)해서 여러분이 원하는 구현으로 바꿔야 한다.

```kotlin
fun buyDonut(creditCard: CreditCard): Purchase {
    val donut = Donut()
    val payment = Payment(creditCard, Donut.price)
    return Purchase(donut, payment)
}
```

이 단계에서는 더 이상 신용 카드 지급이 어떻게 이뤄지는지를 신경 쓰지 않는다. 이로 인해 애플리케이션을 작성하는 방법을 더 자유롭게 선택할 수 있다. 지급을 즉시 처리할 수도 있고, 나중에 처리하기 위해 저장해 둘 수도 있다. 심지어는 같은 카드를 사용하는 여러 지급을 저장했다가 한꺼번에 한 연산으로 처리할 수도 있다. 한꺼번에 처리하면 신용 카드 서비스에 대한 은행 수수료를 최소화함으로써 돈을 아낄 수 있다.

예제 1-3에 있는 combine 함수는 여러 지급을 하나로 묶어준다. 신용 카드가 서로 같지 않다면 combine이 예외를 던진다. 이렇게 예외를 던진다고 해도 안전한 프로그램은 예외를 던지지 않는다고 말했던 내용과 모순되는 것은 아니다. 여기서 서로 다른 두 신용 카드의 지급을 하나로 묶는 것은 버그로 간주해야 하므로 애플리케이션을 중단시켜야 한다(이런 상황을 예외로 던지지 않고 어떻게 처리할 수 있는지는 7장에서 배운다).

#### 예제 1-3 여러 지급을 하나로 묶기

```kotlin
class Payment(val creditCard: CreditCard, val amount: Int) {
    fun combine(payment: Payment): Payment =
        if (creditCard == payment.creditCard)
            Payment(creditCard, amount + payment.amount)
        else
            throw IllegalStateException("Cards don't match.")
}
```

이 시나리오에서 여러 도넛을 한 번에 사는 경우에는 combine 함수가 효율적이지 않다. 이를 위해서는 다음 예제처럼 buyDonut 함수를 buyDonuts(n: Int, creditCard: CreditCard)로 바꿀 수도 있다. 하지만 그렇게 하려면 새로운 Purchase 클래스를 정의해야 한다. 다른 방법으로 여러분이 Pair<Donut, Payment>를 사용하기로 택했다면 그 타입을 Pair<List<Donut>, Payment>으로 바꿔야만 한다.

#### 예제 1-4 여러 도넛을 한꺼번에 사기

```kotlin
// class Purchase(val donuts: List<Donut>, val payment: Payment)로
// Purchase 정의를 변경했음
fun buyDonuts(quantity: Int = 1, creditCard: CreditCard): Purchase =
    Purchase(List(quantity) {
        Donut()
    }, Payment(creditCard, Donut.price * quantity))
```

여기서 List(quantity) { Donut() }은 { Donut() }이라는 함수에 0부터 quantity - 1까지 값을 적용하면서 quantity 길이의 리스트를 만든다. { Donut() }이라는 함수는 다음과 같고,

```kotlin
{ index -> Donut() }
```

이는 또한 다음과 같다.

```kotlin
{ _ -> Donut() }
```

함수의 인자가 단 하나뿐인 경우에는 인자 -> 부분을 생략하고 it이라는 이름으로 인자를 가리킬 수 있다. 여기서는 인자를 함수 본문에서 사용하지 않기 때문에 코드가 { Donut() }으로 줄어든다. 방금 설명한 내용을 명확히 이해할 수 없어도 걱정하지 말라. 이에 관해서는 다음 장에서 더 자세히 설명한다.

이 예제에서 quantity 인자는 기본 값으로 1을 받는다는 점에 유의하라. 이로 인해 수량을 명시하지 않고 다음과 같은 구문을 사용해 buyDonuts 함수를 호출할 수도 있다.

```
buyDonuts(creditCard = cc)
```

자바에서는 다음과 같이 기본 인자를 제공하는 구현을 사용해 메서드를 오버로드(overload)해야 한다.

```java
public static Purchase buyDonuts(CreditCard creditCard) {
    return buyDonuts(1, creditCard);
}
public static Purchase buyDonuts(int quantity, CreditCard creditCard) {
    return new Purchase(Collections.nCopies(quantity, new Donut()),
                    new Payment(creditCard, Donut.price * quantity));
}
```

이제 목을 사용하지 않고도 프로그램을 테스트할 수 있다. 다음 코드는 buyDonuts 메서드를 테스트한다.

```kotlin
class DonutShopKtTest {
    @Test
    fun testBuyDonuts() {
        val creditCard = CreditCard()
        val purchase = buyDonuts(5, creditCard)
        assertEquals(Donut.price * 5, purchase.payment.amount)
        assertEquals(creditCard, purchase.payment.creditCard)
    }
}
```

참조 투명성을 사용해 코드를 리팩터링해서 얻을 수 있는 또 다른 이점은 프로그램을 합성하기 더 좋다는 점이다. 도넛 구입 프로그램의 최초 버전으로 누군가 여러 번 도넛을 사면 지급이 일어날 때마다 은행에 연결해야(그리고 그에 따른 수수료를 부담해야) 했다. 하지만 새 버전을 사용하면 구입이 일어난 즉시 청구할지, 같은 카드로 이뤄진 모든 지급을 한꺼번에 묶어 전체 금액을 단 한 번만 청구할지 선택할 수 있다. 여러 지급을 하나로 묶으려면 코틀린 List 클래스가 제공하는 함수가 몇 가지 더 필요하다.[4]

- `groupBy(f: (A) -> B): Map<B, List<A>>` A 타입의 값을 B 타입의 값으로 변환하는 함수를 인자로 받아 키와 값의 쌍으로 이뤄진 맵을 반환한다. 맵에서 키의 타입은 B이고, 값의 타입은 List<A>다.
- `values: List<A>` Map의 인스턴스 함수로, 맵에 들어 있는 모든 값의 리스트를 반환한다.
- `map(f: (A) -> B): List<B>` List의 인스턴스 함수로, A 타입의 값을 B 타입의 값으로 변환하는 함수를 인자로 받아 A 타입 원소가 들어 있는 리스트의 각 원소에 적용한 결과로 생기는 B 타입 원소로 이뤄진 리스트를 반환한다.
- `reduce(f: (A, A) -> A): A` List의 인스턴스 함수로, 리스트를 축약할 때 사용할 어떤 연산(f: (A, A) -> A라는 함수로 표현됨)을 받아 리스트를 한 값으로 축약한다. 연산이 덧셈인 경우, f(a, b) = a + b와 같은 함수를 뜻할 수 있다.

이제 이런 함수를 사용해 여러 지급을 신용 카드에 따라 별도 그룹으로 묶어주는 함수를 새로 만들 수 있다. 다음 예제를 보라.

**예제 1-5** 신용 카드에 따라 지급 그룹화하기

```
class Payment(val creditCard: CreditCard, val amount: Int) {
    fun combine(payment: Payment): Payment =
        if (creditCard == payment.creditCard)
            Payment(creditCard, amount + payment.amount)
        else
            throw IllegalStateException("Cards don't match.")

    companion object {
        fun groupByCard(payments: List<Payment>): List<Payment> =
            payments.groupBy { it.creditCard }
                .values
                .map { it.reduce(Payment::combine) }
    }
}
```

`payments.groupBy { it.creditCard }` → List<Payment>를 Map<CreditCard, List<Payment>>로 변환한다. 반환하는 맵에 들어 있는 각 리스트에는 해당 신용 카드에 대한 지급이 들어 있다.

`.values` → Map<CreditCard, List<Payment>>를 List<List<Payment>>로 변환한다.

`.map { it.reduce(Payment::combine) }` → 각 List<Payment>를 단일 Payment로 축약한다. 이를 통해 List<Payment>에 들어 있는 모든 지급을 하나의 Payment로 합친다.

---

4 <sub>역주</sub> 저자는 각 함수를 설명하면서 타입을 명시했다. 코틀린 코어 라이브러리 등 코틀린으로 작성된 라이브러리의 API 문서를 볼 때는 항상 제일 먼저 메서드나 함수의 반환 타입과 어떤 타입의 함수를 인자로 받는지를 살펴봐야 한다.

groupByCard 함수를 호출할 때 함수에 대한 참조를 사용했다. 함수 참조는 자바 메서드 참조와 비슷하다. 이 예제를 이해할 수 없어도 걱정하지 말라. 이 책은 바로 그런 사람을 위한 책이다! 이 책을 다 마칠 때 쯤에는 이런 코드를 자유자재로 작성하는 전문가가 될 수 있다.

### 1.2.3 끝까지 추상화하기

지금까지 본 것처럼 부수 효과가 없는 **순수 함수**(pure function)를 합성하면 테스트하기 쉬운 더 안전한 프로그램을 작성할 수 있다. 순수 함수를 fun 키워드를 사용하거나 함수 값으로 정의할 수 있다. 앞의 예제에서 groupBy, map, reduce 메서드의 인자로 전달된 것이 바로 함수 값이다. **함수 값**(function value)은 fun으로 정의한 함수와 달리 프로그램에서 조작 가능한 형태로 표현되는 함수를 말한다. 함수 값은 대부분 다른 함수에 인자로 넘겨지는 값이나 함수가 반환하는 값으로 쓰인다. 함수 값을 인자로 넘기거나 반환하는 방법은 나중에 자세히 배운다.

하지만 여기서 가장 중요한 개념은 **추상화**다. reduce 함수를 보라. reduce는 연산을 인자로 받고, 그 인자를 사용해 리스트를 단일 값으로 축약한다. 이때 피연산자로 같은 타입의 인자를 두 개 받아서 같은 타입의 값을 반환하는 연산이기만 하면 어떤 연산이든 reduce에 사용할 수 있다.

정수 리스트를 생각해 보자. 이 리스트의 모든 원소의 합계를 구하는 sum 함수를 작성할 수 있다. 그 후 모든 원소의 곱을 계산하는 product나 원소 중 최댓값, 최솟값을 구하는 max, min 등의 함수를 구현할 수도 있다. 그러나 reduce 함수로 이 모든 계산을 수행할 수도 있다. 이런 방식이 추상화다. 여러분은 모든 계산에 공통으로 들어 있는 부분을 reduce라는 함수에 줄여낸다. 그리고 필요에 따라 달라지는 부분(연산)을 인자로 reduce에 전달한다.

추상화를 더 진행할 수도 있다. 리스트의 모든 원소를 조합해 원소 타입과 다른 타입의 결괏값을 만들어내는 더 일반적인 함수로 추상화한다면 reduce 함수는 그 함수의 한 사례라고 할 수 있다. 예를 들어, 문자 리스트로 String을 만들 때 그 함수를 사용할 수 있다. 이런 식으로 함수를 사용하려면 최초 값(아마도 빈 문자열)이 있어야 한다. 3장과 5장에서 이와 같은 함수인 fold에 관해 배운다.

reduce 함수는 빈 리스트에서는 작동하지 않는다. 정수 리스트에서 합계를 구하려면 계산을 시작할 원소가 있어야 한다. 리스트가 비어 있다면 어떤 값을 반환해야 할까? 여러분은 결과가 0이라는 사실을 이미 알고 있지만, 이는 합계를 구하는 경우에만 옳다. 곱을 구해야 하는 경우에는 0으로 하면 안 된다.

다른 예로 groupByCard 함수를 생각해 보자. 이 함수는 신용 카드 지급을 카드별 그룹으로 묶을 때만 쓸 수 있는 함수처럼 보인다. 하지만 그렇지 않다! 이 함수를 사용하면 리스트의 종류와 관계없이 원소의 특성에 따라 그룹을 만들 수 있다. 따라서 이 함수를 더 추상화해서 List 클래스에 넣으면 더 쉽게 재사용할 수 있다(코틀린 List 클래스에 이런 함수가 이미 들어 있다).

끝까지 추상화하면 프로그램을 더 안전하게 만들 수 있다. 추상화된 부분을 단 한 번만 작성하면 되기 때문이다. 그 결과, 추상화된 부분을 완전히 테스트하기만 하면 이미 추상화된 부분을 다시 구현하면서 생기는 버그를 막을 수 있다.

이 책의 나머지 부분에서는 프로그램의 여러 요소를 추상화해 단 한 번만 정의하면 되는 방법을 알아본다. 예를 들어 루프를 추상화하는 방법을 알아보는데, 그에 따라 루프를 다시 작성할 필요가 없어진다. 그리고 List 클래스에 있는 함수를 선택해 순차 처리를 병렬 처리로 바꾸는 방식으로 병렬화를 추상화하는 방법도 배운다.

## 1.3 요약

- 결괏값을 반환하는 함수를 외부와 상호 작용하는 효과와 명확히 분리함으로써 프로그램을 더 안전하게 만들 수 있다.
- 함수의 출력이 결정적이고 함수가 외부 상태에 의존하지 않는다면 함수를 더 쉽게 테스트하고 함수의 성질을 더 잘 추론할 수 있다.
- 더 높은 수준까지 추상화를 추구한다면 안전성, 유지 보수 용이성, 테스트 용이성, 재사용성이 좋아진다.
- 불변성이나 참조 투명성과 같은 안전성 원칙을 적용하면 프로그램이 상태 변이를 실수로 공유하는 경우를 방지할 수 있다. 다중 스레드 환경에서 발생하는 버그 중 아주 많은 경우가 상태 변이 공유로 인해 생겨난다.

# 2장

# 코틀린 프로그래밍의 개요

2.1 필드와 변수
2.2 클래스와 인터페이스
2.3 원시 타입이 없음
2.4 컬렉션의 두 유형
2.5 패키지
2.6 가시성
2.7 함수
2.8 널
2.9 프로그램 흐름과 제어 구조
2.10 비검사 예외
2.11 사용한 자원 자동으로 닫기
2.12 스마트 캐스트
2.13 동등성과 동일성
2.14 문자열 인터폴레이션
2.15 여러 줄 문자열
2.16 변성: 파라미터화한 타입과 하위 타입
2.17 요약

---

**이 장에서 다루는 내용**

- 필드 및 변수 선언과 초기화하기
- 코틀린 클래스와 인터페이스
- 두 종류의 코틀린 컬렉션
- 함수(그리고 제어 구조)
- 널(null) 다루기

이 장에서는 코틀린 언어를 간략하게 설명한다. 여러분이 자바를 (최소한) 안다고 가정하여 자바와 코틀린의 차이를 강조하겠다. 이 장의 의도는 여러분에게 코틀린을 가르쳐주는 것이 아니다. 코틀린을 배우고 싶은 독자는 다른 책을 읽어보라. 코틀린을 깊이 있게 다룬 책이 필요하다면 〈Kotlin in Action〉(에이콘, 2017)을 권한다.

이 장은 여러분이 코틀린으로부터 얻을 수 있는 것을 간단히 경험해 보는 장이다. 모든 내용을 기억하려고 노력하지는 말라. 코틀린 언어가 제공하는 기능 중에 놀라운 부분을 살펴보고 그 부분이 자바와 어떻게 다른지 보라. 3장부터는 코틀린의 여러 기능으로 돌아가서 안전한 프로그래밍이라는 맥락에서 각 기능을 어떻게 쓰는지 알아본다. 이 장에서는 코틀린을 사용하면 얻을 수 있는 중요한 이점을 전체적으로 살펴본다. 이 장에서 모든 이점을 설명하지는 못하지만, 여기서 설명하지 못한 이점은 이 책의 나머지 부분에서 만날 수 있다.

## 2.1 필드와 변수

코틀린에서는 다음과 같은 구문으로 필드(field)를 선언하고 초기화할 수 있다.

```
val name: String = "Frank 현석 Oh"
```

자바와 다른 점을 살펴보자.

- val이라는 키워드가 맨 앞에 나온다. 이 키워드는 뒤에 오는 name이 불변(자바 final에 해당)임을 뜻한다.
- 타입(String)이 필드 이름 뒤에 온다. 이때 이름과 타입을 콜론(:)으로 구분한다.
- 한 문장이 끝나는 부분에 세미콜론(;)이 없다. 세미콜론을 사용해도 되지만, 줄 끝이 세미콜론과 같기 때문에 세미콜론을 꼭 쓸 필요는 없다.

### 2.1.1 타입을 생략해 더 간단하게 만들기

앞에서 본 예제를 다음과 같이 더 간단히 적을 수도 있다.

```
val name = "Frank 현석 Oh"
```

이 경우, 코틀린은 필드를 초기화하는 값을 보고 변수의 타입을 추측한다. 이런 과정을 **타입 추론**(type inference)이라고 한다. 타입 추론이 있어서 타입을 생략해도 될 때가 많다. 하지만 타입 추론이 제대로 작동하지 않는 경우도 있다. 예를 들면 타입이 모호하거나 필드를 값으로 초기화하지 않는 경우에 타입 추론이 제대로 작동하지 않는다. 이럴 때는 타입을 반드시 명시해야 한다.

하지만 일반적으로 타입을 지정하는 편이 더 현명하다. 타입을 지정하면 코틀린이 추론한 타입과 여러분이 예상한 타입이 다른지 검사할 수 있다. 분명히 말하지만 그 두 타입이 서로 일치하지 않는 경우가 생긴다!

### 2.1.2 가변 필드 사용하기

2.1절 시작 부분에서 val은 참조가 불변이라는 뜻이라고 설명했다. 그렇다면 모든 참조는 항상 불변일까? 그렇지 않다. 하지만 가능한 val을 많이 사용해야 한다. 참조를 바꿀 수 없다면 일단 초기화된 참조를 더럽힐 방법이 없기 때문이다. 마찬가지 이유로, 최대한 빨리 참조를 초기화해야 한다. 나중에 보겠지만, 일반적으로 코틀린은 초기화하지 않은 참조를 쓸 수 없도록 막는다. 이 부분은 초기화하지 않은 참조를 자동으로 null로 설정하고 자유롭게 쓸 수 있게 허용하는 자바와 다르다.

가변 참조를 사용하려면 다음과 같이 val을 var로 바꿔야 한다.

```
var name = "Frank 현석 Oh"
...
name = "Joyce 계영 Lee"
```

하지만 var 사용을 최대한 피하는 편이 낫다는 점을 명심하라. 참조가 가리키는 대상이 바뀌지 않으면 프로그램을 추론하기가 훨씬 쉽기 때문이다.

### 2.1.3 지연 초기화 이해하기

참조 초기화를 늦추기 위해 var를 사용할 수밖에 없지만, 일단 참조를 초기화해 값이 정해진 다음부터는 변경을 막고 싶을 때가 있다. 초기화를 늦게 해야 하는 이유는 많다. 가장 흔한 경우는 초기화에 비용이 많이 들어서 참조를 실제로 사용하기 전까지 절대 초기화하고 싶지 않은 경우다.

일반적인 해법은 var 참조를 null로 초기화하고 나중에 의미 있는 값을 대입하는 것이다. 이렇게 바꾼 값은 이제 거의 바뀌지 않는다. 하지만 코틀린은 널이 될 수 있는 타입(nullable type)과 널이 될 수 없는 타입(non-nullable type)을 구분하므로 이런 식으로 참조를 사용하기는 힘들다. 널이 될 수 없는 타입은 NullPointerException이 발생할 위험이 없기 때문에 훨씬 안전하다. 필드 선언 시점에는 값을 알지 못하지만, 일단 초기화되고 나면 절대 바뀌지 않는 값이 있다. 이때 어쩔 수 없이 var를 사용해야 된다면 슬픈 일이다. 이런 경우 다음처럼 널이 될 수 없는 참조 대신 널이 될 수 있는 참조를 써야 한다.

```
var name: String? = null
...
name = getName()
```

여기서 name이라는 참조의 타입은 String?인데, 이 타입은 널이 될 수 있는 타입이다. 이 참조의 타입을 String으로 하면 어떨까 하고 생각할 수도 있겠지만, 실제로는 그럴 수 없다. 널이 될 수 없는 String 타입을 사용하려면 다음과 같이 초기화되지 않은 참조임을 나타내는 특별한 문자열을 사용해야 한다.

```
var name: String = "초기화_안_됨"
...
name = getName()
```

또는 name에 빈 문자열을 사용하지 못하는 것이 확실하다면 빈 문자열로 초기화되지 않은 참조를 표현할 수도 있다. 어떤 경우든 초기화한 후 절대 값이 바뀌지 않더라도 참조 선언에 var를 사용해야 한다. 그런데 코틀린은 더 나은 해법을 제공한다.

```
val name: String by lazy { getName() }
```

이렇게 쓰면 name 참조를 최초로 사용하는 시점에 getName() 함수를 호출한다. 여기서 람다(lambda, 함수 값을 람다라고도 부름) 대신 함수 참조를 쓸 수 있다.

```
val name: String by lazy(::getName)
```

name이라는 참조를 최초로 사용한다는 말은 그 참조가 가리키는 값을 사용하려고 최초로 name을 역참조(dereference)한다는 말이다. 다음 예제를 보자.

```
fun main(args: Array<String>) {
    val name: String by lazy { getName() }
    println("안녕1")
```

```
    val name2: String by lazy { name }
    println("안녕2")
    println(name)
    println(name2)
    println(name)
    println(name2)
}

fun getName(): String {
    println("이름 계산 중...")
    return "Frank 현석 Oh"
}
```

이 프로그램을 실행하면 다음과 같은 출력을 볼 수 있다.

```
안녕1
안녕2
이름 계산 중...
Frank 현석 Oh
Frank 현석 Oh
Frank 현석 Oh
Frank 현석 Oh
```

가변 참조에 대해 지연 초기화를 사용할 수는 없지만, 가변 참조를 꼭 지연 초기화해야 한다면 lateinit 키워드를 사용할 수 있다. lateinit은 최초 사용 시 초기화되지는 않지만, 어떤 면에서는 by lazy와 같은 효과를 나타낸다.

```
lateinit var name: String
...
name = getName()
```

이런 식으로 구성하면 널이 될 수 있는 타입을 사용하지 않아도 된다. 하지만 프로퍼티를 다루고자 의존 관계 주입(DI, Dependency Injection) 프레임워크 등으로 외부에서 필드 초기화를 진행하는 경우를 제외하면 by lazy와 비교할 때 장점이 전혀 없다. DI를 하더라도 불변 프로퍼티를 사용할 수 있으므로 언제나 생성자 기반의 의존 관계 주입을 사용하려고 노력해야 한다. 지연 계산에 관한 자세한 내용은 9장에서 살펴보겠다.

## 2.2 클래스와 인터페이스

코틀린 클래스는 자바와 상당히 다른 구문을 사용한다. String 타입의 name이라는 프로퍼티가 들어 있는 Person 클래스를 코틀린으로 정의하면 다음과 같다.

```
class Person constructor(name: String) {
    val name: String

    init {
        this.name = name
    }
}
```

이 코드와 같은 일을 하는 자바 코드는 다음과 같다.

```
public final class Person {
    private final String name;

    public Person(String name) {
        this.name = name;
    }

    public String getName() {
        return name;
    }
}
```

두 코드를 비교하면 코틀린 버전이 훨씬 더 간결하다. 몇 가지를 자세히 알아보자.

- 코틀린 클래스는 기본적으로 공개(public)다. 따라서 public이라는 단어를 쓸 필요가 없다. 클래스를 공개하지 않으려면 private, protected, internal 변경자(modifier)를 지정해야 한다. internal 변경자는 클래스가 정의된 모듈 안에서만 클래스에 접근할 수 있다는 뜻이다. 코틀린에는 자바의 '패키지 내 공개(package private)'에 해당하는 변경자가 없다(자바에서 아무 변경자도 없는 클래스는 같은 패키지 안에서만 접근할 수 있다). 자바와 달리 protected는 클래스를 확장하는 경우에만 사용할 수 있고, 같은 패키지 안에 있는 다른 클래스에서는 protected 클래스에 접근할 수 없다.

- 코틀린 클래스는 기본적으로 상속 불가(final)다. 그래서 코틀린과 동등한 자바 코드에서는 클래스를 final 변경자로 선언한다. 자바에서 대부분 클래스는 final로 선언되어야 하지만

프로그래머들이 이를 잊는 경우가 많다. 코틀린에서는 기본적으로 클래스를 상속 불가로 만들어서 이 문제를 해결했다. 코틀린 클래스를 상속할 수 있게 하려면 open 변경자를 사용하라. 확장에 대해 열려 있는 클래스는 확장을 염두에 두고 설계를 해야 하므로 코틀린의 접근 방법이 더 안전하다.

- 생성자 정의가 클래스 이름 뒤에 온다. 그리고 생성자 구현은 init 블록 안에 들어간다. 초기화 블록(init 블록)은 생성자 파라미터에 접근할 수 있다.
- 접근자(accessor)가 필요 없다. 코드를 컴파일하면 컴파일러가 접근자를 생성해 준다.
- 자바와 달리 공개 클래스 이름이 그 클래스가 담겨 있는 파일 이름과 같을 필요가 없다. 파일 이름을 원하는 대로 정해도 된다. 게다가 한 파일 안에 여러 공개 클래스를 정의해도 된다. 하지만 꼭 그렇게 해야 할 필요는 없다. 공개 클래스를 클래스 이름과 같은 파일에 따로 넣어 두면 필요할 때 클래스를 쉽게 찾을 수 있다.

### 2.2.1 예제 코드 간결하게 만들기

2.2절 시작 부분의 코틀린 코드를 더 간결하게 만들 수 있다. init 블록이 한 줄 뿐이기 때문에 다음과 같이 name 프로퍼티 선언에 합칠 수 있다.

```kotlin
class Person constructor(name: String) {
    val name: String = name
}
```

더 나아가 생성자 선언, 프로퍼티 선언, 프로퍼티 초기화를 다음과 같이 하나로 합칠 수 있다.

```kotlin
class Person constructor(val name: String) {

}
```

이제 빈 블록을 제거해도 된다. 그리고 (블록이 비어 있는지와 관계없이) constructor라는 키워드는 없어도 된다.

```kotlin
class Person(val name: String)
```

추가로, 한 클래스 안에 여러 프로퍼티를 정의해도 된다.[1]

---

1 역주 Instant를 사용하려면 java.time.Instant를 임포트해야 한다. 파일 맨 앞에 import java.time.Instant를 추가하라.

```
class Person(val name: String, val registered: Instant)
```

코틀린을 사용하면 거추장스러운 준비 코드(boilerplate code) 대부분을 없앨 수 있어서 읽기 쉬운 간결한 코드를 만들 수 있다. 코드는 단 한 번 작성되지만 여러 번 읽힌다는 점을 명심하라. 코드를 더 읽기 쉽게 만들면 유지 보수도 더 쉽다.

## 2.2.2 인터페이스를 구현하거나 클래스를 확장하기

클래스에서 하나 이상의 인터페이스를 구현하거나 다른 클래스를 확장하고 싶다면 그런 인터페이스나 클래스를 클래스 정의 뒤에 나열하면 된다.

```
class Person(
    val name: String,
    val registered: Instant
) : Serializable,
    Comparable<Person> {
    override fun compareTo(other: Person): Int {
        ...
    }
}
```

클래스 확장과 인터페이스 구현에 같은 구문을 사용한다. 클래스를 확장할 때는 부모 클래스 이름 뒤에 인자들이 들어 있는 괄호가 붙는다는 점이 인터페이스를 구현할 때와 다른 부분이다.

```
class Member(name: String, registered: Instant) : Person(name, registered)
```

하지만 클래스는 기본적으로 상속 불가임에 유의하라. 이 예제를 컴파일하려면 확장하려는 부모 클래스를 open으로 선언해야만 한다. open은 **확장에 대해 열려 있다**는 뜻이다.

```
open class Person(val name: String, val registered: Instant)
```

확장할 것을 염두에 두고 구체적으로 설계한 클래스만 확장을 허용하는 것이 좋은 프로그래밍 습관이다. 앞의 코드를 보면 코틀린은 자바와 달리 확장을 고려하지 않고 설계한 클래스를 확장하지 못하게 막음으로써 이런 규칙을 강화한다는 사실을 알 수 있다.

### 2.2.3 클래스 인스턴스화하기

클래스의 인스턴스를 만들 때도 코틀린을 사용하면 타이핑 횟수를 어느 정도 줄일 수 있다. 예를 들어 다음과 같은 자바 코드를 보자.

```
final Person person = new Person("Bob", Instant.now());
```

이런 코드 대신에 코틀린 코드에서는 다음과 같이 생성자를 함수로 사용할 수 있다(정말로 그렇다).

```
val person = Person("Bob", Instant.now())
```

Person 생성자는 문자열과 시점(Instant)의 모든 조합으로 이뤄진 집합으로부터 가능한 모든 사람(Person)을 만들어내는 함수이므로 이렇게 함수로 취급해도 타당하다. 이제 코틀린에서 어떻게 생성자를 오버로드(overload)하는지 알아보자.

### 2.2.4 프로퍼티 생성자 오버로드하기

필수가 아닌 프로퍼티에 기본 값이 있는 경우가 있다. 앞의 예제를 보고, Person 인스턴스 registered의 기본 값을 이 인스턴스가 생성된 시간으로 설정할 수 있다. 이럴 때 자바에서는 다음과 같이 두 가지 생성자를 사용해야 한다.

**예제 2-1** 선택적인 프로퍼티가 있는 전형적인 자바 객체

```java
public final class Person {
    private final String name;
    private final Instant registered;

    public Person(String name, Instant registered) {
        this.name = name;
        this.registered = registered;
    }

    public Person(String name) {
        this(name, Instant.now());
    }

    public String getName() {
```

```java
        return name;
    }

    public Instant getRegistered() {
        return registered;
    }
}
```

코틀린에서는 프로퍼티 이름 뒤에 기본 값을 표현함으로써 똑같은 결과를 얻을 수 있다.

```kotlin
class Person(val name: String, val registered: Instant = Instant.now())
```

생성자를 좀 더 전통적인 방식으로 오버로드할 수도 있다.[2]

```kotlin
class Person(val name: String, val registered: Instant = Instant.now()) {
    constructor(name: Name) : this(name.toString()) {
        // 생성자 구현 추가 가능
    }
}
```

자바와 마찬가지로 생성자를 정의하지 않으면 인자가 없는 생성자가 자동으로 만들어진다.

### 비공개 생성자와 프로퍼티

자바와 마찬가지로 생성자를 비공개로 만들면 외부 코드에서 생성자에 접근하지 못하게 막을 수 있다.

```kotlin
class Person private constructor(val name: String)
```

자바와 달리 정적(static) 멤버만 들어 있는 유틸리티 클래스의 초기화를 막으려고 기본 생성자를 비공개로 만들 필요는 없다. 코틀린은 정적 멤버를 클래스 밖의 패키지 수준에 둔다.

### 접근자와 프로퍼티

자바에서는 객체 프로퍼티를 외부에 직접 노출하는 것을 나쁜 습관으로 간주한다. 그래서 프로퍼티를 바로 노출하는 대신에 값을 설정하거나 읽기 위한 메서드를 통해 프로퍼티를 외부에 노출한

---

2 역주 이렇게 정의한 클래스는 생성자가 두 개 있다. 하나는 String과 Instant를 인자로 받되 Instant를 생략해도 되는 생성자이고, 다른 하나는 Name이라는 클래스의 인스턴스를 인자로 받는 생성자다.

다. 이런 메서드를 **게터**(getter)와 **세터**(setter)라고 부르며 둘을 합쳐서 **접근자**(accessor)라고 한다. 다음 코드는 사람 이름을 가져오기 위해 게터를 호출한다.

```
val person = Person("Bob")
...
println(person.name) // 게터 호출
```

코드를 보면 마치 name이라는 필드에 직접 접근하는 것처럼 보인다. 하지만 실제로는 컴파일러가 생성한 게터를 사용한다. 생성된 게터는 필드와 같은 이름이며 호출하기 위해 뒤에 괄호를 붙일 필요가 없다.

앞의 코드에서 System.out에 들어 있는 println을 자바에서보다 훨씬 쉽게 호출할 수 있음을 발견한 독자도 있을 것이다. 여러분이 작성할 프로그램이 콘솔에 내용을 출력할 일은 거의 없기 때문에 이런 내용이 그리 중요하지는 않지만, 그래도 언급할 만한 가치는 있다.

## 2.2.5 equals와 hashCode 메서드 만들기

Person 클래스가 데이터를 표현한다면 hashCode와 equals 메서드도 필요하다. 자바에서 이런 메서드를 작성하는 일은 지겹고 실수하기도 쉬운 일이다. 다행히 좋은 자바 IDE는 여러분 대신 이런 메서드를 자동으로 생성해 준다. 다음 예제는 인텔리J IDEA가 제공하는 이런 기능으로 만든 코드다.

**예제 2-2** 인텔리J IDEA가 생성한 자바 데이터 객체

```java
public final class Person {
    private final String name;
    private final Instant registered;

    public Person(String name, Instant registered) {
        this.name = name;
        this.registered = registered;
    }

    public Person(String name) {
        this(name, Instant.now());
    }

    public String getName() {
```

```
        return name;
    }

    public Instant getRegistered() {
        return registered;
    }

    @Override
    public boolean equals(Object o) {
        if (this == o) return true;
        if (o == null || getClass() != o.getClass()) return false;
        Person person = (Person) o;
        return Objects.equals(name, person.name) &&
                Objects.equals(registered, person.registered);
    }

    @Override
    public int hashCode() {
        return Objects.hash(name, registered);
    }
}
```

IDE가 정적으로 코드를 생성해 주면 지겨운 타이핑 시간을 줄일 수 있지만, 이와 같은 난잡한 코드를 계속 소스에 포함해야 하고 이는 코드 가독성에 도움이 되지 않는다. 설상가상으로 이런 코드를 유지 보수해야 한다! 나중에 hashCode와 equals에 포함되어야 하는 프로퍼티를 추가한다면 두 메서드를 삭제하고 재생성해야 한다. 코틀린은 이런 일을 더 단순화해 준다.

```
data class Person(val name: String, val registered: Instant = Instant.now())
```

그렇다. 단지 클래스 정의 맨 앞에 data를 추가하면 된다. 이 코드를 컴파일하면 hashCode와 equals 함수가 생성된다. 각각의 코드를 볼 수는 없지만, 일반 함수처럼 쓸 수는 있다. 더 나아가 코틀린은 유용한(읽기 좋은) 정보를 보여주는 toString 함수와 기존 객체의 모든 프로퍼티를 복사해 저장한 새 객체를 만들어내는 copy 함수도 생성해 준다. 게다가 코틀린은 componentN 함수도 만들어 준다(여기서 N은 정수). 이 함수를 통해 클래스의 각 프로퍼티에 접근할 수 있다. 이 방법은 다음 절에서 설명한다.

## 2.2.6 데이터 객체 구조 분해하기

프로퍼티가 N개 있는 데이터 클래스에는 component1부터 componentN이라는 함수가 자동으로 정의된다. 이 함수들은 클래스에 프로퍼티가 정의된 순서대로 각 프로퍼티에 접근하게 한다. 이런 함수를 주로 사용하는 경우가 객체의 **구조 분해**(destructing)다. 구조 분해를 사용하면 객체 프로퍼티에 훨씬 쉽게 접근할 수 있다.

```
data class Person(val name: String, val registered: Instant = Instant.now())

fun show(persons: List<Person>) {
    for ((name, date) in persons)
        println(name + "'s registration date: " + date)
}

fun main(args: Array<String>) {
    val persons = listOf(Person("Mike"), Person("Paul"))
    show(persons)
}
```

show 함수는 다음과 같다.

```
fun show(persons: List<Person>) {
    for (person in persons)
        println(person.component1() + "'s registration date: " + person.component2())
}
```

코드를 보면 구조 분해를 통해 프로퍼티가 필요할 때마다 번거롭게 프로퍼티를 역참조할 필요가 없어서 코드가 더 명확하고 간결해짐을 알 수 있다.

## 2.2.7 정적 메서드 구현하기

코틀린 클래스에는 정적 멤버가 없다. 그 대신 **동반 객체**(companion object)라는 특별한 요소를 사용해 같은 효과를 얻을 수 있다.

```
data class Person(val name: String, val registered: Instant = Instant.now()) {
    companion object {
        fun create(xml: String): Person {
```

```
            TODO("Write an implementation creating " +
                "a Person from an xml string")
        }
    }
}
```

자바 정적 멤버를 호출할 때처럼 create 함수를 호출할 수 있다.

```
Person.create(someXmlString)
```

동반 객체를 지정해 명시적으로 create를 호출할 수도 있다. 하지만 이런 방식은 낭비다.

```
Perso.Companion.create(someXmlStrig)
```

반대로 이 함수를 자바 코드에서 사용하려면 동반 객체를 지정해 함수를 호출해야 한다. 하지만 동반 객체가 들어 있는 외부 클래스의 정적 멤버로 이 함수를 호출하고 싶으면 이 코틀린 함수 앞에 @JvmStatic 애너테이션을 붙여야 한다. 자바 코드에서 코틀린 코드를 호출하는 방법(그리고 역으로 코틀린에서 자바 코드를 호출하는 방법)은 부록 A를 보라.

여기서 예기치 않게 코틀린이 제공하는 TODO 함수를 사용했다. 이 함수는 코드를 더 일관성 있게 만든다. 이 함수는 실행 시점에 예외를 발생시켜 해야 할 작업이 남아 있음을 여러분에게 상기시켜준다!

## 2.2.8 싱글턴 사용하기

어떤 클래스에 속한 객체를 단 하나만 만들어야 할 때가 종종 있다. 이런 인스턴스를 **싱글턴**(sigleton)이라고 부른다. 싱글턴 패턴은 클래스에 대해 인스턴스를 단 하나만 허용하는 디자인 패턴이다. 자바에서는 생성되는 인스턴스가 하나뿐임을 보장하기가 어려워 싱글턴 패턴에 관한 논란이 많다. 코틀린에서는 class를 object라는 키워드로 바꾸기만 하면 쉽게 싱글턴을 만들 수 있다.

```
object MyWindowAdapter: WindowAdapter() {
    override fun windowClosed(e: WindowEvent?) {
        TODO("not implemented")
    }
}
```

이런 싱글턴 객체에는 생성자가 있을 수 없다. 프로퍼티가 있다면 반드시 초기화해야 한다.

## 2.2.9 유틸리티 클래스 인스턴스화 방지하기

자바에서는 정적 메서드만 포함된 유틸리티 클래스를 만들어 사용하는 경우가 자주 있다. 그런 경우에 보통은 클래스 인스턴스화를 금지한다. 클래스 인스턴스화를 금지하려면 자바에서는 일반적으로 생성자를 비공개로 만들고 코틀린에서는 클래스 밖의 패키지 수준에서 함수를 만들면 된다. 패키지 수준에서 함수를 만들려면 아무 이름으로나 된 파일을 하나 만들고 첫 줄에 패키지 선언을 넣는다. 패키지 선언 다음에는 어떤 클래스에도 포함되지 않는 함수를 정의하면 된다.

```
package com.acme.util

fun create(xml: String): Person {
    ...
}
```

전체 경로를 사용해 이 함수를 다음처럼 호출할 수 있다.

```
val person = com.acme.util.create(someXmlString)
```

짧은 이름을 사용하고 싶으면 패키지를 임포트하면 된다.

```
import com.acme.util.*

val person = create(someXmlString)
```

코틀린은 JVM에서 돌아가므로 패키지 수준에서 정의한 코틀린 함수를 자바 쪽에서 호출할 방법이 있어야 한다. 이에 관해서는 부록 A를 참고하라.

# 2.3 원시 타입이 없음

코틀린에는 원시 타입(primitive type)이 없다. 최소한 프로그래머가 보는 관점에서는 그렇다. 그 대신에 코틀린은 내부에서 자바 원시 타입으로 계산을 빠르게 수행한다. 하지만 프로그래머는 오직 객체만 조작하게 된다. 32비트 정수를 표현하는 코틀린 객체 클래스는 자바 클래스와는 다르다.

Integer 대신 코틀린에서는 Int를 쓴다. 다른 수 관련 타입이나 불 타입(Boolean)은 자바 타입과 이름이 같다. 그리고 자바와 마찬가지로 숫자 사이에 밑줄을 사용할 수 있다.

- 64비트 정수 타입(Long) 숫자 뒤에는 L을 붙이고, 기본 정밀도(single precision) 부동소수점 타입(Float) 숫자 뒤에는 F를 붙인다.
- 2배 정밀도(double precision) 부동소수점 타입(Double)의 숫자는 2.0이나 .9처럼 소수점(.)으로 정수와 구분한다.[3]
- 16진수 값은 맨 앞에 0x를 붙여야 한다. 예를 들면 다음과 같다.[4]

    0xBE_24_1C_D3

- 2진수 앞에는 0b를 붙여야 한다. 예를 들면 다음과 같다.[5]

    0b01101101_11001010_10010011_11110100

원시 타입이 없으므로 수나 불 값들로 이뤄진 컬렉션을 박싱(boxing)/언박싱(unboxing) 하기 위한 별도의 함수가 필요 없어서 프로그래밍이 더 단순해진다.

## 2.4 컬렉션의 두 유형

코틀린 컬렉션은 자바 컬렉션을 사용하지만, 코틀린이 제공하는 기능이 추가됐다. 코틀린에서 가장 중요한 점은 컬렉션에 불변(immutable)과 가변(mutable)이라는 두 가지 유형이 있다는 점이다. 컬렉션으로 실험할 때 가장 먼저 해볼 법한 실용적인 일은 정해진 함수로 컬렉션을 만드는 것이다. 다음 코드는 1, 2, 3이 들어 있는 불변 리스트를 만든다.

```
var list = listOf(1, 2, 3)
```

기본적으로 코틀린 컬렉션은 불변이다.

---

[3] 역주 자바와 달리 2.처럼 소수점으로만 끝나는 부동소수점 상수는 사용할 수 없다.
[4] 역주 0x와 0X 모두 가능하며, 각 자리에는 대문자 A~F뿐 아니라 소문자 a~f를 사용해도 된다.
[5] 역주 0b와 0B 모두 가능하다.

> **Note** ≡ 사실 코틀린의 불변 컬렉션은 진짜 불변 컬렉션이 아니다. 코틀린 불변 컬렉션은 단지 원소를 변경하도록 허용하지 않는 컬렉션일 뿐이다. 따라서 이를 **읽기 전용 컬렉션**이라고 부르기를 더 좋아하는 사람도 있지만, 컬렉션이 정말 읽기 전용도 아니어서 이 또한 그리 좋은 용어라 할 수 없다. 걱정하지 말라. 5장에서 **진짜** 불변 컬렉션을 만드는 방법을 알아본다.

listOf 함수는 패키지 수준의 함수로, 클래스나 인터페이스의 멤버가 아니다. listOf 함수는 kotlin.collections 패키지에 정의되어 있으므로 다음과 같이 임포트할 수 있다.

```
import kotlin.collections.lisfOf
```

listOf를 명시적으로 임포트하지 않아도 된다. kotlin.collections 패키지에 있는 모든 함수는 사실 다음과 같은 임포트문을 실행한 것처럼 암시적으로 이미 임포트되어 있다.

```
import kotlin.collections.*
```

다른 여러 패키지도 자동으로 임포트된다. 이런 방식은 자바에서 java.lang 패키지가 자동으로 임포트되는 것과 비슷하다.

불변성이 리스트에 대한 연산을 수행할 수 없다는 뜻이 아니라는 점에 유의하라. 다음 예를 보자.

```
val list1 = listOf(1, 2, 3)
val list2 = list1 + 4
val list3 = list1 + list2
println(list1)
println(list2)
println(list3)
```

이 코드는 정수 1, 2, 3이 들어 있는 리스트를 만든다. 그 후, 첫 번째 원소의 끝에 4를 추가한 새로운 리스트를 만든다. 마지막으로 list1과 list2를 연결한 새 리스트를 만든다. 결과를 보면 어떤 리스트도 바뀌지 않았음을 알 수 있다.

```
[1, 2, 3]
[1, 2, 3, 4]
[1, 2, 3, 1, 2, 3, 4]
```

가변 컬렉션이 필요하면 이를 명시해야 한다.

```
val list1 = mutableListOf(1, 2, 3)
val list2 = list1.add(4)
```

```
val list3 = list1.addAll(list1)
println(list1)
println(list2)
println(list3)
```

앞의 코드와 결과가 전혀 다르다.

```
[1, 2, 3, 4, 1, 2, 3, 4]
true
true
```

여기서는 모든 연산이 첫 번째 리스트에만 수행됐고 그 때문에 당혹스러운 결과가 나왔다. 타입 추론으로 인해 (타입이 Boolean인) 연산 결과를 list2와 list3라는 두 참조에 대입할 때 아무런 타입 오류가 없었다. 코틀린은 이 두 참조를 자동으로 Boolean 타입으로 지정한다. 이런 이유로 되도록 타입을 명시하는 편이 좋다. 타입을 명시하면 다음과 같은 코드는 컴파일되지 않는다.

```
val list1: List<Int> = mutableListOf(1, 2, 3)
val list2: List<Int> = list1.add(1) // <-- 컴파일 오류
val list3: List<Int> = list1.addAll(list2) // <-- 컴파일 오류
println(list1)
println(list2)
println(list3)
```

+ 연산자는 plus라고 부르는 **중위**(infix) 확장 함수를 호출한다. 코틀린에서는 List를 확장하는 Collection 인터페이스 안에 plus 정의가 들어 있다. 확장 함수는 인자를 받아 새 리스트를 만드는 정적 함수로 컴파일된다. + 연산자를 가변 리스트에 사용할 수도 있지만, +를 사용하면 불변 리스트와 같은 결과를 돌려받게 되며, 원래의 가변 리스트는 변하지 않고 그대로 남는다.

불변성인 영속적 데이터 구조(persistent data structure)를 데이터 공유(data sharing)를 사용해 구현하는 방법을 이해하는 독자라면 코틀린의 불변 리스트가 데이터를 공유하지 않는다는 사실에 실망할지도 모른다. (코틀린 불변 리스트는 원소는 공유하지만, 리스트 데이터는 공유하지 **않는다**.) 코틀린 리스트에 원소를 추가하면 완전히 새로운 리스트를 만들어낸다. 5장에서 데이터를 공유하는 불변 리스트를 직접 작성하는 방법을 살펴본다. 데이터를 공유하면 메모리 공간을 절약하고 일부 연산의 경우 성능이 더 좋아질 수도 있다.

## 2.5 패키지

앞에서 함수를 패키지 수준에서 정의할 수 있다고 설명했다. 그로 인해 자바 패키지 사용 방식과 코틀린 패키지 사용 방식에 큰 차이가 생긴다. 코틀린 패키지에서는 패키지가 저장된 디렉터리 구조와 패키지의 이름을 서로 일치시킬 필요가 없다. 마찬가지로 클래스를 자신의 이름과 같은 이름의 파일에 저장할 필요도 없다. 그리고 클래스가 들어 있는 패키지와 클래스가 정의된 파일이 들어 있는 디렉터리의 구조를 꼭 일치시킬 필요도 없다.

패키지는 단지 식별자에 지나지 않는다. 코틀린에는 **하위 패키지**(subpackage, 패키지를 포함하는 패키지)라는 개념이 없다. 파일 이름은 중요하지 않다(확장자는 .kt로 끝나야 한다). 하지만 자바처럼 패키지와 디렉터리 구조를 일치시키는 관습을 채택하는 편이 좋은 두 가지 이유가 있다.

1. 자바와 코틀린 파일을 혼합해서 사용해야 한다면 자바 파일을 패키지 이름과 일치하는 경로에 넣어야 한다. 이런 경우 코틀린 파일도 자바와 같은 방식을 택해야 한다.
2. 코틀린 소스 파일만 사용하는 경우라도 패키지와 소스 경로를 일치시키면 소스 파일을 찾아내기가 더 쉽다. 단지 (임포트문을 보면 쉽게 알 수 있는) 패키지 이름을 파일 경로로 바꾸면 파일을 찾을 수 있다.

## 2.6 가시성

코틀린의 가시성(visibility)은 자바와 약간 다르다. 함수와 프로퍼티를 클래스 내부는 물론 패키지 수준에서도 정의할 수 있다. 패키지 수준에서 정의한 모든 대상은 기본적으로 공개(public) 가시성이다. 어떤 대상이 비공개(private)라면 같은 파일 안에서만 이 대상을 볼 수 있다.

대상을 **내부**(internal) 가시성으로 선언할 수도 있다. 내부 가시성은 같은 모듈 안에서만 볼 수 있다는 뜻이다. **모듈**(module)은 한꺼번에 컴파일되는 파일 묶음을 뜻한다. 모듈 종류는 다음과 같다.

- 메이븐(Maven) 프로젝트
- 그레이들(Gradle) 소스 세트(source set)
- 인텔리J(IntelliJ IDEA) 프로젝트

- 이클립스(Eclipse) 프로젝트
- 단일 앤트(Ant) 태스크에 의해 컴파일되는 파일들

모듈은 한 JAR 파일에 들어간다. 모듈 안에는 여러 패키지가 들어갈 수 있고, 여러 패키지가 여러 모듈에 나눠 포함될 수도 있다.

클래스와 인스턴스는 기본적으로 공개 가시성이다. 어떤 대상의 가시성을 다음과 같은 가시성 변경자를 사용해 변경할 수 있다.

- private
- protected
- internal
- public

private 가시성인 대상은 자신이 정의된 클래스 안에서만 볼 수 있다. 자바에서는 **내부**(inner) **클래스**(다른 클래스 안에 정의된 클래스)의 비공개 멤버를 외부 클래스에서 볼 수 없다. 코틀린에서는 반대다. 외부 클래스에 정의된 비공개 멤버를 내부 클래스에서 볼 수 없다.

클래스 생성자는 기본적으로 public 가시성이다. 다음과 같이 생성자의 가시성 수준을 바꿀 수 있는데, 이 경우 constructor를 생략하면 안 된다.

```
class Person private constructor(val name: String, val registered: Instant)
```

자바와 달리 코틀린에는 **패키지 내 공개**(package private) 가시성이 없다(자바에서는 패키지 내 공개가 기본 가시성이다). 반대로 internal 가시성은 코틀린에만 있는 가시성으로 같은 모듈 안에 있는 어떤 코드에서나 internal로 선언된 대상을 볼 수 있다(그레이들 테스트 소스 세트에 있는 소스 코드는 자신에 상응하는 주 소스 세트에 있는 내부 가시성 원소들을 볼 수 있다는 점을 기억하라).

## 2.7 함수

코틀린 함수는 자바 메서드와 동등하다. 하지만 함수형 프로그래밍이나 수학의 함수와 코틀린의 함수는 의미가 다르다.

> Note ≡ 코틀린에서는 진짜 함수가 아닌 대상이나 전혀 함수가 아닌 대상에 대해서도 **함수**(function)라는 단어를 사용한다. 다음 장에서는 진짜 함수가 무엇인지 설명한다. 이 장의 나머지 부분에서는 코틀린에서 사용하는 뜻(자바 메서드와 동등한 의미)으로 함수라는 용어를 사용한다.

### 2.7.1 함수 선언하기

코틀린에서는 프로퍼티와 마찬가지로 함수도 패키지 수준이나 클래스, 객체 내부에 정의할 수 있다. 함수를 선언할 때는 fun이라는 키워드를 사용한다.

```
fun add(a: Int, b: Int): Int {
    return a + b
}
```

함수 본문을 한 줄로 표현할 수 있으면 중괄호({})로 묶은 블록을 다음과 같은 구문으로 대치할 수 있다.

```
fun add(a: Int, b: Int): Int = a + b
```

이런 형태를 **식 구문**(expression syntax)이라고 부른다. 식 구문을 사용할 때는 식에서 추론할 수 있는 반환 타입을 생략해도 된다.

```
fun add(a: Int, b: Int) = a + b
```

블록 구문과 식 구문을 혼용하면 예기치 못한 결과를 낳을 수 있음에 주의하라. 다음 예제는 잘못된 코드가 아니다.

```
fun add(a: Int, b: Int) = {
    a + b
}
```

하지만 이 함수의 반환 타입은 여러분이 예상하는 타입과 다르다. 이에 관해서는 다음 장에서 설명한다. 이런 예제에서 (이 예제에서는 return을 사용하지 않지만) 반환 타입을 명시하면 컴파일러가 여러분에게 오류를 알려줄 수 있다.

## 2.7.2 로컬 함수 사용하기

클래스나 객체 안에서 함수를 정의할 수 있다. 더 나아가 함수 내부에서도 함수를 정의할 수 있다. 다음 코드는 어떤 수보다 작은 모든 소수의 합계를 구하는 약간 복잡한 함수다. 지금은 이 함수의 동작을 이해하지 못해도 좋다. 나중에 모든 내용을 알게 된다. 다만 여기서 sumOfPrimes 함수 정의 안에 isPrime 함수 정의가 들어간다는 사실을 알아두는 것이 중요하다.

```
fun sumOfPrimes(limit: Int): Long {
    val seq: Sequence<Long> = sequenceOf(2L) + generateSequence(3L, {
        it + 2
    }).takeWhile{
        it < limit
    }

    fun isPrime(n: Long): Boolean = seq.takeWhile {
        it * it <= n
    }.all {
        n % it != 0L
    }

    return seq.filter(::isPrime).sum()
}
```

isPrime 함수를 sumOfPrimes 밖에서 정의할 수는 없다. 왜냐하면 isPrime이 seq 값을 **가두어 닫기**(close over) 때문이다. 이런 구조를 **클로저**(closure)라고 한다. 다음 장에서 배우겠지만 클로저는 자신이 가두어 닫은 변수를 함수 인자로 받는 것과 비슷하다. 앞의 코드를 다시 쓰면 다음과 같다.

```
fun sumOfPrimes(limit: Int): Long {
    val seq: Sequence<Long> = sequenceOf(2L) + generateSequence(3L, {
        it + 2
    }).takeWhile{
        it < limit
    }

    return seq.filter {
        x -> isPrime(x,seq)
    }.sum()
}

fun isPrime(n: Long, seq: Sequence<Long>): Boolean = seq.takeWhile {
    it * it <= n
```

```
}.all {
    n % it != 0L
}
```

클로저를 사용하면 isPrime 함수를 호출하려고 람다를 정의하는 대신 함수 참조(자바의 메서드 참조와 같음)를 사용할 수 있다. 한편, 클로저를 사용하면 isPrime 함수를 sumOfPrimes 함수 밖에서 사용할 수 없게 된다. 여러분이 이런 특성을 원할 수도 있고 원하지 않을 수도 있다.

여기서 (n: Long, seq: Sequence<Long>)을 파라미터로 받는 isPrime 함수를 sumOfPrimes 밖에서 다른 용도로 사용할 가능성이 별로 없다. 그런 경우에는 isPrime을 sumOfPrimes의 로컬 함수로 만들어서 클로저와 함수 참조를 사용하게 만드는 편이 더 낫다.

### 2.7.3 함수 오버라이드하기

클래스를 확장하거나 인터페이스를 구현할 때 종종 함수를 오버라이드한다. 자바와 달리 오버라이드할 때는 override 키워드를 반드시 붙여야 한다.

```
override fun toString() = ...
```

이것이 자바 코드보다 코틀린 코드가 더 길어지는 희귀한 경우다. 하지만 이렇게 하면 실수로 함수를 오버라이딩하는 것을 방지할 수 있어서 프로그램이 훨씬 더 안전해진다(자바에서 @Override 애너테이션을 활용하면 똑같은 효과를 얻을 수 있다).

### 2.7.4 확장 함수 사용하기

**확장 함수**(extension function)는 마치 클래스에 정의된 인스턴스 함수인 것처럼 객체를 호출할 수 있는 함수를 말한다. 코틀린에서는 확장 함수를 자주 사용한다. 예를 들어 리스트의 길이를 돌려주는 length라는 함수를 다음과 같이 정의하고 싶다고 해보자.

```
fun <T> length(list: List<T>) = list.size
```

물론 이 함수는 예제일 뿐, 전혀 쓸모가 없다. 코틀린에서는 이를 다음과 같이 정의할 수 있다.

```
fun <T> List<T>.length() = this.size
```

앞의 예제에서 length는 다음과 같이 인스턴스 함수처럼 사용하는 함수를 List 인터페이스에 추가한다. 그래서 이런 함수를 확장 함수라고 부른다.

```
fun <T> List<T>.length() = this.size

val ints = listOf(1, 2, 3, 4, 5, 6, 7)

val listLength = ints.length()
```

프로퍼티 구문으로 호출할 수 있는 size 함수와 달리 length()를 호출하려면 괄호를 꼭 사용해야 한다. 그리고 자바에서는 이런 확장 함수를 인스턴스 메서드처럼 호출할 수 없으며 코틀린 확장 함수를 호출하려면 정적 메서드로 호출해야 한다. 코틀린을 사용하면 다음과 같이 파라미터화 한 클래스에 함수를 추가할 수도 있다.

```
fun List<Int>.product(): Int = this.fold(1) { a, b -> a * b }

val ints = listOf(1, 2, 3, 4, 5, 6, 7)

val product = ints.product()
```

## 2.7.5 람다 사용하기

자바와 마찬가지로 **람다**는 **익명 함수**(anonymous function)다. 익명 함수라는 말은 함수를 가리키는 이름이 없이 구현만 있다는 뜻이다. 코틀린 람다 구문은 자바 구문과 약간 다르다. 코틀린에서는 다음 예제처럼 중괄호 사이에 람다가 위치한다.

```
fun triple(list: List<Int>): List<Int> = list.map({ a -> a * 3 })
```

함수의 마지막 인자로 람다를 넘길 때는 괄호 밖에 람다를 넣어도 된다.

```
fun triple(list: List<Int>): List<Int> = list.map { a -> a * 3 }

fun product(list: List<Int>): Int = list.fold(1) { a, b -> a * b }
```

map 코드에서 람다는 마지막 인자일 뿐 아니라 유일한 인자이기도 하다. 따라서 괄호를 완전히 없앨 수 있다. 두 번째 코드를 보면 람다의 파라미터 주변에는 괄호를 치지 않는다는 사실을 알 수 있다. 실제로, 여기에 괄호를 치면 뜻이 완전히 달라지므로 괄호를 치면 안 된다. 다음 코드는 컴파일되지 않는다.

```
fun List<Int>.product(): Int = this.fold(1) {(a, b) -> a * b}
```

### 람다의 파라미터 타입

코틀린은 람다의 파라미터 타입을 추론한다. 하지만 코틀린은 이런 경우 컴파일 속도를 높이려고 타입 추론에 최선을 다하지 않는다. 타입을 제대로 추론하는 데 시간이 아주 오래 걸릴 경우 코틀린은 타입 추론을 포기하고 여러분에게 파라미터 타입 지정을 미룬다. 다음을 보면 어떻게 타입을 지정하는지 알 수 있다.

```
fun List<Int>.product(): Int = this.fold(1) { a: Int, b: Int -> a * b }
```

타입 지정을 피하고 타입 추론에 더 의존할 수도 있겠지만, 타입을 지정하면 또 다른 장점이 있다. 타입을 지정하면 타입 오류로 컴파일이 이뤄지지 않을 때 여러분이 지정한 타입과 추론한 타입이 다르다는 사실을 컴파일러(또는 IDE)가 알려준다.

### 여러 줄 람다

다음 예제처럼 람다 구현을 여러 줄에 걸쳐 작성할 수도 있다.

```
fun List<Int>.product(): Int = this.fold(1) { a, b ->
    val result = a * b
    result
}
```

람다가 반환하는 값은 람다 본문의 맨 마지막 줄에 있는 식의 값이다. return 키워드를 람다 안에서 써도 되지만 생략해도 안전하다.

### 람다를 위한 간이 구문

코틀린은 파라미터가 단 하나뿐인 람다를 편하게 쓸 수 있는 간이 구문을 제공한다. 간이 구문에서는 유일한 파라미터의 이름을 it으로 부른다. 앞에서 본 map 코드를 이 간이 구문으로 다시 쓰면 다음과 같다.

```
fun triple(list: List<Int>): List<Int> = list.map { it * 3 }
```

하지만 항상 이런 구문을 사용하는 것은 현명하지 않다. 람다 안에 다른 람다가 들어 있지 않으면 이렇게 줄여 쓰는 쪽이 더 편하지만, 내포된 람다가 있으면 it이 가리키는 대상을 추측하기 어려워질 수 있다! 람다를 항상 여러 줄에 걸쳐 쓰는 것이 좋은 습관이다.

```
fun triple(list: List<Int>): List<Int> = list.map {
    it * 3
}

fun triple(list: List<Int>): List<Int> = list.map { a ->
    a * 3
}
```

화살표(->) 다음에서 줄을 바꾸면 여러분이 사용하는 구문을 명확하게 만들 수 있다.

### 클로저 안의 람다

자바와 마찬가지로 코틀린에서도 람다가 자신을 둘러싸는 영역의 변수를 가두어 담을 수 있다.

```
val multiplier = 3

fun multiplyAll(list: List<Int>): List<Int> = list.map { it * multiplier }
```

하지만 일반적으로 클로저를 함수 인자로 바꿀 수 있다는 사실을 알고 있어야 한다. 함수 인자로 바꾸고 나면 더 안전해진다. 다음 예제를 보자.

```
fun multiplyAll(list: List<Int>, multiplier:
int): List<Int> = list.map { it * multiplier }
```

아주 좁은 영역에 있는 변수를 가두는 경우에만 클로저를 사용해야 한다(예를 들면 함수 내부에 정의한 로컬 함수). 이런 경우 자신을 둘러싸고 있는 함수의 인자나 이 함수에서 만든 임시 결과를 가두어도 안전하다. 자바와 달리 코틀린에서는 가변 변수도 가둘 수 있다. 하지만 더 안전한 프로그램을 작성하고 싶다면 가변 참조 사용을 피하라.

## 2.8 널

코틀린은 널 참조를 독특한 방식으로 다룬다. 6장에서 보겠지만, 널 참조는 컴퓨터 프로그램에서 버그를 가장 많이 발생하게 하는 원인이다. 코틀린은 반드시 널 참조를 처리하도록 강제함으로써 이런 문제를 해결한다.

코틀린에서는 널이 될 수 있는 타입과 널이 될 수 없는 타입을 구분한다. 정수를 예로 보자. -2,147,483,648 ~ 2,147,483,647 범위에 있는 정수를 표현하려면 코틀린에서는 Int 타입을 사용한다. 이 타입에 대한 참조는 이 범위에 속한 값을 가질 수 있고, 그 외 다른 값은 가질 수 없다. 특히, null이 이 범위에 속해 있지 않기 때문에 Int 타입에 대한 참조가 null을 값으로 가질 수도 없다. 하지만 코틀린에는 Int?라는 타입이 있는데, 이 타입의 참조는 Int 타입의 참조가 가질 수 있는 범위에 속한 값을 가질 수 있고, 추가로 null도 값으로 가질 수 있다.

Int는 널이 될 수 없는(non-nullable) 타입이라고 하고, Int?는 널이 될 수 있는(nullable) 타입이라고 한다. 코틀린에서는 모든 타입에 이런 메커니즘을 사용한다. 즉, 모든 타입에는 널이 될 수 있는 타입(뒤에 ?를 붙여 표시)과 널이 될 수 없는 타입이라는 두 가지 버전이 있다. 여기서 가장 흥미로운 부분은 널이 될 수 없는 타입이 이것에 상응하는 널이 될 수 있는 타입의 자식 타입이라는 점이다. 예를 들어 다음은 올바른 코틀린 코드다.

```
val x: Int = 3
val y: Int? = x
```

하지만 다음은 잘못된 코드다.

```
val x: Int? = 3
val y: Int = x
```

## 2.8.1 널이 될 수 있는 타입 다루기

널이 될 수 없는 타입을 다룰 때는 NullPointerException이 발생하지 않는다. 반면에 널이 될 수 있는 타입을 다룰 때는 NullPointerException이 발생할 수 있다. 코틀린에서는 이 예외를 프로그래머가 처리해야만 하고, 처리하지 않으면 모든 책임을 프로그래머가 져야 한다. 다음 코드는 컴파일되지 않는다.

```
val s: String? = someFunctionReturningAStringThatCanBeNull()
val l = s.length
```

여기서는 NPE(NullPointerException)가 발생할 수 있어서 점(.) 연산자(역참조 연산자)를 사용할 수 없다. 그 대신 다음과 같이 작성해야 한다.

```
val s: String? = someFunctionReturningAStringThatCanBeNull()
val l = if(s != null) s.length else null
```

코틀린에서는 **안전한 호출**(safe call) 연산자 ?.로 이를 짧게 처리할 수 있다.

```
val s: String? = someFunctionReturningAStringThatCanBeNull()
val l = s?.length
```

코틀린이 l의 타입을 Int?로 추론한다는 점에 유의하라. 하지만 이 구문은 연쇄 호출할 때 더 유용하다.

```
val city: City? = map[companyName]?.manager?.address?.city
```

여기서 companyName이 map에 들어 있지 않거나 manager가 없거나 manager는 있지만 그 안에 address가 없거나 city가 없을 수 있다. if ... else 구조를 내포하면서 사용하면 널 안전성을 확보할 수도 있지만 코틀린 구문이 훨씬 더 편리하다. 같은 일을 하는 자바 코드와 비교해도 코틀린 코드가 더 간결하다.

```
City city = Optional.ofNullable(map.get(companyName))
                    .flatMap(Company::getManager)
                    .flatMap(Employee::getAddress)
                    .flatMap(Address::getCity)
                    .getOrElse(null);
```

앞에서 말한 것처럼 코틀린은 NPE에 대한 모든 책임을 프로그래머가 지게 한다.

```
val city: City? = map[companyName]!!.manager!!.address!!.city
```

이 구문을 사용할 때 중간에 null이 있으면(city는 제외) NPE가 발생한다.

## 2.8.2 엘비스 연산자와 기본 값

null이 아닌 기본 값을 사용하고 싶을 때가 있다. 이는 자바의 Optional.getOrElse()에 해당한다. 이때 엘비스(Elvis) 연산자를 사용하면 된다.

```
val city: City = map[company]?.manager?.address?.city ?: City.UNKOWN
```

이 코드는 중간에 null이 있으면 특별한 기본 값을 사용한다. ?: 연산자로 기본 값을 지정할 수 있는데, 이 연산자를 **엘비스 연산자**라고 부른다. 이 연산자가 왜 엘비스 연산자라고 불리는지 궁금한 독자는 화면을 시계방향으로 90도 돌려보라(목이 잘 돌아가는 어린 독자라면 고개를 반시계방향으로 90도 돌려도 된다).

## 2.9 프로그램 흐름과 제어 구조

**제어 구조**는 프로그램 흐름을 제어하는 요소다. 제어 구조는 명령형 프로그래밍(imperative programming)의 근간이다. 명령형 프로그래밍에서는 프로그램을 계산이 수행되는 과정을 표현하는 문서라고 생각한다. 다음 장에서 보겠지만 제어 구조는 컴퓨터 프로그램에서 버그를 발생시키는 주요 원인이다. 따라서 가능하면 제어 구조를 사용하지 않는 편이 낫다. 여러분은 제어 구조 사용을 아예 피함으로써 프로그램을 훨씬 안전하게 만들 수 있음을 알게 될 것이다.

먼저 제어 흐름이라는 개념을 무시할 수 있다. 제어 구조를 식과 함수로 바꿀 수 있다. 안전한 프로그래밍을 특별히 장려하고자 만들어진 일부 프로그래밍 언어와 달리 코틀린은 (자바와 비슷한) 제어 구조를 제공하고, 그 제어 구조를 대신하고 싶을 때 사용할 수 있는 함수도 제공한다. 하지만 코틀린 제어 구조의 일부는 자바 제어 구조와 다르다.

### 2.9.1 조건 선택 사용하기

자바에서 if ... else 구문은 제어 구조를 만들어낸다. if ... else는 조건을 검사해 조건이 성립하는지 여부에 따라 프로그램이 두 명령 블록 중 한쪽으로 흘러가게 한다. 다음은 간단한 자바 예제다.

```
int a = ...
int b = ...

if (a < b) {
    System.println("a is smaller than b");
} else {
    System.println("a is not smaller than b");
}
```

코틀린에서 if ... else 구문은 값으로 평가될 수 있는 식이다. 이 구문의 형태는 자바와 똑같지만 조건이 참일 때는 첫 번째 블록의 값을 반환하고, 조건이 거짓일 때는 두 번째 블록의 값을 반환한다.

```
val a: Int = ...
val b: Int = ...

val s = if (a < b) {
    "a is smaller than b"
} else {
    "a is not smaller than b"
}

println(s)
```

자바와 마찬가지로 블록에 들어 있는 문장이 단 한 줄 뿐이라면 중괄호를 생략해도 된다.

```
val a: Int = ...
val b: Int = ...

val s = if (a < b)
            "a is smaller than b"
        else
            "a is not smaller than b"

println(s)
```

자바에서는 이런 방식을 나쁜 습관으로 간주할 때가 있다. 하지만 코틀린에서는 그렇지 않다. 중괄호를 생략하면 반드시 if와 else를 함께 써야 한다. 실수로 분기 중 한쪽에 중괄호를 쓰지 않고 코드를 한 줄 더 추가하면 컴파일이 되지 않는다. if ... else 식의 각 분기가 여러 줄에 걸쳐 있다면 이를 블록으로 감싸야 한다(자바와 비슷하다). 하지만 이때 블록 안에서 return 키워드를 사용하면 안 된다.[6]

```
val a: Int = 6
val b: Int = 5

val percent = if (b != 0) {
```

---

6　**역주** 물론 if 안에서도 함수에서 값을 반환하기 위해 return을 쓸 수 있다. 하지만 if ... else 식 안에서 return을 사용하기보다는 return if ... else처럼 if ... else가 만들어낸 값을 반환하는 편이 더 낫다.

```
        val temp = a / b
        temp * 100
    } else {
        0
    }
```

여기서 첫 번째 분기는 두 줄로 이뤄졌다. 따라서 블록으로 감싸야 한다. 이 블록의 값은 블록에서 맨 마지막에 있는 식의 값이다. 두 번째 분기는 한 줄로 이뤄졌기 때문에 굳이 중괄호로 둘러쌀 필요는 없다. 하지만 일관성과 가독성을 위해 중괄호를 사용할 때는 양쪽 다 사용하고, 사용하지 않을 때는 양쪽 다 사용하지 않는 것이 일반적이다.

자바의 if 제어 구조처럼 코틀린의 if 블록 안에도 효과(effect)를 넣을 수 있다. 하지만 가능하면 이런 습관을 피하라. 앞 장에서 효과는 프로그램에서 제한된 '안전하지 않은' 일부 영역에서만 사용하라고 했다. 이런 부분을 제외하고는 if ... else를 아무 부수 효과 없이 식으로만 사용해야 한다.

## 2.9.2 다중 조건 선택 사용하기

조건 분기가 3개 이상 있으면 자바에서는 switch ... case 구조를 사용한다. 정숫값, 이넘(enum), 문자열 값에 이를 사용할 수 있다.

```
    String country = ...
    String capital;

    switch(country) {
        case "Australia":
            capital = "Canberra";
            break;
        case "Bolivia":
            capital = "Sucre";
            break;
        case "Brazil":
            capital = "Brasilia";
            break;
        default:
            capital = "Unknown";
    }
```

코틀린에서는 when 구문을 사용한다. when 구문은 제어 구문이 아니라 식이다.

```
val country = ...

val capital = when (country) {
    "Australia" -> "Canberra"
    "Bolivia"   -> "Sucre"
    "Brazil"    -> "Brasilia"
    else        -> "Unknown"
}
```

각 화살표(->)의 오른쪽에는 값 대신 여러 줄로 된 블록을 넣을 수도 있다. 그런 경우 반환되는 값은 블록의 맨 마지막 줄의 값이다. 각 경우의 맨 끝에 break를 넣을 필요가 없다. if ... else 식과 마찬가지로 블록 안에 효과를 넣지 말아야 한다.

여기서 코틀린은 빠진 경우가 있는(non-exhaustive) when을 허용하지 않는다는 점을 꼭 알아두라. 가능한 모든 경우를 처리해야 한다. 이넘을 사용할 경우 이넘에서 가능한 모든 값에 대해 각각의 경우를 나열할 수 있다. 나중에 새로운 값을 이넘에 추가하면서 when 식에 필요한 처리를 추가하지 않는다면 더 이상 코드가 컴파일되지 않는다. (모든 경우를 처리하는 가장 간단한 방법은 else를 지정하는 것이다.)

when을 다른 구문으로 사용할 수도 있다.

```
val country = ...

val capital = when {
    tired                  -> "Check for yourself"
    country == "Australia" -> "Canberra"
    country == "Bolivia"   -> "Sucre"
    country == "Brazil"    -> "Brasília"
    else                   -> "Unknown"
}
```

when의 조건이 어느 한 가지 인자에만 의존하지 않을 경우에 이런 식으로 when을 사용하면 유용하다. 이 예제에서 tired는 다른 곳에서 초기화된 불 값이다. tired가 true면 그에 대응하는 화살표의 오른쪽에 있는 값이 반환된다. 각 조건은 나열된 순서대로 검사된다. 가장 먼저 참으로 평가되는 조건이 전체 when 식의 값을 결정한다.

### 2.9.3 루프 사용하기

자바에는 루프가 여러 종류 있다.

- 인덱스를 사용하는 루프(어떤 범위에 속하는 숫자 값을 가지고 이터레이션한다)
- 컬렉션에 들어 있는 값을 이터레이션하는 루프
- 조건이 성립하는 동안 이터레이션하는 루프

코틀린도 비슷한 제어 구조를 제공한다. 코틀린 while 루프는 자바 while 루프와 같다. 코틀린 while 루프는 제어 구조이며, 프로그램에서 작업을 **어떻게** 처리하는지 기술하고 싶을 때 사용할 수 있다. 이런 사용에는 책임이 따른다. 여러분이 기술한 처리 방법이 정확하지 않다면 의도는 옳았다 하더라도 프로그램이 잘못되거나 버그가 생길 수 있다. 그래서 (어떻게 처리하는지 기술하는) 제어 구조를 사용하는 대신에 **어떤** 일을 해야 할지 기술하는 함수를 사용하는 편이 더 낫다.

코틀린에서도 루프에 인덱스를 사용할 수 있다. 하지만 실제로는 여러 인덱스가 들어 있는 컬렉션을 이터레이션한다.

```
for(i in 0 until 10 step 2) {
    println(i)
}
```

이 코드는 다음과 같다.

```
val range = 0 until 10 step 2
for (i in range) println(i)
```

이 제어 구조는 인덱스의 범위(range)를 이터레이션한다. 코틀린은 범위를 만드는 함수를 세 가지 제공한다. until은 증가하는 범위를 만든다. 기본 증가 값(step)은 1이지만 원하는 증가 값을 지정할 수도 있다. 시작 값은 범위에 들어가고 끝 값은 범위에 들어가지 않는다. until과 step은 Int 타입에 정의된 함수이므로 다음과 같이 쓸 수도 있다.

```
for (i in 0.until(10).step(2)) println(i)
```

다른 함수와 마찬가지로 이런 식의 호출 구문을 중위 연산자 표기로 바꿀 수 있다.

```
for (i in 0 until 10 step 2) println(i)
```

범위를 생성할 때 유용한 함수가 두 가지 더 있다. 범위 연산자인 ..(마침표 2개를 붙여 씀)는 until과 같지만 끝 값도 포함한다. downTo는 줄어드는 범위를 만들 때 사용한다. 안전하게 프로그래밍하려면 for 루프에서 범위를 사용하는 대신에 추상적인 이터레이션을 제공하는 fold와 같은 함수를 사용해야 한다. 이에 관해서는 4장에서 다룬다.

## 2.10 비검사 예외

자바와 달리 코틀린에는 검사 예외(checked exception)가 없다. 모든 예외는 비검사(unchekced) 예외다. 이런 예외 처리 방식은 최근 대부분의 자바 프로그래머가 개발에 사용하는 검사 예외를 비검사 예외로 감싸는 방식과 궤를 같이한다. 이를 제외하면 코틀린과 자바의 가장 큰 차이는 코틀린에서는 try ... catch ... finally 구조가 값을 돌려주는 식이라는 점이다. 이 식을 다음과 같이 사용할 수 있다.

```
val num: Int = try {
    args[0].toInt()
} catch (e: Exception) {
    0
} finally {
    // 이 블록 안에 있는 코드는 항상 실행됨
}
```

이미 if ... else에서 본 것처럼 각 블록이 반환하는 값은 블록의 마지막 줄을 평가한 값이다. if ... else와의 차이는 try ... catch ... finally에서는 중괄호({})가 필수라는 점에 있다. try ... catch ... finally가 반환하는 값은 예외가 발생하지 않으면 try 블록의 마지막 줄을 평가한 값이고, 예외가 발생하면 catch 블록의 마지막 줄을 평가한 값이다.

## 2.11 사용한 자원 자동으로 닫기

자바에서 **자원을 사용하는 try**로 할 수 있는 것처럼 코틀린도 자원을 자동으로 닫을 수 있다. 이때 자원은 Closable이나 AutoClosable 중 하나를 구현해야 한다. 자바와 코틀린의 가장 큰 차이는 코틀린에서는 use라는 함수를 사용한다는 점이다.

```
import java.io.File   // 임포트해야만 File을 사용할 수 있음

File("myFile.txt").inputStream()
                .use {
                    it.bufferedReader()
                      .lineSequence()
                      .forEach (::println)
                }
```

이 코드는 단지 자동으로 닫을 수 있는 자원을 어떻게 처리하는지 보여주는 예제일 뿐이다. 자원 처리를 제외하면 코드 자체는 그리 흥미로운 부분이 없다. lineSequence 함수는 Sequence를 반환하는데, 이는 지연 계산 컬렉션이다. **지연**(lazy) **계산**이란 말은 계산(파일에서 매 줄을 읽어오기)이 나중에 실제 각 줄을 사용할 때 이뤄진다는 뜻이다. 여기서는 시퀀스 안의 각 줄이 실제 사용될 때 (forEach에 의해 각 줄을 출력할 때) 계산이 이뤄진다.

use 함수 블록을 벗어나면 입력 스트림이 자동으로 닫혀야 하기 때문에 더 이상 스트림을 쓸 수 없다. 따라서 다음 예제와 같이 lineSequence로 시퀀스를 만들고 use 블록의 밖에서 이 시퀀스를 사용하는 코드는 컴파일은 되지만 실행 시점에 IOException: Stream Closed 오류가 발생한다.

```
val lines: Sequence<String> = File("myFile.txt")
    .inputStream()
    .use {
        it.bufferedReader()
          .lineSequence()
    }

lines.forEach(::println)
```

시퀀스의 내용을 나중에 사용하려면 use 블록을 벗어나기 전에 스트림을 강제로 계산해야 한다.

```kotlin
val lines: List<String> = File("myFile.txt")
    .inputStream()
    .use {
        it.bufferedReader()
            .lineSequence()
            .toList()
    }

lines.forEach(::println)
```

이렇게 처리하면 파일 전체를 메모리에 저장한다는 문제가 있다. 파일을 한 줄씩 처리하고 싶다면 좀 더 단순한 방법으로 forEachLine 함수를 사용하면 된다.

```kotlin
File("myFile.txt").forEachLine { println (it) }
```

Sequence를 반환하는 useLines를 쓰는 방법도 있다. useLines를 써서 앞의 예제와 동일한 코드를 만들면 다음과 같다.

```kotlin
File("myFile.txt").useLines { it.forEach(::println) }
```

## 2.12 스마트 캐스트

자바에서는 참조를 다른 타입으로 강제 타입 변환(cast)해야 할 때가 가끔 있다. 참조 대상 객체가 지정한 타입으로 변환이 불가능한 타입의 객체라면 ClassCastException이 발생한다. 따라서 항상 instanceof 연산자로 먼저 타입 변환이 가능한지 검사해야 한다.

```java
Object payload = message.getPayload();
int length = -1;

if (payload intanceof String) {
    String stringPayload = (String) payload;
    length = stringPayload.length();
}
```

이 코드는 지저분하다. 진짜 객체 지향 프로그래밍에서는 객체의 타입을 검사해 강제로 타입을 변환하는 것을 나쁜 습관으로 간주하는 경우가 많다.[7] 아마도 그래서 강제 타입 변환을 쓰기 쉽게 만들려는 노력이 거의 이뤄지지 않는지도 모르겠다. 하지만 코틀린에는 스마트 캐스트(smart cast)라는 특별한 기법이 있다. 앞의 코드를 스마트 캐스트를 사용해 다시 작성하면 다음과 같다.

```
val payload: Any = message.payload

val length: Int = if (payload is String)
    payload.length
else
    -1
```

이를 **스마트 캐스트**라고 부르는 이유는 if의 첫 번째 분기에서 payload가 String 타입이라는 사실을 코틀린이 알고 자동으로 타입을 변환해 주기 때문이다. when 구조에서도 스마트 캐스트를 사용할 수 있다.

```
val result: Int = when (payload) {
    is String -> payload.length
    is Int    -> payload
    else      -> -1
}
```

as 연산자를 사용하면 일반적인 **안전하지 않은**(unsafe) 방식으로 타입 변환을 할 수 있다.

```
val result: String = payload as String
```

객체가 타입 변환이 가능한 올바른 타입이 아니라면 ClassCastException이 발생한다. 코틀린에서는 이런 타입 변환에 사용할 수 있는 as? 연산자를 제공한다.

```
val result: String? = payload as? String
```

타입 변환에 실패하면 예외가 발생하는 대신 null이 결과로 설정된다. 코틀린에서 더 안전한 프로그램을 작성하려면 널이 될 수 있는 타입을 사용하면 안 되는 상황에서는 as? 연산자도 사용하면 안 된다.

---

7 역주 객체 지향의 기본 원리 중 하나는 상속 관계를 잘 설계하고 실행 시점에는 동적 디스패치(dynamic dispatch)를 통해 적절한 객체의 메서드를 자동으로 호출하는 것이다. 타입을 검사하고 강제 타입 변환을 한다는 것은 설계 과정에서 객체 지향을 제대로 사용하지 못했기 때문일 가능성이 크다. 따라서 타입을 검사하고 강제로 변환하는 식의 코딩을 권장하지 않는다.

## 2.13 동등성과 동일성

자바에서 빠지기 쉬운 함정의 하나는 동등성(equality)과 동일성(identity)을 혼동하는 것이다. 자바 원시 타입이나 문자열 인터닝(interning), Integer를 자바에서 처리하는 방식 때문에 이런 문제가 더 복잡해진다.

```java
int a = 2;
System.out.println(a == 2); // true
Integer b = Integer.valueOf(1);
System.out.println(b == Integer.valueOf(1)); // true
System.out.println(b == new Integer(1)); // false
System.out.println(b.equals(new Integer(1))); // true
Integer c = Integer.valueOf(512);
System.out.println(c == Integer.valueOf(512)); // false
System.out.println(c.equals(Integer.valueOf(512))); // true
String s = "Hello";
System.out.println(s == "Hello"); // true
String s2 = "Hello, World!".substring(0, 5);
System.out.println(s2 == "Hello"); // false
System.out.println(s2.equals("Hello")); // true
```

얼마나 혼란스러운가! 정수 b와 c의 동작이 다른 이유가 궁금한 독자에게 설명하자면, 자바는 크기가 작은 정수의 Integer 객체를 돌려줄 때는 메모리 절약을 위해 미리 메모화한(memoized) 공유 객체를 돌려준다. 그래서 valueOf(1)은 항상 같은 객체를 반환한다.[8] 안전성을 위해 자바에서는 항상 객체 동등성에 equals를 사용하고 원시 타입의 동등성에는 ==를 사용해야 한다. ==는 원시 타입에서는 값의 동등성을 계산하지만, 객체에서는 동일성을 계산한다.

코틀린은 더 단순하다. 동일성, 즉 **참조 동등성**(referential equality)은 ===로 검사한다. 동등성, 즉 **구조 동등성**(structural equality)은 ==로 검사하며, equals와 ==는 같다. 동등성 검사(==)가 동일성 검사(===)보다 더 짧기 때문에 많은 실수를 방지할 수 있다. ==와 ===를 각각 !=와 !==로 부정할 수 있다.

---

[8] 역주 자바 1.5까지는 −128~127까지를 이런 식으로 캐시했다. 자바 1.6부터는 JVM을 실행할 때 -XX:AutoBoxCacheMax=한도로 캐시 범위를 지정할 수 있다.

## 2.14 문자열 인터폴레이션

코틀린은 자바보다 훨씬 간단한 구문으로 문자열과 값을 혼용할 수 있게 한다. 2.2.6절에서 + 연산자를 사용해 문자열에 값을 집어넣었다. 하지만 이는 그리 실용적이지 못하다. 자바라면 다음처럼 String.format() 메서드를 사용하는 편이 더 낫다.

```
System.out.println(String.format("%s's registration date: %s", name, date));
```

코틀린에서는 훨씬 간단하게 같은 일을 할 수 있다.

```
println("$name's registration date: $date")
```

문자열 안에 식을 넣을 수도 있다. 다만, 중괄호({})로 식을 둘러싸야 한다.

```
println("$name's registration date: ${date.atZone(ZoneId.of("America/Los_Angeles"))}")
```

이런 기법을 **문자열 인터폴레이션**(string interpolation)이라고 부른다. 문자열 인터폴레이션을 사용하면 문자열을 더 쉽게 처리할 수 있고 코드를 더 읽기 좋게 만들 수 있다.

## 2.15 여러 줄 문자열

코틀린에서는 3중 따옴표(""")를 사용해 여러 줄로 이뤄진 문자열도 쉽게 사용할 수 있다. 이때 trimMargin 함수를 활용하면 좀 더 편리하다.

```
println("""This is the first line
        |and this is the second one.""".trimMargin())
```

이 코드는 다음을 출력한다.

```
This is the first line
and this is the second one.
```

trimMargin 함수는 파라미터로 문자열을 받는다. 이 문자열은 정렬에 사용할 위치를 지정할 때 사용한다. 앞의 코드를 보면 알 수 있듯이 기본 값은 '|'다.

## 2.16 변성: 파라미터화한 타입과 하위 타입

**변성**(variance)은 파라미터화한 타입이 서로 어떤 하위 타입 관계에 있는지 결정하는 방식을 뜻한다. **공변성**(covariance)은 Red가 Color의 하위 타입일 때 Matcher<Red>가 Matcher<Color>의 하위 타입이라는 뜻이다. 이런 경우 Matcher<T>는 타입 파라미터 T에 대해 공변성이라고 말한다. 반대로 Red가 Color의 하위 타입일 때 Matcher<Color>가 Matcher<Red>의 하위 타입이라면 Matcher<T>는 타입 파라미터 T에 대해 **반공변성**(contravariant)이라고 말한다.

코틀린에서는 in과 out이라는 키워드로 변성을 지정한다. in과 out이 반공변성이나 공변성을 뜻하는 영어 단어보다 더 짧고 이해하기도 쉽다. 아무 키워드도 없으면 **무공변성**(invariant)이라고 부른다.

List<String>을 생각해 보자. String은 Any의 하위 타입이므로 List<String>을 List<Any>의 하위 타입으로 간주해도 된다는 사실이 명백하다. 자바는 변성을 처리하지 못하므로 이런 경우 와일드 카드를 사용해야 한다.

### 2.16.1 변성이 문제인 이유

String의 인스턴스는 Any의 인스턴스이기도 하다. 따라서 다음과 같이 쓸 수 있다.

```
val s = "A String"
val a: Any = s
```

Any가 String의 부모 타입이라서 이렇게 쓸 수 있다. 만약 MutableList<Any>가 MutableList<String>의 부모 타입이라면 다음과 같이 쓸 수 있다.

```
val ls = mutableListOf("A String")
val la: MutableList<Any> = ls // <-- 컴파일 오류
la.add(42)
```

이 코드를 컴파일할 수 있다면 문자열 리스트에 Int를 집어넣을 수 있다. 불변 리스트를 사용할 때는 이런 일이 크게 문제가 되지 않는다. 문자열로 이뤄진 불변 리스트에 Int 타입의 원소를 추가하면 List<Any> 타입의 리스트가 새로 생기고, 원래 리스트는 변하지 않는다.

```
val ls = listOf("A String")
val la = ls + 42 // <-- 코틀린은 `la`의 타입을 `List<Any>`로 추론함
```

자바에서는 파라미터화한 타입이 파라미터 타입에 대해 **무공변성**이다. 즉, A가 B의 부모 타입이라 하더라도 List<A>와 List<B> 사이에는 아무런 부모 자식 타입 관계가 성립하지 않는다. 따라서 List<A>와 List<B>는 컴파일 시점에 전혀 다른 두 가지 타입이다(그리고 런타임에는 두 타입이 같다). 무공변성 타입의 문제는 다음과 같은 코드를 작성할 수 없다는 데 있다.

```
fun <T> addAll(list1: MutableList<T>,
               list2: MutableList<T>) {
    for (elem in list2) list1.add(elem)
}

val ls = mutableListOf("A String")
val la: MutableList<Any> = mutableListOf()
addAll(la, ls) // <-- 컴파일되지 않음
```

String 타입의 elem이 List<Any>에 추가될 수 있으며, 그렇게 해도 아무 문제가 없다. 코틀린에서는 MutableList<Any>와 MutableList<String>을 동시에 MutableList<T>라는 제네릭 타입에 일치시킬 수 없다. 이 제네릭 함수가 제대로 작동하게 하려면 MutableList<Any>가 MutableList<String>의 상위 타입처럼 쓰일 수 있음을 컴파일러에 알려줘야 한다. 여기서 MutableList<Any>가 MutableList<String>의 상위 타입으로 쓰일 수 있는 이유는 ls에서 값을 가져오기만 하고(out), 값을 넣는 일은 결코 없기 때문이다(in). 다음 코드와 같이 out이라는 한정자(qualifier)를 써서 이를 표현한다.

```
fun <T> addAll(list1: MutableList<T>,
               list2: MutableList<out T>) { // <-- T를 공변성으로 만듦
    for (elem in list2) list1.add(elem)
}

val ls = mutableListOf("A String")
val la: MutableList<Any> = mutableListOf()
addAll(la, ls) // <-- 오류가 발생하지 않음
```

여기서 out 키워드는 list2 파라미터가 T 타입에 대해 공변성적임을 표시한다. 따라서 반공변성은 in이라는 키워드로 표시할 수 있음을 추측할 수 있다. 그러므로 이 문제를 푸는 다른 해법은 list1 을 in 타입(소비하지만 생산하지는 않음)으로 만드는 것이다.

## 2.16.2 공변성을 써야 하는 경우와 반공변성을 써야 하는 경우

코틀린에서 공변성과 반공변성을 나타내는 단어는 각각 out과 in이다. 다음과 같은 인터페이스가 있다고 하자.

```kotlin
interface Bag<T> {
    fun get(): T
}
```

이 인터페이스에는 T 타입의 값을 반환하는 함수만 들어 있다(그리고 T 타입을 인자로 받는 함수는 존재하지 않는다). 따라서 V가 T의 상위 타입인 경우 Bag<T>를 Bag(V) 참조에 대입할 수 있다고 확신할 수 있다. 하지만 out 키워드를 사용해 타입 파라미터를 공변성으로 지정해 여러분의 의도를 명확히 해야 한다.

```kotlin
open class MyClassParent

class MyClass: MyClassParent()

interface Bag<out T> {
    fun get(): T
}

class BagImpl : Bag<MyClass> {
    override fun get(): MyClass = MyClass()
}

val bag: Bag<MyClassParent> = BagImpl()
```

> **Note ≡** 타입 파라미터가 out 변성으로 쓰이는데 아무 변성을 지정하지 않으면 (인텔리J 같은) 좋은 IDE는 공변 성적으로 타입 파라미터를 지정하라고 경고한다.

반대로 이 인터페이스에 T 타입을 인자로 받는 함수만 있고 T 타입을 반환하는 함수는 없다면 in을 사용해 타입 파라미터를 반공변성으로 만들 수 있다.

```
open class MyClassParent

class MyClass: MyClassParent()

interface Bag<in T> {
    fun use(t: T): Boolean
}

class BagImpl : Bag<MyClassParent> {
    override fun use(t: MyClassParent): Boolean = true
}

val bag: Bag<MyClass> = BagImpl()
```

in이나 out을 하나도 지정하지 않으면 파라미터 타입은 무공변성이다. out과 in 중 어떤 것을 선택할지는 타입을 오직 출력(반환 값)에 쓰면 out을, 오직 입력(인자 값)에 쓰면 in을 사용한다고 기억하면 간단하다.

### 2.16.3 사용 지점 변성과 선언 지점 변성

앞에서 본 선언 지점 변성(declaration-site variance)은 유용하기는 하지만, 이를 사용하지 못하는 경우도 많다. Bag 인터페이스가 T 타입의 값을 소비하는 동시에 생산한다면 변성을 지정할 수 없다.

```
interface Bag<T> {
    fun get(): T
    fun use(t: T): Boolean
}
```

파라미터 T는 get 메서드에서는 공변성적이고 use 메서드에서는 반공변성적이기 때문에 변성을 지정할 수 없다. 이런 경우 선언 지점 변성을 사용할 수는 없다. 하지만 이럴 때도 여전히 사용 지점 변성(use-site variance)을 사용할 수 있다. 다음 useBag 함수를 살펴보자.

```
open class MyClassParent

class MyClass: MyClassParent()
```

```kotlin
interface Bag<T> {
    fun get(): T
    fun use(t: T): Boolean
}

class BagImpl : Bag<MyClassParent> {
    override fun get(): MyClassParent = MyClassParent()
    override fun use(t: MyClassParent): Boolean = true
}

fun useBag(bag: Bag<MyClass>): Boolean {
    // bag으로 작업 수행
    return true
}

val bag3 = useBag(BagImpl()) // <-- 컴파일러 오류
```

여기서 컴파일러 오류가 발생하는 이유는 useBag이 Bag<MyClass> 타입의 인자를 받는데, 실제로는 Bag<MyClassParent>를 넘기기 때문이다. 이 코드가 작동하게 만들려면 T에 대한 반공변성을 선언해야 한다. 하지만 Bag<T> 인터페이스에는 T가 out 위치에 있는 get(): T 함수가 있어서 T를 in으로 선언할 수 없다. 이런 경우에 사용 지점에서 타입을 제한하는 해법을 쓴다.

```kotlin
fun useBag(bag: Bag<in MyClass>): Boolean {
    // bag으로 작업 수행
    return true
}
```

이와 반대로 out 변성도 사용 지점에서 선언할 수 있다.

```kotlin
fun createBag(): Bag<out MyClassParent> = BagImpl2()

class BagImpl2 : Bag<MyClass> {
    override fun use(t: MyClass): Boolean = true
    override fun get(): MyClass = MyClass()
}
```

여기서 in MyClass와 out MyClassParent를 제약이 가해진 타입으로 생각할 수 있다. in MyClass는 in 위치에서만 쓰일 수 있는 MyClass의 하위 타입을 뜻하며, out MyClassParent는 out 위치에서만 쓰일 수 있는 MyClassParent의 하위 타입을 뜻한다. 컴파일러는 이런 제약을 검사한다. in

MyClass와 out MyClassParent를 MyClass와 MyClassParent의 타입 프로젝션(type projection)이라고 부른다.

이 장을 시작할 때 언급했던 것처럼 이 장은 코틀린의 개요에 불과하다. 이제부터는 안전한 프로그램이라는 관점에서 코틀린의 다른 특징을 자세히 살펴보겠다.

## 2.17 요약

- 필드와 변수는 서로 다른 구문으로 정의하며 가시성도 다르다.
- 코틀린 클래스와 인터페이스를 사용하면 성가신 준비 코드를 줄일 수 있다. 특히 데이터 클래스를 사용하면 코드를 더 간결하게 만들 수 있다. 데이터 클래스를 사용하면 자바에서 프로퍼티, 세터, 게터, 생성자, equals, hashCode, toString, copy 함수 정의가 들어 있는 클래스를 단 한 줄로 만들 수 있다.
- 함수를 패키지 수준(자바의 정적 메서드를 대신할 수 있음), 클래스 내부, 객체 내부 또는 다른 함수 내부에서 정의할 수 있다.
- 확장 함수를 사용하면 기존 클래스에 (소스 코드를 바꾸지 않고) 새로운 함수를 추가할 수 있다. 그리고 추가한 확장 함수를 마치 인스턴스 함수처럼 호출할 수 있다.
- 코틀린에서 조건 제어 구조(if와 when)는 값으로 평가될 수 있는 식이다.
- 코틀린은 루프 제어 구조를 제공하지만, 이런 제어 구조를 대부분 함수로 대신할 수 있다.
- 코틀린은 널이 될 수 있는 타입과 널이 될 수 없는 타입을 구분하며, 안전하게 널 값을 합성하는 연산자를 제공한다.

memo

# 3장

# 함수로 프로그래밍하기

3.1 함수란 무엇인가
3.2 코틀린 함수
3.3 고급 함수 기능
3.4 요약

---

**이 장에서 다루는 내용**

- 함수를 이해하고 표현하기
- 람다 사용하기
- 고차 함수와 커리한 함수 사용하기
- 올바른 타입 사용하기

1장에서는 안전한 프로그래밍을 하기 위해 가장 중요한 기법으로 입력 데이터에 의존하지 않는 부분과 외부 세계의 상태에 의존하는 부분으로 프로그램을 명확히 분리하는 방법을 배웠다. 프로그램은 **하위 프로그램**(프러시저, 메서드, 함수 등으로 불림)으로 구성되며, 각 하위 프로그램에도 다시 외부 상태에 의존하는 부분과 의존하지 않는 부분을 분리하는 원칙을 재귀적으로 적용할 수 있다. 자바에서는 하위 프로그램을 메서드라고 부르지만 코틀린에서는 함수라고 부른다. 함수라는 용어는 명확한 정의가 있는 수학적 용어이기 때문에(그리고 코틀린 함수도 수학적 정의를 그대로 따르기 때문에) 더 적합한 용어라 할 수 있다. 내부에 아무 효과가 없어서 오로지 인자에 의해서만 반환 값이 결정되는 코틀린 함수는 수학 함수에 비유할 수 있다. 프로그래머들은 이런 함수를 종종 **순수 함수**(pure function)라고 부른다. 안전한 프로그램을 작성하려면 프로그래머는 다음과 같이 해야 한다.

- 계산 시 순수 함수만 사용한다
- 계산 결과를 외부 세계에서 사용하려면 순수 효과만 사용한다

항상 같은 인자에 대해 같은 결과를 내놓고 싶다면 순수 함수가 필요하다. 순수 함수를 사용하지 않으면 프로그램이 **비결정적**(nondeterministic)이기 때문에 프로그램이 올바른지 절대 검사할 수 없게 된다. 순수 효과는 덜 중요해 보이지만, 이에 대해 생각해 보자. **순수하지 않은 효과**(impure effect)라는 말은 효과에 계산이 포함된다는 뜻인데, 효과와 계산이 한데 뭉쳐 있으면 계산 부분을 쉽게 테스트할 수 없다. 따라서 계산을 따로 (순수) 함수로 떼어내야 한다.

더 안전한 프로그램을 작성하는 방법을 찾는 프로그래머에게는 순수 함수와 순수 효과를 명확히 구분하고 절대 서로 섞어 사용하지 않는다는 것이 궁극적인 목표가 아니다. 순수 함수는 테스트하기 쉽지만 순수 효과는 그렇지 않다. 그렇다면 순수 효과를 테스트하기 쉽게 바꿀 수 있을까? 그렇다. 효과를 기존과 다른 방식으로 다루면 테스트하기 쉬워진다. 함수형 프로그래밍이 효과를 다른 방식으로 다루는 프로그래밍 패러다임이다. 함수형 프로그래밍에서는 모든 것이 함수다. 값도 함수이고, 함수도 함수며, 효과도 함수다. 함수형 프로그래머는 효과를 적용하는 대신에 아직 평가되지 않은 형태로 의도한 효과를 표현하는 데이터를 반환하는 함수를 사용한다.[1] 이런 프로그래밍 패러다임에서는 데이터와 함수의 구분이 없기 때문에 모든 것이 함수고 데이터다.

순수한 함수형 프로그래밍을 사용하지 않는 이유는 뭘까? 순수한 함수형 프로그래밍을 사용할 수는 있지만 이를 위해 특별히 정의된 언어를 사용하지 않는다면 순수한 함수형 프로그래밍이 어려

---

1 역주 자세히 설명하기에는 너무 복잡한 주제다. 하스켈에서 입출력을 표현하는 IO 타입에 대한 우리말 문서인 https://wikidocs.net/1566을 보면 이런 접근 방법에 대한 감이 약간 올 것이다. 코틀린을 약간 아는 독자라면 12장의 IO를 봐도 좋다.

운 경우가 자주 있다. 자바나 코틀린 같은 언어는 함수형 프로그래밍 기법을 적용한 도구를 다수 제공한다. 하지만 함수형 효과는 제한적으로 지원한다. 12장에서는 함수형으로 효과를 처리하는 기법을 설명하는데, 이 기법은 프로그래밍의 유형과 관계없이 사용할 수 있다(심지어 프로그래머들은 이 기법을 사용하는지 미처 깨닫지 못한 채 이를 사용하는 경우도 있다). 하지만 이 기법을 사용할 수 있고 때로 꼭 사용해야 하는 경우도 있겠지만, 항상 효과를 12장에서 설명하는 방식으로 다루려 해서는 안 된다.

이 장에서는 순수 함수를 계산에 사용하는 방법과 커리한 함수(curried function)를 사용하는 방법을 배운다. 이 장에서 소개하는 코드 중 일부는 이해하기 어려울 수 있다. 이런 어려움은 이 장에서 List, Option 등의 다른 함수형 구조를 사용하지 않고 함수를 소개해 생기는 당연한 어려움이다. 이 장에서 설명을 하지 않은 내용은 나중에 설명하니 조금만 참기 바란다.

# 3.1 함수란 무엇인가

이 절에서는 함수에 대해 자세히 살펴본다. 무엇보다도 **함수**(function)는 수학적인 개념이다. 함수는 소스 집합(**정의역**, domain)과 타깃 집합(**공역**, codomain) 사이에서 어떤 조건을 만족시키는 대응 관계[2]다. 정의역과 공역이 서로 다를 필요는 없다. 예를 들어 함수의 정의역과 공역이 같은 집합일 수 있다.

## 3.1.1 두 함수 집합 사이의 대응 관계 이해하기

함수가 되기 위해서는 대응 관계가 한 가지 조건을 만족해야 한다. 그림 3-1처럼 정의역에 있는 모든 원소는 자신에 대응하는 원소가 공역에 꼭 하나 있어야 한다(0개도 안 되고 2개 이상도 안 된다).

---

2 역주 이산 수학 등을 배운 사람들은 관계(relation)나 대응(correspondence)이라는 용어를 알고 있겠지만, 이 장에서 사용하는 대응 관계는 수학적 용어가 아니라 어떤 식으로든 두 대상이 짝지어진다는 뜻이다.

▼ 그림 3-1 함수의 정의역에 있는 원소는 반드시 공역에 있는 단 하나의 원소에 대응해야 한다.

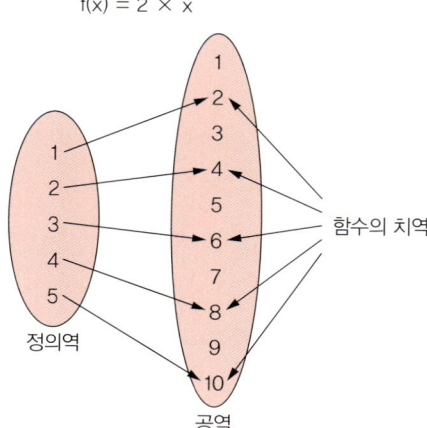
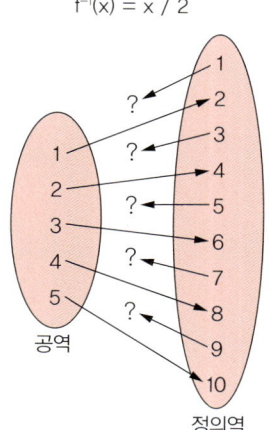

f(x)는 N에서 N으로 가는 함수다.

f⁻¹(x)는 N을 정의역으로 생각하면 함수가 아니다. 하지만 짝수로 이뤄진 집합(f의 치역)을 정의역으로 생각하면 함수다.

이 규칙은 몇 가지 재미있는 결과를 낳는다.

- 정의역에 있는 원소 중에서 공역에 대응하는 원소가 없는 원소는 있을 수 없다.
- 공역에 있는 원소 중에서 어느 두(또는 그 이상의) 원소가 정의역에 있는 한 원소에 대응할 수는 없다.
- 공역에 있는 원소 중에는 정의역에 있는 원소에 대응하지 않는 원소가 있을 수 있다.
- 공역에 있는 원소 중에는 하나 이상의 정의역 원소에 대응하는 원소가 있을 수 있다.

Note ≡ 공역에 있는 원소 중에서 대응하는 정의역 원소가 있는 원소들만으로 이루어진 집합을 **치역**(image)이라고 부른다.

그림 3-1은 함수를 보여준다. 예를 들어 다음처럼 함수를 정의할 수 있다.

f(x) = x + 1

여기서 x는 양의 정수다. 이 함수는 각 정수와 그 자신의 다음 값(successor)을 대응시킨다. 이 함수에 어떤 이름이든 붙일 수 있다. 특히 다음처럼 함수가 하는 일을 기억하기 좋게 이름을 붙일 수 있다.

```
successor(x) = x + 1
```

하지만 함수 이름을 너무 맹신하면 안 된다. 예를 들어 이 함수에 이전 값(predecessor)을 의미하는 전혀 엉뚱한 이름을 붙일 수도 있다.

```
predecessor(x) = x + 1
```

함수 이름과 함수 정의가 어떤 관계를 꼭 만족해야 한다는 규칙이 없으므로 이름을 이렇게 붙여도 오류가 발생하지 않는다. 하지만 이런 이름을 쓰는 것은 잘못된 일이다. 사실 여러분이 함수에 붙이는 이름은 그 함수 정의의 일부가 아니고 해당 함수를 편리하게 참조하기 위한 방법일 뿐이다.

여기서 함수가 어떤 **동작**을 하는지가 아닌 **어떤 것인지(정의)**를 이야기하고 있음에 유의하라. 함수는 아무 일도 하지 않는다. successor 함수는 인자로 받은 x에 1을 더하지 않는다. 여러분은 다음 값을 계산하기 위해 정숫값에 1을 더할 수 있다. 하지만 successor 함수는 이런 계산을 수행하지 않는다. successor 함수는 단지 정수와 그 정수 다음(오름차순으로 따짐)에 오는 수 사이의 대응 관계에 지나지 않는다.

```
successor(x)
```

successor(x)라는 식은 그냥 x + 1과 동등하다. 이는 여러분이 successor(x)와 마주칠 때마다 이를 (x + 1)로 바꿀 수 있다는 뜻이다. (x + 1)에서 괄호는 대체하는 식을 따로 분리하기 위해 붙인 것이다. 이 식을 단독으로 사용한다면 괄호가 필요 없지만 경우에 따라 필요할 때도 있다.

### 3.1.2 코틀린 역함수

함수에 역함수(inverse function)가 있을 수도 있고 없을 수도 있다. f(x)가 A에서 B로 가는 함수라면(A는 정의역, B는 공역), 역함수는 $f^{-1}(x)$라고 쓰고 B가 정의역, A가 공역이 된다. f 함수의 타입을 A -> B라고 표현한다면, 역함수의 타입은 (역함수가 존재한다면) B -> A다.

> Note ≡ 코틀린은 함수 타입을 표현할 때 (A) -> B와 (B) -> A처럼 약간 다른 표현을 사용한다. 지금부터는 코틀린의 함수 타입 표기법을 사용한다.

앞에서 설명한, 함수가 되기 위해 필요한 조건을 만족해야 함수의 역[3]이 역함수가 될 수 있다. 즉, 정의역의 각 값이 모두 하나의 값에 대응해야 한다. 그 결과 successor(x)의 역함수는 predecessor(x)라고 부를 수 있는(물론 이를 xyz라고 부를 수도 있다) 대응 관계이긴 하지만, N 안에서 함수는 아니다(양의 정수의 집합인 N에는 0이 포함되는데, 0의 이전 값(predecessor)은 N에 포함되지 않는다). 반대로 successor(x)가 부호가 있는 정수(음수와 양수를 포함, Z라고 표시)라면 successor의 역 대응 관계는 함수다.

역함수가 존재하지 않는 간단한 함수가 많다. 다음 예를 보자.

    f(x) = (2 × x)

이 함수가 N에서 N으로 가는 함수로 정의되어 있다면 역함수가 존재하지 않는다. $f^{-1}(x) = x / 2$이므로 x가 홀수인 경우 함수 값이 N에 속하지 않는다. 하지만 이 함수를 N에서 짝수 정수의 집합으로 가는 함수로 정의한다면 역함수가 존재한다.

### 3.1.3 부분 함수 다루기

함수가 되려면 대응 관계가 다음 두 가지 조건을 만족해야 한다.

1. 정의역의 모든 원소에 대해 함수가 정의되어야 한다.
2. 정의역의 모든 원소는 반드시 공역의 한 값에만 대응해야 한다.

정의역의 모든 원소에 대해 정의되어 있지는 않지만 나머지 요구 조건을 만족하는 대응 관계를 **부분 함수**(partial function)라고 부른다. 그리고 부분 함수가 아닌 함수를 **전함수**(total function)라고 부르긴 하지만 굳이 그렇게 부를 필요는 없다. 엄밀히 말해 진짜 함수는 언제나 전함수이며, 부분 함수는 함수가 아니다. 하지만 많은 프로그래머가 사용하는 용어이므로 알아두는 편이 좋다.

predecessor(x)라는 대응 관계는 N(0과 양의 정수로 이뤄진 집합)상의 부분 함수이다. 하지만 이 함수는 N*(0이 없이 양의 정수로만 이뤄진 집합)이 정의역이고 N이 공역인 경우 전함수이다. 프로그래밍에서는 부분 함수가 중요하다. 왜냐하면 부분 함수를 전함수로 다뤄서 생기는 버그가 많기 때문이다. 예를 들어, f(x) = 1 / x는 0에서는 값이 정의되지 않기 때문에 N에서 Q(유리수)로 가

---

[3] 역주 함수의 역(inverse)은 정의역 -> 공역으로 가는 함수의 대응 관계 방향을 모두 거꾸로 바꿔서 만든, 공역 -> 정의역으로 가는 대응 관계를 말한다. 모든 함수의 역이 함수는 아니다. 예를 들어 A = {a, b}, B = {1, 2}이고 f(a) = 1, f(b) = 1이라면 f는 함수지만, f의 역은 1을 a와 b 두 원소에 대응시키고 2에는 대응하는 값이 아예 없기 때문에 함수가 아니다.

는 부분 함수다. 하지만 이 함수는 N*에서 Q로 가는 경우에는 전함수이고, N에서 Q에 오류를 추가한 집합으로 가는 함수일 경우에도 전함수이다. 공역에 원소(오류라는 값)를 추가하면 부분 함수를 전함수로 바꿀 수 있다. 하지만 이렇게 하려면 함수가 오류를 반환할 수 있어야 한다. 이와 비슷한 경우를 컴퓨터 프로그램에서 찾아볼 수 있겠는가? 이 책의 뒷부분에서는 안전한 프로그래밍 기법의 일부분으로 부분 함수를 전함수로 바꾸는 방법을 살펴본다.

### 3.1.4 함수 합성 이해하기

함수는 서로 합성해서 다른 함수를 만들어낼 수 있는 빌딩 블록이다. f와 g의 합성을 f∘g라고 쓰며, f 라운드(round) g라고 읽는다.[4] f(x) = x × 2이고 g(x) = x + 1이면 두 함수의 합성은 다음과 같다.

f ∘ g(x) = f(g(x)) = f(x + 1) = (x + 1) × 2

f∘g(x)와 f(g(x))는 동등하다. 여기서 합성을 f(g(x))라고 쓰면 x를 인자의 위치를 표시하기 위해 사용한다는 뜻이다. 반면 f∘g라는 표기를 사용하면 인자의 위치를 지정하기 위한 변수를 사용하지 않고 함수의 합성을 표현할 수 있다. 이 함수에 5를 적용하면 다음 결과를 얻는다.

f ∘ g(5) = f(g(5)) = f(5 + 1) = 6 × 2 = 12

일반적으로 f∘g와 g∘f가 다르다는 점을 알면 흥미롭다. 하지만 때로는 이 둘이 같은 결과를 낳는 경우도 있다. 앞의 예와 다음 예는 이 둘이 다른 경우를 보여준다.

g ∘ f(5) = g(f(5)) = g(5 × 2) = 10 + 1 = 11

여기서 함수가 쓰인 순서와 함수가 적용되는 순서가 서로 반대라는 점에 유의하라. f∘g라고 쓰면 g를 먼저 적용한 다음 f를 적용해야 한다.

### 3.1.5 인자를 여럿 받는 함수 사용하기

지금까지는 인자를 하나만 받는 함수에 대해 이야기했다. 함수가 인자를 여럿 받는다면 어떻게 될

---

[4] 역주 f 써클(circle) g, f 어바웃(about) g, f 애프터(after) g라고 읽기도 한다.

까? 간단히 말해, 인자가 여럿 있는 함수는 없다. 함수의 정의를 기억하는가? 함수는 소스 집합과 타깃 집합 사이의 대응 관계다. 함수는 둘 이상의 소스 집합과 타깃 집합 사이의 대응 관계가 아니다. 함수는 인자를 여럿 받을 수 없다. 하지만 두 집합의 곱(product)도 집합이다. 이런 곱집합을 정의역으로 하는 함수를 만들면 여러 인자를 받는 함수처럼 보인다. 다음 함수를 살펴보자.

```
f(x, y) = x + y
```

이 함수는 N × N에서 N으로 가는 대응 관계이고 함수다. 하지만 이 함수의 인자는 N × N의 원소 하나뿐이다. N × N은 모든 정수 쌍의 집합이다. 이 집합의 원소는 정수의 쌍이고, 쌍은 여러 원소의 조합을 표현할 때 사용하는 **튜플**(tuple)이라는 개념의 특별한 경우다. **쌍**(pair)은 원소가 두 개인 튜플이다.

보통 튜플을 괄호로 둘러싸서 표현한다. 그래서 (3, 5)는 N × N 집합의 원소다. 함수 f에 이 튜플을 적용할 수 있다.

```
f((3, 5)) = 3 + 5 = 8
```

이런 경우 중복된 괄호를 생략해 단순하게 쓰는 것이 일반적인 관행이다.

```
f(3, 5) = 3 + 5 = 8
```

하지만 이렇게 썼다고 해도 이 함수는 튜플을 인자로 받는 함수지 인자가 두 개 있는 함수가 아니다.

## 3.1.6 커리한 함수

튜플을 인자로 받는 함수를 다른 방식으로 생각할 수도 있다. f(3, 5)를 N을 정의역으로 하고 N 상에 정의된 함수를 공역으로 하는 함수라고 생각할 수 있다. 따라서 앞에서 본 예제를 다음과 같이 다시 쓸 수 있다.

```
f(x)(y) = x + y
```

이런 경우 다음과 같이 쓸 수 있다.

```
f(x) = g
```

이 식은 f에 인자 x를 적용한 결과가 새로운 함수 g라는 뜻이다. 이제 g에 y를 적용하면 다음과 같은 결과를 얻는다.

```
g(y) = x + y
```

g를 적용할 때 x는 더 이상 변수가 아니고 **상수**(constant)다. x의 값은 g에 전달되는 인자나 다른 외부 환경에 따라 결정되지 않는다. 이 과정을 (3, 5)에 대해 적용하면 다음과 같은 결과를 얻는다.

```
f(3)(5) = g(5) = 3 + 5 = 8
```

여기서 유일하게 새로운 것은 f의 공역이 수의 집합이 아니라 함수의 집합이라는 점이다. f에 정수를 적용하면 함수를 얻는다. 이렇게 결과로 얻은 함수에 정수를 적용하면 정숫값을 얻는다.

f(x)(y)를 f(x, y)의 커리한 형태(curried form)라고 한다. 튜플에 대한 함수(원한다면 이런 함수를 인자가 여럿인 함수라고 부를 수도 있다)에 대해 이런 식의 변환을 적용해서 함수를 반환하는 함수로 바꾸는 과정을 **커링**(currying)이라고 한다. 커링이라는 말은 하스켈 커리(Haskell Curry)라는 수학자의 이름을 딴 것이지만 커리가 커링을 맨 처음 발명한 것은 아니다.[5]

## 3.1.7 부분 적용 함수 사용하기

덧셈 함수를 커리한 형태로 적는 것은 자연스러워 보이지 않고, 현실에서 커리한 함수에 대응하는 무언가를 써먹을 일이 있을지 궁금할 것이다. 커리한 함수를 사용하면 두 인자를 따로 분리해 적용할 수 있다. 두 인자 중 첫 번째 인자를 함수에 적용하면 새로운 함수를 얻는다. 이 새 함수는 그 자체로 유용한 것일까? 아니면 단지 전체 계산 과정의 한 단계에 불과한 것일까?

덧셈의 경우 커링이 그리 쓸모 있어 보이지 않는다. 그리고 덧셈에서는 두 인자 중 어느 쪽을 가지고 시작해도 결과가 똑같다. 중간에 만들어지는 함수는 달라지지만 최종 결과는 같다.

커링의 유용성을 이해하기 위해 세율을 적용한 최종 가격을 계산하는 계산기(또는 스마트폰)를 사용하면서 세율이 다른 여러 나라를 다니는 경우를 생각해 보자. 제품 가격에 거래세를 더한 금액을 계산하고 싶을 때마다 세율을 매번 입력하고 싶은가 아니면 세율은 메모리에 넣어 두고 간편하게 전체 금액을 알아내고 싶은가? 어떤 방법이 오류가 생길 가능성이 작을까? 한 쌍의 값을 인자로 받는 함수를 생각해 보자.

```
f(rate, price) = price / 100 * (100 + rate)
```

이 함수와 다음 함수는 같아 보인다.

---

[5] 역주 사실은 모세 셰인핀켈(Moses Schönfinkel)이 처음 발명했다.

```
g(price, rate) = price / 100 * (100 + rate)
```

이제 이 두 함수를 커링한 버전을 생각해 보자.

```
f(rate)(price)
g(price)(rate)
```

이미 f와 g가 함수임을 알고 있다. 하지만 f(rate)와 g(price)는 무엇일까? 그렇다. 당연히 이들은 f에 rate를 적용한 결과와 g에 price를 적용한 결과다. 이들의 타입은 무엇일까?

f(rate)는 rate라는 세율로 고정된 경우 인자로 받은 가격에 대한 거래세를 알려주는 함수다. rate = 9라면 이 함수는 9%의 세율을 가격에 곱한 새로운 금액을 돌려준다. 이렇게 만든 함수를 apply9percentTax(price)라고 부를 수도 있다. 그리고 세율이 자주 바뀌지는 않으니까 이런 함수는 유용하다.

반면 g(price)는 price로 고정된 가격에 인자로 받은 세율을 적용한 최종 금액을 돌려주는 함수다. 가격이 100원이라면 이 함수는 100원에 여러 세율을 적용한 결과를 알려준다. 여러분이 풀려는 문제가 어떤 것인가에 따라 유용성이 달라지기는 하겠지만, 이런 함수는 그리 쓸모 있어 보이지 않는다. 여러분이 풀려는 문제가 정해진 금액이 여러 세율에 따라 어떻게 달라지는지 알아내는 것이라면 이 버전이 더 유용하다.

f(rate, price)와 g(price, rate) 같은 형태와 대비해 f(rate)나 g(rate) 같은 형태의 함수를 때로는 부분 적용 함수(partially applied function)라고 부른다. 함수 인자를 평가할 때 부분 적용 함수가 큰 역할을 한다. 3.2.4절에서 이 주제를 다시 다룬다.

### 3.1.8 효과가 없는 함수

순수 함수는 값을 반환하기만 하고 다른 일은 하지 않는다고 설명했음을 기억하라. 순수 함수는 외부 세계의 어떤 요소도 변이시키지 않고(여기서 **외부**는 함수 밖의 모든 것을 말한다), 인자도 변이시키지 않으며, 오류가 발생해도 폭발하지(또는 예외 등을 던지지) 않는다. 하지만 순수 함수는 예외나 그와 비슷한 어떤 값도 반환할 수 있다. 이때 예외 등을 값으로 반환해야 하며, 로그로 남기거나 화면에 출력하거나 호출 스택을 거슬러 올라가면서 던져서는 안 된다. 순수 함수에 대해서는 3.2.4절에서 더 자세히 다룬다.

## 3.2 코틀린 함수

코틀린에서 함수라고 부르는 대상이 실제로는 메서드라는 사실을 1장에서 설명했다. 여러 언어에서 메서드는 (어느 정도는) 함수를 표현하는 방식 중 하나다. 2장에서 논의한 것처럼 코틀린에서는 메서드를 함수라고 부르고 fun이라는 키워드를 사용해 함수를 도입한다. 하지만 이런 **함수**에는 두 가지 문제가 있다. 데이터와 함수는 근본적으로 동일하다. 어떤 데이터든 실제로는 함수라 할 수 있고, 어떤 함수든 실제로는 데이터라고 할 수 있다.

### 3.2.1 함수를 데이터로 이해하기

함수는 데이터와 비슷하다. String이나 Int 등의 타입이 있는 다른 데이터와 마찬가지로 함수도 타입이 있다. 그리고 다른 데이터와 마찬가지로 함수도 참조에 대입할 수 있다. 조금 뒤에 보겠지만 함수를 다른 함수에 인자로 넘길 수 있고, 함수가 함수를 반환할 수 있다. 그리고 다른 데이터와 마찬가지로 함수를 리스트나 맵 같은 데이터 구조에 저장할 수 있다. 심지어는 데이터베이스에 함수를 저장할 수도 있다. 다만 (자바 메서드와 마찬가지로) fun으로 정의한 함수는 이런 방식으로는 조작할 수 없다. 하지만 코틀린은 이런 메서드를 진짜 함수로 변환할 때 필요한 모든 메커니즘을 제공한다.

### 3.2.2 데이터를 함수로 이해하기

함수의 정의를 기억하는가? **함수**는 어떤 정해진 조건을 만족해야 하는, 소스 집합과 타깃 집합 사이의 대응 관계다. 이제 어떤 임의의 소스 집합과 정수 5만 포함하는 타깃 집합이 있고, 소스 집합의 모든 원소를 정수 5와 대응시키는 함수를 생각해 보자. 믿거나 말거나 이 함수는 함수의 모든 요구 조건을 만족한다. 이 함수는 인자에 따라 반환하는 값이 달라지지 않는 특별한 유형의 함수다. 이 유형의 함수를 **상수 함수**(constant function)라고 한다. 함수의 인자를 지정하지 않아도 되고 어떤 정해진 규칙에 맞는 이름을 꼭 부여해야 한다는 제약도 없으므로 이 함수에 5라는 이름을 붙이자.[6] 방금 한 설명은 순전히 이론적이지만, 기억해둘 만한 가치가 있다. 나중에 이 내용을 유용하게 써먹을 일이 생긴다.

### 3.2.3 객체 생성자를 함수로 사용하기

객체 생성자는 사실 함수다. 객체 생성 시 특별한 구문을 사용하는 자바와 달리, 코틀린은 함수 호출 구문을 사용한다(하지만 객체를 함수로 만들어주는 것은 생성자 구문이 아닌 다른 요소다. 자바 객체도 함수다). 코틀린에서는 클래스 이름 뒤에 괄호를 붙이고 괄호 안에 생성자 인자를 넣으면 클래스 인스턴스 객체를 얻을 수 있다.

```
val person = Person("Elvis")
```

중요한 의문이 하나 생긴다. 순수 함수는 인자가 같을 때 같은 결과를 돌려줘야 한다고 말했다. 생성자는 과연 순수 함수인가? 다음 예를 보자.

```
val elvis = Person("Elvis")
val theKing = Person("Elvis")
```

두 객체는 같은 인자로부터 만들어진다. 따라서 생성자가 순수 함수라면 같은 값을 반환해야 한다.

```
val elvis = Person("Elvis")
val theKing = Person("Elvis")

println(elvis == theKing) // "true"를 반환해야 함
```

여기서 동등성 검사 결과는 equals 함수가 제대로 정의된 경우에만 true를 반환한다. 그러므로 Person이 데이터 클래스(2장을 보라)라면 true가 반환된다.

```
data class Person(val name: String)
```

Person이 데이터 클래스가 아니라면 여러분이 정의한 equals 함수에 따라 동등성이 달라진다.

---

[6] 역주 코틀린에서는 fun five = 5처럼 함수를 정의할 수 없으므로 fun five() = 5가 본문에서 이야기한 상수 5에 가까운 함수 표현이 될 수밖에 없고 이를 사용하려면 어쩔 수 없이 five()처럼 함수를 호출해야 값을 얻을 수 있다는 점에 유의하라.

### 3.2.4 코틀린 fun 함수 사용하기

앞에서 순수 함수에 관해 언급한 내용을 기억하는가? 코틀린 fun 키워드를 사용해 정의한 함수는 선언 방식과 관계없이 진정한 함수임을 보장할 수 없다. 프로그래머가 함수라고 부르는 대상이 진정한 함수인 경우가 너무 적어서 진정한 함수를 부르는 표현이 따로 있을 정도다. 프로그래머들은 진정한 함수를 순수 함수(pure function)라고 부른다(이와 반대로 진정한 함수가 아닌 함수들은 **순수하지 않은**(impure) **함수**라고 부른다). 이 절에서는 함수를 순수 함수로 만드는 요소가 무엇인지 살펴보고, 순수 함수 몇 가지를 예로 보여준다.

다음은 어떤 함수나 메서드가 순수 함수가 되기 위해 필요한 조건이다.

- 함수 외부의 어떤 것도 변이시켜서는 안 된다. 내부에서 상태를 변이시키더라도 그 상태를 외부에서 관찰할 수 없어야 한다.
- 인자를 변이시켜서는 안 된다.
- 예외나 오류를 던져서는 안 된다.
- 항상 값을 반환해야 한다.
- 인자가 같으면 항상 같은 결과를 내놓아야 한다.

다음 예제로 순수 함수와 순수하지 않은 함수를 살펴보자.

**예제 3-1** 순수 함수와 순수하지 않은 함수

```
class FunFunctions {

    var percent1 = 5
    private var percent2 = 9
    val percent3 = 13

    fun add(a: Int, b: Int): Int = a + b

    fun mult(a: Int, b: Int?): Int = 5

    fun div(a: Int, b: Int): Int = a / b

    fun div(a: Double, b: Double): Double = a / b

    fun applyTax1(a: Int): Int = a / 100 * (100 + percent1)

    fun applyTax2(a: Int): Int = a / 100 * (100 + percent2)
```

```
fun applyTax3(a: Int): Int = a / 100 * (100 + percent3)

fun append(i: Int, list: MutableList<Int>): List<Int> {
    list.add(i)
    return list
}

fun append2(i: Int, list: List<Int>) = list + i
}
```

이 함수/메서드 중 순수 함수를 표현하는 것을 찾을 수 있는가? 다음에 나올 답을 보기 전에 잠시 생각해 보라. 앞에서 설명한 순수 함수의 조건과 각 함수의 내부에서 일어나는 처리를 생각해 보라. 외부에서 관찰할 수 있는 게 무엇인지가 중요함을 기억하라. 예외 조건을 잊어서는 안 된다.

```
fun add(a: Int, b:Int): Int = a + b
```

첫 번째 함수 add는 항상 인자에 따라 정해지는 값을 반환하기 때문에 순수 함수다. 이 함수는 인자를 변이시키지도 않고 외부 세계와 전혀 상호 작용하지도 않는다. a + b가 Int의 최대 범위를 넘어 오버플로(overflow)가 발생하면 함수가 잘못 작동할 수는 있지만 예외를 던지지는 않는다. 오버플로가 발생하면 잘못된 값(음수 값)이 결과로 반환되지만 그것은 별개의 문제다. 인자가 같으면 항상 같은 값을 돌려줘야만 하지만, 이것이 결과가 꼭 정확한 값이어야 한다는 뜻은 아니다!

> **정확성**
>
> **정확성(exactness)**이라는 말은 그 자체로 아무 뜻도 아니다. 정확성은 일반적으로 프로그래머가 원하는 내용에 부합하는가를 뜻한다. 어떤 함수 구현이 정확하다고 말하려면 구현한 사람의 의도를 알아야 한다. 하지만 함수 이름 외에 구현한 사람의 의도를 알 수 있는 요소가 없는 경우가 많기 때문에 의도를 잘못 이해하는 일이 벌어지고는 한다.

두 번째 함수를 보자.

```
fun mult(a: Int, b: Int?): Int = 5
```

이 함수는 순수 함수다. 이 함수는 이름과 내용이 다르며 인자로 어떤 값을 받든 관계없이 같은 값을 반환한다. 이 함수는 상수다.

Int 타입에 대한 div 함수는 순수 함수가 아니다. 제수가 0이면 예외가 발생한다.

```
fun div(a: Int, b: Int): Int = a / b
```

div를 순수 함수로 만들려면 두 번째 파라미터가 0인지 검사해서 0이면 오류를 뜻하는 값을 반환해야 한다. Int의 경우 이런 잘못된 값을 뜻하는 의미 있는 값을 정하기 어렵지만, 이는 전혀 다른 문제다.

한편 Double에 대한 div 함수는 순수 함수다. 0.0으로 나누면 예외가 발생하는 대신 Infinity나 -Infinity가 반환되며, 이 둘은 Double의 인스턴스다.

```
fun div(a: Double, b: Double): Double = a / b
```

Infinity는 덧셈에 대해 흡수적이다. 즉, Infinity에 다른 Double 인스턴스를 더해도 항상 Infinity가 나온다. 하지만 나눗셈의 경우 항상 흡수적이지는 않다. Infinity를 0.0으로 나누면 NaN(숫자가 아님을 뜻하는 Not a Number의 줄임말)이 나온다. 이름과 달리 NaN도 Double의 인스턴스다. 다음 코드를 살펴보자.

```
var percent1 = 5
fun applyTax1(a: Int): Int = a / 100 * (100 + percent1)
```

applyTax1 메서드는 결과가 percent1 값에 따라 달라지기 때문에 순수 함수가 아닌 것으로 보인다. percent1은 공개 필드이며 두 applyTax1 함수 호출 중간에 값이 바뀔 수 있다. 따라서 같은 인자를 가지고 두 번 함수를 호출해도 결과가 달라질 수 있다. percent1이 applyTax1에 대한 암시적인 파라미터라고 생각할 수 있다. percent1을 함수 안에서 단 한 번만 사용한다면 이를 암시적 파라미터로 생각해도 문제가 없지만, 함수 안에서 여러 번 읽어서 사용한다면 두 읽기 연산 사이에 percent1의 값이 바뀔 수 있다. 따라서 percent1 값을 여러 번 사용해야 한다면 반드시 그 값을 지역 변수에 보관해야 한다. 따라서 applyTax1은 (a, percent1)이라는 쌍에 대해서는 순수 함수이지만 a에 대해서는 순수 함수가 아니다.

이 예제에서는 FunFunctions 타입의 객체 자체를 암시적인 인자로 간주할 수 있다. 이 객체의 모든 프로퍼티를 함수 안에서 사용할 수 있기 때문이다. 이 개념은 중요하다. 모든 인스턴스 메서드/함수는 그 메서드/함수를 둘러싸고 있는 클래스 타입의 파라미터를 추가함으로써 인스턴스에 속하지 않는 메서드/함수로 변경할 수 있다. applyTax1 함수를 이런 식으로 FunFunctions 밖에서 다시 작성하면 다음과 같다(심지어 이 함수를 FunFunctions 안에 정의할 수도 있다).

```
fun applyTax1(ff: FunFunctions, a: Int): Int = a / 100 * (100 + ff.percent1)
```

이 함수를 클래스 내부에서도 호출할 수 있다. 이때는 applyTax1(this, a)처럼 this를 인자로 넘기면 된다. 반면 FunFunctions 객체에 대한 참조가 있다면 이를 사용해 applyTax1을 FunFuntions 클래스 밖에서 호출할 수 있다. 이렇게 만들고 나면 applyTax1은 (this, a)에 대한 순수 함수다.

```
private var percent2 = 9
fun applyTax2(a: Int): Int = a / 100 * (100 + percent2)
```

applyTax2 함수의 결과는 percent2의 값에 따라 달라진다. percent2는 가변(var로 선언됨) 필드다. 이 필드의 값이 바뀌면 applyTax2의 결과도 달라진다. 하지만 어떤 코드도 이 변수를 변이시키지 않기 때문에 applyTax2는 순수 함수다. 하지만 applyTax2 코드를 변경하지 않더라도 percent2의 값을 변경하는 다른 함수를 추가하면 함수의 결과가 달라질 수 있어 applyTax2는 안전하지 않다. 그래서 실제 변이가 필요하지 않다면 항상 모든 것을 불변으로 유지해야 한다. 기본적으로 항상 val 키워드를 사용하라.

```
val percent3 = 13
fun applyTax3(a: Int): Int = a / 100 * (100 + percent3)
```

applyTax3는 applyTax1과 달리 불변 필드인 percent3를 사용하므로 순수 함수다.

```
fun append1(i: Int, list: MutableList<Int>): List<Int> {
    list.add(i)
    return list
}
```

append1 함수는 인자를 반환하기 전에 변이시킨다. 그리고 이렇게 변이시킨 결과를 함수 밖에서 관찰할 수 있다. 따라서 이 함수는 순수 함수가 아니다.

```
fun append2(i: Int, list: List<Int>) = list + i
```

append2 함수는 원소를 인자로 받은 리스트에 더하는 것으로 보인다. 하지만 실제로는 그렇지 않다. list + i라는 식은 list의 모든 원소가 같은 순서로 있고 맨 뒤에 i가 더 들어 있는 새로운 (불변) 리스트를 만들어낸다. 아무것도 변이된 것이 없다. 따라서 append2는 순수 함수다.

## 3.2.5 객체 표기법과 함수 표기법 비교

앞 절에서 클래스 인스턴스의 프로퍼티에 접근하는 인스턴스 함수를 해당 클래스의 인스턴스를 암시적 파라미터로 받는 것으로 생각할 수 있다고 했다. 자신이 들어 있는 클래스 인스턴스에 접근하지 않는 함수는 해당 클래스 밖으로 빼내도 안전하다. 이런 함수를 동반 객체 안에 넣을 수 있고(동반 객체에 들어가는 함수를 자바의 정적 메서드와 같다고 봐도 된다), 아예 어느 클래스에도 속하지 않도록 패키지 수준에 넣어도 된다. 그리고 클래스 인스턴스를 명시적으로 파라미터로 받게 만들면 클래스 인스턴스의 프로퍼티에 접근하는 함수를 동반 객체나 패키지 수준에 넣을 수 있다. 1장에서 본 Payment 클래스를 생각해 보자.

```kotlin
class Payment(val creditCard: CreditCard, val amount: Int) {
    fun combine(payment: Payment): Payment =
        if (creditCard == payment.creditCard)
            Payment(creditCard, amount + payment.amount)
        else
            throw IllegalStateException("Cards don't match.")

    companion object {
        fun groupByCard(payments: List<Payment>): List<Payment> =
            payments.groupBy { it.creditCard }
                    .values
                    .map { it.reduce(Payment::combine) }
    }
}
```

combine 함수는 자신이 속한 클래스의 creditCard와 amount 필드에 접근한다. 따라서 이 함수를 클래스나 동반 객체 밖으로 빼낼 수 없다. 이 함수는 자신을 둘러싸고 있는 클래스의 인스턴스를 암시적 파라미터로 받는다. 이 파라미터를 명시하게 만들면 combine 함수 정의를 패키지 수준이나 동반 객체 안에 위치시킬 수 있다.

```kotlin
fun combine(payment1: Payment, payment2: Payment): Payment =
    if (payment1.creditCard == payment2.creditCard)
        Payment(payment1.creditCard, payment1.amount + payment2.amount)
    else
        throw IllegalStateException("Cards don't match.")
```

동반 객체나 패키지 수준에서 함수를 정의하면 함수를 둘러싸는 영역의 변수에 예기치 않게 접근하는 일을 막을 수 있다. 하지만 이 때문에 함수를 사용하는 방식이 달라진다. 클래스 안에서 이 함수를 사용하려면 this 참조를 넘겨야 한다.

```
val newPayment = combine(this, otherPayment)
```

차이는 그리 크지 않다. 하지만 함수를 합성하면 큰 차이가 생긴다. 여러 지급을 합쳐야 하는 경우를 인스턴스 함수로 작성하면 다음과 같이 만들 수 있다.

```
fun combine(payment: Payment): Payment =
    if (creditCard == payment.creditCard)
        Payment(creditCard, amount + payment.amount)
    else
        throw IllegalStateException("Cards don't match.")
```

그리고 이 함수를 객체 표기법을 사용해 다음과 같이 쓸 수 있다.

```
val newPayment = payment1.combine(payment2).combine(payment3)
```

이 방식은 다음 방식보다 훨씬 더 읽기 쉽다.

```
import ...Payment.Companion.combine

val newPayment = combine(combine(payment1, payment2), payment3)
```

이 예제는 신용 카드가 일치하지 않으면 예외를 던지지만, 이는 아직 함수형으로 예외를 처리하는 방법을 배우지 않았기 때문이다. 이에 대해서는 7장에서 배운다.

## 3.2.6 함수 값 사용하기

앞에서 함수를 데이터처럼 다룰 수 있지만 fun으로 정의된 함수는 그렇지 않다고 말했다. 코틀린은 함수를 데이터처럼 다룰 수 있게 한다. 코틀린에는 함수 타입이 있으며, 일반적인 데이터를 그 데이터의 타입과 일치하는 참조에 대입할 수 있는 것처럼 함수를 그 함수와 일치하는 타입의 참조에 대입할 수 있다. 다음 함수를 생각해 보자.

```
fun double(x: Int): Int = x * 2
```

이 함수를 다음과 같이 정의할 수 있다.

```
val double: (Int) -> Int = { x -> x * 2 }
```

여기서 double 함수의 타입은 (Int) -> Int다. 화살표의 왼쪽에는 파라미터 타입을 괄호로 둘러싸서 표시한다. 반환 타입은 화살표 오른쪽에 위치한다. 함수 정의는 등호 뒤에 온다. 이때 함수 정의를 중괄호({})로 둘러싼 람다 식 형태를 사용한다.

이 예제에서 람다는 파라미터에 해당하는 이름(x)과 화살표, 함수가 반환할 값을 계산하기 위한 식으로 구성된다. 여기서는 식이 아주 단순해서 한 줄에 모든 정의를 쓸 수 있었다. 하지만 식이 복잡해지면 여러 줄에 걸쳐 써야 할 수도 있다. 그럴 때에는 다음 코드처럼 맨 마지막 줄의 값이 전체 결과가 된다.

```
val doubleThenIncrement: (Int) -> Int = { x ->
    val double = x * 2
    double + 1
}
```

이때 맨 마지막 줄에 return을 붙이면 안 된다.

튜플을 파라미터로 받는 함수도 별다르지 않다. 다음은 두 정수의 합을 계산하는 함수다.

```
val add: (Int, Int) -> Int = { x, y -> x + y }
```

함수 타입에서 인자는 괄호 안에 들어 있다. 반면 람다 식에서 파라미터 주변에는 괄호를 쓸 수 없다.

파라미터가 튜플이 아니라면(더 정확히 말해 파라미터가 원소가 1개뿐인 튜플인 경우), it이라는 특별한 이름을 사용해 그 파라미터를 가리킬 수 있다.

```
val double: (Int) -> Int = { it * 2 }
```

it을 사용하면 더 간결하게 람다 식을 쓸 수 있지만, 때로 코드 읽기가 더 어려워질 수 있다. 특히 여러 함수 구현의 내포 깊이가 깊어지면 더 그렇다.

> Note ≡ 이 예제에서 double은 함수 이름이 아니다. (람다로 정의한) 함수에는 이름이 없다. 여기서는 일반적인 데이터를 나중에 조작하기 위해 같은 타입의 참조에 대입하는 것처럼 이름이 없는 함수를 그 함수와 일치하는 타입의 참조에 대입한다.
>
> ```
> val number: Int = 5
> ```
> 라고 쓸 때, 이는 5의 이름이 number라고 쓴 것은 아니다. 함수에서도 마찬가지다.

코틀린에 함수가 두 종류나 있는 이유가 궁금한 독자도 있을 것이다. 함수가 값이라면 굳이 fun을 사용해 함수를 정의해야 하는 이유가 무엇일까?

3.2.4절을 시작하면서 언급했던 것처럼 fun으로 정의한 함수는 실제로는 함수가 아니다. 이를 메서드, 하위 프로그램, 프러시저 등으로 부를 수 있다. fun으로 정의한 함수로 (항상 인자에 의해서만 값이 정해지고 외부에서 관찰할 수 있는 효과가 없는) 순수 함수를 표현할 수 있지만, 이를 데이터처럼 취급할 수는 없다.

왜 fun 함수를 사용해야 할까? fun 함수가 더 효율적이기 때문이다. 이를 최적화로 볼 수 있다. 인자를 넘기고 그 인자에 따른 반환 값을 얻는 일만 하는 경우에는 fun으로 정의한 함수를 사용하라. 꼭 fun으로 정의한 함수를 사용할 필요는 없지만 사용하는 편이 더 낫다.

한편 함수를 데이터처럼 취급해야 하거나(예를 들어 곧 보게 되겠지만 다른 함수에 함수를 인자로 넘겨야 한다면) 함수에서 함수를 돌려줘야 하는 경우이거나 변수, 맵 그 밖의 데이터 구조에 함수를 저장해야 하는 경우라면 함수 타입의 식을 사용하라.

한 유형의 함수를 다른 유형의 함수로 변환하는 방법이 궁금할 것이다. 변환은 아주 간단하다. 다만 실행 시점에 fun 함수를 만들 수는 없기 때문에 fun 함수를 함수식 유형의 값으로 변환할 수만 있다.

## 3.2.7 함수 참조 사용하기

코틀린은 자바와 같은 방식으로 메서드 참조를 사용할 수 있다. 그런데 코틀린에서는 메서드를 함수라고 부르기 때문에 메서드 참조도 함수 참조라고 부른다. 다음은 fun 함수를 람다 안에서 사용하는 코드를 보여준다.

```
fun double(n: Int): Int = n * 2

val mutliplyBy2: (Int) -> Int = { n -> double(n) }
```

이를 다음과 같이 쓸 수 있다.

```
val mutliplyBy2: (Int) -> Int = { double(it) }
```

함수 참조를 사용하면 같은 구문을 더 간단히 쓸 수 있다.

```
val mutliplyBy2: (Int) -> Int = ::double
```

여기서 multiplyBy2 함수가 들어 있는 객체나 클래스, 패키지에 들어 있는 double 함수가 호출된다. 만약 double이 다른 클래스에 정의된 인스턴스 함수고 해당 클래스의 인스턴스에 대한 참조를 가지고 있다면 다음 구문을 사용해 이를 호출할 수 있다.

```
class MyClass {
    fun double(n: Int): Int = n * 2
}

val foo = MyClass()
val mutliplyBy2: (Int) -> Int = foo::double
```

double이 다른 패키지에 들어 있다면 이를 임포트해야 한다.

```
import other.package.double

val mutliplyBy2: (Int) -> Int = ::double
```

반면에 클래스 이름을 붙이면 전혀 다른 타입의 함수가 생긴다.

```
val mutliplyBy2: (MyClass, Int) -> Int = MyClass::double // { obj: MyClass, n: Int ->
(obj::double)(n) }과 같다.
```

이런 경우 multiplyBy2의 타입은 (Int) -> Int가 아니고 (MyClass, Int) -> Int다. 클래스의 동반 객체에 정의된 함수라면(자바 정적 메서드와 비슷하다) 이를 임포트하거나 다음과 같은 구문으로 사용할 수 있다.

```
class MyClass {
    companion object {
        fun double(n: Int): Int = n * 2
    }
}

val mutliplyBy2: (Int) -> Int = (MyClass)::double
```

여기서 (MyClass)::double은 다음을 줄여 쓴 것이다.

```
val mutliplyBy2: (Int) -> Int = MyClass.Companion::double
```

.Companion이나 괄호를 잊지 말라. 이를 빼먹으면 전혀 다른 결과를 얻게 된다.

```
val mutliplyBy2: (Int) -> Int = MyClass::double // 컴파일러가 인스턴스 메서드 double을 찾을
    수 없다!
```

## 3.2.8 함수 합성

fun 함수는 쉽게 합성할 수 있다.

```
fun square(n: Int) = n * n

fun triple(n: Int) = n * 3

println(square(triple(2)))

36
```

하지만 이는 함수 합성이 아니다. 이 코드는 함수 적용을 합성한 것이다. 함수 합성은 함수에 대한 이항 연산이며, 이는 덧셈이 수에 대한 이항 연산인 것과 같다. 따라서 함수를 프로그램으로 합성하려면 다른 함수를 사용해야 한다.

### 연습문제 3-1

Int에서 Int로 가는 함수의 합성을 허용하는 compose 함수를 작성하라(fun을 사용해 정의하라).

> Note ≡ 연습문제 바로 다음에 해법을 보여준다. 하지만 반드시 해법을 보지 않고 문제를 풀어봐야 한다. 해법 코드는 이 책의 깃허브에서도 볼 수 있다. 이 연습문제는 간단하지만 일부 연습문제는 꽤 어렵기 때문에 해법을 미리 보고 싶은 유혹을 참기 어려울 것이다. 하지만 답을 더 어렵게 찾을수록 더 많이 배울 수 있다는 사실을 기억하라.

**힌트**

compose 함수는 (Int) -> Int 타입의 함수 두 개를 파라미터로 받아 똑같은 타입의 함수를 반환한다. compose 함수를 fun으로 정의할 수 있지만 함수의 파라미터는 값이어야만 한다. fun으로 정의한 myFunc라는 함수가 있으면 앞에 ::를 붙여서 함수 값으로 변환할 수 있다.

**해법**

다음은 람다를 사용하는 해법이다.

```
fun compose(f: (Int) -> Int, g: (Int) -> Int): (Int) -> Int = { x -> f(g(x)) }
```

또는 다음과 같이 이를 단순화시킬 수 있다.

```
fun compose(f: (Int) -> Int, g: (Int) -> Int): (Int) -> Int = { f(g(it)) }
```

이 함수를 사용해 square와 triple 함수를 합성할 수 있다.

```
val squareOfTriple = compose(::square, ::triple)

println(squareOfTriple(2))

36
```

### 3.2.9 함수 재사용하기

함수를 쉽게 재사용하려면 타입 파라미터를 사용하는 다형적(polymorphic) 함수로 만들면 된다.

#### 연습문제 3-2

compose 함수를 타입 파라미터를 사용하는 다형적 함수로 만들라.

> 힌트

fun 키워드와 함수 이름 사이에 타입 파라미터를 선언하라. 그리고 Int 타입을 올바른 타입 파라미터 이름으로 바꿔라. 이때 실행 순서에 주의하라. compose가 구현하는 함수 합성 f ∘ g는 g를 먼저 적용하고 그 결과에 f를 적용해야 한다는 점을 기억하라. 타입이 매치되지 않으면 컴파일되지 않는다.

> 해법

이 연습문제는 함수 구현을 작성하는 문제가 아니다. 구현 자체는 다형적이지 않은 함수와 똑같다. 문제는 올바른 함수 시그니처를 찾아내는 것이다.

```
fun <T, U, V> compose(f: (U) -> V, g: (T) -> U): (T) -> V = { f(g(it)) }
```

여기서 파라미터화한 타입을 사용할 때 강력한 타입 시스템이 어떤 이점을 제공하는지 볼 수 있다. 타입 파라미터를 사용하면 compose 함수를 (타입이 매치되는 한) 모든 타입에 대해 작동하도록 정의할 수 있을 뿐 아니라 Int 버전과 달리 절대 그 구현이 잘못되지 않는다. f와 g를 뒤바꾼다면 이 코드는 컴파일되지 않는다.

# 3.3 고급 함수 기능

지금까지는 함수를 만들고 적용하고 합성하는 법을 살펴봤다. 하지만 아직 '함수를 데이터로 표현할 필요가 있는가?'라는 근본적인 질문에 대한 답을 제시하지 않았다. 단순히 fun으로 정의한 함수만 사용하면 안 될까? 이 질문에 답하기 전에 **다인자**(multi-argument) 함수의 문제를 생각해 봐야 한다.

## 3.3.1 인자가 여럿 있는 함수 처리하기

3.1.5절에서 인자가 여럿 있는 함수란 존재하지 않는다고 말했다. 단지 원소가 여러 개 들어 있는 튜플을 유일한 인자로 받는 함수만 존재한다고 말했다. 여러분이 원하는 개수만큼 튜플에 원소를 넣을 수 있다. 그리고 원소 개수가 적으면 개수에 따라 튜플(tuple), 트리플렛(triplet), 쿼텟(quartet) 등의 이름이 붙으며, 다른 이름을 붙일 수도 있다. tuple2, tuple3, tuple4 등의 이름을 선호하는 사람도 있다. 코틀린에는 Pair와 Triple이 미리 정의되어 있다. 앞에서 함수 인자는 하나씩 차례로 적용되며 인자가 적용될 때마다 새로운 함수를 반환한다고 설명했다. 단, 맨 마지막 인자를 적용한 결과는 일반 값일 수도 있고 함수일 수도 있다.

이제 두 정수를 더하는 함수를 정의해 보자. 이 함수를 첫 번째 정수에 적용하면 새 함수를 반환할 것이다. 이 덧셈 함수의 타입은 다음과 같다.

```
(Int) -> (Int) -> Int
```

여기서 (Int)는 인자의 타입이며, (Int) -> Int는 반환되는 값의 타입이다. 이때 -> 기호의 결합 방향을 기억하기 위해 반환 값의 타입 주위에 다음과 같이 괄호가 있다고 생각할 수 있다.

```
(Int) -> ((Int) -> Int)
```

인자 타입은 Int이고 반환 타입은 Int 타입의 값을 인자로 받아 Int를 반환하는 함수다.

### 연습문제 3-3

두 Int 값을 더하는 함수를 작성하라.

> **해법**

이 함수는 Int를 인자로 받고 Int에서 Int로 가는 함수를 반환한다. 따라서 이 함수의 타입은 (Int) -> (Int) -> Int다. 이 함수에 add라는 이름을 붙이자. 람다를 사용해 이 함수를 구현할 수 있다. 최종 결과는 다음과 같다.

```
val add: (Int) -> (Int) -> Int = { a -> { b -> a + b } }
```

타입 이름을 짧게 하고 싶으면 타입 별명(type alias)을 사용하라.

```
typealias IntBinOp = (Int) -> (Int) -> Int

val add: IntBinOp = { a -> { b -> a + b } }
val mult: IntBinOp = { a -> { b -> a * b } }
```

여기서 IntBinOp는 **정수 이항 연산**(Integer Binary Operation)이라는 뜻이다. 함수 인자의 개수에는 제한이 없다. 원하는 만큼 많은 인자를 받는 함수를 정의할 수 있다. 이 장의 맨 앞에서 이야기했던 것처럼 여기 보인 add나 mult와 같은 형태로 정의한 함수를 그와 동등한 튜플을 인자로 받는 함수로부터 커리한 함수라고 부른다.

### 3.3.2 커리한 함수 적용하기

커리한 함수의 타입과 구현 방법을 살펴봤다. 그렇다면 어떻게 커리한 함수를 적용할 수 있을까? 일반적인 다른 함수와 똑같이 적용할 수 있다. 커리한 함수에 첫 번째 인자를 적용한 다음, 다시 두 번째 인자를 적용하라. 이런 과정을 마지막 인자를 적용할 때까지 반복하라. 예를 들어 add 함수에 3과 5를 적용하면 다음과 같다.

```
println(add(3)(5))

8
```

### 3.3.3 고차 함수 구현하기

3.2.8절에서 함수를 합성하는 fun 함수를 작성했다. 이 함수는 인자로 두 함수로 이뤄진 튜플을 받아 새로운 함수를 반환했다. 하지만 fun 함수(실제로는 메서드)를 사용하는 대신에 함수 값을

사용할 수도 있다. 함수를 인자로 받거나 함수를 결과로 돌려주는 함수를 **고차 함수**(HOF, Higher-Order Function)라고 부른다.

## 연습문제 3-4

두 함수를 합성하는 함수 값을 만들라. 예를 들어 3.2.8절 예제에서 봤던 square와 triple을 함수 값으로 다시 정의하고[7], 이 둘을 합성한 squreOfTriple을 만들어라.

**해법**

올바른 순서를 따른다면 쉽게 이 문제를 해결할 수 있다. 맨 먼저 해야 할 일은 타입을 적는 것이다. 이 함수는 두 가지 인자를 받는다. 따라서 커리한 함수여야 한다. 함수의 두 인자와 반환 타입은 Int에서 Int로 가는 함수다. 이런 함수의 타입을 적으면 다음과 같다.

```
(Int) -> Int
```

이 타입을 T라고 부르자. 이제 T 타입의 인자(첫 번째 인자)를 받아서 T 타입의 함수 값(두 번째 인자)을 T(반환 값)로 반환하는 함수를 만들고 싶다. 이 함수의 타입은 다음과 같다.

```
(T) -> (T) -> T
```

T를 원래 값으로 치환하면 실제 타입을 얻는다.

```
((Int) -> Int) -> ((Int) -> Int) -> (Int) -> Int
```

이 타입은 길이가 너무 길다는 문제가 있을 뿐이다! 이제 구현을 추가하자. 타입을 정하는 것보다 구현하는 것이 더 쉽다.

```
{ x -> { y -> { z -> x(y(z)) } } }
```

전체 코드는 다음과 같다.

```
val compose: ((Int) -> Int) -> ((Int) -> Int) -> (Int) -> Int =
                { x -> { y -> { z -> x(y(z)) } } }
```

---

[7] 역주 3.2.8절에서는 fun을 사용해 square와 triple을 정의했지만, 여기서는 익명 함수를 둘 정의하고 그 익명 함수를 각각 squre와 triple이라는 변수에 대입해 이름을 붙여야 한다. 앞에서 fun으로 정의한 함수를 다른 함수에 전달할 때는 앞에 ::를 붙여서 함수 참조를 넘겨야 했지만, 익명 함수에 이름을 부여하면 :: 없이 이름을 사용해 함수를 가리킬 수 있다. 코틀린 함수형 프로그래밍에서 일반적으로 함수나 메서드는 fun으로 정의한 함수를, 함수 값은 익명 함수를 가리킨다는 점을 다시 한번 기억하자.

원한다면 타입 추론의 힘을 빌어서 반환 타입을 생략할 수도 있다. 대신 각 인자의 타입을 지정해야 한다.

```
val compose = { x: (Int) -> Int -> { y: (Int) -> Int ->
                                    { z: Int -> x(y(z)) } } }
```

아니면 타입 별명을 사용해도 된다.

```
typealias IntUnaryOp = (Int) -> Int

val compose: (IntUnaryOp) -> (IntUnaryOp) -> IntUnaryOp =
                { x -> { y -> { z -> x(y(z)) } } }
```

이 코드를 square와 triple 함수를 사용해 테스트할 수 있다.

```
typealias IntUnaryOp = (Int) -> Int

val compose: (IntUnaryOp) -> (IntUnaryOp) -> IntUnaryOp =
                { x -> { y -> { z -> x(y(z)) } } }

val square: IntUnaryOp = { it * it }

val triple: IntUnaryOp = { it * 3 }

val squareOfTriple = compose(square)(triple)
```

이 코드는 첫 번째 인자를 적용하는 것부터 시작한다. 첫 번째 인자를 적용해 얻은 새 함수에 두 번째 인자를 적용한다. 두 번째 인자를 적용한 결과도 함수다. 이 함수는 인자로 넘긴 두 함수의 합성 함수다. 이 새 함수를 (예를 들어) 2에 적용하면 2에 triple을 먼저 적용하고 그 결과에 square를 적용한 값을 얻는다(이 과정은 함수 합성의 정의와 일치하는 계산이다).

```
println(squareOfTriple(2))
```

36

파라미터 순서에 주의하라. triple이 먼저 적용되고 square는 triple이 반환한 결과에 적용된다.

## 3.3.4 다형적 HOF 정의하기

앞에서 정의한 compose 함수는 Int에서 Int로 가는 함수만 처리할 수 있지만, 다형적 compose 함수를 사용하면 여러 다른 타입의 함수를 합성할 수 있다. 단, 한 함수의 반환 타입이 다른 함수의 인자 타입과 같아야 한다.

### 연습문제 3-5(어려움)

다형적 compose 함수를 작성하라.

[힌트]

코틀린이 다형적 프로퍼티[8]를 제공하지 않기 때문에 문제가 생긴다. 코틀린에서는 다형적 클래스, 인터페이스, 함수를 정의할 수 있다. 하지만 다형적 프로퍼티는 정의할 수 없다. 따라서 프로퍼티가 아니라 함수, 클래스, 인터페이스 중 하나에 정의할 함수를 저장해서 해결해야 한다.

[해법]

연습문제 3-3을 파라미터화하면 될 것 같아 보인다.

```
val <T, U, V> higherCompose: ((U) -> V) -> ((T) -> U) -> (T) -> V =
    { f ->
        { g ->
            { x -> f(g(x)) }
        }
    }
```

하지만 코틀린에서는 독립적인 다형적 프로퍼티를 정의할 수 없다. 파라미터화하려면 타입 파라미터를 정의할 수 있는 영역에 프로퍼티를 넣어야 한다. 그런데 클래스, 인터페이스, fun으로 정의한 함수에만 타입 파라미터를 정의할 수 있다. 따라서 다형적 프로퍼티를 정의하려면 요소 안에 정의를 넣어야 한다. 가장 실용적인 요소는 fun이다.

```
fun <T, U, V> higherCompose(): ((U) -> V) -> ((T) -> U) -> (T) -> V =
    { f ->
        { g ->
            { x -> f(g(x)) }
        }
    }
```

---

[8] [역주] 뜬금없이 프로퍼티 이야기가 왜 나오는지 궁금할 수 있다. 클래스나 패키지 내부에서 val을 선언하는 것은 코틀린 언어 개념으로는 불변 변수가 아니라 프로퍼티를 선언하는 것이어서 그렇다.

higherCompose()라는 fun 함수는 아무 파라미터도 받지 않고 항상 같은 값을 반환한다. 따라서 이 함수는 상수다. 이 함수를 fun으로 정의했다는 사실은 이 함수가 상수라는 관점과는 무관하다. 이 함수는 함수를 합성하는 함수가 아니다. 단지 함수를 합성하는 함수 값을 반환하는 fun 함수일 뿐이다. 반환 타입을 생략하는 쪽을 선호한다면 파라미터의 타입을 지정해야 한다.

```
fun <T, U, V> higherCompose() =
    { f: (U) -> V ->
        { g: (T) -> U ->
            { x: T -> f(g(x)) }
        }
    }
```

이제 higherCompose를 사용해 triple과 square를 합성하면 된다.

```
val squareOfTriple = higherCompose()(square)(triple)
```

하지만 이 코드는 컴파일되지 않고 다음과 같은 오류가 난다.

```
Error:(79, 24) Kotlin: Type inference failed:
    Not enough information to infer parameter T in fun <T, U, V>
    higherCompose(): ((U) -> V) -> ((T) -> U) -> (T) -> V
Please specify it explicitly.
```

컴파일러가 T, U, V 타입 파라미터의 진짜 타입을 추론할 수 없다. 여러분이 T, U, V가 모두 Int이면 충분하다고 판단했다면 여러분은 코틀린보다 더 똑똑하다! 문제를 해결하는 방법은 컴파일러에게 T, U, V의 실제 타입을 넘겨주는 것이다. 함수 이름 뒤에 타입 정보를 넣으면 컴파일러에게 타입을 알려줄 수 있다.

```
val squareOfTriple = higherCompose<Int, Int, Int>()(square)(triple)
```

### 연습문제 3-6(이제는 쉬움!)

함수를 합성하되 적용 순서가 반대인 higherAndThen 함수를 정의하라. 적용 순서가 반대라는 말은 higherCompose(f, g)와 higherAndThen(g, f)가 같다는 말이다.

> 해법

```
fun <T, U, V> higherAndThen(): ((T) -> U) -> ((U) -> V) -> (T) -> V =
    { f: (T) -> U ->
        { g: (U) -> V ->
            { x: T -> g(f(x)) }
        }
    }
```

> **함수 파라미터 테스트하기**
>
> 파라미터의 순서에 대해 의심이 간다면 다른 타입의 함수를 사용해 이를 테스트해 볼 수 있다. Int에서 Int로 가는 두 함수로 테스트하면 함수를 어떤 순서로든 합성할 수 있기 때문에 합성 순서가 모호하고 그에 따라 오류를 알아내기 어렵다. 다음은 다른 타입의 함수를 사용해 테스트하는 코드다.
>
> ```
> fun testHigherCompose() {
>     val f: (Double) -> Int = { a -> (a * 3).toInt() }
>     val g: (Long) -> Double = { a -> a + 2.0 }
>
>     assertEquals(Integer.valueOf(9), f(g(1L)))
>     assertEquals(Integer.valueOf(9),
>         higherCompose<Long, Double, Int>()(f)(g)(1L))
> }
> ```

## 3.3.5 익명 함수 사용하기

지금까지는 함수에 이름을 붙여서 사용했다. 하지만 함수 이름을 정의하지 않고 익명 함수(anonymous function)를 그대로 사용할 수도 있다. 다음 코드를 살펴보자.

```
val f: (Double) -> Double = { Math.PI / 2 - it }
val sin: (Double) -> Double = Math::sin
val cos: Double = compose(f, sin)(2.0)
```

이와 같이 쓰는 대신에 익명 함수를 그대로 쓸 수 있다.

```
val cosValue: Double =
    compose({ x: Double -> Math.PI / 2 - x }, Math::sin)(2.0)
```

이 코드는 fun으로 패키지 수준에 정의된 compose 함수를 썼다. 하지만 HOF(고차 함수)를 사용하는 경우에도 똑같이 이런 방식을 적용할 수 있다.

```
val cos = higherCompose<Double, Double, Double>()
    ({ x: Double -> Math.PI / 2 - x })(Math::sin)

val cosValue = cos(2.0)
```

cos 함수의 두 인자가 각각 다른 괄호 안에 들어간다. compose 함수와 달리 higherCompose는 커리한 형태로 정의되어 있기 때문에 한 번에 하나씩 파라미터를 적용할 수 있다. 또한, 람다를 괄호 밖으로 빼내도 된다.[9]

```
val cos = higherCompose<Double, Double, Double>()()
    { x: Double -> Math.PI / 2 - x }(Math::sin)
```

지면 제약으로 한 줄을 넘어가 함수를 두 줄로 작성한 점을 제외하더라도, 마지막 부분은 약간 이상해 보인다. 하지만 코틀린에서는 이런 형식을 권장한다.[10]

---

9 역주 모든 람다를 괄호 밖으로 뺄 수 있는 것은 아니다. 본문의 compose와 같이 인자가 여럿 있을 때는 맨 마지막 인자로 람다가 넘어가는 경우에만 그 람다를 괄호 밖으로 보낼 수 있다. 예를 들어 f를 먼저 적용하고 sin을 적용하는 compose를 작성하면 다음과 같다.
　　val fAndSin: (Double) -> Double = compose(Math::sin) { x: Double -> Math.PI / 2 - x }

10 역주 저자의 설명이 잘못됐다. 마지막 형태는 코틀린이 권장하는 형태가 아니다. 이 예제에서 ()()로 괄호가 두 번 온 것은 코틀린 문법의 모호성 때문이다. 코틀린은 괄호 밖으로 람다를 뺄 수 있게 하고, 함수의 유일한 인자가 람다인 경우에는 굳이 괄호를 쓰지 않고 중괄호만으로 람다를 인자로 넘길 수 있게 한다. 이로 인해 커리한 함수(또는 함수를 반환하는 fun 함수)에 인자를 연속으로 적용해야 하는 경우에는 람다 인자가 어떤 함수의 인자인지 판단하기 어려운 경우가 생긴다. 예를 들어 Int에서 Int로 가는 함수를 반환하는 함수를 생각해 보자.
　　val returnApplyN = { n: Int -> { f: (Int) -> Int -> f(n) } }
　　val apply10 = returnApplyN(10)
　　val twenty = apply10({ it + it }) // 20
　　val twenty2 = apply10 { it + it } // 20
　　val twenty3 = returnApplyN(10)({ it + it })
　　val twenty4Fail = returnApplyN(10){ it + it }
twenty4Fail에서 코틀린 컴파일러는 returnApplyN이 두 개의 인자를 받는 함수이고 { it + it }이라는 람다가 10에 이은 두 번째 인자라고 판단했다. 그래서 "error: too many argument…"라는 오류가 나온다. 하지만 실제로 이 람다는 returnApplyN을 적용한 결과로 나온 함수의 첫 번째 인자다. 이를 명확히 코틀린에게 알려주려면 적용 대상을 구분할 수 있게 괄호를 넣어야 한다.
　　val twenty4Success = (returnApplyN(10)) { it + it }  // 20
마찬가지로 cos를 합성하는 예에서도 다음과 같이 적용 순서를 명확히 하고 괄호를 아예 없앨 수 있다.
　　val cos = (higherCompose<Double, Double, Double>())
　　　　{ x: Double -> Math.PI / 2 - x }(Math::sin)
본문에 있는 코드보다는 이 스타일의 코드를 사용하거나 아예 람다를 괄호 안에 넣는 편이 더 낫다.

### 익명 함수를 사용해야 하는 경우와 이름이 있는 함수를 사용해야 하는 경우

익명 함수를 사용할 수 없는 특별한 경우를 제외하면 이름이 있는 함수를 사용할지 익명 함수를 사용할지는 여러분의 선택에 달렸다(fun으로 정의한 함수는 항상 이름이 있다). 일반적인 규칙으로, 한 번만 사용하는 함수는 익명 함수로 정의하라. 하지만 **한 번만 사용한다**는 말은 함수를 한 번만 작성한다는 뜻이지 함수가 단 한 번만 인스턴스화된다는 뜻은 아니다.

다음 코드는 fun 함수를 사용해 Double 값의 코사인을 계산한다. 이 함수 구현은 람다 식과 함수 참조를 사용하므로 익명 함수를 2개 사용한다.

```
fun cos(arg: Double) = compose({ x -> Math.PI / 2 - x },Math::sin)(arg)
```

익명 함수 생성을 걱정하지 말라. 코틀린은 함수가 호출될 때마다 항상 객체를 생성하지는 않는다. 그리고 이런 익명 함수 객체를 생성하는 비용도 싸다. 대신 코드의 명확성과 유지 보수성만을 고려해 함수에 이름을 부여할지 익명 함수를 사용할지 결정하라. 성능이나 재사용성을 걱정한다면 함수 참조를 가능한 한 자주 사용하라.

### 타입 추론 구현하기

익명 함수를 사용할 때 문제가 될 수 있는 다른 요소로 타입 추론이 있다. 앞 예제에서는 compose 함수가 두 익명 함수를 인자로 받는다는 사실을 알고 컴파일러가 두 익명 함수의 타입을 추론할 수 있었다.

```
fun <T, U, V> compose(f: (U) -> V, g: (T) -> U): (T) -> V = { f(g(it)) }
```

하지만 타입 추론이 항상 제대로 동작하는 것은 아니다. 두 번째 인자의 함수 참조를 다음과 같이 람다로 바꾸면,

```
fun cos(arg: Double) = compose({ x -> Math.PI / 2 - x }, { y -> Math.sin(y)})(arg)
```

컴파일러가 처리하지 못해서 다음과 같은 오류 메시지를 출력한다.

```
Error:(48, 28) Kotlin: Type inference failed: Not enough information to infer
    parameter T in fun <T, U, V> compose(f: (U) -> V, g: (T) -> U): (T) -> V
    Please specify it explicitly.
Error:(48, 38) Kotlin: Cannot infer a type for this parameter.
    Please specify it explicitly.
Error:(48, 64) Kotlin: Cannot infer a type for this parameter.
    Please specify it explicitly.
```

이제는 코틀린이 두 함수 값의 타입을 모두 추론할 수 없게 됐다. 이 코드를 컴파일하려면 타입 애너테이션을 추가해야 한다.

```
fun cos(arg: Double) =
    compose({ x: Double -> Math.PI / 2 - x },
            { x: Double -> Math.sin(x)})(arg)
```

이로 인해 함수 참조를 더 선호할 수 있다.

### 3.3.6 로컬 함수 정의하기

여러분은 함수 안에서 함수 값을 정의할 수 있다는 사실을 이미 알았다. 코틀린에서는 다른 함수 안에서 fun 함수도 선언할 수 있다. 다음 코드를 보라.

```
fun cos(arg: Double): Double {
    fun f(x: Double): Double = Math.PI / 2 - x
    fun sin(x: Double): Double = Math.sin(x)
    return compose(::f, ::sin)(arg)
}
```

### 3.3.7 클로저 구현하기

순수 함수가 결과를 계산할 때 자신의 인자를 제외한 그 어떤 것에도 영향을 받지 않아야 한다는 사실을 알았다. 코틀린 함수는 종종 함수 밖에 있는 요소에 접근한다. 그 요소는 패키지 수준의 프로퍼티이거나 클래스나 객체의 프로퍼티일 수 있다. 심지어 함수가 다른 클래스의 동반 객체나 다른 패키지의 멤버에 접근할 수도 있다.[11]

앞에서 순수 함수가 참조 투명성을 지키는 함수라고 말했다. 이는 함수를 반환하는 것 외에 외부에서 관찰 가능한 효과가 없어야 한다는 뜻이다. 하지만 반환 값이 자신의 인자뿐 아니라 자신을 둘러싸고 있는 영역에 있는 요소에 의해서도 결정된다면 어떨까? 이미 이런 경우를 살펴봤다. 그리고 이런 경우 자신을 둘러싸고 있는 영역의 요소를 함수가 사용하는 암시적 파라미터로 간주할 수 있다.

---

11 역주 앞의 커리한 함수에서도 봤지만, 함수가 다른 함수 안에 있다면 바깥쪽 함수 안에 정의된 변수나 다른 함수의 인자에 접근할 수 있다.

이와 같은 사고방식을 람다에 적용할 수 있다. 코틀린 람다에는 자바 람다와 같은 제약이 없다. 오직 동작상 파이널(effectively final)인 참조에만 접근할 수 있는 자바 람다와 달리 코틀린 람다는 자신을 둘러싸고 있는 영역에 있는 가변 변수에 자유롭게 접근할 수 있다. 예를 한 가지 살펴보자.

```
val taxRate = 0.09
fun addTax(price: Double) = price + price * taxRate
```

이 코드에서 addTax 함수는 taxRate라는 변수에 대해 **닫혀 있다**. 여기서 addTax가 price의 함수가 아니라는 점이 중요하다. 이유는 인자가 같아도 결과가 달라질 수 있기 때문이다. 하지만 이를 (price, taxRate)라는 튜플에 대한 함수로 볼 수 있다.

이렇게 추가되는 암시적 인자를 감안하면 클로저를 순수 함수와 조화시킬 수 있다. 코드를 리팩터링할 때나 함수를 다른 함수에 넘길 때 클로저가 문제될 수 있다. 이로 인해 읽기 어렵고 유지보수하기 어려운 프로그램이 생길 수 있다.

더 읽기 쉽고 유지 보수하기 쉬운 프로그램을 만드는 한 가지 방법은 프로그램을 더 모듈화(modular)하는 것이 있다. 더 모듈화한다는 말은 프로그램의 각 부분이 서로 독립적인 모듈로 작용하도록 만든다는 뜻이다. 클로저 대신 튜플을 인자로 받는 함수를 사용하면 모듈화를 달성할 수 있다.

```
val taxRate = 0.09
fun addTax(taxRate: Double, price: Double) = price + price * taxRate

println(addTax(taxRate, 12.0))
```

이와 동일한 방법을 함수 값에도 적용할 수 있다.

```
val taxRate = 0.09

val addTax = { taxRate: Double, price: Double -> price + price * taxRate }

println(addTax(taxRate, 12.0))
```

addTax 함수는 Double의 쌍 하나를 인자로 받는다. (자바와 달리 코틀린에서는 세 개 이상의 인자를 받는 함수도 만들 수 있다. 자바에서는 인자가 하나인 경우 Function 인터페이스를, 두 개인 경우 BiFunction 인터페이스를 쓸 수 있다. 하지만 세 개 이상의 인자가 필요하면 직접 인터페이스를 정의해야 한다.)

그런데 커리한 버전을 사용해 같은 결과를 얻을 수 있다. 커리한 함수는 인자가 하나뿐이며 인자가 하나뿐인 다른 함수를 반환하는 함수다. 이때 반환하는 함수도 마찬가지로 인자가 하나뿐인 다른 함수를 반환하는 함수일 수 있다. 이런 과정이 결과 값을 반환할 때까지 반복된다. 다음은 addTax를 함수 값으로 사용하는 커리한 버전을 보여준다.

```
val taxRate = 0.09

val addTax = { taxRate: Double ->
                { price: Double ->
                    price + price * taxRate
                }
              }

println(addTax(taxRate)(12.0))
```

fun 함수를 커리한 버전은 의미가 거의 없다. addTax에서 첫 번째 함수는 fun을 사용해 정의할 수 있지만, 반환하는 함수는 반드시 함수 값을 사용해야 한다. fun 함수는 값이 아니기 때문에 반환할 수가 없다.

### 3.3.8 함수 부분 적용과 자동 커링

앞의 코드에서 클로저 버전과 커리한 함수 버전은 같은 결과를 내놓기 때문에 동등한 것으로 보인다. 하지만 실제로 이 둘은 **의미상** 다르다. 앞에서 이야기했지만 addTax 함수의 두 파라미터는 완전히 다른 역할을 한다. 세율인 taxRate는 자주 바뀌지 않지만, 가격인 price는 매번 함수를 호출할 때마다 달라진다. 클로저를 사용하는 함수 버전은 (val로 정의됐으므로) 바뀌지 않는 파라미터에 대해 닫혀 있다. 커리한 버전이 클로저를 사용하는 버전보다 세율을 더 자주 바꾸지 않겠지만, 커리한 버전에서는 함수를 호출할 때마다 두 인자를 모두 바꿀 수 있다.

세율을 바꿔야 하는 경우도 흔히 있다. 예를 들어 제품 종류에 따라 세율이 다르거나 배송 지역에 따라 세율이 달라질 수 있다. 전통적인 객체 지향 프로그래밍에서는 클래스가 세율을 받도록 파라미터화한 **세금 계산기**를 만들어서 이를 처리할 수 있다. 다음 코드를 보자.

```
class TaxComputer(private val rate: Double) {
    fun compute(price: Double): Double = price * rate + price
}
```

이 클래스를 사용하면 세율에 따라 여러 TaxComputer 인스턴스를 만들고 각 인스턴스를 필요에 따라 재사용할 수 있다.

```
val tc9 = TaxComputer(0.09)
val price = tc9.compute(12.0)
```

커리한 함수를 부분 적용하면 똑같은 결과를 얻을 수 있다.

```
val tc9 = addTax(0.09)
val price = tc9(12.0)
```

여기서 addTax 함수는 3.3.7절 마지막에서 온 함수고, tc9의 타입은 (Double) -> Double이다. 이 함수는 Double을 인자로 받아 세금을 추가한 Double 값을 반환한다.

커링과 부분 적용이 서로 밀접히 연관됐음을 알 수 있다. 커링은 튜플을 인자로 받는 함수를 한 번에 하나씩 인자를 부분 적용할 수 있는 함수로 대치하는 과정이다. 튜플을 받는 함수와 커리한 함수의 가장 큰 차이가 바로 부분 적용이다. 튜플을 받는 함수의 경우 함수를 적용하기 전에 모든 인자를 평가해야 한다.

커리한 버전을 사용해 모든 인자를 적용하려면 사전에 인자를 미리 알고 있어야 한다. 하지만 인자를 하나만 계산해서 이 인자를 함수에 부분 적용할 수 있다. 함수를 완전히 커리한 함수로 만들어야 하는 것은 아니다. 인자가 세 개인 함수는 튜플을 인자로 받아서 인자가 하나인 함수를 반환하는 식으로 커링할 수도 있다.

추상화는 프로그래밍의 핵심이다. 커링과 부분 적용 함수를 자동으로 수행하기 위해 추상화한다. 이 절부터는 튜플을 인자로 받는 함수를 사용하지 않고 대부분 커리한 함수를 사용한다. 커리한 함수를 사용하면 부분 적용이 아주 단순하다는 장점이 있다.

## 연습문제 3-7(쉬움)

인자를 두 개 받는 fun 함수를 작성하라. 이 함수의 두 번째 인자는 인자를 두 개 받는 커리한 함수이고, 첫 번째 인자의 타입은 두 번째 인자(함수 값)의 첫 번째 인자와 같은 타입이다. 이 함수는 두 번째 인자(함수 값)에 첫 번째 인자(값)을 적용한 결과(함수 값)를 돌려준다.

> 해법

작성해야 할 내용이 없다. 이 함수의 시그니처는 다음과 같다.

```
fun <A, B, C> partialA(a: A, f: (A) -> (B) -> C): (B) -> C
```

첫 번째 인자를 함수에 부분 적용하는 것은 두 번째 인자(함수 값)를 첫 번째 인자에 적용하는 것과 똑같이 쉽다는 사실을 알 수 있다.

```
fun <A, B, C> partialA(a: A, f: (A) -> (B) -> C): (B) -> C = f(a)
```

partialA를 어떤 식으로 사용하는지 보고 싶다면 이 책의 코드에 들어 있는 이 연습문제의 단위 테스트를 살펴보라.

원래 함수의 타입이 (A) -> (B) -> C임을 알고 있을 것이다. 그렇다면 두 번째 인자를 부분 적용하고 싶을 때는 어떻게 해야 할까?

## 연습문제 3-8

인자를 두 개 받는 fun 함수를 작성하라. 이 함수의 두 번째 인자는 인자를 두 개 받는 커리한 함수이고, 첫 번째 인자의 타입은 두 번째 인자(함수 값)의 두 번째 인자와 같은 타입이다. 이 함수는 두 번째 인자(함수 값)의 두 번째 인자에 첫 번째 인자(값)을 적용한 결과(함수 값)를 돌려준다.

[해법]

연습문제 3-7에서 만든 함수의 시그니처를 감안할 때 새 함수의 시그니처는 다음과 같다.

```
fun <A, B, C> partialB(b: B, f: (A) -> (B) -> C): (A) -> C
```

연습문제 3-7보다 약간 더 어렵다. 하지만 타입을 주의 깊게 고려한다면 쉽다. 항상 타입을 믿어야 한다는 점을 기억하라! 타입이 항상 직접 해법을 주지는 않지만 해법으로 이끌어 주기는 한다. 이 함수는 가능한 구현이 하나뿐이다. 따라서 컴파일되는 구현을 찾기만 하면 그 답이 올바르다고 확신할 수 있다!

여러분이 아는 내용은 A에서 C로 가는 함수를 반환해야 한다는 것뿐이다. 따라서 다음과 같이 구현을 시작하면 된다.

```
fun <A, B, C> partialB(b: B, f: (A) -> (B) -> C): (A) -> C =
    { a: A ->
    }
```

여기서 a는 A 타입의 변수다. 화살표 다음에는 함수 f와 a, b 변수를 조합한 식을 넣어야만 한다. 그리고 그 식은 C 타입이 되어야 한다. 함수 f의 타입은 (A) -> (B) -> C이므로 먼저 f에 A 타입의 값 a를 적용하는 것부터 시작하면 다음과 같다.

```
fun <A, B, C> partialB(b: B, f: (A) -> (B) -> C): (A) -> C =
    { a: A ->
        f(a)
    }
```

f(a)는 B에서 C로 가는 함수를 만든다. C 타입이 필요하고, f(a)와 B 타입의 값을 가지고 있다. 따라서 다시 이 함수에 B 타입의 값을 적용해야 한다는 사실은 너무나 당연하다.

```
fun <A, B, C> partialB(b: B, f: (A) -> (B) -> C): (A) -> C =
    { a: A ->
        f(a)(b)
    }
```

이게 전부다! 사실 타입을 따지는 것 외에 달리 해야 할 일이 없다.

앞에서 말한 것처럼 가장 중요한 사실은 함수의 커리한 버전을 사용한다는 점이다. 여러분은 커리한 함수를 사용하는 방법을 빠르게 배우게 될 것이다. 재사용할 수 있는 프로그램을 만들기 위해 추상화를 한계까지 밀어붙이는 과정에서 자주 수행해야 할 작업 하나는 튜플을 인자로 받는 함수를 커리한 함수로 바꾸는 것이다. 앞으로 보겠지만 이 과정은 아주 단순하다.

## 연습문제 3-9(쉬움)

다음 함수를 커리한 함수로 변환하라.

```
fun <A, B, C, D> func(a: A, b: B, c: C, d: D): String = "$a, $b, $c, $d"
```

이 함수가 전혀 쓸모없다는 점에는 여러분도 동의할 것이다. 이 함수는 그냥 연습용이다.

해법

여기서도 튜플의 원소를 구분하는 콤마(,)를 화살표로 바꾸고 괄호를 추가하는 정도밖에는 할 일이 없다. 하지만 이 함수가 타입 파라미터를 받을 수 있는 영역 안에 정의해야 한다는 점을 기억하라. 프로퍼티로 함수를 정의할 수 없다. 따라서 타입 파라미터를 받기 위해 클래스나 인스턴스 또는 fun 함수를 정의해야 한다.

다음은 함수를 사용하는 해법이다. 먼저 반환할 함수를 둘러쌀, 타입 파라미터를 받는 fun 함수를 정의하자.

```
fun <A, B, C, D> curried()
```

이제 결과 함수의 시그니처를 생각해 보자. 첫 번째 파라미터는 A 타입의 값이다. 따라서 다음과 같이 쓸 수 있다.

    fun <A, B, C, D> curried(): (A) ->

마찬가지로 두 번째 파라미터 타입을 적는다.

    fun <A, B, C, D> curried(): (A) -> (B) ->

모든 파라미터를 처리할 때까지 이를 반복한다.

    fun <A, B, C, D> curried(): (A) -> (B) -> (C) -> (D) ->

마지막으로 curried()가 반환할 함수 값의 반환 타입을 지정하면 시그니처가 완성된다.

    fun <A, B, C, D> curried(): (A) -> (B) -> (C) -> (D) -> String

구현을 위해서는 파라미터를 최대한 나열하면서 화살표와 여는 중괄호를 사용해 서로를 분리한다 (파라미터 앞에 중괄호 시작을, 파라미터 뒤에 화살표를 넣는다). 그리고 모든 중괄호를 제대로 닫아준다.

```
fun <A,B,C,D> curried() =
    { a: A ->
        { b: B ->
            { c: C ->
                { d: D ->
                }
            }
        }
    }
```

이제 실제 구현을 추가한다. 이 구현은 원래 함수 구현의 본문과 같다.

```
fun <A,B,C,D> curried() =
    { a: A ->
        { b: B ->
            { c: C ->
                { d: D ->
                    "$a, $b, $c, $d"
                }
            }
```

           }
       }

튜플을 받는 함수라면 어떤 함수든 이 원칙을 적용해 커리한 함수로 변환할 수 있다.

## 연습문제 3-10

(A, B)에서 C로 가는 함수를 커리한 함수로 바꾸는 함수를 작성하라.

**해법**

이 문제에서도 타입을 따라가면 된다. curry 함수는 (A, B) -> C 타입의 함수를 인자로 받아서 (A) -> (B) -> C 타입의 함수 값을 반환한다. 따라서 시그니처는 다음과 같다.

```
fun <A, B, C> curry(f: (A, B) -> C): (A) -> (B) -> C
```

이제 구현할 차례다. 인자가 두 개인 커리한 함수를 반환하므로 람다 식을 이중으로 정의하는 것부터 시작하면 된다.

```
fun <A, B, C> curry(f: (A, B) -> C): (A) -> (B) -> C =
    { a ->
        { b ->
        }
    }
```

이제 결과 타입으로 평가될 수 있는 식을 넣으면 된다. 여기서는 f 함수에 두 인자 a와 b를 적용하면 된다.

```
fun <A, B, C> curry(f: (A, B) -> C): (A) -> (B) -> C =
    { a ->
        { b ->
            f(a, b)
        }
    }
```

이 경우에도 코드가 컴파일되기만 하면 잘못된 코드일 수가 없다. 이는 강력한 타입 시스템의 여러 장점 중 하나다. (항상 강타입(strongly typed) 시스템에서 컴파일이 된다고 올바른 코드인 것은 아니다. 다음 장에서 타입을 사용해 올바른 프로그램이 될 가능성을 높이는 방법을 배운다.)

### 3.3.9 부분 적용 함수의 인자 뒤바꾸기

함수가 인자를 두 개 받는데 첫 번째 인자만 적용해 부분 적용 함수를 만들고 싶을 때가 있다. 예를 들어 다음 함수를 보자.

```
val addTax: (Double) -> (Double) -> Double =
    { x ->
        { y ->
            y + y / 100 * x
        }
    }
```

대부분은 먼저 세율을 적용해서 가격을 인자로 받는 함수를 얻을 것이다.

```
val add9percentTax: (Double) -> Double = addTax(9.0)
```

이 함수가 있으면 다음처럼 세금을 더한 가격을 알 수 있다.

```
val priceIncludingTax = add9percentTax(price);
```

좋다. 하지만 처음부터 함수가 다음과 같았다면 어떻게 해야 할까?

```
val addTax: (Double) -> (Double) -> Double =
    { x ->
        { y ->
            x + x / 100 * y
        }
    }
```

이 경우에는 가격이 첫 번째 인자다. 가격만 적용한 부분 함수는 그다지 쓸모가 없다. 하지만 이런 함수에 대해 어떻게 세율을 먼저 적용할 수 있을까? (구현 소스 코드를 손댈 수 없다고 가정하자.)

### 연습문제 3-11

커리한 함수의 두 인자의 순서를 뒤바꾼 새로운 함수를 반환하는 fun 함수를 작성하라.

> **해법**

다음 함수는 커리한 함수의 인자 순서가 뒤바뀐 새로운 커리한 함수를 반환한다. 이 방법을 사용하면 인자의 수와 관계없이 원하는 순서대로 인자 순서를 재배열할 수 있다.

```
fun <T, U, V> swapArgs(f: (T) -> (U) -> V): (U) -> (T) -> (V) =
    { u -> { t -> f(t)(u) } }
```

이 함수가 있으면 두 인자 중 아무것이나 부분 적용할 수 있다. 예를 들어 이자율과 원금을 받아서 매달 납입해야 하는 금액을 계산하는 함수가 있다고 하자.

```
val payment = { amount -> { rate -> ... } }
```

원금을 고정하고 이율이 변함에 따라 월 납입액이 어떻게 달라지는지 계산하는 함수를 쉽게 만들 수 있다. 반대로 정해진 이율에 대해 원금이 달라질 때마다 월 납입액이 어떻게 변하는지 계산하는 함수도 쉽게 만들 수 있다.

## 3.3.10 항등 함수 정의하기

지금까지 함수를 데이터처럼 취급할 수 있음을 살펴봤다. 함수를 다른 함수의 인자로 넘기거나, 함수가 함수를 반환하거나, 정수나 문자열에 대해 연산을 적용하는 것처럼 함수에도 연산을 적용할 수 있다. 이제부터 풀 예제에서는 연산을 함수에 적용하므로 연산에 사용할 중립적인 원소(함수)가 필요하다. **중립 원소**(neutral element)는 덧셈의 0이나 곱셈의 1, 문자열 연결 연산의 빈 문자열과 같은 역할을 하는 원소를 뜻한다.

중립 원소는 주어진 연산에 대해서만 정의된다. 정수 덧셈에서 1은 중립 원소가 아니며, 곱셈에서 0은 더더욱 중립 원소가 아니다. 여기서는 함수 합성의 중립 원소에 대해 이야기하려 한다. 이 특별한 함수는 인자를 그대로 돌려준다. 그래서 이 함수를 **항등**(identity) **함수**라고 한다. 더 나아가 정수 곱셈이나 문자열 연결 등의 연산에서는 **항등원**(identity element)이라는 용어를 중립 원소 대신 사용한다. 코틀린에서는 다음과 같이 간단히 항등 함수를 정의할 수 있다.

```
val identity = { it } // <-- 구체적 타입을 지정해야 컴파일 오류가 나지 않음
                      // 예: val identity: (Int) -> Int = { it }
```

## 3.3.11 올바른 타입 사용하기

앞에서 Int, Double, String과 같은 표준 타입을 사용해 가격이나 세율과 같은 비즈니스 요소를 표현했다. 프로그래밍에서 이런 식의 접근이 흔한 일이지만, 이런 식으로 너무 흔히 쓰는 타입을 사

용하면 문제가 생길 수 있다. 앞에서 말한 것처럼 이름보다는 타입을 신뢰해야 한다. 어떤 Double 값을 'price'라고 부른다고 해서 그 값이 가격이 되는 것은 아니다. 이름은 단지 여러분의 의도를 보여줄 뿐이다. 다른 Double 값을 'taxRate'라고 부르면 또 다른 의도를 보여주겠지만, 컴파일러는 그 의도를 강화시켜 주지 못한다.

프로그램을 더 안전하게 만들려면 강력한 타입을 사용해 컴파일러가 프로그램을 검사하게 만들어야 한다. 타입을 활용하면 taxRate와 price를 더하는 등의 실수로 프로그램이 더럽혀지는 일을 막을 수 있다. 강력한 타입을 활용하지 않으면 혹시 실수로 taxRate와 price를 더한다고 해도 컴파일러가 볼 때는 Double에 Double을 더하기 때문에 아무 문제도 없어 보인다. 하지만 이런 식의 계산은 완전히 잘못된 것이다.

### 표준 타입을 사용할 때 생기는 문제 피하기

간단한 문제를 살펴보고 그 문제를 표준 타입으로 풀 경우 어떤 문제가 생기는지 살펴보자. 여러분이 처리할 상품에 이름, 가격, 무게라는 정보가 있고, 상품 판매를 표현하는 송장을 만든다고 생각해 보자. 이 송장에는 상품명, 수량, 전체 가격, 전체 무게가 들어가야 한다. 이 상품을 Product라는 클래스를 사용해 다음과 같이 표현할 수 있다.

```
data class Product(val name: String, val price: Double, val weight: Double)
```

이제 OrderLine이라는 클래스를 사용해 송장의 각 줄을 표현할 수 있다.

```
data class OrderLine(val product: Product, val count: Int) {
    fun weight() = product.weight * count
    fun amount() = product.price * count
}
```

이 객체는 평범한 자바 객체처럼 보인다. Product와 Int 값으로 초기화되며 송장의 한 줄을 표현한다. 이 클래스에는 해당 줄의 전체 가격과 무게를 돌려주는 함수도 들어 있다.

표준 타입을 사용하기로 결정한 것에 따라 List<OrderLine>을 사용해 주문을 표현하자. 다음 예제는 주문을 처리하는 방법을 보여준다.

##### 예제 3-2 주문 처리하기

```
data class Product(val name: String, val price: Double, val weight: Double)

data class OrderLine(val product: Product, val count: Int) {
```

```
        fun weight() = product.weight * count
        fun amount() = product.price * count
    }

    object Store {    ---- 스토어는 싱글턴 객체다.
        @JvmStatic    ---- @JvmStatic 애너테이션을 사용하면 자바에서 이 함수를 마치 정적 메서드처럼 호출할 수 있다.
        fun main(args: Array<String>) {
            val toothPaste = Product("Tooth paste", 1.5, 0.5)
            val toothBrush = Product("Tooth brush", 3.5, 0.3)
            val orderLines = listOf(
                OrderLine(toothPaste, 2),
                OrderLine(toothBrush, 3))
            val weight = orderLines.sumByDouble { it.amount() }
            val price = orderLines.sumByDouble { it.weight() }
            println("Total price: $price")
            println("Total weight: $weight")
        }
    }
```

이 프로그램을 실행하면 다음과 같은 결과를 콘솔에서 볼 수 있다.

```
Total price: 1.9
Total weight: 13.5
```

실행은 잘 되지만 결과는 틀렸다! 오류가 당연하지만 문제는 컴파일러가 그 오류에 대해 경고하지 않았다는 점이다(Store 코드를 살펴보면 오류를 찾을 수 있다). 하지만 이와 똑같은 오류를 Product로 만들 때 저지를 수 있고, Product 생성이 아주 먼 곳에서 이루어질 수도 있다.

이런 오류를 잡아내는 유일한 방법은 프로그램을 테스트하는 것이지만 테스트가 프로그램의 올바름을 증명하지는 못한다. 테스트는 단지 다른 프로그램(이 프로그램도 역시 잘못될 수 있다)을 작성해서 여러분의 프로그램이 올바르지 못함을 증명할 수 있을 뿐이다. 문제를 발견하지 못한 독자를 위해 어디가 잘못됐는지 알려주자면 문제가 있는 부분은 다음 두 줄이다.

```
val weight = orderLines.sumByDouble { it.amount() }
val price = orderLines.sumByDouble { it.weight() }
```

가격과 무게를 바꿔 썼다. 두 값 모두 Double 타입이기 때문에 컴파일러가 이 오류를 알 수 없었다.

> **Note ≡** 모델링을 배운 독자라면 '클래스 하나에는 타입이 같은 프로퍼티가 여럿 들어가서는 안 된다'라는 오래된 규칙을 기억할 것이다. 클래스 안에는 특정 타입의 프로퍼티가 하나만 있고 관계 차수(cardinality)만 달라야 한다. 여기서 이 말은 Product 안에는 Double 타입의 프로퍼티가 있고 그 프로퍼티의 관계 차수가 2여야 한다는 뜻이다. 이런 식의 접근이 본문에서 다뤘던 문제를 해결하는 올바른 방법은 아니지만 규칙 자체는 기억해둘 만한 가치가 있다. 여러분이 객체를 모델링하면서 같은 타입의 프로퍼티가 여럿 들어 있는 클래스를 만들었다면 아마도 설계를 잘못했을 가능성이 크다.

이런 문제를 피하려면 어떻게 해야 할까? 먼저, 가격과 무게는 숫자가 아니라는 점을 깨달아야 한다. 상품 수량은 숫자일 수 있지만 가격은 금액 단위의 수량이고, 무게는 무게 단위의 수량이다. 절대로 킬로그램과 원을 서로 더하는 상황이 생겨서는 안 된다.

### 값 타입 정의하기

이런 문제를 피하려면 값 타입을 사용해야만 한다. **값 타입**(value type)은 값을 표현하는 타입을 말한다. 가격을 표현하는 값 타입을 다음과 같이 정의할 수 있다.

```
data class Price(val value: Double)
```

무게를 표현하는 클래스도 같은 방식으로 정의할 수 있다.

```
data class Weight(val value: Double)
```

하지만 다음과 같이 쓸 수 있다면 이런 타입을 도입해도 문제가 사라지지 않는다.

```
val total = price.value + weight.value
```

필요한 것은 Price와 Weight에 대한 덧셈을 정의하는 것이다. 함수를 사용해 각 클래스에 속한 객체 간의 덧셈을 정의할 수 있다.

```
data class Price(val value: Double) {
    operator fun plus(price: Price) = Price(this.value + price.value)
}

data class Weight(val value: Double) {
    operator fun plus(weight: Weight) = Weight(this.value + weight.value)
}
```

operator 키워드는 이 함수를 중위(infix) 연산자 위치에 사용할 수 있다는 뜻이다. 더 나아가 plus라는 이름의 함수를 정의하면 다음과 같이 + 기호를 사용해 이 함수를 대신할 수 있다.

```
val totalPrice = Price(1.0) + Price(2.0)
```

곱셈도 필요하다. 하지만 곱셈의 경우는 약간 다르다. 덧셈은 같은 타입의 객체 사이에 이뤄지지만 곱셈은 한 타입의 객체에 수를 곱한다. 따라서 타입을 중심으로 생각할 때 곱셈은 교환 법칙이 성립하지 않는다. 예를 들어 Price와 Int의 곱은 Price 클래스 안에 정의할 수 있지만, Int와 Price의 곱을 Price 클래스 안에 정의할 수 없다. 다음은 Price와 Int의 곱셈을 Price 안에 정의한 모습을 보여준다.

```
data class Price(val value: Double) {
    operator fun plus(price: Price) = Price(this.value + price.value)

    operator fun times(num: Int) = Price(this.value * num)
}
```

이제는 더 이상 sumByDouble을 사용해 Price 리스트의 합계를 계산할 수 없다. sumByDouble과 비슷한 방식으로 sumByPrice라는 함수를 정의할 수 있다. 관심이 있는 독자는 sumByDouble의 구현을 살펴보고 이를 Price에 적용할 수도 있을 것이다. 하지만 더 좋은 방법이 있다.

컬렉션을 하나의 값으로 좁혀내는 과정을 fold나 reduce라고 부른다. 두 연산 사이의 구분이 항상 명확하지는 않지만, 다음 두 가지 조건을 기준으로 두 연산을 구분한다.

- 시작하는 원소를 제공하느냐(fold), 제공하지 않느냐(reduce)
- 결과 타입이 컬렉션의 원소 타입과 동일하냐(reduce), 다르냐(fold)

컬렉션이 비어 있다면 reduce는 아무 결과도 내지 못하지만 fold는 시작 원소를 결과로 내놓는다는 차이도 있다. 6장에서 이 두 함수의 동작을 더 자세히 다룬다. 지금은 코틀린 컬렉션이 제공하는 fold 함수를 사용해야 한다. fold 함수는 인자가 둘이다. 첫 번째 인자는 시작 값이고, 두 번째 인자는 지금까지 누적해 온 값과 처리 대상 원소로부터 새로운 값을 만들어내는 함수다.

reduce 함수도 시작 값이 없다는 점을 제외하고는 fold와 아주 비슷하다. reduce는 첫 번째 원소를 시작 값으로 취하고 컬렉션 원소 타입과 같은 타입으로 결과 타입을 지정한다. 빈 컬렉션에 reduce를 적용하면 오류가 발생하거나 null이나 결과가 없음을 나타내는 다른 표현이 반환된다.

다음 코드에서는 fold를 사용하기 때문에 시작 값으로 가격이 0임을 표현하는 Price(0.0)과 무게가 0임을 표현하는 Weight(0.0) 사용한다. 두 번째 인자로 사용한 함수는 앞에서 정의한 덧셈 연산이다. 이를 함수 값으로 만들기 위해 람다를 사용한다.

```
val zeroPrice = Price(0.0)
val zeroWeigth = Weight(0.0)
val priceAddition = { x, y -> x + y }
```

Product 클래스를 다음과 같이 바꿔야 한다.

```
data class Product(val name: String, val price: Price, val weight: Weight)
```

OrderLine은 바꿀 필요가 없다.

```
data class OrderLine(val product: Product, val count: Int) {
    fun weight() = product.weight * count
    fun amount() = product.price * count
}
```

여기서 * 연산자는 자동으로 앞에서 정의한 times 함수로 바뀐다.

```
object Store {
    @JvmStatic
    fun main(args: Array<String>) {
        val toothPaste = Product("Tooth paste", Price(1.5), Weight(0.5))
        val toothBrush = Product("Tooth brush", Price(3.5), Weight(0.3))
        val orderLines = listOf(
            OrderLine(toothPaste, 2),
            OrderLine(toothBrush, 3))
        val weight: Weight =
            orderLines.fold(Weight(0.0)) { a, b -> a + b.weight() }
        val price: Price =
            orderLines.fold(Price(0.0)) { a, b -> a + b.amount() }
        println("Total price: $price")
        println("Total weight: $weight")
    }
}
```

이제 타입을 섞어 사용하면 컴파일러가 경고한다. 이는 여러분이 val weight: Weight와 val price: Price라고 타입을 지정하면 코틀린이 타입을 추론하는 과정에서 여러분이 예상한 타입과 컴파일러가 추론한 타입이 다를 경우 이를 알려준다는 뜻이다.

하지만 이보다 더 잘 할 수 있다. 우선, Price와 Weight에 검증을 추가한다. 클래스 안에서 항등원으로 0 값을 사용할 때를 제외하면 두 타입 모두 0을 값으로 생성할 수는 없다. 팩터리 함수와 비공개 생성자를 사용하면 이런 동작을 구현할 수 있다. 다음은 Price의 경우다.

```kotlin
data class Price private constructor (private val value: Double) {
    override fun toString() = value.toString()
    operator fun plus(price: Price) = Price(this.value + price.value)
    operator fun times(num: Int) = Price(this.value * num)

    companion object {
        val identity = Price(0.0)
        operator fun invoke(value: Double) =
            if (value > 0)
                Price(value)
            else
                throw IllegalArgumentException("Price must be positive or null")
    }
}
```

이제 생성자는 비공개가 됐다. 그리고 동반 객체에 있는 invoke 함수가 operator로 선언되어 있고, 그 안에 검증 코드가 들어 있다. invoke라는 이름은 plus나 times처럼 연산자를 오버라이드할 때 쓸 수 있는 특별한 역할을 하는 이름이므로 operator 키워드를 붙인다.

여기서 오버라이드할 연산은 함수 호출에 해당하는 ()이다. 그 결과 팩터리 함수를 마치 생성자처럼 호출할 수 있다. 한편 실제 생성자는 이제 비공개다. 동반 객체의 invoke 함수에서는 비공개 생성자로 객체를 생성해 반환할 수 있다. 그리고 fold에 사용할 identity 값을 만들 때도 비공개 생성자를 사용한다. 다음은 이 모든 내용을 적용해 만든 최종 Store 클래스 코드다.

```kotlin
object Store {

    @JvmStatic
    fun main(args: Array<String>) {
        val toothPaste = Product("Tooth paste", Price(1.5), Weight(0.5))
        val toothBrush = Product("Tooth brush", Price(3.5), Weight(0.3))
        val orderLines = listOf(
            OrderLine(toothPaste, 2),
            OrderLine(toothBrush, 3))
        val weight: Weight =
            orderLines.fold(Weight.identity) { a, b ->
                a + b.weight()
            }
```

```
        val price: Price =
            orderLines.fold(Price.identity) { a, b ->
                a + b.amount()
            }
        println("Total price: $price")
        println("Total weight: $weight")
    }
}
```

가격이나 무게 생성에서 바뀐 부분은 없다. invoke 함수 호출은 예전에 생성자를 호출하는 구문과 비슷하지만, 이제는 비공개 생성자는 쓰이지 않는다. fold에 사용한 '영' 값(identity라고 부름)은 동반 객체에 정의된 것을 가져와 사용한다. 이 값을 invoke를 사용해 생성하려고 하면 검증 코드가 예외를 발생시키므로 직접 생성은 불가능하다.

> **Note** 데이터 클래스의 비공개 생성자는 자동으로 생성된 copy 함수에 의해 외부에 노출되므로 사실은 비공개가 아니다. 이미 검증이 끝난 객체로부터 값을 복사할 때 copy를 사용하기는 하지만 필드에 원하는 대로 값을 설정할 수 있어 문제가 될 수도 있다. 현재 코틀린에서는 데이터 클래스에 대해 컴파일러가 생성하는 copy 함수를 변경할 방법이 없으므로 검증 규칙을 꼭 지켜야만 한다면 데이터 클래스를 사용하지 않고 일반 클래스를 사용하는 방법밖에 없다.

## 3.4 요약

- 함수는 소스 집합과 타깃 집합 사이의 대응 관계다. 함수는 소스 집합(정의역)의 원소와 타깃 집합(공역)의 원소 사이의 대응 관계를 확립해준다.
- 순수 함수는 반환 값을 제외하면 아무런 효과도 관찰할 수 없는 함수를 말한다.
- 함수는 인자를 하나만 받을 수 있다. 하지만 여러 원소로 이뤄진 튜플을 인자로 받을 수 있다.
- 인자가 튜플인 함수를 커리한 함수로 만들어 사용하면 튜플의 각 원소를 한 번에 하나씩 적용할 수 있다.
- 커리한 함수의 인자 중 일부만 적용한 경우를 부분 적용 함수라고 부른다.

- 코틀린에서는 fun 함수나 함수 값을 사용해 함수를 표현할 수 있다. fun 함수로 정의한 함수는 실제로는 메서드이며, 함수 값으로 정의한 함수는 일반 데이터처럼 처리할 수 있다.
- 함수 값은 람다를 사용하거나 fun 함수에 대한 참조를 사용해 구현할 수 있다.
- 함수를 합성해 새 함수를 만들 수 있다.
- 함수 값이 필요한 위치에 람다나 함수 참조를 사용할 수 있다.
- 타입을 활용하면 컴파일러에서 타입 오류를 탐지할 수 있어 프로그램을 보다 안전하게 만들 수 있다.

# 4장

# 재귀, 공재귀, 메모화

4.1 공재귀와 재귀

4.2 꼬리 호출 제거

4.3 재귀 함수와 리스트

4.4 메모화

4.5 메모화한 함수는 순수 함수인가

4.6 요약

---

**이 장에서 다루는 내용**

- 재귀와 공재귀 사용하기
- 재귀 함수 만들기
- 공재귀(꼬리 재귀) 함수 사용하기
- 메모화 구현하기

재귀 함수(recursive function)를 자바에서 사용하는 경우는 거의 없지만, 대부분의 프로그래밍 언어는 재귀 함수를 제공한다. 자바에서 재귀 함수를 사용하지 않는 이유는 자바 컴파일러가 재귀 함수 처리를 제대로 구현하지 못했기 때문이다. 다행히 코틀린은 더 나은 구현을 제공하기 때문에 재귀를 더 많이 사용할 수 있다.

여러 알고리즘이 재귀로 정의된다. 이런 알고리즘을 재귀를 사용할 수 없는 언어에서 구현하려면 재귀 알고리즘을 비재귀 알고리즘으로 바꾸는 과정이 필요하다. 재귀를 제대로 다룰 줄 아는 언어를 사용하면 코딩을 간편하게 할 수 있을 뿐 아니라 (알고리즘의) 원래 의도를 반영한 코드를 작성할 수 있다. 이렇게 원래 의도를 드러내는 코드가 읽기 쉽고 이해하기 쉬운 경우가 많다. 프로그래밍이라는 일은 프로그램을 작성하는 것보다 프로그램을 읽는 경우가 더 많으므로 프로그램이 과업을 처리하는 과정을 보여주는 것보다 프로그램이 어떤 일을 하는지 의도를 명확하게 보여주는 코드를 작성하는 것이 더 중요하다.

> **Note 중요**
>
> 루프와 마찬가지로 재귀도 직접 사용하기보다는 함수로 추상화해서 사용해야 한다.

# 4.1 공재귀와 재귀

**공재귀**(corecursion)는 한 단계의 출력을 다음 단계의 입력으로 사용하는 계산 단계를 합성한 것으로, 첫 단계부터 계산을 시작한다. **재귀**(recursion)는 같은 연산을 수행하지만 마지막 단계부터 계산을 시작한다. 문자로 이뤄진 리스트를 하나로 묶어서 문자열 표현으로 만드는 예제를 살펴보며 공재귀와 재귀에 관해 알아보자.

## 4.1.1 공재귀 구현하기

(String, Char)를 인자로 받아 문자열 뒤에 문자가 붙은 새 문자열을 반환하는 append 함수를 사용한다고 가정하자.

```
fun append(s: String, c: Char): String = "$s$c"
```

시작할 문자열이 없기 때문에 이 함수만 가지고는 문자 리스트를 처리할 수 없다. 따라서 빈 문자열("")이라는 새 요소가 필요하다. append 함수와 빈 문자열이 있으면 원하는 결과를 만들어낼 수 있다. 그림 4-1은 리스트를 처리하는 과정을 보여준다.

▼ 그림 4-1 공재귀적으로 문자 리스트를 문자열로 변환하기

**공재귀를 사용하면 계산을 한 번에 한 단계씩 수행할 수 있음**

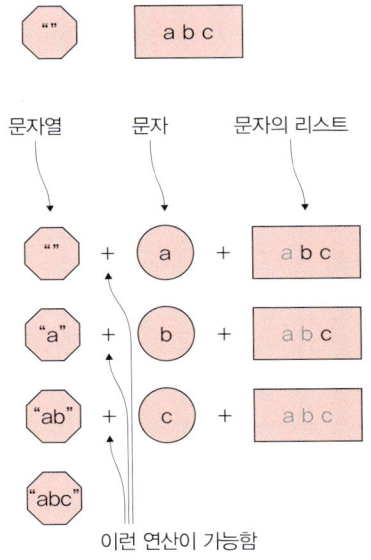

이 처리 과정을 코드로 묘사하면 다음과 같다.

```
fun toString(list: List<Char>, s: String): String =
    if (list.isEmpty())
        s
    else
        toString(list.subList(1, list.size), append(s, list[0]))
```

list[0]이 리스트의 첫 번째 원소를 반환한다는 점을 기억하라. 이런 연산은 일반적으로 head라는 이름으로 알려져 있다. 그리고 list.subList(1, list.size)는 리스트의 첫 원소를 제외한 나머지 부분을 돌려주는 tail이라는 이름의 함수에 해당한다. 이 두 연산을 추상화해 별도 함수로 만들 수 있다. 하지만 이런 함수를 만들 때는 빈 리스트를 처리해야 한다. 여기서는 if ... else 식에 의해 걸러지기 때문에 빈 리스트인 경우가 발생하지 않는다.

더 전형적으로 drop과 first 함수를 사용하는 해법이 있다.

```
fun toString(list: List<Char>, s: String): String =
    if (list.isEmpty())
        s
    else
        toString(list.drop(1), append(s, list.first()))
```

인덱스를 사용한 접근 덕분에 재귀와 공재귀를 쉽게 비교할 수 있다. 이 구현의 유일한 문제는 toString의 마지막 인자로 빈 문자열을 더 넣고 호출해야 한다는 점이다. 이런 일을 하는 함수를 하나 더 정의하고 코틀린에서 함수 안에 함수를 정의할 수 있다는 점을 활용하면 이 문제를 쉽게 해결할 수 있다.

```
fun toString(list: List<Char>): String {
    fun toString(list: List<Char>, s: String): String =
        if (list.isEmpty())
            s
        else
            toString(list.subList(1, list.size), append(s, list[0]))
    return toString(list, "")
}
```

여기서는 내부에 toString 함수를 정의하고자 중괄호로 본문을 둘러싼 블록 함수를 사용했다. 다음 두 가지 이유 때문에 두 함수에 모두 반환 타입을 명시해야 한다.

- 바깥쪽 함수는 블록 함수이므로 반환 타입을 명시해야 한다. 반환 타입을 명시하지 않으면 Unit을 반환 타입으로 가정한다(Unit은 자바 void 키워드나 명시적인 Void 클래스에 대응하는 코틀린 타입이다).
- 안쪽 함수는 자기 자신을 호출하는 함수라서 타입을 명시해야만 한다. 코틀린은 자신을 호출하는 함수의 타입을 추론할 수 없다.

```
fun toString(list: List<Char>, s: String = ""): String =
    if (list.isEmpty())
        s
    else
        toString(list.subList(1, list.size), append(s, list[0]))
```

## 4.1.2 재귀 구현하기

앞에서 본 구현은 문자열 뒤에 문자를 덧붙이는 append 함수를 쓸 수 있어서 가능했다. 이제 다음 함수만 쓸 수 있다고 가정해 보자.

```
fun prepend(c: Char, s: String): String = "$c$s"
```

리스트의 맨 뒤에서부터 시작할 수 있다. 이를 위해서는 계산을 시작하기 전에 리스트를 뒤집어야 한다. 아니면 구현을 바꿔서 리스트의 맨 마지막 원소를 반환하고 마지막 원소를 제외한 나머지 원소로 이뤄진 리스트를 반환하는 함수를 만들어야 한다. 다음은 가능한 구현 중 한 가지다.

```
fun toString(list: List<Char>): String {
    fun toString(list: List<Char>, s: String): String =
        if (list.isEmpty())
            s
        else
            toString(list.subList(0, list.size - 1), prepend(list[list.size - 1], s))
    return toString(list, "")
}
```

하지만 이 구현은 이런 방식의 접근이 가능한 리스트에서만 사용할 수 있다. 즉, 인덱스를 사용하는 리스트나 이중 연결 리스트 또는 **데크**(deque, 양쪽에서 접근이 가능한 큐) 등을 사용해야 이런 구현을 쓸 수 있다. 단일 연결 리스트를 사용한다면 효율성이 아주 떨어지고 리스트를 뒤집는 방법 밖에 없다.

최악의 시나리오로 무한히 긴 리스트를 인자로 받는다고 생각해 보자. 무한 리스트를 다룰 방법이 없다고 생각할 수 있다. 하지만 그렇지 않다. 코틀린에서는 함수를 무한한 리스트에 적용할 수 있고 그 결과로 무한한 리스트를 얻을 수도 있다. 무한 리스트 전체를 계산하는 대신에 무한 리스트를 처리하고 무한 리스트를 내놓는 함수를 조합해서 원하는 결과를 만든 다음에 필요한 원소만 잘라내 사용할 수 있다. 정수 리스트에서 앞부터 100개의 소수를 찾아내는 예를 생각해 보자(단지 예일 뿐이다). 정수의 리스트(길이가 무한이다)를 이터레이션하면서 소수인지 검사하고 100번째 소수를 발견하면 끝난다. 이 예제에서는 분명히 리스트를 뒤집고 싶지 않을 것이다. 공재귀 대신 재귀를 사용하는 예제를 그림 4-2에서 볼 수 있다.

▼ 그림 4-2 문자의 리스트를 문자열로 바꾸는 재귀적 변환

**재귀를 사용할 때는 최종 조건에 도달할 때까지 계산이 미뤄짐**

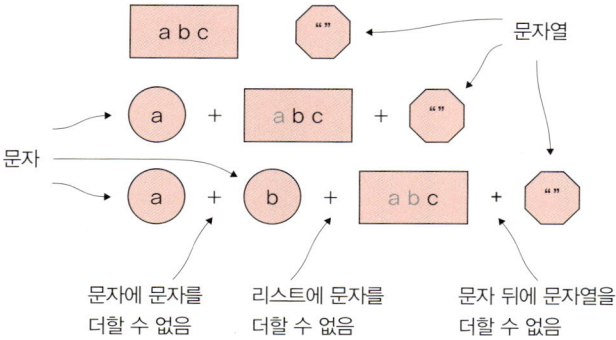

**이 단계까지는 계산되지 않음**

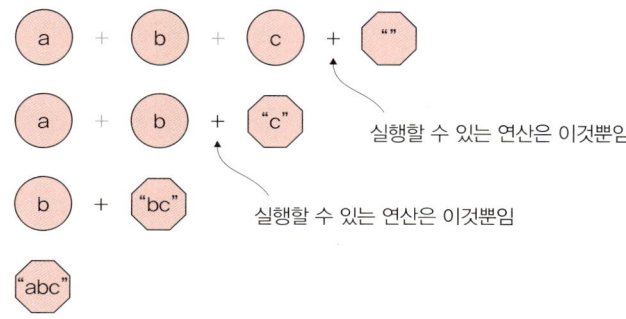

그림을 보면 최종 조건(여기서는 리스트의 마지막 원소)을 만족할 때까지 아무 계산도 수행하지 않는다. 따라서 중간 결과를 어딘가 저장해 나중에 계산할 수 있게 만들어야 한다. 이 과정을 코드로 표현하면 다음과 같다.

```
fun toString(list: List<Char>): String =
    if (list.isEmpty())
        ""
    else
        prepend(list[0], toString(list.subList(1, list.size)))
```

코드를 보면 알 수 있지만, 이런 코드의 가장 큰 문제는 중간 단계를 저장한다는 데 있다. JVM에서는 중간 단계를 저장하는 데 사용하는 메모리가 아주 작기 때문이다.

### 4.1.3 재귀 함수와 공재귀 함수 구분하기

학교에서 배운 내용을 떠올려 보면 재귀와 공재귀 예제가 모두 **재귀 함수**라고 생각할 것이다. 재귀 함수는 자기 자신을 호출하는 함수를 뜻한다. 이를 재귀에 대한 정의로 받아들이고 이 정의에만 매달린다면 여러분의 생각이 맞다. 하지만 재귀는 그런 것이 아니다.

함수가 계산의 일부분으로 자기 자신을 호출하는 경우라면 이 함수는 재귀적이다. 그렇지 않다면 (자기 자신을 호출하더라도) 진정한 재귀 함수가 아니다. 최소한 이런 함수는 재귀적인 처리 과정이기는 하다. 어쩌면 그 함수가 공재귀 함수일지도 모른다. 화면에 'Hello, World!'를 출력하고 자기 자신을 재귀적으로 호출하는 메서드를 생각해 보자.

```
fun hello() {
    println("Hello, World!")
    hello()
}
```

이 함수는 재귀적인 메서드라기보다는 무한 루프처럼 보이지 않는가? 재귀적인 메서드를 통해 구현했지만, 실제로 이 함수는 무한 루프로 변환할 수 있는 공재귀 함수다. 한 가지 좋은 점을 말하자면 코틀린은 이를 자동으로 처리한다.

### 4.1.4 재귀 또는 공재귀 선택하기

언어와 관계없이 재귀를 사용하면 재귀 단계의 횟수가 제한된다는 문제가 있다. 이론적으로 재귀와 공재귀를 구분하는 가장 큰 차이점은 다음과 같다.

- 공재귀에서는 각 단계를 즉시 계산할 수 있다.
- 재귀에서는 모든 단계를 어떤 형태로든 저장해야 한다. 그래서 최종 조건을 찾을 때까지 평가를 미룰 수 있다. 최종 조건을 찾아낸 다음에야 저장해둔 이전 단계를 역순으로 평가할 수 있다.

재귀 단계를 저장하는 데 필요한 메모리는 제약이 아주 심한 경우가 흔하고, 이 때문에 메모리가 부족하기 쉽다. 이 문제를 피하려면 재귀 대신 공재귀를 사용하는 것이 최선이다.

재귀와 공재귀의 차이를 그림 4-3과 그림 4-4에서 볼 수 있다. 두 그림은 정수 리스트의 합계를 계산하는 과정을 보여주는데, 덧셈은 다음과 같은 이유로 조금 특별하다.

- 교환 법칙이 성립한다. 즉, a + b = b + a다. 하지만 문자를 문자열에 더하는 등의 다른 연산에서는 교환 법칙이 일반적으로 성립하지 않는다.
- 두 파라미터와 결과의 타입이 모두 같다. 일반적으로 모든 연산이 그런 것은 아니다.

▼ 그림 4-3 공재귀적 계산(앞에서부터 정수 10개의 합)

```
sum(1 to 10)
= 1 + sum(2 to 10)
= (1 + 2) + sum(3 to 10)
= 3 + sum(3 to 10)
= (3 + 3) + sum(4 to 10)
= 6 + sum(4 to 10)
= (6 + 4) + sum(5 to 10)
= 10 + sum(5 to 10)
= (10 + 5) + sum(6 to 10)
= 15 + sum(6 to 10)
= (15 + 6) + sum(7 to 10)
= 21 + sum(7 to 10)
= (21 + 7) + sum(8 to 10)
= 28 + sum(8 to 10)
= (28 + 8) + sum(9 to 10)
= 36 + sum(9 to 10)
= (36 + 9) + sum(10 to 10)
= 45 + sum(10 to 10)
= 45 + 10
= 55
```

필요한 메모리

▼ 그림 4-4 재귀적 계산(앞에서부터 정수 10개의 합)

```
sum(1 to 10)
= 10 + sum(1 to 9)
= 10 + (9 + sum(1 to 8))
= 10 + (9 + (8 + sum(1 to 7)))
= 10 + (9 + (8 + (7 + sum(1 to 6))))
= 10 + (9 + (8 + (7 + (6 + sum(1 to 5)))))
= 10 + (9 + (8 + (7 + (6 + (5 + sum(1 to 4))))))
= 10 + (9 + (8 + (7 + (6 + (5 + (4 + sum(1 to 3)))))))
= 10 + (9 + (8 + (7 + (6 + (5 + (4 + (3 + sum(1 to 2))))))))
= 10 + (9 + (8 + (7 + (6 + (5 + (4 + (3 + (2 + sum(1 to 1)))))))))
= 10 + (9 + (8 + (7 + (6 + (5 + (4 + (3 + (2 + 1))))))))
= 10 + (9 + (8 + (7 + (6 + (5 + (4 + (3 + 3)))))))
= 10 + (9 + (8 + (7 + (6 + (5 + (4 + 6))))))
= 10 + (9 + (8 + (7 + (6 + (5 + 10)))))
= 10 + (9 + (8 + (7 + (6 + 15))))
= 10 + (9 + (8 + (7 + 21)))
= 10 + (9 + (8 + 28))
= 10 + (9 + 36)
= 10 + 45
= 55
```

필요한 메모리

그림에 있는 연산이 괄호를 없애는 등의 방식으로 변환된다고 생각할 수 있다. 하지만 그럴 수 없다고 가정하자(이 예제는 단지 어떤 일이 벌어지는지를 보여주는 예이며 덧셈의 특성을 일반적인 연산의 특성인 것처럼 적용하면 안 된다).

그림 4-3에서는 공재귀적 처리 과정을 보여준다. 각 단계는 즉시 계산할 수 있다. 그 결과 전체 처리 과정에 필요한 메모리 크기는 상수다. 이를 그림의 하단에 사각형으로 표현했다. 그리고 그림 4-4는 같은 결과를 계산하는 데 재귀적인 처리 과정을 사용하는 경우를 보여준다. 모든 단계를 만들어내기 전까지는 중간 결과를 전혀 계산할 수 없다. 따라서 재귀적 계산에 필요한 메모리가 훨씬 더 많다. 나중에 역순으로 처리할 수 있도록 중간 단계를 스택에 쌓아야 한다.

메모리 사용량이 더 많다는 것이 재귀의 가장 큰 문제는 아니다. 문제를 더 나쁘게 만드는 원인은 컴퓨터 언어가 스택에 계산 단계를 저장한다는 데 있다. 스택을 사용하는 것은 똑똑한 결정이다. 계산 단계를 스택에 들어간 역순으로 평가해야 하기 때문이다. 불행히도 스택 크기가 제한되어 있어서 계산 단계가 너무 많으면 스택이 넘쳐버려서 계산 스레드가 중단된다.

스택에 얼마나 많은 계산 단계를 넣을 수 있느냐는 언어나 설정에 따라 달라진다. 코틀린에서는 약 20,000단계를 스택에 넣을 수 있고, 자바에서는 3,000단계를 넣을 수 있다. 모든 스레드가 같은 크기의 스택을 사용하므로(다만, 각 스레드가 사용하는 스택 영역은 서로 다르다) 스택 크기를 더 크게 설정하는 것은 좋은 생각이 아니다. 재귀적이지 않은 처리 과정은 스택을 아주 적게 사용해서 스택 크기를 크게 잡으면 메모리가 낭비되는 경우가 자주 있다.

그림 4-3과 그림 4-4를 보면 공재귀적 처리 과정에 필요한 메모리 크기는 상수다. 계산 단계가 늘어나도 메모리가 더 필요하지 않다. 그러나 재귀적 처리 과정에 필요한 메모리는 단계가 늘어나면 늘어난다(나중에 보겠지만 메모리가 선형적으로 늘어나는 것보다 더 빠르게 늘어날 수도 있다). 그래서 **항상** 처리 단계가 그리 많지 않다고 확신할 수 없다면 재귀적 처리 과정을 피해야만 한다. 그러므로 필요할 때 재귀를 공재귀로 바꾸는 방법을 배워야만 한다.

## 4.2 꼬리 호출 제거

이 시점에서 의문이 생긴 독자도 있을 것이다. 필자는 공재귀가 스택 공간을 상수 개수만 사용한다고 했다. 하지만 여러분은 함수가 자기 자신을 호출하면 스택에 넣은 내용이 그리 많지 않더라도 어쨌든 스택 공간을 사용한다는 사실을 알고 있다. 따라서 공재귀도 아주 느리기는 하지만 스택을 고갈시킬 것처럼 보인다. 하지만 이 문제를 완전히 없애는 방법이 있다. 바로 공재귀 함수를 우리가 익히 알고 있는 루프로 바꾸는 기법이다. 이 기법은 너무 쉽다. 다음과 같은 공재귀 구현을 예로 보자.

```
fun toString(list: List<Char>): String {
    fun toString(list: List<Char>, s: String): String =
        if (list.isEmpty())
            s
        else
            toString(list.subList(1, list.size), append(s, list[0]))
    return toString(list, "")
}
```

단지 이를 다음과 같이 명령형 루프와 가변 참조로 바꿔 쓰면 된다.

```
fun toStringCorec2(list: List<Char>): String {
    var s = ""
    for (c in list) s = append(s, c)
    return s
}
```

하지만 코틀린은 자동으로 공재귀를 루프로 변환해주므로 걱정하지 말라!

## 4.2.1 꼬리 호출 제거 사용하기

자바와 달리 코틀린은 꼬리 호출 제거(TCE, Tail Call Elimination)를 구현한다. 이는 함수가 제일 마지막에 하는 일이 자기 자신을 호출하는 것이라면(즉, 재귀 호출의 결과를 다른 연산에 사용하지 않고 즉시 반환한다면) 코틀린이 이 꼬리 호출[1]을 제거한다는 뜻이다. 하지만 여러분이 꼬리 재귀를 없애 달라고 요청하지 않았는데 코틀린이 알아서 꼬리 재귀 호출을 제거하는 일은 없다. 따라서 꼬리 호출 제거가 필요하면 tailrec 키워드를 함수 선언 앞에 붙여서 컴파일러에 알려줘야 한다.

---

1 역주 정확히 말해, 함수가 다른 함수를 호출한 결과에 다른 연산을 가하지 않고 바로 반환하는 경우(예를 들어 fun boo(arg) { ⋯ return foo(arg) })를 꼬리 호출이라 한다. 꼬리 호출은 모두 점프문(goto문)으로 쉽게 바꿀 수 있고, 새로 스택 프레임을 할당할 필요 없이 호출하는 쪽의 스택을 재활용할 수 있다. 한편, 꼬리 재귀나 꼬리 재귀 호출은 꼬리 호출 중에서 재귀 호출인 경우만을 가리킨다. 이 책에서 꼬리 호출이라고 부르는 호출은 전부 다 꼬리 재귀 호출이라는 점에 유의하라.

```
fun toString(list: List<Char>): String {
    tailrec fun toString(list: List<Char>, s: String): String =
        if (list.isEmpty())
            s
        else
            toString(list.subList(1, list.size), append(s, list[0]))
    return toString(list, "")
}
```

코틀린은 이 함수가 꼬리 재귀임을 감지하고 TCE를 적용한다. 여기서도 여러분은 자신의 의도를 명확히 지시해야 한다. 처음에는 이런 식으로 의도를 일일이 적는 것이 지겨워서 코틀린이 알아서 조용히 처리해 주기를 바란다. 하지만 앞으로 보겠지만, 실제로는 꼬리 재귀가 아닌 함수 구현을 꼬리 재귀라고 생각하는 버그가 자주 생긴다. 여러분이 자신의 구현을 꼬리 재귀 구현이라고 표시하면 코틀린은 이 함수를 검사해 여러분이 실수하지 않았는지를 알려준다. 그렇지 않으면 코틀린은 이 함수를 꼬리 재귀가 아닌 함수로 사용해 실행 시점에 StackOverflowException이 발생할 가능성이 있다. 그리고 더 나쁜 경우로 스택 오버플로의 발생 여부는 입력에 따라 달라서 프로덕션에서 해당 오류가 나타날 수도 있다.

## 4.2.2 루프를 공재귀로 변환하기

루프 대신 공재귀를 사용하는 것은 패러다임의 전환(paradigm shift)이다. 먼저 원래의 패러다임 아래서 생각하고, 그 결과를 새로운 패러다임으로 옮긴다. 모든 배움에는 이런 과정이 필요하며 루프 대신 공재귀를 사용하는 법을 배우는 것도 다르지 않다.

앞 절에는 재귀와 공재귀를 원래의 개념으로 소개했다. 여기서는 명령형 루프를 재귀 함수로 변환하는 것이 유용한 이유를 설명한다. 하지만 여기서 배우는 내용은 단지 중간 단계에 지나지 않음을 기억하라. 나중에 재귀와 공재귀를 직접 다루지 않도록 추상화하는 방법을 배운다.

메모리 제약 때문에 재귀가 공재귀보다 덜 유용하다는 사실을 배웠지만, 재귀에는 작성이 훨씬 쉽다는 큰 장점이 있다. 1부터 10까지 정수를 더하는 재귀 버전인 sum(n)이 1부터 n까지의 합계를 뜻한다고 가정하면 다음과 같이 작성할 수 있다.

```
fun sum(n: Int): Int = if (n < 1) 0 else n + sum(n - 1)
```

이보다 단순할 수는 없다. 하지만 여러분이 이미 본 것처럼 sum(n - 1)의 결과를 알 때까지는 n을 더할 수 없다. 현 단계에서 계산 상태를 스택에 저장하고 모든 단계가 처리될 때까지 기다려야 한다. 이 함수를 공재귀 구현으로 변환해 TCE의 덕을 보고 싶다. 사실 이 변환이 상당히 단순함에도 불구하고 많은 프로그래머가 공재귀를 배우는 과정에서 이 변환에 어려움을 겪곤 한다.

이제 잠시 쉰 다음, 전통적인 프로그래머들이 이 문제를 어떻게 해결하는지 살펴보자. 전통적인 프로그래머들은 상태 변이와 조건 분기를 사용하는 계산의 흐름도를 그린다. 이 문제는 너무 단순해서 흐름도를 머릿속에서만 그릴지도 모른다. 하지만 흐름도를 한번 살펴보자.

▼ 그림 4-5 앞부터 정수 n개의 합을 구하는 명령형 계산의 흐름도

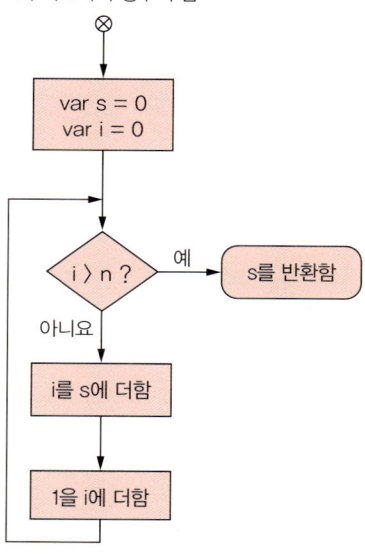

이 흐름도에 대응하는 구현은 명령형 프로그래밍에서 for나 while 루프라고 부르는 **제어 구조**를 사용해 언어와 관계없이 구현할 수 있다. 코틀린에는 for 루프가 없으므로(적어도 이 흐름도에 해당하는 전통적인 for 루프는 없다) while 루프를 사용한다.

```
fun sum(n: Int): Int {
    var s = 0
    var i = 0
    while(i <= n) {
        s += i
        i += 1
    }
    return s
}
```

대단한 코드는 아니지만, 이 코드에는 잘못될 여지가 있는 부분이 많다. 특히 흐름도를 while 루프로 변환했기 때문에 문제가 생길 여지가 더 많고 조건을 망치는 경우가 흔히 생긴다. 조건을 <=로 써야 할까 <로 써야 할까? s를 증가시킨 다음에 i를 증가시켜야 할까? 분명 명령형 스타일로 프로그래밍하는 것은 이런 식의 실수를 저지르지 않는 똑똑한 프로그래머를 위한 것이다. 하지만 그만큼 똑똑하지 못해서 잠재적인 오류를 검사하기 위한 테스트를 아주 많이 작성해야 하는 우리가 똑같은 일을 하는 공재귀 구현을 만들 수 있을까? 물론이다.

여러분이 할 수 있는 일은 변수를 함수 파라미터로 추가하는 것이다. sum(n) 대신에 도우미 함수(helper function)로 sum(n, s, i)를 작성해야 한다.

```
fun sum(n: Int, s: Int, i: Int): Int = ...
```

주 함수인 sum(n: Int)는 시작 값을 지정해 도우미 함수를 호출한다.

```
fun sum(n: Int, s: Int, i: Int): Int = ...

fun sum(n: Int) = sum(n, 0, n)
```

하지만 실제로 첫 번째 파라미터 n은 절대 바뀌지 않는다. 코틀린 로컬 함수를 사용해 도우미 함수를 주 함수에 포함시키면 도우미 함수가 이 파라미터에 대해 닫혀 있게 만들어서 파라미터를 하나 줄일 수 있다. 설명보다 코드가 훨씬 간단하다.

```
fun sum(n: Int): Int {
    fun sum(s: Int, i: Int): Int = ...
    return sum(0, n)
}
```

이미 말했던 것처럼 블록 함수를 사용할 때는 블록 안에 명시적으로 return 문이 있어야 하고, 반환 타입을 지정해야 한다. 이제 도우미 함수를 구현해야 한다.

루프 버전을 생각해 보라. 루프의 이터레이션마다 s와 i가 각각 s + i와 i + 1로 변경된다. 이제 해야 할 일은 도우미 함수가 자기 자신을 호출하면서 이렇게 변경된 값을 넘기게 하는 것뿐이다.

```
fun sum(n: Int): Int {
    fun sum(s: Int, i: Int): Int = sum(s + i, i + 1)
    return sum(0, n)
}
```

이 함수는 절대 끝나지 않기 때문에 정상적으로 작동하지 않는다. 여러분이 빼먹은 것은 종료 조건을 검사하는 부분이다.

```
fun sum(n: Int): Int {
    fun sum(s: Int, i: Int): Int = if (i > n) s else sum(s + i, i + 1)
    return sum(0, n)
}
```

이제 남은 일은 코틀린에게 도우미 함수에 TCE를 적용한다고 알리는 것뿐이다. tailrec 키워드를 함수 앞에 붙이면 된다.

```
fun sum(n: Int): Int {
    tailrec fun sum(s: Int, i: Int): Int =
        if (i > n) s else sum(s + i, i + 1)
    return sum(0, n)
}
```

TCE를 적용할 수 없으면 코틀린이 다음과 비슷한 경고를 표시한다.

```
Warning:(16, 5) Kotlin: A function is marked as tail-recursive but no tail calls are found
```

이 경고는 프로그램 컴파일을 중단시키지는 않지만, 생성된 코드가 스택을 소진할 수 있다! 경고를 주의 깊게 살펴봐야 한다.

## 연습문제 4-1

양의 정수에 대해 작동하는 공재귀 add 함수를 작성하라. add 구현에는 +나 - 연산자를 사용하지 않고 다음 두 함수만 사용해야 한다.

```
fun inc(n: Int) = n + 1
fun dec(n: Int) = n - 1
```

함수 시그니처는 다음과 같다.

```
fun add(a: Int, b: Int): Int
```

> 힌트

공재귀 버전을 바로 작성할 수 있어야 한다. 그렇지 않다면 루프 구현을 작성한 다음에 이를 sum 함수에서 했던 방식을 사용해 공재귀 함수로 바꿔라.

> 해법

두 수 x, y를 더하려면 다음과 같이 한다.

- y = 0이면 x를 반환한다.
- 그렇지 않다면 x에 1을 더하고 y에서 1을 뺀 다음, 처음부터 다시 시작한다.

루프로 이 과정을 작성하면 다음과 같다.

```
fun add(a: Int, b: Int): Int {
    var x = a
    var y = b
    while(y != 0) {
        x = inc(x)
        y = dec(y)
    }
    return x
}
```

여기서는 while 루프에 더 잘 들어맞게 조건을 바꿨다. y == 0이라는 조건을 쓰고 싶으면 예쁘지는 않지만 다음과 같이 쓸 수 있다.

```
fun add(a: Int, b: Int): Int {
    var x = a
    var y = b
    while(true) {
        if (y == 0) return x
        x = inc(x)
        y = dec(y)
    }
}
```

자바와 달리 코틀린에서는 함수 파라미터가 val 변수이기 때문에 파라미터 x, y를 바로 사용할 수가 없다. 그러므로 할 수 없이 복사본을 만들어야 한다. 이제 여러분은 파라미터와 복사본 변수를

모두 add 함수에 대한 호출로 바꾸기만 하면 된다.[2]

```
tailrec fun add(x: Int, y: Int): Int = if (y == 0) x else add(inc(x), dec(y))
```

이 연습문제에서는 어떤 변수도 변이할 필요가 없다. 현재 값을 가변 var 참조에 저장하는 대신 함수를 재귀 호출하면서 새 값을 인자로 전달한다. 이제 꼬리 재귀 함수에 어떤 값을 넣어도 StackOverflowException이 발생하지 않는다. 앞으로 보겠지만 안전한 프로그램을 작성하는 일은 종종 (꼬리 호출이 아닌) 재귀 함수 구현을 꼬리 재귀 구현으로 바꾸는 일을 포함한다. 그리고 경우에 따라서는 그렇게 변경할 수 없을 때도 있다!

### 4.2.3 재귀 함수 값 사용하기

앞 절에서 본 것처럼 재귀 함수를 정의하기는 쉽다. 때로는 가장 단순한 구현이 꼬리 재귀인 경우도 있다. 하지만 이 예제는 실제 예제가 아니다. 아무도 덧셈을 수행하려고 이런 함수를 만들지는 않는다. 좀 더 유용한 예제를 시도해 보자. 계승 함수인 factorial(n: Int)는 인자가 0이면 1을, 그렇지 않으면 n * factorial(n - 1)을 반환한다.

```
fun factorial(n: Int): Int = if (n == 0) 1 else n * factorial(n - 1)
```

---

[2] 역주 좀 더 자세히 이 과정을 써보면 다음과 같다. 일단, var 파라미터가 가능하다고 가정하고 루프 버전의 add를 작성하면 다음과 같다.
```
fun add(/*var*/ x: Int, /*var*/ y: Int): Int {
    while(true) {
        if (y == 0) return x
        x = inc(x)
        y = dec(y)
    }
}
```
여기서 while(true) 루프의 맨 마지막에서 루프의 맨 앞으로 오는 것은 add 함수를 호출하면서 x와 y를 변경하는 것과 같다. 따라서 while을 없애면서 x, y 변경을 함수 호출로 바꿀 수 있다. 이제 상태 변이가 없으므로 var 파라미터를 가정할 필요가 없다.
```
fun add(x: Int, y: Int): Int {
    if (y == 0) return x
    return add(inc(x), dec(y))
}
```
한편, if 문에 else가 없었지만 add를 재귀 호출하는 부분은 정확히 else에 해당한다. 이제 return을 밖으로 꺼집어내고 if 식을 쓸 수 있다.
```
fun add(x: Int, y: Int): Int {
    return if (y == 0) x else add(inc(x), dec(y))
}
```
이제 return과 중괄호를 없애고 식 형태의 함수로 바꿀 수 있다. 그리고 꼬리 재귀임을 표시하면 본문에 있는 해법과 같은 함수를 얻을 수 있다.

이 함수는 분명 꼬리 재귀가 아니다. 따라서 n이 몇천 이상이면 스택 오버플로가 일어난다. 그리고 재귀 깊이가 아주 얕다는 확신이 없다면 이런 코드를 프로덕션에서 사용해서는 안 된다.

재귀적 fun 함수를 사용하기는 쉽다. 하지만 재귀 함수 값을 만들려면 어떻게 해야 할까?

## 연습문제 4-2(어려움)

재귀적 계승 함수 값을 작성하라. 함수 값은 val 키워드로 정의된 함수라는 점을 기억하라.

```
val factorial: (Int) -> Int =
```

이 문제는 연습을 위한 것이므로 함수 참조를 사용하면 안 된다!

[힌트]

이 연습문제를 풀려면 2장의 '지연 초기화'를 참고한다.

[해법]

함수가 자기 자신을 호출할 때 호출이 가능하게 하려면 함수가 이미 정의되어 있어야 한다. 따라서 이는 재귀 함수를 정의하기도 전에 이미 그 함수가 정의되어 있어야 한다는 뜻이다! 닭이 먼저냐 달걀이 먼저냐 문제는 일단 제쳐 두자. 인자가 하나밖에 없는 fun 함수를 함수 값으로 바꾸는 일은 아주 단순하다. fun 함수와 같은 구현의 람다를 사용하면 된다.

```
val factorial: (Int) -> Int =
    { n -> if (n <= 1) n else n * factorial(n - 1) }
```

> Note ≡ 람다를 정의할 때는 함수의 타입을 명시하거나 함수 인자 타입을 명시해야만 한다.

이제 어려운 부분이 남았다. 앞의 코드는 컴파일되지 않는다. 컴파일러는 factorial이라는 변수가 아직 초기화되지 않았다고 불평할 것이다. 이 말이 무슨 뜻일까? 컴파일러가 이 코드를 읽는 시점은 factorial이라는 함수를 정의하는 과정의 중간이다. 컴파일러는 이 과정의 중간에서 factorial 함수를 호출하는 부분을 만났으므로 아직 factorial이 정의되지 않았다고 판단한다. 이 문제는 다음과 똑같은 문제다.

```
val x: Int = x + 1
```

이 문제는 변수를 먼저 정의하고 그 값을 나중에 변경하는 식으로 해결할 수 있다. 다음과 같은 초기화를 사용하면 된다.

```
lateinit var x: Int
init {
    x = x + 1
}
```

이 코드가 작동하는 이유는 멤버에 대한 초기화 코드를 실행하기 전에 멤버를 정의했기 때문이다. lateinit 키워드는 변수를 나중에 초기화한다고 선언한다. 그 변수를 초기화하기 전에 호출하면 예외가 발생한다. 하지만 lateinit 기능을 사용하면 널이 될 수 없는 타입으로 멤버를 정의할 수 있다. lateinit이 없다면 어쩔 수 없이 널이 될 수 있는 타입을 사용하거나 참조를 더미(dummy) 값으로 초기화해야 한다. 앞의 x + 1 코드에서 lateinit 트릭은 전혀 쓸모없지만, 계승 함수를 정의할 때는 lateinit이 유용하다.

```
object Factorial {
    lateinit var factorial: (Int) -> Int
    init {
        factorial = { n -> if (n <= 1) n else n * factorial(n - 1) }
    }
}
```

이 트릭의 유일한 문제는 factorial 필드를 val로 정의할 수 없다는 점이다. 불변성이 안전한 프로그래밍의 토대를 이루기 때문에 이는 기분 나쁜 일이다. var를 사용하면 원래 정의했던 factorial을 나중에 누가 바꾸지 않는다고 보장할 수 없다. 해법은 var 프로퍼티를 비공개로 만들고, 이를 val에 복사하는 것이다.

```
object Factorial {
    private lateinit var fact: (Int) -> Int
    init {
        fact = { n -> if (n <= 1) n else n * fact(n - 1) }
    }
    val factorial = fact
}
```

좀 더 우아한 해법은 by lazy를 사용하는 것이다.

```
object Factorial {
    val factorial: (Int)-> Int by lazy { { n: Int ->
        if (n <= 1) n else n * factorial(n - 1)
    } }
}
```

중괄호를 두 번 연속으로 사용해야 한다! 지연 초기화가 다음과 같이 이뤄지기 때문이다.

```
object Factorial {
    val factorial: (Int)-> Int by lazy { ... }
}
```

여기서 ... 부분을 람다로 고쳐 써야 한다. 이때 람다는 lateinit에서 본 코드와 거의 같다.

```
{ n: Int -> if (n <= 1) n else n * factorial(n - 1) }
```

유일한 차이는 이제는 코틀린이 n의 타입을 추론하지 못하므로 인자 타입을 명시해야 한다는 점이다. 그리고 재귀 함수 값의 경우에 재귀가 꼬리 재귀라 하더라도 컴파일러가 TCE를 통한 최적화를 해주지 않는다는 사실을 기억하라. 꼬리 재귀를 사용하는 함수 값이 필요하면 함수 참조를 사용하라.

그리고 이 함수는 12까지밖에 작동하지 않는다는 사실을 기억하라. 13부터는 정수 범위를 넘어가면서 잘못된 값이 나오고, 34부터는 아예 0이 나온다. 이는 코틀린 Int가 부호가 있는 32비트 정수라서 그렇다. 제대로 된 값을 원한다면 java.math.BigInteger를 사용해야 한다. 다행인 점은 자바와 달리 코틀린에서는 BigInteger에 대해서도 + 등의 연산 기호를 사용할 수 있다는 점이다. 다만 정수 상수를 BigInteger로 자동으로 변환해 주지 않으므로 BigInteger.valueOf나 BigInteger 안에 미리 정의된 상숫값을 활용해야 한다.

```
import java.math.BigInteger

fun factorial(n: BigInteger): BigInteger =
    if (n == BigInteger.ZERO)
        BigInteger.valueOf(1)  // valueOf를 보여주고자 일부러 사용함
    else
        n * factorial(n - BigInteger.ONE)
```

## 4.3 재귀 함수와 리스트

리스트를 처리할 때 재귀와 꼬리 재귀를 사용하는 경우가 많다. 이런 처리 과정에서 일반적으로 리스트를 첫 번째 원소와 첫 번째 원소를 제외한 리스트의 나머지 두 부분으로 나눠서 처리한다. 첫 번째 원소는 **머리**(head)라고 부르며, 리스트의 나머지는 **꼬리**(tail)라고 부른다. 문자의 리스트로 문자열을 만드는 함수에서 이미 이 두 함수를 살펴봤다. 정수 리스트에 들어 있는 모든 원소의 합계를 구하는 다음 함수를 생각해 보자.

```kotlin
fun sum(list: List<Int>): Int =
    if (list.isEmpty()) 0 else list[0] + sum(list.drop(1))
```

리스트가 비어 있으면 이 함수는 0을 반환한다. 비어 있지 않다면 첫 번째 원소를 제외한 리스트(꼬리)에 sum을 적용한 결과를 첫 번째 원소(머리)와 더한다. 리스트의 머리와 꼬리를 돌려주는 도우미 함수를 정의하면 이 논리를 더 명확히 볼 수 있다. 이 두 함수가 정수 리스트에만 쓰이는 게 아니므로 일반적인 리스트에 쓸 수 있는 함수로 정의한다.

```kotlin
fun <T> head(list: List<T>): T =
    if (list.isEmpty())
        throw IllegalArgumentException("head called on empty list")
    else
        list[0]

fun <T> tail(list: List<T>): List<T> =
    if (list.isEmpty())
        throw IllegalArgumentException("tail called on empty list")
    else
        list.drop(1)

fun sum(list: List<Int>): Int =
    if (list.isEmpty())
        0
    else
        head(list) + sum(tail(list))
```

이보다 더 좋은 방법은 머리 함수 head와 꼬리 함수 tail을 List 클래스의 확장 함수로 만드는 것이다.

```
fun <T> List<T>.head(): T =
    if (this.isEmpty())
        throw IllegalArgumentException("head called on empty list")
    else
        this[0]

fun <T> List<T>.tail(): List<T> =
    if (this.isEmpty())
        throw IllegalArgumentException("tail called on empty list")
    else
        this.drop(1)

fun sum(list: List<Int>): Int =
    if (list.isEmpty())
        0
    else
        list.head()) + sum(list.tail())
```

이 코드에서 sum 함수에 대한 재귀 호출은 sum 함수가 처리하는 마지막 연산이 아니다. 이 함수가 마지막에 하는 일은 네 가지다.

- head 함수를 호출한다.
- tail 함수를 호출한다.
- tail의 결과를 인자로 sum 함수를 호출한다.
- head와 sum의 결과를 더한다.

이 함수는 꼬리 재귀가 아니다. 따라서 tailrec 키워드를 붙일 수 없고, 리스트 인자가 몇천 개 이상이면 이 함수를 사용할 수 없다. 하지만 이 함수를 고쳐 써서 sum에 대한 재귀 호출을 꼬리 재귀 위치에서 하게 만들 수 있다.

```
fun sum(list: List<Int>): Int {
    tailrec fun sumTail(list: List<Int>, acc: Int): Int =
        if (list.isEmpty())
            acc
        else
            sumTail(list.tail(), acc + list.head())
    return sumTail(list, 0)
}
```

여기서 sumTail 도우미 함수는 꼬리 재귀 함수이므로 TCE를 통해 최적화가 가능하다. 이 도우미 함수를 외부에서 사용하는 일은 절대 없으므로 sum 함수 내부에 정의했다.

도우미 함수와 주 함수를 나란히 정의할 수도 있다. 하지만 그렇게 하면 도우미 함수를 private나 internal로 제한하고 주 함수를 공개해야 한다. 이런 경우 주 함수에서 도우미 함수를 호출하는 부분이 클로저가 된다. 도우미 함수를 주 함수에 내포시키는 쪽을 더 선호하는 이유는 이름 충돌을 피하고 주 함수의 파라미터 중 일부를 클로저를 사용해 공유하기 때문이다.

함수 내부에 로컬 함수를 정의할 수 있는 언어에서 현재 사용하는 관례의 하나는 내부 도우미 함수를 go나 process 같은 이름으로 통일하는 것이다. 하지만 로컬 함수가 아니면 이런 이름을 쓸 수 없다. 비-로컬 함수에서 이런 단순한 이름을 쓰면 인자 타입이 똑같은 경우 이름이 충돌한다. 그래서 앞의 예제에서는 sum의 도우미 함수를 sumTail이라고 불렀다.

다른 관례로 sum_처럼 주 함수 이름 뒤에 밑줄을 붙여 도우미 함수를 부르는 방식이 있다. 또는 주 함수와 도우미 함수의 시그니처가 다르면 주 함수와 도우미 함수에 똑같은 이름을 붙일 수 있다. 어떤 방식을 택하든 항상 일관성을 지키면 된다. 이 책의 나머지 부분에서는 꼬리 재귀 도우미 함수 이름 뒤에 밑줄을 덧붙이는 관례를 사용하겠다.

## 4.3.1 이중 재귀 함수 사용하기

재귀 함수를 설명하는 책 중에서 피보나치 수열(Fibonacci series) 예제를 설명하지 않고 넘어가는 책은 없다. 피보나치 수열 자체는 대부분 사람에게 쓸모없지만, **이중 재귀 함수**(doubly recursive function)에 대한 가장 간단한 예제라서 재귀를 설명할 때 널리 쓰인다. 이중 재귀라는 말은 단계마다 함수가 자신을 두 번 호출한다는 뜻이다. 피보나치 함수를 한 번도 본 적이 없는 독자들을 위해 이 함수의 요구 사항을 먼저 정리해 보자.

피보나치 수열은 이전 두 수의 합이 다음 수가 되는 수들을 나열한 것이다. 이 정의는 재귀적이다. 따라서 종료 조건이 필요하며, 종료 조건을 포함하면 전체 요구 사항을 다음과 같이 정리할 수 있다.

- f(0) = 1
- f(1) = 1
- f(n) = f(n - 1) + f(n - 2)

이 수열이 원래의 피보나치 수열이다. 첫 두 수는 1이다. 수열에서 각 수가 차지하는 위치에 대한 함수로 각 수를 표현할 수 있다. 대부분 프로그래머는 1이 아니라 0부터 수나 위치를 센다. 때로 f(0) = 0으로 시작하는 정의를 사용하기도 한다. 하지만 이는 원래 피보나치 수열에는 없다. 하지만 0인 항목을 추가한다고 문제가 달라지지는 않는다.

왜 이 함수가 흥미로울까? 그 질문에 대한 답을 바로 이야기하기 전에 아주 뻔한 구현을 하나 살펴보자.

```
fun fibonacci(number: Int): Int =
    if (number == 0 || number == 1)
        1
    else
        fibonacci(number - 1) + fibonacci(number - 2)
```

이제 이 함수를 테스트하는 간단한 프로그램을 작성할 수 있다.

```
fun main(args: Array<String>) {
    (0 until 10).forEach { print("${fibonacci(it)} ") }
}
```

이 테스트 프로그램을 실행하면 다음과 같은 10개의 피보나치 수를 얻을 수 있다.

```
1 1 2 3 5 8 13 21 34 55
```

여러분이 알고 있는 코틀린 재귀에 대한 내용을 바탕으로 생각해 보면 이 함수가 n이 천 단위 수일 때까지는 스택 오버플로 없이 피보나치 수열 값을 계산할 수 있으리라 생각할지 모르겠다. 음, 한번 시험해 보자. 10을 1000으로 바꾸고 무슨 일이 벌어지나 살펴보자. 프로그램을 실행하고 잠시 커피를 한 잔 마시면서 휴식을 즐겨라. 자리로 돌아오면 프로그램이 아직도 실행 중인 것을 볼 수 있을 것이다. 아마도 겨우 47번째 단계인 1,836,311,903 근처의 수를 찍고 있을 수도 있지만 (여러분이 본 숫자는 이와 다를 수 있다. 심지어 음수를 볼 수도 있다!), 절대 프로그램이 끝나지는 않는다. 스택 오버플로도 없고 예외도 발생하지 않고 그냥 계속 실행될 뿐이다. 무슨 일이 벌어지는 걸까?

문제는 fibonacci 함수를 한 번 호출할 때마다 재귀 호출이 두 개씩 더 생긴다는 점에 있다. 즉, f(n)을 계산하려면 $2^n$개의 재귀 호출이 발생한다. 함수가 한 단계 실행되는데 10나노초가 걸린다고 가정하자(단지 가정일 뿐이다. 하지만 이 값을 더 작게 잡아도 문제가 달라지지 않는다). f(5000)을 계산하려면 $2^{5000}$ × 10나노초가 걸린다. 이 시간이 얼마나 긴지 상상이 가는가? 이 프로그램은 (우주의 수명보다는 짧을지 몰라도) 태양계의 수명보다 더 오래 돌기 때문에 절대 끝나지 않는다.

사용할 수 있는 피보나치 함수를 만들려면 이 함수가 꼬리 재귀를 단 하나만 사용하게 바꿔야 한다. 그리고 다른 문제도 있다. 결과가 너무 커서 곧 정수 범위를 넘어선다. 그래서 나중에는 결괏값이 음수와 양수를 오가는 등 종잡을 수 없게 된다.

## 연습문제 4-3

꼬리 재귀 버전의 피보나치 함수를 만들라.

힌트

sum 함수에서 했던 것처럼 루프 기반의 구현을 생각해 보면 전 피보나치 수와 전전 피보나치 수를 추적하기 위해 변수를 두 개 써야 한다는 사실을 깨닫게 된다. 그 후 이 두 변수를 도우미 함수의 파라미터로 변환한다. 큰 값을 처리하려면 파라미터의 타입을 BigInteger로 해야 한다.

해법

먼저 도우미 함수의 시그니처를 정하자. 이 함수는 (이전 값을 기억하려고) BigInteger를 두 개 받고, 원래 함수의 인자를 BigInteger로 하나 더 받는다. 그리고 결과로 BigInteger를 내놓는다.

```
tailrec fun fib(val1: BigInteger, val2: BigInteger, x: BigInteger): BigInteger
```

종료 조건을 반드시 처리해야 한다. 인자 x가 0이면 1을 내놓는다.

```
tailrec fun fib(val1: BigInteger, val2: BigInteger, x: BigInteger): BigInteger =
    when {
        (x == BigInteger.ZERO) -> BigInteger.ONE
        ...
    }
```

인자 x가 1이면 val1과 val2를 더한 값을 내놓는다.[3]

```
tailrec fun fib(val1: BigInteger, val2: BigInteger, x: BigInteger): BigInteger =
    when {
        (x == BigInteger.ZERO) -> BigInteger.ONE
        (x == BigInteger.ONE) -> val1 + val2
        ...
    }
```

---

3 역주 여기서 x가 1일 때 val1 + val2를 내놓는 이유는 fib 함수가 누적 값을 주 함수가 넘겨주는 x로부터 1씩 감소시키면서 val1과 val2에 피보나치 수를 누적하기 때문이다.

다른 경우에는 재귀를 처리해야 한다. 재귀를 처리하려면 다음 절차를 밟아야 한다.

- val2를 새 val1으로 만든다.
- 이전 두 값을 더해 val2를 새로 만든다.
- 인자 x에서 1을 뺀다.
- 앞에서 계산한 세 가지 값을 인자로 넘기면서 fib를 재귀 호출한다.

이 과정을 코드로 변환하면 다음과 같다.

```
tailrec fun fib(val1: BigInteger, val2: BigInteger, x: BigInteger): BigInteger =
    when {
        (x == BigInteger.ZERO) -> BigInteger.ONE
        (x == BigInteger.ONE) -> val1 + val2
        else -> fib(val2, val1 + val2, x - BigInteger.ONE)
    }
```

여기서 재귀에 사용하는 인자 중에 val1과 val2는 fib(n - 1)과 fib(n - 2)의 결과를 누적한다. 그래서 **누적기**(accumulator)를 줄여서 변수 이름을 acc라고 부르기도 한다. 여기 사용한 두 변수를 acc1과 acc2로 부를 수도 있다. 마지막으로 도우미 함수에 초기 인자를 넘기는 주 함수를 작성하고, 도우미 함수를 주 함수 안에 넣으면 된다.

```
import java.math.BigInteger

fun fib(x: Int): BigInteger {
    tailrec fun fib(val1: BigInteger, val2: BigInteger, x: BigInteger): BigInteger =
        when {
            (x == BigInteger.ZERO) -> BigInteger.ONE
            (x == BigInteger.ONE) -> val1 + val2
            else -> fib(val2, val1 + val2, x - BigInteger.ONE)
        }
    return fib(BigInteger.ZERO, BigInteger.ONE, BigInteger.valueOf(x.toLong()))
}
```

이 구현은 가능한 구현 중 하나에 불과하다. 제대로 작동하는 한 다양한 방식으로 초깃값, 종료 조건, 파라미터 등을 살짝 다르게 지정할 수 있다. 이제 fib(10_000)를 호출하면 몇 나노 초 만에 결과를 볼 수 있다. 사실은 그보다 더 긴 십 수 밀리초가 걸릴 수 있는데, 이는 콘솔 출력이 느린 연산이라서 그렇다. 이 주제에 관해서는 나중에 다시 설명하겠다. 여기서 얻은 결과는 상당히 인상적이다. 계산 결과 자체도 인상적이고(전체 2,090자리 숫자), 이중 재귀를 단일 꼬재귀로 바꾸면서 얻은 계산 속도 향상도 인상적이다.

## 4.3.2 리스트에 대한 재귀 추상화하기

리스트에 대한 주된 재귀 사용법 중 하나는 리스트의 첫 번째 원소(머리)와 리스트의 나머지(꼬리)에 같은 처리를 적용한 결과를 조합하는 것으로 이뤄진다. 정수의 합계를 구할 때 이미 이런 처리 과정을 살펴봤다. 코드를 다시 보자.

```
fun sum(list: List<Int>): Int =
    if (list.isEmpty())
        0
    else
        list.head() + sum(list.tail())
```

동일한 원칙을 정수의 덧셈뿐 아니라 임의 타입의 리스트에 대한 임의의 연산에도 적용할 수 있다. 이미 문자의 리스트를 처리해 문자열을 만들어내는 예제도 살펴봤다. 같은 기법을 사용해 원소 타입과 관계없이 리스트에 속한 각 원소를 구분 문자열로 분리해 나열한 문자열로 복사하는 함수를 만들 수 있다.

```
fun <T> makeString(list: List<T>, delim: String): String =
    when {
        list.isEmpty() -> ""
        list.tail().isEmpty() ->
            "${list.head()}${makeString(list.tail(), delim)}"
        else -> "${list.head()}$delim${makeString(list.tail(), delim)}"
    }
```

### 연습문제 4-4

makeString 함수의 꼬리 재귀 버전을 만들어라(sum의 꼬리 재귀 버전을 보지 않고 시도해 보라).

> **해법**

앞의 예제에서 사용한 기법을 똑같이 적용해야 한다. 결과를 누적하려면 파라미터를 추가한 도우미 함수를 만들어라. 이 도우미 함수를 주 함수 안에 넣으면 재귀 단계를 거쳐도 값이 바뀌지 않는 delim 파라미터에 대해 닫혀 있게 만들 수 있다.

```
fun <T> makeString(list: List<T>, delim: String): String {
    tailrec fun makeString_(list: List<T>, acc: String): String = when {
        list.isEmpty() -> acc
        acc.isEmpty() -> makeString_(list.tail(), "${list.head()}")
```

```
            else -> makeString_(list.tail(), "$acc$delim${list.head()}")
    }
    return makeString_(list, "")
}
```

좋다. 간단하게 해결했다. 하지만 재귀 함수마다 이런 일을 반복해야 한다면 지겨울 것이다. 이 과정을 추상화할 수 있을까? 할 수 있다. 먼저 해야 할 일은 한발 물러서서 그림 전체를 보는 것이다. 어떤 것이 보이는가?

- 원소 타입이 정해진 리스트에 대해 작용하는 함수가 있다. 이 함수는 다른 타입의 값을 하나 반환한다. 이 두 타입을 각각 T와 U라는 타입으로 추상화할 수 있다.
- 원소 타입 T와 결과 타입 U 사이에 작용하는 연산이 있다. 이 연산은 U 타입을 돌려줘야 한다. 이 연산은 (U, T) 쌍에서 U로 가는 함수라는 점을 알 수 있다.

방금 설명한 내용은 sum 예제의 내용과는 달라 보인다. 하지만 실제로는 U와 T가 모두 같은 타입(Int)이라고 놓으면 같아진다. 문자 리스트에서 문자열을 만드는 toString 예제에서 T는 Char이고 U는 String이다. makeString에서는 T는 이미 제네릭 타입이고, U는 String이다.

## 연습문제 4-5

sum, toString, makeString을 정의할 때 쓸 수 있는 꼬리 재귀 제네릭 함수를 만들어라. 이 함수에 foldLeft라는 이름을 붙이고, 이를 사용해 sum, toString, makeString을 정의하라.

힌트

U 타입(누적기의 타입)의 시작 값과 (U, T)에서 U로 가는 함수를 추가 파라미터로 도입해야 한다.

해법

여기 foldLeft 함수 구현과 foldLeft를 사용해 다시 작성한 세 가지 함수가 있다.

```
fun <T, U> foldLeft(list: List<T>, z: U, f: (U, T) -> U): U {
    tailrec fun foldLeft(list: List<T>, acc: U): U =
        if (list.isEmpty())
            acc
        else
            foldLeft(list.tail(), f(acc, list.head()))
    return foldLeft(list, z)
}

fun sum(list: List<Int>) = foldLeft(list, 0, Int::plus)
```

```
fun string(list: List<Char>) = foldLeft(list, "", String::plus)

fun <T> makeString(list: List<T>, delim: String) =
    foldLeft(list, "") { s, t -> if (s.isEmpty()) "$t" else "$s$delim$t" }
```

여기서 만든 foldLeft 함수는 루프를 사용하지 않고 프로그래밍할 때 중요한 함수의 하나다. 이 함수는 스택 오버플로를 걱정하지 않고 공재귀를 사용할 수 있게 하므로 앞으로는 함수를 꼬리 재귀로 만드는 방법을 고민할 일이 거의 없을 것이다. 하지만 때로는 반대 방향으로 접근해야 할 때도 있다. 즉, 공재귀 대신 재귀를 사용해야 할 때도 있다.

문자로 이뤄진 리스트 ['a','b','c']가 있는데, 이전에 만든 head와 tail, prepend만으로 리스트로부터 'abc'라는 문자열을 만들고 싶다고 하자. 리스트 원소를 인덱스를 사용해 읽을 수는 없다. 하지만 다음과 같이 재귀적인 구현을 만들 수 있다.

```
fun toString(list: List<Char>): String =
    if (list.isEmpty())
        ""
    else
        prepend(list.head(), string(list.tail()))
```

foldLeft 함수에서와 마찬가지로 이 코드에서도 몇 가지를 추상화할 수 있다. 이렇게 추상화한 함수가 Char 타입을 T 타입 파라미터로 받게 만들면 원소 타입과 관계없이 모든 리스트에 적용할 수 있는 함수가 된다. 그리고 결과 타입인 String을 U로 추상화하면 결과 타입을 원하는 대로 바꿀 수 있다. 또한, prepend 함수를 (T, U) -> U라는 제네릭 함수로 추상화해야 한다. 그리고 초깃값 ""도 U 타입의 identity 값으로 바꿔야 한다.

## 연습문제 4-6

이렇게 추상화한 함수를 작성하고 foldRight라고 이름을 붙여라. foldRight를 사용해 toString을 구현하라.

해법

함수의 시그니처를 적어보자. 추가로 identity와 접기(fold)에 사용할 함수를 받게 만들자.

```
fun <T, U> foldRight(list: List<T>, identity: U, f: (T, U) -> U): U =
```

리스트가 비어 있으면 identity 값을 돌려준다.

```
fun <T, U> foldRight(list: List<T>, identity: U, f: (T, U) -> U): U =
    if (list.isEmpty())
        identity
```

리스트가 비어 있지 않다면 toString에서와 같은 코드를 사용하되 prepend를 파라미터로 받은 함수로 바꾼다.

```
fun <T, U> foldRight(list: List<T>, identity: U, f: (T, U) -> U): U =
    if (list.isEmpty())
        identity
    else
        f(list.head(), foldRight(list.tail(), identity, f))
```

이게 전부다! 이제 foldRight의 제네릭 타입에 적절한 타입을 지정하고 원하는 함수 값을 지정해 호출함으로써 toString을 정의하자.

```
fun toString(list: List<Char>): String =
    foldRight(list, "", { c, s -> prepend(c, s) })
```

마지막 인자가 함수이면 그 함수 값을 괄호 밖으로 빼내 쓰는 방식이 더 코틀린 스타일의 코드다. 이때 함수 앞에 콤마(,)를 넣을 필요가 없다.

```
fun toString(list: List<Char>): String =
    foldRight(list, "") { c, s -> prepend(c, s) }
```

> **Note** ≡ foldRight 함수는 재귀 함수다. 그리고 이 함수는 꼬리 재귀 함수가 아니다. 따라서 TCE를 사용해 최적화할 수 없다. foldRight를 실제 꼬리 재귀 버전으로 만들 수는 없다. 가능한 유일한 방법은 리스트를 뒤집은 다음에 foldLeft를 사용함으로써 foldRight와 같은 결과를 내놓는 함수를 정의하는 것뿐이다.

코틀린 List 클래스를 사용할 때는 foldRight나 foldLeft를 만들 필요는 없다. 코틀린은 이미 이 두 함수를 제공한다(단, foldLeft의 이름은 그냥 fold다).

### 4.3.3 리스트 뒤집기

성능 면에서 최적은 아니지만 리스트를 뒤집는 게 유용할 때가 있다. 리스트를 뒤집지 않아도 되는 다른 해법을 찾으면 더 좋지만 그런 해법을 항상 찾을 수는 없다. 한 가지 해법으로는 양 끝에서 연산을 구하는 다른 데이터 구조를 사용하는 방법이 있다.

reverse 함수를 루프 기반 구현으로 쉽게 만들 수 있다. 리스트를 뒤에서부터 역방향으로 이터레이션하면 된다. 하지만 인덱스를 잘못 계산하는 일이 없도록 조심해야 한다.

```
fun <T> reverse(list: List<T>): List<T> {
    val result: MutableList<T> = mutableListOf()
    (list.size downTo 1).forEach {
        result.add(list[it - 1])
    }
    return result
}
```

하지만 코틀린 프로그래밍에서는 이런 방식으로 처리하지 않는다. 코틀린에는 이미 리스트에 reversed라는 함수가 들어 있다.

## 연습문제 4-7

접기 연산(foldLeft나 foldRight)을 사용해 reverse 함수를 정의하라.

[힌트]

리스트가 길면 foldRight가 스택 오버플로를 발생시킬 수 있음에 유의하라. 따라서 가능하면 foldLeft를 우선시해야 한다. 그리고 리스트에 작용하면서 리스트의 맨 앞에 원소를 추가하는 prepend 함수를 만들어야 한다. 성능은 걱정하지 말라. 성능 문제는 5장에서 다룬다. 여러분이 만드는 함수가 + 연산자를 사용해 불변 리스트에서 작동하게 만들어라.

[해법]

prepend 함수는 약간의 트릭이 필요하지만 정의하기 쉽다. 두 리스트를 연결하거나 리스트 뒤에 원소를 추가할 때 코틀린 + 연산자를 쓸 수 있지만, 리스트 맨 앞에 원소를 추가할 때는 쓸 수 없다. 이 문제의 해법은 앞에 덧붙일 원소로 원소가 하나뿐인 리스트를 만드는 것이다.

```
fun <T> prepend(list: List<T>, elem: T): List<T> = listOf(elem) + list
```

이제 리스트를 뒤집고 방금 만든 prepend 함수를 사용해 왼쪽으로 접기만 하면 된다.

```
fun <T> reverse(list: List<T>): List<T> = foldLeft(list, listOf(), ::prepend)
```

이 코드는 잘 작동하지만 약간의 속임수가 있다. 단일 원소 리스트를 만들지 않고 reverse를 정의할 수는 없을까?

### 연습문제 4-8

두 리스트를 연결하지 않고, 리스트 뒤에 원소를 덧붙이는 +를 사용해 reverse 함수를 만들어라.

> 힌트

이 연습문제에서는 리스트 연결 없이 prepend 함수만 작성하면 된다. 왼쪽 접기를 사용해 리스트를 복사하는 연산에서부터 시작해 보라.

> 해법

왼쪽 접기를 사용해 리스트를 쉽게 복사할 수 있다.

```
fun <T> copy(list: List<T>): List<T> = foldLeft(list, listOf()) { lst, elem -> lst + elem }
```

리스트의 맨 앞에 원소를 추가하는 prepend 함수는 리스트의 왼쪽 접기를 사용해 구현할 수 있다. 이때 빈 리스트 대신 추가할 원소가 들어 있는 리스트를 누적기 초깃값으로 사용한다.

```
fun <T> prepend(list: List<T>, elem: T): List<T> =
    foldLeft(list, listOf(elem)) { lst, elm -> lst + elm }
```

이제 앞에서 본 reverse 구현에 좀 전에 만든 새 prepend를 사용할 수 있다.

```
fun <T> reverse(list: List<T>): List<T> = foldLeft(list, listOf(), ::prepend)
```

프로덕션 코드에서 reverse나 prepend를 할 때 여기서 본 코드를 사용해서는 안 된다. 두 구현 모두 리스트를 여러 번 순회하기 때문에 아주 느리다. 코틀린 리스트를 사용하는 경우라면 List에 정의된 reversed를 사용하라. 5장에서 어떤 경우에든 좋은 성능이 나오는 함수형 불변 리스트를 만드는 방법을 배운다.

### 4.3.4 공재귀 리스트 만들기

프로그래머가 계속 반복하는 일의 하나는 공재귀 리스트를 만드는 일이다. 그리고 그렇게 만드는 리스트의 대부분은 정수 리스트다. 다음 자바 코드를 보자.

```
for (int i = 0; i < limit; i++) {
    // 처리 작업
}
```

이 코드는 공재귀 리스트와 처리 작업이라는 두 가지 추상화를 합성했다. 공재귀 리스트는 0(포함)부터 limit(미포함)까지의 정수 리스트다. 앞에서 말했던 것처럼 프로그램을 더 안전하게 만드는 방법의 하나는 추상화를 끝까지 밀어붙여서 코드를 가능한 한 많이 재활용하는 것이다. 공재귀 리스트 생성을 추상화해 보자.

공재귀 리스트는 만들기 쉽다. 첫 번째 원소(int i = 0)에서 시작하고 선택한 함수(i -> i++)를 적용하면 된다.

먼저 리스트를 생성하고 처리 작업이나 합성 함수, 효과에 해당하는 함수를 리스트에 매핑(map)할 수도 있다. 구체적인 limit 값으로 이런 처리를 해보자. 다음 자바 코드를 보라.

```
for (int i = 0; i < 5; i++) {
    System.out.println(i);
}
```

이 코드는 다음 코틀린 코드와 거의 같다.

```
listOf(0, 1, 2, 3, 4).forEach(::println)
```

리스트와 효과를 모두 추상화할 수 있다. 그렇지만 이보다 더 추상화할 수 있다.

## 연습문제 4-9

시작 값, 끝 값, x -> x + 1이라는 함수로 리스트를 생성하는 함수의 루프 기반 구현을 작성하라. 이 함수에 range라는 이름을 붙여라. 함수 시그니처는 다음과 같다.

```
fun range(start: Int, end: Int): List<Int>
```

[해법]

range 함수를 구현하는 데 while 루프를 사용할 수 있다.

```
fun range(start: Int, end: Int): List<Int> {
    val result: MutableList<Int> = mutableListOf()
    var index = start
    while (index < end) {
        result.add(index)
        index++
    }
    return result
}
```

## 연습문제 4-10

임의의 타입과 조건에 대해 작동하는 range와 비슷한 함수를 만들어라. 범위(range)라는 개념은 수에 대해서만 성립하므로 이 함수의 이름은 unfold라고 하고 다음 시그니처를 따르게 만들어라.

```
fun <T> unfold(seed: T, f: (T) -> T, p: (T) -> Boolean): List<T>
```

### 해법

앞에서 만든 range 함수 구현을 가지고 시작하면 제네릭 코드로 만드는 데 필요한 부분만 변경하면 된다.

```
fun <T> unfold(seed: T, f: (T) -> T, p: (T) -> Boolean): List<T> {
    val result: MutableList<T> = mutableListOf()
    var elem = seed
    while (p(elem)) {
        result.add(elem)
        elem = f(elem)
    }
    return result
}
```

## 연습문제 4-11

unfold로 range를 구현하라.

### 해법

이 문제는 전혀 어렵지 않다. 다음 요소들을 unfold에 제공하면 된다.

- seed로는 range의 start 파라미터를 사용한다.
- f로는 { x -> x + 1 } 또는 그와 동일한 { it + 1 }를 사용한다.
- 술어 p로는 { x -> x < end } 또는 { it < end }를 사용한다.

```
fun range(start: Int, end: Int): List<Int> =
    unfold(stat, { it + 1 }, { it < end })
```

공재귀와 재귀는 서로 듀얼(dual) 관계[4]다. 공재귀가 재귀와 서로 듀얼 관계로 대응하므로 항상 재귀적 처리 과정을 공재귀적 처리 과정으로 변환할 수 있고 반대 방향으로도 변환할 수 있다. 이제는 반대 방향의 변환을 살펴보자.

## 연습문제 4-12

앞 절에서 정의한 함수들을 바탕으로 range의 재귀 버전을 작성하라.

> 힌트

필요한 함수는 prepend뿐이다. 물론 다른 함수를 사용하는 구현도 가능하다.

> 해법

재귀 구현을 정의하는 일은 엄청나게 간단하다. prepend로 start를 range 함수 자신의 결과에 추가하면 된다. 자기 자신을 호출할 때 end 파라미터는 그대로 유지하고, start는 1을 증가시킨다. 해법을 설명하기보다 코드를 작성하는 편이 훨씬 더 쉽다.

```
fun range(start: Int, end: Int): List<Int> =
    if (end <= start)
        listOf()
    else
        prepend(range(start + 1, end), start)
```

## 연습문제 4-13

unfold의 재귀 버전을 작성하라

> 힌트

range의 재귀 구현을 일반화해 보라.

> 해법

답은 간단하다.

---

4　역주 이를 쌍대성이라고도 부르는데, 어떤 구조를 일정한 변환을 거쳐 다른 구조로 변환할 수 있는 경우를 일컫는 용어다. 다만 대상 구조에 따라 서로 대응하는 방식이나 변환 방식은 다 다르다. 예를 들어 평면기하학에서는 다각형의 꼭지점을 간선으로, 간선을 꼭지점으로 바꾼 두 도형 사이에 쌍대성이 성립하며, 콜백 프로그래밍의 리스너와 반응형 프로그래밍의 옵저버도 듀얼 관계로 볼 수 있다. 공재귀 함수에서 누적 값을 계산해 명시적으로 전달하는 부분을 함수를 재귀 호출한 다음에 추가 계산을 통해 누적 값을 계산해 반환하게 바꿔 쓰면 재귀 함수가 된다. 또한, 재귀 함수에서 재귀 호출 후 추가 계산을 수행해서 값을 반환하는 부분을 누적 값으로 명시적으로 전달하게 바꾸면 공재귀 함수를 만들 수 있어서 이 둘 사이에도 듀얼 관계가 성립한다.

```kotlin
fun <T> unfold(seed: T, f: (T) -> T, p: (T) -> Boolean): List<T> =
    if (p(seed))
        prepend(unfold(f(seed), f, p), seed)
    else
        listOf()
```

이제는 이 unfold로 range를 재정의할 수 있다. 하지만 재귀적인 unfold 함수는 재귀 호출이 몇 천 단계에 이르면 스택을 날려버릴 수 있다는 점에 주의해야 한다.

## 연습문제 4-14

재귀적 unfold의 꼬리 재귀 버전을 만들 수 있을까? 연습문제를 풀기 전에 이론적으로 이 질문에 답해 보라.

[힌트]

한 가지만 생각해 보자. unfold가 재귀 함수인가 공재귀 함수인가?

[해법]

unfold 함수는 여러분이 이전에 만들었던 foldLeft 함수처럼 실제로는 공재귀 함수다. 누적기를 파라미터로 받는 도우미 함수를 사용해 꼬리 재귀 함수를 만든다고 추측할 수 있다.

```kotlin
fun <T> unfold(seed: T, f: (T) -> T, p: (T) -> Boolean): List<T> {
    tailrec fun unfold_(acc: List<T>,
                        seed: T,
                        f: (T) -> T, p: (T) -> Boolean): List<T> =
        if (p(seed))
            unfold_(acc + seed, f(seed), f, p)
        else
            acc
    return unfold_(listOf(), seed, f, p)
}
```

로컬 함수를 사용하면 상위 함수의 파라미터인 동시에 도우미 함수에서 상수인 파라미터(f와 p)에 대해 로컬 함수가 닫혀 있기 때문에 이 파라미터들을 없앨 수 있어서 코드를 더 간단하게 만들 수 있다.

```kotlin
fun <T> unfold(seed: T, f: (T) -> T, p: (T) -> Boolean): List<T> {
    tailrec fun unfold_(acc: List<T>, seed: T): List<T> =
        if (p(seed))
```

```
                unfold_(acc + seed, f(seed))
            else
                acc
    return unfold(listOf(), seed)
}
```

## 4.3.5 즉시 계산의 위험성

루프를 n번 도는 경우를 range로 구현할 수도 있고, for 루프와 변수를 사용해 명령형으로 구현할 수도 있다.

```
// range와 forEach를 사용하는 경우
range(1, n).forEach((i) -> {
    // 작업
})

for(var i = 0; i < n; i++) {
    // 작업
}
```

하지만 지금까지 살펴본 range 함수 정의 중 (재귀와 공재귀를 가릴 것 없이) 어떤 것을 사용해도 for 루프와 동등하지 않다. for 루프와 같지 않은 이유는 자바나 코틀린 같은 즉시(strict) 계산 언어에서도(이런 언어들은 함수 인자를 즉시 계산한다) 대부분의 다른 제어 구조와 마찬가지로 for 루프가 지연 계산을 수행하기 때문이다. 앞에서 본 for 루프에서 계산 순서는 인덱스, 작업, 인덱스, 작업, … 순이지만 range 함수를 사용하면 forEach로 각 원소에 대해 함수를 호출하기 전에 인덱스 리스트를 모두 다 계산한다.

이런 문제가 생기는 이유는 range가 리스트를 만들기 때문이다. 리스트는 즉시 계산 데이터 구조라서 모든 원소가 다 계산된다. 따라서 range가 반환할 다른 타입의 데이터 구조가 출발점으로 필요하다. 9장에서는 이런 문제를 해결하기 위해 지연(lazy) 계산 컬렉션을 사용하는 방법을 배운다.

## 4.4 메모화

4.3.1절에서 피보나치 수열을 표시하는 함수를 구현했다. 이 피보나치 수열 구현은 f(n)을 출력하고 싶을 때, f(1), f(2), …, f(n)에 이르는 모든 수열을 계산해야 한다는 문제가 있다.[5] 게다가 f(n)을 계산할 때 이전 값을 모두 재귀적으로 계산해야 한다. 결국 n개의 피보나치 수열 항을 계산하는 데 f(1)를 n번, f(2)를 (n - 1)번, …, f(n-2)를 2번, f(n-1)을 1번 호출해야 한다. 따라서 전체 호출 횟수는 1부터 n까지 모든 정수의 합이다.

이 절에서는 메모화가 어떤 도움을 주는지 살펴본다. **메모화**(memoization)는 계산 결과를 메모리에 저장해 나중에 같은 계산을 다시 수행하지 않고 결과를 바로 반환하는 기법이다. 이보다 더 나은 구현이 가능할까? 한 가지 가능한 방법은 scan이라는 특별한 함수를 구현하는 것이다. 이에 관해서는 8장에서 배운다. 지금은 다른 해법을 살펴보자. 어떤 계산의 결과가 여러 번 필요할 때 계산을 반복하지 않게 결과를 저장해 둘 수 있을까?

### 4.4.1 루프를 사용하는 프로그래밍에서 메모화 사용하기

루프를 사용하는 프로그래밍에서는 앞에서 설명한 문제가 없다. 다음과 같은 코드로 이 문제를 처리할 수 있다.

```
fun main(args: Array<String>) {
    println(fibo(10))
}

fun fibo(limit: Int): String =
    when {
        limit < 1 -> throw IllegalArgumentException()
        limit == 1 -> "1"
        else -> {
            var fibo1 = BigInteger.ONE
            var fibo2 = BigInteger.ONE
            var fibonacci: BigInteger
            val builder = StringBuilder("1, 1")
```

---

[5] 역주 물론 점화식을 풀면 피보나치 수열의 일반항을 계산할 수 있다. 일반항은 $F_n = \frac{1}{\sqrt{5}}\left\{\left(\frac{1+\sqrt{5}}{2}\right)^n - \left(\frac{1-\sqrt{5}}{2}\right)^n\right\}$이다. 이 일반항을 사용하면 $O(1)$ 시간에 피보나치 수를 계산할 수 있다.

```
        for (i in 2 until limit) {
            fibonacci = fibo1.add(fibo2)
            builder.append(", ").append(fibonacci)  ---- 현재 결과를 누적기(StringBuilder)에 누적한다.
            fibo1 = fibo2  ---- 다음 단계를 위해 f(n-1)을 저장한다.
            fibo2 = fibonacci  ---- 다음 단계를 위해 f(n)을 저장한다.
        }
        builder.toString()
    }
}
```

이 프로그램은 함수형 프로그래밍이 해결하거나 피하고자 하는 문제점 대부분을 집중적으로 활용하고 있지만, 잘 작동하고 함수형 버전보다 훨씬 더 효율적이다. 이유는 메모화에 있다.

앞서 말했던 것처럼 메모화는 계산 결과를 메모리에 저장해서 나중에 같은 계산을 해야 할 때 결과를 바로 돌려주기 위한 기법이다. 메모화를 함수에 적용하면 함수에 대한 이전 호출 결과를 저장해서 나중에 해당 함수를 같은 인자로 호출했을 때 결과를 훨씬 더 빨리 내놓을 수 있다.

이런 기법은 앞에서 말했던 안전한 프로그래밍 원칙과 잘 어울리지 않아 보인다. 함수를 메모화하려면 변화하는 상태를 유지해야 하는데, 이는 부수 효과에 해당한다. 하지만 같은 인자로 함수를 호출하면 항상 같은 결과가 나오기 때문에 메모화는 안전한 프로그래밍 원칙에 위배되지 않는다(심지어 계산을 하지 않았는데도 결과가 같으니 더 좋다고 주장할 수도 있다). 결과를 저장하는 부수 효과는 함수 밖에서는 관찰할 수 없다. 전통적인 프로그래밍에서는 계산 결과를 저장하려고 상태를 유지하는 경우가 너무 자주 있는 일이라서 메모화를 사용하고 있으면서도 그 사실을 아예 인지하지 못할 수도 있다.

### 4.4.2 재귀 함수에서 메모화 사용하기

재귀 함수는 종종 메모화를 암시적으로 사용한다. 재귀 피보나치 함수의 경우 수열을 반환하면 되므로 수열의 각 항을 순서대로 계산하면 불필요한 재계산을 피할 수 있다. 간단한 해법은 수열을 표현하는 문자열을 직접 반환하도록 함수를 다시 작성하는 것이다.

#### 연습문제 4-15

정수 n을 인자로 받아서 피보나치 함수의 0번 항부터 n번 항까지 모든 항을 순서대로 콤마(,)로 구분해서 나열한 문자열을 반환하는 함수를 작성하라.

> [힌트]

한 가지 해법은 누적기로 StringBuilder 인스턴스를 사용하는 것이다. StringBuilder는 가변 데이터 구조지만 밖에서는 상태 변화를 볼 수 없다. 다른 해법은 수로 이뤄진 리스트를 반환하고 이를 String으로 변환하는 것이다. 리스트를 만들어내는 함수와 리스트를 가지고 콤마로 분리한 문자열을 만들어내는 함수로 나눠서 추상화할 수 있기 때문에 두 번째 방법이 더 쉽다.

> [해법]

다음 예제는 누적기로 List를 사용하는 해법을 보여준다.

**예제 4-1** 암시적으로 메모화를 사용하는 재귀적 피보나치 함수

```
fun fibo(number: Int): String {
    tailrec fun fibo(acc: List<BigInteger>,
                    acc1: BigInteger,
                    acc2: BigInteger, x: BigInteger): List<BigInteger> =
        when (x) {
            BigInteger.ZERO -> acc
            BigInteger.ONE -> acc + (acc1 + acc2)        // 첫 번째 +는 리스트에 원소를 추가하는
            else -> fibo(acc + (acc1 + acc2), acc2, acc1 + acc2,   // 연산자이고, 다른 +는 BigInteger 덧셈이다.
                x - BigInteger.ONE)
        }
    val list = fibo(listOf(),      // 도우미 함수를 호출해서 피보나치 수의 리스트를 얻는다.
        BigInteger.ONE, BigInteger.ZERO, BigInteger.valueOf(number.toLong()))
    return makeString(list, ", ")  // makeString을 호출해 리스트를 콤마로 분리된 문자열 형태로 만든다.
}                                  // 이 함수는 그냥 연습을 위해 만든 것이며
                                   // 실전에서는 list.joinToString(",") 함수를 쓰면 된다.

fun <T> makeString(list: List<T>, separator: String): String =
    when {
        list.isEmpty() -> ""
        list.tail().isEmpty() -> list.head().toString()
        else -> list.head().toString() +      // 줄의 맨 앞에 +가 있으면 안 되고, 맨 마지막에
                                              // + 연산자가 있어야 한다. 줄을 +로 시작하면
            foldLeft(list.tail(), "") { x, y -> x + separator + y }   // 컴파일 오류가 난다.
    }
```

## 4.4.3 암시적 메모화 사용하기

앞의 예제는 암시적 메모화를 어떻게 쓰는지 보여준다. 하지만 이 방식이 이런 문제를 푸는 가장 좋은 방식이라고 결론을 내리지는 말라. 약간만 비틀면(즉 문제를 약간 다른 관점에서 살펴보면)

더 쉽게 풀 수 있는 문제들이 많다. 이 문제도 한번 비틀어보자.

피보나치 수열을 수를 하나씩 나열한 것으로 생각하는 대신에 두 수의 쌍을 나열한 것으로 생각할 수도 있다. 즉, 다음과 같은 목록을 만들어내는 대신에,

1, 1, 2, 3, 5, 8, 13, 21, ...

다음 목록을 만들어낼 수 있다.

(1, 1), (1, 2), (2, 3), (3, 5), (5, 8), (8, 13), (13, 21), ...

이 목록에서는 바로 전 튜플로부터 다음 튜플을 만들어낼 수 있다. $n$번째 튜플의 두 번째 원소는 $n+1$번째 튜플의 첫 번째 원소가 된다. $n+1$번째 튜플의 두 번째 원소는 $n$번째 튜플의 두 원소를 더한 값이다. 코틀린에서는 다음과 같이 이런 일을 하는 함수를 작성할 수 있다.

```
val f = { x: Pair<BigInteger, BigInteger> ->
    Pair(x.second, x.first + x.second) }
}
```

구조 분해를 사용하면 다음처럼 더 보기 좋게 함수를 작성할 수 있다.

```
val f = { (a, b): Pair<BigInteger, BigInteger> -> Pair(b, a + b)}
```

이렇게 만든 재귀적인 함수를 공재귀 함수로 바꾸려면 map과 inerate라는 두 함수가 필요하다.

## 연습문제 4-16

unfold처럼 작동하는 iterate 함수를 작성하라. 조건을 만족할 때까지 자기 자신을 재귀 호출하는 unfold와 달리 iterate는 주어진 횟수만큼 자신을 재귀 호출한다.

[힌트]

unfold를 복사해 시작하되 마지막 인자(술어 함수)와 재귀를 끝내는 조건을 변경하라.

[해법]

iterate는 술어 함수 대신 정수를 세 번째 인자로 받는다.

```
fun <T> iterate(seed: T, f: (T) -> T, n: Int): List<T> {
```

이 함수는 조건 검사 부분을 제외하면 unfold에서 사용했던 것과 똑같은 꼬리 재귀 도우미 함수를 사용한다.

```
fun <T> iterate(seed: T, f: (T) -> T, n: Int): List<T> {
    tailrec fun iterate_(acc: List<T>, seed: T): List<T> =
        if (acc.size < n)
            iterate_(acc + seed, f(seed))
        else
            acc
    return iterate_(listOf(), seed)
}
```

## 연습문제 4-17

(T) -> U 타입의 함수를 List<T> 타입 리스트의 모든 원소에 적용해 만든 List<U> 타입의 리스트를 돌려주는 map 함수를 만들라.

[힌트]

직접 꼬리 재귀 함수를 정의해도 되고, foldLeft나 foldRight를 사용해 함수를 정의해도 된다. reverse를 정의할 때 썼던 copy 함수 본문을 복사해서 사용하면 좋다.

[해법]

명시적으로 재귀를 사용하는 해법은 다음과 같다.

```
fun <T, U> map(list: List<T>, f: (T) -> U): List<U> {
    tailrec fun map_(acc: List<U>, list: List<T>): List<U> =
        if (list.isEmpty())
            acc
        else
            map_(acc + f(list.head()), list.tail())
    return map_(listOf(), list)
}
```

재귀를 추상화하는 함수인 foldLeft를 재사용하면 더 안전하고 쉽게 문제를 풀 수 있다. copy 함수를 생각해 보자.

```
fun <T> copy(list: List<T>): List<T> =
    foldLeft(list, listOf()) { lst, elem -> lst + elem }
```

복사하는 과정에서 각 원소에 함수를 적용하면 된다.

```
fun <T, U> map(list: List<T>, f: (T) -> U): List<U> =
    foldLeft(list, listOf()) { acc, elem -> acc + f(elem)}
```

### 연습문제 4-18

피보나치 수열의 첫 n항을 표현하는 문자열을 반환하는 피보나치 함수의 공재귀 버전을 정의하라.

[해법]

시작 값으로는 첫 두 항으로 이뤄진 튜플을 사용하고 이전 튜플로부터 다음 튜플을 만들어내는 함수를 사용해 이터레이션해야 한다. 이렇게 하면 튜플의 리스트를 얻는다. 이 튜플 리스트에 튜플의 첫 원소를 반환하는 함수를 매핑해서 만들어지는 리스트를 문자열로 변환하면 된다.

```
fun fiboCorecursive(number: Int): String {
    val seed = Pair(BigInteger.ZERO, BigInteger.ONE)
    val f = { x: Pair<BigInteger, BigInteger> -> Pair(x.second, x.first + x.second) }
    val listOfPairs = iterate(seed, f, number + 1)
    val list = map(listOfPairs) { p -> p.first }
    return makeString(list, ", ")
}
```

## 4.4.4 자동 메모화 사용하기

메모화를 재귀 함수에만 사용할 수 있는 것은 아니다. 어떤 함수든지 메모화로 속도를 향상할 수 있다. 예를 들어 곱셈을 생각해 보자. 234에 686을 곱하려면 종이와 연필을 사용하거나 계산기가 필요하다. 하지만 9와 7을 곱한다면 도구 없이 즉시 답할 수 있다. 이유는 여러분이 구구단을 외우고 있기 때문이다. 여러분은 이미 간단한 곱셈에 메모화를 적용하고 있다!

메모화를 적용한 함수도 동일한 방식으로 동작한다. 다만, 계산 결과를 보관하기 위해 계산을 한 번 수행해야 한다. 인자에 2를 곱하는 double 함수가 있다고 하자.

```
fun double(x: Int) = x * 2
```

이 함수의 결과를 맵에 저장하는 방식으로 함수를 메모화할 수 있다. 다음은 조건 검사와 흐름 제어를 사용하는 전통적인 프로그래밍 기법으로 이를 구현하는 방법을 보여준다.

```
val cache = mutableMapOf<Int, Int>()   ---- 결과를 저장하는 데 맵을 사용한다.

fun double(x: Int) =
    if (cache.containsKey(x)) {   ---- 결과를 계산한 적이 있는지 맵을 살펴본다.
        cache[x]   ---- 결과를 찾으면 반환한다.
    } else {
        val result = x * 2   ---- 결과를 찾지 못하면 계산을 수행한다.
        cache.put(x, result)   ---- 맵에 계산 결과를 넣는다.
        result   ---- 결과를 반환한다.
    }
```

이런 경우에 대한 조건 검사와 흐름 제어를 이미 computeIfAbsent 함수로 추상화했다.

```
val cache: MutableMap<Int, Int> = mutableMapOf()

fun double(x: Int) = cache.computeIfAbsent(x) { it * 2 }
```

함수 값을 선호하는 독자라면 다음과 같이 이 함수를 정의한다.

```
val double: (Int) -> Int = { cache.computeIfAbsent(it) { it * 2 } }
```

하지만 두 가지 문제가 있다.

- 메모화를 사용하고 싶은 모든 함수를 이런 방식으로 변경해야 한다.
- 사용 중인 맵이 외부에 노출된다.

두 번째 문제는 쉽게 해결할 수 있다. 함수를 따로 객체에 넣고, 그 객체에 맵을 포함시키되 외부 접근을 막고 비공개로 맵을 넣는다. 다음은 fun 함수로 이를 작성한 것이다.

```
object Doubler {
    private val cache: MutableMap<Int, Int> = mutableMapOf()
    fun double(x: Int) = cache.computeIfAbsent(x) { it * 2 }
}
```

값을 계산하고 싶을 때마다 이 객체를 사용하면 된다.

```
val y = Doubler.double(x);
```

이 방법을 사용하면 더 이상 맵을 외부에서 볼 수 없다. 이제 두 번째 문제는 해결했다. 하지만 첫 번째 문제는 어떻게 해결할까?

요구 사항을 먼저 생각해 보자. 여러분이 원하는 것은 다음과 같은 방식으로 메모화를 사용하는 것이다.

```
val f: (Int) -> Int = { it * 2 }
val g: (Int) -> Int = Memoizer.memoize(f)
```

이제 원래 함수를 사용하는 곳에 메모화한 함수를 바로 사용할 수 있다. g가 반환하는 값은 처음에는 f를 통해 계산한 값을 반환하고, 같은 인자가 다시 들어오면 그때는 캐시에 있는 값을 반환한다.

```
val f: (Int) -> Int = { it * 2 }
val g: (Int) -> Int = Memoizer.memoize(f)
val h: (Int) -> Int = Memoizer.memoize(f)
```

한편, 한 번 더 메모화해 h를 만들면 h는 g가 사용하는 캐시를 사용하지 않는다. g와 h는 서로 다른 캐시를 사용한다(여러분이 memoize 함수를 메모화하지 않았다면 말이다).

다음 예제는 Memoizer를 구현하는 방법을 보여준다. 구현은 아주 간단하다.

**예제 4-2** Memoizer 클래스

```
class Memoizer<T, U> private constructor() {
    private val cache = ConcurrentHashMap<T, U>()

    private fun doMemoize(function: (T) -> U): (T) -> U =
        { input ->
            cache.computeIfAbsent(input) {    ---- 계산 처리로, 필요하면 원래 함수를 호출한다.
                function(it)
            }
        }

    companion object {
        fun <T, U> memoize(function: (T) -> U): (T) -> U =    ---- 인자로 받은 함수를
            Memoizer<T, U>().doMemoize(function)                   메모화한 버전을 반환한다.
    }
}
```

다음 예제는 이 클래스를 사용하는 방법을 보여준다. 이 프로그램은 긴 계산을 수행하고 그 함수를 메모화한 결과를 보여준다.

예제 4-3 Memoizer 데모

```
fun longComputation(number: Int): Int {     ---- 메모화할 대상 함수
    Thread.sleep(1000)     ---- 긴 계산을 시뮬레이션한다.
    return number
}

fun main(args: Array<String>) {
    val startTime1 = System.currentTimeMillis()
    val result1 = longComputation(43)
    val time1 = System.currentTimeMillis() - startTime1
    val memoizedLongComputation = Memoizer.memoize(::longComputation)     ---- 메모화한 함수
    val startTime2 = System.currentTimeMillis()
    val result2 = memoizedLongComputation(43)
    val time2 = System.currentTimeMillis() - startTime2
    val startTime3 = System.currentTimeMillis()
    val result3 = memoizedLongComputation(43)
    val time3 = System.currentTimeMillis() - startTime3
    println("Call to nonmemoized function: result = $result1, time = $time1")
    println("First call to memoized function: result = $result2, time = $time2")
    println("Second call to nonmemoized function: result = $result3, time = $time3")
}
```

이 예제를 실행하면 다음과 같은 결과를 볼 수 있다.

```
Call to non memoized function: result = 43, time = 1000
First call memoized function: result = 43, time = 1001
Second call to nonmemoized function: result = 43, time = 0
```

이제는 Memoizer에 있는 함수를 한 번 호출함으로써 보통 함수로부터 메모화한 함수를 만들어낼 수 있다. 하지만 이 기법을 프로덕션 환경에서 사용하려면 잠재적인 메모리 문제를 해결해야 한다. 입력의 가짓수가 많지 않다면 모든 결과를 메모리에 저장해도 메모리를 소진하는 일이 없으므로 이 해법을 사용해도 된다. 반대로 입력 가짓수가 아주 많다면 메모화한 값을 저장할 때 소프트 참조(soft reference)나 약한 참조(weak reference)를 사용해야 한다.

## 4.4.5 다인자 함수의 메모화 구현하기

앞에서 말한 것처럼 다인자 함수는 없다. 함수는 한 집합(소스 집합)과 다른 집합(타깃 집합) 사이의 관계를 표현하므로 함수에는 인자가 둘 이상 있을 수 없다. 여러 인자를 받는 것처럼 보이는 함

수는 다음 중 하나에 속한다.

- 튜플의 함수
- 함수를 반환하는 함수를 반환하는 함수를 반환하는 함수를 … 반환하는 함수

두 경우 모두 인자가 하나인 함수만 신경 쓰면 된다. 따라서 쉽게 Memoizer 객체를 사용할 수 있다.

튜플을 인자로 받는 함수를 사용하는 경우가 더 단순하다. 코틀린이 제공하는 Pair 또는 Triple 클래스를 사용하거나 네 개 이상의 인자를 받는 경우에는 직접 클래스를 정의해 사용하면 된다. 두 번째 방법이 더 쉽다. 하지만 3.1.6절에서 했던 것처럼 함수를 커리한 버전을 사용해야 한다.

커리한 함수를 메모화하기는 쉽다. 다만 앞 절에서 본 것보다는 더 복잡한 형태를 사용해야 하고, 커리한 함수의 각 단계가 반환하는 함수를 각각 메모화해야 한다.

```
val mhc = Memoizer.memoize { x: Int ->
    Memoizer.memoize { y: Int ->
        x + y
    }
}
```

인자가 세 개인 함수도 마찬가지 방법으로 메모화할 수 있다.

```
val f3 = { x: Int -> { y: Int -> { z: Int -> x + y - z } } }

val f3m = Memoizer.memoize { x: Int ->
    Memoizer.memoize { y: Int ->
        Memoizer.memoize { z: Int -> x + y - z }
    }
}
```

다음 예제는 인자가 세 개인 함수를 메모화해 사용하는 것을 테스트한다.

**예제 4-4** 인자가 세 개인 메모화한 함수 테스트하기

```
val f3m = Memoizer.memoize { x: Int ->
    Memoizer.memoize { y: Int ->
        Memoizer.memoize { z: Int ->
            longComputation(z) - (longComputation(y) + longComputation(x))
        }
    }
}

fun main(args: Array<String>) {
```

```
    val startTime1 = System.currentTimeMillis()
    val result1 = f3m(41)(42)(43)
    val time1 = System.currentTimeMillis() - startTime1
    val startTime2 = System.currentTimeMillis()
    val result2 = f3m(41)(42)(43)
    val time2 = System.currentTimeMillis() - startTime2
    println("First call to memoized function: result = $result1, time = $time1")
    println("Second call to memoized function: result = $result2, time = $time2")
}
```

이 예제의 결과는 다음과 같다.

```
First call to memoized function: result = -40, time = 3003
Second call to memoized function: result = -40, time = 0
```

처음 메모화한 함수를 호출할 때는 3,003밀리초가 걸렸지만, 두 번째 호출 시에는 즉시 반환됐음을 보여준다.

하지만 data class를 사용해 데이터 클래스로 정의된 Tuple이 있는 상태에서 튜플을 인자로 받는 함수를 사용하는 편이 더 쉬워 보인다. 왜냐하면 코틀린이 데이터 클래스의 equals와 hashCode 메서드를 제공하기 때문이다. 다음 코드는 Tuple4 클래스 정의를 보여준다(Tuple2가 필요하면 Pair를, Tuple3이 필요하면 Triple을 사용하면 된다).

```
data class Tuple4<T, U, V, W>(val first: T,
                              val second: U,
                              val third: V,
                              val fourth: W)
```

다음 예제는 Tuple4를 인자로 받는 함수를 메모화해 사용한다.

**예제 4-5** Tuple4로 메모화한 함수

```
val ft = { (a, b, c, d): Tuple4<Int, Int, Int, Int> ->
    longComputation(a) + longComputation(b) - longComputation(c) * longComputation(d) }

val ftm = Memoizer.memoize(ft)

fun main(args: Array<String>) {
    val startTime1 = System.currentTimeMillis()
    val result1 = ftm(Tuple4(40, 41, 42, 43))
    val time1 = System.currentTimeMillis() - startTime1
```

```
        val startTime2 = System.currentTimeMillis()
        val result2 = ftm(Tuple4(40, 41, 42, 43))
        val time2 = System.currentTimeMillis() - startTime2
        println("First call to memoized function: result = $result1, time = $time1")
        println("Second call to memoized function: result = $result2, time = $time2")
    }
```

## 4.5 메모화한 함수는 순수 함수인가

메모화는 함수 호출과 함수 호출 사이의 상태를 유지하는 것이다. 메모화한 함수의 동작은 현재 상태에 따라 달라진다. 하지만 메모화한 함수는 인자가 같으면 항상 같은 결과를 내놓는다. 단지 그 결괏값을 반환하는 데 걸리는 시간이 달라질 뿐이다. 원래 함수가 순수 함수라면 메모화한 함수도 여전히 순수 함수다.

실행에 걸리는 시간이 달라지는 것이 문제될 수 있다. 맨 처음 봤던 피보나치 함수 구현처럼 끝나는 데 몇백 년이 걸리는 경우를 **종료하지 않음**(non-terminating)이라고 한다. 이런 경우가 생기면 안 되니 실행 시간이 늘어나면 문제가 생길 수 있다. 반면에 함수를 더 빠르게 만드는 것이 실제로 문제가 되어서는 안 된다. 함수가 빨라져서 문제가 생겼다면 이 말은 프로그램의 다른 어느 곳에 더 큰 문제가 존재한다는 뜻이다!

## 4.6 요약

- 재귀 함수는 자기 자신을 호출하고, 자신을 호출한 결과를 향후 이뤄질 계산의 일부분으로 활용한다.
- 재귀 함수는 자기 자신을 재귀적으로 호출하기 전에 현재 계산 상태를 스택에 푸시한다.
- 코틀린의 기본 스택 크기는 한계가 있다. 재귀 횟수가 너무 크면 StackOverflowException이 발생할 수 있다.

- 꼬리 재귀 함수는 재귀 호출이 가장 마지막(꼬리) 위치에서 일어나는 함수를 말한다.
- 코틀린은 꼬리 호출 제거(TCE)를 사용해 꼬리 재귀 호출을 최적화한다.
- 람다를 재귀적으로 만들 수 있다.
- 메모화를 사용하면 함수가 계산한 결괏값을 기억해 계산 속도를 빠르게 할 수 있다.
- 메모화를 자동으로 수행할 수 있다.

memo

# 5장

# 리스트로
# 데이터 처리하기

5.1 데이터 컬렉션을 분류하는 방법

5.2 리스트의 여러 유형

5.3 리스트의 상대적 예상 성능

5.4 코틀린에서 사용할 수 있는 리스트의 종류

5.5 리스트 연산에서 데이터 공유하기

5.6 다른 리스트 연산들

5.7 요약

---

**이 장에서 다루는 내용**

- 데이터 구조 분류하기
- 널리 쓰이는 단일 연결 리스트 사용하기
- 불변성의 중요성 이해하기
- 재귀와 함수를 사용해 리스트 다루기

데이터 구조는 프로그래밍이나 일상생활에서 가장 중요한 개념이다. 여러분이 보고 있는 세계는 간단한 데이터 구조를 합성해 만들어진 거대한 데이터 구조다. 그리고 이런 간단한 데이터 구조들은 다시 더 간단한 데이터 구조들을 합성해 만들어진다. 여러분이 무언가를 할 때마다 그것이 객체든 어떤 사실이든 간에 맨 마지막에는 데이터 구조에 도달하게 된다.

데이터 구조는 여러 유형으로 나눌 수 있다. 컴퓨터를 사용한 계산에서 데이터 구조는 어떤 주어진 타입의 객체가 여럿 모인 것을 가리키며, 이런 모임 전체를 **컬렉션**(collection)이라는 용어로 부른다. 컬렉션은 서로 관계가 있는 데이터 원소들을 모아둔 그룹이다. 이런 관계 중 가장 단순한 관계는 바로 같은 그룹에 속한 관계다.

이 장에서는 데이터 구조를 설명하고, 여러분이 직접 단일 연결 리스트(singly linked list)를 구현하는 방법을 살펴본다. 코틀린은 자체적으로 불변 리스트와 가변 리스트를 제공한다. 하지만 코틀린의 불변 리스트는 진짜 불변 리스트가 아니며, 데이터 공유를 사용하지 않기 때문에 원소 추가나 삭제 같은 연산이 덜 효율적이다. 이 장에서 여러분이 개발할 불변 리스트는 스택 연산에 사용할 때 훨씬 더 효율적이며 진짜 불변 리스트다.

# 5.1 데이터 컬렉션을 분류하는 방법

데이터 구조는 데이터를 조직화한 것이고, 데이터 컬렉션은 데이터 구조의 한 분류다. 데이터 컬렉션은 다시 여러 가지 다른 관점에서 분류할 수 있다. 데이터 컬렉션은 선형(linear) 컬렉션, 연관(associative) 컬렉션, 그래프(graph) 컬렉션으로 분류할 수 있다.

- **선형 컬렉션은 원소들이 일차원으로 관계된 컬렉션이다.** 이런 컬렉션에서는 각 원소가 다음 원소와 연관되어 있다. 선형 컬렉션의 가장 일반적인 예로는 리스트(list)를 들 수 있다.
- **연관 컬렉션은 함수처럼 생각할 수 있는 컬렉션이다.** 주어진 객체 o에 대해 함수 f(o)는 다른 타입의 객체를 반환한다. 마찬가지로 연관 컬렉션은 어떤 타입에 속한 값 o와 그 값에 대응하는 값 v로 이뤄진 연관 관계를 모아둔 컬렉션이다. 선형 컬렉션과 달리 연관 컬렉션에 속한 원소 사이에는 (한 컬렉션 안에 들어 있다는 점을 제외하고는) 아무 관계가 없다. 가장 일반적인 연관 컬렉션으로는 집합(set)과 연관 배열(associative array)이 있다. 연관 배열을 맵(map)이나 사전(dictionary)이라고도 부른다. 집합은 객체와 그 객체가 집합에 속하는지 아닌지를 나타내는 true/false 값을 연관시킨 연관 컬렉션이고, 사전은 객체와 그 객체에 대응

하는 다른 객체를 연관시킨 연관 컬렉션이다. 맵을 함수적으로 구현하는 방법은 11장에서 살펴본다.
- **그래프 컬렉션은 각 원소가 여러 다른 원소와 연관되어 있는 컬렉션이다.** 구체적인 예로는 트리(tree), 그중에서도 이진 트리(binary tree)를 들 수 있다. 이진 트리는 각 원소가 다른 원소 두 개와 연관된다. 트리에 관해서는 10장에서 살펴본다.

## 5.2 리스트의 여러 유형

이 장에서는 선형 컬렉션의 가장 흔한 유형인 리스트에 초점을 맞춘다. 리스트는 프로그래밍에서 가장 널리 쓰이는 데이터 구조다. 따라서 데이터 구조와 관련된 개념을 가르칠 때 흔히 리스트를 사용한다.

> **Note ≡ 중요**
> 이 장에서 배울 내용은 리스트에만 해당하는 것은 아니며 (컬렉션이 아닌) 다른 데이터 구조에도 적용할 수 있다.

다음과 같은 몇 가지 측면에 따라 리스트를 더 세부적으로 나눌 수 있다.

- **접근 유형** 어떤 리스트는 한쪽 끝에서만 접근할 수 있지만, 다른 리스트는 양 끝에서 모두 접근이 가능하다. 어떤 리스트는 한쪽 끝에만 원소를 추가할 수 있지만, 다른 리스트는 반대쪽 끝에도 원소를 추가할 수 있다. 마지막으로, 리스트 중 일부는 원소의 위치를 알면 그 원소를 바로 읽을 수 있다. 이때 원소 위치를 **인덱스**(index)라고 부른다.
- **접근 순서** 어떤 리스트는 원소를 넣은 순서대로 원소를 읽을 수 있다. 이런 구조를 FIFO(First In First Out, 선입 선출)이라고 부른다. 반대로 원소를 넣은 순서와 원소를 꺼내는 순서가 반대인 리스트도 있다. 이런 구조를 LIFO(Last In First Out, 후입 선출)라고 부른다. 그리고 일부 리스트는 완전히 다른 순서로 원소를 꺼내게 허용할 수도 있다.
- **구현** 접근 유형과 접근 순서는 여러분이 선택한 리스트 구현 방식과 밀접히 연관된다. 리스트의 각 원소를 자신의 다음 원소와 연결하는 방식으로 구현한 리스트와 인덱스로 접근이 가능한 배열을 사용해 구현한 리스트는 접근 유형이라는 관점에서 동작이 완전히 다를 수밖에 없다. 마찬가지로 각 원소와 그 원소의 다음 원소, 그 원소의 이전 원소를 연결하기로 결정한다면 양 끝에서 접근이 가능한 리스트를 만들 수 있다.

그림 5-1은 여러 다른 유형의 리스트가 어떻게 다른 접근 유형을 제공하는지 보여준다. 이 그림은 각 리스트의 구현이 아니라 각 리스트 유형 뒤에 있는 원리를 보여준다.

▼ 그림 5-1 여러 유형의 리스트는 원소에 대해 서로 다른 접근 방식을 제공한다

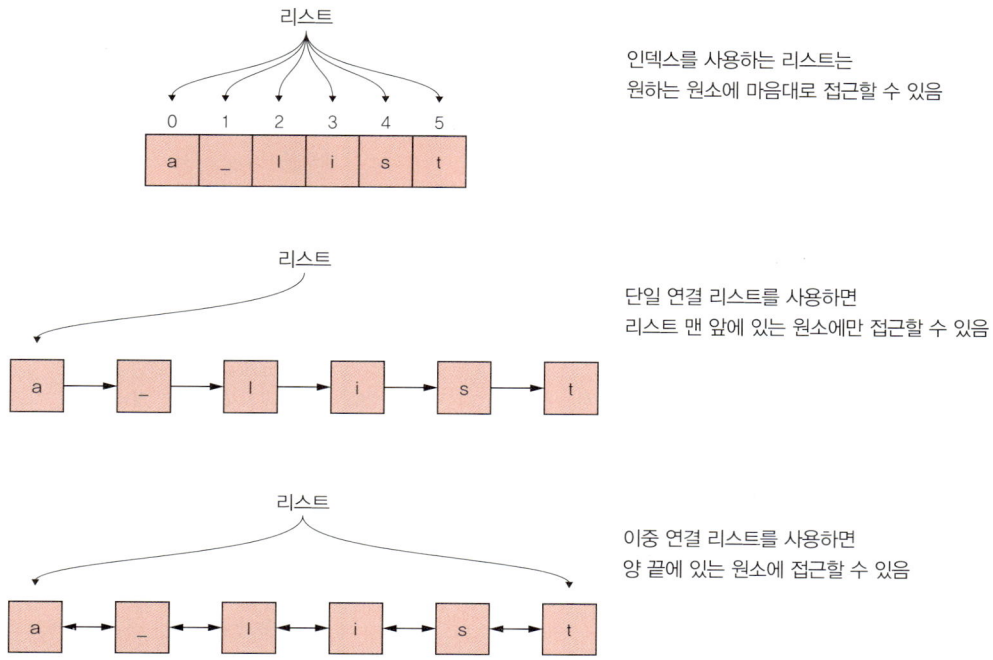

## 5.3 리스트의 상대적 예상 성능

각 유형의 리스트를 선택함에 있어 중요한 기준으로 여러 연산의 예상 성능을 들 수 있다. 빅오(big O) 표기법으로 성능을 표현하는 경우가 많으며 수학에서 주로 사용한다. 하지만 컴퓨터공학에서는 입력 크기가 변함에 따라 알고리즘의 복잡도가 어떻게 변하는지를 표현한다. 리스트 연산의 성능을 분류할 때 이 표기법은 리스트의 길이가 변함에 따라 성능이 어떻게 달라지는지를 보여준다. 예를 들어 다음 성능을 생각해 보자.

- O(1) 연산에 필요한 시간이 상수다. 상수라는 말은 원소가 한 개인 리스트를 처리하는 데 걸리는 시간이나 원소가 $n$개인 리스트를 처리하는 데 걸리는 시간이 1배로 같다는 뜻이다.

- O(log(n)) 길이가 n인 리스트를 처리하려면 길이가 1인 리스트를 처리하는 데 걸리는 시간의 log(n)배 시간이 걸린다.
- O(n) 길이가 n인 리스트를 처리하려면 길이가 1인 리스트를 처리하는 데 걸리는 시간의 n배 시간이 걸린다.
- O($n^2$) 길이가 n인 리스트를 처리하려면 길이가 1인 리스트를 처리하는 데 걸리는 시간의 $n^2$배 시간이 걸린다.

모든 유형의 연산에 대해 O(1) 성능을 제공하는 데이터 구조를 만들 수 있다면 이상적이다. 불행히도 아직 그런 성능을 내기는 불가능하다. 여러 유형의 리스트는 다른 유형의 연산들에 대해 다른 성능을 제공한다. 배열을 사용하는 리스트는 데이터를 읽는 연산에 O(1), 데이터를 삽입하는 연산에도 O(1)에 가까운 성능을 제공한다. 단일 연결 리스트는 한쪽 끝에 데이터를 삽입하고 읽는 데 O(1)이 들지만 반대쪽 끝에 데이터를 삽입하거나 읽으려면 O(n)이 든다.

타협점은 가장 적합한 데이터 구조를 찾는 것이다. 가장 자주 써야 하는 연산에서 O(1)을 추구하는 경우가 많고, 그리 자주 일어나지 않는 연산에 대해서는 O(log(n))을 받아들일 수 있을 것이다. 심지어 그런 연산에 대해 O(n)을 감수할 수도 있다.

이런 식으로 데이터 구조의 성능을 측정하는 방식은 데이터 구조의 규모를 무한대로 키웠을 경우에 해당한다는 점을 알아둬야 한다. 여러분이 사용하는 데이터 구조는 가용 메모리에 의해 크기가 제한되기 때문에 이런 추정 방식이 맞지 않을 수도 있다. 크기 제약이 있으면 O(n) 접근 시간의 데이터 구조가 O(1) 접근 시간의 다른 데이터 구조보다 더 빠르게 작동할 수도 있다. O(n)에 해당하는 데이터 구조에서 한 원소를 처리하는 속도가 O(1)에 해당하는 데이터 구조에서 한 원소를 처리하는 속도보다 훨씬 빠르면 메모리 크기 제한으로 인해 후자의 성능상 이점을 살리지 못할 수도 있다. 원소에 대한 접근 시간이 1나노초인 O(n) 성능의 데이터 구조가 원소에 대한 접근 시간이 1밀리초인 O(1) 성능의 데이터 구조보다 더 나은 경우도 자주 있다(후자는 원소가 백만 개보다 많을 때만 전자보다 빨라진다).

## 5.3.1 시간 복잡도와 공간 복잡도를 서로 맞바꾸기

데이터 구조를 선택하는 기준이 일반적으로는 시간과 시간을 맞바꾸는 것임을 살펴봤다. 여러분은 가장 자주 사용하는 연산을 기준으로, 그 연산에서는 더 빠르지만 다른 연산에서는 더 느린 구현을 택하게 된다. 하지만 이런 식으로 시간과 시간을 맞바꾸는 것 외에도 결정해야 할 것들이 있다.

원소를 정렬된 순서로, 가장 작은 것부터 읽어와야 하는 데이터 구조가 필요하다고 가정하자. 원소를 삽입할 때마다 정렬하는 방식을 선택할 수도 있고, 원소가 도착한 순서대로 저장한 다음에 읽을 때 가장 작은 원소를 검색할 수도 있다. 어떤 방식을 택할지 결정할 때 중요한 선택 기준으로 읽은 (가장 작은) 원소를 데이터 구조로부터 체계적으로 삭제할 수 있어야 한다는 것이 있다. 읽은 원소를 데이터 구조로부터 체계적으로 삭제할 수 없으면 같은 값을 여러 번 읽게 될 수도 있다. 이런 경우, 삽입 시점에 원소를 정렬해 최소 원소를 읽을 때 여러 번 정렬하는 일을 피하는 편이 더 낫다. 이런 사용 방식은 원하는 원소가 도착할 때까지 기다리면서 **우선순위 큐**(priority queue)라고 부르는 데이터 구조를 사용하는 것에 해당한다. 이런 경우 큐에서 원하는 원소를 얻을 때까지 여러 번 비교해야 하므로 원소를 삽입하는 시점에 정렬해야 한다.

하지만 여러 종류의 정렬 순서를 원한다면 어떨까? 예를 들어 원소가 삽입된 순서대로 원소를 가져오거나 원소가 삽입된 순서의 역순으로 원소를 가져오고 싶다면? 이런 경우 선택은 아마도 그림 5-1의 이중 연결 리스트에 해당할 것이다. 이때는 원소를 도착 순서로 정렬해야 한다.

여러분이 한 가지 정렬 순서를 더 중시해서 한쪽 방향으로는 $O(1)$ 접근 시간을 제공하되 다른 방향으로는 $O(n)$ 시간을 제공할 수도 있다. 또는 다른 데이터 구조를 만들어서 어쩌면 양방향으로 $O(\log(n))$ 접근 시간을 제공할 수도 있다. 다른 해법으로 리스트를 두 개 유지하는 방법이 있다. 한 리스트에서는 도착한 순서대로 원소를 넣고, 다른 리스트에서는 역순으로 원소를 넣는다. 이런 방식을 사용하면 삽입 시간은 느려지지만, 양 끝에서 $O(1)$ 시간에 데이터를 가져올 수 있다. 이 방식의 한 가지 단점은 메모리를 더 많이 쓴다는 점이다. 따라서 가장 적합한 데이터 구조를 선택하는 것은 시간과 메모리 공간을 서로 맞바꾸는 문제일 수 있다.

하지만 어쩌면 삽입 시간과 읽는 시간을 모두 최소화하는 데이터 구조를 발명할 수 있을지도 모른다. 그런데 그런 데이터 구조가 이미 발명됐고 여러분이 그 데이터 구조를 구현해야 할 수도 있다. 하지만 그런 데이터 구조는 가장 단순한 데이터 구조보다 훨씬 복잡하다. 따라서 여기서도 시간과 구현 복잡도를 서로 맞바꿔야 한다.

### 5.3.2 제자리 상태 변이 피하기

대부분의 데이터 구조는 원소를 삽입하거나 삭제함에 따라 변화된다. 이런 연산을 처리하는 데는 두 가지 접근 방법이 있다. 한 가지는 제자리에서 갱신하는 것이다.

**제자리 갱신**(update in place)은 데이터 구조의 상태를 변이해 데이터 구조를 이루는 원소들을 바꾸는 방식이다. 모든 프로그램이 단일 스레드(thread)로 이뤄졌을 때 이 방식이 좋은 방법이라고 여겨졌다(하지만 실제로는 단일 스레드에서도 좋은 방법은 아니다). 모든 프로그램이 다중 스레드로 돌아가고 있는 현재, 이 방식은 훨씬 더 나쁜 방법이다. 원소를 변경할 때만 그런 것이 아니다. 원소를 추가하거나 삭제하거나 정렬하는 등 데이터 구조를 변이하는 모든 연산에서 제자리 갱신은 좋은 생각이 아니다. 데이터 구조를 변이하게 허용한 경우에 이 데이터 구조를 아주 복잡한 보호 장치 없이 여러 스레드 사이에 공유할 수 없다. 그리고 이런 보호 장치는 단 한 번에 제대로 코딩하기가 어렵다. 그에 따라 교착 상태(deadlock), 라이브락(livelock), 스레드 기아 상태(starving), 낡은 데이터(stale data, 최신 상태를 반영하지 못하는 잘못되고 오래된 데이터) 등 갖가지 문제가 발생한다.

### 제자리 갱신

1981년 짐 그레이(Jim Gray)는 '트랜잭션 개념: 장점과 한계'라는 글에서 다음과 같이 썼다.[1]

> **제자리 갱신: 독이 든 사과?**
>
> 회계 작업이 진흙 판이나 종이와 잉크 등 어떤 매체를 통해 이루어지든 간에 회계사들은 좋은 회계 실무 기준을 정하는 몇 가지 규칙을 만들어왔다. 가장 중요한 규칙은 복식 부기로, 복식 부기를 사용하면 계산들이 서로를 교차 확인하게 되며, 그에 따라 빠른 실패(fail-fast)가 일어난다. 빠른 실패라는 말은 오류가 생기고 나서 한참 있다가 결과를 검토할 때 발견하는 것이 아니라(또는 오류가 실제 발생했는지 자체가 모호해지는 것이 아니라) 오류가 생겨난 시점에서 가능한 한 이른 시간 안에 감지할 수 있다는 뜻이다. 두 번째 규칙은 장부를 절대로 변경해서는 안 된다는 규칙이다. 실수했다면 그 실수를 공표하고 실수를 보완하는 항목을 장부에 추가한다. 장부는 사업에서 발생한 트랜잭션에 관해 완전한 이력을 담고…

해법은 무엇일까? 불변 데이터 구조를 사용하라. 이 문장을 읽은 프로그래머는 처음에는 놀라곤 한다. 상태를 변이할 수 없다면 데이터 구조로 어떻게 유용한 일을 할 수 있을까? 무엇보다도 빈 데이터 구조에서 시작해 데이터를 점점 추가하고 싶을 때가 자주 있는데, 데이터 구조가 불변이라면 어떻게 이런 일을 할 수 있을까?

해답은 간단하다. 복식 부기와 마찬가지로 이미 존재하는 내용을 변경하는 대신에 새로운 상태를 표현하는 데이터를 새로 만든다. 원소를 기존 리스트에 추가하는 대신에 추가된 원소가 더 들어 있는 리스트를 하나 새로 만든다. 이런 방식의 주된 장점으로는 리스트에 원소를 삽입하는 순간에 다른 스레드가 같은 리스트를 처리하고 있어도 그 스레드에는 리스트 변경이 보이지 않기 때문에 아무런 영향이 없다는 점이다. 일반적으로 이런 개념은 즉각 두 가지 반대를 불러일으킨다.

---

[1] 짐 그레이, 트랜잭션 개념: 장점과 한계(The transaction concept: virtues and limitations), 테크니컬 리포트 81.3(텐덤 컴퓨터즈, 1981년 6월), http://www.hpl.hp.com/techreports/tandem/TR-81.3.pdf

- 다른 스레드가 데이터 변경을 볼 수 없다면 그 스레드는 낡은 데이터를 조작하고 있다.
- 원소가 추가된 새 리스트를 만드는 것은 시간과 메모리를 많이 소비한다. 이 때문에 불변 데이터 구조는 성능이 나쁘다.

두 주장 모두 틀렸다. 스레드가 낡은 데이터를 조작하고 있다는 말은 실제로는 스레드가 읽기 시작한 순간에 존재하던 데이터 상태를 읽는다는 말이다. 만약 이쪽 스레드가 데이터를 조작한 후 (다른 스레드에서) 원소 삽입이 일어난다면 동시성에 아무 문제가 없다. 하지만 이쪽 스레드가 데이터를 조작하는 동안 (다른 스레드에서) 원소 삽입이 일어난다면 가변 데이터 구조에서는 어떤 일이 벌어질까? 동시 접근으로부터 데이터 구조를 보호하지 않아서 데이터가 오염되거나 결과가 달라질 것이다(또는 오염도 되고 결과도 달라진다). 그렇지 않다면 어떤 보호 메커니즘이 데이터를 잠가 원소 삽입을 늦추기 때문에 첫 번째 스레드에 의한 변경이 끝난 다음에 삽입이 벌어질 것이다. 두 번째 경우, 최종 결과는 불변 데이터 구조에서 얻은 결과와 완전히 같다.

성능에 대한 이의 제기는 데이터 구조를 변경할 때마다 전체를 복사한다면 옳은 주장이며, 코틀린의 불변 리스트가 바로 이 경우에 해당한다. 하지만 데이터를 공유하는 특별한 데이터 구조를 구현하는 방식으로 이 문제를 쉽게 해결할 수 있다. 이 장에서 이에 관해 배운다.

# 5.4 코틀린에서 사용할 수 있는 리스트의 종류

코틀린은 불변 리스트와 가변 리스트를 제공한다. 두 리스트 모두 자바 리스트를 바탕으로 하되 코틀린의 확장 함수 시스템을 활용해 다양한 함수를 추가 제공한다.

가변 리스트는 자바 리스트와 똑같이 작동한다. 원소를 추가, 삽입, 제거함으로써 리스트를 변이시킬 수 있다. 이때 리스트의 이전 버전은 사라진다[2]. 그 반면에 불변 리스트는 최소한 직접적인 연산을 통해서는 변경이 불가능하다. 원소를 불변 리스트에 추가하면 새 원소가 추가된 원래 리스트의 복사본을 만든다. 이런 연산이 잘 작동하기는 하지만 바탕이 되는 자바 리스트가 영

---

[2] 역주 리스트 자체가 삭제된다는 뜻이 아니고, 메모리가 변경되면서 이전 상태가 남아 있지 않아서 이전 버전 리스트를 찾을 수 없다는 뜻이다.

속화(persistency)[3]를 제대로 제공하지 않기 때문에 최적화와는 거리가 멀다. 이때는 **방어적 복사**(defensive copy)라는 잘 알려진 기법을 통해 데이터를 영속화한다. 방어적 복사라는 용어는 원래 다른 스레드가 현재 스레드의 데이터를 동시에 변이하는 일을 방지하고자 복사본을 만드는 것을 의미하지만, 자기 자신이 데이터를 변이하고 싶은데 다른 스레드를 그 변이로부터 보호하고 싶을 때도 사용할 수 있다.

코틀린이 제공하는 불변 리스트보다 더 효율적인 리스트가 필요한지에 대해서는 논란의 여지가 있다. 효율적인 리스트가 필요한지는 여러분의 용례에 따라 결정된다. 스택과 같은 고성능 불변 LIFO 구조가 필요하다면 코틀린 불변 리스트보다 더 나은 무언가가 필요하다는 사실에 의심의 여지가 없다. 하지만 고성능 LIFO 리스트가 필요한 일이 많지 않다면 그런 리스트를 만드는 방법을 알아두어 더 안전한 프로그램을 작성하고 싶을 때 토대로 사용할 수 있다. 불변인 영속적인 리스트를 다루기 위해 함수를 만들 때마다 불변성과 영속성에 관해 여러분이 알고 있는 기본적인 지식이 더 풍부해지면 그런 기법을 프로그램에 사용하고 싶을 것이다.

### 5.4.1 영속적인 데이터 구조 사용하기

이미 말한 것처럼, 데이터 구조에 원소를 추가하기 전에 복사본을 만드는 것은 시간이 오래 걸려서 성능이 나빠진다. 하지만 **데이터 공유**(data sharing)를 사용하면 성능이 나빠지지 않는다. 데이터 공유는 불변이면서 영속적인 데이터 구조의 토대가 되는 기법이다. 그림 5-2는 불변 단일 연결 리스트에 원소를 추가하고 제거하는 과정이 어떻게 최적화되어 이루어지는지를 보여준다.

▼ 그림 5-2 변이나 복사를 사용하지 않고 원소 삭제하고 추가하기

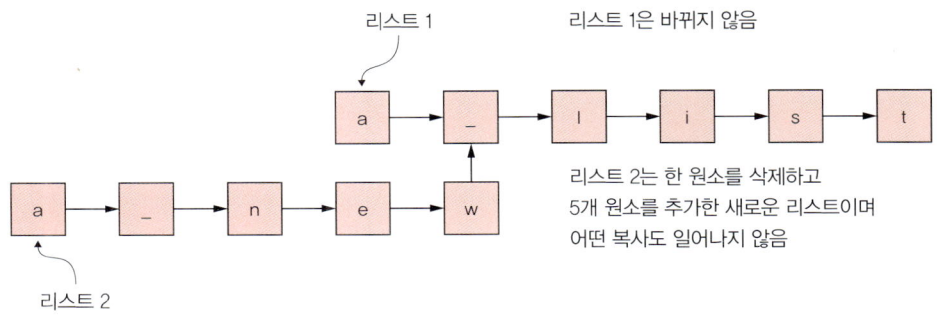

---

[3] 역주 함수형 프로그래밍에서는 데이터 구조에서 이전 버전이 파괴되지 않기 때문에 데이터가 메모리상에 계속 존재한다는 의미에서 '영속성'이라는 용어를 사용한다. 데이터베이스 등의 저장장소에 데이터를 저장해 프로그램이 종료하더라도 데이터가 유지되게 하는 경우에 사용하는 영속성이라는 용어와는 약간 차이가 있다.

그림에서 볼 수 있듯이 복사가 전혀 일어나지 않는다. 이런 식으로 구현된 리스트는 변이를 사용하는 리스트보다 훨씬 더 효율적으로 원소를 삭제하고 삽입할 수 있다. (불변이면서 영속적인) 함수형 데이터 구조가 항상 가변 데이터 구조보다 느린 것은 절대 아니다. 함수형 데이터 구조가 종종 더 빠른 경우도 있다(일부 연산은 함수형 데이터 구조가 더 느릴 수도 있다). 어떤 경우든 함수형 데이터 구조가 훨씬 더 안전하다.

## 5.4.2 불변이며 영속적인 단일 연결 리스트 구현하기

그림 5-1과 그림 5-2에 나온 단일 연결 리스트 구조는 이론적이다. 원소가 서로 연결될 수 없어서 그림에 그려진 방식으로 리스트를 구현할 수 없다. 원소 사이의 연결을 가능하게 하는 특별한 원소가 있어야 하며, 리스트의 원소로 아무것이나 저장할 수 있어야 한다. 해법은 다음 두 가지로 구성된 재귀적인 리스트 구조를 만드는 것이다.

- 리스트의 첫 번째 원소가 될 원소가 필요하다. 이를 **머리**라고 부른다.
- 리스트의 나머지 부분이 필요하다. 이 나머지 부분은 그 자체로도 독립적인 리스트이며, 이를 **꼬리**라고 부른다.

이미 타입이 다른 두 원소로 이뤄진 제네릭한 원소를 본 적이 있다. 바로 Pair가 그런 원소다. A 타입을 원소로 하는 단일 연결 리스트는 실제로는 Pair<A, List<A>>이다. 코틀린 Pair 클래스는 확장에 대해 열려 있지 않지만, 여러분만의 Pair 클래스를 만들면 확장할 수 있다.

```
open class Pair<A, B>(val first: A, val second: B)
```

```
class List<A>(val head: A, val tail: List<A>): Pair<A, List<A>>(head, tail)
```

하지만 4장에서 이야기한 것처럼 재귀 정의를 마무리하기 위한 종료 조건이 필요하다. 관례적으로 이런 최종 조건을 Nil이라고 부르며, Nil은 빈 리스트에 해당한다. Nil에는 head나 tail이 존재하지 않으므로 Pair가 아니다. 따라서 새로운 리스트 정의는 다음을 만족해야 한다.

- 빈 리스트(Nil) 또는
- 원소 하나와 다른 리스트의 쌍

first와 second라는 프로퍼티를 가지는 Pair를 사용하는 대신 head와 tail이라는 프로퍼티를 가지는 구체적인 List 클래스를 만들자. 이렇게 하면 Nil 처리가 쉽다. Nil은 Object로 선언할 수 있다. 빈 리스트의 인스턴스는 단 하나만 존재하면 되기 때문이다. 이런 경우 Nil을 List<Nothing>

타입으로 만들면 Nil을 어떤 리스트 타입으로든 변환할 수 있다. 따라서 이 원소를 다음과 같이 정의할 수 있다.

```
open class List<A>

object Nil : List<Nothing>()

class Cons<A>(private val head: A, private val tail: List<A>): List<A>()
```

하지만 이 정의에는 누구나 리스트 클래스를 확장할 수 있다는 큰 단점이 있다. 누구나 리스트 클래스를 확장할 수 있으면 리스트 구현의 일관성이 없어질 수 있고, 구현 세부 사항이라서 외부에 노출해서는 안 되는 Nil이나 Cons 하위 클래스에 아무나 접근할 수 있다. 해법은 List 클래스를 sealed 클래스로 정의하고 Nil과 Cons 하위 클래스를 List 클래스 내부에 정의하는 것이다.

```
sealed class List<A> {
    internal object Nil: List<Nothing>()
    internal class Cons<A>(private val head: A, private val tail: List<A>): List<A>()
}
```

그림 5-3은 이렇게 만든 첫 번째 리스트 구현의 완전한 모습을 보여준다.

▼ 그림 5-3 단일 연결 리스트 구현을 표현한 그림

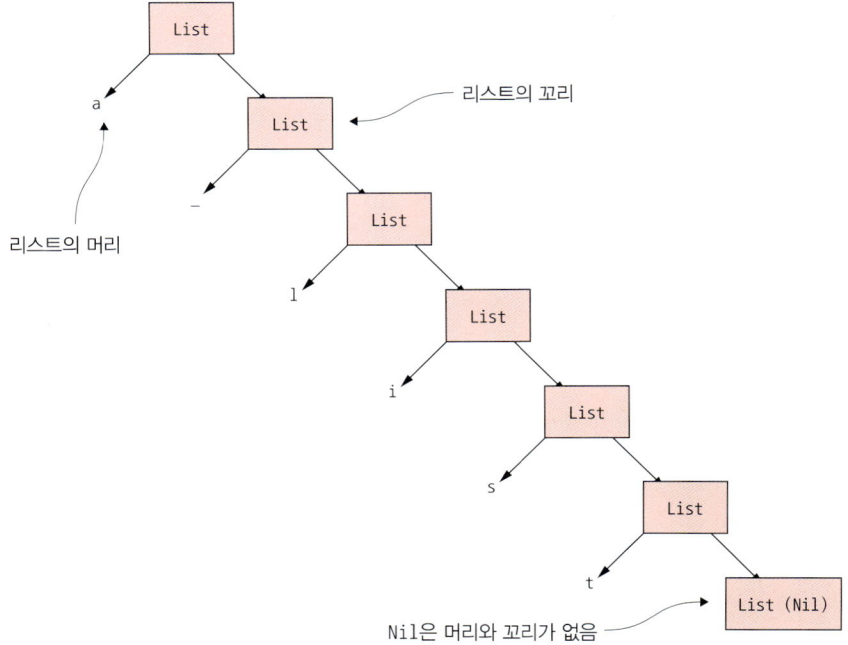

새 List를 시험해 보려면 몇 가지 함수가 필요하다. 예제 5-1은 그런 함수를 포함해 구현한 기본적인 리스트다.

> **예제 5-1** 단일 연결 리스트

```kotlin
sealed class List<A> {      // sealed 클래스는 암묵적으로 추상 클래스이며, 생성자는 암묵적으로 비공개다.
    abstract fun isEmpty(): Boolean     // 각 확장 클래스는 추상 isEmpty 함수를 다르게 구현한다.

    private object Nil : List<Nothing>() {   // 빈 리스트를 표현하는 Nil 하위 클래스. List 클래스 안에서
        override fun isEmpty() = true        // 확장 클래스를 정의하고, 비공개로 선언한다.
        override fun toString(): String = "[NIL]"
    }

    private class Cons<A>(internal val head: A,
                          internal val tail: List<A>) : List<A>() {   // 비어 있지 않은
        override fun isEmpty() = false                                  // 리스트를 표현하는
        override fun toString(): String = "[${toString("", this)}NIL]"  // Cons 확장 클래스
        private tailrec fun toString(acc: String, list: List<A>): String =
            when (list) {    // 꼬리재귀 함수(4장에서 배웠음)로 toString 함수를 구현한다.
                is Nil -> acc
                is Cons -> toString("$acc${list.head}, ", list.tail)
            }
    }

    companion object {
        operator
        fun <A> invoke(vararg az: A): List<A> = //   operator 키워드를 사용해 선언한 invoke 함수는
            az.foldRight(Nil as List<A>) { a: A, list: List<A> ->    // 클래스이름()처럼 호출이 가능하다.
                Cons(a, list)    // foldRight 함수의 첫 번째 인자로 쓰이는 Nil을
            }                    // List<A>로 명시적으로 타입 변환한다.
    }
}
```

이 예제에서 List 클래스는 **봉인된 클래스**(sealed class)다. 봉인된 클래스는 하위 타입을 제한하기 때문에 이를 활용해 **추상적 데이터 타입**(ADT, Abstract Data Type)을 정의할 수 있다. 봉인된 클래스는 암묵적으로 추상 클래스이며, 봉인된 클래스의 생성자는 비공개 가시성이다. 여기서 List 클래스는 A라는 타입으로 파라미터화되어 있고, A는 리스트 원소의 타입을 나타낸다.

List 클래스에는 두 가지 비공개 하위 클래스가 있다. 두 하위 클래스는 List가 취할 수 있는 두가지 형태를 표현한다. 한 가지는 빈 리스트를 표현하는 Nil이고, 다른 하나는 비어 있지 않은 리스트를 표현하는 Cons이다('콘스'라고 발음하며, 만들어낸다는 뜻의 construct에서 왔다). Cons 클래

스는 A(머리)와 List<A>(꼬리)를 인자로 받는다. Cons의 두 인자를 내부(internal) 가시성으로 선언해 List 클래스가 선언된 모듈이나 파일 안에서만 볼 수 있게 한다. 그리고 Nil과 Cons를 비공개 가시성으로 선언해 항상 동반 객체의 invoke 함수를 통해서만 리스트를 만들게 강제한다. 관례에 따라 Cons의 toString 함수는 항상 NIL을 맨 마지막 원소로 포함한다. 그에 맞춰 Nil의 toString은 [NIL]을 돌려주게 만들었다.

List 클래스에는 추상 isEmpty() 함수가 들어 있다. 이 함수는 리스트가 비어 있으면 true를, 비어 있지 않으면 false를 반환한다. invoke 함수를 operator 변경자와 함께 정의하면 다음과 같이 더 간단한 구문으로 invoke 함수를 호출할 수 있다.

```
val list: List<Int> = List(1, 2, 3)
```

이 구문은 List의 생성자를 호출하지 않는다(List의 생성자는 비공개임에 유의하라). 그 대신 동반 객체의 invoke 함수를 호출한다(즉, List(1, 2, 3)은 List.invoke(1, 2, 3)과 같고, 이는 다시 List.Companion.invoke(1, 2, 3)과 같다). 예제 5-1에서 사용한 foldRight 함수는 코틀린 표준 라이브러리가 배열과 컬렉션에 대해 제공하는 함수다. 4장에서 이런 함수를 정의하는 방법을 배웠지만, 이 장 뒷부분에서 다시 한 번 더 자세히 배운다.

## 5.5 리스트 연산에서 데이터 공유하기

단일 연결 리스트 같은 불변 영속성 데이터 구조의 큰 장점 하나는 데이터 공유에 의한 성능 향상이다. 리스트의 첫 원소를 읽는 것이 즉시 이뤄짐을 이미 살펴봤다. 첫 원소를 읽는 것은 그저 head 프로퍼티를 읽는 것이다. 첫 원소를 제거하는 것도 똑같이 빠르다. 여러분은 tail 프로퍼티의 값을 반환하기만 하면 된다. 이제 원소를 추가한 새 리스트를 어떻게 얻을 수 있는지 살펴보자.

### 연습문제 5-1

리스트의 맨 앞에 원소를 추가하는 cons 함수를 구현하라(cons가 '만들다'라는 뜻임을 기억하라).

> 힌트

이 함수는 두 하위 클래스의 구현이 같다. 따라서 List 클래스에 구체적인 구현을 정의하면 된다.

> [해법]

이 함수는 다음과 같이 현재 리스트를 꼬리로 하고 새 원소를 머리로 하는 새로운 리스트를 만든다.

```
fun cons(a: A): List<A> = Cons(a, this)
```

## 연습문제 5-2

List의 첫 번째 원소를 새로운 값으로 바꾼 리스트를 반환하는 setHead 함수를 구현하라.

> [힌트]

빈 리스트의 첫 번째 원소를 바꿀 수는 없으므로 이 경우 예외를 던져야 한다(다음 장에서는 이런 경우를 안전하게 처리하는 법을 배운다).

> [해법]

이 함수를 when과 스마트 캐스트를 사용해 List 클래스 안에 정의할 수도 있다.

```
fun setHead(a: A): List<A> = when (this) {
    Nil -> throw IllegalStateException("setHead called on an empty list")
    is Cons -> tail.cons(a)
}
```

코드를 보면 List를 Nil과 Cons로 명시적으로 타입 변환할 필요가 없다. 코틀린이 알아서 타입을 바꿔준다. 그리고 봉인된 클래스를 사용했기 때문에 else 절도 필요 없다. 코틀린은 처리해야 하는 모든 하위 클래스를 다뤘는지 알 수 있다.

자바 프로그래머라면 이런 식으로 프로그래밍하는 것을 좋아하지 않을지도 모르겠다. 여기서 is는 자바의 instanceOf 연산자와 같고, 자바에서는 이 연산자 사용이 좋은 습관이 아니라고 여겨진다. 하지만 자바의 instanceOf가 근본적으로 잘못된 점은 없다. 단지 객체 지향에서 타입을 직접 비교해 무언가 하는 것을 나쁜 습관으로 여길 뿐이다.

> **Note ≡** 코틀린은 단순히 객체 지향 프로그래밍(OOP)만을 지원하는 언어가 아니다. 코틀린은 수행하려는 작업에 적합한 도구를 활용하는 것을 선호하는 다중 패러다임 언어다. 결국 어떤 기법을 선호하고 선택할 것인가는 여러분에게 달렸다.

하지만 타입 검사가 금지되지 않았다는 이유만으로 타입을 검사하는 것은 그리 좋은 선택은 아니다. 문제를 해결하는 데 OOP 기법이 더 적합하다면 적합한 도구를 활용하는 편이 더 낫다. 이 경우가 그런 경우일까? 딱 봐도 이 경우에는 OOP가 적합하지 않아 보인다. 왜 적합하지 않은지 List 클래스에 추상 setHead 함수를 만들고 Nil과 Cons 클래스에 구체적인 구현을 만들어서 확인해 보자.

```
sealed class List<A> {
    abstract fun setHead(a: A): List<A>

    private object Nil: List<Nothing>() {
        override fun setHead(a: Nothing): List<Nothing> =
            throw IllegalStateException("setHead called on an empty list")
        ...
    }

    private class Cons<A>(internal val head: A,
                         internal val tail: List<A>) : List<A>() {
        override fun setHead(a: A): List<A> = tail.cons(a)
        ...
    }
```

이 구현은 문제가 없어 보인다. 빈 리스트에 대해 setHead를 하면 IllegalStateException이 발생하리라 예상하겠지만, 실제로는 ClassCastException이 발생한다. 그 이유는 Nil 클래스에 있는 setHead 메서드가 Nothing 타입의 인자를 받으므로 setHead에 A 타입의 객체를 전달하면 그 객체를 Nothing 타입으로 타입 변환하려 시도하기 때문이다. 하지만 Nothing은 A의 상위 타입이 아니기 때문에(반대로 A가 Nothing의 상위 타입이다) ClassCastException이 발생한다. 코드를 컴파일하기 위해 Nothing 타입을 사용할 수는 있지만, 실행 시점에 Nothing 타입의 인스턴스를 만들 수는 없다. 따라서 Nothing 타입의 값을 파라미터로 받는 함수는 호출될 수 없다.

이것이 setHead를 List에서 추상 메서드로 정의할 방법이 없다는 뜻일까? 그렇지 않다. 간단한 해법으로는 추상 Empty<A>를 선언하고 Nil<Nothing> 객체가 Empty<A> 클래스를 구현하게 하는 방법이 있다. A 타입의 값을 인자로 받아야 하는 함수가 많기 때문에 이런 해법이 더 나은 선택이다. 하지만 현재는 setHead와 cons만 A 타입의 값을 인자로 받아야 하는 함수다. 더 나아가 cons 함수는 두 하위 클래스에서 구현이 같아진다. 따라서 지금처럼 List에 구현을 하나만 유지할 수 있다. 11장에서는 빈 트리를 표현하는 데 싱글턴 객체 구현을 포함하는 추상 클래스를 사용한다.

## 5.6 다른 리스트 연산들

데이터 공유를 사용해 다른 연산들을 효율적으로 구현할 수 있다. 때로는 가변 리스트로 할 수 있는 것보다 더 효율적인 구현도 가능하다. 이 절의 나머지 부분에서는 데이터 공유를 사용해 연결 리스트에 여러 기능을 추가해 보겠다.

### 연습문제 5-3

리스트의 tail 프로퍼티를 반환하는 것은 아무런 변이도 일으키지 않지만, 결과는 첫 번째 원소를 제거하는 것과 같다. 더 일반적인 함수로 리스트의 맨 앞에서 n개의 원소를 제거하는 drop이라는 함수를 만들어 보자. 이 함수는 n개의 원소를 실제로 제거하지는 않지만 제거한 것과 마찬가지 결과인 리스트를 반환한다. 데이터를 공유하기 때문에 이 함수가 반환하는 리스트에는 새로 만들어진 부분이 전혀 없다. 그림 5-4는 어떻게 이런 연산을 할 수 있는지 보여준다.

▼ 그림 5-4 변이하거나 원소나 리스트를 새로 생성하지 않고 리스트의 맨 앞에서 원소 n개 제거하기

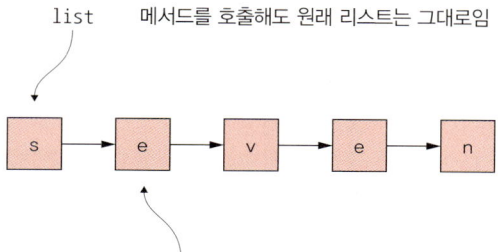

함수 시그니처는 다음과 같다.

```
fun drop(n: Int): List<A>
```

n이 리스트의 길이보다 큰 경우에는 빈 리스트를 반환하라(따라서 이 함수를 dropAtMost라고 부르기를 선호할 수도 있다).

[힌트]

drop 함수를 구현하려면 공재귀를 사용해야 한다. List 클래스에 추상 함수를 정의하고, Nil과 Cons에 두 가지 다른 구현을 만든다. 그 밖에 다른 좋은 해결 방법이 있을까?

> **해법**

List 클래스에 추상 함수를 구현하기는 아주 쉽다. abstract 키워드를 함수 시그니처 앞에 붙이면 된다. Nil에 있는 구현은 this를 반환한다. Cons에 재귀적 구현을 정의하면 다음과 같다.

```
override fun drop(n: Int): List<A> = if (n == 0) this else tail.drop(n - 1)
```

하지만 이 구현은 리스트가 충분히 길고 n이 커지면 스택 오버플로가 발생한다(보통 10,000과 20,000 사이에서 그런 일이 발생한다). 4장에서 본 것처럼 파라미터를 추가해 재귀를 공재귀로 바꿔야 한다. 바꾸는 일은 쉬워 보이고, 다음과 같은 해법이 마음에 떠오르는 독자도 있을 것이다.

```
override fun drop(n: Int): List<A> {
    tailrec fun drop(n: Int, list: List<A>): List<A> =
        if (n <= 0) list else drop(n - 1, list.tail())
    return drop(n, this)
}
```

하지만 n이 리스트 길이보다 커지면 이 구현은 제대로 작동하지 않는다. 이런 공재귀를 사용하면 최종 조건을 Nil 구현이 처리하지 못한다. 이럴 때는 명시적으로 Nil을 검사해야 하며 다형성에 의존할 수 없다. 다형성에 의존할 수 없다는 말은 List 클래스에서 추상 함수를 정의하고 서로 다른 두 가지 구현을 제공할 필요가 없다는 뜻이다. 따라서 List 클래스에 다음과 같은 함수를 정의하는 것으로 충분하다.

```
fun drop(n: Int): List<A> {
    tailrec fun drop(n: Int, list: List<A>): List<A> =
        if (n <= 0) list else when (list) {
            is Cons -> drop(n - 1, list.tail)
            is Nil -> list
        }
    return drop(n, this)
}
```

### 5.6.1 객체 표기법의 이점 살리기

함수를 클래스 안에 넣는 것도 한 가지 선택일 뿐이다. 함수를 클래스 외부로 보내 패키지 수준에 넣을 수도 있다. 앞에서 말한 것처럼 클래스 안에서 함수를 정의하는 것은 this를 파라미터에 추가하는 것과 같다. 따라서 drop 함수를 다음과 같이 정의할 수 있다.

```
class List<A> {
    ...
}

fun <A> drop(aList: List<A>, n: Int): List<A> {
    tailrec fun drop_(list: List<A>, n: Int): List<A> = when (list) {
        List.Nil -> list
        is List.Cons -> if (n <= 0) list else drop_(list.tail, n - 1)
    }
    return drop_(aList, n)
}
```

이제 도우미 함수가 원함수와 시그니처가 똑같기 때문에 도우미 함수를 굳이 만들 필요가 없음을 알 수 있다. 따라서 코드를 다음과 같이 바꿀 수 있다.

```
class List<A> {
    ...
}

tailrec fun drop(list: List<A>, n: Int): List<A> = when (list) {
    List.Nil -> list
    is List.Cons -> if (n <= 0) list else drop(list.tail, n - 1)
}
```

이 코드의 한 가지 단점은 drop 함수가 List 클래스 내부에 있지 않으므로 Nil과 Cons를 private 이 아니라 internal로 정의해야 한다는 점이다. 하지만 큰 문제는 아니다. 이 함수를 **클래스의 동반 객체**에 정의하면 이런 문제를 피할 수 있다.

```
companion object {
    tailrec fun drop(list: List<A>, n: Int): List<A> = when (list) {
        Nil -> list
        is Cons -> if (n <= 0) list else drop(list.tail, n - 1)
    }
    ...
}
```

이 해법을 사용하면 자바에서 정적 함수를 호출할 때처럼 클래스의 이름을 함수 이름 앞에 붙여서 함수를 호출할 수 있다.

```
fun main(args: Array<String>) {
    val list = List(1, 2, 3)
    println(List.drop(list, 2))
}
```

또는 함수를 임포트할 수도 있다. 반대로, 인스턴스 함수가 패키지 수준에 정의된 함수나 동반 객체에 정의된 함수보다 사용하기 편한 경우가 자주 있다. 인스턴스 함수를 사용하면 객체 표기법으로 함수를 합성할 수 있으며, 이는 객체 표기법이 더 읽기 쉽기 때문이다. 예를 들어 정수로 이뤄진 리스트의 맨 앞에서 원소를 두 개 제거하고 그 결과로 얻은 객체의 첫 번째 원소를 0으로 바꾸는 연산을 패키지 수준의 함수를 사용해 정의하면 다음과 같다.

```
val newList = setHead(drop(list, 2), 0);
```

그림 5-5처럼 이 계산에 함수를 하나 추가할 때마다 그 함수 이름이 원래의 식 왼쪽에 들어가고, 리스트 외에 추가된 인자들은 원래의 식 오른쪽에 추가된다.

객체 표기법을 사용하면 코드를 훨씬 더 쉽게 읽을 수 있다.

```
val newList = list.drop(2).setHead(0);
```

▼ 그림 5-5 객체 표기법이 없으면 함수 합성을 읽기 어려우나(왼쪽) 객체 표기법을 사용하면 읽기 쉬운 코드를 만들 수 있다(오른쪽).

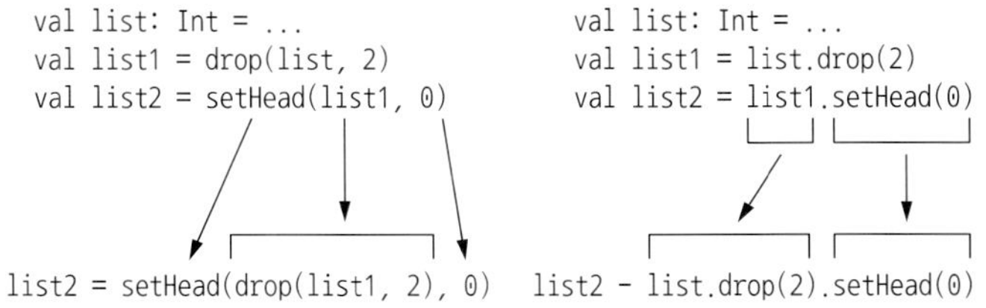

```
val list: Int = ...                    val list: Int = ...
val list1 = drop(list, 2)              val list1 = list.drop(2)
val list2 = setHead(list1, 0)          val list2 = list1.setHead(0)


list2 = setHead(drop(list1, 2), 0)    list2 - list.drop(2).setHead(0)
```

라이브러리 설계자에게 가장 좋은 선택은 두 가지 방식을 모두 제공하는 것이다. 함수를 동반 객체에 넣었다면 인스턴스 함수를 추가하기란 아주 쉽다.

```
fun drop(n: Int): List<A> = drop(this, n)
```

이제 양쪽의 장점만 취한 해법을 제공할 수 있다. 도우미 함수도 필요 없고(또는 동반 객체에 들어 있는 함수를 도우미 함수로 생각할 수도 있다), 두 하위 클래스에 구체적인 구현을 넣어둘 필요도 없다. 동반 객체에 정의한 함수를 클래스 밖에서 사용할 수 없게 하고 싶다면 함수를 비공개로 만들면 된다. 이 경우에는 도우미 함수와 원함수의 시그니처가 충돌하지 않으므로 메서드 오버로딩을 사용해 동반 객체에 있는 함수를 List 클래스로 옮길 수 있다.

어떤 해법을 선택할 것인가라는 질문에 대해서는 한 가지 결론을 내릴 수 없다. 요구 사항이나 스타일에 따라 어떤 결정을 내릴지 달라진다. 하지만 보통 코드를 더 짧게 만들 수 있는 해법을 선호한다. 코드가 길어지면 유지 보수해야 할 것도 많아진다. 이외에도 눈에 보이는 부분을 최소화하려 노력해야 한다는 이유도 있다.

### 연습문제 5-4

List의 맨 앞에서부터 원소에 대한 조건이 성립하는 동안에만 원소를 제거하는 dropWhile 함수를 정의하라. 다음은 dropWhile 함수의 시그니처다.

```
fun dropWhile(p: (A) -> Boolean): List<A>
```

**해법**

동반 객체를 사용하기로 결정했다고 가정하면 도우미 함수의 구현은 다음과 같다.

```
private
tailrec fun <A> dropWhile(list: List<A>, p: (A) -> Boolean): List<A> = when (list) {
    Nil -> list
    is Cons -> if (p(list.head)) dropWhile(list.tail, p) else list
}
```

다음 인스턴스 함수를 List 클래스에 추가해 도우미 함수를 호출하게 만든다.

```
fun dropWhile(p: (A) -> Boolean): List<A> = dropWhile(this, p)
```

### 5.6.2 리스트 연결

자주 쓰이는 리스트 연산으로 한 리스트의 뒤에 다른 리스트를 덧붙인 새 리스트를 만드는 것이 있다. 두 리스트를 한 번에 연결하면 좋겠지만 그럴 수는 없다. 해법은 한 리스트의 모든 원소를 다른 리스트에 추가하는 것이다. 하지만 원소를 리스트의 앞(머리)에만 추가할 수 있어서 list1과 list2를 연결하려면 그림 5-6처럼 list1의 맨 마지막에 있는 리스트를 list2의 맨 앞에 추가하고, list1의 마지막에서 두 번째에 있는 원소를 다시 추가하는 등의 작업을 수행해야 한다.

▼ 그림 5-6 연결에 의한 데이터 공유. 두 리스트가 계속 유지되고, 결과 리스트가 list1을 공유한다는 사실을 알 수 있다. 하지만 이 그림에 표시한 것처럼 연결을 진행할 수는 없다. list1의 맨 마지막 원소를 처음부터 읽을 방법이 없기 때문이다. 리스트의 구조 때문에 이런 식의 접근은 불가능하다.

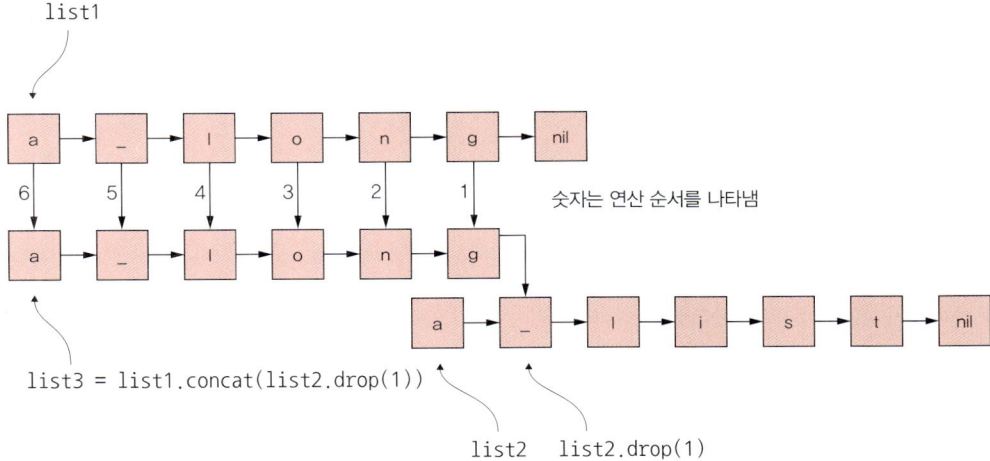

이 작업을 수행하는 한 가지 방법은 list1을 뒤집은 새 리스트를 만들고 뒤집은 새 리스트의 각 원소를 차례로 list2에 추가하는 것이다. 하지만 리스트를 뒤집는 함수를 아직 만들지 않았다. 뒤집는 함수가 없어도 여전히 concat을 정의할 수 있을까? 그렇다. 이 함수를 어떻게 정의할 수 있는지 살펴보자.

- list1이 비어 있다면 list2를 반환한다.
- list1이 비어 있지 않다면 list1의 꼬리(list1.tail)에 list2를 연결한 리스트 앞에 list1의 첫 번째 원소(list1.head)를 추가한 새 리스트를 반환한다.

이 재귀적인 정의를 코드로 표현하면 다음과 같다.

```
fun <A> concat(list1: List<A>, list2: List<A>): List<A> = when (list1) {
    Nil -> list2
    is Cons -> concat(list1.tail, list2).cons(list1.head)
}
```

this를 인자로 넣어 동반 객체에 있는 도우미 함수를 호출하는 인스턴스 함수를 List에 추가할 수 있다.

```
fun concat(list: List<A>): List<A> = concat(this, list)
```

(일부 독자에게) 이 해법의 아름다움은 이 함수가 어떻게 동작하는지를 이해하려고 노력해도 이해할 수 없어서 굳이 동작 방식을 알아내려 노력할 필요가 없다는 데 있다. 이 코드는 수학적 정의를 코드로 표현했을 뿐이다.

(다른 독자에게) 이 정의의 단점은 이 함수의 작동 원리를 그림으로 표현하기 쉽지 않다는 데 있다. 이 말이 농담처럼 들릴지 모르지만, 농담이 아니다. 이 해법은 리스트를 연결하는 과정(흐름도로 그릴 수 있는)을 표현하지 않는다. 이 코드는 결과를 식으로 직접 표현한 것이다. 그리고 이 코드는 결과를 계산하지 않는다. 이 코드가 결과다!

> **Note** 제어 구조 대신 함수를 사용하는 프로그래밍은 의도한 결과를 얻는 방법을 기술하기보다 의도한 결과가 어떤 것인지를 기술하는 것으로 이뤄지는 경우가 많다. 함수형 코드는 정의를 코드로 직접 표현한 결과다.

물론 이 코드는 list1이 너무 길면 스택을 날려버린다. 하지만 list2가 아무리 길어도 스택 문제를 겪는 경우는 없다. 이에 따라 앞에 들어가는 리스트의 길이를 작게 유지하기만 하면 뒤에 덧붙이는 리스트의 길이를 신경 쓸 필요가 없어진다.

여기서 첫 번째 리스트의 원소를 역순으로 두 번째 리스트에 추가하는 일을 하고 있다는 점이 중요하다. 이 관점은 두 번째 리스트의 원소를 첫 번째 리스트의 뒤에 추가하는 것으로 생각하는 일반적인 관점과는 다르다. 단일 연결 리스트는 분명히 일반적인 관점으로 리스트 연결을 처리할 수는 없다.

길이와 관계없이 두 리스트를 연결하려면 4장에서 배운 방법, 즉 재귀를 공재귀로 바꾸어 concat 함수가 스택을 안전하게 사용하도록 만들어야 한다고 생각할 수 있다. 불행히도 공재귀 변환은 불가능하다. 따라서 이 접근 방법은 스택의 크기에 의해 제약된다. 나중에 (스택) 메모리와 시간을 서로 교환해서 이 문제를 해결하는 방법을 살펴보겠다. 지금까지의 내용을 다시 살펴보면 좀 더 추상화할 여지가 있다. concat 함수가 더 일반적인 연산을 구체적으로 적용한 다양한 경우 중 하나라면 어떨까? 어쩌면 그런 연산을 추상화할 수 있고, 추상화한 연산이 스택을 안전히 사용하게 만들 수도 있고, 그 구현을 재활용해 여러 다른 연산에 재사용할 수 있다. 조금만 기다리면 이런 추상화를 볼 수 있다!

여기서 연산의 복잡도가 (그리고 그에 따라 코틀린에서 이 연산을 수행하는 데 걸리는 시간이) 첫 번째 리스트의 길이에 비례한다는 사실을 눈치챘을 것이다. 여러분이 n1과 n2 길이의 두 리스트 list1과 list2를 연결한다면 그 복잡도는 O(n1)이다. 이는 복잡도가 n2와는 무관하다는 뜻이다. n1과 n2의 값에 따라 명령형 프로그래밍에서 두 가변 리스트를 연결할 때보다 이 연산이 훨씬 더 효율적일 수 있다.

### 5.6.3 리스트의 끝에서부터 원소 제거하기

리스트의 맨 끝에서부터 원소를 제거해야 할 때도 있다. 단일 연결 리스트는 이런 연산을 수행하기에 이상적인 데이터 구조는 아니지만, 여러분은 이 연산을 구현할 수 있어야 한다.

#### 연습문제 5-5

리스트의 마지막 원소를 제거하는 함수를 작성하라. 이 함수는 결과 리스트를 반환해야 한다. 다음과 같은 시그니처를 가지는 인스턴스 함수로 이 함수를 정의하라.

```
fun init(): List<A>
```

이 함수 이름이 왜 dropLast가 아니라 init인지 궁금할 수 있다. 이 이름은 하스켈에서 왔다.[4]

**힌트**

이 함수를 이전에 이름을 언급했던 다른 함수를 사용해 표현하는 방법이 한 가지 있다. 지금이 바로 그 도우미 함수를 만들기 좋은 때다.

**해법**

리스트의 마지막 원소는 항상 Nil이어야 하므로 마지막 원소를 제거하려면 리스트를 (앞에서부터 차례로) 방문하고 새 리스트를 (뒤에서부터 앞으로 오면서) 만들어야 한다. 이는 Cons 객체로 리스트를 만들기 때문에 생긴 결과다. 이렇게 하면 순서가 역순인 리스트를 얻는다. 따라서 결과 리스트를 뒤집어야 한다. 이는 reverse 함수를 만들어야 한다는 뜻이다.

```
tailrec fun <A> reverse(acc: List<A>, list: List<A>): List<A> =
    when (list) {
        Nil -> acc
        is Cons -> reverse(acc.cons(list.head), list.tail)
    }
```

이 코드는 동반 객체 안에 있는 구현이다. this로 이 도우미 함수를 호출하는 다음 코드를 List 클래스의 인스턴스 함수로 추가하라.

```
fun reverse(): List<A> = reverse(List.invoke(), this)
```

---

[4] http://zvon.org/other/haskell/Outputprelude/init_f.html

여기서는 (동반 객체 안이라서) 빈 리스트를 만드는 데 List()라는 구문을 쓸 수가 없으므로 인자 없이 invoke를 호출했다. 꼭 invoke를 호출해야 한다. 그렇지 않으면 코틀린은 List()가 List의 생성자를 호출하는 것으로 간주하고, List 클래스가 추상 클래스이기 때문에 예외를 발생시킨다. 다른 식으로 구성할 수도 있다는 점을 기억하라. 예를 들어 도우미 함수를 호출하는 함수 안에 선언할 수도 있다.

```
fun reverse(): List<A> {
    tailrec fun <A> reverse(acc: List<A>, list: List<A>): List<A> = when (list) {
        Nil -> acc
        is Cons -> reverse(acc.cons(list.head), list.tail)
    }
    return reverse(List.invoke(), this)
}
```

reverse 함수로 init을 쉽게 구현할 수 있다.

```
fun init(): List<A> = reverse().drop(1).reverse()
```

이 구현은 Cons 클래스에 들어간다. Nil 클래스에 있는 init 함수는 예외를 던진다.

## 5.6.4 재귀와 고차 함수로 리스트 접기

4장에서 리스트를 fold로 접는 방법을 배웠다. 접기 연산을 영속적인 리스트에도 적용할 수 있다. 하지만 가변 리스트에서는 이 연산을 구현하는 데 이터레이션을 사용할 수도 있고 재귀를 사용할 수도 있다. 영속성 리스트에서는 이터레이션을 사용할 이유가 없다. 수로 이뤄진 리스트에 대한 접기 연산을 한번 생각해 보자.

### 연습문제 5-6

재귀를 사용해 정수 원소로 이뤄진 영속적 리스트의 모든 원소 합계를 구하는 함수를 작성하라. 이 구현을 List의 동반 객체에 넣을 수도 있고, 하위 클래스를 private이 아니라 internal로 정의하면 패키지 수준에 넣을 수도 있다. 이 함수는 List<Int>에만 적용되므로 패키지 수준에 넣는 것이 더 적합하다.

> 해법

리스트의 모든 원소를 더하는 함수의 재귀적 정의는 다음과 같다.

- 빈 리스트의 합계는 0이다.
- 원소가 있으면 머리 + (꼬리의 합계)다.

이를 코틀린으로 표현하면 다음과 같다.

```
fun sum(ints: List<Int>): Int = when (ints) {
    Nil -> 0
    is Cons -> ints.head + sum(ints.tail)
}
```

하지만 Nil이 List<Int>의 하위 타입이 아니므로 이 코드는 컴파일되지 않는다.

## 5.6.5 변성 사용하기

여기서 문제는 Nothing 타입이 (Int를 포함한) 모든 타입의 하위 타입이기 때문에 항상 Nothing을 다른 타입으로 변환할 수 있지만 List<Nothing>을 List<Int>로 변환할 수 없다는 데 있다. 2장에서 배운 내용을 기억한다면 이는 List가 타입 파라미터 A에 대해 무공변성(invariant)이기 때문이다. 원하는 대로 코드가 작동하게 하려면 List가 A에 대해 공변이 되게 만들어야 한다. 이는 List<out A>라고 정의해야 한다는 뜻이다.

```
sealed class List<out A> {
    ...
}
```

하지만 이렇게 하면 List 클래스는 다음 오류 메시지를 표시하고 더 이상 컴파일되지 않는다(다른 위치에서도 비슷한 오류가 많이 발생한다).

```
Error:(7, 17) Kotlin: Type parameter A is declared as 'out'
but occurs in 'in' position in type A
```

이 오류는 다음 줄을 가리킨다.

```
fun cons(a: A): List<A> = Cons(a, this)
```

이는 List 클래스가 A 타입을 파라미터로 받는 함수를 포함할 수 없다는 뜻이다. 이 파라미터는 함수의 입력이기 때문에 in 위치에 있다. 함수는 A를 (out 위치인) 반환 타입에만 쓸 수 있다.

## 변성 이해하기

사과 바구니를 사용해 변성을 이해해 보자. 이 바구니에 적용할 수 있는 연산이 두 가지 있다.

- 사과를 바구니에 넣는다.
- 사과를 바구니에서 꺼낸다.

Apple은 Fruit이다(Fruit는 Apple의 부모 클래스임). Gala는 Apple이다. 이 두 문장의 역은 참이 아니다. Fruit는 Apple이 아니다. 때에 따라 어떤 Fruit가 Apple일 수도 있지만, 'Fruit가 Apple이다'라는 문장은 true가 아니다. 마찬가지로 Apple은 Gala가 아니다.

여러분은 Gala를 Apple로 이뤄진 바구니(Basket) 안에(in) 넣을 수 있다. 하지만 Fruit는 Apple이 아니기 때문에 Basket 안에 넣을 수 없다. 반대로 Fruit가 필요할 때는 언제든 Apple이 들어 있는 바구니에서 꺼내 제공할 수 있다. 하지만 Gala를 원할 때는 Apple이 들어 있는 바구니에서 아무거나 꺼내 제공할 수는 없다. 그 안에는 다른 종류의 Apple이 들어 있을 수도 있기 때문이다.

그렇다면 빈 Basket은 어떨까? 빈 바구니를 여러분이 필요한 모든 바구니에 사용할 수 있으면 유용하지 않을까? 빈 바구니를 사용할 수 없다면, 사과를 위한 빈 바구니, 오렌지를 위한 빈 바구니 등 필요한 모든 종류의 물건마다 빈 바구니를 따로 만들어야 한다.

Any에 대해 빈 바구니를 사용할 수도 있다(Any는 자바 Object에 해당하는 코틀린 타입이다). 하지만 빈 바구니 안에 아무것이나 넣을 수는 있지만, 바구니 안에서 꺼낸 것이 어떤 종류의 물건일지는 절대 알 수 없기 때문에 이 바구니에서 어떤 것도 꺼낼 수 없다. 이 문제에 대해 코틀린이 내놓은 해법은 Nothing 타입이다. 모든 객체 타입의 상위 타입인 Any와 달리 Nothing은 모든 타입의 하위 타입이다.

A 타입 파라미터를 out으로 선언함으로써 List<Gala>가 List<Apple>라는 사실을 말할 수 있다. 반대로 Apple은 Gala가 아니기 때문에 List<Apple>은 List<Gala>가 아니다. 그리고 같은 이유로 빈 리스트를 하나만 써도 된다. 빈 리스트를 List<Nothing>으로 선언하기만 하면 된다. Nothing은 Apple이므로 List<Nothing>은 List<Apple>이다. 하지만 Nothing은 Tiger이기도 해서 List<Nothing>은 List<Tiger>이기도 하다. 이 관계를 이해하기 어렵다면 Nothing을 '~의 부재'(존재하지 않음)라고 생각해 보라. Nothing은 Apple의 부재이고 Tiger의 부재이기도 하다. 그리고 다른 모든 것의 부재이기도 하다.

## 변성에 어긋나는 활용 방지하기

컴파일러가 해야 할 일 중 하나는 프로그래머의 실수를 방지하는 것이다. List의 타입 파라미터를 out A로 선언하면 컴파일러는 여러분이 A 타입을 in 위치에 사용하지 못하게 한다. 따라서 List<A>라고 타입 A를 타입 파라미터로 지정하면 리스트의 인스턴스 함수는 A 타입의 값을 파라미터로 받을 수 없다. 따라서 다음과 같은 것은 불가능하다.

```
sealed class List<out A> {
    fun cons(a: A): List<A> = Cons(a, this) { // 컴파일 오류
        ...
    }

    internal class Cons<out A>(internal val head: A, internal val tail: List<A>): List<A>()
    internal object Nil: List<Nothing>()
}
```

이 코드는 다음과 같은 메시지와 함께 컴파일 오류가 발생한다.

Type parameter A is declared as 'out' but occurs in 'in' position in type `A`

A 타입의 값을 List<A>에 추가해도 아무 문제가 없다는 사실을 알고 있으므로 이 오류는 정당하지 않다고 생각할지도 모르겠다. 하지만 이 경우는 여러분이 틀렸다. 그것도 완전히 틀렸다. 왜 그런지 보여주기 위해 추상 cons 함수를 각 클래스에서 구현한 내용을 보라.

```
sealed class List<out A> {
    abstract fun cons(a: A): List<A>

    internal class Cons<out A>(internal val head: A,
                               internal val tail: List<A>): List<A>() {
        ...
    }

    internal object Nil: List<Nothing>() {
        override fun cons(a: Nothing): List<Nothing> = Cons(a, this) // 오류
    }
}
```

이 코드를 시험해 보면 (앞에서 말한 오류 외에) Nil 구현에서 오류가 더 나온다. 컴파일러는 Nil에 있는 cons 함수를 **도달할 수 없는 코드**(non-reachable code)라고 표시한다. 왜 그럴까? Nil클

래스에 있는 this는 List를 가리키며, Nil.cons(1)은 1을 Nothing으로 타입 변환하기 때문이다. Nothing은 Int의 하위 타입이며 다른 방향의 상속 관계가 없기 때문에 이런 타입 변환은 불가능하다. 이제는 해결해야 할 문제가 두 가지가 됐다.

- 컴파일러는 A 타입을 in 위치에서 사용하지 못하게 막는다. 하지만 어떤 경우에는 A 타입을 in 위치에 사용해도 문제가 없음을 알고 있다.
- Nil 클래스에는 타입 변환 문제가 있다. 첫 번째 문제가 발생하는 일을 막으려면 이 문제도 방지해야 한다.

Nil 클래스에서 벌어지는 일을 이해하려면 코틀린이 타입을 추론하는 과정을 따라가 봐야 한다. 여기서 문제는 다음과 같은 함수 구현에 있지 않다.

```
Cons(a, this)
```

컴파일러는 A를 리스트에 추가하기 전에 먼저 List<Nothing>인 this를 안전하게 List<A>로 변환할 수 있다. 문제는 다음 함수의 인자에 있다.

```
override fun cons(a: Nothing)
```

A 타입의 인자가 함수에 전달될 때 그 인자를 즉시 수신 객체의 인자 타입인 Nothing으로 타입 변환해야 하는데, 이 타입 변환은 오류가 발생한다. 하지만 원소를 즉시 (List<Nothing>을 List<A>로 타입 변환한 결과인) List<A> 타입의 리스트에 추가할 것이므로 이 오류가 발생하는 것은 불행한 일이다. 따라서 인자를 Nothing이라는 하위 타입으로 변환할 필요가 없다. 이 문제를 해결하려면 두 가지 트릭을 써야 한다.

- 컴파일러가 A를 in 위치에 사용했다고 불평하지 못하게 만들어야 한다. @UnsafeVariance 애너테이션을 사용하면 컴파일러를 막을 수 있다.

    ```
    fun cons(a: @UnsafeVariance A): List<A>
    ```

- 구현을 부모 클래스 안에 넣어서 A가 하위 타입으로 캐스팅되는 일이 없게 만든다.

    ```
    sealed class List<out A> {
        fun cons(a: @UnsafeVariance A):List<A> = Cons(a, this)
        ...
    }
    ```

여기서 여러분은 cons 함수의 변성 문제에 관해 걱정하지 말라고 컴파일러에 지시한다. 뭔가 잘못되면 그건 모두 여러분의 책임이다. 이제 마찬가지 기법을 setHead와 concat에도 적용한다.

```
sealed class List<out A> {
    fun setHead(a: @UnsafeVariance A): List<A> = when (this) {
        is Cons -> Cons(a, this.tail)
        Nil -> throw IllegalStateException("setHead called on an empty list")
    }

    fun cons(a: @UnsafeVariance A): List<A> = Cons(a, this)
    fun concat(list: List<@UnsafeVariance A>): List<A> = concat(this, list)
    ...
}
```

List<A>나 A 타입의 객체를 파라미터로 받는 함수만 이런 식으로 변경하면 된다. 파라미터가 없는 함수나 (A) -> Boolean 타입의 파라미터를 받는 dropWhile 함수 등은 변경할 필요가 없다. 하지만 이런 방법을 사용할 때는 항상 안전하지 못한 타입 변환이 실패하지 않음을 확인해야 한다. 항상 말하지만, 자유에는 책임이 따른다.

빈 리스트를 표현하는 Empty<A> 추상 클래스를 만들고 싱글턴 객체로 Nil<Nothing>을 만듦으로써 다른 방법으로 구현할 수도 있다는 점을 알아두길 바란다. 이 경우 부모 클래스인 List 안에 추상 함수를 정의하고 Cons와 Empty 안에 구체적인 구현을 추가한다. 다음은 concat을 이런 방식으로 구현한 것이다.

```
sealed class List<A> {
    abstract fun concat(list: List<A>): List<A>

    abstract class Empty<A> : List<A>() {
        override fun concat(list: List<A>): List<A> = list
    }

    private object Nil : Empty<Nothing>()

    private class Cons<A>(private val head: A, private val tail: List<A>) : List<A>() {
        override fun concat(list: List<A>): List<A> =
                Cons(this.head, list.concat(this.tail))
    }
}
```

자바 프로그래머라면 이 해법이 더 맘에 들 것이다. 이렇게 하면 다음 코드에서 하는 타입 검사를 하지 않아도 되기 때문이다.

```
fun <A> concat(list1: List<A>, list2: List<A>): List<A> = when (list1) {
    Nil -> list2
    is Cons -> Cons(list1.head, concat(list1.tail, list2))
}
```

어떤 경우든 out 변성을 사용하므로 sum 함수는 이제 제대로 작동한다!

## 연습문제 5-7

double의 리스트에 들어 있는 모든 원소의 곱을 계산하는 product 함수를 작성하라.

**해법**

비어 있지 않은 리스트에서 모든 원소의 곱을 계산하는 product의 재귀적인 정의는 다음과 같다.

head * (꼬리의 product)

하지만 빈 리스트라면 어떤 값을 반환해야 할까? 수학 시간에 배운 내용을 기억한다면 답을 알 것이다. 혹시 수학 시간에 배운 내용을 기억하지 못하더라도 앞에 있는 비어 있지 않은 리스트에 대한 product 정의를 보면 어떤 값을 반환해야 할지 추측할 수 있다. 재귀적으로 리스트를 줄이면서 언젠가는 결과를 얻고 싶을 테니 재귀의 맨 마지막에서 마주칠 빈 리스트에 대한 product 값은 1이어야 한다.

이 상황은 빈 리스트의 모든 원소 합계를 0으로 설정한 sum과 동일한 상황이다. sum에서 0은 덧셈 연산의 항등원(identity element) 또는 중립 원소(neutral element)였다. 마찬가지로 1은 곱셈의 항등원이자 중립 원소다. 여러분이 만든 product 함수는 다음과 같을 것이다.

```
fun product(nums: List<Double>): Double = when (nums) {
    List.Nil -> 1.0
    is List.Cons -> nums.head * product(nums.tail)
}
```

덧셈 연산과 곱셈 연산에는 한 가지 중요한 차이가 있다. 곱셈 연산에는 **흡수 원소**(absorbing element)가 존재한다. 흡수 원소는 다음 조건을 만족하는 원소를 말한다.

a × 흡수 원소 = 흡수 원소 × a = 흡수 원소

곱셈의 흡수 원소는 0이다. 그래서 비유적으로 어떤 연산의 흡수 원소를 (그런 원소가 존재한다면) **영원소**(zero element)라고 부른다. 영원소가 존재하면 계산을 중간에 일찍 중단할 수 있다. 이를 **쇼트 서킷**(short circuit)이라고 부른다. 쇼트 서킷을 사용한 product는 다음과 같다.

```
fun product(nums: List<Double>): Double = when (nums) {
    List.Nil -> 1.0
    is List.Cons -> if (nums.head == 0.0)
                        0.0
                    else
                        nums.head * product(nums.tail)
}
```

하지만 이런 최적화를 염두에 두지 말고, sum과 product의 정의를 비교해 보라. 추상화할 만한 패턴을 찾을 수 있는가? 두 함수를 나란히 놓고 비교해 보자(비교하기 쉽게 파라미터 이름을 바꿨다).

```
fun sum(ints: List<Int>): Int = when (ints) {
    List.Nil -> 0
    is List.Cons -> ints.head + sum(ints.tail)
}

fun product(ints: List<Double>): Double = when (ints) {
    List.Nil -> 1.0
    is List.Cons -> ints.head * product(ints.tail)
}
```

이제 서로 다른 부분을 공통된 표기로 바꾸고 둘을 비교해 보자.

```
fun operation(list: List<Type>): Type = when (list) {
    List.Nil -> identity
    is List.Cons -> list.head operator operation(list.tail)
}

fun operation(list: List<Type>): Type = when (list) {
    List.Nil -> identity
    is List.Cons -> list.head operator operation(list.tail)
}
```

이제 두 함수가 완전히 같아졌다. 여기서 Type과 identity, operator는 operation 함수 안에서 자유 변수이기 때문에 이를 추상화하려면 파라미터로 이 세 가지를 받을 수 있게 만들어야 한다.

Type이라는 타입을 파라미터로 받아야 하므로 함수를 제네릭 함수로 바꿔야 하고, operator는 연산을 수행해야 하므로 함수 타입으로 정의해야 한다. 그리고 operation의 인자가 바뀌었으므로 함수 내부의 opeartion 호출도 그것에 맞게 변경한다. 이렇게 바꾼 코드는 다음과 같다(두 함수가 같으므로 정의를 한 번만 쓴다)

```
fun <A> operation(list: List<A>,
                  identity: A,
                  operator: (A) -> (A) -> (A)): A =
    when (list) {
        List.Nil -> identity
        is List.Cons -> operator (list.head) (operation(list.tail, identity, operator))
    }
```

여기서 약간 더 조건을 완화해 보자. operator의 반환 값이 꼭 A 타입일 필요가 없다. 다른 타입으로 B 타입을 반환한다고 하면, operation의 반환 타입은 자연스럽게 B가 되어야 하고(when의 두 번째 줄의 결과 타입은 operator의 결과 타입과 같아야 한다), 그에 따라 자연스럽게 identity도 B 타입이 되어야 한다. 그리고 operation의 결과 타입이 B가 됨에 따라 operator의 두 번째 인자 타입도 B가 되어야 한다. 이를 반영하면 다음과 같이 코드를 정리할 수 있다.

```
fun <A, B> operation(list: List<A>,
                     identity: B,
                     operator: (A) -> (B) -> (B)): B =
    when (list) {
        List.Nil -> identity
        is List.Cons -> operator (list.head) (operation(list.tail, identity, operator))
    }
```

이런 식으로 공통부분을 재활용하면서 서로 다른 부분을 필요에 따라 끼워 맞출 수 있게 만들면 같은 일을 반복할 필요가 없다. 함수를 **접기**(fold)라고 부른다는 사실을 이미 4장에서 배웠다. 4장에서 foldRight와 foldLeft라는 두 가지 접기 연산이 있다는 사실과 두 연산 사이의 관계도 이미 배웠다.

예제 5-2는 foldRight로 sum과 product를 정의한 코드다. 여기서 foldRight는 접으려는 리스트와 항등원 그리고 접을 때마다 적용할 함수를 받는 함수다. 이런 식의 함수를 고차 함수(HOF, High Order Function)라고 부른다. 항등원은 분명히 foldRight가 인자로 받는 연산의 항등원이어야 한다. 그리고 foldRight가 받는 함수는 커리한 함수다(**커리한** 함수를 기억하지 못하는 독자는 3.1.6절을 살펴보라).

**예제 5-2** foldRight 구현과 foldRight를 사용한 sum과 product 구현

```
fun <A, B> foldRight(list: List<A>,     ---- A와 B는 타입을 나타낸다.
                     identity: B,        ---- 접기 연산의 항등원이다.
                     f: (A) -> (B) -> B): B =   ---- 연산자를 표현하는 함수로 커리한 형태여야 한다.
    when (list) {
        List.Nil -> identity
        is List.Cons -> f(list.head)(foldRight(list.tail, identity, f))
    }

fun sum(list: List<Int>): Int =     ---- 연산의 이름(sum과 product)
    foldRight(list, 0) { x -> { acc -> x + acc } }

fun product(list: List<Double>): Double =     ---- 연산의 이름(sum과 product)
    foldRight(list, 1.0) { x -> { acc -> x * acc } }
```

접기 연산을 산술 연산에만 적용할 수 있는 것은 아니다. 접기 연산을 사용해 문자로 이뤄진 리스트를 문자열로 바꿀 수도 있다. 이 경우 A와 B는 각각 Char와 String이라는 다른 타입이지만 접기 연산으로 문자열의 리스트를 문자열로 변환할 수 있다. 이제 concat을 접기 연산으로 어떻게 구현할 수 있을지 알겠는가?

그건 그렇고, foldRight 연산 자체는 단일 연결 리스트 자체와 비슷하다. 1, 2, 3이라는 리스트를 다음과 같이 생각해 보자.

```
Cons(1, Cons(2, Cons(3, Nil)))
```

오른쪽 접기와 비슷하다는 사실을 바로 깨달을 수 있다.

```
f(1, f(2, f(3, identity)))
```

Nil이 리스트 연결에서 항등원이라는 사실을 벌써 눈치챈 독자도 있을 것이다. 연결할 리스트의 리스트가 비어 있지 않다는 사실을 알고 있으면 Nil을 사용하지 않을 수 있다. 이때 쓰는 **접기** 연산은 접기라는 이름 대신 **축약**(reduce)이라는 이름으로 부른다. 리스트 원소 타입과 접는 함수 f가 반환하는 결과의 타입이 같을 때만[5] 축약이 가능하다. foldRight의 항등원으로 Nil을 넘기고 함수로 cons를 넘기면서 연습해 보자.

---

5 조금 더 생각해 보면 f의 반환 타입이 리스트의 원소 타입의 하위 타입인 경우도 축약이 가능함을 알 수 있다.

```
foldRight(List(1, 2, 3), List()) { x: Int ->
    { acc: List<Int> ->
        acc.cons(x)
    }
}
```

이렇게 하면 원래의 리스트와 원소 및 순서가 같은 새 리스트가 만들어진다. 다음 코드를 실행하면 이를 확실히 알 수 있다.

```
println(foldRight(List(1, 2, 3), List()) { x: Int ->
    { acc: List<Int> ->
        acc.cons(x)
    }
})
```

이 코드의 출력은 다음과 같다.

[1, 2, 3, NIL]

각 단계에서 어떤 일이 벌어지는지 추적해 보면 다음과 같다.

```
foldRight(List(1, 2, 3), List(), x -> acc -> acc.cons(x));
foldRight(List(1, 2), List(3), x -> acc -> acc.cons(x));
foldRight(List(1), List(2, 3), x -> acc -> acc.cons(x));
foldRight(List(), List(1, 2, 3), x -> acc -> acc.cons(x));
```

foldRight 함수를 동반 객체에 넣어야 한다. 그리고 List 클래스 안에 foldRight를 호출하면서 this를 전달하는 인스턴스 함수를 추가해야 한다.

```
fun <B> foldRight(identity: B, f: (A) -> (B) -> B): B =
    foldRight(this, identity, f)
```

## 연습문제 5-8

리스트의 길이를 계산하는 함수를 작성하라. foldRight를 사용해 작성하라.

**해법**

List 클래스 안에 직접 이 함수를 정의할 수 있다.

```
fun length(): Int = foldRight(0) { x -> { acc -> acc + 1 } }
```

안쪽 { acc -> acc + 1 }을 묵시적 인자 이름 it으로 간단하게 표현하면 {it + 1}이다. 이렇게 바꾸면 코드는 다음과 같아진다.

```
fun length(): Int = foldRight(0) { x -> { it + 1 } }
```

여기서 x는 리스트의 원소를 나타내지만, 길이를 계산할 때는 원소 값이 필요하지 않다. 이런 경우 불필요한 인자를 밑줄(_)로 표시하는 것이 코틀린의 관례다. 이에 맞춰 함수를 바꾸면 다음과 같다.

```
fun length(): Int = foldRight(0) { _ -> { it + 1 } }
```

파라미터가 쓰이지 않을 경우 그 파라미터를 없애도 결과는 같다(묵시적 인자인 it을 사용하는 경우인데, it을 생략한 것이라고 생각해도 된다). 이렇게 하면 코드가 다음과 같이 바뀐다.

```
fun length(): Int = foldRight(0) { { it + 1 } }
```

이 구현이 재귀적이라는 사실(따라서 리스트가 길어지면 스택을 다 쓸 수 있다)을 제외하더라도 성능이 나쁘다. 이 함수를 공재귀로 바꿔도 여전히 복잡도는 O(n)이다. 이는 길이를 계산하는 데 걸리는 시간이 리스트의 길이에 비례한다는 뜻이다. 다음 장에서는 연결 리스트의 길이를 상수 시간에 계산하는 방법을 다룬다.

## 연습문제 5-9

foldRight 함수는 재귀를 사용하지만 꼬리 재귀는 아니다. 따라서 이 함수는 스택을 빠르게 소모한다. 얼마나 빨리 스택을 소모하는가는 몇 가지 요소에 따라 달라진다. 그중 가장 중요한 요소는 스택의 크기다. foldRight를 사용하는 대신에 스택에 안전한 공재귀 함수인 foldLeft를 만들어라. 다음은 foldLeft의 시그니처다.

```
public <B> foldLeft(identity: B, f: (B) -> (A) -> B): B
```

힌트

foldLeft와 foldRight의 차이가 기억나지 않는다면 4장을 참조하라.

해법

동반 객체에 넣을 도우미 함수는 foldRight와 비슷하다. 다만 파라미터 함수 타입이 (A) -> (B) -> B가 아니고 (B) -> (A) -> B라는 점이 다르다. 두 번째 인자로 받은 리스트가 Nil(빈 리스트)이면 foldLeft 함수는 foldRight 함수와 똑같이 acc 누적기를 반환한다. 리스트가 비어 있지 않으면 (Cons) 파라미터로 받은 함수를 누적기와 리스트의 머리에 대해 적용한 후 자기 자신을 호출한다.

```
tailrec fun <A, B> foldLeft(acc: B, list: List<A>, f: (B) -> (A) -> B): B =
    when (list) {
        List.Nil -> acc
        is List.Cons -> foldLeft(f(acc)(list.head), list.tail, f)
    }
```

List 클래스에는 이 도우미 함수를 호출하는 주 함수가 들어간다.

```
fun <B> foldLeft(identity: B, f: (B) -> (A) -> B): B =
    foldLeft(identity, this, f)
```

## 연습문제 5-10

여러분이 만든 foldLeft를 사용해 스택을 안전하게 사용하는 sum, product, length 함수를 작성하라.

**해법**

다음은 foldLeft를 통해 구현한 sum 함수다.

```
fun sum(list: List<Int>): Int = list.foldLeft(0, { acc -> { y -> acc + y } })
```

foldLeft로 구현한 product 함수는 다음과 같다.

```
fun product(list: List<Double>): Double = list.foldLeft(1.0, { acc -> { y -> acc * y } })
```

다음은 foldLeft로 구현한 length 함수다.

```
fun length(): Int = foldLeft(0) { { _ -> it + 1 } }
```

여기서도 length의 두 번째 인자는 (foldLeft가 재귀적으로 호출될 때마다 나오는 리스트 원소가 전달된다) 쓰이지 않는다. 첫 번째 인자를 가리키는 데 it 키워드를 사용한다. 그 결과 여기에서는 첫 번째 인자를 가리키기 위해 명시적으로 이름을 지정하지 않고는 밑줄(_) 인자를 생략할 수가 없다. 예를 들면 다음과 같이 해야 _를 생략할 수 있다.

```
fun length(): Int = foldLeft(0) { acc -> { acc + 1 } }
```

이 구현도 foldRight를 사용한 버전만큼이나 효율이 낮기 때문에 프로덕션 코드에 사용해서는 안 된다. 이 구현이 스택을 날려버리지는 않지만 호출될 때마다 리스트의 모든 원소 개수를 하나하나 따져야 해서 느리다.

## 연습문제 5-11

foldLeft를 사용해 리스트를 뒤집는 함수를 작성하라.

[힌트]

항등원의 타입에 유의하라. 항등원의 타입을 명시해야 한다.

[해법]

왼쪽 접기로 리스트를 뒤집는 것은 간단하다. 빈 리스트를 누적기로 사용하고 cons 함수를 호출해 누적기 앞에 원소를 차례로 추가하라.

```
fun reverse(): List<A> = foldLeft(Nil as List<A>) { acc -> { acc.cons(it) } }
```

코드를 보면 알 수 있지만, Nil을 List로 타입 변환하면서 타입 파라미터를 지정해야 한다. 이렇게 하지 않으면 코틀린은 Nil을 반환 타입으로 생각한다. 앞에서 살펴본 reverse 구현에서는 List를 인자로 받는 도우미 함수를 사용해서 타입 변환이 암묵적으로 일어났다. Nil 대신 List()를 쓰면 코틀린이 타입을 제대로 추론할 수 있다. 하지만 List 클래스 안에서는 List()가 생성자 호출을 뜻하는데, List가 추상 클래스라서 생성자 호출이 금지되므로 여기서 바로 List()를 쓸 수 없다. 이 문제를 우회하는 다른 방법은 invoke 함수를 명시적으로 호출하는 것이다.

```
fun reverse(): List<A> = foldLeft(List.invoke()) { acc -> { acc.cons(it) } }
```

## 연습문제 5-12

foldLeft를 사용해 foldRight를 정의하라.

[힌트]

방금 구현한 함수를 활용하라.

[해법]

이 구현은 스택을 안전하게 사용하는(그러나 더 느리다) foldRight를 제공하기 때문에 유용할 수 있다.

```
fun <B> foldRightViaFoldLeft(identity: B, f: (A) -> (B) -> B): B =
    this.reverse().foldLeft(identity) { acc -> { y -> f(y)(acc) } }
```

유용성은 훨씬 덜하지만, foldLeft를 foldRight를 사용해 구현할 수도 있다. 실제로는 foldLeft를 통해 foldRight를 구현한 것도 똑같이 전혀 유용하지 않다. 9장에서 보겠지만 주로 길이가 길거나 무한한 지연 계산 컬렉션을 계산하지 않고 접을 때 foldRight를 사용하는 경우가 많다. reverse를 이런 리스트에서 호출하면 강제로 계산해 버리기 때문에 지연 계산을 사용하는 이점이 사라진다.

## 5.6.6 스택을 안전하게 사용하는 foldRight 만들기

앞에서 말한 것처럼 재귀적 foldRight 구현은 스택을 기반으로 하며 단지 개념을 보여주기 위한 것이지 프로덕션 환경에서 사용하고자 구현한 것은 아니다. 그리고 이 구현은 정적인 구현이다. 리스트 인스턴스에 foldRight를 구현하면 객체 표기법으로 함수 호출을 연쇄할 수 있어서 사용하기가 훨씬 더 쉽다.

### 연습문제 5-13

4장에서 배운 내용을 바탕으로 foldLeft를 명시적으로 사용하지 않고 공재귀 foldRight 함수를 구현하라. 이 함수를 coFoldRight라고 부르자.

> 힌트

도우미 함수를 동반 객체에 작성하고, 주 함수를 List 클래스에 작성하라. 여기서 트릭을 하나 써야 한다는 점에 유의하라. 이 트릭 때문에 여러분이 작성한 도우미 함수를 private으로 만들어야만 한다.

> 해법

트릭은 도우미 함수를 호출할 때 파라미터로 넘기는 리스트를 뒤집는다는 데 있다. 도우미 함수 자체는 모든 작업을 수행하지 않는다. 도우미 함수는 다음과 같다.

```
private tailrec fun <A, B> cofoldRight(acc: B,
                                       list: List<A>,
                                       identity: B,
                                       f: (A) -> (B) -> B): B =
    when (list) {
        List.Nil -> acc
```

```
            is List.Cons ->
                cofoldRight(f(list.head)(acc), list.tail, identity, f)
        }
```

그다음 이 도우미 함수를 호출하는 주 함수를 작성하라.

```
fun <B> cofoldRight(identity: B, f: (A) -> (B) -> B): B =
    cofoldRight(identity, this.reverse(), identity, f)
```

불행히도 이 구현도 foldLeft를 사용하는 버전과 마찬가지로 리스트를 모두 강제로 계산해 버리기 때문에 오른쪽 접기가 제공하는 주된 이점이 사라진다는 단점이 있다.

## 연습문제 5-14

concat을 foldLeft나 foldRight로 정의하라. 이 구현을 동반 객체에 넣고 앞에서 구현한 재귀적 구현을 없애라. 그리고 List 클래스 밖에 정의한 확장 함수로 이 함수를 호출하라.

**해법**

오른쪽 접기를 활용하면 쉽게 concat을 구현할 수 있다.[6]

```
fun <A> concatViaFoldRight(list1: List<A>, list2: List<A>): List<A> =
    foldRight(list1, list2) { x -> { acc -> Cons(x, acc) } }
```

왼쪽 접기를 사용한 다른 해법도 있다. 이 구현은 foldLeft를 통해 reverse를 구현한 것과 같다. 다만 첫 번째 리스트를 뒤집은 리스트에 foldLeft를 적용하면서 누적기로 두 번째 리스트를 사용하면 된다. 다음 구현에서 함수 참조(x::cons)를 사용하는 방법을 알아두길 바란다.

```
fun <A> concatViaFoldLeft(list1: List<A>, list2: List<A>): List<A> =
    list1.reverse().foldLeft(list2) { acc -> acc::cons }
```

함수 참조를 활용할 때 코드 읽기가 더 어려워진다고 생각한다면 람다를 사용해도 된다.

```
fun <A> concatViaFoldLeft(list1: List<A>, list2: List<A>): List<A> =
    list1.reverse().foldLeft(list2) { acc -> { y -> acc.cons(y) } }
```

---

[6] 함수형 프로그래밍에서는 관례적으로 a, b, x, y 등의 이름은 단일 값을, xs, ys 등의 변수 이름은 리스트 등 컬렉션을 표현할 때 쓴다. 여기 있는 예제 코드의 람다에서 저자는 { x -> { y -> ... } }처럼 인자 이름으로 x와 y를 썼지만, 이 두 인자는 타입도 다르고, foldRight에서 맡은 역할도 다르기 때문에 역할을 명시하는 이름(acc)을 쓰거나 타입을 알 수 있는 이름(ys나 list)을 사용하는 편이 더 낫다. 그에 맞춰 본문 예제를 변경했다.

foldRight를 사용한 구현과 마찬가지로 리스트 생성자를 직접 쓸 수도 있다.

```
fun <A> concatViaFoldLeft(list1: List<A>, list2: List<A>): List<A> =
    list1.reverse().foldLeft(list2) { acc -> { y -> Cons(y, acc) } }
```

foldLeft를 사용한 구현은 첫 번째 리스트를 먼저 뒤집어야 하기 때문에 덜 효율적이다. 하지만 재귀가 아니라 공재귀를 활용하므로 스택을 소비하지 않는다.

## 연습문제 5-15

리스트의 리스트를 받아서 내포된 리스트에 들어 있는 모든 원소를 펼친 평평한(flat) 리스트를 반환하는 함수를 만들라.

[힌트]

이 연산은 리스트 연결 연산을 연쇄적으로 수행한다. 전체 과정은 정수 리스트의 합계를 구하는 경우와 같다. 다만 정수를 리스트로, 덧셈 연산을 연결 연산으로 바꾸면 된다. 이 점을 제외하면 sum 함수와 이 함수는 완전히 같다.

[해법]

여기서도 접기 함수에 전달할 함수의 두 번째 부분(커링한 람다가 반환하는 내부 람다)에 람다 대신 함수 참조를 사용할 수 있다. 함수 참조를 사용한 { x -> x::concat }은 { x -> { acc -> x.concat(acc) } }라는 람다와 같다.[7]

```
fun <A> flatten(list: List<List<A>>): List<A> = list.foldRight(Nil) { x -> x::concat }
```

이 함수가 스택을 안전하게 쓰게 하려면 foldRight 대신에 coFoldRight를 쓰면 된다.

```
fun <A> flatten(list: List<List<A>>): List<A> = list.coFoldRight(Nil) { x -> x::concat }
```

---

7 [역주] List<List<A>> 타입인 리스트의 리스트를 평평하게 만들기 때문에 리스트의 원소인 x도 리스트고 누적 값인 acc도 리스트다. 그래서 concat을 사용해 두 리스트를 붙여야 한다.

## 5.6.7 리스트 매핑과 필터링

리스트에 적용하는 유용한 추상화를 많이 만들 수 있다. 그중 하나로 리스트의 모든 원소에 같은 함수를 적용해 리스트를 변환하는 것이 있다.

### 연습문제 5-16

정수의 리스트를 받아서 각 원소에 3을 곱한 리스트를 반환하는 함수를 작성하라.

> 힌트

지금까지 정의한 함수를 활용하라. 명시적으로 재귀(또는 공재귀)를 사용하지 말라. 재귀(또는 공재귀)를 단 한 번만 추상화하고 필요할 때마다 매번 다시 구현하지 않는 것이 목표다.

> 해법

빈 리스트를 항등원으로 foldRight를 적용해야 한다. 이때 함수 인자로는 원소에 3을 곱해 리스트 맨 앞에 붙여주는 함수를 사용한다.

```
fun triple(list: List<Int>): List<Int> =
    List.foldRight(list, List()) { h ->
        { acc: List<Int> ->
            acc.cons(h * 3)
        }
    }
```

항등원이나 함수의 t 파라미터에 대해 타입을 명시해야 한다. 코틀린의 타입 추론 한계 때문에 타입을 명시해야 한다. 이 작업에 왼쪽 접기를 사용할 수도 있다. 왼쪽 접기를 사용하면 스택을 안전하게 쓰기는 하지만, 리스트를 뒤집어야 한다. 따라서 결과를 다시 뒤집어야 한다.

### 연습문제 5-17

List<Double>의 모든 원소를 String으로 변환하는 함수를 작성하라.

> 해법

이 연산은 원하는 결과 타입의 빈 리스트(List<String> 타입)와 원래 리스트를 덧붙이되 누적기에 각 원소를 추가하기 전에 올바른 타입으로 원소를 변환하는 연산으로 볼 수 있다. 구현 결과는 concat 함수 구현과 비슷하다.

```
fun doubleToString(list: List<Double>): List<String> =
    List.foldRight(list, List()) { h ->
        { acc: List<String> ->
            acc.cons(h.toString())
        }
    }
```

## 연습문제 5-18

스택을 안전하게 사용하는 map 함수를 List 클래스에 정의하라. 이 함수는 리스트의 각 원소를 그 원소에 함수를 적용해 나온 결과로 변환한 새로운 리스트를 반환한다. 이번에는 map을 List의 인스턴스 함수로 만들어라. map의 시그니처는 다음과 같다.

```
fun <B> map(f: (A) -> B): List<B>
```

해법

스택을 안전하게 사용하기 위해 foldLeft를 사용하고 결과를 뒤집는다.

```
fun <B> map(f: (A) -> B): List<B> =
    foldLeft(Nil) { acc: List<B> -> { h: A -> Cons(f(h), acc) } }.reverse()
```

스택을 안전하게 사용하는 coFoldRight으로도 결과는 같다(다만 접은 결과를 뒤집는 대신 접기 전에 리스트를 뒤집어야 한다).

```
fun <B> map(f: (A) -> B): List<B> = coFoldRight(Nil) { h -> { acc: List<B> -> Cons(f(h), acc) } }
```

## 연습문제 5-19

주어진 술어(predicate)를 만족하지 않는 모든 원소를 리스트에서 제거하는 filter 함수를 작성하라. filter도 시그니처가 다음과 같은 인스턴스 함수로 정의하라.

```
fun filter(p: (A) -> Boolean): List<A>
```

해법

다음은 coFoldRight를 사용해 부모 List 클래스에 구현한 filter 함수다.

```
fun filter(p: (A) -> Boolean): List<A> =
    coFoldRight(Nil) { h -> { acc: List<A> -> if (p(h)) Cons(h, acc) else acc } }
```

## 연습문제 5-20

List<A> 타입인 리스트의 각 원소에 대해 A를 List<B>로 변환하는 함수를 적용한 다음, 결과 리스트들을 모두 연결해 평평하게 만든 List<B>를 반환하는 flatMap 함수를 작성하라. flatMap의 시그니처는 다음과 같다.

```
fun <B> flatMap(f: (A) -> List<B>): List<B>
```

예를 들어 List(1,-1,2,-2,3,-3)으로 다음과 같이 호출한다고 해보자.

```
List(1,2,3).flatMap { i -> List(i, -i) }
```

그러면 다음과 같은 리스트를 결과로 얻는다.

```
List(1,-1,2,-2,3,-3)
```

**해법**

flatMap 함수는 리스트를 반환하는 함수를 사용해 map을 호출한 것과 리스트의 리스트를 한 리스트로 만들어주는 flatten을 합성한 것으로 볼 수 있다. 따라서 가장 단순한 구현은 다음과 같다 (List 클래스 안에 정의함).

```
fun <B> flatMap(f: (A) -> List<B>): List<B> = flatten(map(f))
```

## 연습문제 5-21

flatMap을 바탕으로 새로운 filter를 작성하라.

**해법**

다음은 가능한 구현 중 하나다.

```
fun filter(p: (A) -> Boolean): List<A> = flatMap { a -> if (p(a)) List(a) else Nil }
```

여기서 map, flatten, flatMap 사이에 강력한 관계가 존재한다는 사실을 기억하길 바란다. 값을 리스트로 변환하는 함수를 리스트에 map 한다면 리스트의 리스트를 얻는다. 그 후 flatten을 적용하면 리스트의 리스트 안에 들어 있는 모든 원소를 포함하는 단일 리스트를 얻는다. `flatMap`을 쓰면 `map` 한 다음에 `flatten` 한 결과와 똑같은 결과를 바로 얻을 수 있다.

## 5.7 요약

- 여러 데이터를 전체적으로 취급할 수 있어서 데이터 구조는 프로그래밍에서 가장 중요한 개념이다.
- 단일 연결 리스트는 함수를 활용한 프로그래밍에서 효율적인 데이터 구조다. 단일 연결 리스트는 상수(그리고 아주 짧은) 시간에 맨 앞에 원소를 추가하거나 삭제하는 연산을 제공하면서 불변 리스트의 장점을 제공한다. 이는 코틀린의 (불변) 리스트와 달리 단일 연결 리스트에서는 맨 앞에 원소를 추가하거나 삭제하는 연산의 경우 어떤 복사도 일어나지 않기 때문이다.
- 데이터 공유를 사용하면 전부는 아니지만 일부 연산에서 아주 좋은 성능을 얻을 수 있다.
- 구체적인 용례에서 더 좋은 성능을 제공하는 데이터 구조를 특별히 만들 수 있다.
- 함수를 재귀적으로 적용함으로써 리스트를 접을 수 있다.
- 공재귀를 사용하면 스택 오버플로가 발생할 위험이 없이 리스트를 접을 수 있다.
- `foldRight`와 `foldLeft`를 정의하면 리스트를 처리하기 위해 재귀(또는 공재귀)를 다시 사용하지 않아도 된다. `foldRight`와 `foldLeft`가 재귀(또는 공재귀)를 추상화하기 때문이다.

# 6장
# 선택적 데이터 처리하기

6.1 널 포인터의 문제점
6.2 코틀린이 널 참조를 처리하는 방식
6.3 널 참조에 대한 대안
6.4 Option 타입 사용하기
6.5 요약

**이 장에서 다루는 내용**
- null 참조 또는 '십억 불짜리 실수' 살펴보기
- null 참조에 대한 대안 알아보기
- 선택적 데이터를 처리하기 위한 Option 데이터 타입 개발하기
- 선택적 값에 함수 적용하기
- 선택적 값 합성하기

컴퓨터 프로그램에서는 선택적 데이터를 표현하는 것이 항상 문제였다. 선택적 데이터라는 개념은 간단하다. 일상에서는 물건이 용기에 들어간다면 (물건의 종류와는 관계 없이) 아무것도 없는 빈 용기를 통해 물건이 없다는 사실을 쉽게 표현할 수 있다. 예를 들어 사과가 없다는 사실을 빈 사과 바구니로 표현할 수 있다. 차에 휘발유가 없다는 사실은 빈 휘발유 통으로 표현할 수 있다. 하지만 컴퓨터 프로그램에서 데이터가 존재하지 않는다는 사실을 표현하기는 조금 어렵다.

많은 데이터가 데이터를 가리키는 참조를 통해 표현된다. 따라서 데이터가 없음을 표현하는 가장 뻔한 방법으로 아무것도 가리키지 않는 포인터를 사용한다. 이런 포인터를 **널 포인터**(null pointer)라고 부른다. 영어에서 **널**은 아무것도 없다는 뜻이다. 코틀린에서는 어떤 값을 가리키기 위해 **참조**(reference)를 사용한다.

상당수의 프로그래밍 언어에서는 참조를 변경해 새로운 값을 가리키게 할 수 있다. 이로 인해서 **변수**(variable)라는 말이 **참조**라는 말을 대신하는 경우가 자주 있다. 참조를 담는 변수가 생긴 다음, 매번 그 변수에 새로운 (정상적인) 값을(또는 정상적인 참조를) 대입하기만 한다면 **변수**라는 용어는 그리 큰 문제가 되지 않는다. 이런 경우에는 **변수**라는 말을 **참조** 대신 써도 문제가 없다. 하지만 재대입할 수 없는 참조를 사용하는 경우에는 상황이 달라진다. 재대입이 불가능한 참조를 도입하면 변수는 가변 변수와 불변 변수, 두 종류로 나뉜다. 이때는 **참조**라는 용어를 사용하는 편이 더 안전하다.

일부 참조는 null로 만들어진 후 나중에 정상 값을 가리키게 변경할 수 있다. 데이터가 제거되면 이 변수에 다시 null을 대입할 수도 있다. 이런 경우에는 **변수**라고 부르는 편이 안전하다. 이때 **변수**는 변할 수 있는 **참조**라는 뜻이다.

반대로 값을 가리키지 않고는 생성 자체가 불가능하며 일단 값을 가리키게 된 다음에는 다른 값을 가리키게 바꿀 수 없는 참조도 있다. 이런 참조를 때로는 **상수**(constant)라고 부른다. 예를 들어 자바에서는 변수를 상수로 만드는 final 키워드를 붙이지 않고 정의한 변수는 모두 변수다. 코틀린에서는 var라는 키워드로 변할 수 있는 참조를 선언하고, 변할 수 없는 참조는 val로 선언하며 이를 **불변 참조**(immutable reference)라고 부른다.

처음에는 선택적 데이터가 var로 참조하는 경우에만 해당한다고 생각할지도 모른다. 나중에 언젠가 구체적인 데이터를 가리키게 하려는 의도가 없다면 대체 아무것도 가리키지 않는 참조를 만들 필요가 어디에 있겠는가? 그렇다면 데이터가 없음을 어떻게 표현할 수 있을까? 가장 일반적인 방법은 **널 참조**(null reference)라는 참조를 사용하는 것이다. 널 참조는 아무것도 가리키지 않는 참조다. 나중에 이 참조가 어떤 데이터를 가리키도록 대입할 수 있다.

이 장에서는 선택적 데이터를 처리하는 방법을 배운다. 선택적 데이터는 오류가 발생하지 않았는

데 데이터가 존재하지 않는 경우를 표현한다. 먼저 널 포인터의 문제점부터 설명한다. 그리고 바로 이어서 코틀린이 널 참조를 어떻게 처리하는지 설명하고 널 참조 대신 코틀린에서 사용 가능한 대안을 살펴본다. 그리고 이 장의 나머지 부분에서는 선택적 데이터를 처리하기 위한 해법으로 Option 타입을 만들고 활용하는 방법을 알아본다. Option 타입을 사용하면 데이터가 없는 경우에도 함수를 합성할 수 있다.

## 6.1 널 포인터의 문제점

널 참조를 허용하는 프로그램에서 가장 자주 발생하는 버그는 NullPointerException이다. 이 예외는 아무것도 가리키지 않는 식별자를 역참조(dereference)할 때 발생한다. 즉, 데이터가 필요한 부분에서 그 데이터가 없다는 사실을 발견한 경우에 이런 버그가 발생한다. 이때 식별자가 **널**(null)을 가리키고 있다고 이야기한다. 이 절에서는 널 참조의 문제점을 살펴본다.

1965년 알골(ALGOL)이라는 명령형 언어를 설계할 때, 토니 호어(Tony Hoare)가 널 참조를 발명했다. 그는 나중에 널 참조를 발명한 것을 후회했다. 다음은 2009년 그가 말한 내용이다.[1]

> 나는 그것(널 참조)을 십억 불짜리 실수라고 부른다. 내 목표는 컴파일러가 자동으로 검사하는 방식으로 모든 참조 사용이 절대적으로 안전함을 확신하는 것이었다. 하지만 구현하기 너무 쉬웠기 때문에 널을 참조에 넣고 싶은 유혹에 저항할 수 없었다. 이 때문에 수많은 오류, 취약점, 시스템 고장이 생겨났고, 지난 40년간의 고통과 손해는 아마 십억 불 정도일 것이다.

40년이 지난 지금이라면 널 참조를 사용하지 않아야 한다는 것이 상식이 되고도 남아야겠지만, 현실은 그와 거리가 멀다. 코틀린 프로그램에도 사용하는 자바 표준 라이브러리에 데이터가 없는 경우 파라미터를 null로 설정해야 하는 메서드와 생성자가 존재한다. 예를 들어 java.net.Socket 클래스를 보자. 이 클래스의 생성자 정의는 다음과 같다.

---

[1] 토니 호어, "널 참조: 십억 불짜리 실수(Null Reference: The Billion Dollar Mistake)" (QCon, 2009년 8월 25일), http://www.infoq.com/presentations/Null-References-The-Billion-Dollar-Mistake-Tony-Hoare

```
public Socket(String address,
              int port,
              InetAddress localAddr,
              int localPort) throws IOException
```

문서[2]를 보면 다음과 같다.

> 로컬 주소(localAddr)를 null로 설정하면 address로 주어진 주소를 로컬 주소로 설정하는 것과 같다.

여기서는 널 참조가 올바른 파라미터다. 이런 경우를 **비즈니스 널**(business null)이라고 부른다. 이런 식으로 데이터가 없음을 표현하는 일이 객체에만 한정된 것은 아니다. 포트도 존재하지 않을 수 있다. 하지만 자바에서는 port가 원시 타입이기 때문에 null로 포트를 설정할 수는 없어서 다음과 같은 일이 벌어진다.

> 로컬 포트 번호를 0으로 설정하면 소켓 주소를 바인드할 때 시스템이 비어 있는 포트를 소켓 로컬 포트로 할당한다.

이런 종류의 값을 때로는 **센티넬 값**(sentinel value)이라고 부른다.[3] 이 값은 0이라는 값 자체를 표현하기 위한 것이 아니고 포트 값이 존재하지 않음을 표현하기 위한 것이다. 자바 표준 라이브러리에서 이런 식으로 데이터가 없음을 표현하는 경우를 많이 찾을 수 있다.

다른 비즈니스 널도 있다. HashMap에서 맵에 들어 있지 않은 키에 해당하는 값을 찾으면 null을 얻는다. 이 결과가 오류일까? 알 수 없다. 어쩌면 키는 올바른 키지만 맵에 등록되지 않았을 뿐일지도 모르고, 키 자체는 올바른 값이어서 맵 안에 해당하는 값이 있어야 하는데 키를 계산하는 과정에서 오류가 발생해서 키 값이 잘못된 것일 수도 있다. 예를 들어, 키가 의도적이건 오류에 의한 것이건 null일 수도 있지만 예외가 발생하지는 않는다. 심지어 HashMap이 null을 키로 저장할 수 있기 때문에 null 키에 대해 null이 아닌 값이 나올 수도 있다. 상황이 완전히 엉망진창이다. 여러분은 전문가로서 이런 상황을 어떻게 정리할지 알아야 한다.

- 참조가 null인지 아닌지를 확인하지 않고는 절대 참조를 사용하지 말아야 한다(함수가 받는 모든 객체 파라미터에 대해 이를 확인해야 한다).
- 맵 안에 키가 존재하는지 아닌지를 먼저 확인하지 않고는 절대 맵에서 값을 가져와서는 안 된다.

---

[2] https://docs.oracle.com/en/java/javase/11/docs/api/java.base/java/net/Socket.html
[3] 역주 센티넬은 문지기를 뜻한다. 문자열의 맨 끝을 표현하는 널 문자 같이 데이터나 항목의 끝을 표현하는 특별한 값을 보통 센티넬이라고 한다.

- 리스트 원소를 인덱스로 참조할 경우에는 리스트가 비어 있지 않고 리스트 길이가 원하는 인덱스 값보다 크다는 사실을 확인하지 않고는 절대 리스트에서 원소를 얻으려 해서는 안 된다.

이 세 가지를 모두 지킨다면 절대 NullPointerException이나 IndexOutOfBoundsException을 마주치는 일이 없고, 다른 구체적인 보호장치가 없어도 널 참조를 사용하며 살 수 있다. 하지만 이 세 가지 규칙을 지키는 것을 잊으면 때로 이런 끔찍한 예외를 마주치게 될 것이다. 여러분은 값이 존재하지 않는 이유가 오류의 결과이든 프로그래머의 의도이든 관계없이 값이 없음을 표현하는 더 쉽고 안전한 방법을 원할 것이다. 이 장에서는 오류의 결과로 값이 없는 경우가 아니라 정상적인 상황인데 값이 없는 경우를 표현하는 방법을 배운다. 이런 (오류 때문에 생긴 것이 아닌 정상적인 경우인) 데이터를 **선택적 데이터**(optional data)라고 부른다.

선택적 데이터를 처리하는 트릭은 항상 존재해 왔다. 알려진 트릭 중 가장 자주 쓰이는 것은 리스트다. 함수가 값을 반환할 수도 있고 아무것도 반환하지 않을 수도 있을 때 일부 프로그래머는 리스트를 반환 값으로 사용한다. 이 리스트에는 원소가 0개 또는 1개 있을 수 있다. 리스트를 사용하는 방법은 아주 잘 동작하지만, 몇 가지 단점이 있다.

- 리스트의 원소를 최대 하나로 제한할 방법이 없다. 리스트에 원소가 둘 이상 들어 있으면 어떻게 해야 할까?
- 원소를 최대 하나만 담을 수 있는 리스트와 일반 리스트를 어떻게 구분할 수 있을까?
- List 클래스에는 리스트에 원소가 여럿 있다는 사실을 전제로 만들어진 함수가 많다. 이런 함수는 값의 부재와 존재를 구분하려는 용례에는 쓸모가 없다.
- 여러분에게는 리스트처럼 복잡한 데이터 구조가 필요하지 않다. 훨씬 단순한 구현으로도 충분하다.

## 6.2 코틀린이 널 참조를 처리하는 방식

2장에서 코틀린이 널 참조를 처리하는 방법을 배웠다. 코틀린에서 일반 타입은 널일 수 없다. 참조에 일반 타입을 지정하면 그 참조는 var(변수)이든 val(상수)이든 관계없이 결코 널을 가리킬 수 없다. val 참조가 null인 경우는 거의 말도 되지 않는다. 그 반면에 var가 null인 경우는 유용할 때도 있어 보인다. 때로는 타입을 지정해 참조를 선언하되 아무런 값도 대입하지 않고 싶을 때가 있을 것이다. 이런 참조가 제대로 어떤 영역에 들어가게 하려면 어떤 시점에는 반드시 참조를 선언해야 한다. 다음 예를 생각해 보자.

```
while(enumeration.hasNext()) {
    result = process(result, enumeration.next())
}
use(result)
```

이 예제에서는 enumeration에 더 이상 원소가 없을 때까지 루프 안에서 원소를 조합한다. 이 경우 어디에서 result를 선언해야 할까? 그리고 그 선언에는 어떤 초깃값을 사용해야 할까? 머릿속에 떠오르는 한 가지 해법은 루프 밖에서 enumeration의 첫 번째 원소를 처리하는 방법이다.

```
var result = process(enumeration.next())
while(enumeration.hasNext()) {
    result = process(result, enumeration.next())
}
use(result)
```

하지만 enumeration에 원소가 없으면 이 방식은 오류가 발생한다. 일반적인 해법은 result 참조를 null로 선언하는 것이다.

```
var result = null
while(enumeration.hasNext()) {
    result = process(result, enumeration.next())
}
use(result)
```

이제는 use 함수가 result가 null인 경우를 처리해야 한다(루프 밖에서 첫 번째 값에 대해 process를 호출하는 해법에서는 인자를 하나만 받는 오버로딩한 함수를 사용했다). 여기서 null은 비즈니스 널이고, 그 의미는 이번 이터레이션이 첫 번째 이터레이션이라는 것이다. 하지만 코틀린은 이런 코드를 금지한다.

코틀린은 널 참조를 사용한다. 하지만 여러분이 참조가 널이 될 수 있다는 사실을 인식하고 있다는 사실을 컴파일러에 반드시 알려야만 한다. 컴파일러에 알리는 것만으로는 NullPointerException 발생을 방지할 수 없지만, 여러분에게 NullPointerException 발생을 막을 책임이 있음을 알리는 효과가 있다. 이는 마치 경고문과 같다. 여러분이 null 참조를 사용한다면 여러분 스스로 책임을 져야 한다. 코틀린 컴파일러는 여러 가지 방법으로 여러분을 도와주고, 가변 참조를 사용하는 프로그래머에게 이는 큰 도움이 된다. 한편 변이 사용을 피하는 프로그래머는 널 참조를 사용하지 않는다. 하지만 널을 사용하지 않는 경우에도 코틀린에서 널이 될 수 있는 타입을 표현하는 방식은 안전한 프로그래밍에 큰 도움이 된다. 코틀린을 사용하면 프로그래머들이 자신의 코드 안에서 널 참조가 전혀 존재하지 않음을 확신할 수 있다.

2장 내용을 기억한다면 알고 있겠지만(널이 될 수 있는 타입과 널이 될 수 없는 타입에 대한 간략한 설명이 2.8절에 있다), 일반 타입에 대한 참조는 null로 설정할 수 없다. 어떤 참조를 null로 설정하고 싶다면 널이 될 수 있는 타입을 사용해야만 한다. 널이 될 수 있는 타입은 일반적인 널이 될 수 없는 타입과 똑같은 타입 이름을 쓰되 뒤에 물음표(?)를 덧붙인 타입이다. Int 타입의 참조는 절대 null을 가리킬 수 없지만, Int? 타입의 참조는 null을 가리킬 수 있다. 이제부터는 항상 널이 될 수 없는 타입만 사용한다. 따라서 코드에서 NullPointerException을 마주치는 일이 없을 것이다.

## 6.3 널 참조에 대한 대안

이제 여러분은 자신의 코드에서 NullPointerException이 절대 발생하지 않음을 안다. 그렇지 않은가? 흠, 그러나 코틀린 라이브러리에 있는 여러 함수가 널이 될 수 있는 타입의 파라미터를 받고 널이 될 수 있는 타입의 값을 반환하기 때문에 모든 게 그렇게 단순하지만은 않다. 널이 될 수 없는 타입이 널이 될 수 있는 타입의 하위 타입이기 때문에 널이 될 수 있는 값을 인자로 받는 함수는 문제되지 않는다. Int는 Int?의 하위 타입이고 String은 String?의 하위 타입이다. 따라서 널이 될 수 있는 타입을 인자로 받는 함수에 항상 널이 될 수 없는 타입의 값을 넘길 수 있다.

하지만 반환 값은 훨씬 큰 문제다. Map을 예로 보자. 코틀린에서 다음 코드는 컴파일되지 않는다.

```
val map: Map<String, Person> = ...
val person: Person = map["Joe"]
```

컴파일되지 않는 이유는 map["Joe"]가 map.get("Joe")의 편리 문법(syntactic sugar)[4]이기 때문이다. Map의 get 함수는 Joe라는 이름의 사람이 있으면 Person을 반환하거나 아무것도 없다는 사실을 반

---

4 역주 언어에 꼭 필요하지 않고 중복이라 할 수 있지만, 프로그래머가 편리하게 사용할 수 있도록 제공하는 문법을 말한다.

환해야 한다. 어떻게 함수가 아무것도 없다는 사실을 반환할 수 있을까? null을 반환함으로써 아무것도 없음을 알릴 수 있다. 여러분의 코드에서는 겨우 null을 쫓아낼 수 있다고 해도 결국 여러분이 사용하는 라이브러리에서 null을 보게 될 것이다. 여러분이 만든 라이브러리만 사용하고 다른 라이브러리는 전혀 사용하지 않는 방법도 있다. 물론 이런 방법도 해법이 될 수 있지만, 해야 할 일이 너무 많아진다. 다른 해법으로는 null을 반환하는 함수를 다른 어떤 값을 반환하는 함수로 감싸는 방법이 있다. 하지만 어떻게 그럴 수 있을까?

라이브러리만의 문제도 아니다. 다음 코드는 선택적 데이터를 반환하는 함수의 예다.

```
fun mean(list: List<Int>): Double = when {
    list.isEmpty() -> TODO("What should you return?")
    else -> list.sum().toDouble() / list.size
}
```

mean 함수는 3.1.3절에서 살펴본 부분 함수에 속한다. mean은 빈 리스트를 제외한 모든 리스트에 대해 값을 돌려준다. 어떻게 빈 리스트를 처리할 수 있을까? 가능한 방법 하나는 센티넬 값을 반환하는 것이다. 어떤 값을 센티넬로 쓸 수 있을까? 타입이 Double이므로 Double 클래스에 정의된 값을 사용할 수 있다.

```
fun mean(list: List<Int>): Double = when {
    list.isEmpty() -> Double.NaN
    else -> list.sum().toDouble() / list.size
}
```

Double.NaN(Not a Number, 수가 아님)이 Double 값이므로 이 코드는 잘 작동한다. 지금까지는 너무 좋다. 하지만 세 가지 문제가 있다.

- 같은 원칙을 반환 값이 Int? 타입인 함수에 적용하려면 어떻게 해야 할까? Int 클래스는 NaN에 해당하는 값을 제공하지 않는다.
- 사용자에게 이 함수가 센티넬 값을 반환한다는 사실을 어떻게 알려줄 수 있을까?
- 다음과 같은 제네릭 함수를 어떻게 처리할 수 있을까?

    ```
    fun <T, U> f(list: List<T>): U = when {
        list.isEmpty() -> ???
        else -> ... (U를 만들어내는 계산)
    }
    ```

다른 해법으로는 예외를 던지는 것이 있다.

```
fun mean(list: List<Int>): Double = when {
    list.isEmpty() -> throw IllegalArgumentException("Empty list")
    else -> list.sum().toDouble() / list.size
}
```

하지만 이 해법은 해결하는 문제보다 더 많은 문제를 발생시킨다.

- 예외는 보통 오류 값으로 취급된다. 하지만 여기서는 오류가 발생한 것이 아니다. 입력이 없어서 결과가 없는 것뿐이다! 아니면 이 함수에 빈 리스트가 넘어가는 것을 버그로 취급해야 하는 것일까?
- 어떤 예외를 던져야 할까? 표준 예외? 여러분이 만든 전용 예외?
- 함수가 더 이상 순수 함수가 아니게 된다. 그리고 다른 함수와 더 이상 호환할 수 없다. 이 함수를 합성하려면 try ... catch 같은 제어 구조를 채택해야 하지만, 이는 goto를 현대적으로 바꾼 형태일 뿐이다.

null을 반환하고 호출하는 쪽에서 null인 경우를 처리하게 할 수도 있다.

```
fun mean(list: List<Int>): Double? = when {
    list.isEmpty() -> null
    else -> list.sum().toDouble() / list.size
}
```

일반적인 언어에서 null을 반환하는 것은 가장 나쁜 해법이다. 널을 반환함으로써 자바와 같은 언어에서 벌어진 일을 생각해 보자.

- (이상적인 경우) 널을 사용하면 호출하는 쪽에서 결과가 null인지 검사하고 그에 따라 적절히 행동하도록 강제한다.
- 박싱을 사용하는 경우 null 참조를 원시 타입 값으로 언박싱할 수 없기 때문에 NullPointerException이 발생하면서 프로그램이 끝나 버린다.
- 예외를 사용하는 경우와 마찬가지로 이런 함수도 더 이상 합성이 불가능해진다.
- 최초 발생한 장소로부터 아주 멀리 문제가 전파될 수 있다. 호출하는 쪽에서 null 검사를 잊어버리면 코드 아무 데서나 NullPointerException이 발생할 수 있다.

코틀린은 이 상황을 어느 정도 개선한다.

- 널이 될 수 있는 타입을 선택하면 호출한 쪽에서 null인 경우를 반드시 처리하도록 강제한다.
- 코틀린은 원시 타입이 없으므로 박싱도 없고, 그에 따라 널 참조를 언박싱하면서 프로그램이 잘못되는 경우도 (적어도 사용자 수준에서는) 없다.
- 널이 될 수 있는 타입을 반환하는 함수를 안전하게 합성할 수 있는 연산자를 제공한다(자세한 내용은 2장을 보라).
- 코틀린이 널의 전파를 막지는 않지만, 발생한 널을 처리해야 할 책임도 (타입 추론을 따라) 전파되기 때문에 문제가 발생해도 덜 심각해진다.

앞에서 이야기했듯이 다른 언어처럼 아예 해법이 없는 것보다는 코틀린 수준의 해법이라도 있는 편이 낫다. 물론 코틀린의 해법도 이상적인 경우와는 거리가 멀다. 더 나은 해법은 데이터가 없을 때 사용할 특별한 값을 지정하라고 사용자에게 부탁하는 방법이다. 예를 들어 다음 함수는 리스트의 최댓값을 계산한다. 이 함수는 Int?를 반환하는 코틀린 List.max() 함수를 사용한다. 하지만 리스트가 비어 있을 때 반환할 특별한 값을 인자로 받아 사용함으로써 반환 값을 Int?가 아닌 Int로 만들 수 있다.

```kotlin
fun max(list: List<Int>, default: Int): Int = when {
    list.isEmpty() -> default
    else -> list.max()
}
```

하지만 list.max()가 Int? 타입의 값을 반환하기 때문에 이 코드는 컴파일되지 않는다(이 함수의 반환 값은 결코 null이 될 수 없지만, 코틀린은 이 사실을 알 수 없다). 여러분은 이런 경우 코틀린에서 사용하는 전형적인 해법을 이미 알고 있다.

```kotlin
fun max(list: List<Int>, default: Int): Int = list.max() ?: default
```

하지만 기본 값(default value)이 없는 경우에는 어떻게 해야 할까? 경우에 따라서는 나중에 기본 값을 받을 수도 있고, 값이 있는 경우에는 어떤 효과를 적용하고 그렇지 않은 경우에는 아무 일도 하고 싶지 않을 때도 있을 것이다. 앞에서 정의한 max 함수를 사용하는 다음 코드를 보자.

```kotlin
val max = max(listOf(1, 2, 3), 0)

println("The maximum is $max")
```

리스트가 비어 있지 않으면 이 코드는 결과를 제대로 출력한다. 그러나 리스트가 비어 있으면 이 코드는 'The maximum is 0'를 출력한다. 그러나 이 출력은 맞지 않다. 무엇보다도 최댓값은 0이 아니다. 그냥 최댓값이 없을 뿐이다. 다음과 같이 코드를 바꿀 수도 있다.

```
val max = max(listOf(1, 2, 3), 0)

print(if (max != 0) "The maximum is $max\n" else "")
```

하지만 이렇게 코드를 바꾸면 리스트에 0만 들어가 있거나 최댓값이 0인 경우에 문제가 생긴다. 이를 해결하기 위해 전통적인 해법을 사용할 수 있다.

```
val max = listOf(1, 2, 3).max()

if (max != null) println("The maximum is $max")
```

다시 널 참조를 해결해야 하는 문제로 돌아와 버렸다. 뭔가 더 좋은 해법이 있어야 한다!

## 6.4 Option 타입 사용하기

이 장의 나머지 부분에서는 선택적인 값을 처리하는 Option 타입을 만든다. 여기서 만들 Option 타입은 List 타입과 비슷하다. 데이터가 있는 경우와 데이터가 없는 경우를 표현하는 두 가지 내부 하위 타입이 있는 봉인된 추상 클래스로 Option을 정의한다.

데이터 부재를 나타내는 하위 클래스를 None이라고 부른다. 데이터 존재를 나타내는 하위 클래스는 Some이다. Some 안에는 대상 값이 저장된다. 그림 6-1은 Option 타입을 사용하면 함수 합성이 어떻게 달라지는지 보여준다.

▼ 그림 6-1 선택적 데이터를 위해 Option을 사용하면 데이터가 없는 경우에도 함수를 합성할 수 있다. Option 타입이 없으면 합성 함수가 NullPointerException을 발생시킬 수 있어 함수를 만들어낼 수 없다.

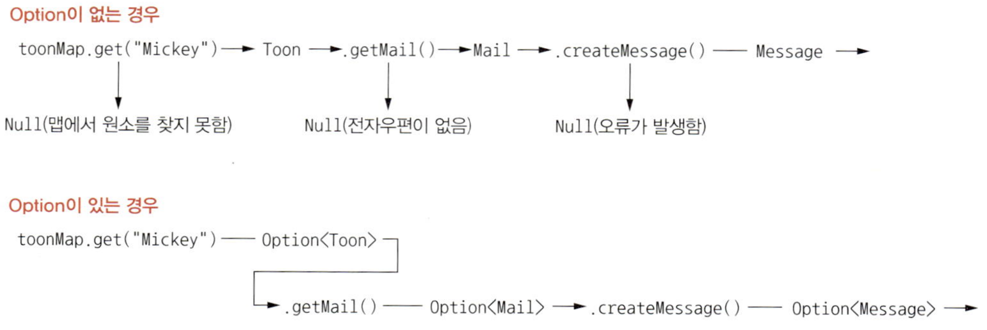

**Option이 없는 경우**

toonMap.get("Mickey") → Toon → .getMail() → Mail → .createMessage() → Message →

Null(맵에서 원소를 찾지 못함)   Null(전자우편이 없음)   Null(오류가 발생함)

**Option이 있는 경우**

toonMap.get("Mickey") — Option<Toon>
└ .getMail() — Option<Mail> → .createMessage() — Option<Message> →

다음은 Option 데이터 타입의 코드를 보여주는 예제다.

**예제 6-1** Option 데이터 타입

```kotlin
sealed class Option<out A> {      ---- Option은 A에 대해 공변적이다.
    abstract fun isEmpty(): Boolean

    internal object None: Option<Nothing>() {   ---- None은 모든 타입에 대해 사용할 수 있는 싱글턴 객체다.
        override fun isEmpty() = true
        override fun toString(): String = "None"
        override fun equals(other: Any?): Boolean =
            other === None    ---- 데이터가 없는 경우는 모두 다 같다고 취급한다.
        override fun hashCode(): Int = 0
    }

    internal data class Some<out A>(internal val value: A) : Option<A>() {  ----
        override fun isEmpty() = false
    }

    companion object {
        operator fun <A> invoke(a: A? = null): Option<A>   ---- operator 키워드로
            = when (a) {                                        invoke 함수를 정의한다.
                null -> None
                else -> Some(a)
            }
    }
}
```

Some의 인스턴스는 value에 저장된 값이 같은 경우에만 동등하며 데이터 클래스이기 때문에 이런 동등성 비교 함수를 컴파일러가 자동으로 제공한다.

이 예제에서 Option과 List가 얼마나 비슷한지 볼 수 있다. 둘 다 추상 클래스이며 안에 두 가지 구현이 들어 있다. None 하위 클래스는 Nil과 비슷하고, Some 하위 클래스는 Cons와 비슷하다. 그리고 invoke 함수를 살펴보라. 기본 값으로 null을 사용하는 것은 지저분한 트릭처럼 보인다. 원한다면 인자를 받지 않는 버전으로 invoke를 오버로딩하라. 이제 Option을 max 함수를 정의하는 데 사용하면 다음과 같은 함수를 만들 수 있다.

```
fun max(list: List<Int>): Option<Int> = Option(list.max())
```

이 코드에 있는 그대로라면 Option이 유용하지 않다. 여러분이 할 수 있는 일은 결과가 비어 있는지 확인하거나 객체를 출력하는 것뿐이다. 값을 반환하는 함수를 추가할 수도 있지만, None에 대해 이 함수를 호출하면 null을 반환하거나 예외를 던져야 한다. null을 반환하면 Option의 목표를 완전히 허사로 만든다. 예외를 던지면 합성을 하더라도 일반적인 합성 가능한 결괏값과는 다른 방식으로 합성을 해야 하거나 아예 합성이 불가능하기 때문에 좋지 않다. 자바를 다뤄봤다면 자바의 Optional 클래스에는 값이 있으면 값을 돌려주고 값이 없으면 예외를 던지는 get이라는 메서드를 알고 있을 것이다.

다음은 오라클(Oracle)의 자바 언어 아키텍트인 브라이언 고에츠(Brian Goetz)가 Optional에 관해 말한 내용이다.[5]

> 공익을 위한 공고: 내용이 null이 아니라고 확실히 증명할 수 없다면 **절대** Optional.get을 호출하지 말라. 그 대신에 orElse나 ifPresent 같이 안전한 메서드를 사용하라. 과거를 돌아보건대, get이라는 이름에 getOrElseThrowNoSuchElementException이나 get 메서드를 사용하면 Optional을 애초에 도입했던 목적에 위배된다는 사실을 확실히 알 수 있는 다른 이름을 붙였어야 한다. 우리는 이렇게 또 한 가지를 배웠다.

실제로는 훨씬 더 간단하다. 자바 Optional에는 절대 get이라는 메서드가 들어 있으면 안 되고, Option 클래스에도 그런 메서드를 넣어서는 안 된다. 이유는 Option이 선택적 데이터를 안전하게 처리할 수 있는 계산 환경(computational context)을 제공하기 때문이다. 선택적 데이터는 안전하지 않을 수 있다. 그래서 이 데이터를 안전하게 사용할 수 있는 환경에 넣어 사용해야 한다. 그에 따른 결과로 Option이라는 안전한 환경 안에 들어 있는 위험한 값을 안전한 값으로 바꾸기 전에는 **절대로** 안전한 환경에서 꺼내서는 안 된다.

---

[5] "자바 8의 getter는 Optional 타입을 반환해야 하나요?"라는 스택 오버플로 질문에 대한 브라이언 고에츠의 답변(October 12, 2014), https://stackoverflow.com/questions/26328555

## 6.4.1 Option에서 값 가져오기

List에서 만들었던 여러 함수가 Option에서도 유용하다. 하지만 이런 함수를 만들기 전에 먼저 Option에서만 사용할 수 있는 용례를 몇 가지 살펴보자. 기본 값을 사용하는 경우를 기억하는가?

### 연습문제 6-1

값이 있으면 저장된 값을 반환하고, 값이 없으면 기본 값을 반환하는 getOrElse를 구현하라. 이 함수의 시그니처는 다음과 같다.

```
fun getOrElse(default: A): A
```

| 해법 |

이 함수는 Option 클래스 안에 정의되며 A 타입의 값을 인자로 받기 때문에 공변성에 위배된다. 따라서 5.6.5절에서 설명한 것처럼 @UnsafeVariance 애너테이션으로 변성 검사를 비활성화해야 한다.

```
fun getOrElse(default: @UnsafeVariance A): A = when (this) {
    is None -> default
    is Some -> value
}
```

이제는 옵션을 반환하는 함수를 정의하고 다음처럼 반환 값을 투명하게 사용할 수 있다(표준 코틀린 List 클래스를 사용한다).

```
val max1 = max(listOf(3, 5, 7, 2, 1)).getOrElse(0)
val max2 = max(listOf()).getOrElse(0)
```

여기서 max1은 7이고(리스트 원소의 최댓값) max2는 0이다(기본 값). 하지만 여전히 문제가 있다. 다음 코드를 보자.

```
fun getDefault(): Int = throw RuntimeException()

fun main(args: Array<String>) {
    val max1 = max(listOf(3, 5, 7, 2, 1)).getOrElse(getDefault())
    println(max1)
    val max2 = max(listOf()).getOrElse(getDefault())
    println(max2)
}
```

이 코드에서 getDefault 함수는 전혀 함수가 아니다. 하지만 어떤 일이 벌어지는지를 보여주고자 예제용으로 이를 사용했다. 이 코드가 어떤 값을 출력할까? 7을 출력한 다음 코드를 던진다고 생각한 독자는 코드를 한 번 더 자세히 보기 바란다.

이 코드는 아무것도 출력하지 않고 바로 예외를 발생시킨다. 이유는 코틀린이 즉시 계산 언어이기 때문이다. 즉시 계산 언어는 함수 파라미터를 함수에서 쓰는지 여부와 관계없이 함수를 실행하기 전에 함수 파라미터를 평가한다. 그에 따라 getOrElse 함수의 파라미터도 옵션이 None이든 Some이든 관계없이 항상 getOrElse를 실행하기 전에 먼저 평가된다. Some인 경우 기본 값을 쓰지 않는다는 사실은 중요하지 않다. 파라미터가 리터럴인 경우에는 즉시 계산이든 지연 계산이든 결과가 달라지지 않지만, 파라미터가 함수 호출인 경우에는 큰 차이가 생길 수 있다. getDefault 함수가 항상 호출되므로 첫 줄에서 예외가 발생하고 아무것도 출력되지 않는다. 보통은 이런 동작을 원하지는 않을 것이다.

## 연습문제 6-2

앞에서 본 문제를 해결하라. 파라미터를 지연 계산하는 getOrElse를 새로 만들어 추가하라.

[힌트]

원하는 값을 인자로 받지 말고 원하는 값을 반환하는 인자가 없는 함수를 인자로 받아라.

[해법]

다음은 부모 Option 클래스에 들어갈 이 함수 구현이다.

```
fun getOrElse(default: () -> @UnsafeVariance A): A = when (this) {
    is None -> default()
    is Some -> value
}
```

옵션에 값이 없으면(즉 None이면) 인자로 제공받은 함수를 호출해서 기본 값을 계산해 사용한다. 이제 max 예제를 다시 작성하면 다음과 같다.

```
val max1 = max(listOf(3, 5, 7, 2, 1)).getOrElse(::getDefault)
println(max1)
val max2 = max(listOf()).getOrElse(::getDefault)
println(max2)
```

이 프로그램은 7을 콘솔에 출력한 다음 예외를 던진다.

## 6.4.2 선택적 값에 함수 적용하기

List에서 중요한 함수로 map이 있다. map을 사용하면 A에서 B로 가는 함수를 적용해 A로 이뤄진 리스트를 B로 이뤄진 리스트로 만들 수 있다. Option이 최대 한 개의 원소를 가지는 리스트와 같다는 점을 감안하면 같은 원칙을 Option에도 적용할 수 있다.

### 연습문제 6-3

A에서 B로 가는 함수를 적용해 Option<A>를 Option<B>로 바꿔주는 map 함수를 만들어라.

힌트

Option 클래스에 추상 함수를 정의하고 하위 클래스마다 구현을 추가할 수 있다. 또는 Option 클래스 안에 구현 함수를 하나만 추가할 수도 있다. 추상 함수와 두 가지 구현 함수를 사용한다면 None 클래스에서 타입에 유의하라. Option 클래스에 있는 추상 함수의 시그니처는 다음과 같다.

```
abstract fun <B> map(f: (A) -> B): Option<B>
```

해법

None 구현은 간단하다. None 싱글턴을 반환하면 된다. 이때 함수는 (Nothing) -> B 타입이어야 함에 유의하라.

```
override fun <B> map(f: (Nothing) -> B): Option<B> = None
```

Some 구현도 그리 복잡하지 않다. 값을 얻어서 함수를 적용한 다음 새 Some으로 감싸기만 하면 된다.

```
override fun <B> map(f: (A) -> B): Option<B> = Some(f(value))
```

이 방법 대신 구현을 직접 부모 클래스인 Option에 정의할 수 있다.

```
fun <B> map(f: (A) -> B): Option<B> = when (this) {
    is None -> None
    is Some -> Some(f(value))
}
```

## 6.4.3 Option 합성 처리하기

여러분은 A에서 B로 가는 함수가 안전한 프로그램에서 가장 흔한 함수가 아니라는 사실을 곧 깨닫게 된다. 일단은 선택적 값을 반환하는 함수에 익숙해지는 것이 힘들지도 모르겠다. 무엇보다도 결괏값을 Some으로 감싸려고 (불필요한) 추가 작업을 하는 것처럼 보인다. 하지만 좀 더 연습을 해보면 이런 연산이 일어나는 일이 아주 드물다는 사실을 알게 된다.

복잡한 계산을 만들려고 함수를 연쇄 호출할 때, 이전 계산이 반환한 값을 받아 그 값을 들여다보지 않고 새 함수에 넘기는 경우가 자주 있다. 앞으로 여러분은 A에서 B로 가는 함수보다 A에서 Option<B>로 가는 함수를 더 자주 사용하게 된다. List 클래스를 생각해 보자. 머릿속에 반짝하고 떠오르는 것이 있는가? 그렇다. 이럴 때 flatMap 함수가 필요하다.

### 연습문제 6-4

A에서 Option<B>로 가는 함수를 인자로 받아 Option<B>를 반환하는 flatMap 함수를 Option에 정의하라.

| 힌트 |

두 하위 클래스에 서로 다른 구현을 정의할 수도 있지만, 두 하위 클래스에 대해 모두 작동하는 유일한 구현을 만들어서 Option 클래스에 넣으려 노력해 봐야 한다. 시그니처는 다음과 같다.

```
fun <B> flatMap(f: (A) -> Option<B>): Option<B>
```

Option에 이미 정의한 함수를 활용하라(map이나 getOrElse).

| 해법 |

뻔한 해법은 Option 클래스에 추상 함수를 만들고, None 클래스에서는 None을 반환하고, Some 클래스에서는 f(value)를 반환하는 것이다(f(value)의 타입이 이미 Option<B>이므로 이 값을 다시 감싸거나 검사할 필요가 없다). 아마 이런 식으로 구현하는 것이 가장 효율적인 구현일 것이다. 하지만 f 함수를 map 해서 Option<Option<B>>를 얻고, getOrElse 함수를 호출해서 값(Option<B>)을 뽑아내는 쪽이 좀 더 우아한 해법이다. 이때 None을 반환하는, 아무 인자도 받지 않는 함수를 기본값으로 지정하면 된다.

```
fun <B> flatMap(f: (A) -> Option<B>): Option<B> = map(f).getOrElse{None}
```

## 연습문제 6-5

Option을 반환하는 함수를 매핑하는 방법이 필요한 것처럼(이 필요성 때문에 flatMap을 만들었다) Option 타입의 기본 값을 받는 getOrElse가 필요할 수도 있다. 시그니처가 다음과 같은 orElse 함수를 만들라.

```
fun orElse(default: () -> Option<A>): Option<A>
```

> 힌트

이름에서 짐작하겠지만, 이 함수를 구현하려고 옵션에 들어 있는 값을 얻어올 필요는 없다. 이런 방식이 Option을 사용하는 가장 흔한 방식이다. 즉, 값을 감싸거나 옵션을 벗겨내서 내부 값을 얻는 대신 주로 Option을 서로 합성하는 방식으로 옵션을 활용한다. 내부를 열어볼 필요가 없기 때문에 한 구현을 두 하위 클래스에 모두 적용할 수 있다. 물론 변성에 주의해야 한다.

> 해법

해법은 Option<Option<A>>를 만들어내는 _ -> this 함수를 매핑하고, 매핑한 결과에 getOrElse를 사용하면서 기본 값을 제공하는 것이다. 앞에서 언급한 함수에서 _는 인자를 사용하지 않는다는 사실을 표현할 때 관례적으로 쓰는 이름이다. 원래 이 인자는 Option에 들어 있는 값을 가리키는 인자다. 하지만 이 함수가 (값이 존재하는 경우) this를 반환하기 때문에 이 값을 여전히 사용하고 있다. 변성을 허용하려면 @UnsafeVariance 애너테이션을 붙여야 한다.

```
fun orElse(default: () -> Option<@UnsafeVariance A>): Option<A> =
    map { _ -> this }.getOrElse(default)
```

함수 구문을 다음과 같이 더 간단하게 작성할 수 있다.

```
fun orElse(default: () -> Option<@UnsafeVariance A>): Option<A> =
    map { this }.getOrElse(default)
```

{ x }라는 구문은 인자 값과 관계없이 x를 반환하는 함수를 표현한다.[6]

---

[6] 역주 { x }를 { () -> x }나 { _ -> x }를 뜻하는 위치에 모두 사용할 수 있음에 유의하라. 여기서는 Option<A>의 map이 (A) -> (B)라는 타입의 함수를 인자로 받아야 한다는 사실을 컴파일러가 알고 (A) -> Option(A)라는 타입을 추론할 수 있어서 { x }를 { _ -> x }로 간주할 수 있다.

### 연습문제 6-6

5.6.7절에서 여러분은 술어 형태(인자를 받아 Boolean을 반환하는 함수라는 뜻이다)로 주어진 조건을 만족하지 않는 모든 원소를 리스트에서 제거하는 filter 함수를 만들었다. Option에 대해 똑같은 함수를 만들라. 다음은 함수의 시그니처다.

```
fun filter(p: (A) -> Boolean): Option<A>
```

> 힌트

Option은 원소가 최대 하나밖에 없는 List이기 때문에 구현이 뻔해 보인다. None 하위 클래스에서는 None(또는 this)을 반환한다. Some 클래스에서는 조건이 성립하면 this를, 조건이 성립하지 않으면 None을 반환한다. 하지만 부모 클래스인 Option에 넣을 수 있는 더 영리한 구현을 만들어보라.

> 해법

Some쪽 구현에 사용해야 하는 함수에 대해 flatMap을 사용해야 한다.

```
fun filter(p: (A) -> Boolean): Option<A> =
    flatMap { x -> if (p(x)) this else None }
```

술어 함수에 대해 p(술어를 뜻하는 predicate의 첫 글자)라는 이름을 사용하는 것이 일반적인 관례다.

### 6.4.4 Option 사용 예

자바 Optional 클래스를 이미 알고 있다면 Optional에는 옵션 객체 내부에 값이 들어 있는지를 검사하는 isPresent()라는 메서드가 있다는 사실도 알 것이다(자바 Optional의 구현은 하위 클래스가 없는 다른 방식으로 되어 있다). 코틀린에도 이런 함수를 쉽게 추가할 수 있다. 다만 이름은 Some인지 None인지 검사하는 것이므로 isSome()이 되어야 한다. 또는 isNone()이라는 함수로 정의할 수도 있다. List.isEmpty()라는 함수와 같은 역할을 하므로 isNone()쪽이 더 논리적일지도 모른다.

때로는 isSome() 함수가 유용할 때도 있지만, Option 클래스에서 isSome()을 사용하는 것은 최선이 아니다. 여러분이 isSome() 함수를 사용해 Option 인스턴스 객체를 검사한다면 검사 결과에 따라 getOrThrow()류의 메서드를 호출하거나 값을 꺼내야 한다. 하지만 이는 참조 변수를 역참조하기 전에 null 여부를 검사하는 것과 같다. 차이가 있다면 값을 얻기 전에 실수로 검사하지 않은 경우 NullPointerException이 아니라 IllegalStateException이나 NoSuchElementException 또는 getOrThrow() 구현에서 던지는 예외를 보게 된다는 것뿐이다.

Option을 사용하는 가장 좋은 방법은 합성이다. 이를 위해 모든 용례에서 사용 가능한 함수를 모두 만들어야 한다. 이런 용례는 검사를 통해 어떤 값이 null이 아닌지 알아내고 나서 여러분이 할 수 있는 모든 연산에 해당한다. 예를 들면 다음과 같은 일을 할 수 있다.

- 값을 다른 함수의 입력으로 전달한다.
- 효과를 값에 적용한다.
- 함수나 효과를 적용하기 위해 null이 아니면 그 값을 사용하고, null이면 기본 값을 사용한다.

여러분이 만든 함수를 사용해 첫 번째와 세 번째를 지금도 해결할 수 있다. 효과를 적용하는 것은 다른 방식으로 이뤄진다. 이에 관해서는 12장에서 배운다.

예제로, Option 클래스를 사용하면 맵 사용이 어떻게 달라지는지 살펴보자. 예제 6-2는 키를 받아 Option을 반환하도록 맵의 질의 함수를 확장한 모습을 보여준다. 표준 코틀린 Map.get(key) 구현은 Map[key]로도 사용할 수 있는데, 키를 찾을 수 없을 때는 null을 반환한다. Option을 반환받고 싶다면 확장 함수인 getOption을 사용한다.

**예제 6-2** Map에서 값을 반환하기 위해 Option 사용하기

```
import com.fpinkotlin.optionaldata.exercise06.Option
import com.fpinkotlin.optionaldata.exercise06.getOrElse

data class Toon (val firstName: String,
                 val lastName: String,
                 val email: Option<String> = Option()) {
    companion object {
        operator fun invoke(firstName: String,
                            lastName: String,
                            email: String? = null) =
            Toon(firstName, lastName, Option(email))
    }
}

fun <K, V> Map<K, V>.getOption(key: K) = Option(this[key])   ····· 널 참조 반환을 피하기 위해 사용 전
                                                                   검사 패턴을 구현하는 확장 함수

fun main(args: Array<String>) {
    val toons: Map<String, Toon> = mapOf(
```

```
        "Mickey" to Toon("Mickey", "Mouse", "mickey@disney.com"),
        "Minnie" to Toon("Minnie", "Mouse"),
        "Donald" to Toon("Donald", "Duck", "donald@disney.com"))

    val mickey = toons.getOption("Mickey").flatMap { it.email }    ┈┈ flatMap으로
    val minnie = toons.getOption("Minnie").flatMap { it.email }       Option 합성하기
    val goofy = toons.getOption("Goofy").flatMap { it.email }

    println(mickey.getOrElse { "No data" })
    println(minnie.getOrElse { "No data" })
    println(goofy.getOrElse { "No data" })
}
```

여기서 this[key]는 this.get(key)를 호출하는데, 이 함수는 키가 맵 안에 있으면 값을, 키가 맵 안에 없으면 null을 반환한다. 앞에서 작성했던 Option 동반 객체의 invoke()는 null을 받으면 None을, null이 아닌 값을 받으면 Some을 만들어낸다. 이에 따라 Option(this[key])는 마치 containsKey를 호출해서 값이 있는지 검사하고 값이 있을 때 get을 호출하는 패턴을 사용해 Option 타입의 값을 만들어 낼 때와 같은 결과를 낸다.

단순화시킨 이 예제에서 Option을 반환하는 여러 함수가 합성된 것을 볼 수 있다. 전자우편이 없는 Toon의 전자우편을 물어보거나 맵에 들어 있지 않은 Toon을 찾더라도 그 어떤 검사도 수행할 필요가 없고, NullPointerException이 발생할지 걱정할 필요도 없다. 코틀린에서 더 전형적으로 볼 수 있는 해법으로, 널이 될 수 있는 타입을 처리하기 위한 연산을 사용하면 다음 예제처럼 코드를 작성할 수 있다.

**예제 6-3** 널이 될 수 있는 타입을 활용해 전형적인 코틀린 스타일로 작성한 경우

```
fun main(args: Array<String>) {
    val toons: Map<String, Toon> = mapOf(
        "Mickey" to Toon("Mickey", "Mouse", "mickey@disney.com"),
        "Minnie" to Toon("Minnie", "Mouse"),
        "Donald" to Toon("Donald", "Duck", "donald@disney.com"))

    val mickey = toons["Mickey"]?.email ?: "No data"
    val minnie = toons["Minnie"]?.email ?: "No data"
    val goofy = toons["Goofy"]?.email ?: "No data"

    println(mickey)
    println(minnie)
    println(goofy)
}
```

현재 단계에서는 코틀린 스타일이 더 편하게 느껴질 것이다. 그런데 이 두 프로그램에는 작은 문제가 있다. 두 프로그램 모두 다음과 같은 결과를 출력한다.

```
Some(value=mickey@disney.com)
None
No data
```

첫 줄은 미키 마우스(Mickey)의 전자우편 주소다. 미니 마우스(Minnie)에게 전자우편이 없으므로 두 번째 줄은 None을 출력한다. 구피(Goofy)가 맵에 없기 때문에 세 번째 줄은 No data를 출력한다. 마지막으로 두 가지 경우(전자우편이 없는 경우와 맵에서 결과를 찾을 수 없는 경우)를 구분할 방법이 필요하지만, Option 클래스를 사용하든 널이 될 수 있는 타입을 사용하든 이 둘을 구분할 수 없다. 7장에서는 이 문제를 해결할 방법을 알아본다.

## 연습문제 6-7

분산 값을 계산하는 variance라는 이름의 함수 값을 flatMap을 사용해 정의하라. 값으로 이뤄진 수열의 분산(variance)은 수열의 값들이 얼마나 평균에서 멀리 떨어져 있는지를 표현한다(영어 단어는 같지만 타입의 변성과는 아무 관련도 없다). 모든 값이 평균 근처에 있으면 분산이 낮다. 분산이 0이면 모든 값이 평균과 같다는 뜻이다. 수열의 분산은 수열의 각 원소 x에 대해 계산한 Math.pow(x - m, 2)의 평균이다(여기서 m은 수열의 평균이다). 이 함수 값을 패키지 수준(Option 클래스 밖)에서 정의해야 한다. 다음은 이 값의 시그니처다.

```
val variance: (List<Double>) -> Option<Double>
```

[힌트]

이를 구현하려면 먼저 평균을 계산하는 mean 함수를 만들어야 한다. mean을 만들 수 없는 독자는 5장을 참조[7]하거나 다음 함수 값을 사용하라.

```
val mean: (List<Double>) -> Option<Double> = { list ->
    when {
        list.isEmpty() -> Option()
        else -> Option(list.sum() / list.size)
    }
}
```

---

7 역주 5장에 평균을 구하는 함수는 없다. 다만 리스트 원소의 합계를 구하는 sum 함수를 다양한 방법으로 구현했다. sum을 한 결과를 원소 개수로 나누면 평균을 구할 수 있다.

> 해법

mean 함수(또는 함수 값)를 정의했다면 variance 함수를 상당히 쉽게 정의할 수 있다.

```
val variance: (List<Double>) -> Option<Double> = { list ->
    mean(list).flatMap { m ->
        mean(list.map { x ->
            Math.pow((x - m), 2.0)
        })
    }
}
```

꼭 함수 값을 사용할 필요는 없다. 하지만 함수를 HOF의 인자로 넘기고 싶으면 함수 값을 사용해야 한다. 하지만 함수를 적용하기만 할 경우에는 fun으로 정의한 함수가 훨씬 더 사용하기 간단하다. 가능한 한 fun 함수를 사용하고 싶은 독자라면 다음과 같은 해법을 찾았을 수도 있다.

```
fun mean(list: List<Double>): Option<Double> =
    when {
        list.isEmpty() -> Option()
        else -> Option(list.sum() / list.size)
    }

fun variance(list: List<Double>): Option<Double> =
    mean(list).flatMap { m ->
        mean(list.map { x ->
            Math.pow((x - m), 2.0)
        })
    }
```

코드를 비교하면 알 수 있듯이, fun 함수 쪽 타입이 더 단순해서 사용하기 쉽다. 이 이유 때문에 앞으로는 함수 값 대신 fun 함수를 사용해야 한다. 게다가 fun 함수를 함수 값으로 만들기도 아주 쉽다. 예를 들어 다음과 같은 함수가 있다고 해보자.

```
fun aToBfunction(a: A): B {
    return ...
}
```

그러면 이와 동등한 함수 값을 다음처럼 작성할 수 있다.

```
val aToBfunction: (A) -> B = { a -> aToBfunction(a) }
```

아니면 함수 참조를 활용할 수도 있다.

```
val aToBfunction: (A) -> B = ::aToBfunction
```

역으로 함수 값을 fun 함수로 만드는 것도 가능하다.

```
fun aToBfunction(a: A): B = aToBfunction(a)
```

variance 구현이 보여주듯 flatMap을 사용하면 중간에 실패할 가능성이 있는 여러 단계로 이뤄진 계산을 구성할 수 있다. 여러 단계를 처리하는 중에 실패가 발생하면 None.flatMap(f)이 f를 적용하지 않고 None을 반환하므로 즉시 전체 실행이 중단된다.

## 6.4.5 Option을 조합하는 다른 방법

Option을 사용하기로 해서 아주 많은 일이 벌어지는 것처럼 보일 수도 있다. 특히 일부 프로그래머는 (Option을 사용하면) 자신이 작성한 레거시(legacy) 코드가 쓸모없게 된다고 믿는 경우도 있다. Option<A>에서 Option<B>로 가는 함수가 필요한데, A에서 B로 가는 함수만 제공하는 API가 있다면 대체 무슨 일을 할 수 있겠는가? 모든 라이브러리를 재작성해야 할까? 전혀 그렇지 않다. 쉽게 기존 라이브러리를 Option을 사용한 코드에 연결할 수 있다.

### 연습문제 6-8

A에서 B로 가는 함수를 인자로 받아서 Option<A>에서 Option<B>로 가는 함수를 반환하는 lift 함수를 정의하라. 언제나처럼 이미 정의해 둔 함수를 활용하라. 그림 6-2는 lift 함수가 어떻게 작동하는지 보여준다.

힌트

패키지 수준에서 map 함수를 사용해 fun 함수를 정의하라.

▼ 그림 6-2 함수 끌어올리기

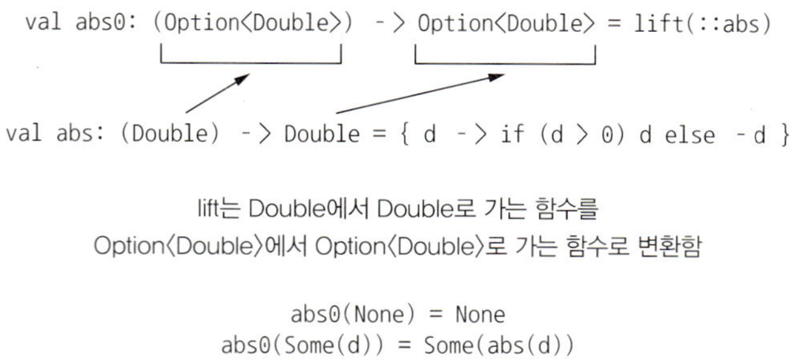

```
val abs0: (Option<Double>) -> Option<Double> = lift(::abs)

val abs: (Double) -> Double = { d -> if (d > 0) d else -d }
```

lift는 Double에서 Double로 가는 함수를
Option<Double>에서 Option<Double>로 가는 함수로 변환함

```
abs0(None) = None
abs0(Some(d)) = Some(abs(d))
```

> 해법

해법은 아주 단순하다.

```
fun <A, B> lift(f: (A) -> B): (Option<A>) -> Option<B> = { it.map(f) }
```

여러분이 만든 기존 라이브러리에는 함수 값이 거의 없고 오직 fun 함수만 들어 있다. A를 인자로 받아 B를 반환하는 fun 함수를 Option<A>를 받아 Option<B>를 반환하는 함수로 변환하는 것도 쉽다. 예를 들어 String.toUpperCase를 다음 코드처럼 끌어올릴 수 있다.

```
val upperOption: (Option<String>) -> Option<String> = lift { it.toUpperCase() }
```

또는 함수 참조를 사용해 다음과 같이 할 수도 있다.

```
val upperOption: (Option<String>) -> Option<String> = lift(String::toUpperCase)
```

## 연습문제 6-9

함수가 예외를 던진다면 앞에서 만든 lift는 쓸모없다. 예외를 던지는 함수에서도 작동하는 lift를 만들어라.

> 해법

이 문제를 풀려면 lift 정의가 반환하는 함수 값의 본문을 try ... catch 블록으로 감싸서 예외가 발생하면 None을 반환해야 한다.

```
fun <A, B> lift(f: (A) -> B): (Option<A>) -> Option<B> = {
    try {
        it.map(f)
    } catch (e: Exception) {
        Option()
    }
}
```

A에서 B로 가는 함수를 A에서 Option<B>로 가는 함수로 변환해야 할 때도 있다. 이럴 때도 같은 기법을 사용한다.

```
fun <A, B> hLift(f: (A) -> B): (A) -> Option<B> = {
    try {
        Option(it).map(f)
    } catch (e: Exception) {
```

```
        Option()
    }
}
```

예외가 사라져 버리므로 이런 접근 방법은 유용성이 떨어진다. 7장에서 이런 문제를 해결하는 방법을 배운다.

레거시 함수가 인자를 두 개 받으면 어떻게 해야 할까? 자바 Integer.parseInt(String s, int radix) 메서드를 Option<String>과 Option<Integer> 값에 대해 사용하고 싶다고 가정하자. 어떻게 하면 될까? 첫 단계로 자바 메서드로부터 함수 값을 만들어야 한다. 변환은 간단하다.

```
val parseWithRadix: (Int) -> (String) -> Int =
    { radix -> { string -> Integer.parseInt(string, radix) } }
```

여기서 인자 순서를 바꾸면서 커리한 함수를 만들었다. 이렇게 만든 함수는 (밑만 부분 적용하면) **주어진 밑에 대해 모든 문자열을 구문 분석하는 함수를 만들기** 때문에 이렇게 인자 순서를 바꾸는 편이 더 타당하다. 인자 순서를 바꾸지 않으면 부분 적용한 함수가 **주어진 문자열을 여러 가지 밑에 대해** 구문 분석하는 함수를 만들기 때문에 유용성이 떨어진다. 원하는 구체적인 용례에 따라 유용성이 달라질 수는 있지만, 일반적으로 전자가 더 유용하다. 다음을 보자.

```
val parseHex: (String) -> Int = parseWithRadix(16)
```

인자 순서가 반대인 경우 (String을 먼저 적용한다면) 함수가 덜 의미 있어 보인다.

## 연습문제 6-10

Option<A>, Option<B> 값과 (A) -> (B) -> C 타입의 커리한 함수 값을 인자로 받아 Option<C>를 반환하는 map2 함수를 작성하라.

힌트

flatMap을 사용하라. 추가로 map도 사용해야 할 수도 있다.

해법

flatMap과 map을 쓰는 해법은 다음과 같다. 이 패턴은 중요하고 자주 보게 되므로 기억해 두기 바란다. 8장에서 이 함수를 다시 살펴본다.

```kotlin
fun <A, B, C> map2(oa: Option<A>,
                   ob: Option<B>,
                   f: (A) -> (B) -> C): Option<C> =
    oa.flatMap { a ->
        ob.map { b ->
            f(a)(b)
        }
    }
```

map2가 있으면 이제 인자가 두 개 있는 (일반 값을 받아 일반 값을 돌려주는) 함수를 Option 값을 위해 정의된 함수처럼 쓸 수 있다. 인자가 더 많은 함수는 어떻게 처리해야 할까? 다음 예는 map3 함수다.

```kotlin
fun <A, B, C, D> map3(oa: Option<A>,
                      ob: Option<B>,
                      oc: Option<C>,
                      f: (A) -> (B) -> (C) -> D): Option<D> =
    oa.flatMap { a ->
        ob.flatMap { b ->
            oc.map { c ->
                f(a)(b)(c)
            }
        }
    }
```

패턴을 볼 수 있는가? (마지막 함수가 flatMap이 아닌 map인 이유는 단지 f가 일반 값을 반환하기 때문이다. f가 Option을 반환한다고 해도 map을 flatMap으로 바꿔서 이 패턴을 사용할 수 있다.)

### 6.4.6 Option으로 List 합성하기

Option 인스턴스의 합성 외에 다른 것도 필요하다. 어느 시점이 되면 새로 정의한 타입을 다른 타입과 합성해야만 한다. 앞 장에서 List 타입을 정의했다. 유용한 프로그램을 작성하려면 List와 Option을 합성할 수 있어야 한다.

가장 일반적인 연산은 List<Option<A>>를 Option<List<A>>로 변환하는 것이다. List<B> 타입의 리스트에 B에서 Option<A>로 가는 함수를 매핑하면 List<Option<A>>가 생긴다. 이렇게 만든 리스트에 대해 보통은 모든 원소가 Some<A>인 경우 Some<List<A>> 원소 중 적어도 하나라도 None<A>면 None이라는 결과가 필요하다. 이 결과는 여러 가지 가능한 결과 중 하나에 불과하다. 때에 따라서는 List<Option<A>> 타입의 리스트에서 None<A>인 원소는 모두 무시하고 Some<A>인 원소만 모아서 List<A>를 얻고 싶을 수도 있다. 그런데 이는 앞에서 설명했던 것과는 전혀 다른 용례에 해당한다.

## 연습문제 6-11

List<Option<A>>를 Option<List<A>>로 엮어주는 패키지 수준의 함수 sequence를 작성하라. 원래 리스트의 모든 원소가 Some 인스턴스면 결과가 Some<List<A>>고, 원래 리스트에 None이 하나라도 있으면 None<List<A>>가 결과다. 다음은 이 함수의 시그니처다.

```
fun <A> sequence(list: List<Option<A>>): Option<List<A>>
```

코틀린 List가 아니라 5장에서 정의한 List를 사용해야 한다는 점에 유의하라.

[힌트]

해법을 찾으려면 리스트가 비어 있는지 검사하고 리스트가 비어 있지 않은 경우 재귀적인 sequence를 호출할 수 있다. 그리고 foldLeft나 foldRight가 재귀를 추상화한다는 점을 기억하라. 이 두 함수 중 하나로 sequence를 정의한다.

[해법]

다음은 List에 공개 함수로 list.head()와 list.tail()이 정의된 경우에 재귀를 명시적으로 사용해 작성할 수 있는 버전이다(하지만 head와 tail 함수가 없어서 이 코드는 컴파일되지 않는다).

```
fun <A> sequence(list: List<Option<A>>): Option<List<A>> {
    return if (list.isEmpty())
        Option(List())
    else
        list.head().flatMap({ hh ->
            sequence(list.tail()).map({ x -> x.cons(hh) }) })
}
```

list.head()와 list.tail()을 빈 리스트에 대해 호출하면 예외가 발생할 수 있으므로 이 두 함수가 존재해서는 안 된다. 해법은 이 두 함수가 Option을 반환하게 하는 것이다. 그러나 다행히 foldRight와 map2를 사용하면 head()와 tail()이 없어도 sequence 함수를 구현할 수 있다.

```
fun <A> sequence(list: List<Option<A>>): Option<List<A>> =
    list.foldRight(Option(List())) { x ->
        { y: Option<List<A>> -> map2(x, y) { a ->
```

```
                { b: List<A> -> b.cons(a) } }
        }
    }
```

불행히도 코틀린은 파라미터 y와 b의 타입을 추론하지 못한다. (이 부분에서는 코틀린이 자바만큼 강력하지 못하다!) 다음 코드를 생각해 보자.

```
val parseWithRadix: (Int) -> (String) -> Int = { radix ->
    { string ->
        Integer.parseInt(string, radix)
    }
}

val parse16 = hLift(parseWithRadix(16))
val list = List("4", "5", "6", "7", "8", "9", "A", "B")
val result = sequence(list.map(parse16))

println(result)
```

이 코드는 result를 계산하는 과정에서 리스트의 map과 sequence를 호출했는데, 두 함수 모두 foldRight를 통해 리스트의 모든 원소를 방문하므로 비효율적이다. 여기서 map은 List<A>를 List<Option<B>>로 만들고, sequence는 List<Option<B>>를 Option<List<B>>로 만든다. 이 둘을 합쳐서 매핑과 접기를 한꺼번에 처리하면 효율이 높아진다.

## 연습문제 6-12

foldRight를 한 번만 호출하는 traverse 함수를 정의하라. 다음은 traverse의 시그니처다.

```
fun <A, B> traverse(list: List<A> , f: (A) -> Option<B>): Option<List<B>>
```

이렇게 정의한 traverse를 사용해 sequence를 다시 구현하라.

> 힌트

명시적으로 재귀를 사용하지 말고 재귀를 추상화하는 foldRight를 사용하는 쪽을 우선시하라.

> 해법

먼저 traverse 함수를 정의하자.

```
fun <A, B> traverse(list: List<A> , f: (A) -> Option<B>): Option<List<B>> =
    list.foldRight(Option(List())) { x ->
        { y: Option<List<B>> ->
            map2(f(x), y) { a ->
                { b: List<B> ->
                    b.cons(a)
                }
            }
        }
    }
```

이제 sequence를 traverse를 사용해 구현하자.

```
fun <A> sequence(list: List<Option<A>>): Option<List<A>> =
    traverse(list) { x -> x }
```

## 6.4.7 Option을 언제 사용할까

2장과 이 장 맨 앞에서 코틀린에서는 선택적 데이터를 다른 언어와 다른 방식으로 처리한다고 설명했다. 그렇다면 널이 될 수 있는 타입과 Option 중에서 어떤 기법을 사용해야 할지 궁금할 수도 있다.

- 널이 될 수 있는 타입은 제네레이터 등에서 작업을 끝내야 함을 표현하기 위해 null을 반환하는 경우처럼 내부적으로 사용하는 일부 함수에서 유용하다. 하지만 이런 null을 절대로 밖으로 내보내면 안 된다. 이런 null은 로컬 함수 안에서만 사용해야 하며 로컬 함수 밖으로 null을 반환해서는 안 된다.

- 정말 선택적 데이터라면 Option이 좋다. 하지만 일반적으로 전통적인 경우라면 예외를 던지고 받아 처리해야 했을 상황이 발생해서 데이터가 없는 경우가 많다. 예외를 던지는 대신 None을 반환하는 것은 마치 예외를 던지고 그 예외를 조용히 삼켜버리는 것과 같다. 이런 식의 처리는 십억 불짜리 실수는 아니겠지만 여전히 상당히 큰 문제다. 7장에서 이런 상황을 처리하는 방법을 배운다. 그 후에는 Option 데이터 타입을 사용할 일이 거의 없다. 하지만 걱정하지 말라. 이 장에서 배운 내용은 여전히 유용하다.

Option 타입은 앞으로 계속 쓰고 또 쓰게 될 데이터 타입 중 가장 단순한 형태다. Option은 파라미터화된 타입이며, A로부터 Option<A> 값을 만드는 함수가 존재한다. Option 타입에는 Option 인스턴스를 합성할 수 있는 flatMap 함수도 들어 있다. Option 자체는 아주 유용한 데이터 타입은 아니지만, **모나드**(monad)라는 더 근본적인 개념을 보여준다. 다만 List도 모나드의 특성을 모두 포함한다. 여기서 중요한 사실은 이 두 클래스에 공통점이 있다는 점이다. 모나드라는 용어에 관해서는 전혀 두려워할 것이 없으니 걱정하지 말라. 모나드를 디자인 패턴이라고 생각하라(물론 모나드는 디자인 패턴 이상의 것이기는 하다).

## 6.5 요약

- 선택적 데이터를 표현할 방법이 필요하다. 선택적 데이터라는 말은 데이터가 존재할 수도 있고 존재하지 않을 수도 있다는 뜻이다. Some이라는 하위 타입은 데이터를 표현하며, None이라는 하위 타입은 데이터가 없음을 표현한다.
- 코틀린에서는 널이 될 수 있는 타입을 사용해 선택적 데이터를 표현한다. 널이 될 수 없는 타입을 사용하면 NullPointerException을 방지할 수 있고, 널이 될 수 있는 타입을 사용하면 그 값이 null인지 반드시 검사하게 한다.
- null 포인터는 데이터가 없음을 표현하는 가장 비실용적이고 위험한 방법이다. 센티넬 값이나 빈 리스트로도 데이터가 없음을 표현할 수 있지만, 센티넬이나 빈 리스트로는 작은 요소들을 합성해 큰 프로그램을 구성하기 어렵다.
- Option 타입이 선택적 데이터를 표현할 때 더 나은 방법이다.
- 고차 함수인 map과 flatMap을 사용해 함수를 옵션에 적용할 수 있고, 이로 인해 Option 타입의 값을 쉽게 합성할 수 있다. 값에 대해 작용하는 함수를 끌어올려 Option 인스턴스에 대해 작용하게 만들 수 있다.
- Option으로 List를 만들 수도 있다. sequence를 사용하면 List<Option>을 Option<List>로 만들 수 있다.
- 두 Option 인스턴스가 동등한지 서로 비교할 수 있다. Some 하위 타입에 속하는 인스턴스들은 그 안에 들어 있는 값이 동등할 때 서로 동등하다. None 타입의 인스턴스는 하나밖에 없기 때문에 모든 None 인스턴스는 같다.
- Option을 사용해 예외를 발생시키는 계산의 결과를 표현할 수도 있지만, 발생한 예외에 대한 정보가 모두 사라져 버린다.

memo

# 7장

# 오류와 예외 처리하기

7.1 데이터가 없는 경우와 관련한 문제점

7.2 Either 타입

7.3 Result 타입

7.4 Result 패턴

7.5 고급 Result 처리

7.6 실패 매핑하기

7.7 팩터리 함수 추가하기

7.8 효과 적용하기

7.9 고급 Result 합성

7.10 요약

---

**이 장에서 다루는 내용**

- Either 타입으로 오류 정보 유지하기
- 치우친 Result 타입으로 오류 처리하기
- Result 데이터 접근하고 조작하기
- 함수를 끌어올려 Result에 대해 작동하게 만들기

6장에서는 null 참조를 조작하는 대신 Option 데이터 타입으로 선택적 데이터를 처리하는 방법을 배웠다. 6장에서 본 것처럼, 오류 때문에 결괏값이 없는 경우에는 Option 데이터 타입이 아주 잘 들어맞는다. 하지만 오류가 발생하면 데이터가 없다는 사실을 분명히 알 수 있지만, 데이터가 없는 이유를 제공하지 않기 때문에 Option이 효과적이지 않다. 데이터가 없는 모든 경우를 똑같이 취급하고 어떤 이유로 데이터가 없는지를 호출한 쪽에서 추측해야 한다. 하지만 이유를 추측할 수 없는 경우가 많다.

이 장에서는 여러 연습문제를 통해 코틀린에서 오류와 예외를 처리하는 방법을 배운다. 여러분이 배울 기술에는 오류로 인한 데이터 부재를 표현하는 방법이 있다. Option 타입은 이런 표현이 불가능하다. 먼저 해결해야 할 문제가 무엇인지 살펴보고, 그 후 Either 타입과 Result 타입을 살펴보겠다.

- Either 타입은 두 가지 다른 타입의 값을 반환하는 함수를 작성할 때 유용하다.
- Result 타입은 데이터나 오류 중 하나를 표현해야 하는 타입이 필요할 때 유용하다.

## 7.1 데이터가 없는 경우와 관련한 문제점

데이터가 없는 이유의 대부분은 입력 데이터나 계산에서 발생한 오류 때문이다. 입력 오류나 계산 오류는 서로 다른 경우지만 결과는 같다. 있어야 할 데이터가 없는 상황이 발생한다.

전통적인 프로그래밍에서 함수나 메서드가 파라미터로 객체를 받을 때 그 파라미터가 null인지 검사해야 한다는 사실을 대부분의 프로그래머는 알고 있다. 하지만 파라미터가 null일 때 어떻게 해야 할지는 정의되지 않은 경우가 많다. 6장의 예제 6-2를 떠올려 보자.

```
val goofy = toons.getOption("Goofy").flatMap { it.email }

println(goofy.getOrElse({ "No data" }))
```

이 예제에서는 Goofy가 맵에 없어서 No data라는 출력이 나왔다. 이 출력은 정상적인 출력으로 간주한다. 하지만 다음을 보자.

```
val toon = getName().flatMap(toons::getOption)
                    .flatMap(Toon::email)
```

```kotlin
    println(toon.getOrElse{"No data"})
}

fun getName(): Option<String> = ???
```

사용자가 빈 문자열을 입력하면 어떻게 해야 할까? 입력을 검사해서 Option<String>을 반환하는 방식이 분명한 해법인 것 같다. 문자열이 올바르지 않다면 None을 반환할 것이다. 여러분은 연산에서 예외가 발생할 수도 있다는 사실을 안다. 이를 감안해 프로그램을 작성하면 다음과 같다.

```kotlin
    val toon = getName().flatMap(toons::getOption)
                       .flatMap(Toon::email)

    println(toon.getOrElse{"No data"})
}

fun getName(): Option<String> = try {
    validate(readLine())
} catch (e: IOException) {
    Option()
}

fun validate(name: String?): Option<String> = when {
    name?.isNotEmpty() ?: false -> Option(name)
    else -> Option()
}
```

이제 이 코드를 실행할 때 어떤 일이 벌어질지 생각해 보자.

- 모두 제대로 돌아가서 콘솔에 전자우편 주소가 출력된다.
- IOException이 던져져서 No data가 콘솔에 출력된다.
- 사용자가 입력한 이름이 잘못된 이름이어서 No data가 콘솔에 출력된다.
- 사용자가 입력한 이름은 정상이지만 맵에 없어서 No data가 콘솔에 출력된다.
- 이름도 정상이고 맵에도 들어 있지만 해당 Toon 객체에는 전자우편이 없다. No data가 콘솔에 출력된다.

각 경우 어떤 일이 벌어졌는지에 따라 콘솔에 서로 다른 메시지가 표시되게 해야 한다. 이미 알고 있는 타입을 활용하고 싶다면 Pair<Option<T>와 Option<String>>을 각 함수의 반환 타입으로 사용할 수 있다. 하지만 이 타입은 너무 복잡하다. 무엇보다 오류가 발생한 경우와 정상적인 값이 있는 경우는 서로 배타적이지만, 이 타입에서는 그런 배타성을 강제할 수 없다는 점이 문제다. Pair<Option<T>와 Option<U>>를 사용할 경우 Some으로 T 값을 설정하면 반대쪽은 None이어야 한다.

마찬가지로 U 쪽을 Some으로 설정하면 T 쪽이 None이어야 한다. 여기서 우리에게 필요한 것은 **합 타입**(sum type)이다. 파라미터화한 타입 E<T, U>가 합 타입이라는 말은 이 타입의 값에는 T나 U 타입의 값 중 하나만 저장될 수 있고 T와 U 타입의 값이 모두 다 저장될 수는 없다는 뜻이다. 이런 타입을 합 타입이라고 부르는 이유는 E<T, U> 타입의 가능한 모든 값의 수는 T 타입 값의 개수와 U 타입 값의 개수를 더한 것이기 때문이다. 이 부분이 Pair<T, U>와 같은 **곱 타입**(product type)과 다른 점이다. 곱 타입 Pair<T, U>에서는 모든 가능한 값의 개수가 T 타입 값의 개수와 U 타입 값의 개수를 곱한 것이 된다.

## 7.2 Either 타입

함수가 오류를 표현하는 값과 데이터를 표현하는 값처럼 서로 다른 두 가지 타입의 값을 반환할 수 있는 경우에는 Either라는 특별한 타입을 사용해야 한다. A 또는 B 타입 값 중 어느 하나만 담을 수 있는 타입 설계는 쉽다. Option을 수정해 None 타입도 값을 저장할 수 있게 만들면 된다. 그리고 이름을 적절히 바꾼다. Either 타입의 두 하위 클래스는 다음 예제처럼 Left와 Right이다.

**예제 7-1** Either 타입

```
sealed class Either<out A, out B> {
    internal
    class Left<out A, out B>(private val value: A): Either<A, B>() {
        override fun toString(): String = "Left($value)"
    }

    internal
    class Right<out A, out B>(private val value: B) : Either<A, B>() {
        override fun toString(): String = "Right($value)"
    }

    companion object {
        fun <A, B> left(value: A): Either<A, B> = Left(value)
        fun <A, B> right(value: B): Either<A, B> = Right(value)
```

        }
    }
```

이제는 오류 때문에 존재하지 않을 수도 있는 값을 Either를 사용해 쉽게 표현할 수 있다. Either의 타입 파라미터로 데이터 타입과 오류 타입을 지정하면 된다.

관례적으로 Right 하위 클래스는 성공(영어로 right는 맞다는 뜻)을, Left 하위 클래스는 오류를 표현한다. 하지만 두 타입의 정상 값 중에 어느 한 값을 저장하고 싶을 때도 Either 타입을 쓸 수 있으므로 Left를 Wrong이라고 부르지는 않는다.

오류를 표현할 때 어떤 타입을 쓸지 결정해야 한다. 오류 메시지를 표현하기 위해 String을 선택할 수도 있고 Exception과 비슷한 타입을 채택할 수도 있다. 예를 들어 6장에서 살펴봤던 예제에서 최댓값을 반환하는 max 함수를 다음처럼 변경할 수 있다.

```
fun <A: Comparable<A>> max(list: List<A>): Either<String, A> = when(list) {
    is List.Nil -> Either.left("max called on an empty list")
    is List.Cons -> Either.right(list.foldLeft(list.head) { x -> { y ->
        if (x.compareTo(y) == 0) x else y
        }
    })
}
```

Either 타입이 유용하려면 이 타입의 값을 합성해야 한다. 가장 단순한 합성은 Either 자신과 값을 변환하는 함수를 합성하는 것이다. Either를 반환하는 함수의 결과를 다른 Either를 반환하는 함수의 입력으로 사용해야 할 수도 있다. Either를 반환하는 함수를 합성하려면 Option 클래스에서 정의했던 것과 같은 함수를 정의해야 한다.

## 연습문제 7-1

A에서 B로 가는 함수를 받아 Either<E, A>를 Either<E, B>로 바꾸는 map 함수를 정의하라. map의 시그니처는 다음과 같다.

```
abstract fun <B> map(f: (A) -> B): Either<E, B>
```

[힌트]

파라미터 이름인 E와 A를 보면 오른쪽과 왼쪽 중 어느 쪽에 함수를 매핑할지 확실히 알 수 있다. E는 오류(error)를 뜻한다. 그렇지만 Either 인스턴스의 두 방향을 매핑할 수 있도록 map 함수를 두
```

개 정의하는 것도 가능하다(각각을 mapLeft와 mapRight라고 하자). 두 방향 중 한쪽만 매핑할 수 있는 Either를 **치우친**(biased) 버전이라고 말한다.

> [해법]

Either의 Left에 있는 map 구현은 저장된 (오류) 값을 그대로 유지해야 하기 때문에 Option의 None에 있는 구현보다 약간 더 복잡하다.

```
override fun <B> map(f: (A) -> B): Either<E, B> = Left(value)
```

Right 쪽 구현은 Some에 있는 구현과 똑같다.

```
override fun <B> map(f: (A) -> B): Either<E, B> = Right(f(value))
```

## 연습문제 7-2

A에서 Either<E, B>로 가는 함수를 받아 Either<E, A>를 Either<E, B>로 변환하는 flatMap 함수를 정의하라. flatMap의 시그니처는 다음과 같다.

```
abstract fun <B> flatMap(f: (A) -> Either<E, B>): Either<E, B>
```

> [해법]

Left 쪽 구현은 map 함수와 똑같다.

```
override fun <B> flatMap(f: (A) -> Either<E, B>): Either<E, B> = Left(value)
```

Right 쪽 구현은 Option.flatMap에 있는 구현과 똑같다.

```
override fun <B> flatMap(f: (A) -> Either<E, B>): Either<E, B> = f(value)
```

여기서 E 타입 파라미터를 무공변으로 선언했음에 주의하라. 뒤에서 이 파라미터를 없애므로 여기서는 변성에 신경 쓸 필요 없다.

## 연습문제 7-3

다음 시그니처와 같은 getOrElse와 orElse 함수를 정의하라.

```
fun getOrElse(defaultValue: () -> @UnsafeVariance A): A

fun orElse(defaultValue: () -> Either<E, @UnsafeVariance A>): Either<E, A>
```

> [힌트]

변성에 주의하라!

> [해법]

변성 검사를 막기 위해 두 함수 모두 인자 타입에 `@UnsafeVariance` 애너테이션을 붙여야 한다. `getOrElse` 함수는 `this`가 `Right` 인스턴스이면 안에 들어 있는 값을 반환하고, 그렇지 않은 경우에는 `defaultValue` 함수를 호출해 얻은 값을 반환한다. `Right` 하위 클래스에 있는 `value` 프로퍼티를 `private`에서 `internal`로 바꿔야 `getOrElse` 함수에서 `value` 프로퍼티를 읽을 수 있다.

```
fun getOrElse(defaultValue: () -> @UnsafeVariance A): A = when (this) {
    is Right -> this.value
    is Left  -> defaultValue()
}
```

`orElse` 함수는 인자와 관계없이 `this`를 반환하는 상수 함수를 `this`에 `map` 한 결과에 대해 `getOrElse`를 호출한다.

```
fun orElse(defaultValue: () -> Either<E, @UnsafeVariance A>): Either<E, A> =
    map { this }.getOrElse(defaultValue)
```

`Either` 클래스는 잘 작동하지만 이상적인 것과는 거리가 멀다. 문제는 값이 없을 때 어떤 일이 벌어질지 알 수 없다는 데 있다. 여기서는 기본 값을 받지만, 그 값이 계산한 결과인지 오류로 인한 결과인지 알 수가 없다. 오류인 경우를 제대로 처리하려면 `Left` 쪽 타입이 알려진 치우친 `Either`가 필요하다. `Either`를 사용하는 대신에 (오류를 표현할 수 있는) `Left` 쪽 타입을 알려진 타입으로 고정한 특별한 버전을 만들 수 있다(그렇지만 `Either`가 유용한 다른 용례도 많다).

여러분이 던지는 첫 번째 질문은 아마 "(오류를 표현하는 타입으로) 어떤 타입을 사용해야 할까?"일 것이다. 분명한 후보로는 `String`과 `RuntimeException`이 있다. 문자열은 예외와 마찬가지로 오류 메시지를 저장할 수 있지만, 다양한 오류 상황에서는 예외가 발생한다. `Left`에 유지되는 값의 타입으로 `String`를 사용하면 발생한 예외에 담겨 있는 중요한 정보를 무시하고 오류 메시지에만 집중하게 된다. 따라서 `Left` 값으로 `RuntimeException`을 사용하는 게 더 낫다. 메시지만 필요한 경우에는 메시지를 예외로 감싸면 된다.

## 7.3 Result 타입

여러분에게 필요한 것은 오류 또는 데이터를 표현하는 타입이다. 이런 타입은 일반적으로 실패할 가능성이 있는 계산 결과를 표현한다. 따라서 이를 Result라고 부르자. Result는 Option과 비슷하지만, 다음 예제처럼 하위 클래스 이름이 Success와 Failure라는 점이 다르다. 코드를 보면 이 클래스가 Option에 예외 정보를 추가한 클래스와 아주 비슷하다는 사실을 알 수 있다.

**예제 7-2** Result 클래스

```
import java.io.Serializable

sealed class Result<out A>: Serializable {      // Result 클래스는 성공한 경우에 해당하는 값의 타입을
                                                //   유일한 타입 파라미터로 받는다.
    internal       // 생성자는 internal이다.
    class Failure<out A>(
        internal val exception: RuntimeException): Result<A>() {   // Failure 하위 클래스는
                                                                   //   RuntimeException을
        override fun toString(): String = "Failure(${exception.message})"   // 저장한다.
    }

    internal       // 생성자는 internal이다.
    class Success<out A>(internal val value: A) : Result<A>() {
        override fun toString(): String = "Success($value)"
    }

    companion object {
        operator fun <A> invoke(a: A? = null): Result<A> = when (a) {
            null -> Failure(NullPointerException())     // null 값으로부터 Result를 만들면
            else -> Success(a)                          //   즉시 Failure를 얻는다.
        }
                                                        // 메시지로 Failure를 만들면 메시지를
                                                        //   RuntimeException으로 감싸서 저장한다
        fun <A> failure(message: String): Result<A> =   //   (더 정확히 말해 IllegalStateException 클래스로
            Failure(IllegalStateException(message))     //   메시지를 감싼다).
        fun <A> failure(exception: RuntimeException): Result<A> =
            Failure(exception)     // RuntimeException으로 Failure를 만들면 예외를 그대로 저장한다.
        fun <A> failure(exception: Exception): Result<A> =
            Failure(IllegalStateException(exception))   // 검사 예외로 Failure를 만들면
                                                        //   RuntimeException으로 감싸서 저장한다.
    }
}
```

Result를 합성하려면 사소한 차이는 있지만 Option이나 Either 클래스에서 정의했던 것과 같은 함수들이 필요하다.

## 연습문제 7-4

Result에 대한 map, flatMap, getOrElse, orElse를 정의하라. getOrElse의 경우 두 가지 함수(값을 인자로 받는 함수와 기본 값을 생성하는 함수 값을 인자로 받는 함수)를 정의할 수 있다. 다음은 각 함수의 시그니처다.

```
fun <B> map(f: (A) -> B): Result<B>
fun <B> flatMap(f: (A) -> Result<B>): Result<B>
fun <A> getOrElse(defaultValue: A): A
fun <A> orElse(defaultValue: () -> Result<A>): Result<A>
```

[힌트]

구현에서 발생할 수 있는 모든 예외를 반드시 처리하고 변성에 주의하라.

[해법]

모든 함수는 Either 클래스에 정의한 것들과 비슷하다. 다음은 Success 클래스에 들어갈 map과 flatMap 구현이다.

```
override fun <B> map(f: (A) -> B): Result<B> = try {
    Success(f(value))
} catch (e: RuntimeException) {
    Failure(e)
} catch (e: Exception) {
    Failure(RuntimeException(e))
}

override fun <B> flatMap(f: (A) -> Result<B>): Result<B> = try {
    f(value)
} catch (e: RuntimeException) {
    Failure(e)
} catch (e: Exception) {
    Failure(RuntimeException(e))
}
```

그리고 다음은 Failure에 들어갈 map과 flatMap 구현이다.

```
override fun <B> map(f: (A) -> B): Result<B> =
    Failure(exception)

override fun <B> flatMap(f: (A) -> Result<B>): Result<B> =
    Failure(exception)
```

이미 계산된 값을 받을 수 있는 getOrElse 함수가 있으면 유용하다. 계산된 기본 값이 있다면 굳이 지연 계산을 사용할 이유가 없다. 변성 문제를 피하기 위해 @UnsafeVariance 애너테이션으로 함수를 구현해야 한다.

```
fun getOrElse(defaultValue: @UnsafeVariance A): A = when (this) {
    is Success -> this.value
    is Failure -> defaultValue
}
```

기본 값이 계산되지 않은 경우에는 orElse 함수를 사용한다. 값을 평가하는 과정에서 예외가 발생할 수 있으므로 다음과 같이 처리해야 한다.

```
fun orElse(defaultValue: () -> Result<@UnsafeVariance A>): Result<A> =
    when (this) {
        is Success -> this
        is Failure -> try {
            defaultValue()
        } catch (e: RuntimeException) {
            Result.failure<A>(e)
        } catch (e: Exception) {
            Result.failure<A>(RuntimeException(e))
        }
    }
```

예외를 처리해야 할지는 사용할 함수 구현에 따라 달라진다. 여러분이 직접 만든 함수를 사용하고 그 함수가 예외를 절대 던지지 않는다면 예외를 잡아내지 않아도 된다. 그러나 표준 라이브러리에 있는 함수를 사용하거나(당연히 그럴 수 있다) 예외를 처리해야 한다면 '항상 예외를 잡아내고, 절대로 예외를 던지지 말라'는 안전성 원칙을 적용하라. 한 가지 더 언급할 부분은 Option에서와 마찬가지로 다음과 같은 시그니처의 getOrElse를 정의하고 싶은 유혹을 느낄 수 있다는 점이다.

```
fun getOrElse(defaultValue: () -> A): A
```

defaultValue에 들어올 함수가 절대 예외를 발생시키지 않는다는 확신이 없으면 이런 함수를 구현할 수 없다. () -> A 타입의 함수가 예외를 던지면 어떤 값을 반환해야 할까?

## 7.4 Result 패턴

이렇게 함수를 추가하고 나면 Result 클래스를 사용해 성공할 수도 있고 실패할 수도 있는 계산을 표현하는 함수들을 합성할 수 있다. 이런 합성은 Result나 그와 비슷한 타입들을 값이 들어 있을 수도, 들어 있지 않을 수도 있는 컨테이너로 취급하기 때문에 중요하다. 그러나 이 설명은 틀렸다.

Result는 값이 존재할 수도 있고 존재하지 않을 수도 있는 계산 환경이다. Result를 사용할 때는 안에 들어 있는 값을 꺼내 쓰는 방식이 아니라 Result 안에 정의된 함수를 통해 Result를 합성하는 방식을 써야 한다. 예를 들어 이 클래스를 사용하기 위해 6장에서 봤던 ToonMail 예제를 변경한다. 먼저 다음 예제처럼 키가 존재하지 않을 때 Result.Failure를 반환하는 특별한 get 확장 함수를 Map 클래스에 추가한다. 이 함수를 getResult라고 부르자.

**예제 7-3** Result를 반환하는 Map.getResult 함수

```kotlin
fun <K, V> Map<K, V>.getResult(key: K) = when {        // 키가 맵에 들어 있으면 찾은 객체가 들어 있는
    this.containsKey(key) -> Result(this[key])          // Success를 반환한다.
    else -> Result.failure("Key $key not found in map") // 키가 맵에 들어 있지 않으면
}                                                       // 오류메시지가 들어 있는 Failure를 반환한다.
```

그다음에 Toon 클래스를 다음 예제처럼 바꾸자.

**예제 7-4** 변경한 email 프로퍼티를 사용하도록 바꾼 Toon 클래스

```kotlin
data
class Toon private constructor (val firstName: String,   // 생성자는 비공개다.
                                val lastName: String,
                                val email: Result<String>) {   // email 프로퍼티는 이제 Result 타입이다
    companion object {                                         // (따라서 Success이거나 Failure임).
        operator fun invoke(firstName: String,                 // invoke 함수를 오버로딩한다.
                            lastName: String) =
            Toon(firstName, lastName,
                Result.failure("$firstName $lastName has no mail"))  // email이 없으면 Result.Failure를
        operator fun invoke(firstName: String,                        // 기본 값으로 지정한다.
                            lastName: String,                // invoke 함수를 오버로딩한다.
                            email: String) =
            Toon(firstName, lastName, Result(email))         // email을 사용해 객체를 만들면 Result로
    }                                                        // 그 값을 감싸서 저장한다.
}
```

마지막으로 ToonMail 프로그램을 다음 예제처럼 변경하자.

**예제 7-5** Result를 사용하도록 변경한 프로그램

```kotlin
fun main(args: Array<String>) {
    val toons: Map<String, Toon> = mapOf(
        "Mickey" to Toon("Mickey", "Mouse", "mickey@disney.com"),
        "Minnie" to Toon("Minnie", "Mouse"),
        "Donald" to Toon("Donald", "Duck", "donald@disney.com"))

    val toon = getName()
        .flatMap(toons::getResult)   // flatMap으로 Result를 반환하는 메서드들을 합성한다.
        .flatMap(Toon::email)

    println(toon)
}

fun getName(): Result<String> = try {    // genName 함수는 키보드에서 이름을 입력 받아
    validate(readLine())                 // 그 이름이 잘못됐거나 예외가 발생하면 Failure를 반환한다.
} catch (e: IOException) {
    Result.failure(e)
}

fun validate(name: String?): Result<String> = when {
    name?.isNotEmpty() ?: false -> Result(name)
    else -> Result.failure("Invalid name $name")
}
```

내부에서 예외가 발생하면 이 예외를 Failure로 감싸 반환하도록 getName 함수를 변경한다.

Result를 반환하는 여러 연산을 어떻게 합성했는지 살펴보라. Result 안에 들어 있는 값에 접근할 필요가 없다(그 값은 예외일 수도 있고 아닐 수도 있다). flatMap 함수로 여러 연산을 합성한다. 이 프로그램에 다음과 같은 여러 입력을 넣어 실행해 보라.

```
"Mickey"
"Minnie"
"Goofy"
비어 있는 값(그냥 엔터키만 누름)
```

다음은 이 입력에 대한 프로그램 출력이다.

```
Success(mickey@disney.com)
Failure(Minnie Mouse has no mail)
Failure(Key Goofy not found in map)
Failure(Invalid name )
```

결과가 좋아 보인다. 하지만 그렇지 않다. 미니(전자우편이 없음)와 구피(맵에 들어 있지 않음)가 실패로 보고됐다는 점이 문제다. 두 경우가 실패일 수도 있지만, 일반적인 경우일 수도 있다. 무엇보다도 전자우편 주소가 없는 경우가 오류라면 애초에 전자우편 주소가 없는 Toon 인스턴스를 만들 수 없게 막아야 한다.

분명히 전자우편 주소는 실패가 아니라 선택적 데이터다. 맵도 마찬가지다. 맵에 키가 들어 있지 않으면 오류일 수도 있지만(그 키가 맵 안에 반드시 들어 있어야 한다면 오류다), 맵의 관점에서 보면 이는 선택적 데이터다. 선택적 데이터를 처리할 수 있는 타입(6장에서 본 Option 타입)이 이미 존재하므로 이 경우는 별문제가 아니라고 생각할 수 있다. 하지만 여기서 함수를 합성하는 방식을 살펴보자.

```
toon = getName()
    .flatMap(toons::getResult)
    .flatMap(Toon::email)
```

이런 식의 합성이 가능한 이유는 getName, Map.getResult, Toon.email이 모두 Result를 반환하기 때문이다. 만약 Map.getResult, Toon.email이 Option을 반환하면 더 이상 getName을 사용한 합성이 불가능하다. 다만 Result와 Option을 서로 오고 가는 것은 여전히 가능하다. 예를 들어 Result에 toOption을 추가할 수도 있다.

```
abstract fun toOption(): Option<A>
```

Success 쪽은 다음처럼 구현할 수 있다.

```
override fun toOption(): Option<A> = Option(value)
```

Failure 쪽 구현은 다음과 같을 수 있다.

```
override fun toOption(): Option<A> = Option()
```

그리고 나서 다음 코드처럼 이 함수를 활용할 수 있다.

```
Option<String> result =
    getName().toOption().flatMap(toons::getResult).flatMap(Toon::emmail)
```

하지만 Result를 사용하는 장점이 전부 없어진다! getName 함수 안에서 발생한 예외는 여전히 Failure에 감싸져 반환되지만, toOption 함수에 의해 예외가 사라져 버리고, 이 프로그램은 단지 다음을 출력한다.

```
none
```

Option을 Result로 변환하는 방법을 택해야 한다고 생각할지도 모른다. 이 방법은 작동하기는 하지만(다만 예제에서는 Map.get과 Toon.getMail이 반환하는 두 Option 인스턴스에 대해 toResult를 호출해야 한다), 코드가 길고 지겨워진다. 여러분은 보통 Option을 Result로 바꿀 테니 이런 변환을 Result 클래스에 녹여 넣는 더 나은 방법이 있을 것이다. 이제 여러분은 None인 경우를 표현하는 새로운 하위 클래스만 정의하면 된다. Some일 때는 이름을 Success로 바꾸는 것 외에 변환이 특별히 필요 없다. 다음 예제는 Empty라는 하위 클래스를 추가한 새로운 Result 클래스를 보여준다.

#### 예제 7-6 오류와 선택적 데이터를 처리할 수 있는 새로운 Result 클래스

```kotlin
sealed class Result<out A>: Serializable {
    abstract fun <B> map(f: (A) -> B): Result<B>
    abstract fun <B> flatMap(f: (A) ->  Result<B>): Result<B>

    fun getOrElse(defaultValue: @UnsafeVariance A): A = when (this) {
        is Success -> this.value
        else -> defaultValue      // Empty인 경우를 처리하도록 getOrElse와 orElse 함수를 변경한다.
    }

    fun getOrElse(defaultValue: () -> @UnsafeVariance A): A = when (this) {
        is Success -> this.value
        else -> defaultValue()    // Empty인 경우를 처리하도록 getOrElse와 orElse 함수를 변경한다.
    }

    fun orElse(defaultValue: () -> Result<@UnsafeVariance A>): Result<A> = when (this) {
        is Success -> this
        else -> try {             // Empty인 경우를 처리하도록 getOrElse와 orElse 함수를 변경한다.
            defaultValue()
        } catch (e: RuntimeException) {
            Result.failure<A>(e)
        } catch (e: Exception) {
            Result.failure<A>(RuntimeException(e))
        }
    }
```

```kotlin
internal object Empty: Result<Nothing>() {          ---- Option의 None 인스턴스와 마찬가지로 Result에는
    override fun <B> map(f: (Nothing) -> B): Result<B> = Empty    Nothing을 타입 파라미터로 받는
    override fun <B> flatMap(f: (Nothing) -> Result<B>): Result<B> = Empty    Empty 싱글턴 인스턴스가 있다.
    override fun toString(): String = "Empty"
}

internal class Failure<out A>(private val exception: RuntimeException): Result<A>() {
    override fun <B> map(f: (A) -> B): Result<B> = Failure(exception)
    override fun <B> flatMap(f: (A) -> Result<B>): Result<B> = Failure(exception)
    override fun toString(): String = "Failure(${exception.message})"
}

internal class Success<out A>(internal val value: A) : Result<A>() {
    override fun <B> map(f: (A) -> B): Result<B> = try {
        Success(f(value))
    } catch (e: RuntimeException) {
        Failure(e)
    } catch (e: Exception) {
        Failure(RuntimeException(e))
    }
    override fun <B> flatMap(f: (A) -> Result<B>): Result<B> = try {
        f(value)
    } catch (e: RuntimeException) {
        Failure(e)
    } catch (e: Exception) {
        Failure(RuntimeException(e))
    }
    override fun toString(): String = "Success($value)"
}

companion object {
    operator fun <A> invoke(a: A? = null): Result<A> = when (a) {
        null -> Failure(NullPointerException())
        else -> Success(a)
    }
    operator fun <A> invoke(): Result<A> = Empty    ---- Option과 마찬가지로 invoke 함수를
    fun <A> failure(message: String): Result<A> =        아무 인자 없이 호출하면
        Failure(IllegalStateException(message))          Empty 싱글턴을 반환한다.
    fun <A> failure(exception: RuntimeException): Result<A> =
        Failure(exception)
    fun <A> failure(exception: Exception): Result<A> =
        Failure(IllegalStateException(exception))
```

다음으로 ToonMail 애플리케이션을 변경하면 예제 7-7, 7-8, 7-9가 된다.

**예제 7-7** getResult 함수

```
fun <K, V> Map<K, V>.getResult(key: K) = when {
    this.containsKey(key) -> Result(this[key])
    else -> Result.Empty  ---- get 함수가 맵에서 키를 찾을 수 없으면 Empty를 반환한다.
}
```

**예제 7-8** 선택적 데이터에 대해 Result.Empty를 사용하는 Toon 클래스

```
data class Toon private constructor (val firstName: String,
                                     val lastName: String,
                                     val email: Result<String>) {
    companion object {
        operator fun invoke(firstName: String,
                            lastName: String) =
            Toon(firstName, lastName, Result.Empty)  ---- email 없이 인스턴스를 만들면
        operator fun invoke(firstName: String,           email 프로퍼티를 Result.Empty로 설정한다.
                            lastName: String,
                            email: String) =
            Toon(firstName, lastName, Result(email))
    }
}
```

**예제 7-9** 선택적 데이터를 제대로 처리하는 ToonMail 애플리케이션

```
fun main(args: Array<String>) {
    val toons: Map<String, Toon> = mapOf(
        "Mickey" to Toon("Mickey", "Mouse", "mickey@disney.com"),
        "Minnie" to Toon("Minnie", "Mouse"),
        "Donald" to Toon("Donald", "Duck", "donald@disney.com"))

    val toon = getName().flatMap(toons::getResult)
                        .flatMap(Toon::email)

    println(toon)
}
```

```kotlin
fun getName(): Result<String> = try {
    validate(readLine())
} catch (e: IOException) {
    Result.failure(e)
}

fun validate(name: String?): Result<String> = when {
    name?.isNotEmpty() ?: false -> Result(name)
    else -> Result.failure(IOException())  ···· validate 함수를 변경해 이름을 입력하지 않으면
}                                               IOException을 시뮬레이션하도록 변경한다.
```

이 프로그램은 이제 'Mickey', 'Minnie', 'Goofy'와 빈 문자열을 입력하면 다음 결과를 출력한다.

```
Success(mickey@disney.com)
Empty
Empty
Failure(java.io.IOException)
```

비어 있는 두 경우를 구분할 수 없어서 뭔가 부족하다고 느낄 수도 있다. 하지만 그렇지 않다. 선택적 데이터에 대해서는 오류 메시지가 필요 없다. 메시지가 필요하다면 그 데이터는 선택적 데이터가 아니다.

## 7.5 고급 Result 처리

지금까지는 제한적인 Result 사용법을 살펴봤다. 절대 Result에서 직접 내부에 감싸여 있는 값(그런 값이 존재한다면)을 사용해서는 안 된다. 여러분이 7.4절의 예제에서 살펴본 Result 사용법은 한 계산의 결과를 다음 계산의 입력으로 사용하는 구체적이고 단순한 용례에 불과하다.

더 구체적인 용례가 있다. Result의 값이 어떤 술어와 일치할 때만(이는 어떤 조건을 만족해야 한다는 사실을 뜻한다) 사용할 수도 있다. 그리고 실패인 경우를 사용할 수도 있다. 이 경우에는 실패 값을 매핑해서 다른 값으로 만들거나 실패를 예외를 저장하는 성공으로 변환하거나 여러 결과를 한 가지 계산의 입력으로 사용할 수 있다. 레거시 코드를 다루기 위해 계산 결과로부터 Result를 만들어내는 몇 가지 도우미 함수가 있으면 편리하다. 마지막으로, 효과를 결과에 적용해야 하는 경우도 있을 수 있다.

## 7.5.1 술어 적용하기

때로 술어를 Result에 적용해야 할 때가 있다(**술어**는 Boolean을 반환하는 함수다). 이런 경우는 쉽게 추상화할 수 있으므로 단 한 번만 추상화해 두면 된다.

### 연습문제 7-5

A에서 Boolean로 가는 함수로 표현되는 조건을 받아서 Result<A> 타입의 값을 반환하는 filter를 작성하라. filter는 Result에 들어 있는 값에 대해 조건이 성립하면 Success를, 성립하지 않으면 Failure를 반환한다. 이 함수의 시그니처는 다음과 같다.

```
fun filter(p: (A) -> Boolean): Result<A>
```

조건을 첫 번째 인자로 받고 문자열을 두 번째 인자로 받아서 Failure가 발생하는 경우에는 문자열을 Failure에 넣어 반환하는 두 번째 (오버로딩한) filter 함수를 정의하라.

> [힌트]
>
> Result 클래스에 추상 함수를 정의하고 각각의 하위 클래스에 구현을 추가할 수도 있지만, 그렇게 하지 말라. 그 대신 여러분이 Result에 정의한 함수를 하나 이상 활용해 구현을 하나만 만들라.

> [해법]
>
> 감싸인 값을 파라미터로 받고 술어 함수를 적용해 조건이 성립하면 같은 값을 내놓고, 조건이 성립하지 않으면 Failure를 반환하는 함수 값을 정의한다. 그리고 이 함수 값을 인자로 flatMap을 호출하라.

```
fun filter(p: (A) -> Boolean): Result<A> = flatMap {
    if (p(it))
        this
    else
        failure("Condition not matched")
}

fun filter(message: String, p: (A) -> Boolean): Result<A> = flatMap {
    if (p(it))
        this
    else
        failure(message)
}
```

### 연습문제 7-6

A에서 Boolean로 가는 함수 값을 인자로 받아 Result에 감싸인 값에 대해 true를 반환하면 true를, 그렇지 않으면 false를 반환하는 exists라는 fun 함수를 만들어라. 다음은 이 함수의 시그니처다.

```
fun exists(p: (A) -> Boolean): Boolean
```

> 힌트

여기서도 각 하위 클래스에 구현을 넣지 말라. 그 대신, 여러분이 사용할 수 있는 여러 함수를 활용해 부모 클래스 안에 함수를 정의하라.

> 해법

Result<T>에 대해 인자로 받은 함수를 map 해서 Result<Boolean>을 만들고, 그 결과에 대해 false를 기본 값으로 하는 getOrElse를 실행한다. 기본 값이 리터럴이기 때문에 getOrElse에서 기본 값을 지연 계산하는 상수 함수를 사용할 필요가 없다.

```
fun exists(p: (A) -> Boolean): Boolean = map(p).getOrElse(false)
```

이 함수 이름 exists가 적당하지 않다고 생각할 수도 있다. 하지만 이 함수는 리스트에 적용할 수 있는 함수 중에서 원소의 조건을 만족하는 것이 하나라도 있으면 true를 반환하는 함수와 똑같다. 그래서 같은 이름을 쓰는 것이 타당하다. 물론 다른 이름을 붙이거나 똑같은 구현을 forAll이라고 부를지는 여러분의 선택에 달렸다. 중요한 것은 List와 Result가 서로 비슷한 이유가 무엇이고 서로 다른 이유가 무엇인지 이해하는 것이다.

## 7.6 실패 매핑하기

때로는 Failure를 다른 값으로 바꾸면 유용할 수 있다. 이는 마치 예외를 잡아서 다른 예외로 바꿔 다시 던지는 것과 같다. 오류 메시지를 좀 더 적합한 메시지로 바꾸거나 사용자가 문제 원인을 파악하기 쉽게 정보를 추가하는 경우 등이 변경 이유일 수 있다. 예를 들어 '설정 파일을 찾을 수 없음'이라는 메시지를 더 유용한 메시지로 바꾸거나 설정 파일을 검색한 경로를 포함하도록 바꿀 수 있다.

### 연습문제 7-7

String을 인자로 받아 Failure를 인자로 받은 문자를 오류 메시지로 하는, 다른 Failure로 변환하는 mapFailure 함수를 작성하라. Result가 Empty나 Success라면 이 함수는 아무 일도 하지 않는다.

[힌트]

추상 함수를 부모 클래스에 정의하라.

[해법]

다음은 부모 클래스에 있는 추상 함수다.

```
abstract fun mapFailure(message: String): Result<A>
```

Empty와 Success 클래스에 있는 구현은 this를 반환하면 된다. 다음은 Empty에 있는 구현이다.

```
override fun mapFailure(message: String): Result<Nothing> = this
```

다음은 Success에 있는 구현이다.

```
override fun mapFailure(message: String): Result<A> = this
```

Failure에 있는 구현은 기존 예외를 새로운 예외로 감싸면서 주어진 문자열을 새 Failure의 오류 메시지로 넣는다.

```
override fun mapFailure(message: String): Result<A> =
    Failure(RuntimeException(message, exception))
```

RuntimeException을 예외 타입으로 선택해도 되고 RuntimeException의 하위 타입으로 새로운 타입을 지정해도 된다. 유용한 다른 함수로는 주어진 String 메시지를 사용해 Empty를 Failure로 매핑하는 함수가 있다.

## 7.7 팩터리 함수 추가하기

값으로부터 Success와 Failure를 만드는 방법을 살펴봤다. 아주 자주 사용해서 별도 팩터리 함수로 추상화해야 하는 또 다른 용례들도 있다. 레거시를 사용하려면 아마 null이 될 수 있는 값으로부터 Result를 만드는 일이 자주 있다. 이때 null이거나 오류가 생긴 경우 구체적인 오류 메시지를 제공하고 싶다면 동반 객체 안에 다음과 같은 시그니처의 함수를 정의한다.

```
operator fun <A> invoke(a: A? = null, message: String): Result<A>
```

A에서 Boolean로 가는 함수와 A 타입의 값으로부터 Result를 만드는 함수도 유용하다.

```
operator fun <A> invoke(a: A? = null, p: (A) -> Boolean): Result<A>
operator fun <A> invoke(a: A? = null, message: String, p: (A) -> Boolean): Result<A>
```

## 연습문제 7-8

앞에서 본 invoke 함수를 구현하라.

[힌트]

어떤 값을 반환할지 선택해야만 한다.

[해법]

이 연습문제는 전혀 어렵지 않다. 다음은 오류 메시지가 없는 경우 Empty를 반환하고 그렇지 않은 경우 Failure를 반환하는 구현이다.

```
operator fun <A> invoke(a: A? = null, message: String): Result<A> =
    when (a) {
        null -> Failure(NullPointerException(message))
        else -> Success(a)
    }

operator fun <A> invoke(a: A? = null, p: (A) -> Boolean): Result<A> =
    when (a) {
        null -> Failure(NullPointerException())
        else -> when {
            p(a) -> Success(a)
            else -> Empty
        }
    }

operator fun <A> invoke(a: A? = null,
                       message: String,
                       p: (A) -> Boolean): Result<A> =
    when (a) {
```

```
            null -> Failure(NullPointerException())
            else -> when {
                p(a) -> Success(a)
                else -> Failure(IllegalArgumentException(
                    "Argument $a does not match condition: $message"))
            }
        }
    }
```

여기서 술어를 적용하기 전에 인자 a를 (A? 타입 대신) A 타입으로 변환할 필요가 없다는 사실을 기억하라. when의 첫 번째 절에서 null을 검사했기 때문에 코틀린은 a가 널이 아니라는 사실을 알고 있다.

## 7.8 효과 적용하기

지금까지는 Result에 감싸인 값에 어떤 효과도 적용하지 않았다. 그래서 효과를 적용하려면 (getOrElse를 통해) 값을 가져와야만 했다. 하지만 값을 꺼내 효과를 적용하는 것은 Result를 사용하는 장점을 포기하는 것이므로 만족스럽지 못하다. 반대로, 여러분은 아직 안전하게 효과를 적용하는 기법을 배우지 못했다. 효과에는 콘솔, 파일, 데이터베이스 등에 로그를 남기거나 가변 구성요소의 필드를 바꾸거나 메시지를 로컬 서버에 보내거나 외부 네트워크를 통해 보내는 등 외부 세계에 영향을 끼칠 수 있는 어떤 것이든 포함될 수 있다.

> **Note** 여기서 보여줄 기법은 안전하지 않다. 따라서 일단 모든 계산 수행이 끝난 다음에만 이 기법을 적용해야 한다. 여러분의 코드에 효과를 적용할 때는 명확히 한계가 정해진 영역 안에서만 적용해야 하며, 효과를 적용한 값에 다른 연산을 수행해서는 안 된다. 효과를 안전한 방법으로 적용하고 계산을 계속 수행해야 한다면 12장까지 기다려서 필요한 기법을 배워야 한다.

일반적인 프로그래밍에서 효과를 적용하려면 Result에서 값을 (값이 존재한다면) 추출해 그 값에 효과를 적용한다. 더 안전한 프로그래밍을 하고 싶다면 이를 반대로 해야 한다. 즉, 효과를 Result에 넘겨 Result 내부에 저장된 값에 (값이 존재한다면) 효과를 적용해야 한다.

효과를 코틀린에서 표현하려면 아무것도 반환하지 않고 원하는 효과를 실행하기만 하는 함수를 사용해야 한다. 사실 이런 함수를 함수라고 부르면 안 된다. 하지만 코틀린에서 효과를 표현하는 방법이 함수뿐이라 어쩔 수 없다. 자바에서는 이런 함수를 Consumer라고 부른다. 코틀린에서 이런 함수의 반환 타입은 Unit이다.

## 연습문제 7-9

효과를 파라미터로 받아 Result에 감싸인 값에 적용해 주는 forEach 함수를 정의하라.

> 힌트

추상 함수를 Result에 정의하고 구현을 각 하위 클래스에 추가하라.

> 해법

다음은 Result에 있는 추상 함수 선언이다.

```
abstract fun forEach(effect: (A) -> Unit)
```

여기서 forEach와 effect 파라미터가 모두 Unit을 반환한다는 점에 유의하라. 다만 Unit을 반환하는 fun 함수의 경우에는 반환 타입을 생략할 수 있다. Failure에 있는 구현은 아무 일도 하지 않는다.

```
override fun forEach(effect: (A) -> Unit) {}
```

Empty에 있는 구현도 비슷하지만, 시그니처가 약간 다르다.

```
override fun forEach(effect: (Nothing) -> Unit) {}
```

Success에 있는 구현은 작성하기 쉽다. 그냥 효과를 값에 적용하면 된다.

```
override fun forEach(effect: (A) -> Unit) {
    effect(value)
}
```

6장에서 만든 Option 클래스였다면 forEach 함수로도 충분하다. 하지만 Result는 그렇지 않다. 일반적으로 실패가 발생한 경우에는 특별한 동작을 수행하고 싶기 때문이다.

## 연습문제 7-10

앞에 나온 용례를 처리하는 forEachOrElse 함수를 정의하라. 이 함수는 Failure와 Empty를 모두 처리해야 한다. 다음은 Result 클래스에 정의할 추상 함수의 시그니처다.

```kotlin
abstract fun forEachOrElse(onSuccess: (A) -> Unit,
                           onFailure: (RuntimeException) -> Unit,
                           onEmpty: () -> Unit)
```

해법

하위 클래스마다 자신에 적합한 구현이 필요하다.

```kotlin
// Success
override fun forEachOrElse(onSuccess: (A) -> Unit,
                           onFailure: (RuntimeException) -> Unit,
                           onEmpty: () -> Unit) = onSuccess(value)

// Failure
override fun forEachOrElse(onSuccess: (A) -> Unit,
                           onFailure: (RuntimeException) -> Unit,
                           onEmpty: () -> Unit) = onFailure(exception)
// Empty
override fun forEachOrElse(onSuccess: (Nothing) -> Unit,
                           onFailure: (RuntimeException) -> Unit,
                           onEmpty: () -> Unit) = onEmpty()
```

예외를 던지지 않는다는 점에 유의하라. 예외 처리는 호출하는 쪽에서 책임져야 할 일이다. 프로그래머가 예외를 던지고 싶다면 두 번째 인자에 `{ throw it }`을 전달해야 한다.

## 연습문제 7-11

forEachOrElse 함수는 잘 작동하지만 최적은 아니다. 사실 forEach는 Success인 경우에는 효과를 적용하되 Failure나 Empty인 경우에는 아무 일도 하지 않는 forEachOrElse라고 할 수 있다. 따라서 이 두 함수는 중복이다. 이 문제를 해결할 수 있는가?

힌트

모든 인자를 선택적 인자로 만들어야 한다.

해법

forEachOrElse의 세 인자에 대해 기본 값을 지정하면 문제를 해결할 수 있다. 다음은 이렇게 기본 값을 사용해 Result에 정의한 추상 함수 선언이다.

```
abstract fun forEach(onSuccess: (A) -> Unit = {},
                     onFailure: (RuntimeException) -> Unit = {},
                     onEmpty: () -> Unit = {})
```

이 함수의 이름을 forEach로 바꿔 원래 있던 forEach를 대치할 수 있다. 하위 클래스에 있는 구현은 바꿀 필요가 없다(당연히 각 하위 클래스에 원래 있던 forEach는 없애고, forEachOrElse의 이름을 forEach로 바꿔야 한다). 이제 forEach에 첫 번째 인자만 넘기면 연습문제 7-9의 forEach와 똑같이 동작하며, 원한다면 이름 붙인 인자를 사용해 Success, Empty, Failure 중 원하는 곳에만 효과를 적용할 수도 있다. 예를 들어 onSuccess와 onEmpty에만 효과를 적용하고 싶으면 다음과 같이 할 수 있다.

```
val result: Result<Int> = if (z % 2 == 0) Result(z) else Result()
result.forEach({ println("$it is even") }, onEmpty = { println("This one is odd") })
```

여기서 두 번째 인자(onFailure)를 생략하려면 세 번째 인자의 이름만 사용해도 된다는 점에 유의하라. 첫 번째 인자는 굳이 이름을 붙이지 않아도 된다. 인자가 원래 있어야 하는 위치에 들어가지 않을 때만 이름을 지정하면 된다. 원래 forEach의 세 번째 인자는 onEmpty지만, 이 코드에서는 두 번째 인자가 onEmpty로 들어가기 원하기 때문에 이름을 붙여야 했다.

자주 사용하는 forEach 용례 한 가지는 다음과 같다. 이 경우에는 패키지 수준에 정의한 log가 있다고 가정하고 활용한다.

```
val result = getComputation()

result.forEach(::println, ::log)
```

이 절에서 정의한 함수들은 사실 함수가 아니라는 점을 기억하라. 그러나 이 함수들은 Result를 간편하게 사용할 때 좋다. 더 많은 내용을 12장에서 볼 수 있다.

## 7.9 고급 Result 합성

Result 용례는 Option과 다소 비슷하다. 6장에서는 A에서 B로 가는 함수를 Option<A>에서 Option<B>로 가는 함수로 변환해 Option 인스턴스를 합성하는 lift 함수를 정의했다. 같은 함수를 Result에도 정의할 수 있다. 이 절에서는 lift를 사용한 여러 연습문제를 풀어본다.

## 연습문제 7-12

Result에 대한 lift 함수를 작성하라. 다음 시그니처를 가지는 lift 함수를 패키지 수준에 넣어라.

```
fun <A, B> lift(f: (A) -> B): (Result<A>) -> Result<B>
```

|해법|

간단한 해법이다.

```
fun <A, B> lift(f: (A) -> B): (Result<A>) -> Result<B> = { it.map(f) }
```

Option과 달리 map이 이미 f에서 발생하는 예외를 처리하기 때문에 여기서는 예외를 잡아낼 필요가 없다.

## 연습문제 7-13

(A) -> (B) -> C 타입의 함수를 끌어올리는 lift2와 (A) -> (B) ->(C) -> D 타입의 함수를 끌어올리는 lift3를 작성하라. 시그니처는 다음과 같다.

```
fun <A, B, C> lift2(f: (A) -> (B) -> C):
    (Result<A>) -> (Result<B>) -> Result<C>
fun <A, B, C, D> lift3(f: (A) -> (B) -> (C) -> D):
    (Result<A>) -> (Result<B>) -> (Result<C>) -> Result<D>
```

|해법|

해법은 다음과 같다.

```
fun <A, B, C> lift2(f: (A) -> (B) -> C):
    (Result<A>) -> (Result<B>) -> Result<C> =
        { a ->
            { b ->
                a.map(f).flatMap { b.map(it)}
            }
        }

fun <A, B, C, D> lift3(f: (A) -> (B) -> (C) -> D):
    (Result<A>) -> (Result<B>) -> (Result<C>) -> Result<D> =
```

```
            { a ->
                { b ->
                    { c ->
                        a.map(f).flatMap { b.map(it)}.flatMap { c.map(it) }
                    }
                }
            }
```

여기서 패턴을 볼 수 있다. 이 패턴을 사용해 원하는 수만큼 파라미터를 받는 함수에 대한 lift를 정의할 수 있다.

## 연습문제 7-14

6장에서는 Option<A>, Option<B> 타입의 두 값과 (A) -> (B) -> C 타입의 함수를 받아서 Option<C>를 반환하는 map2 함수를 작성했다. Result에 대한 map2 함수를 작성하라.

[힌트]

Option에 정의했던 함수를 사용하지 말라. 대신 연습문제 7-13에서 정의한 lift2를 사용하라.

[해법]

Option에 대한 해법은 다음과 같았다.

```
fun <A, B, C> map2(oa: Option<A>,
                   ob: Option<B>,
                   f: (A) -> (B) -> C): Option<C> = oa.flatMap { a -> ob.map { b ->
                       f(a)(b) } }
```

이 함수는 lift2에서 사용한 것과 같은 패턴이다. 따라서 map2를 단순히 다음과 같이 정의할 수 있다.

```
fun <A, B, C> map2(oa: Option<A>,
                   ob: Option<B>,
                   f: (A) -> (B) -> C): Result<C> = lift2(f)(a)(b)
```

이런 함수의 용례 중 일반적인 것으로는 다른 함수가 반환하는 Result 타입의 값에 대해 함수나 생성자를 호출하는 것이 있다. ToonMail 예제를 다시 보자. Toon 맵에 데이터를 넣으려면 콘솔을 통해 사용자로부터 이름과 성, 전자우편 주소를 입력 받아 Toon을 만든다. 이를 위해 다음과 같은 함수를 사용한다.

```
fun getFirstName(): Result<String> = Result("Mickey")

fun getLastName(): Result<String> = Result("Mouse")

fun getMail(): Result<String> = Result("mickey@disney.com")
```

실제 구현은 이와 다르다. 하지만 여러분이 콘솔에서 입력을 안전하게 받는 방법을 배워야 그런 구현이 가능하다. 지금은 여기 있는 목(mock) 구현을 사용하자. 이 구현을 사용해 다음과 같이 Toon을 만든다.

```
var createPerson: (String) -> (String) -> (String) -> Toon =
    { x -> { y -> { z -> Toon(x, y, z) } } }

val toon = lift3(createPerson)(getFirstName())(getLastName())(getMail())
```

하지만 여기서 더 이상 추상화할 수 없는 한계에 부딪힌다. 세 가지보다 더 많은 함수나 생성자를 호출하고 싶을 수도 있다. 그런 경우에는 다음 패턴을 사용한다. 이런 패턴을 종종 **컴프리헨션** (comprehension)이라고 부른다.

```
val toon = getFirstName()
    .flatMap { firstName ->
        getLastName()
            .flatMap { lastName ->
                getMail()
                    .map { mail -> Toon(firstName, lastName, mail) }
            }
    }
```

컴프리헨션 패턴에는 두 가지 장점이 있다.

- 인자의 수를 원하는 대로 늘릴 수 있다.
- 함수를 정의하지 않아도 된다.

여기서 별도로 함수를 정의하지 않고 lift3를 사용할 수 있다. 다만, 그런 경우에는 코틀린 타입 추론의 한계 때문에 타입을 직접 지정해야 한다.

```
val toon2 = lift3 { x: String ->
    { y: String ->
        { z: String ->
            Toon(x, y, z)
```

```
            }
        }
    }(getFirstName())(getLastName())(getMail())
```

언어에 따라 다음과 비슷한 형태로 이런 컴프리헨션 구조에 대한 편리 문법을 제공하는 경우도 있다.

```
for {
    firstName in getFirstName(),
    lastName in getLastName(),
    mail in getMail()
} return new Toon(firstName, lastName, mail)
```

코틀린은 이런 종류의 편리 문법을 제공하지는 않지만, 편리 문법이 없어도 컴프리헨션을 쉽게 쓸 수 있다. 여기서 flatMap과 map이 어떻게 내포되어 있는지 주의해서 보라. 첫 함수에 대한 호출(또는 Result 인스턴스)로부터 시작해 새로운 함수 호출을 모두 flatMap으로 덧붙이되, 마지막에는 여러분이 사용하려는 함수나 생성자를 map 하는 것으로 끝내라. 예를 들어 Result 인스턴스가 다섯 개 있고 파라미터가 다섯 개인 함수를 호출하려면 다음과 같이 접근할 수 있다.

```
val result1 = Result(1)
val result2 = Result(2)
val result3 = Result(3)
val result4 = Result(4)
val result5 = Result(5)

fun compute(p1: Int, p2: Int, p3: Int, p4: Int, p5: Int) =
    p1 + p2 + p3 + p4 + p5

val result = result1.flatMap { p1: Int ->
    result2.flatMap { p2 ->
        result3.flatMap { p3 ->
            result4.flatMap { p4 ->
                result5.map { p5 ->
                    compute(p1, p2, p3, p4, p5)
                }
            }
        }
    }
}
```

이 예제는 일부러 꾸며낸 것이긴 하지만, 앞에서 설명한 패턴을 확장하는 방법을 잘 보여준다. 여기서 맨 마지막 호출(가장 안에 깊이 내포된 호출)이 반드시 flatMap이 아니고 map이어야 할 이유는 없다. 단지 마지막에 호출되는 함수(compute)가 (Result 등으로 감싸지 않은) 일반 값을 내놓기 때문에 map을 쓴 것뿐이다. 이 함수가 Result를 내놓는다면 map 대신 flatMap을 써야 한다.

```
val result1 = Result(1)
val result2 = Result(2)
val result3 = Result(3)
val result4 = Result(4)
val result5 = Result(5)

fun compute(p1: Int, p2: Int, p3: Int, p4: Int, p5: Int) =
    Result(p1 + p2 + p3 + p4 + p5)

val result = result1.flatMap { p1: Int ->
    result2.flatMap { p2 ->
        result3.flatMap { p3 ->
            result4.flatMap { p4 ->
                result5.flatMap { p5 ->
                    compute(p1, p2, p3, p4, p5)
                }
            }
        }
    }
}
```

하지만 맨 마지막에 사용하는 함수가 생성자인 경우가 자주 있고, 생성자는 일반 값을 반환하므로 map을 사용하는 경우가 더 흔하다.

## 7.10 요약

- 오류 때문에 값이 없다는 사실을 표현해야 한다. Option 타입은 이런 사실을 표현할 수 없으므로 Result 타입이 필요하다. 그리고 Either 타입을 사용해 두 타입(Right 또는 Left)의 값 중 어느 한 타입의 값이 들어 있는 데이터를 표현할 수 있다.

- Either도 Option과 마찬가지로 map이나 flatMap을 사용해 매핑할 수 있다. 다만 양쪽(Left 와 Right)을 모두 매핑해야 한다.
- Either를 만들 때 한쪽(Left)이 항상 같은 타입(RuntimeException)을 가리키는 치우친 형 태로 만들 수도 있다. 이렇게 치우친 타입을 Result라고 부른다. Result 타입에서 성공은 Success라는 하위 타입으로 표현하며, 실패는 Failure라는 하위 타입으로 표현한다.
- Result 타입을 사용하는 방법 한 가지는 값이 존재하면 안에 들어 있는 값을 얻고 값이 존재 하지 않으면 지정한 기본 값을 사용하는 것이다. 기본 값은 이미 계산된 상숫값이 아니라면 지연 계산을 통해 계산되어야 한다.
- (선택적 데이터를 표현하는) Option과 (데이터 또는 오류를 표현하는) Result를 합성하는 일 은 지겹고 복잡하다. Empty 하위 타입을 Result에 추가해 Option 타입을 쓰지 않아도 되게 하면 이런 용례를 더 쉽게 처리할 수 있다.
- 실패에 대한 매핑이 필요할 때도 있다. 예를 들어 오류 메시지를 더 명확하게 다듬고 싶다면 실패에 대한 매핑이 필요하다.
- 널이 될 수 있는 데이터나 조건에 따른 데이터 등 다양한 상황에서 Result를 만들어내는 여 러 팩터리 함수를 정의할 수 있다. 조건에 따른 데이터를 기술할 때는 데이터와 그 데이터가 생성되기 위해 만족해야 하는 조건을 사용한다.
- Result에 있는 forEach 함수를 통해 효과를 적용할 수 있다. forEach를 사용하면 Success, Failure, Empty에 다른 효과를 적용할 수 있다.
- (lift 함수를 사용하면) A에서 B로 가는 함수를 Result<A>에서 Result<B>로 가는 함수로 끌어올릴 수 있다. 또한 (lift2함수를 사용하면) (A) -> (B) -> C 타입의 함수(이항 함수 를 커리한 형태)를 (Result<A>) -> (Result<B>) -> Result<C> 타입의 값으로 끌어올릴 수 있다.
- Result 데이터를 원하는 개수만큼 합성하고 싶을 때는 컴프리헨션 패턴을 쓴다.

memo

# 8장 고급 리스트 처리

8.1 length의 단점

8.2 성능 문제

8.3 메모화의 이점

8.4 List와 Result의 합성

8.5 리스트에 대한 일반적인 추상화

8.6 리스트를 자동으로 병렬 처리하기

8.7 요약

### 이 장에서 다루는 내용

- 메모화로 리스트 처리 속도 높이기
- List와 Result 합성하기
- 인덱스로 리스트 접근 구현하기
- 리스트 펼치기
- 자동으로 리스트 병렬 처리하기

5장에서 여러분은 처음으로 데이터 구조를 만들었다. 그 데이터 구조는 단일 연결 리스트였다. 5장을 읽던 시점에서는 리스트를 데이터를 처리하는 완전한 도구로 만드는 기법을 모두 알지는 못했다. 그 시점에 여러분이 알지 못했던 도구 중에 특히 유용한 것은 선택적 데이터나 오류를 만드는 연산을 표현하는 방법이다.

6장과 7장에서 선택적 데이터와 오류를 표현하는 방법을 알아보았다. 이 장에서는 선택적 데이터나 오류를 만드는 연산을 리스트와 함께 합성하는 방법을 알아본다. 그리고 6장에서 구현한 length 등의 함수는 최적이 아니었으므로 이 장에서는 이런 함수를 보다 더 효율적으로 구현하는 기법을 알아본다. 또한 몇몇 리스트 연산을 자동으로 병렬화해 최근 컴퓨터에 탑재되는 멀티 코어 아키텍처의 장점을 살리는 방법을 살펴본다.

# 8.1 length의 단점

리스트를 접는(fold) 과정은 초깃값부터 시작해 같은 함수를 리스트의 각 원소에 연속적으로 합성하는 것으로 이루어진다. 따라서 접는 연산의 전체 실행 시간은 리스트 길이에 비례한다. 이 연산을 더 빠르게 만드는 방법은 없을까? 또는 이 연산을 더 빨라 보이게 만드는 방법이라도 없을까? 접기 연산 예제로 연습문제 5-10에서 List의 length 함수를 다음과 같이 구현했다.

```
fun length(): Int = foldLeft(0) { { _ -> it + 1 } }
```

이 구현에서 접히는 리스트는 자신의 원소마다 기존 연산 결과에 1을 추가하는 연산을 사용한다. 초깃값은 0이고, 각 원소의 값은 무시된다. 이 때문에 length 구현은 리스트의 원소 타입과 관계없이 항상 똑같을 수 있다. 원소가 무시되므로 원소의 타입은 중요하지 않다. 하지만 length 연산을 리스트의 합을 구하는 연산과 비교해 볼 수 있다.

```
fun sum(list: List<Int>): Int = list.foldRight(0) { x -> { y -> x + y } }
```

여기서 주된 차이는 length가 원소 타입과 무관하게 모든 리스트에 적용 가능하지만, sum은 정수 리스트에만 작용한다는 점이다. foldRight나 foldLeft는 단지 재귀를 추상화하는 방법에 지나지 않음을 유의하라. 리스트의 길이는 빈 리스트면 0, 비어 있지 않은 리스트면 꼬리 길이에 1을 더

한 값이다. 같은 방식으로 리스트의 모든 원소의 sum도 빈 리스트면 0, 비어 있지 않은 리스트면 머리 값에 꼬리에 대한 sum을 더한 값이다.

이런 식으로 리스트에 적용할 수 있는 다른 연산이 많다. 그중에서 리스트 원소의 타입이 중요하지 않은 연산은 다음과 같다.

- **리스트의 해시 코드는 리스트 원소들의 해시 코드를 모두 더해 계산한다.** 해시 코드가 정수이므로(적어도 코틀린 객체의 경우에는 그렇다) 이 연산은 원소 타입과 무관하다.
- **toString이 반환하는 리스트의 문자열 표현은 리스트 모든 원소의 toString 표현을 합성해 계산한다.** 여기서도 원소의 실제 타입은 중요하지 않다.

일부 연산은 원소 타입의 특성에 의존하되 구체적인 타입에 의존하지는 않을 수도 있다. 예를 들어 리스트의 최댓값을 반환하는 max 함수를 구현하려면 리스트의 원소가 Comparable이거나 Comparator가 존재하면 된다. plus 함수를 정의하는 Summable이라는 인터페이스를 구현하는 타입을 대상으로 하는 보다 더 일반적인 sum 함수를 정의할 수도 있다.

## 8.2 / 성능 문제

바로 앞에서 이야기한 함수들을 접기 연산으로 구현할 수 있지만, 접기 연산은 결과를 계산하는 데 걸리는 시간이 리스트의 길이에 비례한다는 단점이 있다. 원소가 백만 개 있고, 길이를 검사하고 싶다고 하자. 원소를 하나하나 세는 것(접기 연산으로 구현한 length 함수가 바로 이런 일을 한다)이 유일한 방법인 듯 보인다. 하지만 백만 개나 되는 원소를 모두 더하고 있었다면 덧셈이 끝난 후 다시 원소를 하나씩 세고 싶지는 않을 것이다.

이런 상황에서는 원소 개수를 어딘가 저장하고 리스트에 원소를 추가할 때마다 1을 그 값에 더하면 된다. 맨 처음에 비어 있지 않은 리스트로 시작할 때는 원소 개수를 일일이 세어야 하지만, 일일이 세어야 하는 경우는 이때뿐이다. 이런 기법인 메모화에 관해 4.4절에서 배웠다. 문제는 어디에 메모화한 값을 저장하느냐다. 이에 대한 해법은 명확하다. 리스트 자체에 저장하라.

## 8.3 메모화의 이점

리스트 내부에 원소 개수를 유지하려면 시간이 약간 더 걸린다. 따라서 개수를 저장하지 않을 때보다 원소를 리스트에 추가하는 데 걸리는 시간도 약간 더 걸린다. 따라서 시간과 시간을 맞바꾸는 것처럼 보인다. 백만 개의 원소가 있는 리스트를 만든다면 원소 개수에 1을 더하는 시간에 백만을 곱한 만큼 시간을 잃어버리게 된다. 하지만 리스트의 길이를 얻는 데 걸리는 시간이 0에 가까워지므로(그리고 분명히 상수 시간으로 바뀌므로) 이런 비용이 상쇄된다. 어쩌면 원소 개수를 늘리는 데 든 시간적 손해가 length를 호출할 때 얻을 수 있는 시간적 이득과 같을 것이다. 하지만 length를 두 번 이상 호출하면 이득이 확실해진다.

### 8.3.1 메모화의 단점 처리하기

메모화에는 몇 가지 단점이 있다. 이 절에서는 이런 단점을 설명하고 메모화를 사용할지 결정하는 방법에 관해 몇 가지 가이드를 제공한다.

메모화를 사용하면 $O(n)$ 시간(원소 수에 비례)이 걸리는 함수를 $O(1)$ 시간(상수 시간)으로 만들 수 있다. 원소 삽입에 드는 시간이 늘어나기 때문에 약간의 시간을 소비하게 되지만, 상수 시간으로 시간이 줄어드는 데 따른 이익은 아주 크다. 게다가 삽입 시간이 약간 늘어나는 것은 일반적으로 크게 문제되지 않는다. 더 중요한 문제는 메모리 사용량의 증가다.

제자리에서 상태를 변이하는 데이터 구조에는 이런 문제가 없다. 가변 리스트는 단지 32비트짜리 가변 정수만 있으면 메모화를 사용하는 데 아무 문제가 없다. 하지만 불변 리스트는 원소마다 길이를 메모화해야 한다. 늘어나는 길이를 정확히 알기는 어렵지만, (5장에서 구현한) 단일 연결 리스트는 노드마다 40바이트 헤더와 추가로 머리와 꼬리에 대한 32비트(32비트 JVM의 경우) 참조가 두 개 필요하므로 원소 당 100바이트 정도가 필요하다(머리가 가리키는 데이터 객체의 크기는 고려하지 않음). 이 경우에 길이를 추가하면 리스트 데이터 구조의 크기가 30% 정도 늘어난다. Comparable 객체의 리스트에 대한 최댓값이나 최솟값을 저장하는 경우처럼 메모화한 값을 참조로 유지할 때도 마찬가지다. 64비트 JVM에서는 참조 크기 최적화로 인해 이를 계산하기가 더 어렵다. 하지만 크기 증가 계산 방식은 대동소이하다.

> Note ≡ JVM상의 객체 참조의 크기에 대한 정보가 더 필요하면 압축한 일반 객체 포인터와 JVM 성능 향상 관련 오라클 문서(https://docs.oracle.com/javase/8/docs/technotes/guides/vm/performance-enhancements-7.html)를 살펴보라.

데이터 구조에 메모화를 사용할지 말지는 여러분의 결정에 달려 있다. 자주 호출되는 함수나 메모화를 사용할 때 결과 객체를 매번 다시 만들어내지 않아도 되는 함수라면 메모화가 올바른 선택이다. 예를 들어 length와 hashCode 함수는 정수를 반환하지만, min과 max는 기존 객체에 대한 참조를 반환하므로 min과 max 쪽이 메모화에 더 적합하다. 그러나 toString 함수를 메모화하려면 새로 많은 문자열을 생성해야 하므로 메모리 공간이 많이 낭비된다. 또한 함수가 얼마나 자주 호출되는지도 고려해야 한다. length 함수는 hashCode보다 자주 호출되므로(리스트를 해시 맵의 키로 쓰는 경우는 거의 없다) length 함수가 메모화에 더 적합하다.

## 연습문제 8-1

연습문제 5-8에 있는 length 함수를 메모화한 함수를 작성하라. List 클래스에서 이 함수의 시그니처는 다음과 같다.

```
abstract fun lengthMemoized(): Int
```

### 해법

Nil 클래스의 구현은 0을 반환한다.

```
override fun lengthMemoized(): Int = 0
```

Cons 버전을 구현하려면 먼저 클래스에 메모화를 위한 필드를 추가해야 한다.

```
internal class Cons<out A>(internal val head: A,
                          internal val tail: List<A>): List<A>() {
    private val length: Int = tail.lengthMemoized() + 1
    ...
```

그러고 나면 length 필드를 반환하는 lengthMemoized를 구현할 수 있다.

```
override fun lengthMemoized() = length
```

이 버전은 원래 버전보다 훨씬 더 빠르다. 한 가지 알아둘 점은 length와 isEmpty 함수의 관계다.

isEmpty 함수를 length == 0이라고 작성하고 싶을지도 모른다. 이 식은 논리적 관점에서 볼 때 참이지만 구현과 성능 관점에서 큰 차이가 있다.

한편, 코틀린에서는 추상 프로퍼티를 사용해 훨씬 더 깔끔하게 구현할 수 있다. 코틀린은 val 프로퍼티에 대해 자동으로 게터를 만들어주며, 추상 클래스에 추상 프로퍼티를 정의하고, 확장 클래스에 구현을 제공한다. List 클래스에 있는 추상 프로퍼티의 정의는 다음과 같다.

```
abstract val length: Int
```

Nil 객체에서는 이 프로퍼티를 0으로 설정한다.

```
override val length = 0
```

Cons 클래스 안에서 이 프로퍼티는 앞의 구현과 똑같이 초기화된다.

```
override val length = tail.length + 1
```

Comparable의 리스트에서 최댓값이나 최솟값을 메모화하는 것도 이와 같은 방식으로 할 수 있다. 하지만 리스트에서 max나 min이 가리키는 값을 제거하고 싶다면 이런 구현은 도움이 되지 않는다. 리스트에 있는 원소를 우선순위로 처리하려고 최댓값이나 최솟값에 접근하는 경우가 자주 있다. 이때 원소의 compareTo 함수가 우선순위를 비교한다.

우선순위를 메모화하면 가장 우선순위가 높은 원소를 즉시 알 수 있지만, 이 원소를 제거해야 하는 경우가 자주 있어서 메모화가 그리 도움이 되지 않는다. 이런 경우에는 다른 데이터 구조가 필요하다. 11장에서 이런 데이터 구조를 어떻게 만드는지 알아본다.

### 8.3.2 성능 향상 평가하기

이미 설명한 것처럼, List 클래스에 있는 어떤 함수를 메모화해야 할지 결정하는 것은 여러분의 몫이다. 약간의 실험을 해보면 결정을 내릴 때 도움이 될 것이다. 원소가 백만 개 들어 있는 리스트를 만들기 전과 후에 가용 메모리 크기를 측정해 보면 메모화를 사용할 때 메모리가 얼마나 늘어나는지 알 수 있다.

이런 측정 방식이 정확하지는 않지만, 평균 가용 메모리 감소는 (메모화를 사용하든 사용하지 않든) 22MB였으며, 20MB에서 25MB 사이에서 가변적이었다. 이는 4MB라는 이론적인 메모리 사용량 증가(4바이트 × 백만 개)가 여러분의 예상과 달리 그리 크지 않다는 점을 보여준다. 그 반면에 성능은 상당히 많이 좋아졌다. 메모화를 사용하지 않으면 길이를 10번 물어보는 데 200밀리초가 걸렸지만, 메모화를 사용하면 0초(너무 짧아서 밀리초 단위로는 측정이 불가함)가 걸렸다. 원소를 추가하는 데 걸리는 시간은 약간 늘어났지만(꼬리의 길이에 1을 더해 리스트 길이에 저장해야 함), 꼬리의 길이가 이미 메모화되어 있어서 (머리에 있는) 원소를 삭제하는 데 걸리는 시간은 늘어나지 않는다.

# 8.4 List와 Result의 합성

7장에서 Result와 List가 크기의 차이는 있어도 map이나 flatMap 등의 함수를 공유하는 비슷한 데이터 구조라는 사실을 알아보았다. 또한 List를 합성해 List를 만드는 방법이나 Result를 Result와 합성하는 방법을 살펴봤다. 이제는 Result를 List와 합성하는 방법을 살펴보자.

## 8.4.1 Result를 반환하는 리스트 처리하기

여기까지 이 책을 읽었다면 Result나 List에 들어 있는 원소에 직접 접근하지 않으려고 노력하고 있다는 사실을 알았을 것이다. 리스트가 Nil일 때 머리나 꼬리에 접근하면 예외가 발생하며 예외 발생은 프로그램을 안전하지 않게 만드는 가장 직접적인 이유이기 때문이다. 실패나 결과가 없을 때 사용할 기본 값을 제공함으로써 Result에 들어 있는 값에 안전하게 접근할 수 있다는 사실도 배웠다. 리스트의 머리를 읽을 때도 동일한 일을 할 수 있을까? 정확히 똑같지는 않지만 Result를 반환할 수 있다.

### 연습문제 8-2

List<A> 안에 Result<A>를 반환하는 headSafe 함수를 구현하라.

힌트

List에 다음의 추상 선언을 사용하고 각 하위 클래스에 구체적인 구현을 추가하라.

```
abstract fun headSafe(): Result<A>
```

> [해법]

Nil 클래스에 있는 구현은 빈 Result를 반환한다.

```
override fun headSafe(): Result<Nothing> = Result()
```

Cons 클래스에 있는 구현은 머리 값이 들어 있는 Success를 반환한다.

```
override fun headSafe(): Result<A> = Result(head)
```

### 연습문제 8-3

리스트의 마지막 원소가 들어 있는 Result를 반환하는 lastSafe를 만들어라.

> [힌트]

재귀를 명시적으로 사용하지 말고 5장에서 만든 함수를 활용하라. List 클래스 안에 함수를 하나만 만들어 이 문제를 해결한다.

> [해법]

몇 가지 방법으로 이 문제를 풀 수 있다. 먼저 뻔한 해법을 살펴보고 이 해법의 문제점을 설명한다. 그러고 나서 이런 문제를 피할 수 있는 더 나은 해법을 제시한다. 다음은 명시적으로 재귀를 사용하는 뻔한 해법이다.

```
fun lastSafe(): Result<A> = when (this) {
    Nil -> Result()
    is Cons -> when (tail) {
        Nil -> Result(head)
        is Cons -> tail.lastSafe()
    }
}
```

이 해법에는 몇 가지 문제가 있다. 첫째로 이 해법은 재귀적이다. 따라서 이를 공재귀로 바꿔야 한다. 공재귀로 바꾸기는 쉽지만, 그 대신 이 함수가 리스트를 인자로 받게 만들어야 한다.

```
tailrec fun <A> lastSafe(list: List<A>): Result<A> = when (list) {
    List.Nil -> Result()
    is List.Cons<A> -> when (list.tail) {
        List.Nil -> Result(list.head)
        is List.Cons -> lastSafe(list.tail)
    }
}
```

더 나은 해법은 재귀를 추상화하는 접기를 사용하는 것이다. 여러분은 접기에 사용할 함수만 제대로 만들면 된다. 마지막 값이 존재한다면 그 값을 계속 유지해야 한다. 따라서 이런 일을 하는 함수가 접기에 사용할 함수다.

```
{ _: Result<A> -> { y: A -> Result(y) } }
```

이제 Result()를 항등원으로 하는 foldLeft를 사용해 리스트를 접어야 한다.

```
fun lastSafe(): Result<A> =
    foldLeft(Result()) { _: Result<A> -> { y: A -> Result(y) } }
```

## 연습문제 8-4

List 안에 headSafe 함수를 하나만 구현해 연습문제 8-2에서 만든 headSafe를 대체할 수 있을까? 이 구현의 장점과 단점은 무엇일까?

[해법]

문제가 요구하는 구현을 다음과 같이 만들 수 있다.

```
fun headSafe(): Result<A> =
    foldRight(Result()) { x: A -> { _: Result<A> -> Result(x) } }
```

이 구현의 유일한 장점은 여러분이 이런 방식을 더 좋아한다면 이 함수가 더 재미있다는 것뿐이다. lastSafe 구현을 만드는 동안 여러분은 마지막 원소를 얻으려면 리스트를 순회해야 한다는 사실을 알았을 것이다. 첫 원소를 찾을 때는 리스트를 순회할 필요 없다.

여기서 foldRight를 사용하는 것은 리스트를 뒤집은 다음에 뒤집은 리스트의 마지막 원소를 찾기 위해 뒤집은 리스트를 순회하는 것과 같다(뒤집은 리스트의 마지막 원소가 원래 리스트의 첫 번째 원소다). 이 방법은 그리 효율적이지 못하다! 다른 방법은 바로 lastSafe 함수가 리스트의 마지막 원소를 찾을 때 사용한 방법(리스트를 뒤집어서 첫 번째 원소를 가져옴)과 같다. 재미를 빼면 이렇게 구현할 이유가 전혀 없다. 하지만 여러분이 List에 함수를 하나만 구현하는 쪽을 더 선호한다면 패턴 매칭을 사용하면 된다.

```
fun headSafe(): Result<A> = when (this) {
    Nil -> Result()
    is Cons -> Result(head)
}
```

## 8.4.2 List⟨Result⟩를 Result⟨List⟩로 변환하기

리스트에 어떤 계산의 결과가 들어 있다면 List⟨Result⟩ 타입인 경우가 종종 있다. 예를 들어 T에서 Result⟨U⟩로 가는 함수를 T 타입의 값으로 이뤄진 리스트에 매핑하면 List⟨Result⟨U⟩⟩ 타입의 객체를 얻는다. 이런 값에 List⟨U⟩를 인자로 받는 함수를 적용해야 하는 경우가 자주 있다. 이는 List⟨Result⟨U⟩⟩ 타입의 값을 List⟨U⟩ 타입의 값으로 바꾸는 방법이 있어야 한다는 뜻이며 flatMap 등이 포함되는 평평하게 하는 연산에 속하는 변환인 것으로 보인다. flatMap과의 큰 차이는 List와 Result라는 두 가지 다른 데이터 타입이 연관되어 있다는 점이다. 이런 변환에 몇 가지 전략을 사용할 수 있다.

- 실패나 빈 결과를 모두 버리고 성공한 결과를 모아서 U 타입을 원소로 하는 리스트를 만든다. 리스트 안에 성공한 결과가 하나도 없으면 빈 리스트를 결과로 내놓는다.
- 실패나 빈 결과를 모두 버리고 성공한 결과를 모아서 U 타입을 원소로 하는 리스트를 만든다. 리스트 안에 성공한 결과가 하나도 없으면 실패를 내놓는다.
- 전체 연산이 성공해서 모든 원소가 성공인지 결정한다. 모두 성공이면 그 값들을 모아서 Success⟨List⟨U⟩⟩를 반환하고, 하나 이상 실패나 빈 결과가 있으면 Failure⟨List⟨U⟩⟩를 반환한다.

첫 번째 해법은 모든 결과가 선택적일 때 결과의 리스트를 만드는 것에 해당한다. 두 번째 해법은 결과가 성공하려면 적어도 하나 이상 성공적인 결과가 필요하다는 뜻이다. 세 번째 해법은 모든 결괏값이 필요한 상황에 해당한다.

### 연습문제 8-5

List⟨Result⟨A⟩⟩를 인자로 받아 성공한 값이 모두 들어 있는 List⟨A⟩를 반환하는 flattenResult 함수를 정의하라. 실패나 비어 있는 값은 무시한다. 함수를 다음과 같은 시그니처로 패키지 수준에 선언하라.

```
fun <A> flattenResult(list: List<Result<A>>): List<A>
```

명시적으로 재귀를 사용하지 말고 List나 Result 클래스에 있는 함수를 합성하라.

> 힌트

해야 할 일이 무엇인지 알기 쉽게 flattenResult라는 이름을 골랐다.

> 해법

이 연습문제를 풀려면 먼저 Result<A> 타입의 원소를 (성공인 경우) List<A>나 (성공이 아닌 경우) 빈 리스트로 만들어야 한다. 이때 다음 함수를 사용한다.

```
{ ra -> ra.map { List(it) }.getOrElse(List()) }
```

이 함수의 타입은 (Result<A>) -> List<A>다. 이제 Result<A>로 이뤄진 리스트에 대해 이 함수를 flatMap하면 된다.

```
fun <A> flattenResult(list: List<Result<A>>): List<A> =
    list.flatMap { ra -> ra.map { List(it) }.getOrElse(List()) }
```

## 연습문제 8-6

List<Result<A>>를 Result<List<A>>로 조합하는 sequence 함수를 작성하라. 이 함수는 원래 리스트의 모든 원소가 Success의 인스턴스일 때만 Success<List<A>>를 반환하고, 다른 경우에는 항상 Failure<List<A>>를 반환한다. 시그니처는 다음과 같다.

```
fun <A> sequence(list: List<Result<A>>): Result<List<A>>
```

> 힌트

여기서도 재귀를 명시적으로 사용하지 말고 foldRight 함수를 사용하라. 그리고 Result 클래스에 정의한 map2 함수가 필요하다.

> 해법

다음은 foldRight와 Result.map2를 사용한 구현이다.

```
import com.fpinkotlin.common.map2
...
fun <A> sequence(list: List<Result<A>>): Result<List<A>> =
    list.foldRight(Result(List())) { x ->
        { y: Result<List<A>> ->
            map2(x, y) { a -> { b: List<A> -> b.cons(a) } }
        }
    }
```

여기서도 foldLeft에 기반을 둔 스택을 안전하게 사용하는 버전을 선호하는 독자가 있을 것이다. foldLeft를 사용한다면 리스트를 뒤집는 것을 잊어서는 안 된다.

이 구현은 Empty를 Failure와 마찬가지로 처리하며, 최초로 마주친 실패(또는 비어 있는 결과)를 돌려준다. 이 실패는 여러분에게 필요할 수도 있고 필요하지 않을 수도 있다.

Empty가 빈 데이터라는 개념을 유지하고자 리스트에서 Empty만 제거할 수 있다. 이를 위해 Empty면 true를 돌려주고 Success나 Failure면 false를 돌려주는 Result 클래스의 isEmpty 함수가 필요하다.

```
fun <A> sequence2(list: List<Result<A>>): Result<List<A>> =
    list.filter{ !it.isEmpty() }.foldRight(Result(List())) { x ->
        { y: Result<List<A>> ->
            map2(x, y) { a -> { b: List<A> -> b.cons(a) } }
        }
    }
```

## 연습문제 8-7

A 타입 원소로 이뤄진 리스트를 순회하면서 각 원소에 A에서 Result<B>로 가는 함수를 적용해 Result<List<B>> 타입을 만드는 보다 더 일반적인 traverse 함수를 정의하라. 다음은 traverse의 시그니처다.

```
fun <A, B> traverse(list: List<A>, f: (A) -> Result<B>): Result<List<B>>
```

traverse로 새로운 sequence를 정의하라.

[힌트]

재귀를 사용하지 말라. 재귀를 추상화해 제공하는 foldRight를 사용하라. 스택을 안전하게 사용하기 원한다면 coFoldRight를 사용하라.

[해법]

먼저 traverse 함수를 정의한다.

```
fun <A, B> traverse(list: List<A>, f: (A) -> Result<B>): Result<List<B>> =
    list.foldRight(Result(List())) { x ->
        { y: Result<List<B>> ->
            map2(f(x), y) { a -> { b: List<B> -> b.cons(a) } }
        }
    }
```

이제 이 traverse로 sequence 함수를 다시 정의한다.

```
fun <A> sequence(list: List<Result<A>>): Result<List<A>> =
    traverse(list, { x: Result<A> -> x })
```

# 8.5 리스트에 대한 일반적인 추상화

List 데이터 타입을 사용하는 여러 경우를 추상화하면 같은 코드를 반복해서 작성하지 않아도 된다. 기본 함수를 조합해 구현할 수 있는 새로운 용례를 자주 발견하게 될 것이다. 주저하지 말고 이런 용례를 List 클래스에 포함하라. 다음은 가장 흔한 용례 중 일부다.

- 여러 리스트를 하나로 묶거나 한 리스트를 여러 리스트로 풀기
- 쌍으로 이뤄진 리스트를 리스트의 쌍으로 변환하기
- 어떤 타입의 값들로 이뤄진 리스트를 리스트의 쌍으로 변환하기

## 8.5.1 리스트를 묶거나 풀기

**묶기**(zipping)는 두 리스트에서 같은 인덱스에 위치한 원소를 조합해 하나로 묶음으로써 하나의 리스트를 만들어내는 과정이다.[1] **풀기**(unzipping)는 점의 리스트로부터 x 좌표의 리스트와 y 좌표의 리스트를 만들어내는 것처럼 리스트의 각 원소를 분해해 두 리스트를 만들어내는 과정을 말한다.

### 연습문제 8-8

원소 타입이 다른 두 리스트의 원소를 인자로 받은 함수를 통해 원소를 조합해 새로운 리스트를 만드는 zipWith 함수를 작성하라. 다음은 이 함수의 시그니처다.

---

1 역주 zip이라는 단어는 점퍼 등에 쓰이는 지퍼의 어원이다. 지퍼에서 같은 위치에 있는 이빨이 서로 맞물려 잠기는 과정을 생각하면 묶기를 더 쉽게 이해할 수 있다.

```
fun <A, B, C> zipWith(list1: List<A>,
                      list2: List<B>,
                      f: (A) -> (B) -> C): List<C>
```

이 함수는 List<A>와 List<B>를 인자로 받아 List<C>를 만들어낸다. 그 과정에서 (A) -> (B) -> C 타입의 함수를 사용한다.

[힌트]

두 리스트를 묶는 과정은 두 리스트 중 짧은 쪽에 의해 제약된다.

[해법]

두 리스트에 대해 동시에 재귀를 수행해야 하므로 명시적으로 재귀를 사용해야 한다. 지금까지 정의했던 추상화 중에서 이런 경우에 사용할 수 있는 것은 없다.

```
fun <A, B, C> zipWith(list1: List<A>,
                      list2: List<B>,
                      f: (A) -> (B) -> C): List<C> {
    tailrec
    fun zipWith(acc: List<C>,
                list1: List<A>,
                list2: List<B>): List<C> = when (list1) {
        List.Nil -> acc
        is List.Cons -> when (list2) {
            List.Nil -> acc
            is List.Cons ->
                zipWith(acc.cons(f(list1.head)(list2.head)), list1.tail, list2.tail)
        }
    }
    return zipWith(List(), list1, list2).reverse()
}
```

공재귀 도우미 함수 zipWith에 시작 누적기로 빈 리스트를 넘긴다. 두 인자 리스트 중 어느 한쪽이라도 비어 있으면 공재귀가 끝나고 이 시점의 누적기 값을 반환한다. 두 리스트 모두 비어 있지 않으면 두 리스트의 머리 원소에 함수를 적용해 새로운 값을 계산한다. 그런 다음에 두 리스트의 꼬리를 인자로 넘겨 도우미 함수를 재귀적으로 호출한다.

## 연습문제 8-9

연습문제 8-9는 두 리스트에서 인덱스가 일치하는 원소로 리스트를 만들었다. 두 리스트에서 가능한 모든 원소의 조합으로 이뤄진 리스트를 만들어내는 product 함수를 작성하라. ("a","b","c")와 ("d","e","f") 리스트가 있고 문자열 연결 함수가 주어지면 product의 결과는 List("ad", "ae", "af", "bd", "be", "bf", "cd", "ce", "cf")여야 한다.

| 힌트 |

이 연습문제는 명시적으로 재귀를 쓸 필요가 없다.

| 해법 |

해법은 7장에서 Result를 합성할 때 사용한 컴프리헨션 패턴과 비슷하다. 차이가 있다면 product는 두 리스트의 길이를 곱한 만큼 많은 조합을 만들어내지만, 컴프리헨션으로 Result를 조합한 결과는 단 하나뿐이라는 점이다.

```
fun <A, B, C> product(list1: List<A>,
                      list2: List<B>,
                      f: (A) -> (B) -> C): List<C> =
    list1.flatMap { a -> list2.map { b -> f(a)(b) } }
```

> **Note** 이런 방식으로 둘 이상의 리스트의 조합을 만들 수 있다. 다만, 원소 개수가 지수적으로 늘어난다는 문제가 있다.

조합 함수로 생성자를 호출하는 것이 product와 zipWith를 사용하는 가장 흔한 용례다. 다음은 Pair 생성자를 사용하는 예제다.

```
product(List(1, 2), List(4, 5, 6)) { x -> { y: Int -> Pair(x, y) } }
zipWith(List(1, 2), List(4, 5, 6)) { x -> { y: Int -> Pair(x, y) } }
```

첫 번째 식은 두 리스트로부터 만들어낼 수 있는 모든 쌍으로 이뤄진 리스트를 만든다.

[(1, 4), (1, 5), (1, 6), (2, 4), (2, 5), (2, 6), NIL]

두 번째 식은 같은 인덱스에 있는 두 원소로 만든 쌍으로 이뤄진 리스트를 만든다.

[(1, 4), (2, 5), NIL]

## 연습문제 8-10

쌍으로 이뤄진 리스트를 리스트의 쌍으로 변환하는 unzip 함수를 작성하라. unzip의 시그니처는 다음과 같다.

```
fun <A, B> unzip(list: List<Pair<A, B>>): Pair<List<A>, List<B>>
```

[힌트]

명시적으로 재귀를 사용하지 말라. foldRight를 호출하는 것만으로도 쉽게 문제를 풀 수 있다.

[해법]

오른쪽 접기에 빈 리스트 둘로 이뤄진 쌍을 항등원 값으로 사용해야 한다.

```
fun <A, B> unzip(list: List<Pair<A, B>>): Pair<List<A>, List<B>> =
    list.coFoldRight(Pair(List(), List())) { pair ->
        { listPair: Pair<List<A>, List<B>> ->
            Pair(listPair.first.cons(pair.first),
                listPair.second.cons(pair.second))
        }
    }
```

## 연습문제 8-11

unzip 함수를 일반화해서 A 타입의 값을 받아 쌍을 반환하는 함수가 인자로 주어지면 List<A> 타입 리스트를 리스트의 쌍으로 변환하는 함수를 정의하라. 예를 들어 Payment 인스턴스들로 이뤄진 리스트가 있다면 지급에 사용한 신용 카드로 이뤄진 리스트와 지급액으로 이뤄진 리스트의 쌍을 만들 수 있다. 이 함수를 List에 정의하되 다음과 같은 시그니처를 사용하라.

```
fun <A1, A2> unzip(f: (A) -> Pair<A1, A2>): Pair<List<A1>, List<A2>>
```

[힌트]

해법은 연습문제 8-10과 상당히 비슷하다.

[해법]

여기서 인자로 받는 함수의 결괏값을 두 번 사용해야 한다는 점이 중요하다. 함수를 두 번 적용하지 않으려면 람다를 여러 줄로 작성한다.

```
fun <A1, A2> unzip(f: (A) -> Pair<A1, A2>): Pair<List<A1>, List<A2>> =
    this.coFoldRight(Pair(Nil, Nil)) { a ->
        { listPair: Pair<List<A1>, List<A2>> ->
            val pair = f(a)
            Pair(listPair.first.cons(pair.first),
                listPair.second.cons(pair.second))
        }
    }
```

코틀린 표준 라이브러리가 제공하는 let 함수를 쓰는 방법도 있다.

```
fun <A1, A2> unzip(f: (A) -> Pair<A1, A2>): Pair<List<A1>, List<A2>> =
    this.coFoldRight(Pair(Nil, Nil)) { a ->
        { listPair: Pair<List<A1>, List<A2>> ->
            f(a).let {
                Pair(listPair.first.cons(it.first),
                    listPair.second.cons(it.second))
            }
        }
    }
```

이런 방식을 좋아하지 않는다면 여러 줄의 람다를 사용하라(여러 줄의 람다 버전이 아주 약간 더 빠르다). 어떤 방법을 사용하든 연습문제 8-10을 다음과 같이 다시 작성할 수 있다.

```
fun <A, B> unzip(list: List<Pair<A, B>>): Pair<List<A>, List<B>> = list.unzip { it }
```

## 8.5.2 인덱스로 원소 접근하기

5장에서 첫 번째 데이터 구조로 단일 연결 리스트를 만들었다. 원소를 인덱스로 접근하고 싶을 때 단일 연결 리스트가 가장 좋은 데이터 구조는 아니다. 하지만 때로는 인덱스로 리스트 원소를 읽어야 할 경우가 있다. 항상 그렇듯 이런 용례는 List에 함수로 추상화해야 한다.

### 연습문제 8-12

인덱스를 인자로 받아 인덱스에 해당하는 원소를 돌려주는 getAt 함수를 작성하라. 이 함수는 인덱스가 범위를 벗어나도 예외를 던져서는 안 된다.

> 힌트

이번에는 명시적으로 재귀를 사용하는 버전부터 시작해 보자. 그러고 나서 다음 질문에 답해 보자.

- 접기 연산으로 getAt 구현이 가능할까? 왼쪽과 오른쪽 접기 중 어느 쪽을 써야 할까?
- 명시적으로 재귀를 사용하는 편이 더 나은 이유는 무엇일까?
- 더 나은 구현을 생각해낼 수 있는가?

기억을 되살려보자. 4장에서 꼬리 재귀를 처음 배웠고, 3장과 5장에서 접기 연산을 자세히 살펴 보았다.

> 해법

명시적으로 재귀를 사용하는 해법은 만들기 쉽다.

```
fun getAt(index: Int): Result<A> {
    tailrec fun <A> getAt(list: List<A>, index: Int): Result<A> =
        when (list) {
            Nil -> Result.failure("Dead code. Should never execute.")
            is Cons ->
                if (index == 0)
                    Result(list.head)
                else
                    getAt(list.tail, index - 1)
        }

    return if (index < 0 || index >= length())
        Result.failure("Index out of bound")
    else
        getAt(this, index)
}
```

먼저 인덱스가 양수이면서 리스트 길이보다 작은 값인지 살펴봐야 한다. 인덱스가 음수이거나 리 스트 길이보다 크면 Failure를 반환하고 끝내고, 인덱스가 제 범위 안에 있으면 도우미 함수를 호 출해서 리스트를 공재귀로 처리한다. 도우미 함수는 인덱스가 0인지 살펴보고, 인덱스가 0이면 인자로 받은 리스트의 머리를 반환한다. 인덱스가 0이 아니면 인덱스를 1 감소시킨 값과 리스트 의 꼬리를 사용해 재귀적으로 자기 자신을 호출한다.

도우미에 있는 Nil인 경우는 사실 사용하지 않는 코드다. 도우미 함수를 호출할 때 인덱스 값은 항상 리스트 길이보다 작고, 도우미 함수가 자기를 재귀 호출할 때마다 인덱스와 리스트 길이가 모두 1씩 줄어들기 때문에 도우미 함수 안에서는 항상 리스트가 Nil이 되기 전에 인덱스가 먼저 0이 된다. 따라서 리스트는 Nil이 될 수 없다. 그래서 여러분은 다음과 같은 구현을 더 좋아할 수도 있다.

```
fun getAt(index: Int): Result<A> {
    tailrec fun <A> getAt(list: Cons<A>, index: Int): Result<A> =
        if (index == 0)
            Result(list.head)
        else
            getAt(list.tail as Cons, index - 1)

    return if (index < 0 || index >= length())
        Result.failure("Index out of bound")
    else
        getAt(this as Cons, index)
}
```

또는 표준 라이브러리의 let 함수를 사용하고 싶을지도 모르겠다.

```
fun getAt(index: Int): Result<A> {
    tailrec fun <A> getAt(list: List<A>, index: Int): Result<A> = // 경고
        (list as Cons).let {
            if (index == 0)
                Result(list.head)
            else
                getAt(list.tail, index - 1)
        }

    return if (index < 0 || index >= length())
        Result.failure("Index out of bound")
    else
        getAt(this, index)
}
```

하지만 이 버전의 도우미 함수는 더 이상 꼬리 재귀가 아니므로 컴파일러가 경고를 표시한다. 따라서 이 버전에서는 스택 오버플로가 일어날 수 있다.

공재귀를 사용하는 것이 가장 좋은 해법으로 보인다. 접기 연산이 재귀를 추상화하므로 여기서도 접기 연산을 사용할 수 있지 않을까? 그렇다. 그리고 여기서는 왼쪽 접기를 사용해야 한다. 그러나 왼쪽 접기를 사용하려면 약간 교묘한 방법을 사용해야 한다.

```
fun getAtViaFoldLeft(index: Int): Result<A> =
    Pair(Result.failure<A>("Index out of bound"), index).let {
        if (index < 0 || index >= length())
            it
        else
            foldLeft(it) { ta ->
                { a ->
                    if (ta.second < 0)
                        ta
                    else
                        Pair(Result(a), ta.second - 1)
                }
            }
    }.first
```

먼저 항등원을 찾아야 한다. 항등원은 결과와 인덱스를 함께 유지해야 하므로 Pair에 Failure가 들어 있는 값이어야 한다. 그리고 나서 인덱스가 정상 범위에 속하는지 검사한다. 인덱스 값이 비정상이라면 (let이 전달해준) it(이 경우는 항등원)이 임시 결과다. 인덱스 값이 정상일 때 인덱스가 0보다 더 작으면 이미 계산한 결과(ta)를 임시 결과로 반환하고, 인덱스가 0 이상이면 새로운 Success 값을 만들어서 임시 결과로 반환하는 함수를 사용해 리스트를 왼쪽으로 접는다. 이 해법이 더 똑똑해 보일지 모르지만 두 가지 단점이 있다.

- 이 구현이 더 읽기 어렵다. 이는 주관적인 견해이므로 결정은 여러분의 몫이다.
- 이 구현이 더 비효율적이다. 원하는 값을 찾아낸 다음에도 리스트의 맨 끝에 도달할 때까지 접기 연산을 계속한다.

### 연습문제 8-13(어려움)

결과를 찾자마자 종료되는 폴드 기반 getAt 함수를 구현할 방법을 찾아보라.

힌트

이 문제를 해결하려면 특별한 foldLeft가 필요하고 특별한 Pair도 필요하다.

> Note ≡ 먼저 접을 때 사용하는 연산의 흡수원(또는 영원소)을 만나면 즉시 접기를 끝내는 특별한 foldLeft가 필요하다. 정수로 이뤄진 리스트에서 원소를 서로 곱하면서 접는다고 생각해 보자. 곱셈의 흡수원은 0이다. 이는 0에 어떤 수를 곱해도 0이 된다는 뜻이다. 다음은 List 클래스에 있는 **쇼트 서키팅**(short circuiting) 또는 **이스케이핑**(escaping)을 사용하는 foldLeft 선언이다.

```
abstract fun <B> foldLeft(identity: B, zero: B, f: (B) -> (A) -> B): B
```

> **영원소**
>
> 연산과 관계없이 흡수원을 비유적으로 **영**(zero)이라고 부르는 경우가 많다. 하지만 이 값이 항상 0은 아님에 유의하라. 0은 곱셈에 대한 흡수원일 뿐이다. 양의 정수에 대한 덧셈의 경우 흡수원은 무한대다.

Nil에 있는 구현은 identity 파라미터를 반환한다.

```
override fun <B> foldLeft(identity: B, zero: B, f: (B) -> (Nothing) -> B): B = identity
```

다음은 Cons에 있는 구현이다.

```
override fun <B> foldLeft(identity: B, zero: B, f: (B) -> (A) -> B): B {
    fun <B> foldLeft(acc: B,
                     zero: B,
                     list: List<A>, f: (B) -> (A) -> B): B = when (list) {
        Nil -> acc
        is Cons ->
            if (acc == zero)
                acc
            else
                foldLeft(f(acc)(list.head), zero, list.tail, f)
    }
    return foldLeft(identity, zero, this, f)
}
```

코드를 보면 누적기 값이 0인 경우 재귀를 멈추고 누적기를 반환하는 점만 다르다는 것을 알 수 있다. 이제 getAt을 정의할 때 접기 연산에 사용할 0이 필요하다.

우리가 사용할 0은 Pair<Result<A>, Int> 타입의 값 중 Int 값이 -1(0보다 작은 첫 번째 값)인 값이다. 일반적인 Pair로 이런 값을 표현할 수 있을까? 아니다. 표현할 수 없다. 이 값에 사용할 equals 함수는 Result<A> 타입 값이 무엇이든 관계없이 정수 쪽 값이 같을 때만 true를 반환해야 한다. 따라서 이런 equals 함수가 들어 있는 새로운 Pair를 정의해야 한다. 전체 함수는 다음과 같다.

```
fun getAt(index: Int): Result<A> {
    data class Pair<out A>(val first: Result<A>, val second: Int) {
        override fun equals(other: Any?): Boolean = when {
            other == null -> false
            other.javaClass == this.javaClass -> (other as Pair<A>).second == second
```

```
                    else -> false
            }
            override fun hashCode(): Int = first.hashCode() + second.hashCode()
        }

        return Pair<A>(Result.failure("Index out of bound"), index)
            .let { identity ->
                Pair<A>(Result.failure("Index out of bound"), -1).let { zero ->
                    if (index < 0 || index >= length())
                        identity
                    else
                        foldLeft(identity, zero) { ta: Pair<A> ->
                            { a: A ->
                                if (ta.second < 0)
                                    ta
                                else
                                    Pair(Result(a), ta.second - 1)
                            }
                        }
                }
            }.first
    }
```

이제는 찾으려는 연산을 발견하자마자 접기 연산이 끝난다. 0을 만나면 계산을 바로 끝내야 할 때 이 새로운 foldLeft를 사용한다(0이 숫자 0을 의미하지 않음을 다시 한번 기억하자). 또는 영 원소를 사용하는 대신 술어를 사용하고 술어가 true를 반환하는 시점에 함수를 끝내게 만들 수도 있다.

```
abstract fun <B> foldLeft(acc: B, p: (B) -> Boolean, f: (B) -> (A) -> B): B
```

Nil에 있는 구현은 앞에서와 마찬가지로 identity를 반환한다.

```
override fun <B> foldLeft(identity: B,
                          p: (B) -> Boolean,
                          f: (B) -> (Nothing) -> B): B = identity
```

Cons에 있는 구현은 이전 구현과 비슷하지만, 약간 차이가 있다. acc가 zero와 같은지 검사하는 대신에 술어를 acc에 적용한다.

```
override fun <B> foldLeft(identity: B,
                          p: (B) -> Boolean,
```

```
                            f: (B) -> (A) -> B): B {
    fun <B> foldLeft(acc: B,
                     p: (B) -> Boolean,
                     list: List<A>): B = when (list) {
        Nil -> acc
        is Cons ->
            if (p(acc))
                acc
            else
                foldLeft(f(acc)(list.head), p, list.tail, f)
    }
    return foldLeft(identity, p, this)
}
```

그리고 이 foldLeft를 사용해 getAt을 구현하면 다음과 같다.

```
fun getAt(index: Int): Result<A> {
    val p: (Pair<Result<A>, Int>) -> Boolean = { it.second < 0 }
    return Pair<Result<A>, Int>(Result.failure("Index out of bound"), index)
        .let { identity ->
            if (index < 0 || index >= length())
                identity
            else
                foldLeft(identity, p) { ta: Pair<Result<A>, Int> ->
                    { a: A ->
                        if (p(ta))
                            ta
                        else
                            Pair(Result(a), ta.second - 1)
                    }
                }
        }.first
}
```

## 8.5.3 리스트 나누기

때로는 리스트를 특정 위치에서 둘로 나눠야 한다. 단일 연결 리스트는 이런 연산에 전혀 적합하지 않지만, 구현은 상대적으로 간편하다. 리스트를 나누는 연산이 유용한 경우가 몇 가지 있다. 예를 들어 여러 스레드에서 병렬로 처리하기 위해 리스트를 둘 이상의 부분으로 나누어야 한다.

## 연습문제 8-14

Int 타입의 값을 파라미터로 받아서 그 값이 가리키는 위치를 중심으로 리스트를 둘로 나누는 splitAt 함수를 작성하라. 언제든 IndexOutOfBoundException이 발생하지 않아야 한다. 대신에 인덱스가 0보다 적은 경우는 0으로 인덱스를 취급하고, 인덱스가 가능한 최댓값을 넘을 때에는 가능한 최댓값으로 취급한다.

> [힌트]

명시적으로 재귀를 사용하라.

> [해법]

명시적으로 재귀를 사용하는 경우를 쉽게 설계할 수 있다.

```
fun splitAt(index: Int): Pair<List<A>, List<A>> {
    tailrec fun splitAt(acc: List<A>,
                        list: List<A>, i: Int): Pair<List<A>, List<A>> =
        when (list) {
            Nil -> Pair(list.reverse(), acc)
            is Cons ->
                if (i == 0)
                    Pair(list.reverse(), acc)
                else
                    splitAt(acc.cons(list.head), list.tail, i - 1)
        }
    return when {

        index < 0        -> splitAt(0)
        index > length() -> splitAt(length())
        else             -> splitAt(Nil, this.reverse(), this.length() - index)
    }
}
```

주 함수는 재귀를 사용해 인덱스 값을 조정한다. 다만 이 함수는 최대 1번만 재귀 호출을 수행한다. 도우미 함수는 getAt과 비슷한데, 리스트를 처음에 뒤집는다는 점이 다르다. 이 함수는 인덱스 위치에 도달할 때까지 원소를 추가해 나간다. 따라서 원하는 위치에 도달하면 누적된 리스트는 원하는 순서대로지만 나머지 리스트는 다시 뒤집어 반환해야 한다.

### 연습문제 8-15(8-13을 푼 경우 그렇게 어렵지 않음)

명시적으로 재귀를 사용하는 대신 접기 연산을 사용한 구현을 생각할 수 있는가?

| 힌트 |

전체 리스트를 순회하는 구현은 만들기 쉽다. 원하는 인덱스를 찾을 때까지만 리스트를 순회하는 구현은 훨씬 더 만들기 어렵다. 이런 구현을 만들려면 중간에 접기 연산을 중단할 수 있으면서 그 때까지 누적한 값과 리스트의 나머지 부분을 반환하는 새로운 foldLeft가 필요하다.

| 해법 |

전체 리스트를 순회하는 버전은 다음과 같다.

```
fun splitAt(index: Int): Pair<List<A>, List<A>> {
    val ii = if (index < 0) 0
             else if (index >= length()) length()
             else index
    val identity = Triple(Nil, Nil, ii)
    val rt = foldLeft(identity) { ta: Triple<List<A>, List<A>, Int> ->
        { a: A ->
            if (ta.third == 0)
                Triple(ta.first, ta.second.cons(a), ta.third)
            else
                Triple(ta.first.cons(a), ta.second, ta.third - 1)
        }
    }
    return Pair(rt.first.reverse(), rt.second.reverse())
}
```

(정상 범위를 넘어가지 않도록 인덱스 값을 조정한 다음) 원하는 인덱스에 도달할 때까지 누적기의 첫 번째 리스트에 누적시킨다. 일단 인덱스에 도달하고 나면 리스트 순회를 계속하되 나머지 값을 누적기의 두 번째 리스트에 누적시킨다.

이 구현의 한 가지 문제는 리스트의 나머지 값을 두 번째 리스트에 누적시키는 과정에서 원소 순서가 뒤집힌다는 점이다. 리스트의 나머지 부분을 굳이 순회할 필요 없지만, 여기서는 심지어 두 번(한 번은 원소를 두 번째 리스트에 역순으로 누적시키고, 한 번은 결과를 뒤집어야 하므로)이나 리스트의 나머지 부분을 순회해야 한다.

이런 문제를 피하려면 foldLeft의 특별한 버전을 변경해서 종료 시 종료에 이르게 된 원인이 되는 값(0 원소 또는 흡수원)은 물론이고 리스트의 나머지 부분도 (아무 손도 대지 말고) 반환하게 만들어야 한다. 이를 위해 foldLeft가 Pair를 반환하도록 시그니처를 바꿔야 한다.

```
abstract fun <B> foldLeft(identity: B, zero: B,
                         f: (B) -> (A) -> B): Pair<B, List<A>>
```

그다음에 Nil 클래스에 있는 구현을 변경한다.

```
override
fun <B> foldLeft(identity: B, zero: B, f: (B) -> (Nothing) -> B):
    Pair<B, List<Nothing>> = Pair(identity, Nil)
```

마지막으로 Cons에 있는 구현이 리스트의 나머지 부분을 반환하도록 바꾼다.

```
override fun <B> foldLeft(identity: B, zero: B, f: (B) -> (A) -> B):
    Pair<B, List<A>> {
        fun <B> foldLeft(acc: B, zero: B, list: List<A>, f: (B) -> (A) -> B):
            Pair<B, List<A>> =
                when (list) {
                    Nil -> Pair(acc, list)
                    is Cons ->
                        if (acc == zero)
                            Pair(acc, list)
                        else
                            foldLeft(f(acc)(list.head), zero, list.tail, f)
                }
        return foldLeft(identity, zero, this, f)
    }
```

이제 이렇게 만든 특별한 foldLeft 함수를 사용해 splitAt 함수를 만든다.

```
fun splitAt(index: Int): Pair<List<A>, List<A>> {
    data class Pair<out A>(val first: List<A>, val second: Int) {
        override fun equals(other: Any?): Boolean = when {
            other == null -> false
            other.javaClass == this.javaClass ->
                (other as Pair<A>).second == second
            else -> false
        }
        override fun hashCode(): Int =
            first.hashCode() + second.hashCode()
    }
    return when {
        index <= 0 -> Pair(Nil, this)
        index >= length -> Pair(this, Nil)
        else -> {
```

```
            val identity = Pair(Nil as List<A>, -1)
            val zero = Pair(this, index)
            val (pair, list) = this.foldLeft(identity, zero) { acc ->
                { e -> Pair(acc.first.cons(e), acc.second + 1) }
            }
            Pair(pair.first.reverse(), list)
        }
    }
}
```

여기서도 첫 번째 원소의 값과 관계없이 두 번째 원소가 같으면 true를 반환하는 특별한 Pair 클래스가 필요하다. 쌍으로 돌려받은 리스트 중 두 번째 리스트는 뒤집을 필요가 없다는 점에 유의하라.

> **접기 연산을 사용하지 말아야 하는 경우**
>
> 접기 연산을 쓸 수 있다고 해서 꼭 여러분이 접기를 써야만 한다는 뜻은 아니다. 방금 본 예제는 단지 연습일 뿐이다. 여러분이 라이브러리 설계자라면 가장 효율적인 구현을 선택해야 한다.
>
> 좋은 라이브러리는 함수형 인터페이스를 제공하고 안전한 프로그래밍의 요구 조건을 준수해야만 한다. 이는 모든 함수가 부수 효과가 없고 참조 투명성을 지키는 진정한 함수라는 뜻이다. 라이브러리 내부에서 어떤 일이 벌어지는가는 중요하지 않다.
>
> JVM 같은 명령형 중심의 환경에 있는 함수형 라이브러리는 마치 함수형 언어를 위한 컴파일러와 비슷하다. 함수형 언어 프로그램을 컴파일한 코드는 항상 메모리 영역이나 레지스터를 변이하는 명령에 의존한다. 컴퓨터가 이해할 수 있는 명령이 이것뿐이기 때문이다.
>
> 함수형 라이브러리에서는 더 많은 선택이 가능하다. 함수 중 일부는 함수형 스타일로 나머지는 명령형 스타일로 구현할 수 있다. 어떤 스타일을 사용하든 문제가 되지 않는다. 단일 연결 리스트를 둘로 나누거나 인덱스에 의해 원소를 찾는 연산은 함수형으로 구현하기보다 명령형으로 구현할 때 더 쉽게 구현할 수 있고 실행 속도도 빠르다. 이런 연산에서는 단일 연결 리스트가 적합하지 않으므로 명령형 구현이 더 빠르다.
>
> 라이브러리를 만드는 가장 함수적인 방식은 인덱스를 사용하는 함수를 접기 연산을 통해 구현하는 것이 아니라 아예 그런 종류의 함수를 전혀 구현하지 않는 것이다. 인덱스를 사용하는 함수를 제공하는 데이터 구조가 필요하다면 인덱스 연산에 들어맞는 구체적인 데이터 구조를 만드는 것이 가장 좋다. 10장에서 이에 관해 살펴본다.

### 8.5.4 부분 리스트 검색하기

리스트에 대한 일반적인 용례 중에는 어떤 리스트가 (그보다 더 긴) 다른 리스트 안에 들어 있는지 알아내는 것이 있다. 한 리스트가 다른 리스트의 부분 리스트인지 알아보자.

## 연습문제 8-16

한 리스트가 다른 리스트의 부분 리스트인지 검사하는 hasSubList 함수를 구현하라. 예를 들어 (3, 4, 5)는 (1, 2, 3, 4, 5)의 부분 리스트지만 (1, 2, 4, 5, 6)의 부분 리스트는 아니다. 다음 시그니처로 이 함수를 구현하라.

```
fun hasSubList(sub: List<@UnsafeVariance A>): Boolean
```

[힌트]

먼저 어떤 리스트가 다른 리스트의 시작 부분에 위치한 부분 리스트인지 검사하는 startsWith 함수를 구현한다. startsWith가 있으면 리스트의 각 원소를 시작으로 하는 리스트에 대해 재귀적으로 이 함수를 사용해 검사를 수행한다.

[해법]

List 클래스 안에 재귀를 명시적으로 사용하는 startsWith 함수를 정의한다. 이때 파라미터의 변성 검사를 막아야 한다는 사실을 잊지 말라.

```
fun startsWith(sub: List<@UnsafeVariance A>): Boolean {
    tailrec fun startsWith(list: List<A>, sub: List<A>): Boolean =
        when (sub) {
            Nil -> true
            is Cons -> when (list) {
                Nil -> false
                is Cons ->
                    if (list.head == sub.head)
                        startsWith(list.tail, sub.tail)
                    else
                        false
            }
        }
    return startsWith(this, sub)
}
```

이로부터 hasSubList를 구현하는 것은 아주 쉽다.

```
fun hasSubList(sub: List<@UnsafeVariance A>): Boolean {
    tailrec
    fun <A> hasSubList(list: List<A>, sub: List<A>): Boolean =
        when (list) {
            Nil -> sub.isEmpty()
```

```
            is Cons ->
                if (list.startsWith(sub))
                    true
                else
                    hasSubList(list.tail, sub)
        }
    return hasSubList(this, sub)
}
```

## 8.5.5 리스트를 처리하는 다른 함수들

리스트를 처리하는 유용한 함수를 많이 만들 수 있다. 다음 연습문제는 그런 부분에서 여러분에게 연습을 제공한다. 여기서 제시하는 해법이 유일한 답은 아니다. 자유롭게 여러분만의 해법을 찾아라.

### 연습문제 8-17

다음 특성을 가지는 groupBy 함수를 만들어라.

- A에서 B로 가는 함수를 인자로 받는다.
- Map을 반환한다. 이 맵의 키는 1에서 이야기한 함수를 리스트 각 원소에 적용할 때 나오는 반환 값들이다. 이 맵의 값은 함수를 적용하면 키가 반환되는 모든 원소들로 이뤄진 리스트다.

예를 들어 다음과 같은 Payment의 인스턴스가 모인 리스트가 있다고 하자.

```
data class Payment(val name: String, val amount: Int)
```

다음 코드는 (키, 값) 쌍이 들어 있는 Map을 만든다. 각 키는 이름이고, 키에 대응하는 값은 (이름에 해당하는) 사람이 지급한 Payment로 이뤄진 리스트다.

```
val map: Map<String, List<Payment>> = list.groupBy { x -> x.name }
```

> 힌트

코틀린의 불변 Map<B, List<A>>를 사용하라. 값을 추가할 때 맵에 키가 이미 들어 있는지 검사하라. 키가 이미 들어 있으면 그 키에 대응하는 리스트의 맨 뒤에 새 값을 덧붙여라. 키가 들어 있지 않으면 값이 들어 있는 싱글턴 리스트와 값 사이의 연관 관계를 맵에 등록하라. Map 클래스의 getOrDefault 함수를 사용하면 이런 작업이 쉬워진다.

### 해법

다음은 명령형 버전이다. 로컬에 있는 상태를 변이시키는 전통적인 명령형 코드여서 설명할 것이 많지 않다. (맵의 값에 저장되는) 리스트에 들어가는 원소 순서를 원래 리스트와 똑같이 유지하고 싶다면 처음에 원본 리스트를 뒤집어야 한다.

```
fun <B> groupBy(f: (A) -> B): Map<B, List<A>> =
    reverse().foldLeft(mapOf()) { mt: Map<B, List<A>> ->
        { t ->
            val key = f(t)
            mt + (key to (mt[key] ?: Nil).cons(t))
        }
    }
```

코틀린의 불변 맵은 널이 될 수 있는 값을 반환하기 때문에 여기서 엘비스 연산자(?:)를 사용한다. 여러분이 널이 될 수 있는 타입의 값을 함수 밖으로 내보내지 않는 한, 안전한 프로그래밍에서 널이 될 수 있는 타입을 내부적으로 사용하는 것을 허용할 수 있다. 이 코드는 널이 될 수 있는 타입을 안전하게 사용한다.

더 나은 해법은 키를 찾지 못했을 때 null 대신 Result.Empty를 반환하는 맵을 사용하는 것이다. 아니면 다음처럼 getOrDefault 함수를 사용한다.

```
fun <B> groupBy(f: (A) -> B): Map<B, List<A>> =
    reverse().foldLeft(mapOf()) { mt: Map<B, List<A>> ->
        { t ->
            val k = f(t)
            mt + (k to (mt.getOrDefault(k, Nil)).cons(t))
        }
    }
```

더 코틀린다운 해법으로 코틀린 표준 라이브러리의 let 함수를 사용하는 방법이 있다.

```
fun <B> groupBy(f: (A) -> B): Map<B, List<A>> =
    reverse().foldLeft(mapOf()) { mt: Map<B, List<A>> ->
        { t ->
            f(t).let {
                mt + (it to (mt.getOrDefault(it, Nil)).cons(t))
            }
        }
    }
```

하지만 지금까지 살펴본 세 가지 구현은 모두 널이 될 수 있는 값을 함수 밖으로 내보내지 않는 문제를 함수 안에서는 해결하지만, 함수 외부에서는 여전히 맵에 정의되어 있는 널이 될 수 있는 값을 반환하는 함수를 사용할 수 있다는 문제가 있다. 11장에서는 직접 불변 Map을 만들어서 이런 문제를 해결하는 방법을 알아본다.

맨 처음에 리스트를 뒤집으려면 시간이 걸린다. 따라서 foldLeft 대신 foldRight를 사용하고 싶을 수 있다. 하지만 그렇게 하면 스택을 날려버릴 수가 있다. 어쨌든 foldRight를 사용한 구현은 다음과 같다.

```
fun <B> groupBy(f: (A) -> B): Map<B, List<A>> =
    foldRight(mapOf()) { t ->
        { mt: Map<B, List<A>> ->
            f(t).let { mt + (it to (mt.getOrDefault(it, Nil)).cons(t)) }
        }
    }
```

## 연습문제 8-18

S 타입의 원소로부터 시작해 S에서 Option<Pair<A, S>>로 가는 함수 f를 적용해서 List<A>를 만들어내는 함수 unfold를 정의하라. unfold는 f를 적용한 값이 Some인 동안만 함수를 누적 적용한다. 다음 코드는 0부터 9까지 정수로 이뤄진 리스트를 만들어낸다.

```
unfold(0) { i ->
    if (i < 10)
        Option(Pair(i, i + 1))
    else
        Option()
}
```

[해법]

간단하지만 스택을 안전하게 사용하지 않는 버전을 쉽게 구현할 수 있다.

```
fun <A, S> unfold_(z: S, f: (S) -> Option<Pair<A, S>>): List<A> =
    f(z).map({ x ->
        unfold_(x.second, f).cons(x.first)
    }).getOrElse(List.Nil)
```

이 해법은 똑똑한 해법이기는 하지만 재귀 깊이가 1,000 정도 되면 스택을 날려버린다. 이런 문제를 해결하려면 공재귀 버전을 만들어야 한다.

```
fun <A, S> unfold(z: S, getNext: (S) -> Option<Pair<A, S>>): List<A> {
    tailrec fun unfold(acc: List<A>, z: S): List<A> {
        val next = getNext(z)
        return when (next) {
            Option.None -> acc
            is Option.Some -> unfold(acc.cons(next.value.first), next.value.second)
        }
    }
    return unfold(List.Nil, z).reverse()
}
```

이 공재귀 버전에는 결과를 뒤집어야 한다는 문제가 있다. 이때 리스트가 작다면 큰 문제가 아니지만 원소 수가 늘어나면 성가신 문제가 된다.

이런 구현을 사용하려면 Option 클래스와 List 클래스가 같은 모듈에 들어 있어야 한다. (코틀린에서) 모듈은 다음 중 하나다.

- 인텔리J(IntelliJ) IDEA 모듈
- 메이븐(Maven) 프로젝트
- 그레이들(Gradle) 프로젝트
- 앤트(Ant) 태스크를 하나 실행했을 때 컴파일되는 파일의 집합

이 연습문제의 경우 common 모듈에 있는 Option 클래스를 advancedlisthandling 모듈로 복사했다. 실제 상황에서는 역으로 List를 common 모듈에 넣어야 한다.

다음은 unfold를 사용하는 예다.

```
fun main(args: Array<String>) {
    val f: (Int) -> Option<Pair<Int, Int>> =
        { it ->
            if (it < 10_000) Option(Pair(it, it + 1)) else Option()
        }
    val result = unfold(0, f)
    println(result)
}
```

여기서 unfold 함수는 next 함수가 None을 반환할 때까지 값을 만들어낸다. 오류를 발생시킬 수 있는 함수를 사용해야 한다면 Option 대신 Result를 사용한다.

```
fun <A, S> unfold(z: S, getNext: (S) -> Result<Pair<A, S>>): Result<List<A>> {
    tailrec fun unfold(acc: List<A>, z: S): Result<List<A>> {
        val next = getNext(z)
        return when (next) {
            Result.Empty -> Result(acc)
            is Result.Failure -> Result.failure(next.exception)
            is Result.Success -> unfold(acc.cons(next.value.first), next.value.second)
        }
    }
    return unfold(List.Nil, z).map(List<A>::reverse)
}
```

## 연습문제 8-19

두 정수를 인자로 받아서 첫 번째 정수 이상, 두 번째 정수 미만의 값들로 이뤄진 모든 정수의 리스트를 반환하는 range 함수를 작성하라.

> Note ≡ 여러분이 이미 정의한 함수를 활용하라.

### 해법

연습문제 8-18에서 정의한 함수를 활용하면 쉽게 해결할 수 있다.

```
fun range(start: Int, end: Int): List<Int> {
    return unfold(start) { i ->
        if (i < end)
            Option(Pair(i, i + 1))
        else
            Option()
    }
}
```

## 연습문제 8-20

조건을 표현하는 A에서 Boolean으로 가는 함수를 인자로 받아서 리스트 안에 조건을 만족하는 원소가 단 하나라도 있으면 true를 반환하는 exists 함수를 구현하라. 재귀를 명시적으로 사용하지 말고 여러분이 이미 정의한 함수를 활용하라.

[힌트]

리스트의 모든 원소에 대해 조건을 평가할 필요는 없다. 조건을 만족하는 첫 번째 원소를 찾자마자 함수가 결과를 돌려줘야 한다.

[해법]

재귀적 해법을 다음처럼 정의할 수 있다.

```
fun exists(p:(A) -> Boolean): Boolean =
    when (this) {
        Nil -> false
        is Cons -> p(head) || tail.exists(p)
    }
```

|| 연산자가 두 번째 인자를 지연 계산하기 때문에 술어 p가 표현하는 조건을 만족하는 원소를 찾자마자 재귀가 끝난다.

하지만 이 구현은 꼬리 재귀가 아닌 스택을 사용하는 함수다. 따라서 리스트가 길고 조건을 만족하는 원소가 최초 1,000개 안에 들어 있지 않으면 스택을 날려버린다. 게다가 리스트가 비어 있으면 예외를 발생시킨다. 따라서 List 클래스에는 추상 함수를 정의하고, Nil 하위 클래스에 대한 구현을 추가해야 한다. 더 나은 해법은 0 값을 파라미터로 받는 foldLeft 함수를 재사용하는 것이다.

```
fun exists(p: (A) -> Boolean): Boolean =
    foldLeft(false, true) { x -> { y: A -> x || p(y) } }.first
```

## 연습문제 8-21

조건을 표현하는 A에서 Boolean으로 가는 함수를 인자로 받아서 리스트에 있는 모든 원소가 조건을 만족하는 경우에만 true를 반환하는 forAll 함수를 작성하라.

[힌트]

명시적인 재귀를 사용하지 말라. 여기서도 리스트의 모든 원소에 대해 조건을 검사할 필요 없다. forAll 함수는 exists 함수와 비슷할 것이다.

> **해법**

해법은 exists 함수와 비슷하지만 항등원과 0값을 반대로 바꿔야 하고, ||대신 &&로 Boolean 연산자를 바꿔야 한다는 차이가 있다.

```
fun forAll(p: (A) -> Boolean): Boolean =
    foldLeft(true, false) { x -> { y: A -> x && p(y) } }.first
```

exists 함수를 재사용하는 것도 한 가지 방법이다.

```
fun forAll(p: (A) -> Boolean): Boolean = !exists { !p(it) }
```

이 함수는 조건을 만족하지 않는 원소가 하나라도 있는지 검사한다.

## 8.6 리스트를 자동으로 병렬 처리하기

리스트에 적용하는 대부분의 연산은 접기 연산에 의존한다. **접기**는 리스트의 원소 개수만큼 주어진 연산을 반복 적용한다. 리스트가 길고 주어진 연산을 수행하는 데 오랜 시간이 걸리면 접기 연산에도 상당한 시간이 걸린다. 요즘 대부분의 컴퓨터에는 (멀티 프로세서가 아닌 경우) 멀티 코어 프로세서가 들어 있으므로 여러분은 컴퓨터가 리스트를 병렬로 처리하게 할 방법을 찾고 싶을 것이다.

접기 연산을 병렬화하기 위해 추가로 필요한 것은 단 한 가지뿐이다(물론 멀티 코어 프로세서는 제외하고 하는 말이다). 모든 병렬 계산 결과를 하나로 조합할 수 있는 연산이 바로 그것이다.

### 8.6.1 모든 계산을 병렬화할 수는 없다

정수 리스트를 예로 들어보자. 모든 정수의 평균을 찾는 과정을 직접 직렬화할 수는 없다. (프로세서가 네 개라면) 리스트를 네 부분으로 나누고 각 부분 리스트의 평균을 계산할 수는 있지만 부분 리스트의 평균만으로는 리스트의 평균을 얻을 수 없다.

한편, 리스트의 평균을 계산한다는 것은 모든 원소의 합계를 구해서 리스트 원소 개수로 나눠야 한다는 것을 뜻한다. 합계를 구하는 것은 쉽게 병렬화 가능한 문제다. 부분 리스트의 합계를 구한 다음에 그 합계를 모두 더하면 된다.

합계를 구하는 예제는 접기에 사용하는 연산과 부분 리스트에 적용한 결과를 조합할 때 사용하는 연산이 같다는 점에서 아주 특별한 경우다. 그러나 항상 이런 식으로 연산을 구성할 수는 없다. 각 문자를 String에 추가함으로써 문자로 이뤄진 리스트를 접는 예제를 생각해 보자. 중간 결과를 조합하려면 문자를 문자열 앞에 넣는 연산과는 다른 연산인 문자열 연결 연산이 필요하다.

## 8.6.2 리스트를 부분 리스트로 나누기

첫 번째로, 리스트를 부분 리스트로 나눠야 한다. 그리고 이런 분할은 자동으로 이뤄져야 한다. 한 가지 중요한 질문은 얼마나 많은 부분 리스트를 만들어야 하냐는 것이다. 처음에는 프로세서 당 하나씩 부분 리스트를 만들면 적당하다고 생각할 수도 있다. 하지만 꼭 그렇지만은 않다. 부분 리스트의 수를 결정할 때 프로세서 수(더 정확히 말한다면 논리적 코어의 수)가 가장 중요한 요인이 아니다.

더 중요한 질문이 있다. 모든 부분 리스트 계산에 시간이 똑같이 걸릴까? 아마 그렇지 않을 것이다. 하지만 계산 유형에 따라 대답은 달라진다. 여러분이 병렬 처리 전용으로 스레드를 네 개 할당하기 때문에 리스트를 네 개로 나눈다면 일부 스레드는 빨리 계산을 일부 스레드는 훨씬 더 오랜 시간이 걸릴 수 있다. 이는 계산 작업 중 상당 부분을 한 스레드가 처리하는 것과 같으므로 병렬성의 장점을 살릴 수 없게 된다.

더 나은 해법은 리스트를 많은 부분 리스트로 나누고 각 부분 리스트를 스레드 풀에 전달하는 것이다. 이런 식으로 처리하면 부분 리스트에 대한 처리를 마친 스레드가 즉시 다른 리스트를 받아서 처리할 수 있다. 여러분이 처음 해야 할 일은 리스트를 부분 리스트로 나누는 함수를 만드는 것이다.

### 연습문제 8-22

리스트를 정해준 개수의 부분 리스트로 나누는 divide(depth: Int) 함수를 정의하라. 리스트는 둘로 나뉘며, 각 부분 리스트는 다시 재귀적으로 둘로 나뉜다. depth 파라미터는 이런 재귀 단계의 횟수를 결정한다. 이 함수는 다음과 같은 시그니처로 List 부모 클래스에 정의된다.

```
fun divide(depth: Int): List<List<A>>
```

[힌트]

Pair<List, List> 대신 리스트의 리스트를 반환하는 새로운 splitAt 함수를 먼저 정의하라. 이 함수를 다음 시그니처대로 splitListAt이라고 정의하자.

```
fun splitListAt(index: Int): List<List<A>>
```

[해법]

splitAt 함수를 조금 바꾸어 splitListAt 함수를 만든다.

```
fun splitListAt(index: Int): List<List<A>> {
    tailrec fun splitListAt(acc: List<A>, list: List<A>, i: Int): List<List<A>> =
        when (list) {
            Nil -> List(list.reverse(), acc)
            is Cons ->
                if (i == 0)
                    List(list.reverse(), acc)
                else
                    splitListAt(acc.cons(list.head), list.tail, i - 1)
        }
    return when {
        index < 0        -> splitListAt(0)
        index > length() -> splitListAt(length())
        else             ->
            splitListAt(Nil, this.reverse(), this.length() - index)
    }
}
```

이 함수는 항상 두 리스트로 이뤄진 리스트를 반환한다. 이제 divide 함수를 정의할 수 있다.

```
fun divide(depth: Int): List<List<A>> {
    tailrec
    fun divide(list: List<List<A>>, depth: Int): List<List<A>> =
        when (list) {
            Nil -> list // dead code
            is Cons ->
                if (list.head.length() < 2 || depth < 1)
                    list
                else
                    divide(list.flatMap { x ->
                        x.splitListAt(x.length() / 2)
                    }, depth - 1)
```

```
            }
    return if (this.isEmpty())
        List(this)
    else
        divide(List(this), depth)
}
```

내포된 로컬 함수는 절대로 Nil을 인자로 받을 수 없기 때문에 when에서 Nil인 경우는 쓰이지 않는 코드다. 따라서 Cons로 타입을 바꿔 쓸 수 있다. 여기서는 재귀 깊이가 log(리스트 길이)에 비례하므로 실제로는 tailrec이 필요하지 않다.[2] (이 함수를 사용할 때) 스택 오버플로가 발생하려면 아주 큰 리스트가 필요하지만, 그런 리스트를 저장할 수 있을 만큼 충분히 큰 힙 메모리를 사용하는 경우는 절대 생기지 않는다.

### 8.6.3 부분 리스트를 병렬로 처리하기

부분 리스트를 병렬로 처리하려면 병렬 실행을 위한 특별한 접기 함수가 필요하다. 이 특별한 함수는 추가로 여러분이 병렬로 실행하고 싶은 스레드 개수로 설정된 ExecutorService를 파라미터로 받는다.

### 연습문제 8-23

foldLeft와 같은 인자를 받고 추가로 ExecutorService와 (B) -> (B) -> B 타입의 함수를 인자로 받는 parFoldLeft 함수를 List<A> 클래스 안에 구현하라. 이 함수는 결과로 Result<B>를 내놓는다. 각 부분 리스트의 결과를 합칠 때 추가로 받은 함수를 활용한다. 다음은 함수 시그니처다.

```
fun <B> parFoldLeft(es: ExecutorService,
                    identity: B,
                    f: (B) -> (A) -> B,
                    m: (B) -> (B) -> B): Result<B>
```

[해법]

먼저 사용하고 싶은 부분 리스트의 수를 정의하고 그에 따라 리스트를 적절히 나눈다.

---

[2] 역주 저자는 tailrec이 필요하지 않다고 말하지만 꼬리 재귀 최적화를 하면 어쨌든 일반 재귀함수보다 약간이라도 속도 향상이 있으므로 굳이 tailrec을 쓰지 않을 이유가 없다. 설령 재귀 깊이가 얕더라도 꼬리 재귀 함수에는 무조건 tailrec을 쓰는 편이 좋다.

```
divide(1024)
```

그 후, 부분 리스트로 이뤄진 리스트에 대해 ExecutorService에 태스크(task)를 넘기는 함수를 매핑한다. 이 태스크는 각 부분 리스트를 접는 연산으로 구성되며 결과로 Future 인스턴스를 반환한다. Future 인스턴스의 리스트에 들어 있는 각 Future에 대해 get을 호출하는 함수를 매핑해서 결과(부분 리스트당 결과는 하나씩이다)의 리스트를 만들어낸다. 이때 발생할 수 있는 예외를 잡아내야 한다. 나중에 모든 작업이 끝나면 두 번째로 받은 함수를 사용해 결과의 리스트를 접는다. 그리고 접은 결과를 Success로 반환한다. 예외가 발생한 경우에는 Failure를 반환한다.

```
fun <B> parFoldLeft(es: ExecutorService,
                    identity: B,
                    f: (B) -> (A) -> B,
                    m: (B) -> (B) -> B): Result<B> =
    try {
        val result: List<B> = divide(1024).map { list: List<A> ->
            es.submit<B> { list.foldLeft(identity, f) }
        }.map<B> { fb ->
            try {
                fb.get()
            } catch (e: InterruptedException) {
                throw RuntimeException(e)
            } catch (e: ExecutionException) {
                throw RuntimeException(e)
            }
        }
        Result(result.foldLeft(identity, m))
    } catch (e: Exception) {
        Result.failure(e)
    }
```

이 책의 소스 코드에는 이 함수에 대한 벤치마크 결과가 들어 있다. 이 벤치마크는 1부터 30까지의 난수 35,000개에 대한 피보나치 값을 느린 구현을 사용해 계산하는 과정을 10번 반복한다. 다음은 8코어 컴퓨터에서 얻을 수 있는 전형적인 결과를 보여준다.

```
Duration serial 1 thread: 140933
Duration parallel 2 threads: 70502
Duration parallel 4 threads: 36337
Duration parallel 8 threads: 20253
```

## 연습문제 8-24

매핑을 접기 연산을 통해 구현할 수도 있지만(그리고 이를 통해 자동 병렬화의 이점을 살릴 수도 있지만), 접기 연산을 사용하지 않고 직접 병렬 매핑을 구현할 수도 있다. 리스트로 구현할 수 있는 자동 병렬화 중에서 아마 매핑이 가장 단순할 것이다.

주어진 함수를 리스트의 모든 원소에 적용하는 parMap 함수를 만들라. 다음은 이 함수의 시그니처다.

```
fun <B> parMap(es: ExecutorService, g: (A) -> B): Result<List<B>>
```

[힌트]

이 연습문제에서 할 일은 거의 없다. 각 함수 적용을 ExecutorService에 넘긴 후, 각각의 결과를 가져오면 된다.

[해법]

해법은 다음과 같다.

```
fun <B> parMap(es: ExecutorService, g: (A) -> B): Result<List<B>> =
    try {
        val result = this.map { x ->
            es.submit<B> { g(x) }
        }.map<B> { fb ->
            try {
                fb.get()
            } catch (e: InterruptedException) {
                throw RuntimeException(e)
            } catch (e: ExecutionException) {
                throw RuntimeException(e)
            }
        }
        Result(result)
    } catch (e: Exception) {
        Result.failure(e)
    }
```

이 책의 소스 코드에 들어 있는 벤치마크를 사용하면 성능이 얼마나 좋아지는지 측정할 수 있다. 프로그램을 실행하는 컴퓨터에 따라 성능 향상은 달라진다.

여기서 만든 map의 병렬 버전은 리스트의 원소별로 태스크를 하나씩 만든다. 오랜 시간이 걸리는 연산에 짧은 리스트(따라서 더 많은 태스크)를 사용하는 편이 더 효율적이다. 빨리 끝날 수 있는 연산과 긴 리스트를 사용하면 성능 향상이 그리 높지 않을 수 있으며 경우에 따라 성능이 더 나빠질 수도 있다.[3]

## 8.7 요약

- 리스트 처리 속도를 높이기 위해 메모화를 사용한다.
- Result의 List를 List의 Result로 변환할 수 있다.
- 두 리스트를 묶어서(zip) 하나로 만들 수 있다. 역으로 리스트를 풀어서(unzip) 리스트의 Pair를 만들 수 있다.
- 명시적으로 재귀를 사용해 인덱스를 가지고 리스트 원소에 접근할 수 있다.
- 영 값이 생기면 즉시 접기 연산을 종료하는 특별한 foldLeft를 만든다.
- 함수와 종료 조건을 사용해 하나의 리스트를 펼치면(unfold) 여러 리스트를 만들 수 있다.
- 리스트를 자동으로 나눌 수 있다. 이를 활용해 부분 리스트를 자동으로 병렬 처리할 수 있다.

---

[3] 역주 여기에서 이야기한 것도 일반론일 뿐이다. 실전에서는 프로덕션과 비슷한 환경에서 벤치마크를 통해 성능 향상을 측정한 후 적절한 파라미터(부분 리스트의 개수, 스레드 수 등)를 정해야 한다.

memo

# 9장

# 지연 계산 사용하기

9.1 즉시 계산과 지연 계산

9.2 코틀린과 즉시 계산

9.3 코틀린과 지연 계산

9.4 지연 계산 구현

9.5 추가 지연 합성

9.6 스트림 처리하기

9.7 요약

---

**이 장에서 다루는 내용**

- 지연 계산의 중요성 이해하기
- 코틀린에서 지연 계산 구현하기
- 지연 계산 합성하기
- 지연 리스트 데이터 구조 만들기
- 무한 스트림 다루기

여러분이 에스프레소와 오렌지 주스만 파는 작은 바의 바텐더라고 하자. 손님이 들어와 앉았다. 여러분에게는 두 가지 선택이 있다.

1. 에스프레소와 오렌지 주스를 만든 후, 두 음료 모두를 손님에게 가져가 손님이 한 가지를 선택하게 한다.
2. 손님에게 어떤 음료를 원하는지 물어보고, 그 음료를 준비해서 제공한다.

프로그래밍 용어로 말하면 두 번째 경우는 **지연**(lazy) **계산**을 수행하는 것이고, 첫 번째 경우는 **즉시**(strict) **계산**을 수행하는 것이다. 좋은 전략을 선택하는 것은 여러분의 몫이다. 이 장은 게으름[1]이나 자신에게 엄격함 등 도덕적인 내용을 다루는 장이 아니고 지연 계산과 즉시 계산의 효율성을 다루는 장이다.

바텐더 예제의 경우에 또 다른 선택도 가능하다. 손님이 오기도 전에 미리 에스프레소와 주스를 준비할 수 있다. 손님이 오면 원하는 음료를 고르라고 말하고 즉시 원하는 음료를 제공한 후, 다음 손님을 위해 (없어진) 음료를 다시 준비한다. 미친 짓 같아 보이는가? 그렇지만은 않다.

여러분이 사과 파이와 딸기 파이도 판매한다고 생각해 보자. 손님이 들어와서 원하는 파이 종류를 선택할 때까지 기다렸다가 파이를 준비하겠는가? 아니면 두 종류 파이를 모두 준비해 두겠는가? 지연 계산 전략을 택하면 손님이 선택할 때까지 기다려야 한다. 손님이 사과 파이를 선택했다고 하자. 이제 사과 파이를 준비할 것이다. 파이가 다 구워지면 조각을 잘라서 손님에게 제공한다. 이런 접근 방식은 지연 계산에 해당한다. 다만 이때에는 한 손님을 위해 사과 파이를 준비하는 동시에 다른 손님에게 제공할 사과 파이 조각을 미리 준비한 셈이다.

프로그래밍 언어도 동일한 방식으로 작동한다. 앞에서 든 예와 같이, 일반적인 경우에는 (지연 계산을 사용하든 즉시 계산을 사용하든) 프로그램의 결과가 너무 분명해서 문제가 생기기 전까지 굳이 지연 계산이나 즉시 계산에 관해 생각하는 사람은 아무도 없다. 이 장 맨 앞에서 지연 계산과 즉시 계산을 비교했다. 코틀린은 즉시 계산 언어이지만 여러분은 여전히 지연 계산을 사용할 수 있다. 이 장의 나머지 부분에서는 코틀린에서 사용할 수 있는 여러 가지 지연 계산 관련 기능을 배울 것이다. 지연 계산을 구현하는 방법, 지연 계산을 합성하는 방법, 지연 리스트 데이터 구조를 만드는 방법 등을 배우고 마지막으로 무한 스트림을 다루는 방법을 다룬다.

---

[1] 역주 lazy는 게으르다는 뜻이고 strict는 엄격하다는 뜻이다. 저자가 그 뜻을 활용해 일종의 말장난을 한 것이다.

## 9.1 즉시 계산과 지연 계산

일부 언어는 지연 계산 언어이며 다른 언어들은 즉시 계산 언어다. 일반적으로, 지연 계산과 즉시 계산은 언어가 함수나 메서드 인자를 어떻게 계산하는지에 관한 이야기다. 하지만 실제로는 모든 언어가 지연 계산 언어다. 왜냐하면 지연 계산이야말로 프로그래밍의 진정한 정수이기 때문이다.

프로그래밍은 실행되는 시점에 평가가 이뤄질 프로그램 명령어를 조합하는 것으로 이뤄진다. 만약 완벽하게 즉시 계산을 사용한다면 여러분이 작성한 코드는 엔터키를 누르자마자 실행된다. 사실 REPL(Read, Eval, Print Loop)에서 벌어지는 일이 그런 일이다.

기본적으로 프로그램이라는 것이 지연 계산적 존재라는 사실을 제외하면 코틀린이나 자바 같은 즉시 계산 언어로 작성한 프로그램은 즉시 계산된 요소들을 합성한 것일까? 분명히 그렇지 않다. 즉시 계산 언어는 메서드나 함수의 인자를 평가할 때는 즉시 계산을 사용한다. 하지만 다른 구성 요소들은 지연 계산이다. 예를 들어 if ... else ... 구조를 살펴보자.

```kotlin
val result =
    if (testCondition())
        getIfTrue()
    else
        getIfFalse()
```

분명히 여기서 testCondition()은 항상 평가된다. 하지만 testCondition()이 반환한 결과에 따라 getIfTrue()나 getIfFalse() 함수 중 단 하나만 호출된다. if ... else ...은 조건에 대해서는 즉시 계산을 사용하지만, 두 분기에 대해서는 지연 계산을 사용한다. 만약 getIfTrue나 getIfElse가 효과이고 if ... else ...가 완전히 즉시 계산을 사용하는 구조였다면 조건과 관계없이 두 가지 효과가 모두 발생하기 때문에 if ... else ...가 쓸모없었을 것이다. 반대로 getIfTrue와 getIfElse가 (순수) 함수라면 if ... else ...가 완전한 즉시 계산 구조였다고 해도 프로그램의 결과가 바뀌지는 않는다. 두 값을 모두 계산하지만 조건에 따라 한쪽 값만 반환하기 때문이다. 이런 식으로 처리하면 처리 시간을 낭비하겠지만 그래도 여전히 쓸모 있다.

즉시 계산이나 지연 계산은 제어 구조나 함수 인자에만 적용되지 않고 프로그래밍의 모든 요소에 적용된다. 예를 들어 다음 선언을 생각해 보자.

```kotlin
val x: Int = 2 + 3
```

여기서 x는 즉시 5로 평가된다. 코틀린은 엄격한 언어이므로 덧셈을 즉시 수행한다. 코드를 하나 더 살펴보자.

```
val x: Int = getValue()
```

코틀린에서는 x 참조가 선언되자마자 getValue() 함수가 호출되어 x에 값을 제공한다. 반면 지연 계산 언어에서는 x에 의해 참조되는 값이 쓰이는 시점에(그리고 x가 가리키는 값이 쓰여야만) 비로소 getValue() 함수가 호출된다. 이로 인해 큰 차이가 생길 수 있다. 다음 코드를 살펴보자.

```
fun main(args: Array<String>) {
    val x = getValue()
}

fun getValue(): Int {
    println("Returning 5")
    return 5
}
```

getValue가 반환하는 값을 사용하지는 않지만, 그래도 getValue가 호출되므로 이 코드는 Returning 5를 출력한다. 반면 지연 계산 언어에서는 어떤 값도 평가되지 않기 때문에 콘솔에 아무 내용도 출력되지 않는다.

## 9.2 코틀린과 즉시 계산

코틀린은 즉시 계산 언어이다. 모든 내용이 즉시 평가된다. 함수 인자는 **값으로 전달**(passed by value)되며, 이는 인자를 계산한 후 그 결괏값을 함수에 넘긴다는 뜻이다. 반면 지연 계산 언어에서는 인자를 **이름으로 전달**(passed by name)한다. 이는 인자를 계산하지 않고 넘긴다는 뜻이다. 코틀린의 경우 함수에 전달되는 인자가 대부분 참조이니 이를 혼동하지 않기 바란다. 참조는 단지 주소일 뿐이며 함수에 전달할 때는 주소 값이 전달된다.

(코틀린이나 자바 같은) 일부 언어는 즉시 계산을 수행하며, 몇몇 언어는 지연 계산을 수행한다. 몇몇 언어는 기본적으로는 즉시 계산을 하되 선택적으로 지연 계산을 제공하기도 하고, 몇몇 언어는 기본적으로는 지연 계산을 하되 선택적으로 즉시 계산을 제공한다. 하지만 코틀린도 항상 즉시

계산만 사용하는 것은 아니다. 다음은 코틀린이 지연 계산을 적용하는 요소의 예다.

- 불리언 연산자 ||와 &&
- if ... else
- for 루프
- while 루프

코틀린은 Sequence 같은 지연 계산 요소를 제공하며 프로퍼티를 지연 계산할 수 있는 수단도 제공한다. 지연 계산 프로퍼티에 관해서는 뒤에서 살펴본다.

코틀린 Boolean 타입 연산자인 ||와 &&를 생각해 보자. 이 연산자들은 결과를 계산할 때 필요 없는 피연산자를 계산하지 않는다. ||의 첫 번째 피연산자가 true로 평가되면 두 번째 피연산자의 값과 관계없이 전체 결과가 true이기 때문에 두 번째 피연산자를 계산할 필요 없다. 마찬가지로 &&의 첫 번째 피연산자가 false면 두 번째 피연산자와 관계없이 전체가 false이므로 두 번째 피연산자를 계산할 필요 없다.

무언가 여러분의 머리에 떠오르는 내용이 있는가? 8장에서 **흡수원**(또는 영원소)을 만나면 즉시 접기를 끝내는 foldLeft를 정의한 적이 있다. 여기서 false는 && 연산의 흡수원이고 true는 || 연산의 흡수원이다.

함수로 이런 불 연산을 흉내 내고 싶다고 하자. 다음 예제는 여러분이 할 수 있는 일을 보여준다.

**예제 9-1** and와 or 논리함수

```
fun main(args: Array<String>) {
    println(or(true, true))
    println(or(true, false))
    println(or(false, true))
    println(or(false, false))
    println(and(true, true))
    println(and(true, false))
    println(and(false, true))
    println(and(false, false))
}

fun or(a: Boolean, b: Boolean): Boolean = if (a) true else b

fun and(a: Boolean, b: Boolean): Boolean = if (a) b else false
```

불 연산을 사용하면 더 쉽게 이런 일을 할 수 있지만, 여기서 여러분의 목표는 그런 연산자를 사용하지 않는 것이다. 이제 문제를 다 해결한 것일까? 앞의 코드를 실행하면 콘솔에서 다음과 같은 출력을 볼 수 있다.

```
true
true
true
false
true
false
false
false
```

지금까지는 좋다. 하지만 이제 다음 예제를 실행해 보자.

**예제 9-2 즉시 계산의 문제점**

```kotlin
fun main(args: Array<String>) {
    println(getFirst() || getSecond())
    println(or(getFirst(), getSecond()))
}

fun getFirst(): Boolean = true

fun getSecond(): Boolean = throw IllegalStateException()

fun or(a: Boolean, b: Boolean): Boolean = if (a) true else b

fun and(a: Boolean, b: Boolean): Boolean = if (a) b else false
```

이 프로그램의 출력은 다음과 같다.

```
true
Exception in thread "main" java.lang.IllegalStateException
```

or 함수가 ||와 같지 않다는 점이 분명히 드러난다. ||는 피연산자를 지연 계산해서 첫 번째 피연산자가 true인 경우 결과 계산에 필요 없는 두 번째 피연산자를 계산하지 않지만, or 함수는 두 인자를 모두 즉시 계산하기 때문에 불필요한 두 번째 피연산자도 평가한다는 차이가 있다. 따라서 or 함수는 항상 IllegalStateException를 발생시킨다. 6장과 7장에서 다뤘던 getOrElse 함수에서도 주 계산에 성공했는데 기본 인자를 즉시 계산함으로 인해 똑같은 문제가 발생했다.

## 9.3 코틀린과 지연 계산

지연 계산이 필요한 경우가 많이 있다. 실제로 코틀린에서도 if...then..., 루프, try...catch... 등의 블록에서 지연 계산을 사용한다. 예를 들어 지연 계산을 사용하지 않는다면 예외가 발생하지 않아도 catch 블록 안이 실행된다.

오류에 대한 처리를 제공하려면 지연 계산을 꼭 써야 하는 것처럼, 무한한 데이터 구조를 조작하고 싶을 때도 지연 계산이 필수다. 코틀린에서는 위임(delgate)을 사용해 지연 계산을 구현할 수 있다. 다음은 위임을 통한 지연 계산이 어떻게 작동하는지 보여준다.

```
val first: Boolean by Delegate()
```

여기서 Delegate 클래스는 반드시 다음 함수를 구현해야 한다.[2]

```
operator fun getValue(thisRef: Any?, property: KProperty<*>): Boolean
```

두 가지 중요한 점을 기억하라.

1. Delegate 클래스(클래스 이름이 다른 이름이라도 관계없음)가 특정 인터페이스를 구현할 필요가 없다. 앞의 getValue 함수만 선언하고 구현하면 코틀린 컴파일러가 프로퍼티를 사용하는 코드를 이 함수를 호출하는 코드로 번역해준다.
2. val 대신 var로 선언하고 싶다면 Delegate 클래스 안에 value 프로퍼티 값을 설정해주는 함수를 반드시 정의해야 한다. 함수 시그니처는 operator fun setValue(thisRef: Any?, property: KProperty<*>, value: Boolean)이다.

코틀린은 표준 위임 클래스를 제공한다. 표준 위임 클래스 중에는 지연 계산을 구현할 때 쓸 수 있는 Lazy가 있다.

```
val first: Boolean by lazy { ... }
```

앞의 lazy 호출은 다음과 같은 내용을 짧게 쓴 것과 같다.

```
class Lazy {
    operator fun getValue(thisRef: Any?, property: KProperty<*>): Boolean = ...
}
```

---

[2] 역주 이 예제는 단순히 코틀린 위임이 어떻게 구현되는지 보여주기 위한 것으로 실무에서 사용하는 코드와는 거리가 멀다. 실무 프로젝트에서 위임 프로퍼티를 활용하고 싶다면 다른 문서나 책을 확인해 위임을 구현하는 정확한 방법을 배워야 한다.

```
val first: Boolean by Lazy()
```

하지만 코틀린 표준 라이브러리의 Lazy 구현은 살짝 더 복잡하다. 이 기법을 사용하여 함수를 사용해 불 or 연산자 함수를 구현하는 코드를 다시 작성하면 다음과 같다.

```
fun main(args: Array<String>) {
    val first: Boolean by lazy { true }
    val second: Boolean by lazy { throw IllegalStateException() }
    println(first || second)
    println(or(first, second))
}
fun or(a: Boolean, b: Boolean): Boolean = if (a) true else b
```

불행히도 이 코드는 진정한 지연 계산이 아니다. 실행해 보면 바로 알 수 있다.

```
true
Exception in thread "main" java.lang.IllegalStateException
```

이런 일이 벌어지는 이유는 다음과 같다. first와 second를 초기화할 때 사용한 람다는 참조가 선언될 때 호출되지 않는다. 이 부분은 일반적인 지연 계산과 같다. first에 연결된 위임 클래스에 저장된 람다는 || 연산자의 왼쪽 피연산자로 쓰인 first 값을 참조할 때 실행되지만, second에 연결된 위임 클래스에 저장된 람다는 ||가 쇼트 서킷을 사용하기 때문에 실행되지 않는다. 그러나 or 함수의 인자로 first와 second가 전달될 때는 함수 인자를 즉시 계산하므로 second에 연결된 람다도 실행된다. 따라서 이 동작은 전혀 지연 계산이 아니다!

## 9.4 지연 계산 구현

코틀린에서 지연 계산을 제대로 지원하는 언어와 똑같은 방식으로 지연 계산을 완전히 구현하는 것은 불가능하다. 하지만 제대로 된 타입을 활용하면 같은 목표를 달성할 수 있다. 5, 6, 7장에서 배운 내용을 기억해보라. 5장에서 여러분은 리스트를 서로 관련이 있는 두 가지 개념으로 나누어 추상화했다. 그 두 가지는 원소의 타입과 List라는 타입으로 표현되는 다른 어떤 요소였다. 이 '다른 어떤 요소'는 크기(0, 1, 또는 그 이상)를 처리할 수 있고 원소 순서가 정해져야 하는 복잡한 개념이었다. 이런 추상화를 끝까지 밀어붙여서 크기와 순서를 구분할 수 있다. 하지만 List라는 개념을 전체적으로 생각해 보자. 그렇게 생각해서 (원소와 다른 어떤 요소를 모두 포함하는) 리스트를 추상화한 결과는 파라미터화한 타입인 List<A>가 된다.

6장에서는 선택적 데이터를 데이터의 타입(이 타입을 A라고 부르자)과 Option 타입이라는 서로 관련 있는 두 가지 개념으로 추상화했다. 7장에서는 오류 발생 가능성을 추상화해서 Result<A>라는 복잡한 타입을 만들어냈다. 이런 과정을 보면 패턴을 발견할 수 있다. 한편에는 A라는 간단한 타입이 있다. 그리고 다른 한편에서는 이 간단한 타입에 어떤 종류의 모드(mode)를 부여한다. 지연 계산을 또 다른 모드라고 생각할 수 있다. 따라서 분명히 이를 타입으로 구현할 수 있다. 이 타입을 Lazy<A>라고 하자.

인자가 없는 상수 함수를 사용하면 훨씬 쉽게 지연 계산을 표현할 수 있다고 반론을 제기할 수 있다. 예전에 설명한 것처럼 상수 함수는 인자에 관계없이 똑같은 값을 내놓는다. 이런 상수 함수가 다음과 같은 타입이다.

```
() -> Int
```

여기서 이 함수는 Int를 반환한다. 지연 정숫값을 만들려면 다음과 같이 쓰면 된다.

```
val x: () -> Int = { 5 }
```

5가 리터럴이므로 이는 멍청한 짓이다. 그리고 리터럴 값에 대한 참조를 지연 초기화하는 것도 의미 없어 보인다. 그러나 앞에서 본 지연 불 코드를 상수 함수로 바꿔 쓰면 다음과 같은 결과를 얻을 수 있다.

```
fun main(args: Array<String>) {
    val first = { true }
    val second = { throw IllegalStateException() }
    println(first() || second())
    println(or(first, second))
}
fun or(a: () -> Boolean, b: () -> Boolean): Boolean = if (a()) true else b()
```

이 코드는 우리가 원하는 대로 작동하며 다음과 같은 결과를 출력한다.

```
true
true
```

지연 언어로 구현한 코드와 이 코드가 유일하게 다른 점은 타입이 달라졌다는 점에 있다. 지연 계산용 A는 A와 같은 타입이 아니고, 그에 따라 or 함수를 새로운 타입에 맞춰 바꿔 써야 하며, ||의

두 피연산자도 함수 호출을 사용해서 값을 계산하게 바꿔야 한다.

하지만 진정한 지연 계산과 비교해서 훨씬 더 중요한 차이점이 한 가지 더 있다. 값을 여러 번 사용하면 함수도 여러 번 호출된다는 점이다. 값을 계산하는 것은 시간이 오래 걸리는 연산이다. 따라서 이를 여러 번 수행하면 프로세서 시간을 낭비한다. 이런 식으로 값을 즉시 계산하지 않고 필요할 때마다 매번 재계산하는 방식을 **이름으로 호출**(call by name)이라고 부른다. 예제를 fun을 사용해서 다시 구현할 수 있다. 하지만 fun을 쓰는 경우에는 예외를 던지는 함수의 타입을 코틀린이 추론하지 못하므로 second의 반환 타입을 지정해야 한다.

```
fun main(args: Array<String>) {
    fun first() = true
    fun second(): Boolean = throw IllegalStateException()
    println(first() || second())
    println(or(::first, ::second))
}

fun or(a: () -> Boolean, b: () -> Boolean): Boolean = if (a()) true else b()
```

이런 문제를 해결하고 값이 필요한 최초 시점에 단 한 번만 함수를 호출하는 해법을 찾을 수 있을까? 이런 식으로 값을 계산하는 계산 방식을 **필요에 의한 호출**(call by need)이라고 부른다. 4장을 기억하는 독자라면 눈치챘겠지만, 메모화가 해법이다.

## 연습문제 9-1

() -> A 타입의 함수를 메모화한 것처럼 작동하는 Lazy<A>를 구현하라. 구현한 타입을 다음 코드처럼 쓸 수 있어야 한다.

```
fun main(args: Array<String>) {
    val first = Lazy {
        println("Evaluating first")
        true
    }
    val second = Lazy {
        println("Evaluating second")
        throw IllegalStateException()
    }
    println(first() || second())
    println(first() || second())
    println(or(first, second))
}
```

```
fun or(a: Lazy<Boolean>, b: Lazy<Boolean>): Boolean = if (a()) true else b()
```

그리고 출력은 다음과 같다.

```
Evaluating first
true
true
true
```

[힌트]

여러분이 Lazy 타입이 () -> A 함수 타입을 확장하게 만들어도 잘 작동해야 한다. 함수 타입을 확장하는 것이 필수는 아니지만, 함수 타입을 확장하면 Lazy 타입을 더 간편하게 사용할 수 있다. 메모화를 위해 by lazy를 사용하고 상태를 명시적으로 변이시키지 말라.

[해법]

다음은 by lazy를 사용한 해법이다.

```
class Lazy<out A>(function: () -> A): () -> A {
    private val value: A by lazy(function)
    operator override fun invoke(): A = value
}
```

코드를 보면 알 수 있듯이, 이 구현은 상태를 명시적으로 변이시키지 않는다. 상태 변이는 코틀린이 제공하는 by lazy로 추상화되어 있다. 14장에서는 변이되는 상태를 공유할 때 같은 기법을 활용하는 방법을 배운다.

## 9.4.1 지연 값 합성하기

앞의 예제에서는 or 함수를 사용해 지연 계산 불 값을 합성했다.

```
fun or(a: Lazy<Boolean>, b: Lazy<Boolean>): Boolean = if (a()) true else b()
```

하지만 이런 방식은 두 번째 값의 평가를 피하기 위해 if ... else ... 식의 지연 계산에 의존하므로 속임수에 가깝다. 두 문자열을 합성하는 함수를 생각해 보자.

```
fun constructMessage(greetings: String,
                     name: String): String = "$greetings, $name!"
```

이제 두 문자열 인자를 자원이 많이 소모되는 작업을 통해 얻어야 하는데, constructMessage 결과를 지연 계산 방식으로(외부 조건에 따라 이 결과를 쓸 수도 있고 안 쓸 수도 있게 하려고) 제공하고 싶다고 하자. 이 외부 조건을 만족하지 못하는 경우 name과 greetings 문자열을 계산해서는 **안 된다**. 예를 들어 난수가 짝수인 경우를 조건으로 한다고 가정하자. 다음은 그런 경우 코드가 어떻게 작동하는지를 보여준다.

```
val greetings = Lazy {
    println("Evaluating greetings")
    "Hello"
}

val name: Lazy<String> = Lazy {
    println("computing name")
    "Mickey"
}

val message = constructMessage(greetings, name)
val condition = Random(System.currentTimeMillis()).nextInt() % 2 == 0
println(
    if (condition) <compose and print the message>
    else "No greetings when time is odd")
```

이제 constructMessage를 리팩터링해서 인자를 지연 계산하고 싶다면 다음과 같이 한다.

```
fun constructMessage(greetings: Lazy<String>,
    name: Lazy<String>): String = "${greetings()}, ${name()}!"
```

여기서는 조건을 만족하지 못하더라도 constructMessage를 호출할 때 두 문자열을 얻어서 연결하기 때문에 지연 값을 쓰는 이점이 전혀 없다. 이런 코드가 유용하려면 constructMessage 함수가 평가되지 않은 결과를 값으로 반환해야 한다. 이 말은 constructMessage 함수가 파라미터를 평가하지 않고 Lazy<String>을 반환해야 한다는 뜻이다.

## 연습문제 9-2

constructMessage의 지연 계산 버전을 만들라.

힌트

함수 호출 횟수와 관계없이 메시지의 각 부분이 단 한 번만 평가되는지 검증하라.

**해법**

다음은 두 인자를 이어 붙이는 계산을 지연시키는 함수다. 함수 정의와 더불어 여러 번 평가가 이루어지는지 검사하는 테스트도 코드에 들어 있다.

```kotlin
fun constructMessage(greetings: Lazy<String>,
    name: Lazy<String>): Lazy<String> =
        Lazy { "${greetings()}, ${name()}!" }

fun main(args: Array<String>) {
    val greetings = Lazy {
        println("Evaluating greetings")
        "Hello"
    }
    val name1: Lazy<String> = Lazy {
        println("Evaluating name")
        "Mickey"
    }
    val name2: Lazy<String> = Lazy {
        println("Evaluating name")
        "Donald"
    }
    val defaultMessage = Lazy {
        println("Evaluating default message")
        "No greetings when time is odd"
    }
    val message1 = constructMessage(greetings, name1)
    val message2 = constructMessage(greetings, name2)
    val condition = Random(System.currentTimeMillis()).nextInt() % 2 == 0
    println(if (condition) message1() else defaultMessage())
    println(if (condition) message1() else defaultMessage())
    println(if (condition) message2() else defaultMessage())
}
```

여러 번 프로그램을 실행해 봐야 한다. 조건이 맞다면 다음과 같은 메시지를 볼 수 있다.

```
Evaluating greetings
Evaluating name
Hello, Mickey!
Hello, Mickey!
Evaluating name
Hello, Donald!
```

결과를 보면 constructMessage가 세 번 호출됨에도 불구하고 greeting 인자가 단 한 번만 평가되고 name 인자가 두 번(서로 다른 값으로) 평가된다는 사실을 알 수 있다.

> **Note** ≡ 이 설명이 아주 정확하지는 않다. 함수의 관점에서 볼 때 인자들은 함수가 호출될 때마다 Lazy의 인스턴스로 평가된다. 하지만 Lazy 인스턴스는 맨 처음 호출될 때만 계산을 더 진행한다.

조건을 만족시키지 못하면 다음과 같은 결과를 보게 된다.

```
Evaluating default message
No greetings when time is odd
No greetings when time is odd
No greetings when time is odd
```

결과를 보면 기본 메시지만 평가된다는 사실을 알 수 있다.

조건은 **외부**(external) 조건이어야만 한다. 즉, 조건 계산에 지연 데이터가 포함되면 안 된다. 지연 데이터가 조건에 포함되면 조건을 계산하기 위해 지연 데이터를 평가하게 된다. 지연 계산 val로 커리한 함수를 정의하는 것도 가능하다. 커리한 함수에 관해서는 3.1.6절에서 배웠다.

## 연습문제 9-3

constructMessage 함수를 커리한 함수로 지연 계산 val을 정의하라.

**해법**

이 문제는 전혀 어렵지 않다.

```
val constructMessage: (Lazy<String>) -> (Lazy<String>) -> Lazy<String> =
    { greetings ->
        { name ->
            Lazy { "${greetings()}, ${name()}!" }
        }
    }

fun main(args: Array<String>) {
    val greetings = Lazy {
        println("Evaluating greetings")
        "Hello"
    }
    val name1: Lazy<String> = Lazy {
```

```
        println("Evaluating name1")
        "Mickey"
    }
    val name2: Lazy<String> = Lazy {
        println("Evaluating name2")
        "Donald"
    }
    val defaultMessage = Lazy {
        println("Evaluating default message")
        "No greetings when time is odd"
    }
    val greetingString = constructMessage(greetings)
    val message1 = greetingString(name1)
    val message2 = greetingString(name2)
    val condition = Random(System.currentTimeMillis()).nextInt() % 2 == 0
    println(if (condition) message1() else defaultMessage())
    println(if (condition) message2() else defaultMessage())
}
```

## 9.4.2 함수 끌어올리기

종종 일반 값에 작용하는 함수를 지연 계산 값에 적용하되, 지연 계산 값을 평가하는 것은 (함수의 결괏값이 정말로 필요할 때까지) 미루고 싶을 때가 있다. 이런 기법은 프로그래밍의 정수라 할 수 있다.

### 연습문제 9-4

두 개의 일반 값을 인자로 받는 커리한 함수를 인자로 받아서, 지연 계산 값을 받아 지연 계산 값을 반환하는 함수를 반환하는 함수를 정의하라. 이 함수가 반환하는 함수에 지연 계산 값을 전달하면 전달한 지연 계산 값을 계산해 얻은 결괏값을 원래 함수(커리한 함수)에 적용해 얻은 결과와 같은 값을 얻을 수 있어야 한다. 다음 함수가 주어진 경우,

```
val consMessage: (String) -> (String) -> String =
    { greetings ->
        { name ->
            "$greetings, $name!"
        }
    }
```

다음과 같은 타입의 함수를 반환하는(이때 lift2가 지연 계산 인자를 평가하지 않아야 한다) lift2라는 함수를 작성하라.

(Lazy<String>) -> (Lazy<String>) -> Lazy<String>

[힌트]

이 함수를 Lazy 동반 객체에 넣어서 다른 lift2 구현과 충돌을 방지하라. 아니면 이 함수를 패키지 수준에 정의하면서 이름을 liftLazy2라고 바꿔도 된다.

[해법]

먼저 이 함수의 시그니처를 적어보자. lift2 함수는 인자로 (String) -> (String) -> String 타입의 함수를 받는다. 함수의 타입을 적을 때는 인자 주변에 괄호를 붙여야 하므로 lift2의 시그니처에서는 다음과 같이 이 함수 인자 타입을 괄호 안에 넣어야 한다.

((String) -> (String) -> String)

그런 다음, 화살표(->)를 추가하고 화살표 뒤에 함수의 반환 타입을 적자. 반환 타입은 지연 객체를 두 개 받아서 반환하는 커리한 함수다. 커리한 함수를 반환하는 고차 함수 타입을 처음 보는 독자를 위해 커리한 함수의 타입을 괄호로 둘러쌌다.

((String) -> (String) -> String) -> ((Lazy<String>) -> (Lazy<String>) -> Lazy<String>)

여러분이 기억해야 할 것은 함수 타입에서 ->는 오른쪽으로 결합된다는 점이다. 그래서 함수를 반환하는 고차 함수의 타입이 다음과 같다면

(String) -> ((String) -> String)

반환되는 함수의 타입을 둘러싸고 있는 괄호를 생략할 수 있다. 괄호를 생략하면 커리한 함수의 타입과 같다는 사실을 알 수 있다.

(String) -> (String) -> String

따라서 lift2의 타입에서도 반환되는 함수의 타입 주변에 있는 괄호를 생략하고 시그니처를 다음처럼 쓸 수 있다.

val lift2: ((String) -> (String) -> String) -> (Lazy<String>) ->
    (Lazy<String>) -> Lazy<String>

이제 함수 구현을 해보자. 이 함수는 다음 타입의 함수를 반환해야 한다.

```
(Lazy<String>) -> (Lazy<String>) -> Lazy<String>
```

먼저 다음과 같은 본문으로부터 시작하자.

```
{ f → { ls1 → { ls2 → TODO() } } }
```

여기서 f는 (String) -> (String) -> String 타입의 함수다(끌어올려야 하는 함수). ls1과 ls2는 Lazy<String> 타입의 값이다. 전체 함수를 다시 쓰면 다음과 같이 된다.

```
val lift2: ((String) -> (String) -> String) -> (Lazy<String>) ->
    (Lazy<String>) -> Lazy<String> =
        { f ->
            { ls1 ->
                { ls2 ->
                    TODO()
                }
            }
        }
```

이제 나머지는 간단하다. String 두 개를 인자로 받는 커링한 함수가 있고 Lazy<String>이 있다. 값을 가져와서 함수에 적용하자. 이때 결과로 Lazy<String>을 반환하고 싶으므로 함수를 적용하는 식을 가지고 Lazy 인스턴스를 만들자.

```
val lift2: ((String) -> (String) -> String) -> (Lazy<String>) ->
    (Lazy<String>) -> Lazy<String> =
        { f ->
            { ls1 ->
                { ls2 ->
                    Lazy { f(ls1())(ls2()) }
                }
            }
        }
```

### 연습문제 9-5

lift2를 모든 타입에서 작동하도록 일반화하라. 이번에는 패키지 수준에서 fun 함수를 정의하라.

> 해법

시그니처부터 시작하자. 함수가 모든 타입에서 작동해야 하므로 A, B, C라는 타입으로 파라미터화해야 한다. 인자로 받는 함수 타입은 (A) -> (B) -> C이고, 반환하는 함수 타입은 (Lazy<A>) -> (Lazy<B>) -> Lazy<C>이다. 시그니처는 다음과 같다.

```
fun <A, B, C> lift2(f: (A) -> (B) -> C): (Lazy<A>) -> (Lazy<B>) -> Lazy<C>
```

구현은 연습문제 9-4와 비슷하다. 단, 인자로 받는 함수와 반환하는 함수의 타입을 구체적인 타입이 아니라 타입 파라미터를 사용해 지정해야 한다는 점이 다르다.

```
fun <A, B, C> lift2(f: (A) -> (B) -> C):
    (Lazy<A>) -> (Lazy<B>) -> Lazy<C> =
        { ls1 ->
            { ls2 ->
                Lazy { f(ls1())(ls2()) }
            }
        }
```

## 9.4.3 Lazy 값 매핑하고 매핑 후 펼치기

이제 Lazy도 List나 Option, Result와 비슷한 또 다른 계산 환경(나중에 더 많은 계산 환경을 발견하게 될 것이다)임을 이해했을 것이다. 따라서 `map`과 `flatMap`을 적용하고 싶은 유혹이 든다!

### 연습문제 9-6

(A) -> B를 Lazy<A>에 적용해서 Lazy<B>를 반환하는 map 함수를 정의하라.

> 힌트

Lazy 클래스의 인스턴스로 map을 정의하라.

> 해법

여러분이 해야 할 일은 지연 값에 매핑할 함수를 적용하는 것뿐이다. 계산이 즉시 일어나지 않게 만들려면 함수 적용을 새 Lazy로 둘러싸야 한다.

```
fun <B> map(f: (A) -> B): Lazy<B> = Lazy{ f(value) }
```

다음 프로그램으로 이 함수를 테스트해 본다.

```
fun main(args: Array<String>) {
    val greets: (String) -> String = { "Hello, $it!" }
    val name: Lazy<String> = Lazy {
        println("Evaluating name")
        "Mickey"
    }
    val defaultMessage = Lazy {
        println("Evaluating default message")
        "No greetings when time is odd"
    }
    val message = name.map(greets)
    val condition = Random(System.currentTimeMillis()).nextInt() % 2 == 0
    println(if (condition) message() else defaultMessage())
    println(if (condition) message() else defaultMessage())
}
```

조건이 성립할 때 이 프로그램은 다음을 출력한다. 데이터를 두 번 사용해도 평가는 단 한 번만 이루어진다는 사실을 알 수 있다.

```
Evaluating name
Hello, Mickey!
Hello, Mickey!
```

조건이 성립하지 않으면 프로그램은 다음을 출력한다. 이때 기본 메시지가 한 번만 평가된다는 사실을 알 수 있다.

```
Evaluating default message
No greetings when time is odd
No greetings when time is odd
```

### 연습문제 9-7

(A) -> Lazy<B> 타입의 함수를 Lazy<A>에 적용해 Lazy<3>를 내놓는 flatMap 함수를 작성하라.

[힌트]

Lazy 클래스의 인스턴스로 map을 정의하라.

> 해법

여러분이 해야 할 일은 지연 값에 함수를 적용하되 연산을 수행하게 만드는 것뿐이다. 하지만 연산을 수행하게 만드는 일이 즉시 일어나면 안 되기 때문에 전체를 Lazy로 감싸야 한다.

```
fun <B> flatMap(f: (A) -> Lazy<B>): Lazy<B> = Lazy { f(value)() }
```

이 함수를 다음 프로그램으로 테스트한다.

```
fun main(args: Array<String>) {

    // getGreetings은 "Evaluating greetings"를 콘솔에 찍는 부수 효과가 있으면서
    // 비용이 많이 드는 함수라고 가정하자.
    val greetings: Lazy<String> = Lazy { getGreetings(Locale.US) }
    val flatGreets: (String) -> Lazy<String> =
        { name -> greetings.map { "$it, $name!"} }
    val name: Lazy<String> = Lazy {
        println("computing name")
        "Mickey"
    }
    val defaultMessage = Lazy {
        println("Evaluating default message")
        "No greetings when time is odd"
    }
    val message = name.flatMap(flatGreets)
    val condition = Random(System.currentTimeMillis()).nextInt() % 2 == 0
    println(if (condition) message() else defaultMessage())
    println(if (condition) message() else defaultMessage())
}
```

조건이 성립하면 이 프로그램은 다음을 출력한다. 이름과 인사말을 두 번 사용하지만 한 번씩만 평가됨을 알 수 있다.

```
Evaluating name
Evaluating greetings
Hello, Mickey!
Hello, Mickey!
```

조건이 성립하지 않으면 프로그램은 다음을 출력한다. 기본 메시지만 단 한 번 평가됨을 알 수 있다.

```
Evaluating default message
No greetings when time is odd
No greetings when time is odd
```

### 9.4.4 Lazy와 List 합성하기

Lazy를 이전에 만든 다른 타입과 합성할 수도 있다. 가장 일반적인 연산은 List<Lazy<A>>를 Lazy<List<A>>로 변환해서 리스트를 A를 인자로 받는 함수와 지연 합성하는 것이다. 이런 합성이 데이터 값을 실제 평가하지 않고 이루어져야 한다.

#### 연습문제 9-8

다음 시그니처를 가지는 sequence 함수를 정의하라.

```
fun <A> sequence(lst: List<Lazy<A>>): Lazy<List<A>>
```

패키지 수준에서 fun 함수로 sequence를 정의하라.

**해법**

이 문제의 해법도 간단하다. 리스트를 원소를 각각 평가하는 값을 가지고 매핑해야 한다. 하지만 sequence가 값을 즉시 평가해서는 안 되기 때문에 매핑 연산을 새로운 Lazy 인스턴스로 감싸야 한다.

```
fun <A> sequence(lst: List<Lazy<A>>): Lazy<List<A>> =
    Lazy { lst.map { it() } }
```

이 함수의 결과를 볼 수 있는 코드는 다음과 같다.

```
fun main(args: Array<String>) {
    val name1: Lazy<String> = Lazy {
        println("Evaluating name1")
        "Mickey"
    }
    val name2: Lazy<String> = Lazy {
        println("Evaluating name2")
        "Donald"
    }
    val name3 = Lazy {
        println("Evaluating name3")
```

```
            "Goofy"
        }
        val list = sequence(List(name1, name2, name3))
        val defaultMessage = "No greetings when time is odd"
        val condition = Random(System.currentTimeMillis()).nextInt() % 2 == 0
        println(if (condition) list() else defaultMessage)
        println(if (condition) list() else defaultMessage)
    }
```

여기서도 외부 조건에 따라 (평가되지 않은) 값이나 기본 메시지가 두 번 출력된다. 조건이 성립하면 결과가 두 번 출력되는데, 모든 원소를 한 번씩만 평가한다.

```
Evaluating name1
Evaluating name2
Evaluating name3
[Mickey, Donald, Goofy, NIL]
[Mickey, Donald, Goofy, NIL]
```

조건이 성립하지 않으면 아무것도 평가되지 않는다.

```
No greetings when time is odd
No greetings when time is odd
```

### 9.4.5 예외 다루기

여러분이 직접 작성한 함수를 다룰 때는 그 코드가 예외를 발생시키지 않으리라 자신할 수 있으므로 예외가 발생하리라는 두려움도 없다. 하지만 지연 계산 데이터를 다룰 때에는 평가하는 과정에서 예외가 발생할 위험이 있다.

예외를 던지는 데이터 조각을 평가하는 것은 전혀 특별한 일이 아니다. 하지만 Lazy<A>의 리스트를 평가하는 경우는 문제가 된다. 그런 리스트에서 원소 중 하나를 평가하는 도중에 예외가 발생하면 어떻게 해야 할까?

### 연습문제 9-9

다음 시그니처를 가지는 sequenceResult를 작성하라.

```
fun <A> sequenceResult(lst: List<Lazy<A>>): Lazy<Result<List<A>>>
```

이 함수는 평가되지 않은 지연 계산 값으로 List<A>를 반환해야 한다. 이때 지연 계산 값은 모든 평가가 성공하면 Success<List<A>>로, 하나라도 평가에 실패하면 Failure<List<A>>로 평가되어야 한다.

다음은 테스트용 용례다.

```
fun main(args: Array<String>) {
    val name1: Lazy<String> = Lazy {
        println("Evaluating name1")
        "Mickey"
    }
    val name2: Lazy<String> = Lazy {
        println("Evaluating name2")
        "Donald"
    }
    val name3 = Lazy {
        println("Evaluating name3")
        "Goofy"
    }
    val name4 = Lazy {
        println("Evaluating name4")
        throw IllegalStateException("Exception while evaluating name4")
    }
    val list1 = sequenceResult(List(name1, name2, name3))
    val list2 = sequenceResult(List(name1, name2, name3, name4))
    val defaultMessage = "No greetings when time is odd"
    val condition = Random(System.currentTimeMillis()).nextInt() % 2 == 0
    println(if (condition) list1() else defaultMessage)
    println(if (condition) list1() else defaultMessage)
    println(if (condition) list2() else defaultMessage)
    println(if (condition) list2() else defaultMessage)
}
```

조건이 성립하면 이 프로그램의 출력은 다음과 같다.

```
Evaluating name1
Evaluating name2
Evaluating name3
Success([Mickey, Donald, Goofy, NIL])
Success([Mickey, Donald, Goofy, NIL])
Evaluating name4
Failure(Exception while evaluating name4)
Failure(Exception while evaluating name4)
```

조건이 성립하지 않으면 출력은 다음과 같다.

```
No greetings when time is odd
No greetings when time is odd
No greetings when time is odd
No greetings when time is odd
```

> 해법

연습문제 9-8처럼 원하는 결과를 내놓기 위해 연산을 조합해야 한다. 연산 조합이 끝나면 전체 연산을 Lazy로 감싸라.

```
import com.fpinkotlin.common.sequence

...

fun <A> sequenceResult(lst: List<Lazy<A>>): Lazy<Result<List<A>>> =
    Lazy { sequence(lst.map { Result.of(it) }) }
```

sequence 함수를 명시적으로 임포트해야 한다. 이 함수는 패키지 수준에서 정의한(연습문제 9-8의) 지연 계산 리스트를 처리하는 sequence 함수가 아니라 Result의 리스트를 처리하는 sequence 함수를 사용하기 때문이다. 다른 방법으로는 8장에서 정의했던 traverse 함수를 사용하는 것이 있다.

```
fun <A> sequenceResult2(lst: List<Lazy<A>>): Lazy<Result<List<A>>> =
    Lazy { traverse(lst) { Result.of(it) } }
```

결과를 평가하면 리스트 원소 중 어느 하나가 실패하더라도 리스트의 모든 원소를 평가한다. traverse가 foldRight를 사용하기 때문이다. 원소가 Failure가 되자마자 평가를 중단시키려면 중간에 접기를 중단할 수 있는 연산을 사용해야 한다. 앞의 traverse를 기반으로 하는 구현은 다음과 같다.

```
fun <A> sequenceResult(lst: List<Lazy<A>>): Lazy<Result<List<A>>> =
    Lazy {
        lst.foldRight(Result(List())) { x: Lazy<A> ->
            { y: Result<List<A>> ->
                map2(Result.of(x), y) { a: A ->
                    { b: List<A> ->
                        b.cons(a)
                    }
```

```
                }
            }
        }
    }
```

중간에 접기를 중단하는 `foldRight`는 없지만, 8장에서 중간에 접기를 중단하는 `foldLeft`를 정의했다. 이 `foldLeft`를 여기에 쓸 수 있다.

```
fun <A> sequenceResult(list: List<Lazy<A>>): Lazy<Result<List<A>>> =
    Lazy {
        val p = { r: Result<List<A>> -> r.map{false}.getOrElse(true) }
        list.foldLeft(Result(List()), p) { y: Result<List<A>> ->
            { x: Lazy<A> ->
                map2(Result.of(x), y) { a: A ->
                    { b: List<A> ->
                        b.cons(a)
                    }
                }
            }
        }
    }
```

이 과정을 추상화하고 싶다면 List 클래스 안에 접기를 중간에 중단하는 `traverse`를 정의하면 된다.

## 9.5 추가 지연 합성

앞에서 본 것처럼 함수를 지연 계산으로 합성하는 것은 일반적인 합성을 작성하고 그 합성을 Lazy 인스턴스로 감싸는 문제라 할 수 있다. 이런 기법을 사용하면 원하는 어떤 것이든 지연 계산으로 합성할 수 있다. 그 어떤 마법도 필요하지 않다. 어떤 구현이든 함수 값으로 감싸서 지연 계산 값으로 만들면 된다.

```
fun <A> lazyComposition(): Lazy<A> =
    Lazy { <anything producing an A> }
```

여기서 여러분은 Lazy 인스턴스가 호출될 때만 실행되는 프로그램을 작성한 것뿐이다.

## 9.5.1 효과를 지연 계산으로 적용하기

앞 예제에서 제공한 테스트 프로그램을 사용해 봤다면 이미 효과를 지연 계산 값에 적용하는 방법을 알 것이다. Lazy를 호출해서 값을 얻고, 그 값에 효과를 적용하면 된다. 예를 들어 다음과 같이 하면 된다.

```
val lazyString: Lazy<String> = ...
...
println(lazyString())
```

하지만 값을 Lazy에서 끄집어내서 효과를 적용하기보다는 반대 방향에서 접근해서 효과를 Lazy에 넘겨 Lazy가 값을 효과에 적용하게 만들 수 있다.

```
fun forEach(ef: (A) -> Unit) = ef(value)
```

하지만 앞의 예제에서 본 것처럼 조건에 따라 효과를 적용하고 싶을 때는 이런 방법이 유용하지 않다.

```
if (condition) list1.forEach { println(it) } else println(defaultMessage)
```

여기서 필요한 것은 조건에 효과를 넘겨서 조건이 참이면 한 효과를, 거짓이면 다른 효과를 적용하게 하는 것이다.

### 연습문제 9-10

Lazy 클래스에 forEach 함수를 작성하라. 이 함수는 인자로 조건과 두 개의 효과를 받아 조건이 true이면 Lazy에 들어 있는 값에 첫 번째 효과를 적용하고, 조건이 false이면 값에 두 번째 효과를 적용한다.

> 힌트

이 함수가 유용하려면 필요할 때만 Lazy 값을 평가해야 한다. 그에 따라 이 함수를 세 가지로 오버로딩해야 한다.

> 해법

아마도 다음과 같은 함수를 작성하고 싶은 유혹을 느낄 것이다.

```
fun forEach(condition: Boolean, ifTrue: (A) -> Unit, ifFalse: (A) -> Unit) =
    if (condition) ifTrue(value) else ifFalse(value)
```

하지만 이 함수를 실행하면 ifTrue나 ifFalse 함수(핸들러)에서 모두 Lazy에 들어 있는 값을 사용하므로 조건과 관계없이 지연 계산 값을 평가해버린다. 따라서 ifTrue가 실행되든 ifFalse가 실행되든 지연 계산 값이 평가된다는 점에서는 차이가 없어진다. 하지만 다음 코드처럼 ifFalse가 지연 계산 값을 사용하지 않는 경우가 자주 있다.

```
list1.forEach(condition, ::println, { println(defaultMessage)} )
```

ifFalse가 지연 계산 값을 사용하지 않으므로 값이 평가되는 일이 없어야 한다. 그리고 이와 반대로 조건이 참일 때는 값을 쓰지 않고 거짓일 때 값을 쓰는 경우도 있다. 이런 경우에는 물론 조건을 뒤집으면(부정하면) 된다. 그렇지만 두 핸들러가 모두 Lazy에 들어 있는 값을 사용하는 경우도 제대로 처리해야 한다. 한 가지 해법은 세 가지 버전을 작성하는 것이다.

```
fun forEach(condition: Boolean,
            ifTrue: (A) -> Unit,
            ifFalse: () -> Unit = {}) =
    if (condition)
        ifTrue(value)
    else
        ifFalse()

fun forEach(condition: Boolean,
            ifTrue: () -> Unit = {},
            ifFalse: (A) -> Unit) =
    if (condition)
        ifTrue()
    else
        ifFalse(value)

fun forEach(condition: Boolean,
            ifTrue: (A) -> Unit,
            ifFalse: (A) -> Unit) =
    if (condition)
        ifTrue(value)
    else
        ifFalse(value)
```

하지만 두 가지 문제가 있음을 알아야 한다. 코틀린이 어떤 함수를 호출해야 할지 제대로 정할 수 있게 하려면 다음 코드처럼 각 핸들러의 타입을 명시해야 한다.

```
val printMessage: (Any) -> Unit = ::println
val printDefault: () -> Unit = { println(defaultMessage)}
list1.forEach(condition, printMessage, printDefault)
```

타입을 명시해야 하는 이유는 {}와 같은 함수 값을 (A) -> Unit나 () -> Unit 타입의 인자로 모두 쓸 수 있기 때문이다.

ifTrue: () -> Unit 인자에 대한 기본 값을 사용하고 싶다면(이 타입은 아무 일도 하지 않다는 뜻이다). 호출 시 이름을 붙여서 인자를 넘겨야 한다.

```
val printMessage: (Any) -> Unit = ::println
list1.forEach(condition, ifFalse = printMessage)
```

## 9.5.2 지연 계산이 없으면 할 수 없는 일

지금까지는 코틀린에서 식을 계산할 때 진정한 지연 계산을 사용하지 못한다는 사실이 그렇게 큰 문제가 아닌 것처럼 보였다. 무엇보다 불 연산자를 사용할 수 있는데 다시 불 함수를 작성하느라 수고해야 할 이유가 있겠는가? 그러나 종종 지연 계산이 정말 유용할 때가 있다. 몇몇 알고리즘은 지연 계산이 없으면 구현이 불가능하다. 이미 if ... else...의 즉시 계산 버전이 얼마나 쓸모없는지 말했다. 하지만 다음 알고리즘을 생각해 보자.

1. 양의 정수들로 이뤄진 리스트를 얻는다.
2. 그중 소수(prime)만 남기고 나머지를 걸러낸다.
3. 걸러낸 리스트의 앞에서 원소를 10개 취한다.

이 알고리즘은 첫 10개의 소수를 찾는 알고리즘이다. 하지만 지연 계산이 없으면 이 알고리즘을 구현할 수 없다. 믿어지지 않는다면 한번 시도해 보라. 여러분이 즉시 계산을 사용한다면 먼저 양의 정수로 이뤄진 리스트를 계산할 것이다. 하지만 양의 정수는 무한히 많아서 여러분은 절대 두 번째 줄을 실행할 수 없다. 그리고 리스트의 (존재하지 않는) 마지막에 도달하기 전에 메모리를 다 소모하게 된다.

분명 이 알고리즘을 지연 계산 없이 구현할 수 없다. 하지만 이를 다른 알고리즘으로 대치하는 방법이 있다. 앞의 알고리즘은 함수형 알고리즘이다. 여러분이 지연 계산을 사용하지 않고 결과를 얻고 싶다면 이를 다음과 같은 명령형 알고리즘으로 바꾸면 된다.

1. 첫 번째 정수를 얻는다.
2. 그 정수가 소수인지 검사한다.
3. 소수라면 결과 리스트에 추가한다.
4. 결과 리스트에 원소가 10개 들어갔는지 검사한다.
5. 원소가 10개라면 결과 리스트를 반환한다.
6. 원소가 10개가 아니라면 정수를 1 증가시킨다.
7. 2로 간다.

분명히 이 알고리즘은 작동한다. 하지만 얼마나 지저분한가! 우선, 이 알고리즘은 나쁜 절차다. 짝수를 검사하지 **않기** 위해 정수를 1이 아니라 2씩 증가시켜야 하는 것 아닐까? 그리고 왜 3, 5, … 등의 배수를 검사해야 하는가? 더 중요한 것은 이 알고리즘이 문제의 본질을 잘 표현하지 못한다는 점이다. 단지 결과를 계산하기 위한 절차를 설명할 뿐이다.

좋은 성능을 얻기 위해 세부 구현(짝수를 검사하지 않는다든지 하는 요소들)이 중요하지 않다고 말하는 것이 아니다. 하지만 이런 세부 구현 사항은 문제 정의와 명확히 구분되어야 한다. 명령형 설명은 문제에 대한 설명이 아니다. 단지 같은 결과를 내는 다른 문제에 대한 설명일 뿐이다. 이런 종류의 문제를 풀 때 훨씬 더 우아한 해법이 있다. 바로 지연 리스트가 그 해법이다.

### 9.5.3 지연 리스트 데이터 구조 만들기

이제 Lazy의 인스턴스로 평가되지 않은 데이터를 표현할 수 있다는 사실을 알았으므로 쉽게 지연 리스트 데이터 구조를 정의할 수 있다. 이를 Stream이라고 부른다. 스트림은 5장에서 개발했던 단일 연결 리스트와 비슷하지만, 몇 가지 중요한 차이가 있다. 다음 예제는 Stream 데이터 타입의 시작을 보여준다.

#### 예제 9-3 Stream 데이터 타입

```
import com.fpinkotlin.common.Result   ---- Lazy는 같은 패키지 안에 있어서 임포트하지 않는다.

sealed class Stream<out A> {   ---- Stream 클래스를 같은 파일이나 내포 클래스가 아니면 직접 상속할 수 없다.
    abstract fun isEmpty(): Boolean
                                       head 함수는 스트림이 비어 있는 경우 Empty를 반환해야 하므로
    abstract fun head(): Result<A>   ---- Result<A>를 반환 타입으로 사용한다.
    abstract fun tail(): Result<Stream<A>>   ---- 같은 이유로 tail 함수도 Result<Stream<A>>를
                                                  반환 타입으로 사용한다.

    private object Empty: Stream<Nothing>() {   ---- Empty 하위 클래스는 List.Nil 하위 클래스와 같다.
```

```
            override fun head(): Result<Nothing> = Result()
            override fun tail(): Result<Nothing> = Result()
            override fun isEmpty(): Boolean = true
        }

        private class Cons<out A> (internal val hd: Lazy<A>,
                                   internal val tl: Lazy<Stream<A>>) : Stream<A>() {
            override fun head(): Result<A> = Result(hd())
            override fun tail(): Result<Stream<A>> = Result(tl())
            override fun isEmpty(): Boolean = false
        }

        companion object {
            fun <A> cons(hd: Lazy<A>,
  tl: Lazy<Stream<A>>): Stream<A> =
                Cons(hd, tl)  ---- cons 함수는 Cons 생성자를 호출해서 Stream을 구성한다.
            operator fun <A> invoke(): Stream<A> =
                Empty  ---- invoke 연산자는 빈 싱글턴 객체를 반환한다.
            fun from(n: Int): Stream<Int> =
                cons(Lazy { i }, Lazy { from(i + 1) })  ---- from 팩터리 함수는 주어진 값으로부터 시작하는
                                                              연속적인 정수로 이뤄진 무한 스트림을 반환한다.
        }
    }
```

> 비어 있지 않은 스트림을 Cons 하위 클래스로 표현한다. 머리(hd)는 평가되지 않고 Lazy<A> 형태를 취한다.
>
> 비슷하게 꼬리(tl)는 Lazy<Stream<A>> 형태를 취한다.

다음은 Stream 타입을 사용하는 방법을 보여주는 예다.

```
fun main(args: Array<String>) {
    val stream = Stream.from(1)
    stream.head().forEach({ println(it) })
    stream.tail().flatMap { it.head() }.forEach({ println(it) })
    stream.tail().flatMap {
        it.tail().flatMap { it.head() }
    }.forEach({ println(it) })
}
```

이 프로그램의 출력은 다음과 같다.

```
1
2
3
```

이 구현은 그리 유용해 보이지 않는다. Stream이 가치 있는 도구가 되려면 몇 가지 함수가 더해져야 한다. 하지만 우선은 이를 약간 최적화하자.

> Note ≡ 이 장에서 소개한 지연 계산 리스트인 Stream과 자바의 Stream을 구분해야 한다. 자바 Stream은 **제너레이터**(generator)이다. 제너레이터는 이전 원소나 다른 어떤 현재 상태로부터 다음 원소를 계산해내는 함수다. 특히 인덱스를 가지고 접근할 수 있는 이미 계산된 컬렉션과 현재 인덱스를 외부 상태로 활용할 수 있다. 여러분이 다음과 같은 자바 요소를 사용할 때 이런 일이 벌어진다.
>
> ```
> List<A> list = ....
> list.stream()...
> ```

이 자바 예제에서 제너레이터는 (리스트, 인덱스) 쌍을 가변 상태로 사용해 새로운 값을 생성한다. 이런 경우 이 제너레이터는 외부의 가변 상태에 의존한다. 반면 (종말(terminal) 연산에 의해) 일단 값이 계산되고 나면 더는 그 스트림을 사용할 수 없다. 코틀린도 Sequence 등의 제너레이터를 제공하지만, 이들은 자바 제너레이터와 달리 여러 번 사용할 수 있다.

이 (제너레이터의) 성질은 여러분이 정의 중인 Stream과는 다르다. 이 스트림은 평가하지 않은 데이터를 저장하면서 일부를 평가할 수 있고, 원할 때 이미 평가된 부분을 재사용하는 것을 막지 않는다. 앞의 예제에서는 스트림의 앞에서 세 개의 원소를 평가하게 했지만, 그로 인해 스트림을 재사용하지 못하는 일은 없다. 다음 예를 보면 이를 알 수 있다.

```
fun main(args: Array<String>) {
    val stream = Stream.from(1)
    stream.head().forEach({ println(it) })
    stream.tail().flatMap { it.head() }.forEach({ println(it) })
    stream.tail().flatMap { it.tail().flatMap { it.head() } }.forEach({ println(it) })
    stream.head().forEach({ println(it) })
    stream.tail().flatMap { it.head() }.forEach({ println(it) })
    stream.tail().flatMap { it.tail().flatMap { it.head() } }.forEach({ println(it) })
}
```

이 프로그램은 다음을 표시한다.

```
1
2
3
1
2
3
```

반면에 다음 자바 프로그램은 'stream has already been operated upon or closed'라는 메시지와 함께 IllegalstateException이 발생한다.

```
public class TestStream {
    public static void main(String... args) {
        Stream<Integer> stream = Stream.iterate(0, i -> i + 1);
        stream.findFirst().ifPresent(System.out::println);
        stream.findFirst().ifPresent(System.out::println);
    }
}
```

코틀린은 재사용이 가능한 Sequence를 제공한다. 하지만 Sequence는 만들어낸 값을 메모화하지는 않는다. 따라서 Sequence도 역시 지연 리스트가 아니다.

## 9.6 스트림 처리하기

이 장의 나머지 부분에서는 스트림을 만들고 합성하되 데이터가 평가되지 않는다는 사실을 가능하면 지키는 방법을 배운다. 스트림을 살펴보려면 먼저 스트림을 평가할 수 있는 함수가 필요하다. 그리고 스트림을 평가하려면 길이를 제한할 함수가 필요하다. 무한 스트림을 평가하고 싶은 독자는 없을 것이다.

### 연습문제 9-11

( ) -> A 타입의 함수를 받아서 A 타입 객체로 이뤄진 스트림을 반환하는 repeat라는 함수를 만들라.

**해법**

전혀 어려울 게 없다. 단지 인자로 받은 함수 값을 호출하는 지연 값과 repeat 자신에 대한 지연 호출로 스트림을 만들면(cons) 된다.

```
fun <A> repeat(f: () -> A): Stream<A> =
    cons(Lazy { f() }, Lazy { repeat(f) })
```

이 함수는 repeat에 대한 호출이 지연 호출이기 때문에 스택에 아무런 문제를 일으키지 않는다.

## 연습문제 9-12

스트림의 길이를 최대 n개로 제한하는 takeAtMost 함수를 만들라. 이 함수를 길이가 n보다 짧은 스트림을 포함해 모든 스트림에 사용할 수 있어야 한다. 다음은 이 함수의 시그니처다.

```
fun takeAtMost(n: Int): Stream<A>
```

[힌트]

Stream 클래스에 추상 함수를 선언하고 두 하위 클래스에 구현을 넣어라. 필요하면 구현에 재귀를 사용하라.

[해법]

Empty에 있는 구현은 this를 반환한다.

```
override fun takeAtMost(n: Int): Stream<Nothing> = this
```

Cons에 있는 구현은 n이 0보다 큰지 검사한다. 0보다 크면 스트림의 머리와 스트림의 꼬리 부분에 n-1을 사용해 takeAtMost를 재귀적으로 적용한 지연 스트림을 '콘스(cons)'해서 붙인다. n이 0 이하이면 빈 스트림을 반환한다.

```
override fun takeAtMost(n: Int): Stream<A> = when {
    n > 0 -> cons(hd, Lazy { tl().takeAtMost(n - 1) })
    else -> Empty
}
```

## 연습문제 9-13

앞에서부터 최대 n개의 원소를 스트림에서 제거하는 dropAtMost 함수를 정의하라. 이 함수를 길이가 n보다 짧은 스트림을 포함하는 모든 스트림에 사용할 수 있어야 한다. 다음은 이 함수의 시그니처다.

```
fun dropAtMost(n: Int): Stream<A>
```

[힌트]

Stream 클래스에 추상 함수를 선언하고 두 하위 클래스에 구현을 넣어라. 필요하면 구현에 재귀를 사용하라.

> **[해법]**

Empty에 있는 구현은 this를 반환한다.

```
override fun dropAtMost(n: Int): Stream<Nothing> = this
```

Cons에 있는 구현은 n이 0보다 큰지 검사한다. 0보다 크면 스트림의 꼬리 부분에 n-1을 사용해 takeAtMost를 재귀적으로 적용한 스트림을 반환한다. n이 0 이하이면 현재 스트림을 반환한다.

```
override fun dropAtMost(n: Int): Stream<A> = when {
    n > 0 -> tl().dropAtMost(n - 1)
    else -> Empty
}
```

## 연습문제 9-14

takeAtMost와 dropAtMost 함수를 재귀라는 관점에서 살펴보자. 아주 큰 값을 사용해 이 두 함수를 호출하면 어떤 일이 생길까? 답을 알아낼 수 없다면 다음 예제를 생각해 보라.

```
fun main(args: Array<String>) {
    val stream = Stream.repeat(::random).dropAtMost(60000).takeAtMost(60000)
    stream.head().forEach(::println)
}

val rnd = Random()

fun random(): Int {
    val rnd = rnd.nextInt()
    println("evaluating $rnd")
    return rnd
}
```

이 테스트는 아무 값도 평가하지 못하고 StackOverflowException을 발생시킨다! 이 문제를 수정할 수 있는가?

> [해법]

이 예제에서 takeAtMost는 지연 계산을 수행하기 때문에 아무 문제도 발생시키지 않는다.[3] 하지만 dropAtMost 함수는 자신을 재귀적으로 60,000번 호출해서 결과 스트림이 60,001번째 원소로부터 시작하게 만든다. 이 재귀는 심지어 원소를 전혀 평가하지 않아도 발생한다.

해법은 dropAtMost를 공재귀로 만드는 것이다. 보통 공재귀를 만들려면 함수가 작용할 스트림과 결과를 누적시킬 누적기가 필요하기 때문에 인자가 두 개 더 필요하다. 하지만 이 함수의 경우 각 재귀 단계에서 넘기는 누적 값을 다음 재귀단계에서 무시하기 때문에 누적기가 필요 없다. 단지 새로운 스트림(머리를 제거한 나머지)과 새 Int 값(1이 줄어든 값)만 있으면 된다. 다음은 이런 방식을 사용해 동반 객체를 정의한 함수를 보여준다.

```
tailrec fun <A> dropAtMost(n: Int, stream: Strean<A>): Stream<A> = when {
    n > 0 -> when (stream) {
        is Empty -> stream
        is Cons -> dropAtMost(n - 1, stream.tl())
    }
    else -> stream
}
```

코드를 보면 알 수 있듯 n이 0에 도달하거나 스트림이 비어 있으면 인자로 받은 stream을 반환한다. 그렇지 않으면 n을 1 감소시키고 스트림의 꼬리를 가지고 함수 자신을 재귀 호출한다. 이 함수를 더 편하게 쓰려면 Stream 클래스에 다음과 같은 인스턴스 함수를 추가하면 된다.

```
fun dropAtMost(n: Int): Stream<A> = dropAtMost(n, this)
```

## 연습문제 9-15

앞 예제에서 takeAtMost 함수는 지연 연산을 사용하기 때문에 그 어떤 스택 문제도 일으키지 않는다고 했다. 그렇지만 스트림이 나중에 실제로 평가되면 어떤 일이 벌어지는지 궁금할 수 있다. 이런 경우를 테스트하기 위해 스트림을 리스트로 변환하는 toList 함수를 정의하라. 이 함수를 사용해 takeAtMost에 아무 문제도 없는지 다음과 같이 테스트해 보라.

---

3 [역주] 혹시 함수에 넘긴 n만큼 지연 계산 값이 힙에 생기므로 스택 오버플로는 발생하지 않아도 메모리 부족이 발생할 수 있다고 생각하는 독자가 있을지도 모르겠다. 그러나 takeAtMost에서는 스트림의 머리나 꼬리를 얻는 연산과 takeAtMost에 대한 재귀 호출이 Lazy 안에 들어 있기 때문에 n과 관계없이 내부에 지연 값이 두 개 들어 있는 Cons 인스턴스가 한 개만 생기고 함수가 끝나므로 takeAtMost를 호출하는 경우에는 절대 메모리 부족이나 스택 오버플로가 일어나지 않는다.

```
fun main(args: Array<String>) {
    val stream = Stream.from(0).dropAtMost(60000).takeAtMost(60000)
    println(stream.toList())
}
```

[힌트]

동반 객체에 있는 도우미 함수를 호출하는 주 함수를 Stream 클래스에 정의하라.

[해법]

동반 객체에 있는 함수는 List<A>를 누적기 파라미터로 받는 공재귀 도우미 함수를 사용한다. 스트림이 Empty라면 함수는 누적기 리스트를 반환한다. 스트림이 Empty가 아니라면 스트림의 머리를 리스트에 추가하고 스트림의 꼬리를 두 번째 인자로 해서 자기 자신을 재귀 호출한다. 주 함수는 빈 리스트를 시작 누적기로 도우미 함수를 호출한 다음, 돌려받은 리스트를 뒤집어서 반환한다.

```
fun <A> toList(stream: Stream<A>) : List<A> {
    tailrec
    fun <A> toList(list: List<A>, stream: Stream<A>) : List<A> =
        when (stream) {
            Empty -> list
            is Cons -> toList(list.cons(stream.hd()), stream.tl())
        }
    return toList(List(), stream).reverse()
}
```

인스턴스 함수를 Stream 클래스에 추가해 객체 표기법으로 toList를 호출할 수 있게 한다.

```
fun toList(): List<A> = toList(this)
```

### 연습문제 9-16

지금까지 여러분이 만든 스트림은 모두 연속적인 정수로 이뤄진 무한 스트림이나 난수로 이뤄진 무한 스트림이었다. Stream 클래스를 좀 더 유용하게 만들기 위해, A 타입의 시드(seed) 값을 받고, A에서 A로 가는 함수를 받아서 A 타입의 값으로 이뤄진 무한 스트림을 반환하는 iterate 함수를 정의하라. 그리고 나서 from 함수를 iterate를 사용해 다시 정의하라.

[해법]

cons 함수를 사용해 seed를 머리로 하고, iterate를 f(seed) 새 시드 값으로 재귀 호출한 것을 꼬리로 하는 스트림을 만든다.

```
fun <A> iterate(seed: A, f: (A) -> A): Stream<A> =
    cons(Lazy { seed }, Lazy { iterate(f(seed), f) })
```

이 함수는 재귀함수이지만 재귀 호출이 지연 계산되기 때문에 스택을 날리지 않는다. 이 함수가 있으면 from을 다음과 같이 정의할 수 있다.

```
fun from(i: Int): Stream<Int> = iterate(i) { it + 1 }
```

이 함수의 사용법 중 흥미로운 것으로 계산 중인 값을 알아보는 것이 있다. 다음과 같이 부수 효과를 사용하는 함수를 작성한다면

```
fun inc(i: Int): Int = (i + 1).let {
    println("generating $it")
    it
}
```

다음 테스트 프로그램이 10,000부터 10,009까지 10개의 값을 표시하기 전에 0부터 10,010에 이르는 값만 평가한다는 사실을 확인할 수 있다.

```
fun main(args: Array<String>) {
    fun inc(i: Int): Int = (i + 1).let {
        println("generating $it")
        it
    }

    val list = Stream.iterate(0, ::inc)
                    .takeAtMost(60000)
                    .dropAtMost(10000)
                    .takeAtMost(10)
                    .toList()
    println(list)
}
```

평가되지 않은 지연 계산 값을 시드로 사용해야 할 때를 대비해 Lazy<A>를 시드로 하는 iterate 함수를 정의할 수도 있다.

```
fun <A> iterate(seed: Lazy<A>, f: (A) -> A): Stream<A> =
    cons(seed, Lazy { iterate(f(seed()), f) })
```

## 연습문제 9-17

어떤 Stream의 맨 앞부터 원소가 조건을 만족하는 동안에만 해당 원소를 반환하는 takeWhile 함수를 작성하라. 다음은 Stream 부모 클래스에 정의할 takeWhile의 시그니처다.

```
abstract fun takeWhile(p: (A) -> Boolean): Stream<A>
```

[힌트]

takeAtMost와 dropAtMost와는 달리 이 함수는 원소를 하나만 평가한다. 왜냐하면 인자로 받은 술어 함수가 표현하는 조건을 원소가 만족하는지 검사해야 하기 때문이다. 스트림의 첫 번째 원소만 평가하는지 검증해야 한다.

[해법]

이 함수는 takeAtMost 함수와 비슷하지만, 그 종료 조건이 n <= 0이 아니고 인자로 받은 함수가 false를 반환하는 경우라는 점이 다르다.

```
override fun takeWhile(p: (A) -> Boolean): Stream<A> = when {
    p(hd()) -> cons(hd, Lazy { tl().takeWhile(p) })
    else -> Empty
}
```

이 경우에도 재귀 호출은 평가되지 않으므로 함수가 안전하게 스택을 사용하게 하려고 노력할 필요 없다. Empty 구현은 this를 반환한다.

## 연습문제 9-18

어떤 Stream의 맨 앞에서부터 조건을 만족하는 동안 해당 원소를 제거한 후, 나머지 스트림을 반환하는 dropWhile 함수를 정의하라. 다음은 Stream 부모 클래스에 정의할 이 함수의 시그니처다.

```
fun dropWhile(p: (A) -> Boolean): Stream<A>
```

[힌트]

이 함수가 스택을 안전하게 사용하려면 공재귀 버전의 함수를 작성해야 한다.

[해법]

연습문제 9-14의 해법에서 재귀 버전의 문제를 해결하고자 Stream 클래스에 정의한 함수가 동반 객체에 정의한 스택을 안전하게 사용하는 공재귀 함수를 호출하는 것을 보았다. 다음은 동반 객체에 들어갈, 스택을 파괴하지 않고 이 문제를 해결하는 공재귀 함수다.

```
tailrec fun <A> dropWhile(stream: Stream<A>, p: (A) -> Boolean): Stream<A> =
    when (stream) {
        is Empty -> stream
        is Cons -> when {
            p(stream.hd()) -> dropWhile(stream.tl(), p)
            else -> stream
        }
    }
```

그리고 다음은 Stream 부모 클래스에 들어갈 주 함수다.

```
fun dropWhile(p: (A) -> Boolean): Stream<A> = dropWhile(this, p)
```

## 연습문제 9-19

8장에서 List 클래스 안에 exists 함수를 구현할 때 처음에는 다음과 같이 구현했다.

```
fun exists(p:(A) -> Boolean): Boolean =
    when (this) {
        Nil -> false
        is Cons -> p(head) || tail.exists(p)
    }
```

이 함수는 술어 p를 만족하는 원소를 찾을 때까지 리스트를 순회한다. || 연산자가 지연 계산을 수행해서 첫 번째 피연산자가 true인 경우에는 두 번째 피연산자를 계산하지 않기 때문에 p를 만족하는 원소를 찾으면 리스트의 나머지 부분에 대한 순회는 이뤄지지 않는다.

Stream에 대한 exists 함수를 정의하라. 이 함수는 조건이 만족할 때까지만 원소를 평가해야 한다. 조건을 만족하는 원소가 없으면 모든 원소를 평가하게 된다.

### 해법

간단한 해법은 List의 exists와 비슷하다.

```
fun exists(p: (A) -> Boolean): Boolean = p(hd()) || tl().exists(p)
```

이 함수가 스택을 안전하게 사용하도록 변경해야 한다. 스택을 안전하게 사용하는 구현을 작성하려면 이 함수를 꼬리 재귀로 만들어야 한다. 다음은 동반 객체에 들어가는 꼬리 재귀 구현이다.

```
tailrec fun <A> exists(stream: Stream<A>, p: (A) -> Boolean): Boolean =
    when (stream) {
        Empty -> false
        is Cons -> when {
            p(stream.hd()) -> true
            else -> exists(stream.tl(), p)
        }
    }
```

Stream 클래스에 들어갈 주 함수는 다음과 같다.

```
fun exists(p: (A) -> Boolean): Boolean = exists(this, p)
```

### 9.6.1 스트림 접기

5장에서 접기 연산을 사용해 재귀를 추상화하는 방법을 살펴보았다. 그리고 리스트를 접을 때 오른쪽 접기와 왼쪽 접기가 있음을 봤다. 스트림을 접는 것은 약간 다르다. 기본 원칙은 똑같지만, 스트림은 평가되지 않은 값이라는 점이 가장 큰 차이점이다.

재귀 연산은 스택 오버플로를 발생시켜 StackOverflowException을 던지게 할 수 있다. 하지만 재귀 연산에 대해 기술한 것은 스택을 넘치게 하지 않는다. 이로 인해 List에서는 스택을 안전하게 사용하지 못하는 경우가 많은 foldRight도 Stream에서는 스택을 넘치게 하지 않는다. 하지만 Stream<Int>의 모든 원소의 합계를 낼 때처럼 각 연산과 원소를 평가하도록 foldRight를 구현하면 스택을 넘치게 할 수 있다. 하지만 연산을 평가하는 대신에 평가되지 않은 연산으로 어떤 계산을 수행할지를 서술하게 하면 스택 오버플로가 발생하지 않는다.

이와 반대로, List에서는 사용 가능했던 foldLeft를 기반으로 정의한 foldRight 구현(이런 구현은 스택을 안전하게 사용한다)은 스트림을 뒤집어야 하기 때문에 스트림에는 사용할 수 없다. 스트림을 뒤집으면 모든 원소를 평가하게 되며, 무한 스트림의 경우에는 뒤집는 것이 불가능할 수도 있다. 그리고 계산 방향을 뒤집어 버리기 때문에 스택을 안전하게 사용하는 foldLeft를 사용할 수도 없다.

### 연습문제 9-20

스트림에 대한 foldRight 함수를 만들어라. 이 함수는 List.foldRight와 비슷하다. 하지만 지연 계산을 신경 써야 한다.

> 힌트

지연 계산은 A 대신 Lazy<A>를 원소로 사용함으로써 이뤄진다. 부모 클래스인 Stream에 들어갈 이 함수의 시그니처는 다음과 같다.

```
abstract fun <B> foldRight(z: Lazy<B>,
                          f: (A) -> (Lazy<B>) -> B): B
```

> 해법

Empty 클래스의 구현은 다음과 같다.

```
override fun <B> foldRight(z: Lazy<B>,
                          f: (Nothing) -> (Lazy<B>) -> B): B = z()
```

그리고 Cons 구현은 다음과 같다.

```
override fun <B> foldRight(z: Lazy<B>,
                          f: (A) -> (Lazy<B>) -> B): B =
                              f(hd())(Lazy { tl().foldRight(z, f) })
```

이 함수는 스택을 안전하게 사용하지 않는다. 따라서 몇천 개 이상의 원소가 들어 있는 스트림의 원소를 모두 더하는 등의 연산에는 사용해서는 안 된다. 하지만 이 함수에는 흥미로운 용례가 아주 많다.

## 연습문제 9-21

foldRight를 가지고 takeWhile을 구현하라. 이 함수를 takeWhileViaFoldRight라고 부르고, 이 함수가 리스트가 길어지면 어떻게 작동하는지 검증해 보라.

> 해법

시작 값은 빈 스트림에 대한 Lazy 값이다. 함수는 인자로 받은 함수 값을 사용해 현재 원소를 검사(p(a))한다. 결과가 참이면(이는 현재 원소가 p라는 술어가 표현하는 조건을 만족한다는 뜻이다) Lazy { a }과 누적 값으로 쓰이는 스트림을 '콘스'한 스트림을 돌려준다.

```
fun takeWhileViaFoldRight(p: (A) -> Boolean): Stream<A> =
    foldRight(Lazy { Empty }, { a ->
        { b: Lazy<Stream<A>> ->
            if (p(a))
                cons(Lazy { a }, b)
```

```
            else
                Empty
        }
    })
```

이 책의 소스 코드에 들어 있는 테스트를 실행해서 검증해 보면 원소 개수가 100만 개가 넘는 경우에도 이 함수는 스택 오버플로를 일으키지 않는다는 사실을 알 수 있다. 이는 foldRight가 결과를 스스로 평가하지 않기 때문이다. 결과 평가는 접기에 사용하는 함수 값에 달려있다. 만약 그 함수 값이 새로운 스트림을 만든다면(우리가 방금 만든 takeWhileViaFoldRight가 그런 경우다) 그 스트림은 평가가 되지 않는다.

## 연습문제 9-22

foldRight를 사용해 headSafe를 구현하라. 이 함수는 스트림에 머리가 있으면 Result.Success를, 스트림이 비어 있으면 Result.Empty를 반환해야 한다.

해법

시작 원소는 평가하지 않은 빈 스트림(Lazy { Empty })이다(여기서 Empty는 Result.Empty다). 스트림이 비어 있으면 이 빈 스트림이 반환 값이 되어야 한다. 스트림을 접을 때 사용할 함수는 두 번째 인자(누적 값)를 무시하고, hd 원소에 처음 적용될 때 Result(a)를 반환한다. 이 결과는 절대 바뀌지 않는다.

```
fun headSafeViaFoldRight(): Result<A> =
    foldRight(Lazy { Result<A>() }, { a -> { Result(a) } })
```

## 연습문제 9-23

map을 foldRight를 사용해 구현하라. 이 함수가 스트림 원소를 하나도 평가하지 않는다는 사실을 확인하라.

해법

빈 스트림이 있는 Lazy 값으로 시작하라. 접기에 사용할 함수는 현재 원소에 매핑할 함수를 적용하는 지연 계산 값과 현재 누적 값으로 받은 스트림을 '콘스'한다.

```
fun <B> map(f: (A) -> B): Stream<B> =
    foldRight(Lazy { Empty }, { a ->
        { b: Lazy<Stream<B>> ->
```

```
            cons(Lazy { f(a) }, b)
        }
    })
```

### 연습문제 9-24

foldRight를 가지고 filter를 구현하라. 이 함수가 필요보다 더 많이 스트림 원소를 평가하지 않음을 검증하라.

[해법]

여기서도 빈 스트림에 대한 지연 계산 값으로 시작한다. 접을 때 쓸 함수는 필터를 현재 원소에 적용한다. 필터로 검사한 결과가 true면 현재 원소와 누적 값으로 받은 지연 스트림을 '콘스'해서 새로운 스트림을 만들어 반환한다. 필터로 검사한 결과가 false면 현재 누적중인 지연 스트림을 바꾸지 않고 반환한다(b()를 호출해도 원소가 평가되지는 않는다).

```
fun filter(p: (A) -> Boolean): Stream<A> =
    foldRight(Lazy { Empty }, { a ->
        { b: Lazy<Stream<A>> ->
            if (p(a)) cons(Lazy { a }, b) else b()
        }
    })
```

이 함수는 맨 처음 필터와 일치하는 원소를 찾을 때까지 스트림 원소를 평가한다. 이 책의 소스 코드에 들어 있는 filter에 대한 테스트를 살펴보라.

### 연습문제 9-25

foldRight를 가지고 append를 구현하라. append 함수는 인자에 대해 지연 계산을 수행해야 한다.

[힌트]

변성에 주의하라!

[해법]

이 함수는 Lazy<Stream<A>>를 인자로 하므로 A가 in 위치에 있다. 그러나 Stream 클래스의 파라미터는 out으로 선언되어 있다. 따라서 @UnsafeVeriance 애너테이션을 사용해 변성 검사를 막아야 한다.

시작 원소는 여러분이 연결하려는 (값이 평가되지 않은) 스트림이다. 접는 함수는 현재 원소를 현재 누적 값에 cons 함수로 추가한 새 스트림을 만든다.

```
fun append(stream2: Lazy<Stream<@UnsafeVariance A>>): Stream<A> =
    this.foldRight(stream2) { a: A ->
        { b: Lazy<Stream<A>> ->
            Stream.cons(Lazy { a }, b)
        }
    }
```

### 연습문제 9-26

foldRight를 가지고 flatMap을 구현하라.

**해법**

여기서도 평가하지 않은 빈 스트림을 가지고 시작한다. 매핑할 함수를 현재 원소에 적용하면 생기는 스트림에 현재 누적 값을 연결한다. 이렇게 스트림을 연결하면 결과를 펼치는 효과(Stream<Stream<B>>를 Stream<B>로 만듦)가 있다.

```
fun <B> flatMap(f: (A) -> Stream<B>): Stream<B> =
    foldRight(Lazy { Empty as Stream<B> }, { a ->
        { b: Lazy<Stream<B>> ->
            f(a).append(b)
        }
    })
```

## 9.6.2 평가와 함수 적용 추적하기

지연 계산이 어떤 결과를 야기하는지 알고 있어야 한다. 리스트와 같은 즉시 계산 컬렉션에서 어떤 map, filter, 그리고 새로운 map을 순서대로 적용하는 것은 다음과 같이 리스트를 세 번 반복하는 것을 뜻한다.

```
import com.fpinkotlin.common.List

private val f = { x: Int ->
    println("Mapping " + x)
    x * 3
}
```

```
private val p = { x: Int ->
    println("Filtering " + x)
    x % 2 == 0
}

fun main(args: Array<String>) {
    val list = List(1, 2, 3, 4, 5).map(f).filter(p)
    println(list)
}
```

코드를 보면 알 수 있는 것처럼, f와 p는 콘솔에 문자열을 출력하기 때문에 순수 함수가 아니다. 이 출력은 어떤 일이 벌어지는지 이해할 수 있게 도와준다. 프로그램이 찍는 내용은 다음과 같다.

```
Mapping 1
Mapping 2
Mapping 3
Mapping 4
Mapping 5
Filtering 15
Filtering 12
Filtering 9
Filtering 6
Filtering 3
[6, 12, NIL]
```

이는 모든 원소가 f의 의해 처리됐다는 사실을 보여주며 리스트를 모두 순회했다는 것을 뜻한다. 그 후 p에 의해 모든 원소가 처리되는데, 이는 첫 번째 map에서 생겨난 결과 리스트를 모두 순회했다는 뜻이다. 이와 반대로 List 대신 Stream을 사용하는 다음 코드를 보자.

```
fun main(args: Array<String>) {
    val stream = Stream.from(1).takeAtMost(5).map(f).filter(p)
    println(stream.toList())
}
```

다음은 콘솔 출력이다.

```
Mapping 1
Filtering 3
Mapping 2
Filtering 6
Mapping 3
Filtering 9
```

```
Mapping 4
Filtering 12
Mapping 5
Filtering 15
15 [6, 12, NIL]
```

스트림 순회가 단 한 번만 벌어진다는 사실을 알 수 있다. 먼저 1을 f로 매핑해서 3이 나온다. 그리고 이 3을 걸러낸다(짝수가 아니기 때문에 버려진다). 그 후 2를 f로 매핑해서 6이 나온다. 이 값도 필터를 거쳐 결과에 저장된다.

여러분도 알다시피 스트림의 지연 계산을 사용하면 계산 결과가 아니라 계산 방식에 대한 서술을 합성할 수 있다. 원소 평가를 최소한으로 줄어든다. 여러분이 평가하지 않은 값을 사용해 스트림을 만들고 로그를 찍는 함수를 사용하되 결과를 출력하는 부분을 없앤다면 다음과 같은 출력을 볼 수 있다.

```
generating 1
Mapping 1
Filtering 3
generating 2
Mapping 2
Filtering 6
```

맨 앞 두 개의 원소만 평가되는 것을 볼 수 있다. (앞의 스트림 예제에서 표시됐던 출력에서) 나머지 부분은 모두 최종 결괏값을 출력하려고 수행했던 평가 때문에 생겼다.

### 연습문제 9-27

술어(A에서 Boolean으로 가는 함수)를 파라미터로 받아서 Result<A>를 반환하는 find 함수를 작성하라. 술어를 참으로 만드는 원소를 찾으면 Success를 반환하고, 그런 원소가 없으면 Empty를 반환하라.

**힌트**

작성할 내용이 거의 없다. 앞에서 작성한 함수 둘을 합성하라.

**해법**

filter와 head 함수를 합성하라.

```
fun find(p: (A) -> Boolean): Result<A> = filter(p).head()
```

## 9.6.3 스트림을 구체적인 문제에 적용하기

다음 연습문제에서는 스트림을 구체적인 문제에 적용해 보자. 이렇게 함으로써 스트림을 사용해 문제를 해결하는 것이 전통적인 접근 방법과 어떻게 다른지 알 수 있다.

### 연습문제 9-28

1, 1, 2, 3, 5, 8, … 같이 원소가 나오는 피보나치 수로 이뤄진 무한 스트림을 만들어내는 fibo 함수를 작성하라.

> 힌트

iterate 함수를 사용해 정수의 쌍으로 이뤄진 중간 스트림을 만드는 방법을 고려해 보라.

> 해법

해법은 피보나치 수열에서 연속된 두 수 x와 y로 이뤄진 (x, y) 쌍으로 이뤄진 스트림을 만드는 것으로 구성된다. 이런 스트림을 만들고 나면 쌍의 첫 번째 원소를 반환하는 함수를 스트림에 map 해야 한다.

```
fun fibs(): Stream<Int> = Stream.iterate(Pair(1, 1)) {
    x -> Pair(x.second, x.first + x.second)
}.map({ x -> x.first })
```

구조 분해를 사용해 간단하게 만들면 다음과 같다.

```
fun fibs(): Stream<Int> = Stream.iterate(Pair(1, 1)) {
    (x, y) -> Pair(y, x + y)
}.map { it.first }
```

이 예제에서 (x, y)는 Pair의 첫 번째와 두 번째 원소로 직접 초기화된다. 따라서 (이 구조 분해는) Pair를 그 안에 들어 있는 프로퍼티의 튜플로 변환한다. 이는 두 값 x와 y를 가지고 Pair를 만들어내는 Pair(x, y)의 역변환이다. 그래서 **구조 분해**(destructuring)라는 이름이 붙었다.

### 연습문제 9-29

iterate 함수를 더 일반화시킬 수 있다. 인자로 S라는 타입의 시작 상태와 S에서 Result<Pair<A, S>>로 가는 함수를 받아서, A로 이뤄진 스트림을 반환하는 unfold 함수를 작성하라. Result를 반환함으로써 스트림이 계속 진행되거나 멈춰야 하는지를 표시할 수 있다.

데이터 생성의 근원으로 S라는 상태를 사용하는 것은 만들어지는 데이터와 그 데이터의 근원이 같은 타입이 아닐 수도 있다는 뜻이다. 새로 만든 함수를 응용하기 위해 fibs와 from을 unfold 함수를 사용해 작성하라. 다음은 unfold의 시그니처다.

```
fun <A, S> unfold(z: S, f: (S) -> Result<Pair<A, S>>): Stream<A>
```

### 해법

처음에 시작하기 위해 f를 초기 상태 z에 적용한다. 이 결과 Result<Pair<A, S>>가 나온다. 이제 이 결과에 Pair<A, S>를 인자로 받는 함수를 매핑한다. 이 함수는 인자로 받은 쌍의 첫 번째 원소 (A 타입의 값)과 unfold를 쌍의 두 번째 원소를 초깃값으로 사용해 재귀적으로 호출하는 지연 계산 (평가하지 않은 값)을 '콘스'한다. 이 매핑의 결과는 Success<Stream<A>>이거나 Empty가 된다. 따라서 getOrElse를 사용해 내부 스트림을 반환하거나 기본 값으로 빈 스트림을 반환한다.

```
fun <A, S> unfold(z: S, f: (S) -> Result<Pair<A, S>>): Stream<A> = f(z).map {
    x -> Stream.cons(Lazy { x.first }, Lazy { unfold(x.second, f) })
}.getOrElse(Stream.Empty)
```

더 간단하게 만들려면 구조 분해를 다시 사용한다.

```
fun <A, S> unfold(z: S, f: (S) -> Result<Pair<A, S>>): Stream<A> = f(z).map {
    (a, s) -> Stream.cons(Lazy { a }, Lazy { unfold(s, f) })
}.getOrElse(Stream.Empty)
```

새로운 from은 정수 시드 값을 초기 상태로 사용하고, Int에서 Pair<Int, Int>로 가는 함수를 사용한다. from의 경우에는 상태가 값과 같은 타입이다.

```
fun from(n: Int): Stream<Int> = unfold(n) { x -> Result(Pair(x, x + 1)) }
```

fibs 함수는 unfold를 좀 더 전체적으로 사용한다. 상태는 Pair<Int, Int>이고, 함수가 만들어내는 값은 Pair<Int, Pair<Int, Int>>이다.

```
fun fibs(): Stream<Int> = Stream.unfold(Pair(1, 1)) {
    x -> Result(Pair(x.first, Pair(x.second, x.first + x.second)))
}
```

이런 함수 구현이 얼마나 간결하고 우아한지 알 수 있다!

### 연습문제 9-30

foldRight를 사용해 여러 함수를 구현하는 것은 영리한 기법이다. 불행히 filter를 foldRight로 구현한 것은 그리 영리하지 못하다. 술어와 매치되지 않는(즉 false를 반환하는) 원소가 맨 앞에서부터 연속으로 1,000개나 2,000개 정도 있으면 스택 오버플로가 일어난다. 스택을 안전하게 사용하는 filter 함수를 구현하라.

> 힌트

문제는 술어가 false를 반환하는 원소의 시퀀스가 너무 길어질 때 발생한다. 이를 제거할 방법을 생각해 보라.

> 해법

dropWhile 함수를 사용해 false를 반환하는 원소 시퀀스를 제거한다. 이를 위해 조건을 반전(!p(x))시키고 dropWhile이 돌려주는 결과가 빈 스트림인지 검사한다. 스트림이 비어 있다면 그 (비어 있는) 스트림을 반환하라(빈 스트림은 싱글턴이기 때문에 어떤 빈 스트림을 반환하든 관계없다). 스트림이 비어 있지 않다면 그 스트림의 머리 원소와 필터를 적용한 꼬리 스트림을 콘스해 반환하라.

스트림이 비어 있지 않은 경우를 처리하는 한 가지 방법으로는 head 함수를 사용하는 방법이 있다. 이 함수는 Result<A>를 반환하며, 이 값에 map과 재귀 호출을 활용해 새로운 스트림을 만들어낼 수 있다. 이 map의 결과는 Result<Stream<A>> 타입의 값이다. 따라서 이제 해야 할 일은 getOrElse를 사용해 내부의 스트림을 꺼내는 것뿐이다.

```
fun filter2(p: (A) -> Boolean): Stream<A> =
    dropWhile { x -> !p(x) }.let { stream ->
        when (stream) {
            is Empty -> stream
            is Cons -> stream.head().map({ a ->
                cons(Lazy { a }, Lazy { stream.tl().filter(p) })
            }).getOrElse(Empty)
        }
    }
```

head 함수를 사용하는 대신 직접 스트림의 필드를 사용할 수도 있다. 이렇게 하면 head()의 결과에 map을 하기 위한 함수 값이 필요하지 않기 때문에 코드가 조금 더 간결해진다.

```
fun filter(p: (A) -> Boolean): Stream<A> =
    dropWhile { x -> !p(x) }.let { stream ->
        when (stream) {
            is Empty -> stream
            is Cons -> cons(stream.hd, Lazy { stream.tl().filter(p)})
        }
    }
```

## 9.7 요약

- 즉시 계산은 식이나 값을 작성하자마자 계산한다는 뜻이다.
- 지연 계산은 식의 값이 필요할 때 그 식의 값을 사용하는 시점에 그 값을 계산한다는 뜻이다.
- 일부 언어는 즉시 계산을 사용하고 일부 언어는 지연 계산을 사용한다. 일부는 지연 계산을 기본으로 사용하지만 선택적으로 즉시 계산을 제공하기도 하고, 일부는 즉시 계산을 기본으로 사용하지만 선택적으로 지연 계산을 제공하기도 한다.
- 코틀린은 즉시 계산 언어다. 코틀린은 함수 인자에 대해 즉시 계산을 사용한다.
- 코틀린이 지연 계산 언어는 아니지만, by lazy와 함수를 사용해 지연 계산을 구현할 수 있다.
- 지연 계산을 사용하면 무한 데이터 구조를 생성하고 합성할 수 있다.
- 오른쪽 접기는 스트림 평가를 일으키지 않는다. 다만, 접기에 사용하는 함수 중 일부가 스트림 평가를 일으킬 수 있다.
- 접기를 사용해 여러 연산을 합성하면 여러 번 스트림을 순회하지 않고도 스트림 처리가 가능하다.
- 무한 스트림을 쉽게 정의하고 합성할 수 있다.

# 10장

# 트리를 사용한 데이터 처리

10.1 이진 트리

10.2 균형 트리와 불균형 트리 이해하기

10.3 트리의 크기, 높이, 깊이 살펴보기

10.4 빈 트리와 트리의 재귀적 정의

10.5 잎 트리

10.6 순서가 있는 이진 트리와 이진 검색 트리

10.7 삽입 순서와 트리의 구조

10.8 재귀적 트리 순회 순서와 비재귀적 트리 순회 순서

10.9 이진 검색 트리 구현

10.10 트리 접기에 대해

10.11 트리 매핑하기

10.12 균형 트리 다루기

10.13 요약

---

이 장에서 다루는 내용

- 트리 구조의 크기, 높이, 깊이 이해하기
- 이진 검색 트리의 삽입 순서 이해하기
- 여러 순서로 트리 순회하기
- 이진 검색 트리 구현하기
- 트리 합치기, 접기, 균형 잡기

5장에서 단일 연결 리스트를 배웠다. 단일 연결 리스트는 불변 데이터 구조 중 가장 많이 쓰이는 구조다. 리스트가 여러 연산을 효율적으로 할 수 있는 데이터 구조이기는 하지만 유념해야 할 단점이 있다. 바로 원소에 접근하는 복잡도가 원소 개수에 비례해 커진다는 점이다. 예를 들어 특정 원소를 검색할 때 일치하는 원소가 맨 마지막에 있으면 모든 원소를 다 찾아봐야 한다. 다른 비효율적인 연산으로는 정렬하기, 인덱스를 사용해 원소 접근하기, 최댓값이나 최솟값 찾기 등을 들 수 있다. 예를 들어 리스트 원소 중 최댓값(또는 최솟값)을 찾으려면 리스트 전체를 순회해야 한다. 이 장에서는 이런 문제를 해결하는 새로운 데이터 구조인 이진 트리(binary tree)를 알아본다.

이 장은 이진 트리에 대한 이론을 다루는 것으로 시작한다. 일부 독자들은 이진 트리를 모든 프로그래머들이 통달해야 하는 잘 알려진 주제라고 생각할 수도 있다. 그렇게 생각하고 이진 트리를 잘 아는 독자라면 바로 연습문제로 들어가도 좋다. 아마 그런 사람들에게는 연습문제가 쉽게 느껴질 것이다. 나머지 독자들에게 이 장의 연습문제는 9장까지 다뤘던 연습문제보다 조금 더 어려울 테니 준비해두기 바란다. 연습문제를 해결할 수 없다면 해법을 살펴보라. 하지만 해법을 봤더라도 나중에 다시 연습문제로 돌아와서 한 번 더 풀어볼 것을 권한다. 일반적으로 각 연습문제는 이전에 풀었던 문제들을 바탕으로 풀 수 있다는 사실을 기억하라. 따라서 한 연습문제를 제대로 이해하지 못하면 뒤에 있는 연습문제를 풀 때 어려움을 겪을 수 있다.

## 10.1 이진 트리

데이터 트리(data tree)는 리스트와 달리 각 원소가 두 개 이상의 원소와 연결된 데이터 구조. 일부 트리에서 각 원소(**노드**(node)라고 부른다)는 그 어떤 개수의 다른 원소와도 연결될 수 있다. 하지만 연결될 수 있는 원소 개수가 정해진 경우가 많다. 이진 트리는 이름대로 각 노드가 최대 두 개의 원소와 연결된 트리다. 이런 연결을 **가지**(branch)라고 말한다. 이진 트리에서는 각각의 가지를 왼쪽 가지와 오른쪽 가지라고 부른다. 그림 10-1은 이진 트리의 예를 보여준다.

▼ 그림 10-1 이진 트리는 루트와 두 가지로 이뤄진 재귀적인 구조. 왼쪽 가지는 왼쪽 하위 트리와 연결되고, 오른쪽 가지는 오른쪽 하위 트리와 연결된다. 끝에 있는 원소들은 가지가 비어 있으며(그림에는 빈 가지를 표시하지 않았다), 이런 원소를 잎(leaf)이라고 부른다.

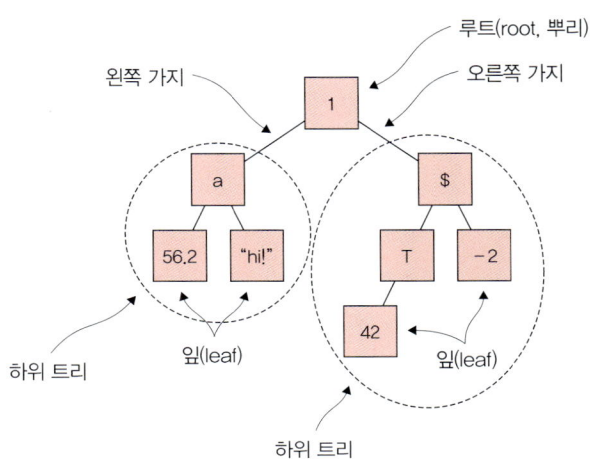

이 그림에 있는 트리는 원소의 타입이 서로 다르기 때문에 일반적으로 볼 수 있는 트리가 아니다. 이 그림은 Any의 트리를 표현한다. 여러분은 정수의 트리처럼 특정 타입의 원소들로 이뤄진 트리를 더 자주 다루게 될 것이다.

그림 10-1에서 트리를 재귀적인 구조로 볼 수 있다. 각 가지는 새로운 트리(이를 **하위 트리**(subtree)라고 부른다)이다. 그리고 원소가 단 하나만 연결된 가지도 있는데 이는 문제가 되지 않는다. 사실은 그 원소에도 빈 가지가 두 개 있기 때문이다. 이런 (빈 가지가 두 개 있는) 끝 원소(terminal element)를 **잎**(leaf)이라고 부른다. 그리고 왼쪽 가지는 있지만 오른쪽 가지가 없는 T 원소를 주목하기 바란다. 이 경우도 오른쪽 가지가 비어 있지만 그림에는 표현하지 않았다. 이 그림으로부터 이진 트리의 정의를 추론할 수 있다. 트리의 노드는 다음 세 가지 중 한 가지에 속한다.

- 그림 10-1에서 56.2, "hi", 42, -2처럼 원소가 하나뿐인 경우
- 그림 10-1의 T처럼 원소와 어느 한쪽 가지(오른쪽이나 왼쪽)만 있는 경우
- 그림 10-1의 a, 1, $처럼 원소와 두 가지(오른쪽과 왼쪽) 모두 다 있는 경우

각 가지는 (하위) 트리를 저장한다. 모든 원소에 가지가 2개 있거나 아예 없으면 이를 **포화된**(full) 트리라고 부른다. 그림 10-1의 트리는 포화되어 있지 않지만, 왼쪽 하위 트리는 포화됐다.

## 10.2 균형 트리와 불균형 트리 이해하기

이진 트리는 균형 잡힌 정도가 다를 수 있다. 완전 균형 트리는 모든 하위 트리마다 같은 수의 원소가 들어 있는 트리다. 그림 10-2는 같은 원소들이 들어 있는 세 가지 트리를 보여준다. 첫 번째 트리는 완전 균형 트리이고, 마지막 트리는 전혀 균형이 잡혀 있지 않은 트리다. 완전 균형 이진 트리를 때로 **완벽한**(perfect) 트리라고도 한다.

그림에서 오른쪽에 있는 트리는 사실 단일 연결 리스트다. 단일 연결 리스트를 전혀 균형이 잡히지 않은 트리 중에 특별한 경우라고 생각할 수 있다.[1]

## 10.3 트리의 크기, 높이, 깊이 살펴보기

트리에 들어 있는 원소의 개수와 원소들이 퍼져 있는 레벨(level)의 개수를 가지고 트리의 특성을 이야기할 수 있다.

- 원소의 개수를 트리의 **크기**(size)라고 한다.
- 트리 계층의 수를 **높이**(height)라고 한다. 이때 트리 루트가 들어 있는 계층은 높이에서 제외한다.

그림 10-2에서 세 트리의 크기는 모두 7이다. 첫 번째(완전 균형) 트리는 높이가 2다. 두 번째(불완전 균형) 트리는 높이가 3이고, 세 번째(전혀 균형이 잡히지 않은) 트리는 높이가 6이다.

---

[1] 역주 전혀 균형이 잡히지 않은 트리를 수학에서는 변질 트리(degenerated tree 또는 pathological tree)라고 부른다. 모든 변질 트리를 단일 연결 리스트로 볼 수 있느냐는 각 노드의 (유일한) 자식이 오른쪽 자식일 때와 왼쪽 자식일 때를 다르게 취급하느냐 같게 취급하느냐에 따라 달라진다. 오른쪽 자식인지 왼쪽 자식인지에 관심이 없다면 모든 변질 트리를 단일 연결 리스트로 볼 수 있고, 오른쪽 자식인지 왼쪽 자식인지에 관심이 있다면 모든 자식 노드가 오른쪽 노드이거나 왼쪽 노드인 경우만 단일 연결 리스트로 볼 수 있다.

▼ 그림 10-2 트리마다 균형 잡힌 정도가 다르다. 왼쪽 위에 있는 트리는 모든 하위 트리의 두 가지에 원소가 똑같은 개수로 들어 있어 완전 균형 트리다. 오른쪽의 트리는 단일 연결 리스트이며 균형이 전혀 잡히지 않은 트리 중에 특별한 경우라고 할 수 있다.

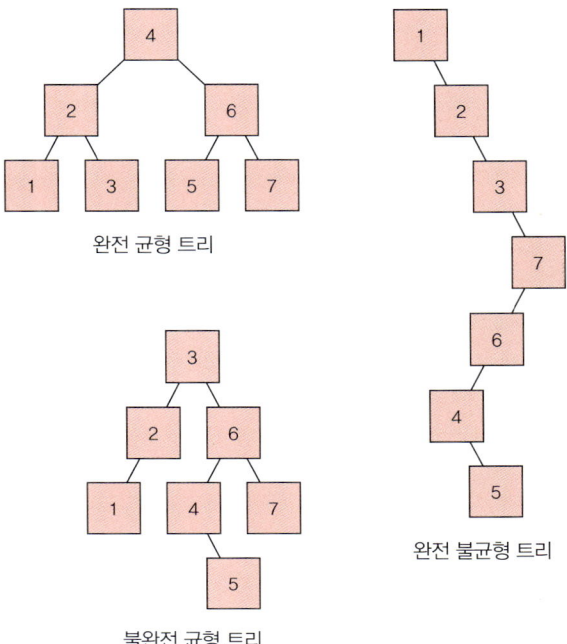

높이라는 말을 개별 원소의 특성을 표현할 때도 사용할 수 있다. 어떤 원소의 높이는 그 원소에서 잎으로 가는 가장 긴 경로의 길이를 뜻한다. 루트의 높이는 트리의 높이이고, 원소의 높이는 그 원소를 루트로 하는 하위 트리의 높이이다.

어떤 원소의 **깊이**(depth)는 루트에서 그 원소에 이르는 경로의 길이다. 트리의 맨 위에 있는 첫 번째 원소(**루트**라고도 부름)는 깊이가 0이다. 그림 10-2의 완전 균형 트리에서 2와 6이라는 원소의 깊이는 1이고, 1, 3, 5, 7이라는 원소의 깊이는 2이다.

## 10.4 빈 트리와 트리의 재귀적 정의

10.1절에서 트리가 가지를 하나나 둘 가지고 있거나 가지가 아예 없는 루트로 이뤄진다고 말했다. 이는 너무 단순한 정의여서 이를 이용해서는 아무런 계산도 할 수 없다. 특히, 이 정의는 빈 트

리를 표현하지 못한다. 하지만 정의를 조금만 바꾸면 빈 트리를 포함시킬 수 있다. 트리는 다음 둘 중 하나다.

- 빈 트리
- 루트 원소에 가지가 두 개 있다. 각 가지는 트리다.

이 새 재귀적인 정의에 따르면 그림 10-2에서 아무 가지도 없는 것으로 보이는 원소들은 모두 오른쪽과 왼쪽 하위 트리로 빈 트리를 가진다. 가지가 단 하나만 있는 것같은 원소들은 실제로는 빈 트리를 (비어 있는 쪽의) 가지로 가지고 있다. 관례에 따라 그림에는 빈 가지를 표현하지 않는다. 한 가지 더 중요한 관례로는 빈 트리의 깊이와 높이가 -1이라는 것이 있다. 균형을 잡는 등의 연산에서 이런 정의가 필요할 때가 있음을 곧 보게 된다.

## 10.5 잎 트리

그림 10-3처럼 이진 트리를 다른 방식으로 표현하는 경우도 있다. 이 표현에서 트리의 가지들은 값을 저장하지 않는다. 단지 끝 노드들만 값을 저장한다. 끝 노드를 **잎**(leaf)이라고 부르기 때문에 이런 트리를 **잎 트리**(leafy tree)라고 부른다.

일부 함수를 더 쉽게 구현할 수 있어 때때로 잎 트리가 더 바람직한 경우도 있다. 하지만 이 책에서는 잎 트리가 아닌 전통적인 트리만을 다룬다.

▼ 그림 10-3 잎 트리는 잎이라고 부르는 끝 노드에만 값을 저장한다.

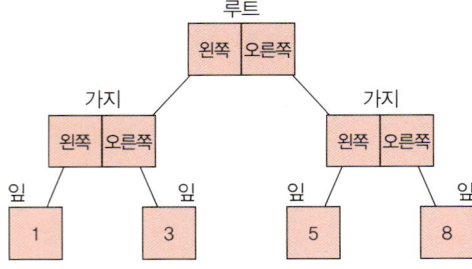

## 10.6 순서가 있는 이진 트리와 이진 검색 트리

순서가 있는 이진 트리(ordered binary tree)는 **이진 검색 트리**(Binary Search Tree)라고 부르며 때로는 BST라고 줄여 쓰기도 하는데, 다음과 같은 특징이 있다.

- 저장된 원소들 사이에 순서가 있다.
- 루트 원소의 두 가지 중 다른 한쪽에 속한 모든 원소는 루트 원소보다 더 작다.
- 루트 원소의 두 가지 중 다른 한쪽에 속한 모든 원소는 루트 원소보다 더 크다.
- 모든 하위 트리에 대해 앞의 조건이 성립한다.

관례적으로 루트보다 더 작은 원소들을 왼쪽 가지에 넣고, 루트보다 더 큰 원소들을 오른쪽 가지에 넣는다. 그림 10-4는 순서가 있는 트리를 보여준다.

> **Note ≡** 순서가 있는 이진 트리 정의에 따른 결과 중 중요한 것으로 원소 값 중에 중복이 있을 수 없다는 점을 들 수 있다.

순서가 있는 트리는 특히 원소를 빠르게 읽을 수 있기 때문에 흥미롭다. 원소가 트리에 있는지 찾으려면 다음과 같이 하면 된다.

1. 찾을 원소와 루트를 비교한다. 두 값이 같다면 트리에서 원소를 찾은 것이다.
2. 찾을 원소가 루트보다 작으면 왼쪽 하위 트리에서 재귀적으로 찾을 원소를 찾는다.
3. 찾을 원소가 루트보다 크면 오른쪽 하위 트리에서 재귀적으로 찾을 원소를 찾는다.

단일 연결 리스트에서 검색하는 경우와 비교해보면 완전 균형 이진 트리에서는 트리 높이에 비례하여 시간이 걸림을 알 수 있다. 이는 검색에 $\log_2(n)$에 비례한 시간이 걸린다는 뜻이다. 여기서 $n$은 트리의 크기, 즉 원소의 개수다. 반면 단일 연결 리스트에서 검색 시간은 원소 개수에 비례한다.

▼ 그림 10-4 순서가 있는 트리(또는 이진 검색 트리) 예제. 한쪽 가지(관례상 왼쪽)에 있는 모든 원소는 루트 원소보다 작고, 반대쪽 가지(관례상 오른쪽)에 있는 모든 원소는 루트 원소보다 크다. 같은 특성을 모든 하위 트리에 재귀적으로 적용한다.

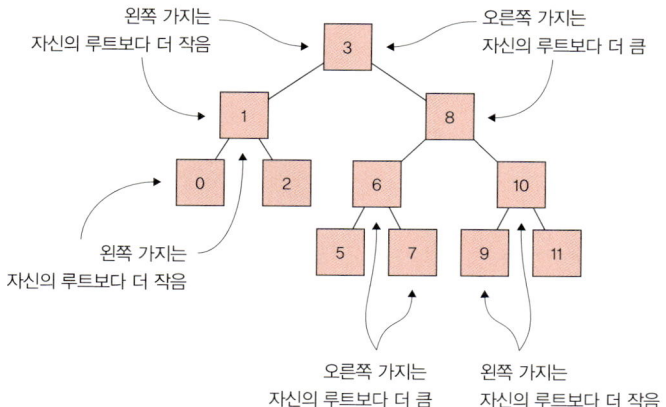

이런 특성의 직접적인 결과는 완전 균형 이진 트리에 대한 재귀적인 검색이 결코 스택 오버플로를 발생시키지 못한다는 점이다. 4장에서 본 것처럼 표준적인 스택의 크기는 대략 1,000에서 3,000번 정도 재귀 깊이를 허용한다. 완전 균형 이진 트리의 높이가 1,000이면 원소 개수는 21,000개이므로 여러분에 그렇게 큰 트리를 저장할 수 있을 만큼 메모리를 사용할 수 없다.

이는 좋은 일이다. 하지만 모든 이진 트리가 완전히 균형 잡혀 있지 않다는 문제가 있다. 전혀 균형이 잡히지 않은 트리는 단일 연결 리스트와 같으므로 성능도 단일 연결 리스트와 같고 재귀로 검색할 때도 단일 연결 리스트와 똑같은 문제를 겪는다. 이는 트리를 최대한 활용하려면 트리의 균형을 잡아야 한다는 말이다.

## 10.7 삽입 순서와 트리의 구조

트리의 구조(이는 트리가 얼마나 균형이 잘 잡혀 있는가를 뜻한다)는 원소를 삽입하는 순서에 달려있다. 삽입은 검색과 같은 순서로 진행된다.

- 트리가 비어 있으면 삽입할 원소를 루트로 새 트리를 만든다. 새 트리의 왼쪽과 오른쪽 가지는 모두 비어 있다.
- 트리가 비어 있지 않으면 삽입할 원소를 루트와 비교한다. 두 원소가 같다면 더는 할 일이 없다. 루트보다 크거나 작은 값만 트리에 삽입할 수 있기 때문이다. 루트와 삽입할 원소의

크기가 다른 경우가 더 흔할 텐데, 이런 경우는 다음 두 가지 중 한 가지 방법으로 처리한다.

- 삽입할 원소가 루트보다 작으면 그 원소를 재귀적으로 왼쪽 가지에 삽입한다.
- 삽입할 원소가 루트보다 크면 그 원소를 재귀적으로 오른쪽 가지에 삽입한다.

실제로는 루트와 같은 값을 삽입해야 하는 경우도 있다. 이런 경우에 여러 가지 해결 방법이 있다. 예를 들어 루트의 왼쪽 가지에는 루트보다 작은 원소가, 오른쪽 가지에는 루트보다 크거나 **같은** 원소가 들어가게 할 수도 있다. 또는 대소 비교 기준을 더 추가해서 원소 간의 대소가 엄격하게 정해지게 하거나, 같은 값의 개수를 노드에 저장하게 하는 등의 접근도 가능하다. 심지어 예외를 내거나, 오류를 내면서 프로그램을 종료하는 것도 해결 방법이라 할 수 있다. 선택은 여러분이 해결하려는 문제의 성격에 따라 달라진다.

이 과정을 관찰해보면 트리의 균형이 삽입한 원소들의 순서에 따라 달라진다는 사실을 알 수 있다. 그리고 정렬된 원소를 차례대로 삽입하면 전혀 균형이 잡혀 있지 않은 트리가 생긴다는 사실이 명백하다. 그 반면에 서로 다른 순서로 삽입을 해도 똑같은 트리가 생길 수도 있다. 그림 10-5는 똑같은 트리를 만들어내는 삽입 순서들을 보여준다. 가능한 모든 삽입 순서를 그림의 오른쪽에 표현했다.

▼ 그림 10-5 다른 순서로 원소를 삽입해도 같은 트리를 만들 수 있다. 집합에 원소가 10개 있으면 3,628,800가지의 서로 다른 삽입 순서가 존재한다. 하지만 가능한 트리의 종류는 16,796가지뿐이다. 이때 만들어지는 트리는 완전 균형 트리로부터 전혀 균형이 잡혀 있지 않은 트리까지 다양하다. 순서가 있는 트리는 임의의 데이터를 저장하고 가져오기에는 좋지만 미리 정렬이 된 데이터를 저장하고 가져오기에는 좋지 않다.

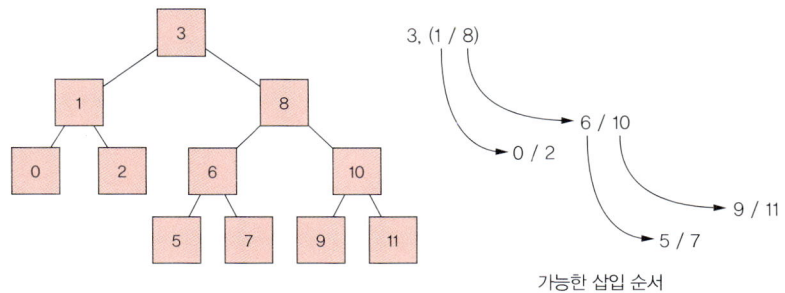

가능한 삽입 순서

- 처음 삽입할 원소는 3이다. 처음 삽입하는 원소를 3이 아닌 것으로 바꾸면 다른 트리가 생긴다.

- 두 번째 원소는 1이나 8이어야 한다. 이 둘 외에 다른 원소를 두 번째로 삽입하면 다른 모양의 트리가 생긴다. 1을 삽입한 경우에는 다음으로 0 ,2, 8 중 하나를 삽입해야 한다. 8을 삽입한 경우에는 다음으로 6, 10, 1 중 하나를 삽입해야 한다. 6을 삽입하고 나면 다음 원소는

0, 2, 10(물론 이런 원소 중 이미 삽입하지 않은 원소만 삽입할 수 있다), 5, 7이 될 수 있다. 이런 과정을 반복한다.

# 10.8 재귀적 트리 순회 순서와 비재귀적 트리 순회 순서

10.5절에 표현된 것 같은 트리가 있을 때, 트리를 한 원소씩 순회하는 것이 가장 흔한 용례다. 트리를 매핑하거나 접는 경우에 순회가 필요하며, 트리에서 특정 값을 찾는 경우에도 어느 정도 순회가 일어난다. 5장에서 리스트를 공부할 때 리스트를 순회할 때 오른쪽에서 왼쪽으로 순회하는 방법과 왼쪽에서 오른쪽으로 순회하는 방법이 있음을 봤다. 트리는 더 많은 순회 방법이 있는데, 재귀적인 순회 순서와 비재귀적인 순회 순서로 순회 방법을 나누겠다.

## 10.8.1 재귀적으로 트리 순회하기

그림 10-5의 왼쪽 가지를 보라. 이 가지는 그 자체로 루트가 1, 왼쪽 가지가 0, 오른쪽 가지가 2인 트리다. 이 트리를 순회하는 순서는 6가지가 있다.

- 1, 0, 2
- 1, 2, 0
- 0, 1, 2
- 2, 1, 0
- 0, 2, 1
- 2, 0, 1

이 중 세 가지 순서는 다른 세 가지 순서와 서로 대칭임을 알 수 있다. 예를 들어 1, 0, 2는 1, 2, 0과 대칭이다. 루트를 먼저 방문하고 가지를 방문한다(이때 왼쪽 가지 다음 오른쪽 가지를 방문하거나, 오른쪽 가지 다음에 왼쪽 가지를 방문한다). 0, 1, 2와 2, 1, 0도 서로 대칭이다. 단지 가지를 방문하는 순서가 반대일 뿐이다. 0 ,2, 1과 2, 0, 1도 마찬가지다. 왼쪽에서 오른쪽 방향으로 방문하는 것만 고려한다면(거울상처럼 생각하면 반대 방향의 순회 순서도 동일하다), 세 가지 순서가 남는다. 루트가 어떤 위치에 있느냐에 따라 세 가지로 이름 붙일 수 있다.

- 전위 순회(pre-order) - 1,0,2와 1,2,0
- 중위 순회(in-order) - 0,1,2와 2,1,0
- 후위 순회(post-order) - 0,2,1과 2,0,1

▼ 그림 10-6 깊이 우선 순회는 순회 시 정해둔 방향으로 가능한 한 깊이 들어간다. 이때 주 순서로 전위 순회, 중위 순회, 후위 순회의 세 가지 순서를 택할 수 있다.

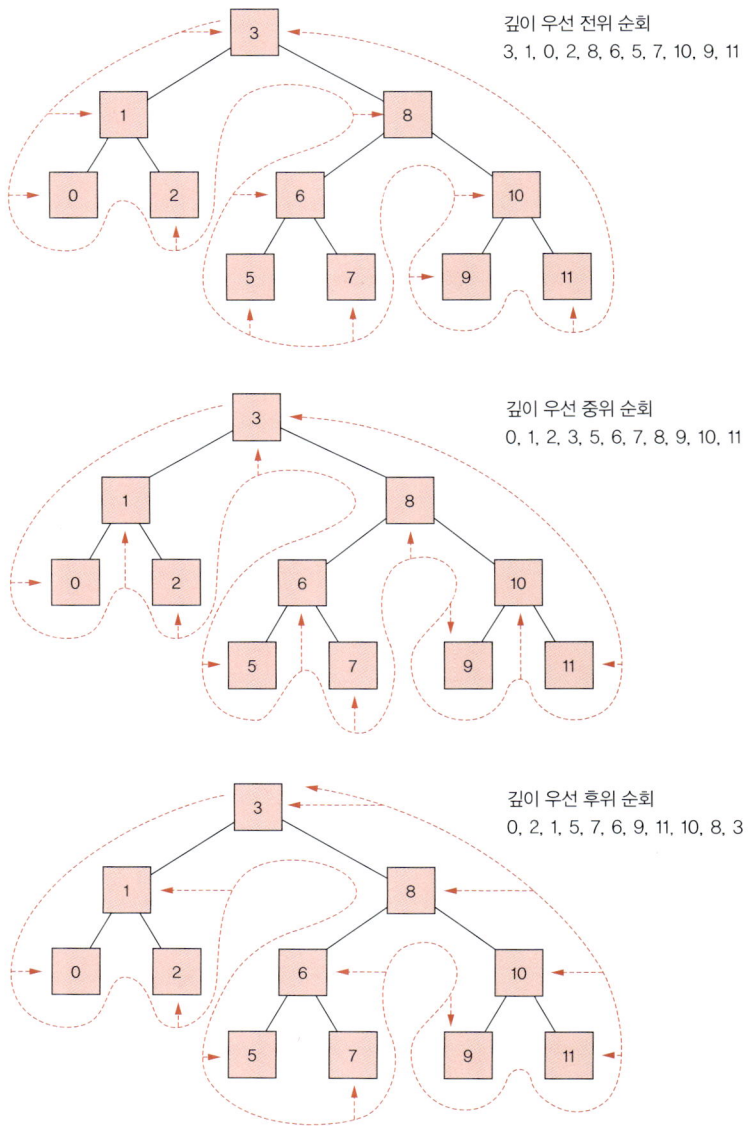

각 용어는 연산자의 위치를 말할 때 사용하는 용어에서 비롯됐다. 이를 보다 쉽게 이해하려면 루트(1)를 더하기 연산자(+)로 바꿔보라.

- 전위 순회: +,0,2와 +,2,0
- 중위 순회: 0,+,2와 2,+,0
- 후위 순회: 0,2,+와 2,0,+

전체 트리에 이 순서를 재귀적으로 적용하면 트리 깊이에 우선순위를 두면서 트리를 순회하게 되며, 이에 따른 트리 순회 경로는 그림 10-6과 같다. 이런 방식의 순회를 일반적으로 **깊이 우선**(depth first) 순회라고 한다. 10.3절에서 어떤 노드의 깊이는 루트로부터 해당 노드에 이르는 경로의 길이라는 사실을 배웠다.

## 10.8.2 비재귀적 순회 순서

트리를 순회하는 다른 방법으로는 한 레벨에 있는 모든 원소를 방문한 후에 다음 레벨로 진행하는 방식이 있다. 여기서도 같은 레벨에 있는 노드를 왼쪽에서 오른쪽 순서로 방문하거나, 오른쪽에서 왼쪽으로 방문할 수 있다. 이런 방식의 순회를 **레벨 우선**(level first)이라고 부른다. 트리 순회가 아니라 원소 검색이라는 관점에서 말할 때는 일반적으로 **너비 우선**(breadth-first)이라고 부른다. 레벨 우선 순회의 예를 그림 10-7에서 볼 수 있다.

▼ 그림 10-7 레벨 우선 순회는 한 레벨에 있는 모든 원소를 방문한 후에 다음 레벨을 방문한다.

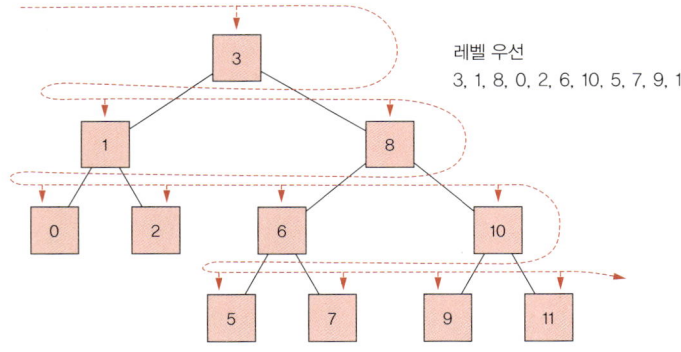

## 10.9 이진 검색 트리 구현

머리(value라고 부름)와 두 꼬리(left와 right의 두 가지)를 사용해 단일 연결 리스트와 동일한 방법으로 이진 검색 트리를 구현할 수 있다. 이 절에서는 T와 Empty라는 하위 클래스가 있는 추상 Tree 클래스를 정의한다. T는 비어 있지 않은 트리를 표현하고, Empty는 (당연히) 빈 트리를 표현한다.

List에서와 마찬가지로 코틀린이 변성을 처리하는 방법에 힘입어 빈 트리를 싱글턴 객체로 표현할 수 있다. 이 싱글턴 객체는 Tree<Nothing> 타입이 된다. 예제 10-1은 최소한의 Tree 구현을 보여준다.

**예제 10-1 최소 Tree 구현**

```kotlin
sealed class Tree<out A: Comparable<@UnsafeVariance A>> {    // Tree 클래스는 A에 대해 공변적이지만,
                                                              // Comparable은 반공변이다. 따라서 이를
    abstract fun isEmpty(): Boolean                           // 처리해야 한다. Tree 클래스는 파라미터화한
                                                              // 타입이고, Tree의 타입 파라미터는
                                                              // Comparable을 확장해야만 한다.

    internal object Empty : Tree<Nothing>() {    // 빈 트리를 Nothing 타입 파라미터를 사용한
        override fun isEmpty(): Boolean = true    // 싱글턴 객체로 표현한다.
        override fun toString(): String = "E"
    }

    internal class T<out A: Comparable<@UnsafeVariance A>>(
        internal val left: Tree<A>,    // 모든 프로퍼티는 internal이다. 따라서 외부 모듈에서는 이 프로퍼티를 직접
        internal val value: A,          // 접근할 수 없다. T 하위 클래스는 비어 있지 않은 트리를 표현한다.
        internal val right: Tree<A>) : Tree<A>() {
        override fun isEmpty(): Boolean = false
        override fun toString(): String = "(T $left $value $right)"    // toString 함수는 트리 내용을 보여주기 위한 최소한의 구현을 제공한다.
    }

    companion object {                                              // invoke 함수는 Empty 싱글턴 객체를 반환한다.
        operator fun <A: Comparable<A>> invoke(): Tree<A> = Empty
    }
}
```

이 클래스는 아주 단순하지만 실제 트리를 만들 수단이 없으면 쓸모가 없다. 하지만 그런 수단을 추가하기 전에 먼저 해결해야 하는 문제가 있다.

## 10.9.1 변성과 트리 이해하기

5장에서 변성을 리스트에 적용하는 방법을 살펴봤다. 변성을 트리에도 적용할 수 있다. 트리를 타입 파라미터에 대해 공변적으로 만드는 것이 타당해 보인다. 무엇보다 Tree<Number>가 필요한 곳에 Tree<Int>를 쓸 수 있어야 한다. 트리의 타입 파라미터에 out 키워드를 붙여서 트리를 타입 파라미터에 대해 공변적으로 만들면 바로 이런 일이 가능하다. 한편 Number를 Tree<Int>에 추가하지 못하게 해야 한다. Tree 클래스가 타입 파라미터에 대해 반공변이라면 이런 일이 벌어질 수 있다.

문제는 Tree의 타입 파라미터가 Comparable 인터페이스를 구현해야 한다는 점에 있다. 이 Comparable은 자바의 인터페이스가 아니라 코틀린에 있는 인터페이스다.

```
public interface Comparable<in T> {
    public operator fun compareTo(other: T): Int
}
```

코드를 보면 Comparable은 타입 파라미터 T에 대해 반공변이다. 이는 T 타입을 in 위치에서만 사용할 수 있다는 뜻이다. 일반적인 경우, 이로 인해 Tree 클래스가 공변적인 클래스가 될 수 없다. 이 문제를 @UnsafeVariance를 사용하지 않고 (Tree를 무공변으로 만들어서) 해결할 수 있다. 하지만 그럴 경우에는 Tree<T>에 있는 Empty 싱글턴 객체를 사용할 때마다 명시적으로 타입을 변환해야 한다. 이 타입 변환을 함수로 따로 묶어서 다음과 같이 만들면 된다.

```
operator fun <A: Comparable<A>> invoke() = Empty as Tree<A>
```

이렇게 하면 컴파일러가 제대로 검사하지 않고 타입을 변환한다는 뜻의 unchecked cast 경고를 낸다. 방금 설명한 방법과 @UnsafeVariance를 사용한 방법 중 어떤 해법을 택할지는 여러분의 선택에 달렸다. 하지만 @UnsafeVariance를 사용하는 쪽이 더 깔끔하고, Tree를 공변적으로 만들 수 있어서 더 유용하다.

이제 빈 트리로부터 시작해 기존 트리에 원소를 추가하면서 트리를 구성해 나갈 방법이 필요하다.

### 연습문제 10-1

값을 트리에 추가하는 plus 함수를 작성하라. Tree 구조는 불변이며 영속적인 구조다. 따라서 새 값이 추가된 새로운 트리를 만들어야 하며, 원본 트리를 변화시키면 안 된다. 이 함수를 plus라고 부르면 + 연산자를 사용해 트리에 원소를 추가할 수 있다.

> 힌트

추가할 원소가 루트와 같으면 새로 추가한 값을 루트로 하는 새 트리를 만들되 원래 트리 루트의 양 가지는 그대로 둔다. 추가할 원소가 루트와 다르면 루트보다 작은 값은 루트의 왼쪽 가지에, 루트보다 큰 값을 루트의 오른쪽 가지에 추가해야 한다. 부모 Tree 클래스에 다음과 같은 시그니처의 함수를 만들어야 한다.

```
operator fun plus(element: @UnsafeVariance A): Tree<A>
```

Tree 부모 클래스에 추상 함수를 정의하고 구체적인 하위 클래스에 구현을 넣는 방식을 선호하는 독자라면 그냥 한번 시도해 보라.

> 해법

이 함수는 패턴 매칭을 사용해 this 트리의 타입에 따라 서로 다른 구현을 선택한다. this가 Empty면 이 함수는 추가한 원소를 루트로 하고 두 빈 트리를 양 가지로 하는 새로운 T(비어 있지 않은 트리)를 만들어 반환한다. 트리가 Empty가 아니면 세 가지 경우가 가능하다.

- **추가 중인 값이 루트보다 작다.** 기존 루트와 기존 오른쪽 가지를 사용해 새로운 트리를 만든다. 이때 새 트리의 왼쪽 가지는 추가 중인 값을 기존 트리의 왼쪽 가지에 삽입해서 생긴 새로운 트리여야 한다.
- **추가 중인 값이 루트보다 크다.** 기존 루트와 기존 왼쪽 가지를 사용해 새로운 트리를 만든다. 이때 새 트리의 오른쪽 가지는 추가 중인 값을 기존 트리의 오른쪽 가지에 삽입해서 생긴 새로운 트리여야 한다.
- **추가 중인 값이 루트와 같다.** 함수는 추가 중인 값을 루트로 하고 기존 오른쪽 가지와 기존 왼쪽 가지를 양 가지로 하는 새 트리를 반환한다.

```
operator fun plus(element: @UnsafeVariance A): Tree<A> = when (this) {
    Empty -> T(Empty, element, Empty)
    is T -> when {
        element < this.value -> T(left + element, this.value, right)
        element > this.value -> T(left, this.value, right + element)
        else -> T(this.left, element, this.right)
    }
}
```

이 함수는 많은 다른 트리 구현과 달리 새 원소가 트리에 들어 있는 기존 원소와 같은 경우 기존 원소를 새 원소로 바꾼다. 이런 식의 구현은 원소가 변이 가능한 값인 경우에는 받아들일 만하지만, 불변 값인 경우에는 수긍이 약간 덜 간다. 특히 그냥 this를 반환하면 되는데 이런 식으로 기존의 트리와 양 가지가 같고 루트 값도 같은 새로운 T를 만들어 반환하는 것은 시간 낭비라고 생각하는 독자도 있을 것이다. this를 반환하면 다음을 반환하는 것과 같다.

```
T(this.left, this.value, this.right)
```

이런 방식이 여러분의 의도라면 this를 반환하는 것이 좋은 최적화라 할 수 있다. 이런 구현은 잘 작동한다. 하지만 (트리에서 대소 비교에 사용하는 부분을 제외한) 원소의 상태가 바뀔 수 있다면 이런 식의 구현에서는 내부 상태를 추가된 값에 맞게 직접 바꿔줘야 하는데, 이런 상태 변이가 원소를 바꿔치기하는 것보다 더 지루한 과정일 수 있다. 그래서 예전 원소를 없애고 상태가 다른 새 원소를 추가해야 한다. 이런 용례를 11장에서 맵을 구현할 때 살펴본다.

## 10.9.2 Tree 클래스의 추상 함수로 구현하는 방법은 어떨까

Tree 부모 클래스에 추상 함수를 정의하고 각 하위 클래스에 여러 구체적인 구현을 넣는 게 객체 지향 프로그래머들이 볼 때 더 좋은 방법처럼 보일 수 있다. 하지만 그런 방식은 제대로 작동하지 않는다. 다음은 Empty 객체의 구현이 어떤 모양일지 보여준다.

```
override fun plus(element: Nothing): Tree<Nothing> = T(Empty, element, Empty)
```

여기서 (T(Empty, element, Empty)에 있는) element 파라미터가 Nothing 타입이고 이 타입은 절대 인스턴스화할 수 없는 타입이기 때문에 항상 실패한다. 여러분은 element가 실제로는 Nothing 타입이 아니라는 사실을 알고 있지만, Empty 객체 내부에서는 element의 타입은 항상 Nothing이어야 한다. 혹시 다음과 같이 plus 함수에 타입 파라미터를 넣어서 처리할 수 있으면 좋겠다고 생각할지도 모른다.

```
override operator fun <A: Comparable<A>> plus(a: @UnsafeVariance A): Tree<A> =
    T(Empty, a, Empty)
```

하지만 객체 지향의 메서드 오버라이드 규칙에 의해 Tree<Nothing>인 Empty 클래스의 plus 메서드는 항상 fun plus(element: Nothing): Tree<Nothing>라는 시그니처를 따라야 하므로 Empty 클래스 내부에 세부 구현을 넣는 것은 불가능하다. 따라서 plus 함수는 반드시 상위 Tree 클래스에서 타입에 대한 패턴 매칭을 사용해 정의해야 한다. Tree 클래스에서는 this가 Empty라 하더라도 파라미터 a는 항상 타입이 A이므로 아무 문제도 없다.

## 10.9.3 연산자 오버로딩

코틀린은 연산자 오버로딩(overloading)을 허용한다. operator 키워드를 사용하고 함수 이름을 plus라고 붙이면 + 연산자를 사용해 여러분이 정의한 plus 연산자 함수를 호출할 수 있다.

```
val tree = Tree<Int>() + 5 + 2 + 8
```

인자 타입 지정을 피할 방법이 없다. 등호 왼쪽에 있는 변수에 타입을 지정해도 컴파일이 되지 않는다.

```
val tree: Tree<Int> = Tree() + 5 + 2 + 8
```

## 10.9.4 트리에 대해 재귀 사용하기

plus 함수가 재귀적이므로 스택을 안전하게 사용하는 재귀를 사용하는 도우미 함수를 정의해야 하는 게 아닌가 궁금해하는 독자도 있을 수 있다. 앞에서 이야기한 것처럼, 균형 트리에서는 일반적으로 트리의 높이(높이가 재귀 단계를 결정한다)가 트리의 크기보다 훨씬 작기 때문에 굳이 그럴 필요가 없다. 하지만 트리의 높이를 신경 써야 할 경우도 있다는 사실을 이미 살펴봤다. 특히 삽입하는 원소들이 정렬된 경우가 그렇다. 이런 경우 트리 가지들이 한쪽 방향으로만 자라서 트리 높이와 크기가 같아지므로 스택 오버플로가 발생할 수 있다.

하지만 현재로서는 이를 처리할 필요가 없다. 스택을 안전하게 사용하는 재귀 연산을 구현하는 대신에 트리의 균형을 자동으로 잡아주는 방법을 찾으면 된다. 여러분이 만들었던 간단한 트리는 학습을 위한 것이므로 프로덕션 환경에서는 이 트리를 사용해서는 안 된다. 하지만 균형 트리를 구현하는 것은 훨씬 더 복잡하다. 따라서 먼저 균형이 잡히지 않은 간단한 트리로부터 시작하면 쉽다.

### 연습문제 10-2

다른 컬렉션 타입으로부터 트리를 만들면 유용한 경우가 있다. 가장 유용한 두가지 경우는 List에서 트리를 만드는 경우와 배열에서 트리를 만드는 경우이다. 이 두 경우에 대한 함수를 각각 만들라. 코틀린 List 타입이 아니라 앞 장에서 정의한 List 타입을 사용하라.

해법

vararg를 사용하는 해법은 List에서 사용한 해법과 비슷하다.

```
operator fun <A: Comparable<A>> invoke(vararg az: A): Tree<A> =
    az.foldRight(Empty, { a: A, tree: Tree<A> -> tree.plus(a) })
```

동일한 일을 코틀린 리스트에 대해 수행하려면 다른 구현은 바꿀 필요 없이 함수의 인자 타입만 바꾸면 된다.

```
operator fun <A: Comparable<A>> invoke(az: List<A>): Tree<A> =
    az.foldRight(Empty, { a: A, tree: Tree<A> -> tree.plus(a) })
```

5장과 8장에서 만든 List 타입은 이런 관점에서 볼 때 약간 차이가 있다. foldRight 함수는 커리된 함수이며 List.foldRight는 스택을 안전하게 사용하지 않는다. 이때는 foldLeft를 쓰는 게 낫다.

```
operator fun <A: Comparable<A>> invoke(list: List<A>): Tree<A> =
    list.foldLeft(Empty as Tree<A>, { tree: Tree<A> ->
        { a: A ->
            tree.plus(a)
        }
    })
```

foldLeft와 foldRight는 원소 삽입 순서가 같지 않기 때문에 만들어진 트리도 달라진다.

## 연습문제 10-3

트리에서 자주 사용하는 연산으로 어떤 원소가 트리에 들어 있는지 검사하는 것이 있다. 이런 검사를 수행하는 contains 함수를 구현하라. 다음은 contains의 시그니처다.

```
fun contains(a: @UnsafeVariance A): Boolean
```

[해법]

여러분은 파라미터로 받은 값과 트리의 value(트리의 루트에 있는 값)를 비교해야 한다.

- 파라미터가 더 작으면 재귀적으로 왼쪽 가지에서 검색을 시도한다.
- 파라미터가 더 높으면 재귀적으로 오른쪽 가지에서 검색을 시도한다.
- 파라미터와 value가 같으면 true를 반환한다.

항상 그렇듯 이 함수를 Tree 클래스에 이 함수를 정의하고 파라미터 타입 앞에 @UnsafeVariance 애너테이션을 붙여서 변성 검사를 막아야 한다.

```
fun contains(a: @UnsafeVariance A): Boolean = when (this) {
    is Empty -> false
    is T -> when {
        a < value -> left.contains(a)
        a > value -> right.contains(a)
        else -> value == a
    }
}
```

이 연습문제를 다음 구현으로도 풀 수 있다.

```
fun <A: Comparable<@UnsafeBariance A>> contains1(a: A): Boolean =
    when (this) {
        is Empty -> false
        is T -> a == value || left.contains1(a) || right.contains1(a)
    }
```

이 구현이 더 단순해 보이고 제대로 결과를 내놓기도 하지만 몇 가지 문제가 있다.[2] 첫 번째로 성능이 엄청나게 떨어진다. 왼쪽 가지에 원소가 없으면 왼쪽 가지 아래 있는 모든 원소를 검색해서 false가 나와야 비로소 오른쪽 가지를 검색하기 때문에 평균적으로 트리 원소의 절반은 검색하게 된다. 따라서 이 구현의 복잡도는 트리 원소 개수의 로그에 비례하는 contains와 달리 트리 원소 개수에 비례한다(이 복잡도 차이는 엄청나다). 두 번째로 타입에 문제가 있다. 이 구현은 this 원소의 타입이 아닌 다른 타입의 파라미터를 검사하도록 허용한다. 왜냐하면 여기 쓰인 A라는 타입 파라미터는 현재 Tree의 타입 파라미터 A와 무관하기 때문이다. 이 함수의 타입 파라미터 A가 트리의 A를 가려버린다. 이 함수의 타입 파라미터 이름을 바꾸면 좀 더 이를 명확히 알 수 있다. 한편 이 함수 내부에서는 타입 파라미터가 항상 in 위치에 쓰이기 때문에 @UnsafeVaraince가 불필요하다.

```
fun <B: Comparable<B>> contains1(a: B): Boolean =
    when (this) {
        is Empty -> false
        is T -> a == value || left.contains1(a) || right.contains1(a)
    }
```

---

2 역주 이 부분은 원소에 있는 저자의 설명이 너무 많이 틀려서 다 바꿔 썼다. 약간 첨삭하는 정도를 벗어나는 수준이 아니라 대부분을 고쳐 썼는데, 이를 월권 행위라고 생각하는 독자가 있을지도 모르겠지만 틀린 지식을 전달하는 것보다 더 낫다고 생각한다. 참고로 원문에서는 contains1의 구현이 "완전히 좋은" 구현이며 단지 오른쪽 가지를 재귀적으로 검색해야 원소를 찾을 수 있는 경우에만 약간 느리고 괜찮다고 썼다. 그리고 contains1을 타입 파라미터화한 구현으로 사용하는 것도 프로그래머 마음이라고 이야기했다. 이 모든 주장은 모두 다 틀렸다. 저자가 맞은 부분은 함수의 타입 파라미터 A가 트리의 타입 파라미터 A를 가린다는 부분뿐이다.

이 구현에서는 Tree(1, 2, 3).contains1("2")와 같은 식을 써도 컴파일 오류가 발생하지 않는다. 여기서 굳이 contains1을 타입 파라미터화된 함수로 만들 필요가 없다는 사실을 벌써 눈치챈 독자도 있을 것이다. 다음과 같이 하면 Tree(1, 2, 3).contains2("2")와 같은 식은 더 이상 컴파일되지 않는다.

```
fun contains2(a: A): Boolean =
    when (this) {
        is Empty -> false
        is T -> a == value || left.contains2(a) || right.contains2(a)
    }
```

무엇보다도 성능이 같지 않으므로 contains1은 contains를 대치할 수 없다. 성능 문제를 제외하더라도 타입 파라미터를 사용하는 contains는 엄격한 타입을 사용하는 언어 철학과 동떨어진 나쁜 설계다. 굳이 모든 가지를 뒤지지 않아도 사과나무에 배가 들어 있지 않다는 사실을 누구나 알 수 있다. 처음부터 그런 비교가 일어나지 않도록 타입으로 걸러주는 게 더 낫다. 굳이 배를 사과나무에 있는 사과와 비교하고 싶으면 공변성을 활용해 과일나무 수준에서 두 과일을 비교한다.

## 연습문제 10-4

트리의 size와 height를 계산하는 함수를 각각 작성하라. Tree 클래스에 있는 두 함수의 시그니처는 다음과 같다.

```
abstract fun size(): Int
abstract fun height(): Int
```

8장에서 리스트의 길이를 구할 때 썼던 것보다 더 좋은 해법을 찾으려고 노력해야 한다.

[해법]

Empty의 size 구현은 0을 반환한다. 그리고 앞에서 설명한 것처럼 Empty의 height 구현은 -1을 반환한다. T 클래스에 있는 size 함수는 각 가지의 크기의 합계에 1을 더해 반환한다. T 클래스에 있는 height 함수는 각 가지의 height 중 더 큰 쪽에 1을 더해 반환한다.

```
import kotlin.math.max
...
override fun size(): Int = 1 + left.size() + right.size()
override fun height(): Int = 1 + max(left.height(), right.height())
```

이로부터 빈 트리의 높이가 -1이어야 하는 이유를 알 수 있다. 이 값이 0이라면 height가 반환하는 높이는 경로의 길이(경로의 간선(edge) 수)가 아니라 경로에 속한 원소 개수가 되어 버린다.

하지만 이 두 함수는 효율이 높지 않다. 우선 매번 호출될 때마다 높이와 개수를 계산한다는 문제가 있다. 이 계산 결과를 메모화해야만 한다. 그러나 가장 큰 문제는 트리 크기가 크고 균형이 잡혀 있지 않은 경우 StackOverflowException가 발생할 수 있다는 점이다. 더 나은 해법은 Tree의 부모 클래스에 두 가지 추상 프로퍼티를 추가하는 것이다.

```
abstract val size: Int

abstract val height: Int
```

이제 각 하위 클래스마다 이 프로퍼티를 구현한다.

```
internal object Empty : Tree<Nothing>() {
    override val size: Int = 0
    override val height: Int = -1
    ...
}
internal class T<out A: ...>(override val left: Tree<A>,
                              override val value: A,
                              override val right: Tree<A>) : Tree<A>() {
    override val size: Int = 1 + left.size + right.size
    override val height: Int = 1 + max(left.height, right.height)
    ...
}
```

공개 프로퍼티를 만들면 기본적으로 접근자 함수가 생긴다는 점을 기억하라. 접근자 함수의 이름이 프로퍼티와 같고, 게터 호출 시 괄호를 호출할 필요가 없다는 것이 (자바와 비교할 때 코틀린이) 특별한 점이다.

## 연습문제 10-5

트리에 들어 있는 최댓값과 최솟값을 찾는 max와 min 함수를 정의하라.

  힌트

Empty 클래스가 어떤 값을 반환해야 할지 생각해 보라.

> **해법**

빈 트리의 경우에는 최댓값과 최솟값이 없다. 따라서 Result<A>를 반환하고 Empty에서는 Result.empty()를 반환해야 한다.

T 클래스의 구현은 약간 교묘하다. max의 경우 오른쪽 가지의 max를 반환하면 된다. 오른쪽 가지가 비어 있지 않다면 이는 재귀적인 호출일 뿐이다. 오른쪽 가지가 비어 있으면 Result.Empty를 받게 된다. 그 경우, 현재 트리의 루트가 최댓값임을 알 수 있다. 따라서 right.max() 함수가 반환하는 값에 orElse 함수를 사용해 현재 트리의 값을 반환하면 된다.

```
override fun max(): Result<A> = right.max().orElse { Result(value) }
```

orElse가 인자를 지연 계산한다는 사실을 기억하라. 따라서 orElse의 인자는 { () -> Result(value) }여야 하지만 ()->는 생략할 수 있다.

min 함수는 max 함수와 완전히 대칭이다.

```
override fun min(): Result<A> = left.min().orElse { Result(value) }
```

## 10.9.5 트리에서 원소 제거하기

단일 연결 리스트와 달리 트리에서는 원소에 빠르게 접근할 수 있다. 이미 연습문제 10-3의 contains를 개발하면서 이를 봤다. 빠른 접근이 가능하므로 트리에서 특정 원소를 빠르게 삭제하는 것도 가능하다.

### 연습문제 10-6

트리에서 원소를 제거하는 remove 함수를 작성하라. 이 함수는 원소를 인자로 받는다. 그 원소가 트리에 들어 있으면 remove는 해당 원소를 제거한 새 트리를 반환한다. 반환하는 새 트리는 루트의 오른쪽 가지에는 루트보다 큰 원소만 들어 있고, 왼쪽 가지에는 루트보다 작은 원소만 들어 있어야 한다는 트리의 제약 조건을 계속 지켜야 한다. 원소가 트리에 없으면 remove는 원래 트리를 그대로 반환한다. 함수 시그니처는 다음과 같다.

```
fun remove(a: A): Tree<A>
```

> 힌트

루트의 오른쪽 가지에는 루트보다 큰 원소만 들어 있고, 왼쪽 가지에는 루트보다 작은 원소만 들어 있어야 한다는 트리의 제약 조건을 지키면서 두 트리를 합병해주는 함수를 정의해야 한다. 필요하면 변성을 처리해야만 한다는 점을 잊지 말라.

> 해법

트리가 Empty면 제거할 원소가 없으므로 this를 반환한다. 그렇지 않다면 다음 알고리즘을 구현해야 한다.

- a < this.value라면 left에서 a를 제거한다.
- a > this.value라면 right에서 a를 제거한다.
- 그렇지 않다면(즉 a == this.value라면) 루트를 버리고 왼쪽과 오른쪽 가지를 합병한 결과를 반환한다.

오른쪽 가지에 있는 모든 원소가 왼쪽 가지에 있는 모든 원소보다 크다는 사실을 이미 알고 있으므로 합병을 단순화할 수 있다. 먼저 다음과 같은 시그니처의 merge를 만든다.

```
fun removeMerge(ta: Tree<@UnsafeVariance A>): Tree<A>
```

이번에는 this가 빈 트리라면 인자로 받은 트리를 반환한다. 그렇지 않다면(빈 트리가 아닌 경우) 다음 알고리즘을 사용한다.

- ta가 비어 있으면 this를 반환한다(this는 빈 트리일 수 없다).
- ta.value < this.value면 ta와 왼쪽 가지를 합병한다.
- ta.value > this.value면 ta와 오른쪽 가지를 합병한다.

구현은 다음과 같다.

```
fun removeMerge(ta: Tree<@UnsafeVariance A>): Tree<A> = when (this) {
    Empty -> ta
    is T -> when (ta) {
        Empty -> this
        is T -> when {
            ta.value < value -> T(left.removeMerge(ta), value, right)
            else -> T(left, value, right.removeMerge(ta))
        }
    }
}
```

합병할 두 트리가 원 트리의 오른쪽 가지와 왼쪽 가지이기 때문에 여기서 두 트리의 루트가 같을 수는 없다는 점에 유의하라. 이제 remove 함수를 작성하면 된다.

```
fun remove(a: @UnsafeVariance A): Tree<A> = when(this) {
    Empty -> this
    is T -> when {
        a < value -> T(left.remove(a), value, right)
        a > value -> T(left, value, right.remove(a))
        else -> left.removeMerge(right)
    }
}
```

## 10.9.6 임의의 트리 합병하기

앞 절에서는 한 트리의 모든 값이 다른 트리의 모든 값보다 작은 경우로 합병을 한정했다. 트리를 합병하는 것은 리스트를 연결하는 것과 같다. 임의의 트리를 합병하려면 좀 더 일반적인 함수가 필요하다.

### 연습문제 10-7(어려움)

지금까지는 한 트리의 모든 값이 다른 트리의 모든 값보다 작은 경우에만 트리를 합병했다. 임의의 두 트리를 합병하는 merge를 작성하라. 시그니처는 다음과 같다.

```
abstract fun merge(tree: Tree<@UnsafeVariance A>): Tree<A>
```

**해법**

Empty 구현은 인자로 받은 트리를 반환한다.

```
override fun merge(tree: Tree<Nothing>): Tree<Nothing> = tree
```

T 하위 클래스 구현은 다음 알고리즘을 사용한다. 여기서 this는 메서드로 merge를 호출한 대상 트리(수신 객체, receiver)를 말한다.

- 파라미터 트리가 비어 있으면 this를 반환한다.
- 파라미터 트리의 루트가 this의 루트보다 크면, 파라미터 트리의 왼쪽 가지를 제거한 트리와 this의 오른쪽 가지를 합병한다. 그리고 이 합병 결과와 파라미터의 왼쪽 가지를 합병한

다. 합병한 결과가 새 트리의 왼쪽 가지가 된다.
- 파라미터 트리의 루트가 this의 루트보다 작으면, 파라미터 트리의 오른쪽 가지를 제거한 트리와 this의 왼쪽 가지를 합병한다. 그리고 이 합병 결과와 파라미터의 오른쪽 가지를 합병한다. 합병한 결과가 새 트리의 오른쪽 가지가 된다.
- 파라미터 트리의 루트와 this의 루트가 같으면 파라미터 트리의 왼쪽 가지와 this의 왼쪽 가지를 합병하고 파라미터 트리의 오른쪽 가지와 this의 오른쪽 가지를 합병한다. 두 왼쪽 가지를 합병한 결과는 새 트리의 왼쪽, 두 오른쪽 가지를 합병한 결과는 새 트리의 오른쪽 가지가 된다.

다음은 T 하위 클래스에 있는 구현이다.

```
override fun merge(tree: Tree<@UnsafeVariance A>): Tree<A> = when (tree) {
    Empty -> this
    is T -> when {
        tree.value > this.value ->
            T(left, value, right.merge(T(Empty, tree.value, tree.right)))
                .merge(tree.left)
        tree.value < this.value ->
            T(left.merge(T(tree.left, tree.value, Empty)), value, right)
                .merge(tree.right)
        else ->
            T(left.merge(tree.left), value, right.merge(tree.right))
    }
}
```

이 구현을 사용하면 두 트리의 루트 원소가 같을 때, 결과 트리의 루트 원소가 인자로 받은 트리의 루트 원소로 바뀌지는 않는다. 여러분의 요구 조건에 따라 이런 구현이 적합할 수도 있고 적합하지 않을 수도 있다. 합병한 결과 트리의 루트 값으로 인자로 받은 트리의 루트 값을 원한다면 위 구현의 마지막 줄을 다음과 같이 바꿔라.

```
T(left.merge(tree.left), tree.value, right.merge(tree.right))
```

이 알고리즘을 그림으로 표현하면 그림 10-8부터 10-17이 된다. 그림에서는 일부러 빈 가지를 명시했다. 다시 말하지만 'this'는 이 함수의 수신 객체(recevier)를 뜻한다.

▼ 그림 10-8 두 트리를 합병한다. 왼쪽이 this 트리고, 오른쪽이 파라미터로 받은 트리다.

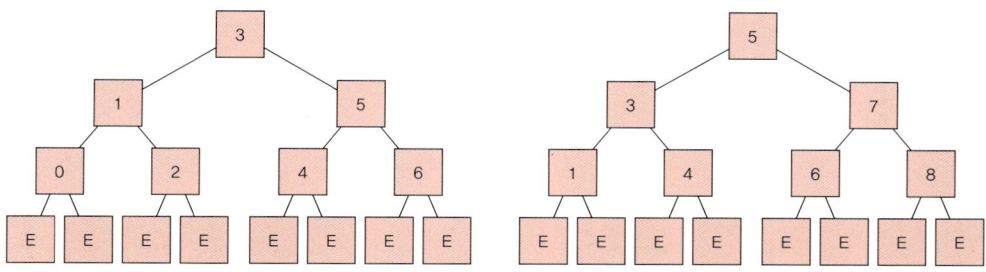

▼ 그림 10-9 파라미터로 받은 트리의 루트 값이 this 트리의 루트보다 크다. this의 오른쪽 가지를 파라미터로 받은 트리의 왼쪽 가지를 없앤 트리와 합병한다(합병 연산을 파선으로 표현함).

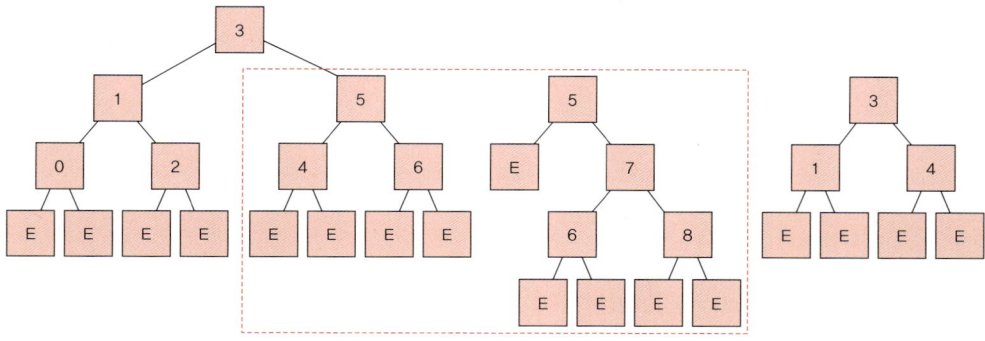

▼ 그림 10-10 합병할 두 트리의 루트가 (5로) 같다. this의 value를 합병 결과의 루트 값으로 사용한다. 두 트리의 왼쪽 가지를 합병한(왼쪽의 작은 박스) 결과가 왼쪽 가지, 두 트리의 오른쪽 가지를 합병한 (오른쪽 박스) 결과가 오른쪽 가지가 된다.

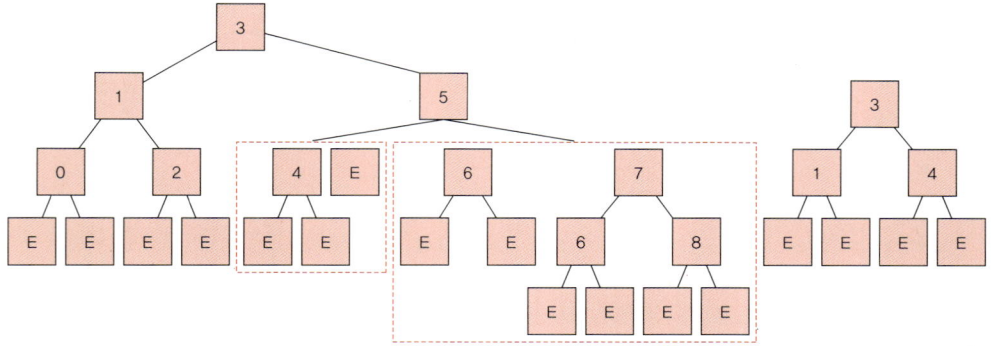

▼ 그림 10-11 왼쪽 트리의 경우 트리에 빈 트리를 합병하는 일은 뻔하다. 원 트리(루트가 4이고 두 빈 가지가 있는 트리)를 반환하면 된다. 오른쪽 가지의 경우, 첫 번째 트리는 루트가 6이고 빈 가지가 두 개 있는 반면 두 번째 트리는 7이 루트다. 따라서, 7이 루트인 트리에서 왼쪽 가지를 없앤 트리를 6이 루트인 트리의 오른쪽 가지(빈 트리)에 합병한다. 이 합병의 결과에 조금 전에 제거했던 왼쪽 가지를 다시 합병한다. 그림에서 박스 맨 오른쪽에 있는 6이 루트인 트리는 7이 루트인 트리의 왼쪽 가지다. 7이 루트인 트리의 왼쪽 가지는 빈 가지로 바꾼다.

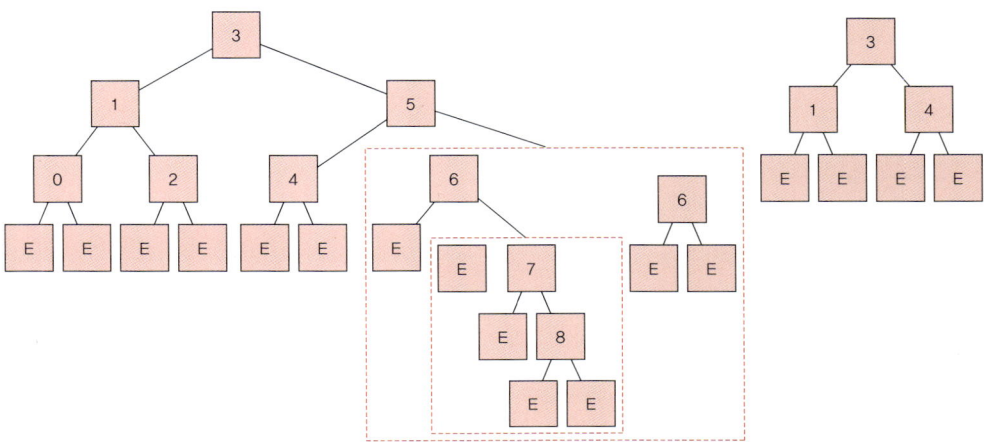

▼ 그림 10-12 합병할 두 트리의 루트가 같으므로(6) 같은 위치에 있는 가지를 서로(왼쪽은 왼쪽에, 오른쪽은 오른쪽에) 합병한다. 왼쪽 가지의 경우 두 가지 모두 빈 트리이므로 할 일이 없다.

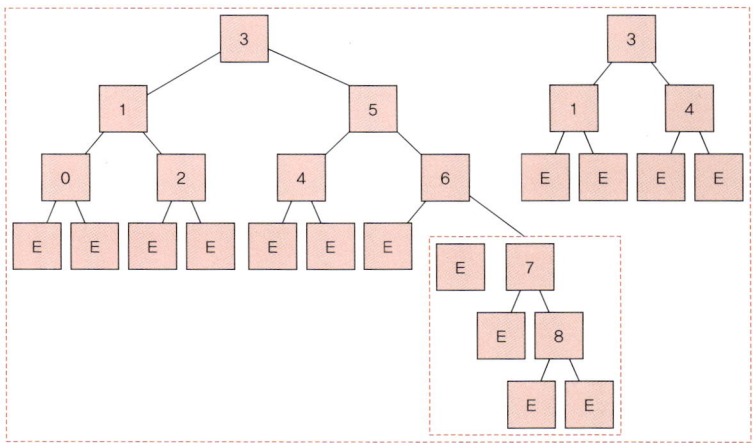

▼ 그림 10-13 그림 10-12의 안쪽 박스에서 빈 트리에 다른 트리를 합병하면 합병당하는 트리(7이 루트인 트리)가 결과 트리다. 이제 (그림 10-9에서 시작한 합병 연산이 끝났으므로) 두 결과 트리를 합병해야 하는데, 두 트리 모두 루트가 3으로 같다.

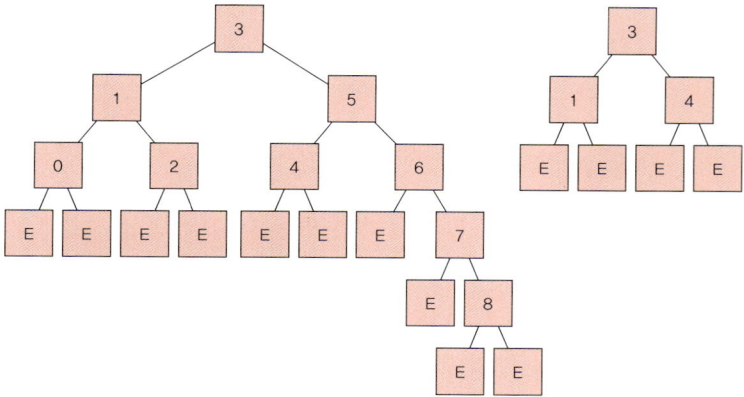

▼ 그림 10-14 루트가 같은 두 트리를 합병하는 것은 간단하다. 오른쪽 가지는 오른쪽 가지끼리, 왼쪽 가지는 왼쪽 가지끼리 합병하고 각 합병 결과를 새 트리의 가지로 사용한다.

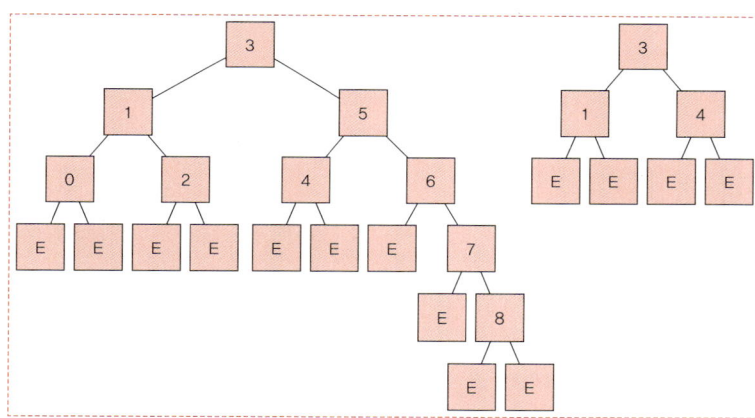

▼ 그림 10-15 그림 10-10에 있는 두 트리의 왼쪽 가지 간의 합병은 루트가 같고 한 트리의 두 가지가 모두 빈 트리이기 때문에 뻔하다. 그림 10-10의 두 오른쪽 가지간 합병에서는 합병 중인 트리의 루트(5)가 합병당하는 트리의 루트(4) 보다 크다. 따라서 합병 대상 트리의 오른쪽 가지(여기서는 비어 있음)를 제거하고, 나머지 트리를 합병당하는 트리의 왼쪽 가지와 합병한다.

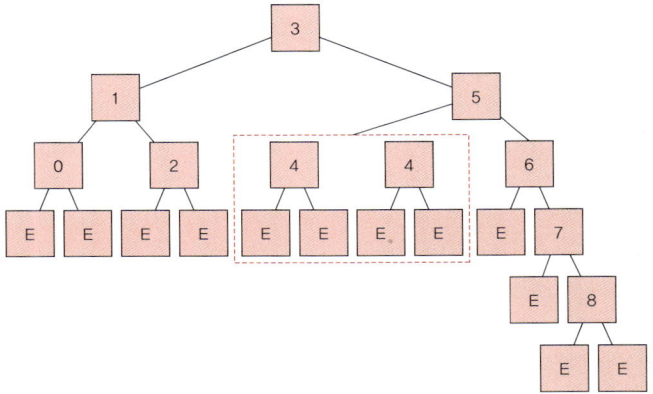

▼ 그림 10-16 그림 10-15에 있는 박스의 같은 트리 2개를 합병한다. 결과는 원 트리와 같다(설명 필요 없음).

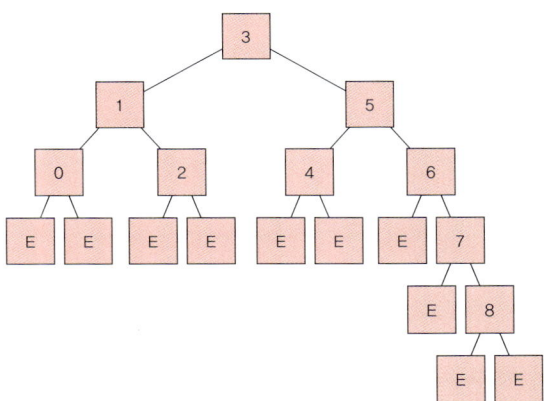

▼ 그림 10-17 빈 가지를 표시하지 않은 최종 결과

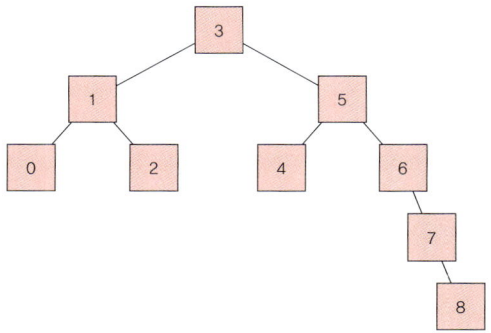

이 예제로부터 두 트리를 합병하면 중복된 원소가 자동으로 제거되기 때문에 합병한 트리의 크기(인자 개수)가 두 원본 트리의 크기의 합보다 더 작을 수 있음을 알 수 있다.

반면에 결과 트리의 높이는 여러분의 예상보다 더 높을 수도 있다. 높이가 3인 두 트리를 합병하면 높이가 5인 트리가 생길 수 있다. 최적의 높이는 $\log_2(크기)$ 보다 크지 않다는 사실을 쉽게 알 수 있다. 최적의 높이는 결과 크기보다 더 큰 2의 거듭제곱수 중에 가장 작은 값의 2를 밑으로 하는 로그 값이다. 이 예제에서 원본 트리의 크기가 7이고 높이가 3이다. 합병한 트리의 크기는 9이므로 최적의 높이는 5가 아니라 4다.[3] 이런 작은 예제에서는 높이 차이가 문제가 되지 않을 수도 있다. 하지만 큰 트리를 합병할 때 균형이 심하게 깨진 트리가 만들어질 수 있고 계산 성능이 나빠질 수 있다. 그리고 재귀 함수를 사용하면 심지어 스택 오버플로가 발생할 수 있다.

## 10.10 트리 접기에 대해

KOTLIN

트리를 접는 것은 리스트를 접는 것과 비슷하다. 접기 연산은 트리를 한 값으로 변환하는 과정이다. 예를 들어 수를 원소로 하는 트리가 있다면 모든 원소의 합계를 계산하는 연산을 접기로 볼 수 있다. 하지만 트리를 접는 연산은 리스트를 접는 연산보다 훨씬 더 복잡하다.

정수로 이뤄진 트리의 원소 합계를 계산하는 것은 덧셈이 양방향으로 결합 법칙이 성립하고 교환 법칙이 성립하기 때문에 명확하다. 다음 식은 같은 값을 표현한다.

- (((1 + 3) + 2) + ((5 + 7) + 6)) + 4
- 4 + ((2 + (1 + 3)) + (6 + (5 + 7)))
- (((7 + 5) + 6) + ((3 + 1) + 2)) + 4
- 4 + ((6 + (7 + 5)) + (2 + (3 + 1)))
- (1 +(2 + 3)) + (4 + (5 + (6 + (7))))
- (7 + (6 + 5)) + (4 + (3 + (2 + 1)))

이 식을 살펴보면 각각이 다음 트리를 접는 여러 방법 중 하나라는 사실을 알 수 있다.

---

[3] 역주 9보다 더 큰 2의 거듭제곱은 16, 32…가 있고, 그중 가장 작은 것이 16이므로 $\log_2(16) = 4$가 최적의 높이다.

```
        4
       / \
      /   \
     2     6
    / \   / \
   1   3 5   7
```

원소를 처리하는 순서만 살펴보면 다음과 같은 방식을 알아차릴 수 있다.

- 왼쪽 후위 순회
- 왼쪽 전위 순회
- 오른쪽 후위 순회
- 오른쪽 전위 순회
- 왼쪽 중위 순회
- 오른쪽 중위 순회

왼쪽과 오른쪽은 각각 왼쪽 하위 트리에서 시작하는 것과 오른쪽 하위 트리에서 시작하는 것을 나타낸다. 각 식의 결과를 계산하면 이를 검증할 수 있다. 예를 들어 첫 번째 식은 다음과 같은 순서로 축약된다.

```
(((1 + 3) + 2) + ((5 + 7) + 6)) + 4
((    4    + 2) + ((5 + 7) + 6)) + 4     사용한 값: 1, 3
(          6    + ((5 + 7) + 6)) + 4     사용한 값: 1, 3, 2
(          6    + (   12   + 6)) + 4     사용한 값: 1, 3, 2, 5, 7
(          6    +       18     ) + 4     사용한 값: 1, 3, 2, 5, 7, 6
  24              + 4                    사용한 값: 1, 3, 2, 5, 7, 6
  28                                     사용한 값: 1, 3, 2, 5, 7, 6, 4
```

다른 가능성도 있지만 여기 적은 여섯 가지가 가장 흥미롭다. 덧셈의 경우 이 여섯 가지가 모두 같지만, 문자를 문자열에 연결하거나 리스트에 원소를 추가하는 등의 다른 연산에서는 결과가 달라질 수 있다.

### 10.10.1 두 함수를 사용해 접기

트리를 접을 때 문제는 루트의 두 가지에 대해 재귀를 각각 한다는 점이다. 따라서 가지를 접은 결과를 조합할 방법이 필요하다. 이 말에서 8장에서 리스트 접기를 병렬화했던 것이 떠오를 수 있다. 그렇다. 접기의 결과를 조합할 연산이 필요하다. Tree<A>를 접는 데 필요한 연산은 B를 받고 A를 받아서 B를 돌려주는 함수다. 이 함수와 더불어, 왼쪽과 오른쪽을 접은 값을 합성하기 위해 B를 받고 B를 받아서 B를 돌려주는 연산이 필요하다.

### 연습문제 10-8

앞에서 설명한 두 가지 함수를 받아서 트리를 접는 foldLeft 함수를 작성하라. Tree 클래스에 정의된 시그니처는 다음과 같다.

```
abstract fun <B> foldLeft(identity: B,
                         f: (B) -> (A) -> B,
                         g: (B) -> (B) -> B): B
```

> 해법

Empty 하위 클래스에 있는 구현은 명확하다. identy를 반환해야 한다. T 하위 클래스의 구현은 약간 더 어렵다. 각 가지에 대해 재귀적으로 접기 연산을 적용한 결과를 얻어서 그 결과를 루트 값과 조합해야 한다. 문제는 가지를 접은 결과는 B 타입이지만 루트가 A 타입이라는 점이다. 우리가 사용할 수 있는 함수 중에 A 타입을 B 타입으로 변환하는 함수는 없다. 어쩌면 다음과 같은 방법이 해법이 될 수 있다.

- 재귀적으로 왼쪽 가지와 오른쪽 가지를 접는다. 2개의 B 타입 값이 생긴다.
- 두 B 타입의 값을 g 함수로 조합하고, 그 결과와 루트의 값을 f 함수로 조합한 결과를 반환한다.

이렇게 만든 해법은 다음과 같다.

```
override
fun <B> foldLeft(identity: B, f: (B) -> (A) -> B, g: (B) -> (B) -> B): B =
    g(right.foldLeft(identity, f, g))(f(left
                    .foldLeft(identity, f, g))(this.value))
```

간단하지 않은가? 실제로는 그리 간단하지는 않다. 여기서 문제는 g가 B를 받고, B를 받아서 B를 반환하는 함수라는 점이다. 따라서 인자 순서를 쉽게 바꿀 수 있다.

```
override
fun <B> foldLeft(identity: B, f: (B) -> (A) -> B, g: (B) -> (B) -> B): B =
    g(left.foldLeft(identity, f, g))(f(right.foldLeft(identity, f, g))(this.value))
```

이렇게 두 가지 구현이 가능하다는 점이 왜 문제가 될까? 덧셈처럼 교환 법칙이 성립하는 연산으로 트리를 접으면 어느 방법을 써도 결과가 달라지지 않는다. 하지만 교환 법칙이 성립하지 않는 연산이라면 문제가 생긴다. 접는 방법에 따라 결과가 달라진다. 예를 들어 다음 코드의 경우

```
fun main(args: Array<String>) {
    val result = Tree(4, 2, 6, 1, 3, 5, 7)
        .foldLeft(List(), { list: List<Int> -> { a: Int -> list.cons(a) } })
        { x -> { y -> y.concat(x) } }
    println(result)
}
```

첫 번째 구현의 결과는 다음과 같다.

[7, 5, 3, 1, 2, 4, 6, NIL]

그렇지만 두 번째 구현의 결과는 다음과 같다.

[7, 5, 6, 3, 4, 1, 2, NIL]

어떤 결과가 맞는 것일까? 실제로는 두 리스트 모두 비록 순서는 다르지만 같은 트리를 표현한다. 그림 10-18이 두 가지 경우를 보여준다.

▼ 그림 10-18 트리를 왼쪽에서 오른쪽으로 읽는 방법과 오른쪽에서 왼쪽으로 읽는 방법. 두 리스트에서 원소 순서는 다르지만 두 리스트 모두 같은 트리를 표현한다.

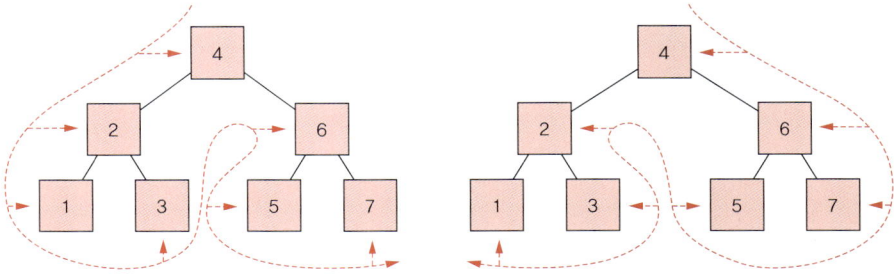

이 결과는 List 클래스의 foldLeft와 foldRight의 결과 차이와는 다르다. 리스트를 오른쪽에서 왼쪽으로 접는 것은 사실 뒤집은 리스트를 왼쪽 접기하는 것과 같다. 트리에 오른쪽 접기를 정의하면 다음과 같다.

```
override
fun <B> foldRight(identity: B, f: (A) -> (B) -> B, g: (B) -> (B) -> B): B =
    g(f(this.value)(left.foldRight(identity, f, g)))(right.foldRight(identity, f, g))
```

하지만 순회 방법이 다양하기 때문에 주어진 트리에 대해 교환 법칙이 성립하지 않는 연산을 사용하면 다른 결과를 내놓는 여러가지 구현이 가능하다.

## 10.10.2 함수를 하나만 사용해 트리 접기

접기 연산에 인자로 제공하는 함수 값을 하나만 사용해 트리를 접을 수도 있다. 다만 함수 값에 인자가 추가로 필요하다. 이는 예를 들면 B를 받고 A를 받고 B를 받아서 B를 내놓는 함수 값이 필요하다는 뜻이다. 앞에서와 마찬가지로 여기서도 순회 순서에 따라 여러 가지 구현이 가능하다.

### 연습문제 10-9

트리를 접는 세 가지 함수 foldInOrder, foldPreOrder, foldPostOrder를 작성하라. 그림 10-18에 있는 트리에 이 접기 연산을 제공하면 다음과 같은 리스트가 만들어져야 한다.

- 중위 순회: 1 2 3 4 5 6 7
- 전위 순회: 4 2 1 3 6 5 7
- 후위 순회: 1 3 2 5 7 6 4

세 함수의 시그니처는 다음과 같다.

```
abstract fun <B> foldInOrder(identity: B, f: (B) -> (A) -> (B) -> B): B
abstract fun <B> foldPreOrder(identity: B, f: (A) -> (B) -> (B) -> B): B
abstract fun <B> foldPostOrder(identity: B, f: (B) -> (B) -> (A) -> B): B
```

**해법**

Empty의 구현은 모두 identity를 반환한다. T 클래스의 구현은 다음과 같다.

```
override fun <B> foldInOrder(identity: B, f: (B) -> (A) -> (B) -> B): B =
    f(left.foldInOrder(identity, f))(value)(right.foldInOrder(identity, f))
override fun <B> foldPreOrder(identity: B, f: (A) -> (B) -> (B) -> B): B =
    f(value)(left.foldPreOrder(identity, f))(right.foldPreOrder(identity, f))
override fun <B> foldPostOrder(identity: B, f: (B) -> (B) -> (A) -> B): B =
    f(left.foldPostOrder(identity, f))(right.foldPostOrder(identity, f))(value)
```

### 10.10.3 접기 연산 구현 선택하기

이제 다섯 가지 서로 다른 접기 함수를 만들었다. 그중 어떤 함수를 사용해야 할까? 이 질문에 답하려면 먼저 접기 함수가 가져야 하는 특성을 살펴봐야 한다.

데이터 구조를 접는 방식과 데이터 구조를 구성하는 방식 사이에는 밀접한 관계가 있다. 빈 원소로부터 시작해서 원소를 하나씩 추가하면서 데이터 구조를 구성할 수 있다. 이 과정은 접기의 반대 과정이다. 이상적인 경우 어떤 구조를 접으면서 특정 파라미터를 적용하면 접기 함수로 항등(identity) 함수를 만들 수 있다. 리스트의 경우 이는 다음과 같다.

```
list.foldRight(List()) { i -> { l -> l.cons(i) } }
```

foldLeft를 사용할 수도 있겠지만 함수가 조금 더 복잡해진다.

```
list.foldLeft(List()) { l -> { i -> l.reverse().cons(i).reverse() } }
```

foldRight 구현을 살펴보면 이 차이는 그리 놀랍지 않다. foldRight는 foldLeft와 reverse를 사용해 구현할 수 있다.

이와 마찬가지로 코드를 트리를 접는 경우에도 작성할 수 있을까? 이를 달성하려면 왼쪽 트리, 루트, 오른쪽 트리로부터 트리를 조합해내는 새로운 방법이 필요하다. 이 방법을 사용하면 세 가지 접기 함수를 단 하나의 함수 값만 파라미터로 받는 함수로 만들 수 있다.

#### 연습문제 10-10(어려움)

두 트리와 루트를 조합해 새로운 트리를 만드는 함수를 작성하라. 동반 객체에 있는 이 함수의 시그니처는 다음과 같다.

```
operator fun <A: Comparable<A>> invoke(left: Tree<A>, a: A, right: Tree<A>): Tree<A>
```

세 가지 접기 함수인 foldPreOrder, foldInOrder, foldPostOrder에 이 함수를 사용하면 원래 트리와 똑같은 트리를 재구축할 수 있어야 한다.

> 힌트

처리해야 할 경우가 두 가지 있다. 합병할 트리가 정렬되어 있다면(이는 첫 번째 트리의 최댓값이 두 번째 트리의 루트 값보다 더 작고 두 번째 트리의 최솟값이 첫 번째 트리의 루트 값보다 더 크다는 말이다), T 생성자를 사용해 인자로 받은 세 가지 요소를 한 트리에 합칠 수 있다. 그렇지 않다면 다른 방법으로 결과를 만들어야 한다.

Result에 추가 함수(mapEmpty)가 필요하다. 이 mapEmpty 함수는 Result가 Empty이면 Success를 반환하고, Empty가 아니면 Failure를 반환한다. 이 함수를 com.fpinkotlin.common.Result 클래스에서 볼 수 있다.

> 해법

이 함수를 구현하는 방법은 여러 가지다. 한 가지는 두 트리가 정렬되어 있는지 검사하는 함수를 정의하는 방법이다. 이를 위해 먼저 값을 비교한 결과를 돌려주는 함수를 정의해야 한다.

```
fun <A: Comparable<A>> lt(first: A, second: A): Boolean = first < second

fun <A: Comparable<A>> lt(first: A, second: A, third: A): Boolean =
    lt(first, second) && lt(second, third)
```

이제 트리 비교를 구현한 ordered 함수를 정의할 수 있다.

```
fun <A: Comparable<A>> ordered(left: Tree<A>,
                               a: A,
                               right: Tree<A>): Boolean =
    (left.max().flatMap { lMax ->
        right.min().map { rMin ->
            lt(lMax, a, rMin)
        }
    }.getOrElse(left.isEmpty() && right.isEmpty()) ||
        left.min()
            .mapEmpty()
            .flatMap {
                right.min().map { rMin ->
                    lt(a, rMin)
                }
            }.getOrElse(false) ||
        right.min()
            .mapEmpty()
            .flatMap {
                left.max().map { lMax ->
                    lt(lMax, a)
                }
            }.getOrElse(false))
```

첫 번째 테스트(|| 연산자 이전)은 두 트리가 모두 비어 있지 않고 왼쪽의 max와 a, 오른쪽의 min이 정렬된 경우 true를 반환한다. 두 번째와 세 번째 테스트는 왼쪽이나 오른쪽 트리가 비어 있는 (그렇지만 둘 다 빈 트리는 아닌) 경우를 처리한다. Result.mapEmpty 함수는 Result가 Empty이면 Success<Any>를 반환하고 Empty가 아니면 Failure를 반환한다. 이 함수를 사용하면 invoke 함수를 쉽게 작성할 수 있다.

```
operator
fun <A: Comparable<A>> invoke(left: Tree<A>, a: A, right: Tree<A>): Tree<A> =
    when {
        ordered(left, a, right) -> T(left, a, right)
        ordered(right, a, left) -> T(right, a, left)
        else -> Tree(a).merge(left).merge(right)
    }
```

두 트리와 값이 정렬되어 있지 않으면 트리의 순서를 반대로 해서 한 번 더 정렬된 상태인지를 검사하고, 그 검사에서도 실패하면 일반적인 삽입/합병 알고리즘을 사용한다. 이제는 (여러분이 올바른 함수를 사용한다는 가정하에) 트리를 접어서 원본과 같은 트리를 만들 수 있다. 다음 예제를 이 책의 예제 코드에 들어 있는 테스트 코드에서 볼 수 있다.

```
tree.foldInOrder(Tree<Int>(),
    { t1 -> { i -> { t2 -> Tree(t1, i, t2) } } })
tree.foldPostOrder(Tree<Int>(),
    { t1 -> { t2 -> { i -> Tree(t1, i, t2) } } })
tree.foldPreOrder(Tree<Int>(),
    { i -> { t1 -> { t2 -> Tree(t1, i, t2) } } })
```

List와 마찬가지로 파라미터를 두 개 받는 함수 값을 파라미터로 접기 함수를 정의할 수 있다. 이런 함수를 정의할 때 사용할 수 있는 트릭은 다음 foldLeft 정의에 있는 것처럼 트리를 리스트로 변환하는 것이다.

```
// Tree에 추상 메서드를 정의하고 T에 이 구현을 정의한다:
override fun <B> foldLeft(identity: B, f: (B) -> (A) -> B): B =
    toListPreOrderLeft().foldLeft(identity, f)

// Tree 안에 이 함수를 정의한다:
override fun toListPreOrderLeft(): List<A> =
    left.toListPreOrderLeft().concat(right.toListPreOrderLeft()).cons(value)
```

이런 구현이 가장 빠른 구현은 아니겠지만, 여전히 유용하다.

## 10.11 트리 매핑하기

리스트와 마찬가지로 트리도 매핑할 수 있다. 하지만 트리 매핑 함수는 리스트 매핑 함수보다 조금 더 복잡하다. 함수를 트리의 각 원소에 적용하는 것은 명확해 보이지만 실제론 그렇지 않다. 문제는 모든 함수가 순서를 유지하지 못한다는 점에 있다. 주어진 값을 정수로 이루어진 트리에 더하는 것은 아무 문제가 없지만, $f(x) = x \times x$라는 함수를 사용해 원소를 매핑하면 문제가 복잡해진다. 이런 함수를 이진 검색 트리의 각 원소에 적용하는데 원소 중에 음수 값이 들어 있으면 각 노드의 값을 그 위치에서 변경한 트리는 더 이상 이진 검색 트리가 될 수 없다.

### 연습문제 10-11

트리에 대한 map 함수를 정의하라. 가능한 경우에는 트리 구조를 유지하려고 노력하라. 예를 들어 정수가 들어 있는 트리의 원소를 제곱하도록 매핑하면 다른 구조의 트리가 생길 수 있지만, 원소에 값을 더하는 트리의 경우에는 구조가 바뀌면 안 된다.

|힌트|

접기 함수 중 하나를 사용하면 구현이 단순해진다.

|해법|

다양한 접기 함수를 사용하는 다양한 구현이 가능하다. 다음은 Tree 클래스에 map을 정의하는 예를 하나 보여준다.

```
fun <B: Comparable<B>> map(f: (A) -> B): Tree<B> =
    foldInOrder(Empty) { t1: Tree<B> ->
        { i: A ->
            { t2: Tree<B> ->
                Tree(t1, f(i), t2)
            }
        }
    }
```

# 10.12 균형 트리 다루기

앞에서 설명한 것처럼, 균형이 잡힌 경우 트리가 더 잘 작동한다. 균형이 잡혔다는 말은 루트에서 각 잎에 이르는 모든 경로의 길이가 거의 같다는 뜻이다. 완전 균형 트리에서 경로 길이의 차이는 1을 넘지 않는다. 맨 아래 레벨이 꽉 차 있지 않으면 경로 길이 차이가 생긴다(노드가 $2^n-1$개 있는 완전 균형 트리만 루트에서 모든 잎으로 가는 경로의 길이가 같다).

불균형 트리를 사용하면 연산에 $\log_2$(트리 크기)가 아니라 트리 크기에 비례한 시간이 걸릴 수 있기 때문에 성능이 나빠진다. 극단적인 경우, 불균형 트리로 인해 재귀연산에서 스택 오버플로가 발생하기도 한다. 이런 문제를 피하는 방법은 다음 두 가지다.

- 불균형 트리를 균형 트리로 만들기
- 스스로 균형을 잡는 자체 균형 트리(self-balancing tree)를 사용하기

트리의 균형을 잡는 방법을 알면 트리 구조가 바뀔 수 있는 연산을 수행할 때마다 트리 균형을 회복하는 연산을 자동으로 실행함으로써 스스로 균형을 잡는 트리를 쉽게 만들 수 있다.

## 10.12.1 트리 회전시키기

트리의 균형을 잡을 수 있으려면 트리의 구조를 점진적으로 바꿀 방법을 알아야 한다. 이런 기법을 트리 회전이라 부른다. 그림 10-19와 그림 10-20에서 트리 회전을 볼 수 있다.

### 연습문제 10-12

트리를 각 방향으로 회전시키는 rotateRight와 rotateLeft 함수를 작성하라. 가지의 순서를 유지하는 데 주의를 기울여라. 왼쪽 자식들은 항상 루트보다 더 작아야 하고, 오른쪽 자식들은 항상 루트보다 더 커야 한다. 부모 클래스에 추상 함수를 정의하고, Tree 클래스 내부에서만 사용할 것이므로 함수를 보호 접근자(protected)로 제한하라. 다음은 부모 클래스에 정의할 함수들의 시그니처다.

```
protected abstract fun rotateRight(): Tree<A>
protected abstract fun rotateLeft(): Tree<A>
```

▼ 그림 10-19 트리를 오른쪽으로 회전하기. 회전 과정에서 2와 3을 연결하는 선을 2와 4를 연결하는 선과 맞바꾼다. 그에 따라 원소 3은 원소 4의 왼쪽 자식이 된다.

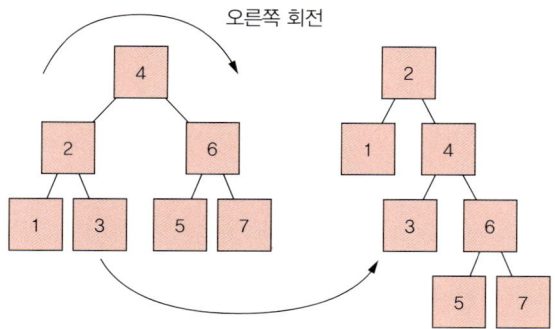

▼ 그림 10-20 트리를 왼쪽으로 회전하기. 회전 과정에서 6의 왼쪽 자식은 4(원래는 6의 부모)가 되고, 5는 4의 오른쪽 자식이 된다.

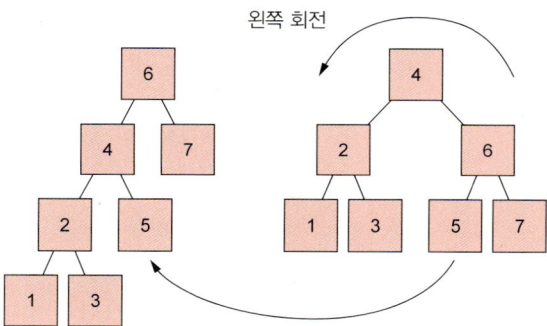

[해법]

Empty 구현은 this를 반환한다. T 클래스에서 오른쪽 회전은 다음과 같은 단계를 밟아야 한다.

1. 왼쪽 가지가 비어 있는지 검사한다.

2. 왼쪽 가지가 비어 있다면 this를 반환한다. 오른쪽 회전은 왼쪽 자식을 새 루트로 올려보내므로 this를 반환한다(왼쪽 자식이 없으면 왼쪽 자식을 올려보낼 수 없다).

3. 왼쪽 가지가 비어 있지 않다면 왼쪽 자식이 루트가 된다. 따라서 left.value를 루트로 하는 새로운 T를 만든다. 왼쪽 자식의 왼쪽 가지는 새 루트의 왼쪽 자식이 된다. 원래 루트를 루트로 하고 원래 루트의 왼쪽 자식의 오른쪽 가지를 왼쪽 가지로 하고, 원래 루트의 오른쪽 가지를 오른쪽 가지로 하는 새 트리를 만들어서 새 루트의 오른쪽 자식으로 만든다.

왼쪽 회전은 오른쪽 회전과 대칭이다.

```
override fun rotateRight(): Tree<A> = when (left) {
    Empty -> this
    is T -> T(left.left, left.value,
              T(left.right, value, right))
}

override fun rotateLeft(): Tree<A> = when (right) {
    Empty -> this
    is T -> T(T(left, value, right.left),
        right.value, right.right)
}
```

설명은 복잡해 보이지만, 실제로는 간단하다. 앞의 코드와 그림 10-19, 그림 10-20을 비교해 보면서 어떤 일이 벌어지는지 생각해 보라. 트리를 같은 방향으로 여러 번 회전하다 보면 어느 한쪽 가지가 비어서 더 이상 회전할 수 없는 상황이 된다.

## 연습문제 10-13

트리 균형을 회복하려면 트리를 순서가 정해진 리스트(ordered list)로 변환하는 함수가 필요하다. 트리를 오른쪽에서 왼쪽으로 중위 순회하면서 리스트로 변환하는 함수를 작성하라(이는 원소를 내림차순으로 정렬한다는 뜻이다).

> **Note ≡** 더 많은 연습문제가 필요한 독자는 왼쪽에서 오른쪽으로 중위 순회하거나, 전위 순회나 후위 순회를 시도 해 보라.

다음은 toListInOrderRight 함수의 시그니처다.

```
fun toListInOrderRight(): List<A>
```

### 해법

이 문제는 쉽게 풀 수 있으며 트리보다는 리스트와 연관이 더 깊다. Empty 구현은 빈 리스트를 반환한다. 여러분은 아마 (T 클래스 안에서) 다음과 같은 구현을 생각했을 것이다.

```
override fun toListInOrderRight(): List<A> =
    right.toListInOrderRight()
        .concat(List(value))
        .concat(left.toListInOrderRight())
```

불행히도 이 함수는 트리가 치우쳐 있으면 스택 오버플로를 발생시킨다. 트리의 균형을 회복시킬 때 이 함수가 필요하기 때문에 균형이 깨진 트리에 대해 이 함수를 쓸 수 없다면 안타까울 것이다.

```
private tailrec
fun <A: Comparable<A>> unBalanceRight(acc: List<A>, tree: Tree<A>): List<A> =
    when (tree) {
        Empty -> acc
        is T -> when (tree.left) {
            Empty -> unBalanceRight(acc.cons(tree.value), tree.right)
            is T -> unBalanceRight(acc, tree.rotateRight())
        }
    }
```

이제 다음과 같이 Tree 클래스에 주 함수를 정의한다.

```
fun toListInOrderRight(): List<A> = unBalanceRight(List(), this)
```

unBalanceRight 함수는 왼쪽 가지가 빈 가지가 될 때까지 트리를 회전시킨다. 그리고 트리의 값들을 누적 리스트에 추가한 후, 자기 자신을 재귀적으로 호출해서 같은 작업을 모든 오른쪽 하위 트리에 반복한다. 이러다 보면 언젠가 인자로 전달되는 트리가 빈 트리가 되고, 함수는 리스트 누적기를 반환한다.

## 10.12.2 데이-스타우트-워런 알고리즘 사용하기

데이-스타우트-워런(Day-Stout-Warren) 알고리즘은 이진 검색 트리의 균형을 효율적으로 회복시키는 간단한 방법이다.

1. 트리를 완전 불균형 트리로 변환한다.
2. 트리가 완전 균형 트리가 될 때까지 회전을 반복 적용한다.

트리를 완전 불균형 트리로 변환하는 것은 중위 순회 리스트로부터 새 트리를 만들면 되므로 간단하다. 이때 트리를 오름차순으로 만들려면 리스트 내의 원소들은 내림차순으로 정렬이 되어 있어야 하며, 만들어진 (완전 불균형) 트리를 왼쪽으로 회전시키기 시작한다. 물론 이와 대칭적인 절차를 택해도 된다.

다음은 완전 균형 트리를 만드는 알고리즘이다.

1. 회전한 결과 생기는 두 가지가 가능한 한 비슷해질 때까지 트리를 회전한다. 즉, 전체 트리 크기가 홀수인 경우에는 두 가지의 크기가 똑같아질 때까지 회전시키고 전체 트리 크기가 짝수인 경우에는 두 가지의 크기가 1차이날 때까지 트리를 회전시킨다. 이렇게 회전시키면 양 가지가 거의 같은 크기의 완전 불균형 트리를 얻을 수 있다.

2. 동일한 과정을 오른쪽 가지에 재귀적으로 적용한다. 대칭적인 과정(오른쪽 회전을 사용)을 왼쪽 가지에 재귀적으로 적용한다.

3. 결과 높이가 $\log_2$(트리 크기)가 되면 전체 과정을 멈춘다. 이를 위해 다음과 같은 도우미 함수가 필요하다.

   ```
   fun log2nlz(n: Int): Int = when (n) {
       0 -> 0
       else -> 31 - Integer.numberOfLeadingZeros(n)
   }
   ```

다음은 numberOfLeadingZeros에 대한 자바독 문서(http://bit.ly/32R0Bu4) 설명이다.

> 지정한 int 값을 표현하는 2의 보수 이진수에서 가장 높은 차수(가장 왼쪽)의 1인 비트 뒤의 0비트 개수를 반환한다. 지정한 값을 2의 보수 이진수로 표현했을 때 1인 비트가 들어 있지 않으면 32를 반환한다. 즉, 인자로 받은 값이 0일 때 32를 반환한다.
>
> 이 메서드는 밑을 2로 하는 로그값과 밀접한 관계가 있다. 양의 int 값 x에 대해 다음이 성립한다.
>
> - *floor(log2(x))* = 31 - numberOfLeadingZeros(x)
> - *ceil(log2(x))* = 32 - numberOfLeadingZeros(x-1)

## 연습문제 10-14

주어진 트리의 균형을 완전히 회복시키는 balance 함수를 구현하라. 균형을 잡아야 하는 트리를 인자로 받게 하고, 동반 객체에 함수를 정의하라.

> 힌트

이 구현은 몇 가지 도우미 함수를 사용한다. 앞의 함수는 toListInOrderRight를 통해서 완전 불균형 트리를 만든다. toListInOrderRight가 반환하는 결과 리스트를 왼쪽으로 접어서 (완전 불균형) 트리로 만든다. 이렇게 만든 (완전 불균형) 트리가 더 균형 잡기 쉽다.

또한 트리가 완전히 균형 잡혔는지 검사하는 함수가 필요하고, 재귀적으로 트리를 회전시키는 함수도 필요하다. 다음은 동반 객체에 트리 회전 함수를 정의한 것을 보여준다.

```
fun <A> unfold(a: A, f: (A) -> Result<A>): A {
    tailrec fun <A> unfold(a: Pair<Result<A>, Result<A>>,
        f: (A) -> Result<A>): Pair<Result<A>, Result<A>> {
            val x = a.second.flatMap { f(it) }
            return x.map { unfold(Pair(a.second, x), f) }.getOrElse(a)
        }
    return Result(a).let { unfold(Pair(it, it), f).second.getOrElse(a) }
}
```

불행히도 이 함수는 도우미 함수가 꼬리 재귀가 아니어서 제대로 작동하지 않는다. 이를 꼬리 재귀로 만들려면 Result가 Success인지 결정할 방법이 필요하다. 이를 결정하는 방법에는 두 가지가 있다.

- Result 클래스와 Tree 클래스가 같은 모듈 안에 있다면(Result 하위 클래스는 internal이기 때문에 같은 모듈에 있어야 한다) 패턴 매칭을 사용한다.
- Result 클래스에 isSuccess 함수를 추가한다.

여러분이 좋아하는 해법을 사용하라. 여기서는 Result 클래스를 (필요한 다른 클래스들과 함께) 이 장의 모듈에 복사했다. 제대로 작동하는 구현은 다음과 같다.

```
fun <A> unfold(a: A, f: (A) -> Result<A>): A {
    tailrec fun <A> unfold(a: Pair<Result<A>, Result<A>>,
        f: (A) -> Result<A>): Pair<Result<A>, Result<A>> {
            val x = a.second.flatMap { f(it) }
            return when (x) {
                is Result.Success -> unfold(Pair(a.second, x), f)
                else -> a
            }
        }
    return Result(a).let { unfold(Pair(it, it), f).second.getOrElse(a) }
}
```

이 함수는 List.unfold나 Stream.unfold와 비슷하므로 unfold라고 이름 붙였다. 함수의 결과 타입이 입력 타입과 동일하다는 점을 제외하면 이 함수는 맨 뒤의 두 결과를 유지해 나가면서 (다른 unfold들과) 거의 비슷한 구실을 한다. 맨 마지막의 두 가지 값만 유지하기 때문에 이 함수는 메모리를 더 적게 사용하고 더 빠르게 동작한다. 또한 트리의 값이나 가지에 접근하려면 함수를 내부 함수로 정의해야 한다.

> **해법**

우선, 트리가 불균형 트리인지 확인하는 도우미 함수가 필요하다. 트리가 균형 트리가 되려면 크기가 짝수인 경우에는 두 가지의 높이 차이가 1이어야 하고, 홀수인 경우에는 0이어야 한다.[4]

```
fun <A : Comparable<A>> isUnBalanced(tree: Tree<A>): Boolean =
    when (tree) {
        Empty -> false
        is T -> Math.abs(tree.left.height - tree.right.height) > (tree.size - 1) % 2
    }
```

이제 트리의 값과 가지에 접근할 때 쓸 수 있는 함수를 만들어야 한다. 높이나 크기에 사용했던 기법을 활용해 이런 함수들을 만들 수 있다. Tree 클래스에 추상 프로퍼티를 정의하라.

```
internal abstract val value: A

internal abstract val left: Tree<A>

internal abstract val right: Tree<A>
```

Empty 구현은 예외를 던져야 한다. 그런데 함수가 아니라 프로퍼티를 정의하기 때문에 다음과 같이 작성할 수는 없다.

```
override val value: Nothing =
    throw IllegalStateException("No value in Empty")

override val left: Tree<Nothing> =
    throw IllegalStateException("No left in Empty")

override val right: Tree<Nothing> =
    throw IllegalStateException("No right in Empty")
```

앞의 코드는 프로퍼티 값을 초기화하자마자 예외를 발생시킨다. 즉, 객체가 생기자마자 예외가 발생해버린다. 9장에서 배운 내용을 기억한다면 지연 초기화를 사용해야 한다는 사실을 쉽게 알 수 있다.[5]

---

4 **역주** 역으로 말해 불균형 트리가 되려면 루트의 두 가지 사이의 높이 차이가 트리 크기가 짝수인 경우에는 1보다 크고, 홀수인 경우에는 0보다 커야 한다. isUbalanced는 이 문장을 코드로 옮긴 것이다.

5 **역주** 하위 클래스에서 오버라이드한 프로퍼티와 게터를 정의해도 된다.

```
override val value: Nothing by lazy {
    throw IllegalStateException("No value in Empty")
}

override val left: Tree<Nothing> by lazy {
    throw IllegalStateException("No left in Empty")
}

override val right: Tree<Nothing> by lazy {
    throw IllegalStateException("No right in Empty")
}
```

> Note ≡ 여러분에게는 이런 함수가 절대 호출되지 않도록 만들 책임이 있다.

T 클래스에서는 생성자를 변경해야 한다.

```
internal
class T<out A: Comparable<@UnsafeVariance A>>(override val left: Tree<A>,
                                              override val value: A,
                                              override val right: Tree<A>):
                                                                Tree<A>() {
```

생성자에서 프로퍼티를 오버라이드하면 자동으로 (추상 클래스에 있던) 원래 프로퍼티와 같은 가시성(internal)을 부여해준다. 기본 가시성(public)이 아니라는 점에 유의하라. 이제 균형을 회복하는 주 함수를 다음과 같이 작성한다.

```
fun <A: Comparable<A>> balance(tree: Tree<A>): Tree<A> =
    balanceHelper(tree.toListInOrderRight().foldLeft(Empty) {
        t: Tree<A> -> { a: A ->
            T(Empty, a, t)
        }
    })

fun <A: Comparable<A>> balanceHelper(tree: Tree<A>): Tree<A> = when {
    !tree.isEmpty() && tree.height > log2nlz(tree.size) -> when {
        Math.abs(tree.left.height - tree.right.height) > 1 ->
            balanceHelper(balanceFirstLevel(tree))
        else -> T(balanceHelper(tree.left),
            tree.value, balanceHelper(tree.right))
    }
```

```
            else -> tree
    }

    private fun <A: Comparable<A>> balanceFirstLevel(tree: Tree<A>): Tree<A> =
        unfold(tree) { t: Tree<A> ->
            when {
                isUnBalanced(t) -> when {
                    tree.right.height > tree.left.height ->
                        Result(t.rotateLeft())
                    else -> Result(t.rotateRight())
                }
                else -> Result()
            }
        }
```

### 10.12.3 자동 균형 트리

balance 함수는 대부분의 트리에서 잘 작동하지만 스택 오버플로를 발생시키므로 큰 불균형 트리에는 써먹을 수가 없다. balance를 작은 완전 불균형 트리에만 사용하거나, 부분적으로 불균형인 임의의 트리에 대해 사용함으로써 이런 제약을 우회할 수 있다. 이는 트리가 너무 커지기 전에 트리의 균형을 바로잡아야 한다는 뜻이다. 문제는 트리가 변경되는 연산을 수행할 때마다 트리의 균형을 어떻게 자동으로 잡을 수 있는가에 있다.

#### 연습문제 10-15

여러분이 만든 트리를 변형해서 삽입, 합병, 제거 연산이 일어날 때 균형을 자동으로 회복하게 만들어라.

> 해법

해법은 다음 코드처럼 트리를 변화시키는 연산을 수행한 직후 balance를 호출하는 것이다.

```
operator fun plus(a: @UnsafeVariance A): Tree<A> = balance(plusUnBalanced(a))

private fun plusUnBalanced(a: @UnsafeVariance A): Tree<A> = plus(this, a)
```

트리가 작으면 이 코드가 잘 작동하지만(사실 트리가 작으면 균형을 잡을 필요가 없다), 트리가 커지면 너무 느려져 연산을 제대로 활용할 수 없다. 한 가지 해법은 부분적으로만 균형을 회복하는 것이다. 예를 들어 높이가 완전 균형 트리의 이상적인 높이보다 100배 이상 더 높은 경우에만 균형 회복 함수를 호출한다.

```
operator fun plus(a: @UnsafeVariance A): Tree<A> {
    fun plusUnBalanced(a: @UnsafeVariance A, t: Tree<A>): Tree<A> =
        when (t) {
            Empty -> T(Empty, a, Empty)
            is T -> when {
                a < t.value -> T(plusUnBalanced(a, t.left), t.value, t.right)
                a > t.value -> T(t.left, t.value, plusUnBalanced(a, t.right))
                else -> T(t.left, a, t.right)
            }
        }

    return plusUnBalanced(a, this).let {
        when {
            it.height > log2nlz(it.size) * 100 -> balance(it)
            else -> it
        }
    }
}
```

이런 식으로 균형을 잡는 해법의 성능은 최적과는 거리가 멀지도 모른다. 하지만 이는 타협에 의한 결과다. 원소가 순서대로 100,000개 들어 있는 리스트에서 트리를 구성하면 2.5초가 걸리고 높이가 16인 완전 균형 트리가 만들어진다. plusUnbalanced에 있는 100이라는 (높이 차이) 값을 20으로 바꾸면 시간은 2배가 되지만 큰 이득은 없다. 반면 그 값을 1000으로 바꾸면 시간이 5배 더 걸린다.

## 10.13 요약

- 트리는 한 원소가 하나 이상의 하위 트리와 연결된 재귀적 데이터 구조다. 일부 트리에서는 노드가 다양한 수의 하위 트리와 연결될 수 있다. 하지만 노드들이 모두 같은 수의 하위 트리를 가지는 경우가 가장 흔하다.
- 이진 트리에서 각 노드는 두 개의 하위 트리에 연결된다. 각각의 연결을 가지(branch)라고 부르며, 두 가지를 왼쪽과 오른쪽 가지라고 부른다. 이진 검색 트리를 사용하면 비교 가능한 원소들을 아주 빠르게 검색할 수 있다.
- 트리는 균형이 잡혀 있을 수도, 균형이 잡혀 있지 않을 수도 있다. 완전 균형 트리는 가장 좋은 성능을 제공하며, 완전 불균형 트리는 리스트와 똑같은 성능을 제공한다.
- 트리의 크기는 트리에 들어 있는 원소의 개수이다. 트리의 높이는 트리에서 가장 긴 경로의 길이다.
- 트리를 순회하지 않고도 쉽게 합병할 수 있다.
- 트리를 다양한 방법으로 매핑하거나 회전시키거나 접을 수 있다.
- 더 나은 성능을 얻고 재귀 연산에서 스택 오버플로를 방지하기 위해 트리의 균형을 회복시킨다.

memo

# 11장

# 고급 트리를 활용해 문제 해결하기

11.1 자체 균형 트리의 스택 안전성 및 성능 높이기

11.2 레드-블랙 트리의 활용: 맵

11.3 함수형 우선순위 큐 구현하기

11.4 원소와 정렬한 리스트

11.5 비교 불가능한 원소에 대한 우선순위 큐

11.6 요약

---

**이 장에서 다루는 내용**

- 자체 균형 트리에서 스택 오버플로 방지하기
- 레드-블랙 트리 구현하기
- 맵 구현하기
- 우선순위 큐 구현하기

10장에서는 이진 트리 구조와 기본 트리 연산을 살펴봤다. 트리의 장점을 제대로 살리려면 순서가 임의로 섞여 있는 데이터를 처리하는 등의 특별한 용례에 맞춰 트리를 사용하거나 스택 오버플로가 발생할 위험을 피하고자 데이터 집합을 제한하는 수밖에 없었다. 트리 연산에서는 재귀에서 계산 단계마다 두 가지 재귀 호출이 포함되기 때문에 리스트 연산보다 스택을 안전하게 사용하기가 훨씬 더 어렵다. 두 가지 재귀 단계가 있어서 꼬리 재귀 버전을 만드는 것은 불가능하다. 이 장에서는 다음과 같은 구체적인 트리 두 가지를 살펴본다.

- **레드-블랙 트리**(red-black tree) 스스로 균형을 잡는 일반적인 용도의 고성능 트리다. 데이터 크기와 관계없이 범용적으로 이 트리를 활용할 수 있다.
- **레프티스트 힙**(leftist heap) 우선순위 큐를 구현할 때 알맞은 트리다.

그리고 키/값 튜플을 저장하는 맵을 트리로 구현하는 방법과 서로 비교할 수 없는 원소들이 들어 있을 때 우선순위 큐를 만드는 방법도 살펴본다.

## 11.1 자체 균형 트리의 스택 안전성 및 성능 높이기

10장에서 배운 데이-스타우트-워런 균형 알고리즘은 트리 노드를 그 자리에서 변경하는 연산을 가정하기 때문에 불변 트리의 균형 회복에는 적합하지 않다. 좀 더 안전한 프로그램을 작성하기 위해서는 가능한 한 제자리 변경을 피해야 한다.

불변 데이터 구조를 사용하면 변경 연산마다 새로운 구조가 생긴다. 따라서 완전 불균형 트리를 재구축하고 그로부터 완전 균형 트리를 만들기 전에 트리를 리스트로 변환하는 과정이 없는 균형 회복 과정을 정의해야 한다. 이런 과정을 최적화하는 방법에는 두 가지 있다.

- 원래 트리를 직접 회전하기(리스트/완전 불균형 트리 처리 과정을 없앰)
- 불균형을 어느 정도 용인하기

여러분이 해법을 만들 수도 있겠지만, 이미 다른 사람들이 많은 해법을 만들었다. 자동 균형 트리 설계 중 가장 효율적인 것으로는 레드-블랙 트리가 있다. 이 구조는 1978년 레오 김바스(Leo

Guibas)와 로버트 세지윅(Robert Sedgewick)이 만들었다.[1] 1999년 크리스 오카사키(Chris Okasaki)는 레드-블랙 트리에 대한 함수형 알고리즘을 발표했다.[2] 크리스의 알고리즘은 SML(Standard ML)로 되어 있고 하스켈(Haskell) 구현이 나중에 추가됐다. 코틀린으로 여러분이 구현할 알고리즘이 바로 이 알고리즘이다.

불변 데이터 구조에 대해 관심이 있다면 오카사키의 책을 읽어 보길 바란다. 책과 제목이 똑같은 1996년 박사 학위 논문도 있으며, http://www.cs.cmu.edu/~rwh/theses/okasaki.pdf에서 무료로 내려받을 수 있다.

### 11.1.1 기본 레드-블랙 트리 구조 이해하기

레드-블랙 트리는 이진 트리에 몇 가지를 덧붙이고 삽입 시 균형을 잡도록 변경한 데이터 구조다. 불행히도 오카사키는 원소 삭제를 다루지 않았는데, 원소 삭제가 훨씬 더 복잡한 과정이다. 하지만 2014년 킴벌 저메인(Kimball Germane)과 매슈 마이트(Matthew Might)가 이에 관해 다루었다.[3]

레드-블랙 트리의 각 트리(하위 트리 포함)에는 자신의 색을 표현하는 프로퍼티가 들어있다. 이 색은 어떤 색이든 가능하며 심지어는 두 가지 중 한 가지를 표현할 수 있는 어떤 프로퍼티든 가능하다. 다음 예제를 보면 알 수 있듯이, 이를 제외하면 레드-블랙 트리의 구조는 일반 이진 트리 구조와 똑같다.

**예제 11-1** The red-black tree base structure

```
package com.fpinkotlin.advancedtrees.listing01

import com.fpinkotlin.advancedtrees.listing01.Tree.Color.B ---- 코드를 단순화하고자 색을 임포트한다.
import com.fpinkotlin.advancedtrees.listing01.Tree.Color.R
import kotlin.math.max

sealed class Tree<out A: Comparable<@UnsafeVariance A>> {
    abstract val size: Int
    abstract val height: Int ---- 추상 프로퍼티를 부모 클래스 안에 정의한다.
```

---

[1] 레오 김바스, 로버트 세지윅, "A dichromatic framework for balanced trees", Foundations of Computer Science (1978), http://www.computer.org/csdl/proceedings/focs/1978/5428/00/542800008-abs.html

[2] 《순수 함수형 데이터 구조》(에이콘, 2019)

[3] 킴벌 저메인, 매슈 마이트, "Functional Pearl: Deletion, The curse of the red-black tree", JFP 24, 4 (2014): 423-433p, http://matt.might.net/papers/germane2014deletion.pdf

```kotlin
    internal abstract val color: Color
    internal abstract val isTB: Boolean
    internal abstract val isTR: Boolean
    internal abstract val right: Tree<A>
    internal abstract val left: Tree<A>
    internal abstract val value: A

internal abstract class Empty<out A: Comparable<@UnsafeVariance A>>: Tree<A>() {
    override val isTB: Boolean = false
    override val isTR: Boolean = false
    override val right: Tree<Nothing> by lazy {
        throw IllegalStateException("right called on Empty tree")
    }
    override val left: Tree<Nothing> by lazy {
        throw IllegalStateException("left called on Empty tree")
    }
    override val value: Nothing by lazy {
        throw IllegalStateException("value called on Empty tree")
    }
    override val color: Color = B
    override val size: Int = 0
    override val height: Int = -1
    override fun toString(): String = "E"
}

internal object E: Empty<Nothing>()

internal class T<out A: Comparable<@UnsafeVariance A>>(
    override val color: Color,
    override val left: Tree<A>,
    override val value: A,
    override val right: Tree<A>) :
        Tree<A>() {
    override val isTB: Boolean = color == B
    override val isTR: Boolean = color == R
    override val size: Int = left.size + 1 + right.size
    override val height: Int = max(left.height, right.height) + 1
    override fun toString(): String = "(T $color $left $value $right)"
}

companion object {
    operator fun <A: Comparable<A>> invoke(): Tree<A> = E
}
```

```kotlin
sealed class Color {
    // 레드
    internal object R: Color() {  // ---- 두 색은 싱글턴 객체다.
        override fun toString(): String = "R"
    }
    // 블랙
    internal object B: Color() {
        override fun toString(): String = "B"
    }
}
```

contains 함수가 빠졌고 fold, …, map과 같은 함수들도 들어 있지 않다. 이들 함수는 일반적인 트리 버전의 함수와 다르지 않다. 단지 plus와 minus 함수만 다르다는 사실을 볼 수 있다.

## 11.1.2 레드-블랙 트리에 원소 추가하기

레드-블랙 트리의 주 특성은 반드시 검증되어야 하는 불변 조건이 있다는 점이다. 트리를 변경할 때는 이런 불변 조건이 깨지지 않는지 검사해서 필요하면 회전이나 색 변경을 통해 불변 조건을 회복해야 한다. 이런 불변 조건은 다음과 같다.

- 빈 트리는 블랙이다(이 조건은 항상 성립하므로 검증할 필요가 없다).
- 레드 트리의 왼쪽과 오른쪽 하위 트리는 항상 블랙이다. 트리를 내려가는 경로에서 레드 트리가 연속으로 두 개가 있을 수 없다.
- 루트에서 빈 하위 트리에 이르는 모든 경로는 같은 수의 블랙 트리를 포함해야 한다.

이로 인해 원소를 레드-블랙 트리에 추가하는 과정은 삽입 후 이 불변 조건을 검사하는 것(그리고 필요하면 균형을 다시 잡는 작업)이 포함된 상당히 복잡한 처리가 수반된다. 다음은 이런 알고리즘이다.

- 빈 트리는 항상 블랙이다.
- 적절한 삽입은 항상 일반적인 트리와 같지만, 삽입 직후 균형을 잡는 작업이 뒤따라야 한다.
- 원소를 빈 트리에 추가하면 레드 트리가 만들어진다.
- 균형을 회복하고 난 후 트리 루트를 블랙으로 변경한다.

그림 11-1부터 11-7은 처음에 비어 있는 트리에 차례로 1부터 7까지 정수를 삽입하는 모습을 보여준다. 이런 식으로 원소가 순차적으로 삽입되는 것이 최악의 경우다. 일반 이진 트리라면 이로 인해 완전 불균형 트리가 생긴다. 그림 11-1은 1이라는 원소를 빈 트리에 넣는 모습을 보여준다. 빈 트리에 원소를 추가했으므로 색은 최초에 레드이다. 원소를 삽입한 후 루트를 블랙으로 변경한다.

▼ 그림 11-1 1단계: 처음에 비어 있던 트리에 정수 1을 삽입한다.

**1 삽입**

빈 트리에
원소를 삽입하므로
레드임

루트를 블랙으로 만듦

그림 11-2는 원소 2를 삽입하는 과정을 보여준다. 삽입한 원소는 레드며, 루트는 이미 블랙이고, 트리 균형을 다시 잡을 필요도 없다.

▼ 그림 11-2 2단계: 처음에 비어 있던 트리에 정수 2를 삽입한다.

**2 삽입**

루트는 이미 블랙임

균형 잡기: 아무것도 하지 않음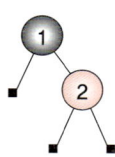

그림 11-3은 원소 3을 삽입하는 과정을 보여준다. 삽입한 원소는 레드다. 트리에 연속으로 레드 원소가 두 개 있으므로 트리 균형을 다시 잡는다. 레드 원소에 자식이 두 개 있으므로 이들을 블랙으로 만든다(레드의 자식 원소들은 항상 블랙이어야 한다). 마지막으로 루트를 블랙으로 만든다.

▼ 그림 11-3 3단계: 처음에 비어 있던 트리에 정수 3을 삽입한다.

**3 삽입**

빈 트리에 원소를
삽입했으므로 레드임

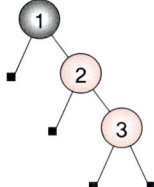

균형을 다시 잡고
레드 원소의 두 자식을
블랙으로 만듦

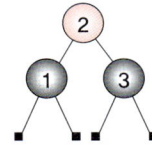

루트를 블랙으로 만듦

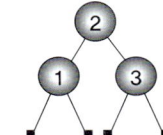

그림 11-4는 원소 4를 넣는 과정을 보여준다. 추가 조작은 필요 없다.

▼ 그림 11-4 4단계: 처음에 비어 있던 트리에 정수 4를 삽입한다.

**4 삽입**

균형을 잡고 루트를
블랙으로 만들기:
변경할 필요 없음

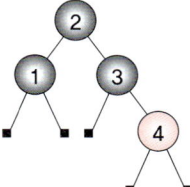

그림 11-5는 원소 5 삽입을 보여준다. 레드 원소가 두 개 연속으로 있으므로 3을 4의 왼쪽 자식으로 만듦으로써 트리의 균형을 잡아야 한다. 이때 4는 2의 오른쪽 자식이 된다.

▼ 그림 11-5 5단계: 처음에 비어 있던 트리에 정수 5를 삽입한다.

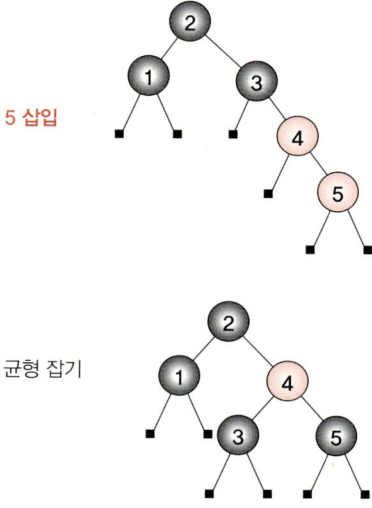

5 삽입

균형 잡기

그림 11-6은 6을 원소로 삽입하는 과정을 보여준다. 추가 조작은 필요 없다.

▼ 그림 11-6 6단계: 처음에 비어 있던 트리에 정수 6을 삽입한다.

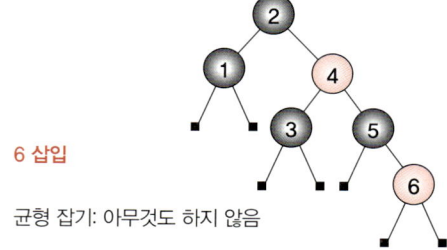

6 삽입

균형 잡기: 아무것도 하지 않음

그림 11-7에서는 원소 7을 트리에 추가한다. 원소 6과 7이 연속된 레드 원소이므로 트리의 균형을 다시 잡아야 한다. 첫 단계는 원소 5를 원소 6의 왼쪽 자식으로 만들고 원소 6을 4의 오른쪽 자식으로 만든다. 그 결과로 다시 레드 원소가 두 개 연속(4와 6)으로 있게 된다. 트리 균형을 다시 한번 회복시킨다. 이번에는 4를 루트로 만들면서 2를 4의 왼쪽 자식으로 만들고 3을 2의 오른쪽 자식으로 만든다. 빈 하위 트리에 이르는 모든 경로에 있는 블랙 노드의 개수가 같아야 하므로 원소 6을 블랙으로 변경한다. 마지막 연산에서는 루트를 블랙으로 만든다.

balance 함수는 트리 생성자와 마찬가지로 color, left, value, right를 인자로 받는다. 이 네 파라미터를 여러 가지 패턴을 사용해 검사한 결과에 따라 적절히 결과를 구성한다. balance 함수는 트리 생성자를 대신한다. 생성자를 사용하는 모든 과정이 생성자 대신 이 함수를 사용하도록 변경해야 한다. 다음 리스트는 balance 함수가 각 인자 패턴을 어떤 식으로 변환하는지 보여준다.

- (T B (T R (T R a x b) y c) z d) → (T R (T B a x b ) y (T B c z d))
- (T B (T R a x (T R b y c)) z d) → (T R (T B a x b) y (T B c z d))
- (T B a x (T R (T R b y c) z d)) → (T R (T B a x b) y (T B c z d))
- (T B a x (T R b y (T R c z d))) → (T R (T B a x b) y (T B c z d))
- (T color a x b) → (T color a x b)

괄호 안의 각 식은 트리에 해당한다. T라는 글자는 비어 있지 않은 트리를 표현하며, B와 R은 레드와 블랙을 표현한다. 소문자들은 각 위치에 있을 수 있는 올바른 값을 저장한다. 각각의 왼쪽 패턴(화살표 → 왼쪽에 있는 패턴)을 내림차순으로 적용한다. 매치를 찾으면 그에 대응하는 오른쪽 패턴을 결과 트리에 적용한다. 이런 식으로 패턴을 표현하는 방법은 when 식과 비슷하다. 이때 마지막 식은 기본 사례에 해당한다.

## 연습문제 11-1

레드-블랙 트리에 원소를 추가하는 데 사용할 plus, balance, blacken 함수를 작성하라. 다음은 각 함수의 시그니처다.

```
operator fun plus(value: @UnsafeVariance A): Tree<A>
fun balance(color: Color, left: Tree<A>, value: A, right: Tree<A>): Tree<A>
fun <A: Comparable<A>> blacken(): Tree<A>
```

▼ 그림 11-7 7단계: 처음에 비어 있던 트리에 정수 7을 삽입한다.

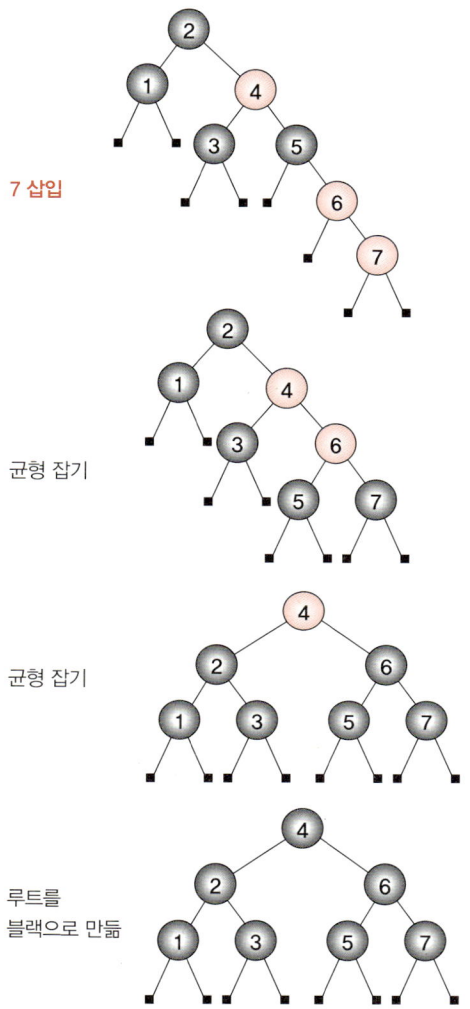

7 삽입

균형 잡기

균형 잡기

루트를
블랙으로 만듦

> [힌트]

원소를 일반적인 방법대로 추가한 후 balance를 호출하는 보호(protected) 가시성의 add 함수를 작성하라. 그 후, blacken 함수를 작성하고 마지막으로 부모 클래스 내에 plus 함수를 작성하라. 이 add 함수는 자식의 add를 호출한 결과에 대해 blacken을 호출한다. 이 모든 함수를 보호(protected)나 비공개(private) 가시성으로 정의해야 한다. 단, 부모 클래스에 있는 plus는 공개(public) 가시성이어야 한다.

### 해법

balance 함수는 Tree 클래스 내부에 정의할 수 있으며 when 식으로 패턴을 표현할 수 있다. 코드를 줄이려고 타입 별명(type alias)을 사용한다.

```
protected fun balance(color: Color,
                     left: Tree<@UnsafeVariance A>,
                     value: @UnsafeVariance A,
                     right: Tree<@UnsafeVariance A>): Tree<A> = when {
    // B (T R (T R a x b) y c) z d = T R (T B a x b) y (T B c z d) 균형 잡기
    color == B && left.isTR && left.left.isTR ->
        T(R, left.left.blacken(), left.value, T(B, left.right, value, right))
    // B (T R a x (T R b y c)) z d = T R (T B a x b) y (T B c z d) 균형 잡기
    color == B && left.isTR && left.right.isTR ->
        T(R, T(B, left.left, left.value, left.right.left), left.right.value,
            T(B, left.right.right, value, right))
    // B a x (T R (T R b y c) z d) = T R (T B a x b) y (T B c z d) 균형 잡기
    color == B && right.isTR && right.left.isTR ->
        T(R, T(B, left, value, right.left.left), right.left.value,
            T(B, right.left.right, right.value, right.right))
    // B a x (T R b y (T R c z d)) = T R (T B a x b) y (T B c z d) 균형 잡기
    color == B && right.isTR && right.right.isTR ->
        T(R, T(B, left, value, right.left), right.value, right.right.blacken())
    // color a x b = T color a x b 균형 잡기
    else -> T(color, left, value, right)
}
```

when 식의 각 case 절은 앞 절에서 설명한 각각의 패턴에 해당한다(주석을 달았다). 둘 사이를 비교해 보고 싶은 독자들은 책에서 비교하지 말고 텍스트 에디터를 활용하라.

add 함수는 여러분이 표준 이진 검색 트리에서 만들었던 것과 비슷하다. 유일한 차이는 T 생성자 대신 balance 함수를 호출한다는 점뿐이다. add 함수를 Tree 클래스의 추상 함수로 정의하고 구현을 T와 Empty에 정의할 수 있다. 다음은 Empty 클래스의 구현이다.

```
override fun add(newVal: @UnsafeVariance A): Tree<A> = T(R, E, newVal, E)
```

다음은 T 클래스의 구현이다.

```
override fun add(newVal: @UnsafeVariance A): Tree<A> = when {
    newVal < value -> balance(color, left.add(newVal), value, right)
    newVal > value -> balance(color, left, value, right.add(newVal))
    else           -> when (color) {
```

```
        B -> T(B, left, newVal, right)
        R -> T(R, left, newVal, right)
    }
}
```

이전의 이진 트리 클래스에서는 A 타입 파라미터에 접근할 수 없기 때문에 Empty 싱글턴에 일부 함수를 구현할 수 없다는 점을 살펴봤다(Empty 싱글턴의 타입은 Nothing 타입을 타입 파라미터로 받는다). A 타입을 타입 파라미터로 받는 추상 Empty 클래스를 정의하고 이를 E<Nothing> 싱글턴 객체로 확장하면 Empty 클래스에 함수를 구현하면서도 빈 트리를 표현하는 싱글턴 객체를 여전히 활용할 수 있다.

blacken 함수도 Tree 클래스에 추상 메서드로 선언하고, 두 가지 구현을 구체적 클래스에 정의할 수 있다. 다음은 Empty의 구현이다.

```
override fun blacken(): Tree<A> = E
```

다음은 T 구현이다.

```
override fun blacken(): Tree<A> = T(B, left, value, right)
```

마지막으로 Tree 클래스 안에 operator 키워드를 사용해 plus 함수를 정의한다. operator로 정의하면 + 연산자를 통해 plus를 호출할 수 있다. 이 plus 함수는 add의 결과로 받은 트리의 루트를 블랙으로 만든다.

```
operator fun plus(value: @UnsafeVariance A): Tree<A> = add(value).blacken()
```

### 11.1.3 레드-블랙 트리에서 원소 삭제하기

레드-블랙 트리에서 원소를 삭제하는 방법에 대해서는 11.1절에서 언급했던 저메인과 마이트의 논의[4]가 있다. 코틀린 구현은 이 책에 포함하기에는 너무 길어서 이 책의 소스 코드에 넣어 두었다. 다음 연습문제에서는 이 함수를 활용한다.

---

[4] 킴벌 저메인, 매슈 마이트, "The missing method: Deleting from Okasaki's red-black trees", http://matt.might.net/articles/red-black-delete

# 11.2 레드–블랙 트리의 활용: 맵

정수가 원소인 트리가 유용한 경우는 드물다(물론 유용할 때도 있다). 이진 검색 트리의 중요한 용법 중 하나는 **맵**(map)이다. 맵을 다른 말로 사전(딕셔너리, dictionary)이나 연관 배열(associative array)이라고도 한다. 맵은 키/값 쌍을 모아둔 구조이며 각 쌍을 삽입, 삭제하도록 허용하고 각 쌍을 빠르게 찾아 읽을 수 있게 허용한다.

프로그래머에게 맵은 익숙한 구조다. 코틀린도 여러가지 맵 구현을 제공한다. 그중 가장 일반적으로 쓰이는 것은 Map과 MutableMap 타입이다. MutableMap은 적절한 보호 메커니즘을 추가하지 않고는 다중 스레드 환경에서 사용할 수 없는데, 이런 보호 메커니즘을 제대로 설계하고 활용하기는 어렵다. 반면에 Map 타입은 이런 문제에 대한 보호를 제공한다. 하지만 데이터 공유를 활용하지 않기 때문에 값을 삽입하거나 삭제할 때마다 새로 전체 맵을 만들어야 하므로 Map 타입은 효율이 떨어진다.

## 11.2.1 맵 구현하기

레드–블랙 트리와 같이 여러분이 만든 함수형 트리는 불변성의 이점을 살릴 수 있기 때문에 락이나 동기화로 방해받는 일 없이 다중 스레드 환경에서 활용할 수 있다. 그리고 원소가 추가되거나 삭제되어도 이전 버전의 트리와 새 버전의 트리 사이에서 대부분의 데이터를 공유하기 때문에 성능도 좋다. 예제 11-2는 레드–블랙 트리를 사용해 Map 인터페이스를 구현한 것을 보여준다.

**예제 11-2 함수형 맵**

```
class Map<out K: Comparable<@UnsafeVariance K>, V> {
    operator fun plus(entry: Pair<@UnsafeVariance K, V>): Map<K, V> = TODO()
    operator fun minus(key: @UnsafeVariance K): Map<K, V> = TODO()

    fun contains(key: @UnsafeVariance K): Boolean = TODO()
    fun get(key: @UnsafeVariance K): Result<MapEntry<@UnsafeVariance K, V>> = TODO()
    fun isEmpty(): Boolean = TODO()
    fun size(): Int = TODO("size")

    companion object {
        operator fun invoke(): Map<Nothing, Nothing> = Map()
    }
}
```

## 연습문제 11-2

Map 클래스의 모든 함수를 구현해서 완전하게 만들어라.

> 힌트

위임을 사용해야 한다. 이 위임의 모든 함수는 각각 한 줄로 구현이 가능하다. 유일한 문제는 데이터를 맵에 저장하는 방법뿐이며 데이터를 쉽게 저장할 수 있어야 한다. 아마도 plus 함수의 인자 타입을 바꿔야 할 수도 있고 get 함수와 똑같은 반환 타입을 사용하는 편을 여러분이 더 좋아할 수도 있다. 또한 Tree 클래스에 get 함수를 추가해서 원소를 가져올 수 있게 만들어야 한다. 이 함수의 시그니처는 다음과 같다.

```
fun operator get(element: @UnsafeVariance A): Result<A>
```

이 함수는 파라미터를 반환하지 않고, 파라미터로 받은 값이 트리에 있으면 그 값이 들어 있는 Result를 반환하고, 그렇지 않으면 빈 Result를 반환한다. 그리고 isEmpty 함수를 Tree 클래스에 정의하라. 그러고 나서 MapEntry 클래스를 정의해 키/값 쌍을 표현하는 MapEntry 타입의 값을 트리에 저장하라.

> 해법

MapEntry는 Pair와 비슷하지만, MapEntry가 비교 가능하며 key를 바탕으로 비교를 수행한다는 중요한 차이가 있다. equals와 hashCode 함수도 key의 동등성과 해시 코드를 기반으로 해야 한다. 다음은 가능한 구현 중 하나다.

```
class MapEntry<K: Comparable<@UnsafeVariance K>, V>
    private constructor(private val key: K, val value: Result<V>):
                    Comparable<MapEntry<K, V>> {
    override fun compareTo(other: MapEntry<K, V>): Int =
        this.key.compareTo(other.key)
    override fun toString(): String = "MapEntry($key, $value)"
    override fun equals(other: Any?): Boolean =
        this === other || when (other) {
            is MapEntry<*, *> -> key == other.key
            else -> false
        }
    override fun hashCode(): Int = key.hashCode()

    companion object {
        fun <K: Comparable<K>, V> of(key: K, value: V): MapEntry<K, V> =
            MapEntry(key, Result(value))
```

```
            operator
            fun <K: Comparable<K>, V> invoke(pair: Pair<K, V>): MapEntry<K, V> =
                MapEntry(pair.first, Result(pair.second))
            operator
            fun <K: Comparable<K>, V> invoke(key: K): MapEntry<K, V> =
                MapEntry(key, Result())
        }
    }
```

Map 부분의 구현은 이제 모든 연산을 Tree<MapEntry<Key, Value>>에 위임하는 문제로 귀결된다. 다음은 또 다른 구현 방법이다.

```
class Map<out K: Comparable<@UnsafeVariance K>, V>(
    private val delegate: Tree<MapEntry<@UnsafeVariance K, V>> = Tree()) {
    operator fun plus(entry: Pair<@UnsafeVariance K, V>): Map<K, V> =
        Map(delegate + MapEntry(entry))
    operator fun minus(key: @UnsafeVariance K): Map<K, V> =
        Map(delegate - MapEntry(key))
    fun contains(key: @UnsafeVariance K): Boolean =
        delegate.contains(MapEntry(key))
    operator fun get(key: @UnsafeVariance K): Result<MapEntry<@UnsafeVariance K, V>> =
        delegate[MapEntry(key)]
    fun isEmpty(): Boolean = delegate.isEmpty
    fun size() = delegate.size
    override fun toString() = delegate.toString()
    companion object {
        operator fun <K: Comparable<@UnsafeVariance K>, V> invoke():
            Map<K, V> = Map()
    }
}
```

## 11.2.2 맵 확장하기

트리 연산 모두를 위임하지 않았다. 일부 연산은 현재 상황에서 적절해 보이지 않기 때문이다. 몇 가지 특별한 용례에 필요한 연산이 추가로 필요하며 이런 연산은 구현하기 쉽다. Map 클래스를 확장해서 위임 함수를 추가하면 된다.

예를 들어 최댓값인 키나 최솟값인 키를 가지는 객체를 찾고 싶다. 다른 기능으로는 맵을 접는 것을 들 수 있다. 아마 맵에 저장된 값들로 이뤄진 리스트를 얻을 때 이런 접기 연산을 활용할 수 있다. 다음은 `foldLeft` 위임의 예다.

```
fun <B> foldLeft(identity: B, f: (B) ->
    (MapEntry<@UnsafeVariance K, V>) -> B, g: (B) -> (B) -> B): B =
        delegate.foldLeft(identity, { b ->
            { me: MapEntry<K, V> ->
                f(b)(me)
            }
        }, g)
```

보통은 Map 클래스 안에 추상화해 넣어둘 만한 가치가 있는 구체적인 용례에서 맵을 접는 과정을 사용한다는 점에 유의하라.

## 연습문제 11-3

맵에 저장된 값을 키의 오름차순으로 나열한 리스트를 반환하는 `values` 함수를 Map 클래스에 정의하라.

[힌트]

Tree 클래스 안에 접기 함수를 새로 정의하고 Map 클래스는 그 함수에 동작을 위임하라.

[해법]

`values` 함수를 구현하는 방법은 여러 가지다. `foldInOrder` 함수에 위임할 수도 있지만 `foldInOrder` 함수는 트리 값을 오름차순으로 이터레이션한다. 따라서 `foldInOrder` 함수를 사용해 리스트를 구성하면 원소가 내림차순으로 만들어진다.

이렇게 만든 리스트의 순서를 뒤집을 수도 있지만, 효율이 떨어진다. `foldInReverseOrder` 함수를 Tree 클래스에 추가하면 보다 나은 해법이 된다. `foldInOrder` 함수를 다시 살펴보자.

```
override fun <B> foldInOrder(identity: B, f: (B) -> (A) -> (B) -> B): B =
    f(left.foldInOrder(identity, f))(value)(right.foldInOrder(identity, f))
```

이제 앞의 함수의 순서를 바꾸면 된다.

```
override fun <B> foldInReverseOrder(identity: B,
    f: (B) -> (A) -> (B) -> B): B =
        f(right.foldInReverseOrder(identity, f))(value)(left
            .foldInReverseOrder(identity, f))
```

항상 그렇듯 Empty의 구현은 identity를 반환한다. 이제 Map 클래스에서 이 함수에 기능을 위임할 수 있다.

```
fun values(): List<V> =
    sequence(delegate.foldInReverseOrder(List<Result<V>>()) { lst1 ->
        { me ->
            { lst2 ->
                lst2.concat(lst1.cons(me.value))
            }
        }
    }).getOrElse(List())
```

### 11.2.3 비교 불가능한 키를 사용하는 Map 다루기

Map 클래스는 유용하고 효율도 상대적으로 좋다. 하지만 여러분이 일반적으로 사용하는 맵과 비교하면 큰 단점이 있는데, 바로 키가 비교 가능해야 한다는 점이다. 키로 사용할 수 있는 타입은 문자열이나 정수 등으로 비교 가능한 경우가 일반적이다. 그렇다면 비교할 수 없는 타입을 키로 사용하려면 어떻게 해야 할까?

#### 연습문제 11-4

비교 불가능한 키에도 사용할 수 있는 Map 버전을 구현하라.

힌트

두 가지를 수정해야 한다. 첫째, 키가 비교 불가능하더라도 MapEntry 클래스를 비교 가능하게 만들어야 한다. 둘째, 키가 같지 않은 두 값을 같은 맵 항목에 저장해야 한다. 따라서 이런 충돌이 벌어졌을 때 충돌 중인 둘 이상의 값을 유지하도록 해서 충돌 문제를 해결해야 한다.

해법

먼저 MapEntry 클래스에서 키가 비교 가능해야 한다는 제약을 없애야 한다. 여기서 K 타입이 비교 불가능하더라도 MapEntry는 여전히 비교 가능하다는 점에 유의하라.

```
class MapEntry<K: Any, V> private constructor(val key: K, val value: Result<V>):
    Comparable<MapEntry<K, V>> {
```

둘째로 compareTo 함수에 대해 다른 구현을 사용해야 한다. 키 클래스가 Any를 확장하게 하고 키의 해시 코드 값을 비교하는 것을 기초로 맵 원소를 비교하는 방법이 있다. 기본적으로 키는 널이 될 수 있는 타입인 Any?를 확장하므로 compareTo 구현에서 널을 제대로 처리해야 한다. 널 처리가 없으면 other.hashCode()에서 NullPointerException이 발생한다.

```
class MapEntry<K: Any, V> private constructor(val key: K, val value: Result<V>):
    Comparable<MapEntry<K, V>> {
        override fun compareTo(other: MapEntry<K, V>): Int =
            hashCode().compareTo(other.hashCode())
    ...
```

다음으로는 키가 다른 두 맵 원소의 해시 코드가 같은 경우에 발생하는 충돌을 처리해야 한다. 이 때 두 원소를 모두 유지해야 한다. 맵 원소를 리스트에 넣으면 가장 단순하다. 이를 위해 Map 클래스를 변경한다. 첫째로 (생성자의) 트리 위임의 타입을 바꿔야 한다.

```
private val delegate: Tree<MapEntry<Int, List<Pair<K, V>>>> = Tree()
```

다음으로 키 해시 코드가 동일한 키/값 튜플의 리스트를 가져오는 함수가 필요하다.

```
private fun getAll(key: @UnsafeVariance K): Result<List<Pair<K, V>>> =
    delegate[MapEntry(key.hashCode())]
        .flatMap { x ->
            x.value.map { lt ->
                lt.map { t -> t }
            }
        }
```

이제 getAll을 사용해 plus, contains, minus, get 함수를 정의할 수 있다. 다음은 plus 함수다.

```
operator fun plus(entry: Pair<@UnsafeVariance K, V>): Map<K, V> {
    val list = getAll(entry.first).map { lt ->
        lt.foldLeft(List(entry)) { lst ->
            { pair ->
                if (pair.first == entry.first) lst else lst.cons(pair)
            }
        }
    }.getOrElse { List(entry) }
    return Map(delegate + MapEntry.of(entry.first.hashCode(), list))
}
```

다음은 minus 함수다.

```
operator fun minus(key: @UnsafeVariance K): Map<K, V> {
    val list = getAll(key).map { lt ->
        lt.foldLeft(List()) { lst: List<Pair<K, V>> ->
            { pair ->
                if (pair.first == key) lst else lst.cons(pair)
            }
        }
    }.getOrElse { List() }
    return when {
        list.isEmpty() -> Map(delegate - MapEntry(key.hashCode()))
        else -> Map(delegate + MapEntry.of(key.hashCode(), list))
    }
}
```

다음은 contains 함수다.

```
fun contains(key: @UnsafeVariance K): Boolean =
    getAll(key).map { list ->
        list.exists { pair ->
            pair.first == key
        }
    }.getOrElse( false)
```

그리고 get 함수는 다음과 같다.

```
fun get(key: @UnsafeVariance K): Result<Pair<K, V>> =
    getAll(key).flatMap { list ->
        list.filter { pair ->
            pair.first == key
        }.headSafe()
    }
```

values와 foldLeft가 더 이상 컴파일되지 않음에 유의하라. 다른 연습문제에서 이를 해결하겠다. 해결이 어려워 보이지만 실제로는 어렵지 않다. 단지 타입을 따라 구현하면 된다. 어려움을 겪는 독자는 이 책의 깃허브 저장소에서 해법을 볼 수 있다.

이렇게 변경하고 나면 비교 불가능한 키에 대해 Map 클래스를 사용할 수 있다. 키/값 튜플을 저장하는 데 리스트를 사용하는 방법은 리스트를 검색하는 시간이 원소 개수에 비례하므로 효율적인 구현이 아니다. 하지만 대부분은 리스트에 원소가 하나만 들어 있으므로 검색 결과를 거의 즉시 얻을 수 있다. 마찬가지 이유로 get 함수에 있는 key 검색을 최초 매치로 가져오는 것으로 변경해 최적화하는 것도 그리 유용하지 못하다. 이런 식으로 검색을 최적화하고 싶으면 최초의 원소를 얻기 전에 모든 리스트를 순회하는 filter와 headSafe를 사용하는 대신에 중단이 가능한 접기 연산('영' 파라미터를 사용하는 접기)을 활용해야 한다. 이런 접기 연산에 관해 기억이 나지 않는다면 연습문제 8-13을 보라.

이 구현에서 minus 함수는 튜플 리스트가 비어 있는지 검사한다는 점에 유의해야 한다. 리스트가 비어 있으면 위임 객체에 대해 minus 함수를 호출하고, 리스트가 비어 있지 않으면 plus 함수를 호출해서 제거할 원소가 빠진 리스트를 다시 맵에 넣는다. 연습문제 10-1을 다시 살펴보라. 이런 구현이 가능한 이유는 10장의 plus 구현에서 기존에 트리에 들어 있던 원소를 다시 삽입하는 경우에 그 자리에 삽입이 이루어지기 때문이다. 위임 객체인 트리의 구현이 그런 식이 아니라면 먼저 키에 해당하는 원소를 제거한 후에 변경한 리스트를 포함하는 새 원소를 삽입해야 한다.

# 11.3 / 함수형 우선순위 큐 구현하기

여러분도 알다시피 큐는 어떤 정해진 접근 규약을 제공하는 일종의 리스트다. 큐에는 앞 장에서 살펴본 단일 연결 리스트처럼 한쪽에만 연산이 일어나는(single-ended) 것이 있다. 그런 경우 접근 규약은 후입 선출(LIFO, Last In First Out)이다. 반면 양 끝에서 연산이 일어나는 큐도 있다. 이런 큐는 선입 선출(FIFO, First In First Out) 방식의 접근 규약을 허용한다. 하지만 보다 특별한 규약을 제공하는 데이터 구조도 있다. 이런 데이터 구조 중에 **우선순위 큐**(priority queue)가 있다.

## 11.3.1 우선순위 큐 접근 규약 살펴보기

우선순위 큐에는 값을 어떤 순서로든 삽입할 수 있다. 하지만 삽입된 값들을 읽을 때는 정해진 순서가 있다. 모든 값에는 우선순위 수준이 정해져 있고, 우선순위가 가장 높은 값을 읽는다. **우선순위**(priority)는 원소의 순서에 의해 표현되며, 이는 원소를 어떤 방식으로든 비교할 수 있어야 한다는 뜻이기도 하다.

원소의 우선순위는 이론적인 대기열 상에서 원소가 어디에 위치하느냐에 따라 결정된다. 가장 높은 우선순위는 위치가 가장 낮은(첫 번째) 원소에 해당한다. 관례로 가장 높은 우선순위를 가장 낮은 값으로 표현한다.

우선순위 큐는 비교 가능한 원소로 되어 있어 트리와 유사한 구조를 사용해 표현하기 좋다. 하지만 사용자 관점에서 우선순위 큐는 머리(우선순위가 가장 낮은 원소, 즉 값이 가장 낮은 원소)와 꼬리(큐의 나머지)가 있는 리스트로 볼 수 있다.

### 11.3.2 우선순위 큐 용례 살펴보기

우선순위 큐는 그 사용이 다양하다. 바로 생각나는 것으로는 정렬이 있다. 원소를 임의 순서로 우선순위 큐에 넣으면 (우선순위에 따라) 정렬된 순서로 꺼낼 수 있다. 이런 사용 방법이 우선순위 큐를 사용하는 주된 용법은 아니지만 데이터 집합이 적을 경우 이를 정렬에 유용하게 쓸 수 있다.

다른 일반적인 용례로는 비동기 병렬 처리 후 원소 순서를 다시 매기는 것이 있다. 처리해야 할 데이터가 여러 페이지에 걸쳐 있다고 하자. 빠르게 처리하려면 데이터를 여러 스레드에 배분해서 병렬로 처리할 수 있다. 하지만 각 스레드가 작업을 받은 순서대로 돌려준다는 보장이 없다. 페이지를 다시 동기화하려면 이들을 우선순위 큐에 넣을 수 있다. 그렇게 하면 페이지를 사용해야 하는 프로세스는 우선순위 큐를 주기적으로 검사(polling)하면서 사용 가능한 원소(큐의 머리)가 자신이 원하는 것인지 검사한다. 예를 들어 1, 2, 3, 4, 5, 6, 7, 8 페이지를 8개의 스레드에 배분해 병렬로 처리한다면 소비자는 큐를 폴링하면서 1페이지가 들어와 있는지 검사할 수 있다. 1페이지가 큐에 있으면 소비자는 그 데이터를 소비하고 1페이지가 큐에 없다면 더 기다린다.

이런 시나리오에서 큐는 버퍼와 원소의 순서를 재배치하는 역할을 동시에 수행한다. 일반적으로 이런 경우는 큐에 원소를 삽입하는 속도와 큐에서 원소를 제거하는 속도가 다소 비슷하기 때문에 큐의 크기 변화가 제한적임을 암시한다. 8개의 스레드가 데이터를 생성하는 속도와 소비자가 데이터를 소비하는 속도가 비슷한 경우 이는 참이다. 그렇지 않다면 소비자를 여럿 사용할 수도 있다.

앞에서 말했던 것처럼 구현 선택은 일반적으로 공간과 시간을 서로 맞바꾸거나 시간과 시간을 맞바꾸는 문제다. 여기서 여러분은 삽입하는 데 걸리는 시간과 읽는 데 걸리는 시간 중에서 선택해야 한다. 일반적인 용법에서는 삽입에 걸리는 시간보다는 읽는 시간을 최적화해야 한다. 보통 삽입보다 읽기가 훨씬 더 많은 비율을 차지하기 때문이다(머리를 읽기만 하고 삭제하지는 않는 경우가 자주 있다).

## 11.3.3 구현 요구 사항 살펴보기

최솟값을 빠르게 찾을 수 있기 때문에 레드-블랙 트리를 바탕으로 우선순위 큐를 구현할 수 있다. 하지만 읽기가 곧 삭제를 뜻하지는 않고, 최솟값이 원하는 값이 아닌 경우에는 나중에 다시 최솟값을 찾아봐야 한다. 이를 위한 한 가지 해법은 삽입 시 최솟값을 메모화하는 것이다. 적용하고 싶은 다른 변경으로 원소 삭제와 관련된 것도 있다. 원소를 삭제하는 것은 상대적으로 빠르지만 항상 최솟값을 제거하기 때문에 이 연산(최솟값 제거 연산)을 위해 데이터 구조를 최적화할 수 있다.

다른 중요한 고려 사항으로 데이터 중복에 관련된 것이 있다. 레드-블랙 트리는 데이터 중복을 허용하지 않지만 우선순위 큐에서는 여러 원소가 같은 우선순위일 수 있기 때문에 중복을 허용해야 한다. 해법은 맵의 경우와 같다. 즉, (단일 원소를 저장하는 대신에) 우선순위가 같은 원소를 정렬한 리스트를 저장한다. 하지만 이런 식의 구현은 최적이 아닐 수 있다.

## 11.3.4 레프티스트 힙 데이터 구조

우선순위 큐의 요구 사항을 만족시키기 위해 오카사키가 설명한 레프티스트 힙을 사용할 수 있다.[5] 오카사키는 힙 순서에 더불어 레프티스트 특성(property)을 만족하는 트리로 레프티스트 힙을 정의한다.

- 힙 순서를 만족하는 트리는 한 원소의 자식들이 항상 그 원소 자신보다 더 크거나 같은 트리를 뜻한다. 힙 순서는 트리에서 가장 작은 원소가 항상 루트 원소라는 점과 최솟값에 즉시 접근할 수 있다는 점을 보장한다.
- 레프티스트 특성이 성립하면 각 원소의 왼쪽 가지의 랭크는 오른쪽 가지의 랭크보다 더 크거나 같다.
- 어떤 원소의 **랭크**(rank)는 그 원소에서 빈 원소에 이르는 오른쪽 경로(이런 경로를 오른쪽 스파인(spine, 등뼈)라고 부른다)의 길이다. 레프티스트 특성을 만족하는 트리에서는 어떤 원소든 그 원소로부터 빈 원소에 이르는 최단 경로가 오른쪽 경로임을 보장한다. 이런 특성을 만족하는 트리에서는 아래로 내려가는 어떤 경로를 택해도 그 경로 안에 있는 원소들의 값이 단조 증가(monotonous increasing, 경로의 아래쪽에 있는 값은 항상 경로 위에 있는 값보다 크거나 같다)한다. 그림 11-8은 레프티스트 트리의 예를 보여준다.

---

[5] 〈순수 함수형 데이터 구조〉(에이콘, 2019)

그림을 보면 알 수 있듯이 트리의 루트가 항상 최솟값이기 때문에 가장 우선순위가 높은 원소를 상수 시간에 제거할 수 있다. 이런 원소를 이 구조의 **머리**(head)라고 한다. 리스트와 비유할 때, 원소를 하나 제거하는 것은 루트를 제거한 나머지 트리를 반환하는 것과 같다. 이때 반환되는 값을 이 구조의 **꼬리**(tail)라고 부른다.

## 11.3.5 레프티스트 힙 구현하기

레프티스트 힙의 주 클래스는 Heap이라고 하며 트리를 구현한 것이어야 한다. 예제 11-3은 기본 구조를 보여준다. 지금까지 여러분이 만들어온 트리와 레프티스트 힙의 가장 큰 차이는 right, left, head와 같은 함수가(예전의 예제에서는 head를 value라고 불렀다) 원래의 값이 아니라 Result를 반환한다는 점에 있다. 그리고 rank를 생성자가 계산하지 않고 생성자를 호출하는 쪽에서 계산한다는 점에 유의하라. 다른 이유는 없고 같은 일을 처리하는 다른 방법을 보여주고자 이런 설계를 택했다. 생성자가 비공개이기 때문에 이런 차이가 Heap 클래스 밖으로 새어 나가는 일은 없다.

▼ 그림 11-8 힙 순서를 지키는 레프티스트 트리. 각 원소의 두 가지는 그 원소 자신보다 크거나 같다는 사실을 알 수 있고, 왼쪽 가지의 랭크는 그 가지의 오른쪽 형제 가지의 랭크보다 더 크다는 사실도 알 수 있다.

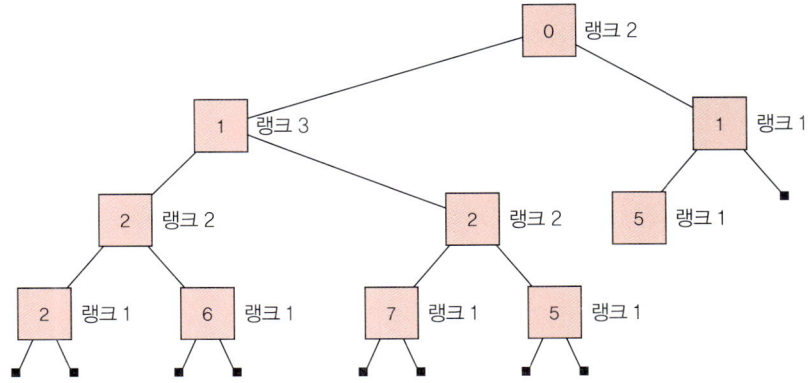

예제 11-3 레프티스트 힙 구조

```
sealed class Heap<out A: Comparable<@UnsafeVariance A>> {
    internal abstract val left: Result<Heap<A>>
    internal abstract val right: Result<Heap<A>>       left, right, head는 모두 Result를 반환한다.
    internal abstract val head: Result<A>

    protected abstract val rank: Int    트리의 크기는 내부에 들어있는 원소의 개수다.
```

```kotlin
    abstract val size: Int
    abstract val isEmpty: Boolean

    abstract class Empty<out A: Comparable<@UnsafeVariance A>>: Heap<A>() {    ---- Empty 클래스는 추상 클래스다.
        override val isEmpty: Boolean = true
        override val left: Result<Heap<A>> = Result(E)
        override val right: Result<Heap<A>> = Result(E)
        override val head: Result<A> = Result.failure("head() called on empty heap")
        override val rank: Int = 0
        override val size: Int = 0
    }

    internal object E: Empty<Nothing>()    ---- E 싱글턴 객체는 모든 빈 트리를 표현한다.

    internal class H<out A: Comparable<@UnsafeVariance A>>(
        override val rank: Int,    ---- H 하위 클래스의 바깥에서 rank 프로퍼티를 계산해서 생성자에 전달한다.
        private val lft: Heap<A>,
        private val hd: A,
        private val rght: Heap<A>): Heap<A>() {
        override val isEmpty: Boolean = false
        override val left: Result<Heap<A>> = Result(lft)
        override val right: Result<Heap<A>> = Result(rght)
        override val head: Result<A> = Result(hd)
        override val size: Int = lft.size + rght.size + 1
    }

    companion object {
        operator fun <A: Comparable<A>> invoke(): Heap<A> = E    ---- 이 함수는 빈 트리를 반환한다.
    }
}
```

## 연습문제 11-5

Heap 구현에 추가하고 싶은 첫 번째 기능은 원소를 추가하는 기능이다. 이를 위해 plus 함수를 정의하라. plus를 다음 시그니처를 가지는 Heap 클래스의 인스턴스 연산자로 정의하라.

```kotlin
operator fun plus(element: @UnsafeVariance A): Heap<A>
```

이 함수 삽입하려는 값이 힙의 어떤 원소보다도 더 작으면 새로운 힙의 루트가 되어야 함을 요구한다. 삽입하려는 값이 가장 작은 값이 아니라면 힙의 루트가 바뀌면 안 된다. 랭크나 오른쪽 경로(스파인)에 대한 길이 제약 등도 계속 지켜져야 한다.

> [힌트]

한 원소로부터 Heap을 만드는 함수를 동반 객체 안에 정의하고, 두 힙을 합병하는 함수를 만들라. 다음과 같은 시그니처를 사용하라.

operator fun <A: Comparable<A>> invoke(element: A): Heap<A>

fun <A: Comparable<A>> merge(first: Heap<A>, second: Heap<A>): Heap<A>

이제 이 두 함수를 사용해 plus 함수를 정의하라.

> [해법]

원소 하나로부터 힙을 만드는 함수는 간단하다. 랭크가 1인 새 트리를 만들면서 인자로 받은 원소를 머리로 만들고, 왼쪽과 오른쪽 가지로는 빈 힙을 사용하라.

operator fun <A: Comparable<A>> invoke(element: A): Heap<A> = H(1, E, element, E)

두 힙을 합병해 새로운 힙을 만드는 것은 조금 더 복잡하다. 이를 위해서는 한 원소와 두 힙을 가지고 힙을 만드는 새로운 도우미 함수가 필요하다.

```
protected
fun <A : Comparable<A>> merge(head: A,
                              first: Heap<A>,
                              second: Heap<A>): Heap<A> =
    when {
        first.rank >= second.rank -> H(second.rank + 1, first, head, second)
        else -> H(first.rank + 1, second, head, first)
    }
```

이 코드는 우선 first 힙의 랭크가 second 힙의 랭크보다 크거나 같은지 검사한다. first 힙의 랭크가 더 크거나 같으면 새 힙을 만들되 second 힙의 랭크에 1을 더한 값을 새로운 랭크로 설정하고 first, second 순서로 가지를 지정한다. 반대로 first 힙의 랭크가 더 작다면 first 힙의 랭크에 1을 더한 값을 새로운 랭크로 설정하고 역순(second, first 순서)으로 가지를 지정한다. 이제 두 힙을 합병하는 함수를 다음과 같이 쓸 수 있다.

```
fun <A: Comparable<A>> merge(first: Heap<A>, second: Heap<A>): Heap<A> =
    first.head.flatMap { fh ->
        second.head.flatMap { sh ->
            when {
                fh <= sh -> first.left.flatMap { fl ->
                    first.right.map { fr ->
                        merge(fh, fl, merge(fr, second))
                    }
                }
                else -> second.left.flatMap { sl ->
                    second.right.map { sr ->
                        merge(sh, sl, merge(first, sr))
                    }
                }
            }
        }
    }.getOrElse(when (first) {
        E -> second
        else -> first
    })
```

합병할 두 힙 중 하나가 비어 있다면 반대쪽 힙을 반환하고, 두 힙 모두 비어 있지 않다면 merge의 결과를 반환한다. 이런 함수를 모두 정의하고 나면 쉽게 plus 함수를 정의할 수 있다.

```
operator fun plus(element: @UnsafeVariance A): Heap<A> = merge(this, Heap(element))
```

## 11.3.6 큐와 유사한 인터페이스 구현하기

트리로 구현했지만 사용자 관점에서 볼 때 이 힙은 가장 작은 원소가 항상 머리에 있는 연결 리스트에 속하는 우선순위 큐와 비슷하다. 비유적으로 이 트리의 루트를 머리(head)라 부르고 머리를 제거하면 남는 나머지 부분을 꼬리(tail)라 부른다.

### 연습문제 11-6

머리를 제거하고 나면 남는 트리를 반환하는 tail을 정의하라. 비어 있는 큐에 대해 이 함수를 호출해도 안전하게 처리가 가능하도록 이 함수도 head 함수와 마찬가지로 Result를 반환해야 한다. 다음은 Heap 부모 클래스에 정의할 이 함수의 시그니처다.

```
abstract fun tail(): Result<Heap<A>>
```

> 해법

Empty의 구현은 명확하다. Failure를 반환하면 된다.

```
override fun tail(): Result<Heap<A>> =
    Result.failure(IllegalStateException("tail() called on empty heap"))
```

이미 연습문제 11-5에서 정의한 함수가 있기 때문에 H의 구현도 거의 비슷하게 간단하다. 왼쪽과 오른쪽 가지를 합병한 결과를 반환하면 된다.

```
override fun tail(): Result<Heap<A>> = Result(merge(lft, rght))
```

## 연습문제 11-7

Int 타입의 파라미터 n을 받아서 우선순위상 n번째 원소를 반환하는 get 함수를 구현하라. 이 함수도 원소를 찾을 수 없는 경우를 제대로 처리하기 위해 Result를 반환한다. 다음은 Heap 부모 클래스에 정의된 이 함수의 시그니처다.

```
fun get(index: Int): Result<A>
```

> 해법

Empty 구현은 명확하며 Failure를 반환해야 한다.

```
override fun get(index: Int): Result<A> =
    Result.failure(NoSuchElementException("Index out of bounds"))
```

H 구현도 마찬가지로 쉽다. 인자로 받은 index를 검사해서 그 값이 0이면 head 값이 들어 있는 Success를 반환한다. index가 0이 아니면 재귀적으로 tail에서 index-1번째 값을 찾는다. tail은 꼬리에 해당하는 트리를 반환하지 않고 Result를 반환하므로 꼬리에 대해 get을 재귀 호출하려면 tail의 결과에 get 재귀 호출을 flatMap 해야 한다.

```
override fun get(index: Int): Result<A> = when (index) {
    0 -> Result(hd)
    else -> tail().flatMap { it.get(index - 1) }
}
```

원소를 찾을 수 없을 경우에 좀 더 명시적인 메시지를 반환하고 싶을 수 있다. 이미 (맨 처음에 get 에서 받았던) index 값이 감소한 뒤 Empty에 있는 get 구현이 호출되므로 오류 메시지를 표시하기 위해 index 값을 Empty에 있는 get 구현에서 사용할 수 없다. 이를 해결하는 방법은 다양하다. 이 부분은 여러분에게 추가 연습문제로 남겨둔다.

## 11.4 원소와 정렬한 리스트

Heap을 정렬한 리스트로 변환하면 유용할 때가 있다. 이런 변환은 쉬워 보인다. 그냥 힙에서 한 번에 원소를 하나씩 빼내면서 리스트에 추가하면 된다. 그런데 이런 변환은 보다 더 일반적인 접기 연산의 특별한 경우라 할 수 있다.

### 연습문제 11-8

힙에서 원소를 빼내는 pop 함수를 정의하라. 이 함수는 힙의 머리와 꼬리로 구성된 쌍의 옵션을 반환한다. 힙이 비어 있으면 반환하는 옵션이 None이다. 그러고 나서 힙으로부터 정렬된 리스트를 만드는 함수를 작성하라.

[힌트]

다음은 pop 함수의 시그니처다.

```
fun pop(): Option<Pair<A, Heap<A>>>
```

[해법]

다음은 가능한 pop 구현 중 하나다. 첫 번째로 Heap 클래스 안에 추상 함수를 정의한다.

```
abstract fun pop(): Option<Pair<A, Heap<A>>>
```

Empty 클래스에 있는 구현은 다음과 같이 빈 옵션을 돌려준다.

```
override fun pop(): Option<Pair<A, Heap<A>>> = Option()
```

H 클래스에서 pop 함수는 힙의 머리와 꼬리가 들어있는 Pair의 Option을 반환한다.

```
override fun pop(): Option<Pair<A, Heap<A>>> = Option(Pair(hd, merge(lft, rght)))
```

pop 함수의 반환 타입은 List 타입에서 정의한 unfold 함수에 잘 들어맞는다. 다음은 부모 Heap 클래스에서 unfold를 통해 toList 함수를 구현하는 방법을 보여준다.

```
fun toList(): List<A> = unfold(this) { it.pop() }
```

## 연습문제 11-9

연습문제 11-8에서는 unfold를 사용해 List<A> 타입의 리스트를 만들었다. 하지만 추상화를 더 할 수 있다. 이 함수를 보다 더 일반화해서 B 타입의 값을 만들게 할 수 있다. 단, 이때 List<A>는 B를 실체화한 것 중 하나여야 한다.

Heap에 List<A> 대신 B를 만들어내는 unfold 함수를 작성하고 이 unfold 함수를 사용해 toList 함수를 다시 작성하라. 그리고 나서 List.foldLeft 버전과 같은 시그니처의 foldLeft 함수를 만들어라.

[힌트]

List에 있는 unfold 함수를 Heap 클래스에 복사해 넣고, List<A> 타입 대신 좀 더 일반적인 B 타입을 만드는 데 필요한 변경을 가하라. 다음은 List를 만들어내는 unfold 함수 구현이다.

```
fun <A, S> unfold(z: S, getNext: (S) -> Option<Pair<A, S>>): List<A> {
    tailrec fun unfold(acc: List<A>, z: S): List<A> {
        val next = getNext(z)
        return when (next) {
            is Option.None -> acc
            is Option.Some -> unfold(acc.cons(next.value.first), next.value.second)
        }
    }
    return unfold(List.Nil, z).reverse()
}
```

[해법]

함수를 보다 더 일반적으로 만들려면 List<A>를 모두 B로 바꿔야 한다.

- List.Nil은 B의 항등원이 되어야 한다. 따라서 항등원을 추가 파라미터로 받아야 한다.
- acc.cons(next.value.first)는 리스트를 만드는 데 사용하는 (List<A>) -> A -> (List<A>) 타입의 함수 구현이다. 더 일반적인 버전에서는 컴파일 시점에 이 함수의 구현을

미리 알 수는 없다. 따라서 추가 파라미터로 이에 해당하는 함수를 받아야 한다.

- List를 반환하기 전에 reverse 함수를 호출하는 부분은 List에만 해당하는 것이므로 제거해야 한다.

```
fun <A, S, B> unfold(z: S,
                    getNext: (S) -> Option<Pair<A, S>>,
                    identity: B,
                    f: (B) -> (A) -> B): B {
    tailrec fun unfold(acc: B, z: S): B {
        val next = getNext(z)
        return when (next) {
            is Option.None -> acc
            is Option.Some -> unfold(f(acc)(next.value.first), next.value.second)
        }
    }
    return unfold(identity, z)
}
```

foldLeft는 다음과 같이 다시 쓸 수 있다.

```
fun <B> foldLeft(identity: B, f: (B) -> (A) -> B): B =
    unfold(this, { it.pop() }, identity, f)
```

그리고 toList는 다음과 같이 다시 쓸 수 있다.

```
fun toList(): List<A> =
    foldLeft(List<A>()) { list -> { a -> list.cons(a) } }.reverse()
```

# 11.5 비교 불가능한 원소에 대한 우선순위 큐

원소를 우선순위 큐에 넣으려면 원소들 사이의 우선순위를 비교할 수 있어야 한다. 하지만 우선순위가 원소의 특성이 아닌 경우도 있다. 원소 타입이 Comparable 인터페이스를 정의하고 있지 않으면 우선순위를 직접 비교할 수 없다. Comparable 인터페이스를 구현하지 않는 타입에 속하는 원소들도 여전히 Comparator를 사용해 비교할 수 있다. 그렇다면 이를 우선순위 큐에도 적용할 수 있을까?

## 연습문제 11-10

Heap 클래스를 변경해서 원소가 Comparable 타입인 경우나 별도로 Comparator를 받은 경우에 모두 작동하도록 만들라.

[해법]

먼저 Heap 클래스 정의를 다음에서

```
sealed class Heap<out A: Comparable<@UnsafeVariance A>>
```

다음으로 바꿔야 한다.

```
sealed class Heap<out A>
```

그리고 나서 하위 클래스 선언을 적절히 바꾸고 Heap 클래스에 Comparator를 저장하기 위한 프로퍼티를 추가해야 한다. 비교기(comparator)는 선택적이기 때문에 이 프로퍼티는 기본 값이 빈 값인 Result<Comparator>를 저장한다.

```
internal class Empty<out A>(
    override val comparator: Result<Comparator<@UnsafeVariance A>> =
        Result.Empty): Heap<A>() {
```

H 클래스도 똑같이 바꿔야 한다. 다만 기존 생성자(그런 생성자가 존재한다면)를 사용해 기본 값을 받게 만든다.

```
internal class H<out A>(override val rank: Int,
                       internal val lft: Heap<A>,
                       internal val hd: A,
                       internal val rght: Heap<A>,
                       override val comparator: Result<Comparator<@UnsafeVariance A>> =
                           lft.comparator.orElse { rght.comparator }): Heap<A>() {
```

이 동반 객체 함수는 여러 가지 버전의 빈 Heap을 만들 수 있다. 비교기가 없는 힙과 Result<Comparator>가 있는 힙을 만들 수 있다. 그리고 보다 더 단순한 방식으로 사용할 수 있도록 Comparator를 인자로 받는 버전도 추가한다. 또한 단일 원소로부터 구체적인 Heap을 만드는 버전도 필요하다.

```
operator fun <A: Comparable<A>> invoke(): Heap<A> =
    Empty()

operator fun <A> invoke(comparator: Comparator<A>): Heap<A> =
    Empty(Result(comparator))

operator fun <A> invoke(comparator: Result<Comparator<A>>): Heap<A> =
    Empty(comparator)

operator fun <A> invoke(element: A, comparator: Result<Comparator<A>>): Heap<A> =
    H(1, Empty(comparator), element, Empty(comparator), comparator)
```

인자 없이 invoke() 함수를 호출하면 Comparable 타입의 원소를 저장하는 힙만 만들 수 있음에 유의하라. 그에 따라 비교기를 제공하지 않고서 Comparable이 아닌 타입의 빈 힙을 만들 방법은 없다. 컴파일러가 이런 제약을 검사한다. 원소를 파라미터로 받는 함수를 변경해서 비교기를 만들어내거나 비교기를 추가 파라미터로 받는 함수로 나눈다.

```
operator fun <A: Comparable<A>> invoke(element: A): Heap<A> =
    invoke(element, Comparator { o1: A, o2: A -> o1.compareTo(o2) })

operator fun <A> invoke(element: A, comparator: Comparator<A>): Heap<A> =
    H(1, Empty(Result(comparator)), element,
        Empty(Result(comparator)), Result(comparator))
```

인자와 힙을 두 개 받는 merge 함수를 적절히 변경해야 한다. 다만 이번에는 힙 인자로부터 비교기를 뽑아내야 한다.

```
protected fun <A> merge(head: A, first: Heap<A>, second: Heap<A>): Heap<A> =
    first.comparator.orElse { second.comparator }.let {
        when {
            first.rank >= second.rank ->
                H(second.rank + 1, first, head, second, it)
            else -> H(first.rank + 1, second, head, first, it)
        }
    }
```

두 Heap을 인자로 받는 merge 함수는 합병할 두 트리 중 어느 쪽의 Comparator를 사용해도 된다. 두 트리 모두 Comparator가 없다면 Result.Empty를 사용한다. 재귀 호출이 일어날 때마다 비교기를 뽑아내는 일이 없도록 함수를 두 개로 나눈다.

```
fun <A> merge(first: Heap<A>, second: Heap<A>, comparator: Result<Comparator<A>> =
    first.comparator.orElse { second.comparator }): Heap<A> =
        first.head.flatMap { fh ->
            second.head.flatMap { sh ->
                when {
                    compare(fh, sh, comparator) <= 0 ->
                        first.left.flatMap { fl ->
                            first.right.map { fr ->
                                merge(fh, fl, merge(fr, second, comparator))
                            }
                        }
                    else -> second.left.flatMap { sl ->
                        second.right.map { sr ->
                            merge(sh, sl, merge(first, sr, comparator))
                        }
                    }
                }
            }
        }.getOrElse(when (first) {
            is Empty -> second
            else -> first
        })
```

두 번째 함수는 compare라는 도우미 함수를 사용한다.

```
private fun <A> compare(first: A, second: A,
    comparator: Result<Comparator<A>>): Int =
        comparator.map { comp ->
            comp.compare(first, second)
        }.getOrElse { (first as Comparable<A>).compareTo(second) }
```

이 함수는 인자 중 하나의 타입을 변환하지만 ClassCastException이 발생할 위험은 없다. 왜냐하면 타입 파라미터가 Comparable을 확장하지 않으면 비교기를 제공하지 않고 힙을 만들 방법이 없도록 했기 때문이다. plus 함수도 다음과 같이 바꾼다.

```
operator fun plus(element: @UnsafeVariance A): Heap<A> =
    merge(this, Heap(element, comparator))
```

마지막으로 Empty 클래스에 있는 left와 right 함수를 다음과 같이 바꾼다.

```
override val left: Result<Heap<A>> = Result(this)
override val right: Result<Heap<A>> = Result(this)
```

## 11.6 요약

- 더 나은 성능을 얻고 재귀 연산 시 발생할 수 있는 스택 오버플로를 방지하기 위해 트리를 균형 트리로 만든다.
- 레드-블랙 트리는 스스로 균형을 유지하는 트리로, 이를 사용하면 트리 균형을 처리하려고 고심할 필요가 없다.
- 키/값 튜플을 저장하는 트리를 위임 객체로 사용해 맵으로 구현할 수 있다.
- 비교 불가능한 키를 사용하는 맵을 만들 때는 동일한 키 표현을 만드는 원소를 저장하기 위해 충돌을 처리해야 한다.
- 우선순위 큐를 사용하면 우선순위에 따라 원소를 가져올 수 있다.
- 우선순위 큐를 레프티스트 힙을 사용해 구현할 수 있다. 레프티스트 힙은 힙-순서를 지키는 이진 트리다.
- 비교기를 추가로 사용하면 비교 불가능한 원소로 이뤄진 우선순위 큐를 구성할 수 있다.

# 12장
# 함수형 입출력

12.1 부수 효과를 컨텍스트 안에 가둔다는 것은 무슨 뜻인가

12.2 데이터 읽기

12.3 입력 테스트하기

12.4 완전히 함수형인 입출력

12.5 요약

---

**이 장에서 다루는 내용**

- 컨텍스트 내부에서 효과를 안전하게 적용하기
- 효과 성공과 효과 실패를 조합하기
- 데이터를 안전하게 읽기
- IO 타입과 명령형 제어 구조와 유사한 제어 구조 사용하기
- IO 연산 조합하기

지금까지는 안전한 프로그래밍을 작성하는 방법(다만 작성한 프로그램이 유용한 결과를 만들어내지는 못했다)과 함수를 합성해서 더 강력한 함수를 만드는 방법을 배웠다. 이와 더불어 비함수형 연산을 보다 더 안전한 함수형 기법을 사용해 수행하는 방법도 배웠다. **비함수형 연산**(nonfunctional operation)은 예외를 던지거나 외부 세계를 바꾸거나 결과를 생성하고자 외부 세계에 의존하는 등의 부수 효과를 만들어내는 연산을 말한다. 예를 들어 잠재적으로 안전하지 않은 연산인 정수 나눗셈을 받아서 계산 컨텍스트 안에서 사용함으로써 그 연산을 안전한 연산으로 바꾸는 방법을 알아보았다. 다음은 지금까지 만들었던 여러 가지 계산 컨텍스트의 예다.

- 7장에서 만든 Result 타입을 사용하면 오류가 발생할 수 있는 함수를 안전하고 오류가 발생하지 않는 방식으로 활용할 수 있다.
- 6장에서 만든 Option 타입 또한 (인자 중 일부에 대해) 때로 아무런 데이터도 만들지 않는 함수를 안전하게 적용할 수 있는 계산 컨텍스트를 제공한다.
- 5장과 8장에서 살펴본 List 클래스도 계산 컨텍스트다. 하지만 오류를 발생시키는 함수가 아니라 단일 원소에 작용하는 함수를 원소들로 이뤄진 컬렉션에 적용할 수 있다. 리스트를 사용하면 빈 리스트를 통해 데이터가 없는 경우도 처리할 수 있다.
- 9장에서 본 Lazy 타입은 필요할 때까지 초기화되지 않는 데이터에 대한 계산 컨텍스트다. Stream 컨텍스트 또한 컬렉션에 대해 동일한 역할을 하는 계산 컨텍스트다.

이런 타입에 대해 공부할 때는 쓸모 있는 결과를 만들어내는 것이 목적이 아니다. 이 장에서는 프로그램에서 실용적인 결과를 만들어내는 여러 가지 기법을 알아보겠다. 이런 기법에는 사용자에게 결과를 표시하는 방법이나 다른 프로그램에 결과를 전달하는 방법 등이 포함된다.

## 12.1 부수 효과를 컨텍스트 안에 가둔다는 것은 무슨 뜻인가

정수 연산의 결과에 함수를 적용할 때 어떻게 했는지 기억을 되살려보자. 정숫값의 곱셈에 대한 역원을 계산하는 inverse 함수를 작성한다고 해보자.

```
val inverse: (Int) -> Result<Double> = { x ->
    when {
        x != 0 -> Result(1.toDouble() / x)
        else -> Result.failure("Division by 0")
    }
}
```

이 함수를 정숫값에 적용할 수 있다. 하지만 이 함수를 다른 함수와 합성할 경우 다른 함수가 반환하는 값이 이 함수의 입력이 된다! 일반적으로 그 (입력) 값은 어떤 컨텍스트 안에 들어 있게 되며, 이 함수의 결괏값과 같은 타입의 컨텍스트인 경우가 보통이다. 다음 예를 보자.

```
val ri: Result<Int> = ...
val rd: Result<Double> = ri.flatMap(inverse)
```

여기서 ri의 값을 컨텍스트 밖으로 끄집어내서 inverse와 합성하지 않는다는 사실에 주목하라. 실제로는 반대로 합성을 처리한다. 여러분은 함수를 컨텍스트(Result 타입)에 넘겨서 컨텍스트 안에서 함수를 적용하고, 가능하면 결괏값을 감싼 새로운 컨텍스트가 만들어지도록 한다. 앞의 코드 예제에서는 함수를 ri 컨텍스트에 넘겨서 새로운 rd 컨텍스트를 만든다.

이런 방식은 깔끔하고 안전하다. 나쁜 일이 벌어지거나 예외가 던져지는 일은 없다. 이것이 바로 순수 함수를 사용하는 프로그래밍의 아름다움이다. 여러분이 작성한 프로그램은 어떤 데이터를 입력으로 사용하든 항상 작동한다. 하지만 이렇게 만든 결과를 어떻게 사용할 수 있는가 하는 의문이 든다. 결과를 콘솔에 출력한다고 해보자. 어떻게 하면 결과를 찍을 수 있을까?

## 12.1.1 효과 처리하기

**순수 함수**는 관찰 가능한 부수 효과가 없는 함수로 정의된다. **효과**(effect)는 프로그램 외에 관찰할 수 있는 모든 것을 뜻한다. 함수의 역할은 값을 반환하는 것이며, **부수 효과**(side effect)는 함수가 반환하는 값을 제외하고 함수 밖에서 관찰 가능한 모든 것을 말한다. 부수 효과라고 불리는 이유는 바로 함수 반환 값 외에 부수적으로 따라오는 것이기 때문이다. 하지만 이와 반대로 효과는 프로그램의 주 역할(그리고 보통은 유일한 역할)이다. (부수 효과가 없는) 순수 함수와 (값을 반환하지 않는) 순수 효과를 함수적인 방법으로 작성하면 프로그램을 안전하게 만들 수 있다.

효과를 함수적인 방법으로 사용한다는 말이 어떤 뜻일까? 현시점에 필자가 제시할 수 있는 정답에 가장 가까운 정의는 '함수형 프로그래밍의 원칙을 방해하지 않는 방식으로 효과를 처리한다'가

된다. 여기서 함수형 프로그래밍의 원칙 중 가장 중요한 것은 참조 투명성이다.

이 목표에 도달하기 위한 몇 가지 방법이 있다. 이 목표를 완벽하게 달성하는 것은 몹시 어렵지만 이 목표에 가까이 가는 것만으로 충분한 경우가 자주 있다. 어떤 기법을 사용할지는 여러분이 선택하면 된다. 함수형 프로그램을 가지고 컨텍스트 안에서 효과를 적용하는 것이 관찰 가능한 효과를 만들어내는 가장 간단한 방법이다.

## 12.1.2 효과 구현하기

앞에서 언급한 것처럼 효과는 프로그램 밖에서 관찰할 수 있는 모든 것이다. 이런 효과가 쓸모 있으려면 효과가 프로그램의 결과를 반영해야 한다. 결과를 반영하려면 일반적으로 프로그램의 결과를 가지고 무언가 관찰 가능한 내용을 만들어야 한다.

**관찰 가능**(observable)이라는 말이 꼭 사람이 관찰할 수 있어야 한다는 뜻은 아니다. 결과를 다른 프로그램이 관찰하는 경우도 종종 있다. 이러한 다른 프로그램은 다시 효과를 사람이 관찰할 수 있는 다른 효과로 변환하기도 한다. 이때 변환이 동기적으로 또는 비동기적으로 이루어진다.

결과를 컴퓨터 화면에 출력하면 사람이 볼 수 있다. 일반적으로 화면에 출력하는 이유는 사람에게 보이기 위해서다. 하지만 데이터베이스에 기록하는 내용은 사용자가 항상 볼 수는 없다. 때로는 사용자가 결과를 검색해 볼 수도 있겠지만, 보통 데이터베이스는 다른 프로그램이 나중에 데이터를 사용하는 데 필요한 것이다. 13장에서는 이런 효과를 프로그램이 다른 프로그램과 통신하는 데 사용하는 방법을 알아본다.

일반적으로 효과를 값에 적용하기 때문에 순수 효과는 아무 값도 반환하지 않는 특별한 종류의 함수를 사용해 모델링할 수 있다. 코틀린에서는 다음과 같은 타입으로 이를 표현한다.

```
(T) -> Unit
```

Any는 모든 타입의 부모 타입이기 때문에 이런 함수 타입을 Any를 사용해 인스턴스화할 수 있다.

```
val display = { x: Any -> println(x) }
```

이보다 함수 참조를 쓰는 편이 더 낫다.

```
val display: (Any) -> Unit = ::println
```

이런 (순수 효과를 표현하는) 함수를 다른 순수 함수와 같이 다룰 수 있으면 좋을 것이다. 순수 함수를 다음과 같이 익명으로 사용하는 경우가 자주 있다.

```
val ri: Result<Int> = ...
val rd: Result<Double> = ri.flatMap(inverse)
rd.map { it * 1.35 }
```

여기서 { it * 2.35 }라는 함수는 이름이 없다. 하지만 재사용을 하고 싶으면 이름을 부여하면 된다.

```
val ri: Result<Int> = ...
val rd: Result<Double> = ri.flatMap(inverse)
val function: (Double) -> Double = { it * 2.35 }
val result = rd.map(function)
```

효과를 적용하려면 다음과 같이 (일반 순수 함수를 적용할 때 사용하는 다양한 함수와) 동등한 함수가 필요하다.

```
val ri: Result<Int> = ...
val rd: Result<Double> = ri.flatMap(inverse)
val function: (Double) -> Double = { it * 2.35 }
val result = rd.map(function)
val ef: (Double) -> Unit = ::println
result.map(ef)
```

실제로는 (기존 순수 함수 매핑 함수들이) 그냥 잘 작동한다! 왜냐하면 ef가 Unit을 반환하는 함수이기 때문이다(Unit은 자바 void와 비슷하다. 실제로는 Void와 같다). 앞의 코드는 다음과 같다.

```
val ri: Result<Int> = ...
val rd: Result<Double> = ri.flatMap(inverse)
val function: (Double) -> Double = { it * 2.35 }
val result = rd.map(function)
val ef: (Double) -> Unit = ::println
val x: Result<Unit> = result.map(ef)
```

효과를 적용하기 위해서 효과를 매핑한 후에 결과를 무시하는 이런 기법을 사용할 수도 있다. 그런데 이보다 더 좋은 방법이 있다. 7장에서 여러분은 효과를 취해서 Result 내부의 값에 적용하는 forEach 함수를 작성했다. Empty 클래스에 있는 이 함수의 구현은 다음과 같다.

```
override fun forEach(onSuccess: (Nothing) -> Unit,
                     onFailure: (RuntimeException) -> Unit,
                     onEmpty: () -> Unit) {
    onEmpty()
}
```

Success 클래스의 구현은 다음과 같다.

```
override fun forEach(onSuccess: (A) -> Unit,
                     onFailure: (RuntimeException) -> Unit,
                     onEmpty: () -> Unit) {
    onSuccess(value)
}
```

그리고 Failure에서는 다음과 같이 구현된다.

```
override fun forEach(onSuccess: (A) -> Unit,
                     onFailure: (RuntimeException) -> Unit,
                     onEmpty: () -> Unit) {
    onFailure(exception)
}
```

forEach 함수는 세 가지 효과를 파라미터로 받는다. 하나는 Success를, 다른 하나는 Failure를, 나머지 하나는 Empty를 처리한다. 나아가 Result 부모 클래스에 있는 추상 선언은 각 효과의 기본값을 선언한다.

```
abstract fun forEach(onSuccess: (A) -> Unit = {},
                     onFailure: (RuntimeException) -> Unit = {},
                     onEmpty: () -> Unit = {})
```

이 세 함수에 대해 단위 테스트를 작성할 수는 없다. 이들의 작동을 검증하려면 다음 리스트에 있는 프로그램을 실행해 화면에서 그 결과를 볼 수 있다. 전역 변수나 파라미터의 상태를 변경하고 상태가 바뀌었는지 검증하는 테스트를 작성할 수 있지만, 그런 테스트는 단위 테스트가 아니다!

**예제 12-1** 데이터 출력하기

```
fun main(args: Array<String>) {
    val ra = Result(4)
    val rb = Result(0)           실패할 수 있는 함수가 반환하는 데이터를 시뮬레이션한다.
    val inverse: (Int) -> Result<Double> = { x ->
        when {
            x != 0 -> Result(1.toDouble() / x)
```

```kotlin
            else -> Result.failure("Division by 0")
        }
    }

    val showResult: (Double) -> Unit = ::println
    val showError: (RuntimeException) -> Unit =
        { println("Error - ${it.message}")}

    val rt1 = ra.flatMap(inverse)
    val rt2 = rb.flatMap(inverse)

    print("Inverse of 4: ")
    rt1.forEach(showResult, showError)    ⸺ 결괏값을 출력한다.

    System.out.print("Inverse of 0: ")
    rt2.forEach(showResult, showError)    ⸺ 오류 메시지를 출력한다.
}
```

이 프로그램의 출력은 다음과 같다.

```
Inverse of 4: 0.25
Inverse of 0: Error - Division by 0
```

## 연습문제 12-1

효과를 인자로 받아서 리스트의 모든 원소에 그 효과를 적용하는 forEach 함수를 List에 작성하라. 시그니처는 다음과 같다.

```kotlin
fun forEach(ef: (A) -> Unit)
```

### 해법

이 함수를 부모 List에 정의하거나 추상 함수로 정의해 구현을 두 하위 클래스에서 할 수 있다. Result.Empty와 달리 리스트가 비어 있을 때 효과를 평가할 이유가 없다(물론 여러분의 필요에 따라 빈 리스트에 대해 효과를 평가해야 할 수도 있다). 따라서 Nil에 있는 구현은 다음과 같이 작동한다.

```kotlin
override fun forEach(ef: (Nothing) -> Unit) {}
```

Cons에 구현할 수 있는 가장 간단한 재귀 구현은 다음과 같다.

```
override fun forEach(ef: (A) -> Unit) {
    ef(head)
    tail.forEach(ef)
}
```

불행히도 이 구현은 원소 수가 수천 개를 넘어가면 스택을 망가뜨린다. 이 문제는 함수를 꼬리 재귀로 만들면 해결된다. forEach 함수 안에 꼬리 재귀 로컬 도우미 함수를 정의하는 것이 가장 쉬운 방법이다.

```
override fun forEach(ef: (A) -> Unit) {
    tailrec fun forEach(list: List<A>) {
        when (list) {
            Nil -> {}
            is Cons -> {
                ef(list.head)
                forEach(list.tail)
            }
        }
    }
    forEach(this)
}
```

## 12.2 데이터 읽기

지금까지는 출력만 살펴봤다. 데이터 출력은 결과를 모두 계산한 다음에 프로그램 맨 끝에서 이루어지는 경우가 자주 있다. 이 때문에 대부분의 프로그램을 함수형 패러다임의 모든 이점을 살리면서 효과를 사용하지 않고 작성할 수 있다. 단지 출력 부분만 함수형이 아닐 뿐이다.

아직 입력 데이터를 프로그램으로 불러오는 방법을 살펴보지는 않았다. 이제 그 방법을 살펴보자. 나중에는 데이터를 입력하는 좀 더 함수형에 어울리는 방식을 살펴보겠다. 하지만 우선 어떻게 하면 (프로그램의) 함수형 부분과 멋지게 맞아떨어져 깔끔한 (그러나 명령형) 방법으로 입력을 처리할 수 있는지 살펴보자.

## 12.2.1 콘솔에서 데이터 읽기

예제로 여러분은 콘솔에서 데이터를 읽되, 여전히 명령형 방식이지만 프로그램이 결정적이 되도록 만듦으로써 테스트를 가능하게 만들 수 있다. 우선 정수와 문자열을 읽는 예제를 개발한다. 다음 예제는 여러분이 구현해야 하는 인터페이스를 보여준다.

**예제 12-2** 데이터 입력을 위한 인터페이스

```
interface Input: Closeable {          ---- Closeable 인터페이스를 확장한다.
    fun readString(): Result<Pair<String, Input>>   ┐
    fun readInt(): Result<Pair<Int, Input>>          ├-- 차례대로 정수와 문자열을 입력한다.
    fun readString(message: String): Result<Pair<String, Input>> = readString()  ┐
    fun readInt(message: String): Result<Pair<Int, Input>> = readInt()            ├
}                                                                                 메시지를 파라미터로 넘긴다.
```

앞의 예제에서 Closeable 인터페이스를 확장하면 자원을 자동으로 닫을 수 있어 유용하다. 메시지를 파라미터로 넘기면 사용자에게 프롬프트(prompt)를 표시할 때 유용하다.

하지만 여기서는 메시지를 무시하는 기본 구현을 제공한다. 이 함수가 Result<String>가 아니라 Result<Pair<String, Input>>을 반환한다는 점에 유의하라. 이는 함수 호출을 참조 투명한 방식으로 서로 연결하기 위한 것이다.

이 인터페이스의 구체적 구현을 직접 작성할 수도 있다. 하지만 먼저 추상 클래스를 하나 작성하자(파일 등 다른 소스로부터 데이터를 읽어야 하기 때문이다). 공통 코드를 추상 클래스에 넣고, 추상 클래스를 입력 유형에 따라 확장해 사용할 것이다. 다음 예제는 이 추상 클래스 구현을 보여준다.

**예제 12-3** AbstractReader 구현

```
abstract class AbstractReader (private val reader: BufferedReader): Input {   ┐
                                                                              여러 다른 입력 소스를 사용할 수 있도록 리더(reader)를 사용해 이 클래스를 만든다.
    override fun readString(): Result<Pair<String, Input>> = try {   ┐
        reader.readLine().let {                                       리더에서 한 줄을 읽어서 Result를 반환한다.
            when {                                                    줄이 비어 있으면 Empty를 반환하고,
                it.isEmpty() -> Result()                              데이터가 들어 있으면 Result.Success를 반환하며,
                else -> Result(Pair(it, this))                        뭔가 잘못되면 Result.Failure를 반환한다.
            }
        }
    } catch (e: Exception) {
        Result.failure(e)
```

```kotlin
    }

    override fun readInt(): Result<Pair<Int, Input>> = try {
        reader.readLine().let {
            when {
                it.isEmpty() -> Result()
                else -> Result(Pair(it.toInt(), this))
            }
        }
    } catch (e: Exception) {
        Result.failure(e)
    }

    override fun close(): Unit = reader.close()    ···· BufferedReader의 close 함수에 위임한다.

}
```

콘솔에서 데이터를 받으려면 다음 예제처럼 구체적 클래스를 구현해야 한다. 이 클래스는 reader 제공을 책임진다. 추가로 인터페이스가 제공하는 두 가지 기본 함수를 변경해서 사용자에게 프롬프트를 표시하게 한다.

**예제 12-4** ConsoleReader 구현

```kotlin
import com.fpinkotlin.common.Result

import java.io.BufferedReader
import java.io.InputStreamReader

class ConsoleReader(reader: BufferedReader): AbstractReader(reader) {

    override fun readString(message: String): Result<Pair<String, Input>> {    ····
        print("$message ")                                                          두 기본 함수를 사용자에게 프롬프트를 표시하게 재구현한다.
        return readString()
    }

    override fun readInt(message: String): Result<Pair<Int, Input>> {    ····
        print("$message ")                                                     두 기본 함수를 사용자에게 프롬프트를 표시하게 재구현한다.
        return readInt()
    }

    companion object {
        operator fun invoke(): ConsoleReader =
```

```
            ConsoleReader(BufferedReader(
                InputStreamReader(System.`in`)))   ---- in이 코틀린 키워드이므로 코틀린에서
        }                                                자바 System 클래스의 in 필드를 참조하려면
                                                         백틱으로 둘러싸야 한다.
    }
```

이제 ConsoleReader 클래스와 여러분이 배운 내용을 활용해 입력에서 출력으로 흘러가는 완전한 프로그램을 작성할 수 있다. 다음 예제는 전체 프로그램을 보여준다.

**예제 12-5** 입력에서 출력으로 흘러가는 완전한 프로그램

```
fun main(args: Array<String>) {
    val input = ConsoleReader()    ---- 리더 생성
    val rString = input.readString("Enter your name:").map { t -> t.first }   ---- readString을 사용자 프롬프트를 사용해 호출하고
                                                                                   결과로 Result(Tuple<String, Input>)를 받는다.
                                                                                   이 결과를 Result<String>을 만들기 위해 매핑한다.
    val nameMessage = rString.map { "Hello, $it!" }   ---- 프로그램의 비즈니스 로직
                                                           (사용자 관점에서 볼 때 프로그램이 수행해야 하는 일)
                                                           부분이다. 이 부분은 순수 함수적일 수 있다.
    nameMessage.forEach(::println, onFailure = { println(it.message)})   ---- 앞 절에서 배운 패턴을
    val rInt = input.readInt("Enter your age:").map { t -> t.first }          결과나 오류 메시지에
    val ageMessage = rInt.map { "You look younger than $it!" }                적용한다.
    ageMessage.forEach(::println, onFailure =    ---- 예외인 경우 다른 메시지를 표시한다.
        { println("Invalid age. Please enter an integer")})
}
```

ageMessage.forEach 효과 안에서 입력값을 참조할 방법이 없다는 점에 유의하라. 입력값을 참조하려면 Result가 아니라 특별한 검증 컨텍스트가 필요하다.

이 프로그램은 인상적이지 않다. 이 프로그램은 대부분의 프로그래밍 책에서 'Hello World' 프로그램 다음에 흔히 나오는 'Hello' 프로그램(이름을 입력받아 "안녕, ${ 이름 }"를 표시하는 프로그램)과 같다. 물론 이 프로그램은 단지 예제일 뿐이다. 더 흥미로운 것은 이 코드를 더 유용한 것으로 발전시키기가 아주 쉽다는 점이다.

## 연습문제 12-2

사용자에게 정수 ID, 이름, 성을 반복해 물어보고, 나중에 콘솔에 사람 목록을 표시하는 프로그램을 작성하라. 사용자가 ID로 빈 값을 입력하자마자 입력을 끝내고 그때까지 입력한 모든 데이터를 표시하라.

> 힌트

데이터 각 줄을 저장할 클래스가 필요하다. 다음 Person 데이터 클래스를 활용하라.

```
data class Person (val id: Int, val firstName: String, val lastName: String)
```

해법을 패키지 수준의 main 함수에 구현하라. Stream.unfold 함수를 사용해 사람의 스트림을 만들어라. 한 사람에 대항하는 데이터를 입력받기 위해 함수를 별도로 만들고 그 함수에 대한 참조를 unfold에 사용하는 방식이 더 편할 수도 있다. 이 입력 함수의 시그니처는 다음과 같다.

```
fun person(input: Input): Result<Pair<Person, Input>>
```

> 해법

해법은 간단하다. 한 사람에 대한 정보를 입력받는 함수가 있다면 여러 사람으로 이뤄진 스트림을 만들 수 있고 결과를 다음과 같이 출력할 수 있다(여기서는 오류나 자원을 닫는 것은 신경 쓰지 않는다.)

```
import com.fpinkotlin.common.List
import com.fpinkotlin.common.Stream

fun readPersonsFromConsole(): List<Person> =
    Stream.unfold(ConsoleReader(), ::person).toList()

fun main(args: Array<String>) {
    readPersonsFromConsole().forEach(::println)
}
```

이제 필요한 것은 person 함수뿐이다. 이 함수는 ID, 이름, 성을 물어보고, 앞 장에서 배운 컴프리헨션 패턴을 사용해 조합할 수 있도록 입력받은 ID, 이름, 성을 세 가지 Result 인스턴스로 만든다.

```
fun person(input: Input): Result<Pair<Person, Input>> =
    input.readInt("Enter ID:").flatMap { id ->
        id.second.readString("Enter first name:")
            .flatMap { firstName ->
                firstName.second.readString("Enter last name:")
                    .map { lastName ->
                        Pair(Person(id.first,
                                    firstName.first,
                                    lastName.first), lastName.second)
```

            }
        }
    }

컴프리헨션 패턴은 함수형 프로그래밍에서 중요한 패턴 중 하나다. 따라서 이 패턴에 통달해야 한다. 스칼라나 하스켈 같은 언어는 컴프리헨션 패턴을 위한 편리 문법을 제공하지만 코틀린은 제공하지 않는다. 이런 편리 문법은 다음 의사 코드와 비슷하다.

```
for {
    id in input.readInt("Enter ID:")
    firstName in id.second.readString("Enter first name:")
    lastName in firstName.second.readString("Enter last name:")
} return Pair(Person(id.first, firstName.first, lastName.first), lastName.second))
```

이 편리 문법은 잊어버릴 수 없을 것이다. 하지만 flatMap을 쓰는 패턴은 처음에는 통달하기 어렵다. 하지만 flatMap 패턴은 실제 일어나는 일을 보여준다. 많은 프로그래머들은 이 패턴을 다음처럼 알고 있다.

```
a.flatMap { b ->
    flatMap { c ->
        map { d ->
            getSomething(a, b, c, d)
        }
    }
}
```

종종 이를 계속 flatMap을 적용한 다음에 마지막에 map 하는 것으로 생각하고는 한다. 하지만 실제로는 그렇지 않다. map을 쓸지 flatMap을 쓸지는 반환 타입에 따라 달라진다. 마지막 함수(여기서는 getSomething)가 다른 어떤 것으로 감싸지 않은 원래 값을 반환하는 경우가 더 흔할 뿐이다. 그래서 이 패턴의 맨 마지막은 map으로 끝난다. 만약 getSomething이 Result를 반환한다면 이 패턴도 다음과 같이 달라진다.

```
a.flatMap { b ->
    flatMap { c ->
        flatMap { d ->
            getSomething(a, b, c, d)
        }
    }
}
```

## 12.2.2 파일 읽기

앞에서 (입력을 처리하는) 프로그램을 설계한 방식은 프로그램을 파일 읽기에 잘 적용하기 위한 것이었다. FileReader 클래스는 ConsoleReader와 비슷하다. 한 가지 차이는 BufferedReader를 만들 때 발생할 수 있는 Exception을 동반 객체의 invoke 함수에서 처리해야 한다는 점이다. 따라서 invoke 함수는 다음 예제처럼 단순한 값이 아닌 Result<Input>를 반환한다.

**예제 12-6** FileReader 구현

```kotlin
class FileReader private constructor(private val reader: BufferedReader) :
                                    AbstractReader(reader), AutoCloseable {

    override fun close() {
        reader.close()
    }

    companion object {
        operator fun invoke(path: String): Result<Input> = try {
            Result(FileReader(File(path).bufferedReader()))
        } catch (e: Exception) {
            Result.failure(e)
        }
    }
}
```

### 연습문제 12-3

ReadConsole와 비슷한 ReadFile을 작성하라. 다만 ReadFile는 파일을 읽되 각 항목을 한 번에 한 줄씩 읽어야 한다. 예제로 사용할 파일은 이 책의 소스 코드에서 볼 수 있다.

| 힌트 |

ReadConsole와 비슷하지만 invoke가 Result를 반환하는 것을 처리해야 한다. person 함수를 재활용하려고 노력해 보라. 그리고 자원을 닫는 것도 신경 써야 한다는 점에 유의하라. 이를 위해 코틀린 표준 함수의 use 함수를 사용해야 한다.

| 해법 |

다음 해법에서 use 함수를 사용해서 어떤 일이 벌어지든 파일을 제대로 닫도록 만들었음에 유의하라.

```kotlin
fun readPersonsFromFile(path: String): Result<List<Person>> =
    FileReader(path).map {
        it.use {
            Stream.unfold(it, ::person).toList()
        }
    }

fun main(args: Array<String>) {
    val path = "<path>/data.txt"
    readPersonsFromFile(path).forEach({ list: List<Person> ->
        list.forEach(::println)
    }, onFailure = ::println)
}
```

readPersonsFromFile 함수 안에서 it 참조를 두 번 사용했다. 각각은 현재 람다 식의 파라미터를 표현한다. 이런 코드가 혼동을 야기한다면 다음과 같이 구체적인 이름을 부여하면 된다.

```kotlin
fun readPersonsFromFile(path: String): Result<List<Person>> =
    FileReader(path).map { input1 ->
        input1.use { input2 ->
            Stream.unfold(input2, ::person).toList()
        }
    }
```

하지만 이 경우에는 두 변수가 같은 객체를 가리킨다.

## 12.3 입력 테스트하기

지금까지 보여준 접근 방식의 장점은 프로그램을 쉽게 테스트할 수 있다는 점이다. 콘솔에서 직접 입력하지 않고 파일을 사용해 프로그램을 테스트할 수 있고, 입력 명령으로 이루어진 스크립트를 만드는 다른 프로그램과 여러분이 작성한 프로그램을 쉽게 연결해 사용할 수도 있다. 다음 예제는 테스트에 사용할 수 있는 ScriptReader를 보여준다.

**예제 12-7** 입력 명령 목록을 사용하게 해주는 ScriptReader

```
class ScriptReader : Input {

    constructor(commands: List<String>) : super() {    ···· 명령 리스트를 가지고
        this.commands = commands                            ScriptReader를 만들 수 있다.
    }

    constructor(vararg commands: String) : super() {   ···· 또는 가변인자 목록을 사용해
        this.commands = List(*commands)                     ScriptReader를 만들 수도 있다.
    }

    private val commands: List<String>

    override fun close() {
    }

    override fun readString(): Result<Pair<String, Input>> = when {
        commands.isEmpty() ->
            Result.failure("Not enough entries in script")
        else ->
            Result(Pair(commands.headSafe().getOrElse(""),
            ScriptReader(commands.drop(1))))
    }

    override fun readInt(): Result<Pair<Int, Input>> = try {
        when {
            commands.isEmpty() ->
                Result.failure("Not enough entries in script")
            Integer.parseInt(commands.headSafe().getOrElse("")) >= 0 ->
                Result(Pair(Integer.parseInt(
                    commands.headSafe().getOrElse("")),
                    ScriptReader(commands.drop(1))))
            else -> Result()
        }
    } catch (e: Exception) {
        Result.failure(e)
    }

}
```

다음 목록은 ScriptReader 클래스를 사용하는 예를 보여준다. 이 책의 코드에서 단위 테스트 예제를 찾을 수 있다.

**예제 12-8** ScriptReader를 사용해 데이터 입력하기

```kotlin
fun readPersonsFromScript(vararg commands: String): List<Person> =
    Stream.unfold(ScriptReader(*commands), ::person).toList()

fun main(args: Array<String>) {
    readPersonsFromScript("1", "Mickey", "Mouse",
                         "2", "Minnie", "Mouse",
                         "3", "Donald", "Duck").forEach(::println)
}
```

# 12.4 완전히 함수형인 입출력

대부분의 코틀린 프로그래머는 지금까지 배운 것으로 충분하다. 프로그램에서 함수형인 부분과 함수형이 아닌 부분을 분리하는 것이 필수적이지만, 대부분의 코틀린 프로그래머에게는 그것만으로도 충분하다. 하지만 코틀린 프로그래밍을 어떻게 보다 더 함수형으로 만들 수 있는지 보는 것도 흥미로운 일이다.

지금부터 설명할 기법을 프로덕션에 적용할지는 여러분의 선택에 달렸다. 어쩌면 추가적인 복잡도를 감수할 만큼 가치가 없을 수도 있다. 하지만 이 기법을 알아두면 충분한 정보를 바탕으로 이 기법을 사용할지 결정할 수 있을 것이다.

## 12.4.1 입출력을 완전히 함수형으로 만들기

어떻게 해야 입출력(I/O)을 완전히 함수형으로 만들 수 있는지에 대해서는 몇 가지 답이 있다. 가장 짧은 답은 '그럴 수 없다'이다. 값을 반환하는 것 외에 관찰할 수 있는 효과가 존재하지 않는다는 함수형 프로그램의 정의에 따르면 입력이나 출력을 (함수형으로) 수행할 방법은 없다.

하지만 입출력이 필요 없는 프로그램도 많다. 일부 라이브러리가 이런 범주에 속한다. 라이브러리는 다른 프로그램이 사용하도록 설계된 프로그램이다. 이들은 인자 값을 받아 그 인자를 바탕으로 계산한 값을 반환한다. 이 장의 12.1절과 12.2절에서 여러분은 프로그램을 세 가지 부분, 즉 입력을 수행하는 부분, 출력을 수행하는 부분, 라이브러리 역할을 하면서 완전히 함수형인 부분으로

구분했다.

이 문제를 해결하는 다른 방법은 이 라이브러리 부분을 따로 작성하되 입력과 출력을 모두 처리하는 다른 (함수형이 아닌) 프로그램을 최종값으로 반환하도록 작성하는 것이다. 이런 방식은 지연 계산 개념과 비슷하다. 여러분은 I/O를 나중에 별도의 프로그램에 의해 처리될 수 있는 어떤 것으로 간주하고, 우리가 만들 순수 함수형 프로그램이 그런 (I/O를 수행하는) 프로그램을 반환하게 만듦으로써 입출력 문제를 처리할 수 있다.

## 12.4.2 순수 함수형 I/O 구현하기

이 절에서는 순수 함수형 I/O를 구현하는 방법을 살펴본다. 먼저 출력부터 시작하자. 콘솔에 환영 인사를 출력하고 싶다. 다음과 같이 작성하는 대신,

```
fun sayHello(name: String) = println("Hello, $name!")
```

실행하면 똑같은 효과를 발생하는 프로그램을 반환하는 sayHello라는 함수를 만들 수도 있다.

```
fun sayHello(name: String): () -> Unit = { println("Hello, $name!") }
```

이제 이 함수를 다음과 같이 사용할 수 있다.

```
fun main(args: Array<String>) {
    val program = sayHello("Georges")
}
```

sayHello는 순수 함수형이다. 물론 여러분은 이 sayHello 함수가 눈에 띄는 일을 하지 않는다고 주장할 수 있다. 맞는 말이다. sayHello은 원하는 효과를 발생시키고자 실행할 수 있는 프로그램을 만들어낸다. 이렇게 만들어낸 프로그램(program에 저장됨)을 평가하면 프로그램을 실행할 수 있다. sayHello를 호출해서 얻은 결과는 비함수형 프로그램이지만, 이는 문제가 되지 않으며 sayHello 자체는 함수형이다.

이미 여러 번 말했지만, 프로그램을 안전하게 만드는 가장 좋은 방법은 함수형인 부분과 효과를 명확히 분리하는 것이다. 여기서 보여준 기법은 구현하기 가장 쉬운 기법은 아니겠지만 분명 함수와 효과를 분리할 수 있는 궁극적인 해법이다.

이 기법이 속임수라고? 그렇지 않다. 어떤 (순수) 함수형 언어로 쓰인 프로그램을 생각해 보자. 결국에는 그 프로그램을 여러분의 컴퓨터에서 실행 가능한 프로그램으로 컴파일해야 하고, 컴파일

한 결과로 생긴 프로그램은 분명히 비함수형이다. 여기서도 똑같은 일을 한다. 다만 여러분이 순수 함수형 프로그램을 통해 만들 프로그램이 코틀린으로 작성된 것이라는 점이 다를 뿐이다. 실제로는 여러분이 순수 함수형 코드로 생성해낼 프로그램은 코틀린으로 만들어진 것도 아니다. 그 프로그램은 여러분의 프로그램이 구성할 일종의 DSL로 이뤄져 있다. 이렇게 만들어낸 프로그램을 다음과 같이 실행할 수 있다.

```
program()
```

이 예제가 만들어낸 프로그램의 타입은 () -> Unit이다. 이 프로그램은 잘 작동한다. 하지만 이 결과를 그냥 평가하는 것 말고 더 많은 일을 할 수 있으면 더 재미있을 것이다. 예를 들어 이런 종류의 결과(이는 I/O를 수행하는 코드다)를 여러 유용한 방법으로 조합하고 싶을 수도 있다. 이런 조합을 위해서는 좀 더 강력한 기능이 필요하므로 새로 타입을 만들고 이름을 IO라고 붙이자. 우선 invoke 함수를 만들 수 있다. 현 단계에서 IO는 () -> Unit와 그리 다르지 않다.

```
class IO(private val f: () -> Unit) {
    operator fun invoke() = f()
}
```

I/O를 수행하는 함수가 세 가지 있다고 가정하자.

```
fun show(message: String): IO = IO { println(message) }

fun <A> toString(rd: Result<A>): String =
    rd.map { it.toString() }.getOrElse { rd.toString() }

fun inverse(i: Int): Result<Double> = when (i) {
    0 -> Result.failure("Div by 0")
    else -> Result(1.0 / i)
}
```

이를 사용해 다음과 같은 순수 함수형 프로그램을 작성하고 싶을 것이다.

```
val computation: IO = show(toString(inverse(3)))
```

이 프로그램은 나중에 실행할 수 있는 다른 프로그램을 만들어낸다.

```
computation()
```

## 12.4.3 I/O 조합하기

새 IO 인터페이스를 사용하면 어떤 프로그램이든 만들 수 있지만 오직 한 덩어리의 프로그램만 만들 수 있다. 하지만 이런 프로그램들을 조합할 수 있다면 좋을 것이다. 여러분이 사용할 수 있는 가장 간단한 조합은 두 프로그램을 한 그룹으로 합치는 것이다. 다음 연습문제에서 이를 해결해 보자.

### 연습문제 12-4

IO 클래스에 두 IO 인스턴스를 하나로 합치는 함수를 만들라. 이 함수의 이름은 plus이며, 여러분이 기본 구현을 제공해야 한다. 다음은 plus의 시그니처다.

```
operator fun plus(io: IO): IO
```

> 해법

현재 IO를 실행한 후 인자로 받은 IO를 실행하는 run 구현을 제공하는 새 IO를 반환하면 된다.

```
operator fun plus(io: IO): IO = IO {
    f()
    io.f()
}
```

나중에 일부 IO 조합에서 중립 원소(neutral element, 항등원 또는 영) 역할을 하는 '아무 일도 하지 않는' IO가 필요할 것이다. 이런 IO를 동반 객체에 다음과 같이 정의할 수 있다.

```
companion object {
    val empty: IO = IO {}
}
```

이렇게 새로 만든 여러 함수를 활용하면 IO 인스턴스를 조합해서 더 복잡한 프로그램을 만들 수 있다.

```
fun getName() = "Mickey"

val instruction1 = IO { print("Hello, ") }
val instruction2 = IO { print(getName()) }
val instruction3 = IO { print("!\n") }
```

이 세 줄은 아무것도 출력하지 않으며 마치 DSL 명령어 같다.

```
val script: IO = instruction1
               + instruction2
               + instruction3     ---- 세 명령을 합친 프로그램을 만든다.

script()    ---- 프로그램을 실행한다.
```

취향에 따라서는 연산자 대신 함수 호출을 사용할 수도 있다.

```
instruction1.plus(instruction2).plus(instruction3)()
```

명령으로 이뤄진 리스트를 가지고 프로그램을 만들 수도 있다.

```
val script = List(
    IO { print("Hello, ") },
    IO { print(getName()) },
    IO { print("!\n") }
)
```

이 코드가 명령형 프로그램처럼 보이는가? 사실 그렇다. 이 프로그램을 실행하려면 먼저 이 프로그램을 한 IO로 컴파일해야 한다. 오른쪽 접기를 사용하면 이 리스크를 IO로 컴파일할 수 있다.

```
val program: IO = script.foldRight(IO.empty) { io -> { io + it } }
```

또는 왼쪽 접기를 사용할 수도 있다.

```
val program: IO = script.foldLeft(IO.empty) { acc -> { acc + it } }
```

왜 아무 일도 하지 않는 IO 구현이 필요한지 알 수 있을 것이다. 마지막으로 일반적인 방법대로 프로그램을 실행하면 된다.

```
program()
```

왼쪽 접기는 항등원 IO를 맨 앞에 놓는 반면, 오른쪽 접기는 항등원 IO를 맨 마지막 위치에 놓는다는 점을 유념하라. 항등원 값으로 IO.empty를 사용하면 아무 차이도 없다. 하지만 다른 IO(예를 들면 어떤 초기화 작업)를 항등원으로 사용한다면 그 작업이 가장 먼저 실행되어야 하므로 왼쪽 접기를 사용한다. 정리 작업을 항등원으로 사용하고 싶다면 오른쪽 접기를 사용하라.

## 12.4.4 IO로 입력 다루기

지금까지 우리가 본 IO 타입은 출력만 다루는 타입이었다. IO가 입력을 처리하게 만들 때 변경해야 하는 부분은 입력값의 타입으로 IO를 파라미터화해서 IO가 입력을 제대로 처리할 수 있게 하는 것이다. 다음은 이렇게 파라미터화한 IO 타입이다.

```kotlin
class IO<out A>(private val f: () -> A) {     ···· IO 클래스를 파라미터화한다. IO를 생성할 때 인자로 받는
    operator fun invoke() = f()                     함수는 IO 클래스의 타입 파라미터에 해당하는 타입의
                                                    인스턴스를 반환하는 함수다.

    companion object {
        val empty: IO<Unit> = IO { }          ···· empty 인스턴스는 타입 파라미터로 Unit을 지정하고,
        operator fun <A> invoke(a: A): IO<A> = IO { a }   아무것도 반환하지 않는 함수를 IO의 생성자 인자로 사용해 만든다
    }                                              (Nothing을 반환하는 타입과 이 함수가 다르다는 점에 유의하라).
}                                         ···· 동반 객체에 있는 invoke 함수는 단순 값을
                                               받아서 IO 컨텍스트로 감싸서 반환한다.
```

코드를 보면 알 수 있듯이, IO의 인터페이스는 Option, Result, List, Stream, Lazy 등에서 했던 것과 같은 방식으로 계산을 위한 컨텍스트를 만든다. 빈 인스턴스를 반환하는 함수나, 단순한 값을 컨텍스트에 넣는 함수에서도 IO와 Option, Result, List, Stream, Lazy 등의 유사성을 볼 수 있다.

IO 값에 대한 계산을 수행하려면 함수를 IO 컨텍스트에서 서로 연결해줄 map이나 flatMap 함수가 필요하다. 하지만 map이나 flatMap 등의 함수를 테스트하려면 먼저 컴퓨터 콘솔을 표현하는 객체를 정의해야 한다.

### 연습문제 12-5

다음과 같이 세 가지 함수를 제공하는 Console 객체를 정의하라.

```kotlin
object Console {
    fun readln(): IO<String> = TODO("")
    fun println(o: Any): IO<Unit> = TODO("")
    fun print(o: Any): IO<Unit> = TODO("")
}
```

**해법**

print와 println 함수는 다음과 같이 인자로 받은 값을 가지고 자신과 똑같은 이름의 코틀린 함수를 호출한다.

```kotlin
fun println(o: Any): IO<Unit> = IO {
    kotlin.io.println(o.toString())
```

```kotlin
}

fun print(o: Any): IO<Unit> = IO {
    kotlin.io.print(o.toString())
}
```

재귀 호출을 막기 위해 코틀린 함수 이름을 전체 이름으로 적어야 한다. 하지만 원한다면 여기 있는 두 함수 이름을 다른 이름으로 바꿀 수 있다.

readln 함수는 System.in을 감싸는 BufferedReader에 있는 realLine 함수를 호출한다. 코틀린에서 in이 키워드이기 때문에 in을 백틱(`)로 감싸야 한다.

```kotlin
private val br = BufferedReader(InputStreamReader(System.`in`))

fun readln(): IO<String> = IO {
    try {
        br.readLine()
    } catch (e: IOException) {
        throw IllegalStateException(e)
    }
}
```

단순화하고자 뭔가 잘못된 경우에 예외를 던지게 했다. 원한다면 함수형에 어울리는 방식으로 문제를 처리하라.

현 상태에서 Console 객체는 복잡도만 추가할 뿐이고 아무런 이익도 제공하지 못한다. IO 인스턴스를 합성할 수 있으려면 map 함수가 필요하다.

## 연습문제 12-6

IO<A>에 map 함수를 정의하라. 이 함수는 A에서 B로 가는 함수를 인자로 받아서 IO<B>를 반환한다.

**해법**

다음은 this의 값을 함수에 적용하고 결과를 새 IO 컨텍스트에 담아서 돌려주는 map 구현이다.

```kotlin
fun <B> map (g: (A) -> B): IO<B> = IO {
    g(this())
}
```

다음은 이 함수를 사용하는 방법을 보여준다.

```kotlin
fun main(args: Array<String>) {
    val script = sayHello()
    script()
}

private fun sayHello(): IO<Unit> = Console.print("Enter your name: ")
    .map { Console.readln()() }
    .map { buildMessage(it) }
    .map { Console.println(it)() }

private fun buildMessage(name: String): String = "Hello, $name!"
```

## 연습문제 12-7

Console.readln()()나 Console.println(it)()처럼 IO를 반복해서 invoke 하는 것은 귀찮은 일이다. 여기서 ()로 invoke 함수를 호출해야 하는 이유는 readln이나 println이 보통 값이 아니라 IO 인스턴스를 반환하기 때문이다. 이런 과정을 추상화하는 flatMap 함수를 작성하라. 이 함수는 A에서 IO<B>로 가는 함수를 인자로 받아서 IO<B>를 반환한다.

**해법**

여러분이 해야 할 일은 map 함수가 반환하는 IO<IO<B>>를 호출해서 IO<B>로 펼치는 것뿐이다.

```kotlin
fun <B> flatMap (g: (A) -> IO<B>): IO<B> = IO {
    g(this())()
}
```

코드를 보면 알 수 있듯이 이 코드는 일종의 재귀 함수다. 여기서는 재귀 호출 깊이가 한 단계뿐이므로 처음에는 그리 큰 문제가 되지 않는다. 하지만 flatMap으로 연쇄할 대상이 아주 많아지면 이런 재귀 호출도 문제가 된다. 이제 I/O를 함수형 방식으로 합성할 수 있다.

```kotlin
fun main(args: Array<String>) {
    val script = sayHello()
    script()
}

private fun sayHello(): IO<Unit> = Console.print("Enter your name: ")
    .flatMap { Console.readln() }
    .map { buildMessage(it) }
    .flatMap { Console.println(it) }
```

```
private fun buildMessage(name: String): String = "Hello, $name!"
```

sayHello 함수는 완전히 안전하다. 이 함수는 아무 I/O 연산도 수행하지 않기 때문에 결코 IOException을 발생시키지 않는다. sayHello는 단지 실행 시 I/O 연산을 수행하는 프로그램을 반환할 뿐이다. 이렇게 sayHello가 반환한 값(script)를 호출하면(script()으로 동반 객체의 invoke를 호출) I/O가 수행된다. 예외가 발생할 수 있는 곳은 바로 이 invoke 호출에서다.

## 12.4.5 IO 타입 확장하기

IO 타입을 사용하면 순수하지 않은 프로그램(효과를 사용하는 프로그램)을 순수 함수적인 방식으로 만들 수 있다. 하지만 현 단계에서 이 프로그램은 단지 Console 클래스 같은 요소에 데이터를 읽거나 쓰는 정도의 일만 할 수 있다. 여러분이 만든 DSL을 확장해서 루프나 조건문 같은 제어 구조를 만드는 명령을 추가할 수 있다.

먼저 인덱스를 사용하는 for 루프와 비슷한 루프를 구현하자. 이 루프는 이터레이션 횟수와 반복 실행할 IO를 인자로 받는 repeat 함수 형태를 띤다.

### 연습문제 12-8

IO 동반 객체에 다음과 같은 시그니처의 repeat 함수를 구현하라.

```
fun <A> repeat(n: Int, io: IO<A> ): IO<List<A>>
```

> 힌트

IO 클래스에서 코드를 단순화하려고 Stream 동반 객체 안에 fill 함수를 추가한다. 다음 함수는 n개의 평가하지 않은 원소가 들어 있는 스트림을 만든다.

```
fun <A> fill(n: Int, elem: Lazy<A>): Stream<A> {
    tailrec
    fun <A> fill(acc: Stream<A>, n: Int, elem: Lazy<A>): Stream<A> =
        when {
            n <= 0 -> acc
            else -> fill(Cons(elem, Lazy { acc }), n - 1, elem)
        }
    return fill(Empty, n, elem)
}
```

각 이터레이션을 표현하는 IO 컬렉션을 만들어야 한다. 그리고 이 컬렉션에 있는 IO 인스턴스를 합성하면서 접어야 한다. 이렇게 하려면 plus 함수보다 더 강력한 그 어떤 것이 필요하다. 우선 다음 시그니처의 map2 함수를 정의하는 것부터 시작하자.

```
fun <A, B, C> map2(ioa: IO<A>, iob: IO<B>, f: (A) -> (B) -> C): IO<C>
```

[해법]

map2 함수를 다음과 같이 구현한다.

```
fun <A, B, C> map2(ioa: IO<A>, iob: IO<B>, f: (A) -> (B) -> C): IO<C> =
    ioa.flatMap { a ->
        iob.map { b ->
            f(a)(b)
        }
    }
```

이 코드는 많이 봤던 컴프리헨션 패턴을 적용한 것일 뿐이다. 이 함수가 있으면 repeat를 다음과 같이 쉽게 구현할 수 있다.

```
fun <A> repeat(n: Int, io: IO<A> ): IO<List<A>> =
    Stream.fill(n, Lazy { io })
        .foldRight( Lazy { IO { List<A>() } }) { ioa ->
            { sioLa ->
                map2(ioa, sioLa()) { a ->
                    { la: List<A> -> cons(a, la) }
                }
            }
        }
```

이 코드는 조금 복잡해 보인다. 하지만 복잡해 보이는 이유는 추상화를 위해 한 줄로 줄여 썼기 때문이다. 이 코드는 다음 코드와 같다.

```
fun <A> repeat(n: Int, io: IO<A> ): IO<List<A>> {
    val stream: Stream<IO<A>> = Stream.fill(n, Lazy { io })

    val f: (A) -> (List<A>) -> List<A> =
        { a ->
            { la: List<A> -> cons(a, la) }
        }

    val g: (IO<A>) -> (Lazy<IO<List<A>>>) -> IO<List<A>> =
```

```
        { ioa ->
            { sioLa ->
                map2(ioa, sioLa(), f)
            }
        }

    val z: Lazy<IO<List<A>>> = Lazy { IO { List<A>() } }
    return stream.foldRight(z, g)
}
```

> **Tip** IDE를 사용하는 독자라면 타입을 찾기 쉬울 것이다. 예를 들어 인텔리J에서 Ctrl 를 누른 상태에서 마우스 포인터를 참조에 가져가면 그 참조의 타입이 표시된다.

이런 함수가 있으면 이제 다음과 같은 코드를 작성할 수 있다.

```
val program = IO.repeat(3, sayHello())
```

이 코드는 마치 다음 함수를 sayHello(3)로 호출하는 것과 같은 동작을 한다.

```
fun sayHello(n: Int) {
    val br = BufferedReader(InputStreamReader(System.`in`))
    for (i in 0 until n) {
        print("Enter your name: ")
        val name = br.readLine()
        println(buildMessage(name))
    }
}
```

하지만 sayHello(3)는 효과를 세 번 즉시 실행하는 반면, IO.repeat(3, sayHello())은 (평가되지 않은) 프로그램을 반환하며 이 프로그램의 invoke 함수를 호출해야 sayHello(3)와 똑같은 일을 한다는 중요한 차이가 있다.

다른 제어 구조를 정의하는 것도 가능하다. 이 책의 소스 코드에 많은 예제가 있으니 참고하기 바란다.

다음 코드는 일반적인 언어에 있는 if와 while과 완전히 똑같은 일을 하는 condition과 doWhile을 사용한 예제다.

### 예제 12-9 IO를 사용해 명령형 프로그램 감싸기

```
private val buildMessage = { name: String ->
    IO.condition(name.isNotEmpty(), Lazy {
        IO("Hello, $name!").flatMap { Console.println(it) }
    })
}

fun program(f: (String) -> IO<Boolean>, title: String): IO<Unit> {
    return IO.sequence(Console.println(title),
        IO.doWhile(Console.readln(), f),
        Console.println("bye!")
    )
}

fun main(args: Array<String>) {
    val program = program(buildMessage, "Enter the names of the persons to welcome: ")
    program()
}
```

이 예제는 여러분에게 이런 식으로 프로그래밍을 하라고 권장하기 위한 것은 아니다. IO 타입을 I/O에만 사용하고 계산은 함수형 프로그래밍을 사용하는 편이 분명히 더 낫다. 명령형 DSL을 함수형 코드에서 구현하는 것은 해결하고 싶은 문제가 어떤 것이든 관계없이 가장 효율적인 해법은 아닐 것이다. 하지만 (순수 함수형 프로그래밍으로 명령형 코드를 작성하는 것이) 어떻게 작동하는지 이해하기 위한 연습문제로 이 주제가 중요하다.

## 12.4.6 IO 타입을 스택 안전하게 만들기

앞에서 본 연습문제에서 여러분은 일부 IO 함수가 재귀 함수와 같은 방식으로 스택을 사용한다는 점을 눈치챘을 것이다. 예를 들어 repeat 함수는 반복 횟수가 너무 많으면 스택 오버플로를 발생시킨다. 스택 오버플로가 발생하는 반복 횟수는 스택 크기와 프로그램을 실행할 때 스택이 얼마나 차 있었느냐에 따라 달라진다. 지금이라면 여러분이 repeat 함수 호출 자체는 스택을 날리지 않는다는 사실을 이해할 수 있으리라 생각한다. 스택을 날리는 경우는 repeat가 만든 프로그램을 실행할 때뿐이다.

## 연습문제 12-9

스택을 날려버리는지 실험하기 위해 IO를 인자로 받아서 인자로 받은 계산을 무한히 반복 실행하는 새로운 IO를 반환하는 forever 함수를 만들라. 다음은 IO 동반 객체에 선언할 forever의 시그니처다.

```
fun <A, B> forever(ioa: IO<A>): IO<B>
```

**[해법]**

이 코드는 쓸모없어서 간단하게 작성할 수 있다! 여러분이 할 일은 프로그램을 무한히 재귀적으로 만드는 것이다. forever 함수 자체가 재귀적이면 안 된다는 점을 명심하라. 단지 forever가 반환하는 프로그램만 재귀적이어야 한다.

해법은 () -> IO 타입의 도우미 함수를 사용하고, 인자로 받은 IO와 forever 함수를 호출하는 도우미 함수를 flatMap 하는 것이다.

```
fun <A, B> forever(ioa: IO<A>): IO<B> {
    val t: () -> IO<B> = { forever(ioa) }
    return ioa.flatMap { t() }
}
```

이 함수를 다음과 같이 사용할 수 있다.

```
fun main(args: Array<String>) {
    val program = IO.forever<String, String>(IO { "Hi again!" })
        .flatMap { Console.println(it) }
    program()
}
```

수천 번 반복하고 나면 이 프로그램이 스택을 날린다는 점을 확인하라. 이 프로그램은 다음과 같다.

```
IO.forever<Unit, String>(Console.println("Hi again!"))()
```

이 코드가 왜 스택을 날리는지 알 수 없다면 forever 함수 구현에 있는 t 변수를 그에 해당하는 식으로 대치한 다음 의사 코드(이 코드는 컴파일되지 않는다!)를 살펴보라.

```
fun <A, B> forever(ioa: IO<A>): IO<B> {
    return ioa.flatMap { { forever(ioa) }() }
}
```

이제 재귀 호출을 forever 함수 구현에 있는 코드로 대치하자.

```
fun <A, B> forever(ioa: IO<A>): IO<B> {
    return ioa.flatMap { { ioa.flatMap { { forever<A, B>(ioa) }() } }() }
}
```

이 재귀를 무한정 계속할 수 있다. 여기서 알 수 있는 점은 flatMap 호출이 내포되면서 매번 호출될 때마다 현재 상태를 스택에 똑같이 쌓는다는 점이다. 몇천 단계가 지나면 정말 스택이 날아갈 것이다. 스택을 사용하지 않고 명령을 순서대로 하나씩 실행하는 명령형 프로그래밍과 달리 여기서는 flatMap 함수를 재귀적으로 호출하고 있다.

IO를 스택 안전하게 만들려면 **트램폴리닝**(trampolining)이라는 기법을 사용해야 한다. 먼저 프로그램의 세 가지 상태를 표현해야 한다.

- Return은 종료된 계산을 표현한다. 따라서 Return은 결과를 반환해야 한다는 뜻이다.
- Suspend는 현재 계산을 재개하기 전에 어떤 효과를 적용해야 하는 일시 중단된 계산을 표현한다.
- Continue는 다음 계산을 계속 수행하기 전에 프로그램이 반드시 첫 번째 하위 계산을 적용해야 하는 상태를 표현한다.

이런 상태는 다음 예제의 세 가지 클래스로 표현할 수 있다.

> **Note ≡** 예제 12-9부터 12-11은 전체 프로그램의 각 부분이다. 하나씩 따로 실행할 수 있었던 예전 예제들과 달리 이 세 가지 예제는 하나로 묶어서 실행해야 한다.

**예제 12-10** IO를 스택안전하게 만들 때 필요한 3가지 클래스

```
sealed class IO<out A> {    ---- IO를 이제 봉인된 클래스로 만들어서 클래스 외부에서 인스턴스화하지 못하게 만든다.
    internal
    class Return<out A>(val value: A): IO<A>()    ---- 이 값은 계산이 반환할 값이다.

    internal
    class Suspend<out A>(val resume: () -> A): IO<A>()    ---- 이 함수는 아무 인자도 받지 않고 효과를
                                                               적용한 다음 결과를 반환한다.
    internal
    class Continue<A, out B>(val sub: IO<A>,    ---- 이 IO를 먼저 실행해서 값을 만든다.
        val f: (A) -> IO<B>): IO<A>()    ---- 반환된 값에 이 함수를 적용해서 계산을 재개한다.
```

예제 12-11이나 예제 12-12 같이 내부에 들어 있는 IO 클래스를 약간 바꿔야 한다.

**예제 12-11** 스택 안전한 IO 버전에서 바뀐 부분

```
sealed class IO<out A> {    ---- IO 타입은 이제 봉인된 클래스다.
    operator fun invoke(): A = invoke(this)    ---- invoke 함수는 이제 도우미 함수를 invoke(this)로 호출한다.

    operator fun invoke(io: IO<@UnsafeVariance A>): A {    ---- invoke(this) 함수는 자신이 호출되면 꼬리
        tailrec fun invokeHelper(io: IO<A>): A =               재귀로 만든 invokeHelper 함수를 호출한다.
            when (io) {    ---- invokeHelper 함수는 예제 12-12에 있다.
                ...
            }
        return invokeHelper(io)
    }
                                                                          map 함수는 이제 f와 Return
                                                                          생성자 사이의 합성에
    fun <B> map(f: (A) -> B): IO<B> = flatMap { Return(f(it)) }    ---- flatMap을 적용한다.
    fun <B> flatMap(f: (A) -> IO<B>): IO<B> = Continue(this, f) as IO<B>    ----;
                                                                          flatMap 함수는 IO<B>로
                                                                          캐스팅할 수 있는
    class IORef<A>(private var value: A) {                                Continue를 반환한다.
        fun set(a: A): IO<A> {
            value = a
            return unit(a)
        }
        fun get(): IO<A> = unit(value)
        fun modify(f: (A) -> A): IO<A> = get().flatMap({ a -> set(f(a)) })
    }

    internal class Return<out A>(val value: A): IO<A>()
    internal class Suspend<out A>(val resume: () -> A): IO<A>()
    internal class Continue<A, out B>(val sub: IO<A>,

    val f: (A) -> IO<B>): IO<A>()

    companion object {
        val empty: IO<Unit> = IO.Suspend { Unit }    ---- 빈 IO는 이제 Suspend다.
        internal fun <A> unit(a: A): IO<A> = IO.Suspend { a }    ---- unit 함수는 이제
        // 나머지 부분은 생략                                           Suspend를 반환한다.
    }
}
```

### 예제 12-12 스택 안전한 invokeHelper 함수

```
tailrec fun invokeHelper(io: IO<A>): A = when (io) {
    is Return -> io.value      ---- 받은 IO가 Return이면 계산이 끝나므로 값을 반환한다.
    is Suspend -> io.resume()  ---- 받은 IO가 Suspend면 내부에 들어있는 효과를 먼저 실행해서 받은 값을 반환한다.
    else -> {
        val ct = io as Continue<A, A>   ---- 받은 IO가 Continue면 내부에 들어 있는 sub IO를 먼저 읽는다.
        val sub = ct.sub
        val f = ct.f
        when (sub) {                                        sub가 Return이면 sub에 담긴 내부 값에
            is Return -> invokeHelper(f(sub.value))    ---- f를 적용한 결과에 대해 invokeHelper를
            is Suspend -> invokeHelper(f(sub.resume())) ⋯   재귀적으로 호출한다.
            else -> {                          sub가 Suspend면 sub를 계산한 결과 (이 과정에서 내부에 들어있는 효과를
                val ct2 = sub as Continue<A, A>  만들 수도 있음)에 f를 적용한 결과에 대해 invokeHelper를 재귀적으로 호출한다.
                val sub2 = ct2.sub             ⋯
                val f2 = ct2.f                   sub가 Continue이면 내부에 있는 IO를 추출(sub2)하고
                invokeHelper(sub2.flatMap { f2(it).flatMap(f) })  체인을 만들어내는 sub와 flatMap 한다.
            }
        }
    }
}
```

다음 코드는 스택 안전한 버전의 IO를 사용하는 방법을 보여준다.

### 예제 12-13 Console 클래스의 스택 안전한 버전

```
object Console {
    private val br = BufferedReader(InputStreamReader(System.`in`))

    /**
     * readLine을 val 함수로 구현하는 방법
     */
    val readLine2: () -> IO<String> = {
        IO.Suspend {
            try {
                br.readLine()
            } catch (e: IOException) {
                throw IllegalStateException(e)
            }
        }
    }

    /**
     * readLine을 더 간단하게 구현한다. 이름 충돌로 인해 함수 참조를 쓸 수 없다.
```

```
 * 함수 참조를 쓰고 싶으면 fun 함수와 val 함수의 이름을 다르게 만들어라.
 */
val readLine = { readLine() }

/**
 * fun으로 구현한 readLine
 */
fun readLine(): IO<String> = IO.Suspend {
    try {
        br.readLine()
    } catch (e: IOException) {
        throw IllegalStateException(e)
    }
}

/**
 * val로 구현한 printLine
 */
val printLine: (String) -> IO<Unit> = { s: Any ->
    IO.Suspend {
        println(s)
    }
}

/**
 * fun으로 구현한 printLine
 */
fun printLine(s: Any): IO<Unit> = IO.Suspend { println(s) }

/**
 * print 함수. kotlin.io.print를 전체 이름으로 썼다는 점에 유의하라.
 */
fun print(s: Any): IO<Unit> = IO.Suspend { kotlin.io.print(s) }

}
```

이제 forever나 doWhile을 사용해도 스택이 넘치지 않는다. repeat도 스택 안전하게 만들 수 있다. 여기에 그 구현을 보이지는 않았지만 이 책의 소스 코드에 넣어 두었다.

여기서 설명한 내용을 함수형 프로그램을 작성하는 방법으로 추천하지 않는다는 점을 명심하라. 이 장의 내용은 실전에서 활용하기 좋은 기법을 제시하기보다는 함수형 프로그래밍으로 IO를 처리하는 궁극적인 방법을 보여주기 위한 것이다. 그리고 여기서 '궁극적'이라는 표현은 코틀린 프로그래밍에만 적용된다는 점도 알아두길 바란다. 함수형 프로그래밍에 친화적인 언어를 사용하면 훨씬 더 강력한 프로그램을 만들 수 있다.

## 12.5 요약

- List, Result 등의 컨텍스트 안에 값이 있을 때 컨텍스트 밖으로 꺼내온 값에 효과를 적용하면 컨텍스트 안에 값이 없을 때 오류가 발생할 수 있다. 이보다는 컨텍스트에게 효과를 넘기면 효과를 값에 안전하게 적용할 수 있다.
- 성공과 실패에 따라 서로 다른 효과를 적용하는 것을 Result 타입 안에 추상화할 수 있다.
- Reader 추상화를 사용하면 파일을 읽는 작업을 콘솔을 읽는 작업이나 메모리를 읽는 작업과 똑같은 방식으로 처리할 수 있다.
- IO 타입을 사용해 입출력을 보다 더 함수형으로 만들 수 있다.
- IO 타입을 확장하면 나중에 실행할 수 있는 프로그램을 만드는 방식을 통해 모든 명령형 작업을 함수형으로 수행할 수 있다.
- 트램폴리닝 기법을 사용해 IO 타입을 스택 안전하게 만들 수 있다.

# 13장

# 액터로 상태 변이 공유하기

13.1 액터 모델

13.2 액터 프레임워크 구현하기

13.3 AbstractActor 구현

13.4 액터가 행동하게 만들기

13.5 요약

---

**이 장에서 다루는 내용**

- 액터 모델 이해하기
- 비동기 메시징 이해하기
- 액터 프레임워크 만들기
- 액터 동작시키기
- 액터 성능 최적화하기

앞 장에서는 안전한 프로그램을 작성할 때 도움이 되는 여러 기법을 알아보았다. 이런 기법의 대부분은 함수형 프로그래밍이며, 살펴본 기법 중 하나는 불변 데이터를 사용해 상태 변이를 피하는 것이었다. 상태 변이를 사용하지 않고 프로그래밍하면 조금 더 안전해지고 신뢰할 수 있으며, 설계가 쉬워지고 규모를 쉽게 확장할 수 있다.

상태 변이를 함수형으로 처리하기 위해 함수의 인자와 함께 상태를 전달하는 기법을 배웠다. 이 기법을 사용하는 몇 가지 예제를 살펴봤다. 제너레이터의 상태를 새로운 값과 함께 전달함으로써 데이터 스트림을 만들 수 있다는 사실도 알아보았다(기억이 나지 않는다면 제너레이터의 새로운 상태와 생성한 값을 함께 전달하는 unfold 함수를 구현한 연습문제 9-29를 다시 보라). 12장에서는 화면에 출력을 보내고 키보드 입력을 받을 수 있는 파라미터로 콘솔을 전달하는 방법을 알아보았다. 이런 기법을 다양한 분야에 적용할 수 있다. 하지만 상태 변이를 안전하게 공유할 때 도움되는 프로그래밍 기법이 함수형 프로그래밍밖에 없다고 생각해서는 안 된다. 그런 생각은 완전히 잘못된 생각이다.

예를 들어 불변 데이터 구조를 사용해도 상태 변이를 공유하는 데는 도움이 되지 않는다. 불변 데이터는 상태 변이 자체를 없애서 실수로 상태 변이를 공유하지 못하게 막아줄 뿐이다. 상태를 함수 파라미터의 일부분으로 넘기고 새로운 (불변) 상태를 결과의 일부분으로(새 상태와 결과를 함께 포함하는 튜플 형태로) 받는 방식은 단일 스레드만 다루는 때는 아무 문제가 없다. 하지만 스레드 사이에서 상태 변이를 공유해야 한다면(현대적인 애플리케이션 대부분은 이 경우에 해당함) 불변 데이터 구조는 도움이 되지 않는다. 이런 종류의 데이터를 공유하려면 새 불변 데이터가 옛 데이터를 덮어쓸 수 있게 가변 참조가 필요하다.[1]

함수가 호출된 횟수를 세고 싶다고 하자. 단일 스레드 애플리케이션에서는 함수 인자에 카운터를 추가하고 결과의 일부분으로 증가시킨 카운터 값을 반환하는 방법을 택할 수 있다. 하지만 대부분의 명령형 프로그래머는 카운터를 증가시키는 부수 효과를 만들 것이다. 스레드가 하나라면 부수 효과를 사용하는 방식에 아무 걸림돌이 없다. 동시 접근을 막기 위해 락(lock)을 걸 필요도 없다. 이런 상황은 무인도에서 사는 것과 비슷하다. 여러분이 유일한 거주자라면 문을 잠글 필요가 없다. 하지만 다중 스레드 프로그램이라면 어떻게 동시 접근을 방지하면서 카운터를 안전하게 증가시킬 수 있을까? 이 질문에 대한 답은 일반적으로는 락을 사용하거나 원자적(atomic) 연산을 사용하거나 두 방법을 다 사용하는 것이다.

---

[1] **역주** 저자의 설명과 달리 불변 상태를 함수 파라미터로 넘기고 변경된 상태를 받는 방식은 공유를 없애고 병렬 프로그래밍에서도 항상 유효하기 때문에 이런 경우에 가변 참조가 꼭 필요하지는 않다고 생각할 수 있다. 하지만 병렬화가 쓸모 있으려면 데이터를 여러 스레드에 나눠준 후 계산해야 하고 계산한 결과를 다시 하나로 합쳐야 한다. 결과를 합치려면 각 스레드가 반환한 결과를 어딘가에 저장해야 하고 이를 불변적으로 처리할 수 없다. 예를 들어 스레드가 동시 실행할 수 있는 CPU 코어 수보다 많은 경우를 생각해 보라.

함수형 프로그래밍에서는 자원을 공유하려면 효과를 통해야 한다. 이 말은 여러분이 공유 자원에 접근할 때마다 함수형 안전성을 포기하고 12장에서 다룬 I/O처럼 공유 자원에 대한 접근을 처리해야 한다는 뜻이다. 이 말이 상태 변이를 공유할 때마다 락과 동기화를 관리해야 한다는 뜻일까? 전혀 그렇지 않다.

앞에서 알아본 것처럼 함수형 프로그래밍은 추상화를 한계까지 밀어붙이는 것과 같다. 변이 상태를 공유하는 것도 세부 사항을 신경 쓰지 않고 상태를 공유해도 될 정도까지 추상화가 가능하다. 이를 달성하는 방법 중 한 가지가 액터 프레임워크를 사용하는 것이다.[2]

이 장에서는 실제적이고 완전한 액터 프레임워크를 만들지 않는다. 완전한 액터 프레임워크를 만드는 것은 엄청난 일이라 프레임워크를 새로 만들기보다는 기존 구현을 사용한다. 여기서는 최소한의 액터 프레임워크를 만듦으로써 액터 프레임워크가 함수형 프로그래밍에 어떤 기능을 추가해주는지 알아보는 것이 목적이다.

## 13.1 액터 모델

액터 모델에서는 다중 스레드 애플리케이션을 **액터**(actor)라 불리는 여러 단일 스레드 컴포넌트로 나눈다. 각 액터가 단일 스레드이므로 락이나 동기화를 통해 데이터를 공유할 필요가 없다.

액터는 다른 액터와 효과를 통해 통신한다. 이때 이 통신이 메시지 I/O인 것처럼 작동한다. 이는 액터가 수신하는 메시지를 직렬화(serialization)한 것에 의존한다는 뜻이다(여기서 **직렬화**란 메시지를 하나하나 차례로 처리한다는 뜻이니 객체 직렬화와 혼동하지 말라). 이 메커니즘으로 인해 액터는 자신의 내부 자원에 대한 동시 접근을 신경 쓰지 않고 메시지를 한 번에 하나씩 처리할 수 있다. 그 결과 액터 시스템을 효과를 사용해 서로 통신하는 함수형 프로그램이 다수 모여 있는 것처럼 생각할 수 있다. 각 액터는 단일 스레드이므로 내부 자원에 대한 동시성 접근이 없다. 동시성은 프레임워크 안에 추상화된다.

---

2 역주 저자는 이렇게 이야기하지만, 액터를 사용하면서 복잡한 문제를 해결해야 하는 상황이 되면 이 작업도 그리 만만한 작업은 아니다. 졸역이 보기에 액터를 사용하는 것은 문제를 푸는 방식을 바꿔서 프로그래머가 고민해야 하는 지점을 락과 동기화가 아닌 다른 지점으로 옮겨줄 뿐이지 해법을 더 쉽게 도출해주지는 않는다. 액터 모델을 사용할지라도 가능하면 액터를 하부 구조로 하는 데이터 스트림 등의 모델을 사용하는 편이 더 낫다.

## 13.1.1 비동기 메시징 이해하기

메시지 처리의 일부분으로, 액터는 메시지를 다른 액터에게 보낸다. 메시지는 **비동기적**으로 보내진다. 비동기적이라는 말은 액터가 보낸 메시지의 응답을 기다리지 않아도 된다는 말이다(실제론 응답이 없다). 메시지를 보내고 나면 송신 액터는 할 일을 계속할 수 있고, 보통 액터가 해야 할 일은 대부분 큐에 도착한 메시지를 한 번에 하나씩 처리하는 것이다. 메시지 큐를 처리한다는 말은 큐에 동시 접근하는 일이 생긴다는 뜻이다. 하지만 큐 관리는 액터 프레임워크에 추상화되어 있어 프로그래머인 여러분은 이에 대해 신경 쓰지 않아도 된다.

경우에 따라 메시지에 대한 응답이 필요할 수 있다. 액터가 시간이 오래 걸리는 계산을 책임진다고 가정하자. 비동기 통신을 사용하면 계산이 이뤄지는 동안 클라이언트가 자신이 해야 할 일을 진행할 수 있다는 장점이 있다. 하지만 계산이 끝나면 결과를 클라이언트가 받을 방법이 있어야 한다. 계산을 수행하는 액터에게 응답을 클라이언트에 보낼 책임을 부여하면 이런 문제를 해결할 수 있다. 이때도 응답을 비동기적으로 보낸다. 여기서 응답을 받는 클라이언트가 원래 메시지를 보냈던 액터일 수도 있지만, 항상 그렇지는 않다.

## 13.1.2 병렬화 처리하기

액터 모델에서는 작업을 하위 작업으로 나눠서 일련의 작업자(worker) 액터에게 분배할 책임이 있는 매니저 액터를 사용해 작업을 병렬화할 수 있다. 작업자 액터가 결과를 매니저에게 돌려주면 매니저는 새로운 작업을 작업자 액터에게 부여한다. 이 모델은 다른 병렬화 모델과 비교하면 하위 작업의 목록이 빌 때까지 모든 작업자 액터가 쉬지 않는다는 장점이 있지만 매니저 액터가 계산에 참여하지 못한다는 단점이 있다. 그러나 일반적으로 실제 애플리케이션에서 이런 단점을 눈치챌 수 있을 만큼 큰 차이가 생기는 경우는 없다.

일부 작업의 경우에는 받은 하위 작업의 결과를 재배치해야 할 수도 있다. 이런 경우에 매니저 액터가 재배치를 담당하는 특정 액터에게 결과를 보낸다. 이런 방식의 예제가 13.3절에서 나온다. 작은 프로그램에서는 매니저 액터가 직접 이런 작업을 수행할 수 있다. 그림 13-1에서 이런 액터를 수집자(receiver) 액터라고 부른다.

## 13.1.3 액터 상태 변이 처리하기

액터는 상태가 없을 수도(불변) 상태가 있을 수도 있다. 액터가 상태가 있다는 말은 액터가 받은 메시지에 따라 상태를 바꾼다는 뜻이다. 예를 들어 동기화를 책임지는 액터는 여러 계산 결과를 모아 사용하기 위해서 재배치해야 한다.

예를 들어 결과 목록을 제공하기 위해 많은 계산을 거쳐야 하는 데이터 목록이 있다고 하자. 짧게 말해, 이를 매핑해 처리할 수 있다. 목록을 여러 하위 목록으로 나누고, 각 하위 목록을 처리할 작업자 액터에게 분배함으로써 전체 작업을 병렬화할 수 있다. 하지만 여러 작업자 액터가 작업을 받은 순서대로 작업을 마친다는 보장은 없다.

▼ 그림 13-1 메인은 주 작업을 만들고 매니저에게 보낸다. 매니저는 작업을 하위 작업으로 나눠서 여러 작업자 액터가 병렬로 처리하게 만든다. 작업자 액터가 처리한 부분 결과는 매니저에게 보내지고, 매니저는 수집자에게 결과를 보낸다. 수집자는 최종 결과를 메인에게 보낸다.

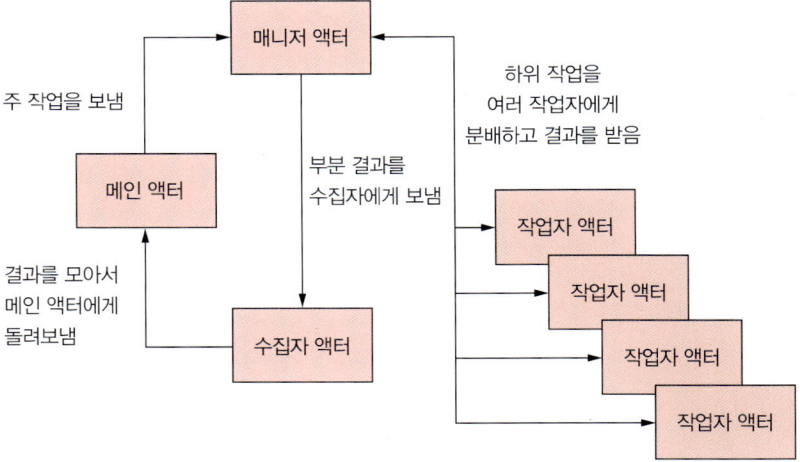

결과를 다시 동기화하는 해법 하나는 작업에 번호를 붙이는 것이다. 작업자가 결과를 돌려보낼 때 결과에 작업 번호를 추가해서 수집자가 결과를 우선순위 큐(priority queue)에 넣을 수 있게 한다. 우선순위 큐를 사용하면 자동으로 정렬이 이뤄질 뿐 아니라 결과를 비동기 스트림처럼 처리할 수도 있다. 스트림으로 처리하기 위해 수집자는 다음에 도착해야 할 예상 작업 번호를 기억한다(처음엔 0이다). 수집자가 결과를 받으면 결과의 작업 번호를 예상 작업 번호와 비교한다. 수집자가 받은 결과의 작업 번호와 예상 작업 번호가 일치하지 않으면 우선순위 큐에 작업을 집어넣고, 만약 일치한다면 결과를 바로 클라이언트(메인)에게 보내고 예상 작업 번호를 1 증가시킨다. 그리고 수집자는 우선순위 큐에서 가장 낮은 작업 번호를 읽어서[3] 증가시킨 작업 번호와 비교한다. 두 번호가 일치하면 큐에서 작업 번호가 가장 낮은 결과를 빼서 클라이언트에게 전달한다. 이런 식으로 우선순위 큐에서 결과를 가져와 클라이언트에게 보내는 과정을 가장 낮은 번호와 증가시킨 예상 작업 번호가 일치하지 않을 때까지 반복한다.[4]

이런 설계에서 수집자 액터는 우선순위 큐와 예상 작업 번호라는 두 가변 데이터를 유지해야 한다. 이 사실이 액터가 가변 프로퍼티를 사용해야 한다는 뜻일까? 가변 프로퍼티를 사용할지가 그리 중요한 일은 아니지만, (개별) 액터가 단일 스레드이기 때문에 가변 프로퍼티가 필요하지 않다. 앞으로 보게 되겠지만, 프로퍼티 변이를 처리하는 로직을 일반적인 상태 변이 과정에 추상화해 포함할 수 있다. 그에 따라 프로그래머는 불변 데이터만 사용하면 된다.

## 13.2 액터 프레임워크 구현하기

KOTLIN

이 절에서는 최소한만 구현하지만 완전히 작동하는 액터 프레임워크를 만드는 방법을 알아본다. 이 프레임워크를 만들면서 액터 프레임워크에서 어떻게 하면 안전하게 상태 변이를 공유할 수 있고, 쉽고 안전하게 병렬화와 역직렬화를 수행하며, 애플리케이션 아키텍처를 모듈화할 수 있는지 알아본다. 이 장의 마지막에서는 액터 프레임워크에서 할 수 있는 일반적인 작업을 몇 가지 살펴본다.

여러분이 만들 액터 프레임워크는 네 가지 컴포넌트로 이뤄진다.

- `Actor` 인터페이스는 액터의 행동을 결정한다.
- `AbstractActor` 클래스는 모든 액터에 공통적으로 들어가야 하는 부분이 들어 있다. 이 클래스를 비즈니스 액터가 확장한다.
- `ActorContext`는 액터에 접근하는 방법을 제공한다. 여러분의 구현에서 이 컴포넌트는 최소한의 기능만 제공하며, 액터 상태에 접근할 때 주로 이를 사용한다. 우리가 만드는 액터 프레임워크처럼 작은 구현체에서는 이런 컴포넌트가 꼭 필요하지는 않다. 하지만 여러 중

---

[3] 역주 우선순위 큐에서 가장 낮은 키를 찾는 복잡도는 O(1)이다. 따라서 아주 빠르게 가장 낮은 작업 번호를 알 수 있다.
[4] 역주 부연하자면, 메인이나 수집자 액터가 작업이 끝났는지 알려면 전체 작업 개수를 알아야 한다. 이를 위해서는 매니저 액터가 작업을 나누고 나서 전체 작업의 수를 수집자 액터와 메인 액터에게 메시지로 전달한다. 수집자나 메인 액터가 전달받은 결과의 수가 매니저 액터에게 전달받았던 수와 같으면 작업이 잘 끝난 것이다. 작업이 도착하지 않을 수 있으므로 적당한 타임아웃을 설정해야 한다.

요한 구현에서 이런 컴포넌트를 사용한다. 예를 들어 이런 컨텍스트를 통해 액터를 검색할 수 있다.
- `MessageProcessor` 인터페이스는 수신한 메시지를 처리해야만 하는 컴포넌트에서 반드시 구현해야 하는 인터페이스다.

### 13.2.1 한계 이해하기

이미 말한 대로, 여기 있는 구현은 최소한의 구현이다. 이를 액터 모델 사용법을 이해하고 연습하는 방법이라고 생각하라. 실제 액터 시스템에 필요한 기능 중 상당수를 제외한다. 특히 액터 컨텍스트와 관련한 부분은 많이 생략한다. 다른 단순화로는 액터마다 스레드를 하나씩 할당했다는 점이다. 실제 액터 시스템에서는 액터를 스레드 풀에 할당해서 수천, 심지어 수백만 액터가 수십여 개의 스레드 안에서 실행될 수 있다.

여러분이 만들 구현에는 원격 액터와 관련한 한계도 있다. 대부분의 액터 프레임워크는 원격 액터를 투명하게 처리할 수 있는 방법을 제공한다. 투명하다는 말은 다른 기계에서 실행되는 액터도 통신에 신경 쓰지 않고 (로컬에서 실행되는 것처럼) 사용할 수 있다는 말이다. 이런 기능이 있어야 액터가 규모 확장성이 있는 애플리케이션을 개발하기 위한 이상적인 도구가 될 수 있다. 하지만 이 책에서는 이에 관해 다루지 않는다.

### 13.2.2 액터 프레임워크 인터페이스 설계하기

먼저 액터 프레임워크를 구성할 인터페이스를 정의해야 한다. 가장 중요한 인터페이스는 몇 가지 함수를 정의하는 `Actor` 인터페이스다. 다음은 이 인터페이스의 핵심 함수다.

```
fun tell(message: T, sender: Result<Actor<T>>)
```

이 함수는 메시지를 `this` 액터(즉 이 함수가 들어 있는 액터)에게 보낸다. 따라서 어떤 액터에게 메시지를 보내려면 그 액터에 대한 참조를 가지고 있어야 한다(이 부분이 실제 액터 프레임워크와 다른 점이며 실제 프레임워크에서는 메시지를 액터에게 직접 보내지 않고 액터 참조나 프락시, 또는 그와 비슷한 다른 존재에게 메시지를 보낸다). 이 함수(실제로는 효과)는 두 번째 인자로 `Result<Actor>`를 취한다. 이 인자는 보통 메시지를 보낸 액터를 표현하지만, 때로 아무것도 아닐 수도 있고(결과가 빈 경우), 메시지를 보낸 액터가 아닌 다른 액터일 수도 있다.

다른 함수들은 액터를 쉽게 쓰기 위해 액터의 생명주기(lifecycle)를 관리한다. 예제 13-1에 이를 정리했다. 이 코드는 이 책에서 다뤘던 연습문제의 답을 활용하지 않고 이 책의 소스 코드에 들어 있는 fpinkotlin-common 모듈을 사용한다. 대부분은 이 책의 연습문제에 있는 코드와 같지만 몇 가지 함수를 추가했다.

**예제 13-1** Actor 인터페이스

```
interface Actor<T> {
    val context: ActorContext<T>      ···· context 프로퍼티 함수는 액터 컨텍스트에 접근하게 한다.
                                  self 함수는 이 액터의 결과를 돌려준다.
    fun self(): Result<Actor<T>> = Result(this) ····    sender 인자의 기본 값을 self()로 해서 송신 액터를
    fun tell(message: T, sender: Result<Actor<T>> =self())  ····  지정하지 않고 메시지를 간편하게 보낼 수 있게 한다.
    fun shutdown()   ···· shutdown 함수는 액터가 자기 자신을 중단시켜야 한다고 알려준다.
                  최소한만 구현한 이 프레임워크에서는 이 함수가 액터 스레드를 확실히 종료시킨다.
    fun tell(message: T, sender: Actor<T>) = tell(message, Result(sender))  ····
                                            Result<Actor> 대신 액터 참조만 가지고 메시지를
                                            보낼 수 있게 편의를 제공하는 함수다.
    companion object {
        fun <T> noSender(): Result<Actor<T>> = Result()  ···· Result<Actor> 타입의 Result.Empty를
    }                                                          제공하는 도우미 함수다.
}
```

다음 예제는 다른 두 필수 인터페이스 ActorContext와 MessageProcessor를 보여준다.

**예제 13-2** ActorContext와 MessageProcessor 인터페이스

```
interface ActorContext<T> {
    fun behavior(): MessageProcessor<T>   ···· 액터의 행동에 접근하게 해준다.
    fun become(behavior: MessageProcessor<T>)  ···· 액터가 새 MessageProcessor를 등록해서
}                                                  자신의 행동을 변경하게 한다.

interface MessageProcessor<T> {                MessageProcessor에는 함수가 하나뿐이다.
                                              이 함수는 메시지 하나를
    fun process(message: T, sender: Result<Actor<T>>)  ····  처리한다는 것을 표현한다.
}
```

여기서 가장 중요한 요소는 ActorContext 인터페이스다. become 함수는 액터가 자신의 행동을 바꾸게 해준다. 이는 액터가 메시지를 처리하는 방식을 바꿀 수 있다는 뜻이다. 앞으로 보겠지만, 액터의 행동은 처리할 메시지와 송신 액터의 쌍을 인자로 받는 효과와 비슷하다.

애플리케이션가 실행되는 동안 각 액터의 행동이 바뀔 수 있다. 일반적으로는 액터의 상태가 바뀌면서 기존 행동이 새로운 행동으로 바뀌어 행동이 달라진다. 구현을 살펴보면 이 말을 보다 명확히 이해할 수 있다.

## 13.3 AbstractActor 구현

AbstractActor 구현은 액터를 구현할 때 모든 액터에 공통적인 부분을 표현한다. 모든 메시지 관리 연산은 여러 액터에 공통으로 액터 프레임워크가 제공한다. 따라서 여러분은 비즈니스와 관련 있는 부분만 구현하면 된다. 다음 예제는 AbstractActor 구현을 보여준다.

**예제 13-3** AbstractActor 구현

```kotlin
abstract class AbstractActor<T>(protected val id: String) : Actor<T> {

    override val context: ActorContext<T> = object: ActorContext<T> {          // 새 ActorContext로 context 프로퍼티를 초기화한다.
        var behavior: MessageProcessor<T> = object: MessageProcessor<T> {      // 기본 행동을 onReceived 함수에 위임한다.
            override fun process(message: T, sender: Result<Actor<T>>) {
                onReceive(message, sender)
            }
        }
        @Synchronized
        override
        fun become(behavior: MessageProcessor<T>) {                            // 행동을 바꾸기 위해 ActorContext가 새 행동을 등록한다.
            this.behavior = behavior                                            // 여기서 상태 변이가 일어나지만 프레임워크에 의해 감춰져 있다.
        }
        override fun behavior() = behavior
    }

    private val executor: ExecutorService =                                    // 하부의 ExecutorService를 초기화한다.
        Executors.newSingleThreadExecutor(DaemonThreadFactory())
    abstract fun onReceive(message: T, sender: Result<Actor<T>>)              // 비즈니스 처리를 담으며 API 사용자가 구현한다.

    override fun self(): Result<Actor<T>> {
        return Result(this)
    }

    override fun shutdown() {
        this.executor.shutdown()
    }

    @Synchronized
    override fun tell(message: T, sender: Result<Actor<T>>) {                  // tell 함수를 통해 액터가 메시지를 받으며 메시지를 한 번에 하나씩 처리하고자 이 메서드를 동기화한다.
        executor.execute {
            try {
```

```
                context.behavior().process(message, sender)    ···· 메시지가 도착하면 액터 컨텍스트가
            } catch (e: RejectedExecutionException) {               반환하는 현재 행동으로
                /*                                                  메시지를 처리한다.
                 * 이 예외는 액터가 중단되면서 모든 대기중이던 작업이
                 * 취소됐다는 뜻이므로 아마 정상일 것이다.
                 */
            } catch (e: Exception) {
                throw RuntimeException(e)
            }
        }
    }
}
```

메인 스레드가 종료할 때 자동으로 모든 스레드를 중단하기 위해 ExecutorService 서비스는 데몬 스레드 팩터리를 사용해 단일 스레드 실행기로 초기화된다. 또한 ExecutorService를 초기화할 때 DaemonThreadFactory가 여러 데몬 스레드를 만들어서 메인 스레드가 종료할 때 (실행 중이던 액터 스레드로 인해) 메인 스레드가 종료되지 못하게 하는 일이 없게 한다(이 책의 코드 저장소에서 관련 코드를 볼 수 있다).

액터 프레임워크를 다 만들었다. 물론 앞에서 이야기한 것처럼 이 코드는 프로덕션에서 사용할 수 준의 코드는 아니다. 단지 액터 프레임워크가 어떻게 행동하는지 이해를 돕는 예제일 뿐이다.

## 13.4 액터가 행동하게 만들기

이제 쓸 수 있는 액터 프레임워크가 생겼으니 구체적인 문제를 푸는 데 액터를 적용해 볼 때다. 액터는 여러 스레드가 상태 변이를 공유하면서 각 스레드가 계산 결과를 생성하는 동시에 결과를 다른 스레드에게 전달해서 다음 작업을 수행하도록 해야 할 때 유용하다.

보통은 값을 공유 변이 프로퍼티에 저장하는 방식으로 상태 변이를 공유하며, 이런 방식은 락과 동기화가 필요하다는 것을 뜻한다. 우선은 액터의 'Hello, World!'라고 할 수 있는 최소한의 액터 예제를 만들어 볼 것이다. 그리고 나서 액터가 다른 액터에게 작업을 분배하면서 병렬적으로 작동하는 더 완전한 예제를 만들 것이다.

첫 번째 예제는 액터를 테스트할 때 쓰이는 전통적인 예제다. 이 예제는 두 Player(선수)와 referee(심판)으로 구성된다. 정수로 표현되는 공이 한 선수에게 주어지면 게임이 시작된다. 두 선수가 열 번 공을 주고받고 끝나면 공을 심판에게 돌려준다.

### 13.4.1 탁구 예제 구현하기

먼저 심판을 표현하는 referee를 구현하자. 그냥 액터를 만들고 onReceive 함수를 구현하면 된다. 이 onReceive 함수는 다음 예제처럼 메시지를 표시한다.

**예제 13-4** referee 객체 생성하기

```
val referee = object : AbstractActor<Int>("Referee") {
    override fun onReceive(message: Int, sender: Result<Actor<Int>>) {
        println("Game ended after $message shots")
    }
}
```

다음으로 선수를 만든다. 선수 인스턴스가 두 개이므로 두 가지 방법이 가능하다. 객체를 사용하는 방법은 다음 예제와 같은 Player 클래스를 정의한다.

**예제 13-5** Player 클래스

```
private class Player(id: String,       ┈┈ 패키지 수준에서 정의하기 때문에 클래스를 private으로 정의한다.
                    private val sound: String,   원한다면 main 함수 안에서 로컬 클래스로 정의할 수도 있다.
                    private val referee: Actor<Int>):   ┈┈ sound 문자열은 선수가 공을 받을 때 나는 소리다
                        AbstractActor<Int>(id) {        ("Ping" 또는 "Pong").
                                                         게임이 끝나면 심판에게 공을 전달해야 하기 때문에 각 선수를 생성할 때 심판에 대한 참조를 전달한다.
                                                         Player 클래스를 심판과 같은 함수 내부에서 로컬 함수로 정의하면 참조를 전달하지 않아도 된다.
    override fun onReceive(message: Int, sender: Result<Actor<Int>>) {
        println("$sound - $message")    ┈┈ 액터의 비즈니스 로직 부분으로,
        if (message >= 10) {                 사용자가 보고 싶은 부분을 여기에 구현한다.
            referee.tell(message, sender)    ┈┈ – 게임이 끝나면 공을 심판에게 돌려준다.
        } else {
            sender.forEach(
                { actor: Actor<Int> ->   ┈┈ 그렇지 않으면 공을 다른 선수(상대 선수가 있는 경우)에게 보낸다.
                    actor.tell(message + 1, self())
                },
                { referee.tell(message, sender) }   ┈┈ 다른 선수가 없다면 심판에게 문제를 알린다.
            )
        }
    }
```

        }
    }

함수형 방식을 선호한다면 다음 예제처럼 Actor를 반환하는 함수를 만든다.

**예제 13-6** player 함수

```
fun player(id: String,
           sound: String,          ···· sound 문자열은 선수가 공을 받을 때 나는 소리다("Ping" 또는 "Pong").
           referee: Actor<Int>) =
                                                        ···· 게임이 끝나면 심판에게 공을 전달해야 하므로
        object : AbstractActor<Int>("id") {             ···· 각 선수를 생성할 때 심판에 대한 참조를 전달한다.
    override fun onReceive(message: Int, sender: Result<Actor<Int>>) {
        println("$sound - $message")   ···· 액터의 비즈니스 로직 부분이다.
        if (message >= 10) {
            referee.tell(message, sender)   ···· 게임이 끝나면 공을 심판에게 돌려준다.
        } else {
            sender.forEach(
                { actor: Actor<Int> ->      ···· 그렇지 않다면 공을 다른 선수(상대 선수가 있는 경우)에게 보낸다.
                    actor.tell(message + 1, self())
                },
                { referee.tell(message, sender) }   ···· 다른 선수가 없다면 심판에게 문제를 알린다.
            )
        }
    }
}
```

보면 알겠지만 두 코드는 거의 똑같다. player 함수가 있으면(또는 Player 클래스가 있으면) 프로그램을 마칠 수 있다. 하지만 게임이 끝날 때까지 애플리케이션을 실행할 방법이 있어야 한다. 이런 방법이 없다면 메인 애플리케이션 스레드는 게임을 시작하자마자 종료되고 선수들은 게임해 볼 기회를 얻지 못한다. 다음 예제처럼 세마포어(semaphore)를 사용해 게임이 끝날 때까지 애플리케이션이 종료되지 않게 할 수 있다.

**예제 13-7** 탁구 예제

```
private val semaphore = Semaphore(1)   ···· 허용하는 값이 1인 세마포어를 생성한다.

fun main(args: Array<String>) {
    val referee = object : AbstractActor<Int>("Referee") {
        override fun onReceive(message: Int, sender: Result<Actor<Int>>) {
            println("Game ended after $message shots")
            semaphore.release()   ···· 게임이 끝나면 세마포어를 해제하며 메인 스레드가
                                       세마포어를 획득해 실행을 재개할 수 있다.
```

```
            }
        }
        val player1 = player("Player1", "Ping", referee)  ---- Player 클래스를 더 선호한다면
        val player2 = player("Player2", "Pong", referee)       play 대신 Player를 쓰면 된다.
        semaphore.acquire()  ---- 현재 스레드가 허용값이 1인 세마포어를 획득하고 게임을 시작한다.
        player1.tell(1, Result(player2))
        semaphore.acquire()  ------------------  주 스레드가 세마포어를 획득하려고 시도하지만
                                                 세마포어를 얻을 수 없으므로 세마포어가 해제될 때까지 블록된다.
        // 세마포어를 얻어야 메인 스레드가 끝난다. ---- 재개하면 메인 스레드가 끝나며 모든 액터 스레드가
                                                  데몬 스레드이므로 액터 스레드도 모두 자동으로 종료된다.
    }
```

이 프로그램의 출력은 다음과 같다.

```
Ping - 1
Pong - 2
Ping - 3
Pong - 4
Ping - 5
Pong - 6
Ping - 7
Pong - 8
Ping - 9
Pong - 10
Game ended after 10 shots
```

### 13.4.2 계산을 병렬로 수행하기

이제 액터 모델이 행동하는 더 진짜 같은 예제로 병렬 계산을 살펴볼 때다. 오래 걸리는 계산을 시뮬레이션하고자 0부터 35 사이의 난수를 골라서 그 값에 대한 피보나치 수를 느린 알고리즘을 사용해 계산한다.

이 애플리케이션은 주어진 수만큼 작업자 액터를 만들고 작업을 분배하는 Manager, 일련의 작업자 액터 인스턴스, 그리고 메인 프로그램 클래스 안에서 익명 액터로 구현된 클라이언트, 이 세 가지 액터로 구성된다. 다음 예제는 이 세 클래스 중 가장 단순한 Worker 액터를 보여준다.

**예제 13-8** 계산을 수행을 담당하는 Worker 액터

```
class Worker(id: String) : AbstractActor<Int>(id) {
    override fun onReceive(message: Int, sender: Result<Actor<Int>>) {
        sender.forEach (onSuccess = { a: Actor<Int> ->
            a.tell(slowFibonacci(message), self())
        })
    }

    private fun slowFibonacci(number: Int): Int {
        return when (number) {
            0 -> 1
            1 -> 1
            else -> slowFibonacci(number - 1)
                + slowFibonacci(number - 2)
        }
    }
}
```

- Worker가 수를 받으면 그 수에 해당하는 피보나치 수를 계산하고 계산 결과를 호출한 쪽에 보내는 것으로 반응한다.
- 오래 걸리는 작업을 만들려고 비효율적인 알고리즘을 사용한다.

코드에서 알 수 있듯이, 이 액터는 상태가 없다. 이 액터는 결과를 계산하고 메시지를 통해 참조를 받은 액터에게 결과를 돌려준다. 이 (메시지를 통해 받은 참조가 가리키는) 액터는 호출한 액터가 아닐 수도 있다.

0부터 35 사이의 난수를 택하기 때문에 결과 계산에 필요한 시간이 다양하다. 이는 작업에 다양한 시간이 걸리는 것을 시뮬레이션하기 위함이다. 8장의 자동 병렬화 문제와 달리, 전체 계산이 끝날 때까지 모든 스레드/액터가 계속 바쁘게 실행된다.

Manager 클래스는 조금 더 복잡하다. 다음 예제는 이 클래스의 생성자와 생성 시 초기화하는 프로퍼티들을 보여준다.

**예제 13-9** Manager 클래스의 생성자와 프로퍼티

```
class Manager(id: String, list: List<Int>,
              private val client: Actor<Result<List>>,
              private val workers: Int) : AbstractActor(id) {
    private val initial: List<Pair<Int, Int>>
    private val workList: List<Int>
    private val resultList: List<Int>
    private val managerFunction:
        (Manager) -> (Behavior) -> (Int) -> Unit
```

- Manager는 클라이언트에 대한 참조를 저장하며 나중에 계산 결과를 클라이언트에게 보낸다.
- 사용할 작업자 수를 저장한다.
- initial 리스트는 처리해야 하는 수(.first)와 리스트 상의 위치(.second)로 이뤄진 정수 쌍을 저장한다.
- workList는 모든 작업자 액터에게 최초의 작업을 분배한 후 남은 실행해야 하는 작업의 리스트다.
- resultList는 계산 결과를 담는다.
- managerFunction 은 Manager의 심장부로, 관리자 액터가 어떤 일을 할지 결정한다. 작업자 액터로부터 관리자 액터가 결과를 받을 때마다 이 함수가 호출된다.

```
init {
    val splitLists = list.splitAt(this.workers)      // 처리해야 할 수의 리스트를 작업자 액터 수 단위로
                                                      // 분할해서 초기 작업 목록과 남은 작업 목록을 만든다.
    this.initial = splitLists.first.zipWithPosition()
                           // 초기 작업(해당하는 피보나치 수를 계산할 수)를 원소의 위치와 함께 튜플로 묶으며
                           // 작업자 액터의 이름을 0부터 n으로 부르기 위해 위치(0부터 n까지의 수)를 사용한다.
    this.workList = splitLists.second      // 남은 작업들을 workList에 설정한다.
    this.resultList = List()      // resultList를 처음에 빈 리스트로 초기화한다.
    managerFunction = { manager ->      // managerFunction으로 관리자 액터의 작업을 표현한다.
                                        // 이 함수는 매니저, 매니저의 행동, 전달받은 메시지(i)를 인자로 받는
        { behavior ->                    // 커리한 함수이며 전달받은 메시지는 하위 작업의 결과다.
            { i ->
                val result = behavior.resultList.cons(i)
                    // 결과를 받으면 결과 리스트에 추가한다. 결과 리스트는 관리자 액터의 행동에서 얻을 수 있다.
                if (result.length == list.length) {
                    this.client.tell(Result(result))
                    // resultList의 길이와 입력 리스트 길이가 같다면 계산이 끝나며 결과를 클라이언트에 전달한다.
                } else {
                    manager.context
                            .become(Behavior(behavior.workList
                    // 그렇지 않다면 컨텍스트 become 함수를 호출해서 Manager의 행동을 변경한다(행동 변경은 상태 변이다).
                    // 새로운 행동은 workList의 tail과 현재 결과 리스트(이 리스트에 받은 결과를 모았다)를 가지고 만들어진다.
                                    .tailSafe()
                                    .getOrElse(List()), result))
                }
            }
        }
    }
}
...
```

여러분도 알 수 있듯이, 각 작업자 액터에게서 결과를 받으면 그 결과를 현재 결과 리스트에 추가한다. 그리고 모든 계산이 끝났으면(resultList와 list의 길이를 비교하면 이를 알 수 있다) 결과 리스트를 클라이언트에 보낸다. 계산이 덜 끝났으면 계산을 계속 진행한다. 전통적인 프로그래밍에서는 Manager가 들고 있는 결과 리스트를 변이하면서 이런 작업을 수행할 것이다. 여기서도 똑같은 일이 벌어지지만, 두 가지 차이점이 있다.

- 결과 리스트를 행동에 저장한다.
- 행동이나 리스트 모두 변이되지 않는다. 대신 새로운 행동을 만들고 컨텍스트를 변이해서 새로운 행동이 기존 행동을 대신하게 만든다. 하지만 여러분이 컨텍스트 상태 변이를 처리할 필요가 없다. 액터 프레임워크가 변이를 추상화해주기 때문에 여러분이 신경 써야 하는 부분 안에서는 모든 것이 불변이다.

다음 예제는 내부 클래스로 Behavior를 정의한 것을 보여준다. Behavior 내부 클래스는 액터 변이를 추상화한다.

**예제 13-10** Behavior 내부 클래스

```
internal inner class Behavior
    internal constructor(
        internal val workList: List<Int>,  ----  Behavior는 workList(머리를 떼어낸 다음에 이 생성자에게 전달된다)와
        internal val resultList: List<Int>) : MessageProcessor<Int> {     resultList(작업자가 수행한 결과를 추가한 다음에 전달된다)로 이루어진다.
    override fun process(message: Int,
                         sender: Result<Actor<Int>>) {  ----
메시지를 받으면 호출되는 process 함수는 먼저 받은 메시지에 managerFunction을 적용하고 나서 다음 작업(workList의 머리)
을 송신자(작업을 처리할 Worker 액터)에게 보낸다. 만약 workList가 비어 있으면 작업자 액터에게 동작을 중단하라고 명령한다.
        managerFunction(this@Manager)(this@Behavior)(message)
        sender.forEach(onSuccess = { a: Actor<Int> ->
            workList.headSafe()
                    .forEach({ a.tell(it, self()) }) { a.shutdown() }
        })
    }
}
```

지금까지 Manager의 중심부를 다뤘다. 나머지 부분은 작업을 시작하기 위해 필요한 유틸리티 함수들로 이루어져 있다. 다음 예제는 이런 함수를 보여준다.

**예제 13-11** Manager의 유틸리티 함수들

```
class Manager(id: String, list: List<Int>, ...
    ...

    fun start() {                     시작하려면 Manager가 메시지를 스스로에게 보내야 한다.
        onReceive(0, self())  ---- 행동이 아직 초기화되지 않았으므로 메시지 내용은 문제가 되지 않는다.
        sequence(initial.map { this.initWorker(it) })
            .forEach(onSuccess = { this.initWorkers(it) },
                onFailure =  ---- 이제 작업자를 생성하고 초기화한다.
                    { this.tellClientEmptyResult(it.message ?: "Unknown error") })
    }

    private fun initWorker(t: Pair<Int, Int>):
        Result<() -> Unit> =  ---- 이 함수는 () -> Unit 타입의 작업자를 만드는 함수를 만든다.
            Result({ Worker("Worker " + t.second).tell(t.first, self()) })

    private fun initWorkers(lst: List<() -> Unit>) {
        lst.forEach { it() }  ---- 이 함수는 액터 생성 함수를 실행한다.
```

```kotlin
        }
        private fun tellClientEmptyResult(string: String) {    // 오류가 있으면 클라이언트에게 전달한다.
            client.tell(Result.failure("$string caused by empty input list."))
        }
                                                    // 이 부분이 Manager의 기본 행동이다. 매니저는 자신을 초기화하는 과정에서 행동을 변경한다.
                                                    // 이때 workList에는 모든 작업을 넣고 resultList는 빈 리스트로 시작한다.
        override fun onReceive(message: Int, sender: Result<Actor<Int>>) {
            context.become(Behavior(workList, resultList))
        }
        ...
}
```

여기서 onReceive 함수가 액터가 첫 번째 메시지를 받았을 때 할 일을 지정한다는 점을 기억하라. 작업자가 결과를 매니저에게 보낼 때는 이 함수가 호출되지 않는다.

프로그램의 마지막 부분은 예제 13-12에 있다. 이 예제는 애플리케이션의 클라이언트 코드를 보여준다. 결과를 받으려면 액터가 필요하기 때문에 main 함수는 클라이언트 액터를 정의해 사용한다.

**예제 13-12** 클라이언트 애플리케이션

```kotlin
import com.fpinkotlin.common.List
import com.fpinkotlin.common.Result
import com.fpinkotlin.common.range
import java.util.concurrent.Semaphore

                                                    // 세마포어를 만들어서 액터가 작업을 마칠 때까지
private val semaphore = Semaphore(1)                // 메인 스레드가 기다리게 만든다.
private const val listLength = 20_000               // 작업 개수를 초기화한다.
private const val workers = 8                       // 작업자 액터 개수를 초기화한다.
private val rnd = java.util.Random(0)
private val testList = range(0, listLength).map { rnd.nextInt(35) }   // 0부터 35 사이의
                                                                      // 난수를 생성해
                                                                      // 작업 리스트를 만든다.

fun main(args: Array<String>) {
    semaphore.acquire()   // 프로그램 시작 시 세마포어를 얻는다.
    val startTime = System.currentTimeMillis()

                                                                    // 익명 싱글턴 객체로
    val client = object: AbstractActor<Result<List<Int>>>("Client") {   // 클라이언트 액터를
        override fun onReceive(message: Result<List<Int>>,              // 만든다.
                               sender: Result<Actor<Result<List<Int>>>>) {
            message.forEach({ processSuccess(it) },                       // 클라이언트의 유일한 책임은
                { processFailure(it.message ?: "Unknown error") })        // 결과나 오류가 발생하면
            println("Total time: "                                        // 처리하는 것이다.
                + (System.currentTimeMillis() - startTime))
```

```
            semaphore.release()  ···· 클라이언트는 결과를 받으면 세마포어를 해제한다.
        }
    }

    val manager = Manager("Manager", testList, client, workers)  ···· 매니저를 인스턴스화해서 시작한다.
    manager.start()
    semaphore.acquire()  ···· 작업이 끝날 때까지 기다리고자 세마포어를 다시 얻으려 시도한다.
}

private fun processFailure(message: String) {
    println(message)
}

fun processSuccess(lst: List<Int>) {
    println("Input: ${testList.splitAt(40).first}")
    println("Result: ${lst.splitAt(40).first}")
}
```

작업 리스트 길이와 작업자 액터 수를 바꿔가면서 이 프로그램을 실행할 수 있다. 저자의 8코어 리눅스 컴퓨터에서 작업 리스트 길이가 20,000일 때 다음과 같은 결과를 볼 수 있었다.

- 작업자 액터 1개: 73초
- 작업자 액터 2개: 37초
- 작업자 액터 4개: 19초
- 작업자 액터 8개: 12초
- 작업자 액터 16개: 12초

이 숫자가 정확하지는 않지만, 가용 코어 수보다 많은 스레드를 사용해도 쓸모없다는 사실을 보여준다. 프로그램이 출력하는 결과는 다음과 비슷할 것이다(앞에서 11개의 결과만 보였다).

```
Input: [5, 23, 4, 2, 25, 28, 16, 1, 34, 9, 22, ..., NIL]
Result: [8, 5, 2, 1597, 46368, 121393, 2, 55, 28657, 1, 2, ..., NIL]
Total time: 12558
```

결과를 보면 알 수 있지만 문제가 하나 있다!

## 13.4.3 결과 순서 변경하기

여러분도 눈치챘겠지만, 결과가 올바르지 않다. 두 번째 난수(23)와 두 번째 결과(5)를 보면 이를 분명히 알 수 있다. 그다음 수를 봐도 문제가 있음을 알 수 있다. 이 프로그램을 여러분의 컴퓨터에서 실행하면 매번 실행할 때마다 다른 결과를 볼 수 있다.

이런 일이 벌어지는 이유는 모든 작업에 똑같은 시간이 걸리지 않기 때문이다. 여기서는 의도적으로 작업에 따라 계산 시간이 달라지게 만들었다. 따라서 일부 작업(인자 값이 작은 경우)은 빨리 끝나고, 다른 작업(인자 값이 큰 경우)은 훨씬 더 오래 걸린다. 그 결과 반환되는 값이 도착하는 순서와 작업이 할당된 순서가 달라진다.

이를 해결하려면 결과를 작업에 사용한 인자와 똑같은 순서로 정렬해야 한다. 한 가지 해법은 11장에서 만든 Heap 데이터 타입을 쓰는 것이다. 각 작업에 번호를 붙이고, 이 번호를 우선순위로 사용해 우선순위 큐에 넣는다.

먼저 여러분이 해야 할 일은 작업자 액터의 타입을 바꾸는 것이다. 이제는 작업자가 정수 대신 정수의 튜플을 사용해야 한다. 한 정수는 계산의 인자를 뜻하고, 다른 한 정수는 작업 번호를 뜻한다. 다음 예제는 이에 맞춰 Worker 클래스를 바꾼 모습을 보여준다.

**예제 13-13** 작업 번호를 유지하는 Worker 액터

```
class Worker(id: String) :
    AbstractActor<Pair<Int, Int>>(id) {     ---- 타입 파라미터를 Int에서 Pair<Int, Int>로 바꾼다.
    override fun onReceive(message: Pair<Int, Int>,
                      sender: Result<Actor<Pair<Int, Int>>>) {    ---- 바뀐 액터 타입에 맞춰
        sender.forEach (onSuccess =                                    onReceive 함수의
            { a: Actor<Pair<Int, Int>> ->                              시그니처를 바꾼다.
                a.tell(Pair(slowFibonacci(message.first),   ---- 작업 번호를 포함하도록
                    message.second), self())                     반환 메시지를 바꾼다.
        })
    }
    ...
}
```

작업 번호는 튜플의 두 번째 번호다. 작업 번호와 계산 인자가 같은 타입(Int)이므로 이 코드를 읽기 어렵다. 실전에서는 Int 대신 구체적인 작업의 타입을 쓸 것이므로 이런 일이 없어야 한다. 하지만 원한다면 Pair가 아니라 작업과 작업 번호를 한데 감싸는 구체적인 타입을 만들 수 있다. 예를 들어 수 프로퍼티가 들어 있는 Task 타입을 사용할 수 있다.

Manager 클래스에서 바꿀 부분이 좀 많다. 클래스 타입을 바꾸고, workList와 result 프로퍼티의 타입도 바꿔야 한다.

```
class Manager(id: String, list: List<Int>,
        private val client: Actor<Result<List<Int>>>,
            private val workers: Int) : AbstractActor<Pair<Int, Int>>(id) {

    private val initial: List<Pair<Int, Int>>
    private val workList: List<Pair<Int, Int>>
    private val resultHeap: Heap<Pair<Int, Int>>
    private val managerFunction: (Manager) -> (Behavior) -> (Int) -> Unit
```

다음과 같이 생성자에서 각 프로퍼티를 초기화한다.

```
init {
    val splitLists = list.zipWithPosition().splitAt(this.workers)
    this.initial = splitLists.first
    this.workList = splitLists.second
    this.resultHeap = Heap(Comparator {
        p1: Pair<Int, Int>, p2: Pair<Int, Int> -> p1.second.compareTo(p2.second)
    })
```

workList는 이제 튜플을 포함하며(이는 앞의 탁구 예제에서 initial 리스트와 비슷하다), 결과는 쌍으로 이루어진 우선순위 큐(Heap)다. 튜플에서 두 번째 원소를 비교하는 Comparator를 사용해 이 Heap을 초기화한다.

작업과 작업 번호를 한꺼번에 감싼 Task 타입을 사용하면 Comparable을 사용할 수 있기 때문에 Comparator가 필요 없다(이 최적화는 독자에게 연습문제로 남긴다). managerFunction도 달라진다.

```
private val managerFunction:
    (Manager) -> (Behavior) -> (Pair<Int, Int>) -> Unit
```

이 함수를 생성자에서 다음과 같이 초기화한다.

```
managerFunction = { manager ->
    { behavior ->
        { p ->
            val result = behavior.resultHeap + p    ---- 이제는 전달받은 결과를 Heap에 삽입한다.
            if (result.size == list.length) {
                this.client.tell(Result(result.toList()
                    .map { it.first }))    ---- 계산이 끝나면 Heap을 리스트로 변환해
                                                  클라이언트에게 리스트를 전달한다.
            } else {
```

```
                ...
            }
        }
    }
}
```

타입 변경에 맞춰 Behavior 내부 클래스도 바꿔야 한다.

```
internal inner class Behavior
    internal
    constructor(internal val workList: List<Pair<Int, Int>>,      ---- workList의 타입은
                internal val resultHeap: Heap<Pair<Int, Int>>):   ---- 이제 List<Pair<Int, Int>>다.
            MessageProcessor<Pair<Int, Int>> {                    ---- result의 타입은 이제
                                                                       Heap<Pair<Int, Int>>다.
    override                                                      Behavior 클래스의 타입 파라미터는 이제 Pair<Int, Int>다.
    fun process(message: Pair<Int, Int>,
                sender: Result<Actor<Pair<Int, Int>>>) {   ---- 파라미터의 타입이 바뀜에 따라
        managerFunction(this@Manager)(this@Behavior)(message)      process 함수의 시그니처도 바뀐다.
        sender.forEach(onSuccess = { a: Actor<Pair<Int, Int>> ->
            workList.headSafe()
                .forEach({ a.tell(it, self()) }) { a.shutdown() }
        })
    }
}
```

Manager 클래스의 나머지 부분에도 약간씩 바꿀 부분이 있다. start 함수도 반드시 바꿔야 한다.

```
fun start() {
    onReceive(Pair(0, 0), self())   ---- start 메시지의 타입이 Manager 액터의 타입 파라미터와 일치해야 한다.
    sequence(initial.map { this.initWorker(it) })
        .forEach({ this.initWorkers(it) },
            { this.tellClientEmptyResult(it.message ?: "Unknown error") })
}
```

Worker 초기화 과정도 약간 달라진다.

```
private fun initWorker(t: Pair<Int, Int>): Result<() -> Unit> =
    Result({ Worker("Worker " + t.second)
        .tell(Pair(t.first, t.second), self()) })
```

마지막으로 onReceive 함수도 바뀐다.

```
override fun onReceive(message: Pair<Int, Int>,
                       sender: Result<Actor<Pair<Int, Int>>>) {
```

```
        context.become(Behavior(workList, resultHeap))
    }
```

이제 결과가 제 순서로 표시된다.

## 13.4.4 성능 최적화하기

잘 작동하기는 하지만 이 예제는 최적화와 거리가 멀다. 주된 이유는 결과를 정렬하기 위해 우선순위 큐에 넣기 때문이다. 11장에서 말했지만 우선순위 큐를 이런 목적에 쓰는 것은 옳지 않다.

우선순위 큐는 (우선순위에 따라) 주어진 순서대로 처리해야 하는 원소를 넣기 위해 설계된 데이터 구조다. 원소는 생성되면 바로 소비되어야 하고 그에 따라 큐에는 원소가 소수만 남아 있는 것을 보장할 수 있다. 이런 식으로 사용하면 아직 처리하지 못한 우선순위가 더 높은 원소가 남아 있는 경우에만 원소를 큐에 추가한다. 우선순위 큐가 이런 용도에 쓰기 위한 것만은 아니지만, 이런 용도에는 우선순위 큐가 딱 들어맞는다.

실전에서 어떤 문제가 있는지 알아보기 위해 Worker 클래스의 slowFibonacci 함수를 다음처럼 효율적인 구현으로 바꿔보자.

```
private fun fibonacci(number: Int): Int {
    tailrec fun fibonacci(acc1: Int, acc2: Int, x: Int): Int = when (x) {
        0 -> 1
        1 -> acc1 + acc2
        else -> fibonacci(acc2, acc1 + acc2, x - 1)
    }
    return fibonacci(0, 1, number)
}
```

클라이언트 프로그램에서 listLength를 500000으로 바꾸고 프로그램을 1, 2, 4, 8개의 액터(컴퓨터 코어 수가 충분하다면)를 사용해 실행해 보라. 다음은 필자가 얻은 결과다.

```
1 actor: 40567 ms 2 actors: 24399 ms 4 actors: 22394 ms 8 actors: 22389 ms
```

여기서 흥미로운 점을 발견할 수 있었을 것이다. (병렬로 작동하는 작업자 액터가 늘어나서) 한 액터가 처리하는 작업의 개수가 줄어들어도 병렬성을 높이는 데서 오는 이익은 오히려 줄어든다. 액터를 하나에서 둘로 늘리면 일반적인 병렬화와 마찬가지로 이득을 볼 수 있다. 하지만 액터를 더 넣어도 성능이 더 좋아지지는 않는다. 컴퓨터가 달라지면 이런 수치가 달라질 수도 있으므로 이 결과만으로 경향을 확신할 수 없다. 하지만 액터를 늘렸음에도 처리 속도가 꽤 느리다. 이와 비교하기 위해 WorkersExample 프로그램의 testList를 재사용해 보자.

```
println(testList.map { fibonacci(it) }.splitAt(40).first)
```

이 코드는 700밀리초가 걸린다. 2, 4, 8개의 코어를 사용했을 때보다 30배나 빠르다. 한 가지 이유는 Heap이 병목 구간이 되기 때문이다. Heap 데이터 구조는 정렬을 위해 만든 구조가 아니다. 원소 수가 적을 때는 Heap의 정렬 성능이 좋지만, 힙에 200,000개의 결과를 다 집어넣으면 데이터를 넣을 때마다 전체 데이터를 정렬한다. 이는 절대 효율적이지 못하다.

분명 이런 비효율성은 구현 문제는 아니고 작업에 어울리는 도구를 사용하지 않아서 생기는 문제다. 모든 결과를 계산이 끝나면 한꺼번에 정렬하면 훨씬 성능이 좋아질 것이다. 하지만 이때도 정렬에 적절한 도구를 써야 한다.

다른 해법은 프로그램 설계를 바꾸는 것이다. 현재 설계의 문제점 중 하나는 Heap에 원소를 삽입하는 데 시간이 오래 걸릴 뿐 아니라 삽입이 Manager 스레드에서만 일어난다는 점이다. Manager가 작업자가 결과를 돌려주자마자 작업자에게 작업을 분배하는 대신에 결과를 힙에 다 넣을 때까지 작업자를 기다리게 한다. 한 가지 가능한 해법은 Heap에 결과를 삽입하는 다른 액터를 사용하는 것이다.

하지만 작업에 어울리는 적절한 도구를 사용하는 것이 더 나은 방법인 경우가 흔히 있다. 여기서 결과를 동기적으로 소비하는 것은 요구 사항이 아니다. (동기적 소비가) 요구 사항이 아니란 이야기는 문자를 풀기 더 어렵게 만드는 암시적인 제약 사항을 여러분 스스로 추가했다는 뜻이다. 결과를 하나씩 클라이언트에게 전달하는 것이 한 가지 대안이 될 수 있다. 이런 방법을 사용하면 순서에서 벗어나는 결과가 도착할 때만 Heap을 사용해서 힙이 너무 커지지 않게 방지할 수 있다.

이런 방식이 바로 우선순위 큐를 만들 때 의도했던 사용법이다. 이를 염두에 두면 프로그램에 Receiver 액터를 추가할 수 있다. Receiver 액터는 다음 예제와 같다.

**예제 13-14** 결과를 비동기적으로 받는 역할을 하는 Receiver 액터

```
import com.fpinkotlin.common.List
import com.fpinkotlin.common.Result

class Receiver(id: String,
               private val client: Actor<List<Int>>):
               AbstractActor<Int>(id) {
    private val receiverFunction: (Receiver) -> (Behavior) -> (Int) -> Unit
```

Receiver의 클라이언트는 List<Int> 타입 파라미터로 파라미터화되어 있다.

Receiver 클래스는 자신이 받으려는 데이터의 타입(Int)으로 타입 파라미터를 지정한다.

```kotlin
        init {
            receiverFunction = { receiver ->        // Receiver의 함수가 Int를 받는다. 이 값이 -1이면 계산이 끝났다는
                { behavior ->                        // 뜻이므로 클라이언트에게 결과를 보내고 자신을 종료한다.
                    { i ->
                        if (i == -1) {
                            this.client.tell(behavior.resultList.reverse())
                            shutdown()
                        } else {
                            receiver.context        // -1이 아니면 결과를 결과 리스트에 추가하면서 행동을 변경한다.
                                .become(Behavior(behavior.resultList.cons(i)))
                        }
                    }
                }
            }
        }

        override fun onReceive(i: Int, sender: Result<Actor<Int>>) {
            context.become(Behavior(List(i)))   // 초기 onReceive 구현은 액터의 행동을 첫 번째로 받은 결과가
        }                                        // 담긴 리스트를 사용하는 행동으로 변경한다.

        internal inner class Behavior internal constructor(
                internal val resultList: List<Int>) :   // 행동에 현재 결과 리스트를 저장한다.
                MessageProcessor<Int> {
            override fun process(i: Int, sender: Result<Actor<Int>>) {
                receiverFunction(this@Receiver)(this@Behavior)(i)
            }
        }
    }
```

메인 프로그램(WorkerExample.kt)은 이전에 봤던 예제와 그리 다르지 않다.

```kotlin
fun main(args: Array<String>) {
    semaphore.acquire()
    val startTime = System.currentTimeMillis()
    val client = object: AbstractActor<List<Int>>("Client") {
        override fun onReceive(message: List<Int>,
                               sender: Result<Actor<List<Int>>>) {
            println("Total time: "
                + (System.currentTimeMillis() - startTime))
            println("Input: ${testList.splitAt(40).first}")
            println("Result: ${message.splitAt(40).first}")
            semaphore.release()
```

```
            }
        }
        val receiver = Receiver("Receiver", client)  ···· 메인 액터와 클라이언트로 Receiver를 만든다.
        val manager = Manager("Manager", testList, receiver, workers)  ···· 이제는 Manager를 만들 때
        manager.start()                                                      클라이언트로 Receiver를
        semaphore.acquire()                                                  지정한다.
    }
```

Worker 액터는 앞의 예제와 똑같다. 이제 Manager 클래스를 변경하는 것이 가장 중요하다. 첫 번째로 해야 할 일은 Manager가 Actor<Int> 타입의 클라이언트를 받고 작업 리스트의 길이를 추적하는 것이다.

```
class Manager(
            id: String, list: List<Int>,
            private val client: Actor<Int>,  ···· Manager는 Actor<Int> 타입의 클라이언트를 받는다.
            private val workers: Int) : AbstractActor<Pair<Int, Int>>(id) {
    private val initial: List<Pair<Int, Int>>
    private val workList: List<Pair<Int, Int>>
    private val resultHeap: Heap<Pair<Int, Int>>
    private val managerFunction: (Manager) -> (Behavior) -> (Pair<Int, Int>) -> Unit
    private val limit: Int  ···· 매니저는 작업 리스트 길이를 추적한다.
```

Receiver 클라이언트는 이제 결과를 비동기적으로 하나씩 받는다. managerFunction은 다르다.

```
managerFunction = { manager ->
    { behavior ->
        { p ->
            val result =
                streamResult(behavior.resultHeap + p,
                            behavior.expected, List())  ···· streamResult 함수를 호출한다.
            result.third.forEach { client.tell(it) }
            if (result.second > limit) {
                this.client.tell(-1)  ···· 종료 코드를 보낸다.
            } else {
                manager.context
                    .become(Behavior(behavior.workList
                        .tailSafe()
                        .getOrElse(List()), result.first, result.second))
            }
        }
    }
}
```

이 함수는 이제 streamResult 함수를 호출하고, 이 streamResult는 Triple을 반환한다. 이 Triple의 첫 번째 원소는 결과 데이터를 추가할 결과 Heap이다. 두 번째 원소는 다음에 도착해야 하는 결과 번호이고, 세 번째 원소는 결과가 예상 순서대로 들어있는 리스트다. 모든 작업을 실행하고 나면 클라이언트에게 특별한 종료 코드를 보낸다. 여러분도 알 수 있겠지만, 대부분의 작업은 streamResult 함수에서 이루어진다.

```
private fun streamResult(result: Heap<Pair<Int, Int>>,
                         expected: Int, list: List<Int>):
                            Triple<Heap<Pair<Int, Int>>, Int, List<Int>> {
    val triple = Triple(result, expected, list)
    val temp = result.head
        .flatMap { head ->
            result.tail().map { tail ->
                if (head.second == expected)
                    streamResult(tail, expected + 1, list.cons(head.first))
                else
                    triple
            }
        }
    return temp.getOrElse(triple)
}
```

streamResult 함수는 인자로 결과의 Heap, 다음 작업 번호, 처음에는 비어 있는 정수 리스트를 받는다.

- 결과 힙의 머리가 예상하는 작업 번호와 다르면 할 일이 없다. 세 파라미터를 그대로 Triple로 반환한다.
- 결과 힙의 머리가 예상하는 작업 번호와 같으면 힙에서 그 번호를 제거하고 리스트에 추가한다. 그런 다음에 힙의 머리와 예상 작업 번호가 더 이상 일치하지 않을 때까지 재귀적으로 자신을 호출하면서 원하는 순서대로 결과 리스트를 만들고 나머지는 힙에 남겨둔다.

이런 방식으로 처리하면 힙 크기를 항상 작게 유지할 수 있다. 예를 들어 200,000개의 작업을 처리하는 동안 볼 수 있었던 힙의 최대 크기는 121이고, 100을 넘은 경우가 12번이었으며, 전체 시간 중 95%는 2 이하였다. 그림 13-2는 Manager의 관점에서 결과를 받는 모든 과정을 보여준다.

▼ 그림 13-2 Manager는 결과를 받아서 이 결과를 Heap()에 저장하거나 클라이언트에게 보낸다. 클라이언트에게 결과를 보내면 매니저는 Heap을 살펴봐서 원하는 다음 결과를 이미 받았는지 검사한다.

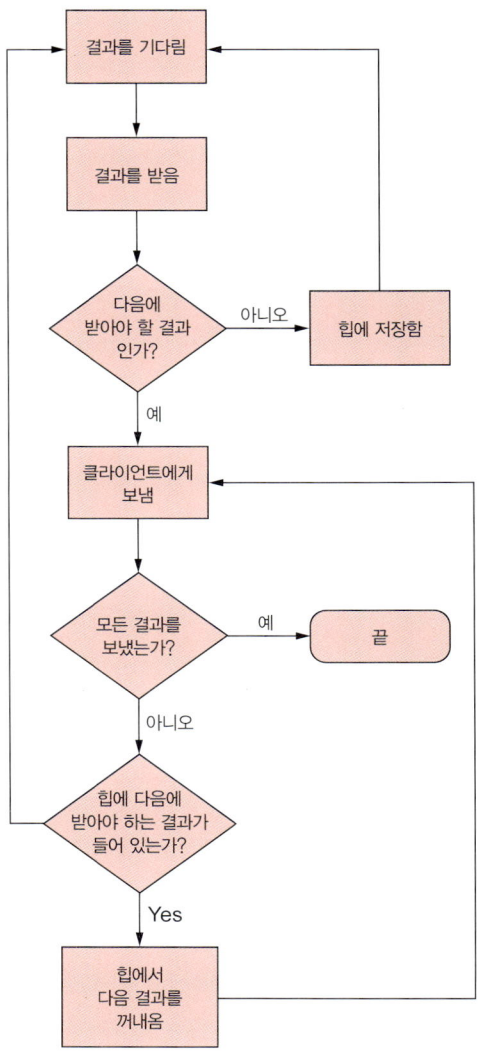

onReceive 함수는 시작 시 번호가 0번인 결과를 예상하기 때문에 예전과 달라진다.

```
override fun onReceive(message: Pair<Int, Int>,
                       sender: Result<Actor<Pair<Int, Int>>>) {
    context.become(Behavior(workList, resultHeap, 0))
}
```

Behavior 클래스도 바꿔야 한다. 이제는 예상하는 작업 번호를 저장한다.

```
internal inner class Behavior
    internal constructor(internal val workList: List<Pair<Int, Int>>,
                        internal val resultHeap: Heap<Pair<Int, Int>>,
                        internal val expected: Int) :
                            MessageProcessor<Pair<Int, Int>> {
    ...
```

마지막으로 클라이언트가 Actor<Int>이므로 이에 맞춰 Manager.start 함수를 바꿔야 한다.

```
fun start() {
    onReceive(Pair(0, 0), self())
    sequence(initial.map { this.initWorker(it) })
        .forEach({ this.initWorkers(it) },
                 { client.tell(-1) })
}
```

이렇게 변경하면 애플리케이션이 훨씬 빨라진다. 예를 들어 같은 조건(같은 컴퓨터에서)으로 1,000,000개의 작업을 1, 2, 4, 8개의 작업자 액터로 처리하는 데 필요한 시간을 보면 다음과 같다.

```
1 actor: 40567 ms
2 actors: 12251 ms
4 actors: 11055 ms
8 actors: 11043 ms
```

이 처리는 분명히 fibonacci 함수를 수로 이뤄진 리스트에 map 하는 것보다 빠르지 않다. 하지만 함수를 빠른 버전으로 바꿨다는 점을 기억하라. 빨리 끝나는 작업을 병렬화해도 그리 도움이 되지 않는다. 하지만 피보나치 함수를 느린 버전으로 바꾸면 결과가 상당히 달라진다(200,000개의 작업을 처리함).

```
simple mapping: 12 mn 46 s
1 actor: 12 mn 2 s
2 actors: 6 mn 2 s
4 actors: 3 mn 3 s
8 actors: 1 mn 40 s
```

병렬로 실행하는 작업을 더 오래 걸리는 작업으로 바꾸자마자 액터를 사용해 병렬화하는 것이 극적으로 성능을 향상시킴을 볼 수 있다. 이런 예는 액터 사용법 중 하나에 지나지 않는다. 이런 종류의 문제는 리스트를 자동으로 병렬화하는 방식(8장에서 이미 살펴봄) 등 다른 방법으로 훨씬 더 잘 처리할 수 있다.

액터의 주 사용처는 병렬화가 아니고 상태 변이 공유를 추상화하는 것이다. 여러분이 본 예제에서는 리스트를 여러 작업이 공유했다. 액터를 쓰지 않는다면 workList와 resultHeap에 대한 접근을 동기화해서 동시성을 처리해야 한다. 액터를 사용하면 동기화와 변이를 프레임워크가 추상화한다.

이 장에서 여러분이 작성한 비즈니스 코드를 (액터 프레임워크 자체를 제외하고) 살펴보면 가변 데이터도 없고 동기화에 신경 쓸 필요도 없으며 스레드 기아 상태나 교착 상태도 발생하지 않음을 볼 수 있다.[5] 액터 자체는 (함수형 방식이 아닌) 효과를 기반으로 하지만, 액터를 사용하면 여러분이 작성한 함수형 코드가 상태 변이를 추상화된 방식으로 공유하면서 조화롭게 작동하도록 만들 수 있다.

여기서 만든 액터 프레임워크는 최소한의 기능만 구현한 것으로, 실질적인 문제에서 사용하기 위한 프레임워크가 아니다. 코틀린 사용자는 자바에서 사용할 수 있는 액터 프레임워크를 사용할 수도 있다. 이런 프레임워크로 아카(Akka)가 있다. 아카는 스칼라(Scala)로 작성됐지만 코틀린 프로그램에서도 아카를 사용할 수 있다. 여러분이 스칼라로 코드를 작성하고 싶지 않은 한, 아카를 사용하더라도 스칼라 코드 한 줄 작성할 필요가 없다. 액터, 특히 아카를 더 배우고 싶다면 레이먼드 뢰스텐버그(Raymond Roestenburg), 롭 베커(Rob Bakker), 롭 윌리엄스(Rob Williams)의 〈Akka 코딩 공작소〉(길벗, 2017)를 보라.

## 13.5 요약

- 액터는 메시지를 비동기적으로 받아서 한 번에 하나씩 처리하는 컴포넌트다.
- 상태 변이 공유를 액터로 추상화할 수 있다.
- 상태 변이 공유를 추상화하면 동기화와 동시성 문제를 쉽게 처리할 수 있다.
- 액터 모델은 비동기 메시징을 기반으로 만들어졌으며 함수형 프로그래밍을 잘 보완해준다.

---

5 역주 비즈니스 로직을 어떤 식으로 작성하든 액터 모델이 자동으로 기아나 교착 상태를 방지해 주는 것은 아니라는 점에 유의하라. 아주 쉬운 예를 들어, '철학자 만찬' 문제를 액터로 그대로 구현하면 (스레드의) 교착 상태는 없을지 몰라도, 모든 액터가 상대방이 포크를 놓기 기다리면서 자신의 상태를 더 이상 변화시키지 못하는 상황이 발생한다.)

- 액터 모델을 사용하면 쉽고 안전하게 작업을 병렬화할 수 있다.
- 액터의 상태 변이는 프레임워크에 의해 프로그래머가 직접 볼 수 없게 추상화되어 있다.
- 코틀린 프로그래머가 사용할 수 있는 액터 프레임워크가 몇 가지 있다.
- 코틀린 프로그래머는 가장 널리 쓰이는 액터 프레임워크 중 하나인 아카를 사용할 수 있다.

# 14장

# 자주 일어나는 문제를 함수형으로 해결하기

14.1 단언문과 데이터 검증

14.2 함수와 효과 재시도하기

14.3 파일에서 프로퍼티 읽기

14.4 명령형 프로그램 변환하기: XML 리더

14.5 요약

---

**이 장에서 다루는 내용**

- 단언문 사용하기
- 함수나 효과 적용이 실패할 때 자동으로 재실행하기
- 프로퍼티 파일 읽기
- 명령형 라이브러리 연결하기
- 명령형 프로그램 변경하기
- 효과 반복하기

여러분은 이제 함수형 프로그래밍 세계에서 온 안전한 프로그래밍 기법을 사용함으로써 프로그래머로서의 삶을 좀 더 편하게 살고 싶을 때 활용할 수 있는 도구를 많이 갖추었다. 함수형 기법을 효율적으로 사용하는 프로그래머가 되려면 함수형 프로그래밍 기법을 제2의 천성이 되도록 갈고 닦아야 한다. 그리고 함수형으로 생각할 수 있어야 한다. 객체 지향 프로그래머가 패턴을 통해 생각하는 것처럼 함수형 프로그래머는 함수를 통해 생각해야 한다.

해결해야 할 문제가 있을 때 객체 지향 프로그래머는 문제에 적용할 수 있는 디자인 패턴이 있는지 살펴보고 패턴을 조합해 문제 크기를 줄이려 시도한다. 패턴을 적용해 문제를 축소하고 나면 이제 남은 일은 패턴을 구현하고 합성하는 것뿐이다.

함수형 프로그래머는 함수를 사용해 비슷한 방식으로 문제를 해결하지만 한 가지 차이점이 있다. 문제를 해결하기에 적합한 함수를 찾았을 때 함수를 재구현할 필요가 없다는 점이 바로 그 차이점이다. 함수는 디자인 패턴과 달리 재사용 가능한 코드이기 때문이다.

함수형 프로그래머는 각 문제를 예전이 구현한 함수를 조합한 것으로 환원하려고 노력한다. 항상 그렇게 환원할 수 있는 것은 아니므로 때로 함수를 새로 구현해야 한다. 하지만 이렇게 만든 새로운 함수는 함수형 프로그래머의 도구 상자에 남는다. 이 과정에서 (객체 지향과 비교할 때) 가장 주된 차이는 추상화를 하면 함수를 재사용할 수 있어 함수형 프로그래머가 항상 추상화할 방법을 찾으려 노력한다는 점이다.

프로그래머들이 사용하는 라이브러리도 어느 정도 비슷한 기능을 제공한다. 라이브러리는 새로운 문제를 해결해야 할 때 바퀴를 다시 발명할 필요 없이 코드를 재활용할 수 있게 문제를 일반화한다. 그러나 라이브러리와 함수형 프로그래밍은 추상화 수준이 다르다. 객체 지향 프로그래밍에서는 섣부른 추상화가 죄악처럼 취급되지만, 함수형 프로그래밍에서는 토대를 이루는 도구이다. 추상화를 하면 함수를 재활용할 수 있을 뿐 아니라 해결해야 할 문제의 참된 본질을 잘 이해할 수 있다.

이 장에서는 프로그래머가 직업적인 코딩을 하면서 매일 해결해야 하는 일반적인 문제를 몇 가지 살펴본다. 그리고 이런 문제를 함수형 패러다임을 사용해 기존과 다른 접근 방법으로 해결할 수 있는지 살펴본다. 일상적인 문제를 함수형으로 해결하는 방법을 알더라도 명령형 코드를 사용해야 할 때가 자주 있을 것이다. 하지만 명령형 코드를 함수형 프로그램에 사용할 때 가장 좋은 접근 방법이 무엇일까? 여기서는 먼저 명령형 프로그램을 살펴보고 이 프로그램을 보다 더 효율적이고 유용한 프로그램으로 변경해 나갈 것이다.

## 14.1 단언문과 데이터 검증

단언문(assertion)을 사용해 사전 조건(precondition), 사후 조건(postcondition), 제어 흐름 조건(control-flow condition), 클래스 조건 등의 불변 조건을 검사할 수 있다. 함수형 프로그래밍에서는 일반적으로 제어 흐름이 없고, 클래스는 보통 불변 클래스다. 따라서 사전 조건과 사후 조건만 검사하면 된다. 같은 이유(불변성과 제어 흐름이 없음)로 테스트도 메서드나 함수가 받은 인자를 검사하고 반환하기 전에 결과를 검사하는 것으로 이루어진다. 인자 값을 테스트하는 것은 다음과 같은 부분 함수에서 필요하다.

```kotlin
fun inverse(x: Int): Double = 1.0 / x
```

이 함수는 0이 아닌 모든 입력값에 대해 유용한 결과를 돌려주고, 0인 경우 무한대를 반환한다. 무한대 값을 가지고 할 수 있는 일은 거의 없기 때문에 이 값을 별도로 취급하기 바랄 수도 있다. 명령형 프로그래밍에서는 다음과 같이 코드를 작성한다.

```kotlin
fun inverse(x: Int): Double {
    assert(x == 0)
    return 1.0 / x
}
```

이 코드는 자바 표준 단언문을 사용한다. 코틀린에서도 자바 단언문을 사용할 수 있다. 하지만 (디버깅 모드도 아니고 JVM에 -ea 옵션을 주지도 않은 경우) 실행 시점에는 단언문이 비활성화되므로 다음과 같이 단언문이 비활성화된 상태에서 프로그램을 실행하는 것을 막고 싶을 수도 있다.

```kotlin
if (!Thread.currentThread().javaClass.desiredAssertionStatus()) {
    throw RuntimeException("Asserts must be enabled!!!")
}
```

> Note ≡ 인텔리J 이전 버전을 사용하는 경우 기본적으로 단언문이 활성화될 수도 있다. 그런 경우 설정에서 -da VM 파라미터를 사용해 일반적인 실행을 시뮬레이션할 수 있다. 다만 이런 (인자를 검사하는) 경우에는 프로그램을 다음과 같이 작성하는 편이 더 간편하다.
>
> ```kotlin
> fun inverse(x: Int): Double = when (x) {
>     0 -> throw IllegalArgumentException("div. By 0")
>     else -> 1.0 / x
> }
> ```

> **Note ≡** 안전하게 만들려면 이 함수를 다음과 같이 전함수로 바꾼다.
>
> ```
> fun inverse(x: Int): Result<Double> = when (x) {
>     0    -> Result.failure("div. By 0")
>     else -> Result(1.0 / x)
> }
> ```

가장 일반적인 단언문은 인자가 조건을 만족하는지 검사해서 검사에 실패하면 Result.Failure를 반환하고 성공하면 Result.Success를 반환하는 형태다. Person 타입에 대해 invoke 연산자 함수를 사용하는 경우를 예제로 살펴보자.

```
class Person private constructor(val id: Int,
                                 val firstName: String,
                                 val lastName: String) {
    companion object {
        operator
        fun invoke(id: Int?,
                   firstName: String?,
                   lastName: String?): Person = Person(id, firstName, lastName)
    }
}
```

이 함수를 데이터베이스에서 추출한 데이터를 활용해 다음과 같이 사용할 수 있다.

```
val person = Person(rs.getInt("personId"),
                    rs.getString("firstName"),
                    rs.getString("lastName"))
```

이런 경우 함수를 호출하기 전에 데이터를 검증하고 싶을 수도 있다. 예를 들어 ID가 양수인지 검증하고 이름과 성이 null이거나 빈 문자열이 아닌지 검증하며, 이름과 성이 대문자로 시작하는지 검증하고 싶을 것이다. 명령형 프로그래밍에서는 함수를 호출하기 전에 단언문 함수를 사용해 각 조건을 검사한다.

```
class Person private constructor(val id: Int,
                                 val firstName: String,
                                 val lastName: String) {
    companion object {
        operator
        fun invoke(id: Int?, firstName: String?, lastName: String?) =
            Person(assertPositive(id, "null or negative id"),
```

```
                    assertValidName(firstName, "invalid first name"),
                    assertValidName(lastName, "invalid last name"))
        private fun assertPositive(i: Int?,
                                   message: String): Int = when (i) {
            null -> throw IllegalStateException(message)
            else -> i
        }
        private fun assertValidName(name: String?,
                                    message: String): String = when {
            name == null
                || name.isEmpty()
                || name[0].toInt() < 65
                || name[0].toInt() > 91 ->
                    throw IllegalStateException(message)
            else -> name
        }
    }
}
```

하지만 프로그램이 안전하기를 원한다면 예외를 던지면 안 된다. 대신, Result 등 예외 처리를 위한 특별한 컨텍스트를 사용해야 한다. 이런 종류의 검증을 Result 타입으로 추상화한다. 여러분이 해야 할 일은 검증 함수를 작성하는 것뿐이다. 이는 여러분이 함수를 작성하고 함수 참조를 사용해야 한다는 뜻이다. 일반적인 검증 함수를 다음과 같이 패키지 수준에 넣는다.

```
fun isPositive(i: Int?): Boolean = i != null && i > 0

fun isValidName(name: String?): Boolean =
    name != null && name[0].toInt() >= 65 && name[0].toInt() <= 91
```

그 후 이 함수를 사용해 데이터를 검증한다.

```
class Person private constructor(val id: Int,
                                 val firstName: String,
                                 val lastName: String) {
    companion object {
        fun of(id: Int, firstName: String, lastName: String) =
            Result.of (::isPositive, id, "Negative id").flatMap { validId ->
                Result.of(::isValidName, firstName, "Invalid first name")
                    .flatMap { validFirstName ->
                        Result.of(::isValidName, lastName, "Invalid last name")
                            .map { validLastName ->
                                Person(validId, validFirstName, validLastName)
```

```
                    }
                }
            }
        }
    }
```

하지만 이 과정을 좀 더 추상화해서 좀 더 일반적인 함수로 만들 수 있다.

```
fun assertPositive(i: Int, message: String): Result<Int> =
    Result.of(::isPositive, i, message)

fun assertValidName(name: String, message: String): Result<String> =
    Result.of(::isValidName, name, message)
```

이제는 Person을 다음과 같이 만들 수 있다.

```
fun of(id: Int, firstName: String, lastName: String) =
    assertPositive(id, "Negative id")
        .flatMap { validId ->
            assertValidName(firstName, "Invalid first name")
                .flatMap { validFirstName ->
                    assertValidName(lastName, "Invalid last name")
                        .map { validLastName ->
                            Person(validId, validFirstName, validLastName)
                        }
                }
        }
```

다음 코드는 몇 가지 검증 함수를 보여준다.

**예제 14-1** 함수형 단언문 예

```
fun <T> assertCondition(value: T, f: (T) -> Boolean):
    Result<T> =
        assertCondition(value, f, "Assertion error: condition should evaluate to true")

fun <T> assertCondition(value: T, f: (T) -> Boolean,
                        message: String):
    Result<T> =
        if (f(value))
            Result(value)
```

```
            else
                Result.failure(IllegalStateException(message))

fun assertTrue(condition: Boolean,
               message: String = "Assertion error: condition should be true"):
    Result<Boolean> = assertCondition(condition, { x -> x }, message)

fun assertFalse(condition: Boolean,
                message: String = "Assertion error: condition should be false"):
    Result<Boolean> = assertCondition(condition, { x -> !x }, message)

fun <T> assertNotNull(t: T):
    Result<T> = assertNotNull(t, "Assertion error: object should not be null")

fun <T> assertNotNull(t: T, message: String):
    Result<T> = assertCondition(t, { x -> x != null }, message)

fun assertPositive(value: Int,
                   message: String = "Assertion error: value $value must be positive"):
    Result<Int> = assertCondition(value, { x -> x > 0 }, message)

fun assertInRange(value: Int, min: Int, max: Int):
    Result<Int> = assertCondition(value, { x -> x in min..(max - 1) },
        "Assertion error: value $value should be > $min and < $max")

fun assertPositiveOrZero(value: Int,
                         message: String = "Assertion error: value $value must not be < 0"):
    Result<Int> = assertCondition(value, { x -> x >= 0 }, message)

fun <A: Any> assertType(element: A, clazz: Class<*>):
    Result<A> = assertType(element, clazz,
        "Wrong type: ${element.javaClass}, expected: ${clazz.name}")

fun <A: Any> assertType(element: A, clazz: Class<*>,
                        message: String):
    Result<A> = assertCondition(element, { e -> e.javaClass == clazz }, message)
```

## 14.2 함수와 효과 재시도하기

비순수 함수나 효과를 처음 호출해서 성공하지 못하면 다시 시도해야 하는 경우가 자주 있다. 성공하지 못한다는 말은 일반적으로 예외가 발생한다는 뜻이다. 하지만 예외가 발생할 때마다 함수를 다시 호출하는 것은 귀찮고 실수하기도 쉽다.

어떤 장치에서 값을 읽는데 이 장치가 준비되지 않으면 IOException이 발생한다고 하자. 세 번 값을 다시 읽으려고 시도하되, 각 시도 사이에 100밀리초 시간 간격을 둔다. 명령형 해법은 다음과 같다.

```kotlin
fun get(path: String): String =        // 전체 실행 중 80% 정도는 예외가 발생하는 함수를 시뮬레이션한다.
    Random().nextInt(10).let {
        when {
            it < 8 -> throw IOException("Error accessing file $path")
            else   -> "content of $path"
        }
    }

var retries = 0
var result: String? = null
(0 .. 3).forEach rt@ {         // forEach 함수의 파라미터로 쓰인다. 람다에서 빠져나와서 실행해야 하는 위치가 forEach의
                               // 다음 이터레이션 시작 직전임을 표현하고자 이곳에 rt@를 쓴다.
    try {
        result = get("/my/path")
        return@rt              // return@rt가 표현하는 것은 forEach 함수에 넘겨진 람다의 내부에서 빠져나와서
                               // forEach의 다음 이터레이션을 시작하라는 의미다.
    } catch(e: IOException) {
        if (retries < 3) {
            Thread.sleep(100)   // get이 예외를 던지고, retries가 3보다 작으면 100밀리초를 기다렸다가 재시도한다.
            retries += 1
        } else {
            throw e             // 예외가 발생했지만 retries가 3 이상이면 예외를 다시 던진다.
        }
    }
}

println(result)
```

이 코드가 나쁜 이유가 몇 가지 있다.

- var 참조를 사용해야 한다.
- 결과에 널이 될 수 있는 타입을 사용해야 한다.
- 재시도라는 개념을 사용하는 일이 자주 있지만, 이 코드 자체는 재사용이 불가능하다.

필요한 것은 파라미터로 다음을 받는 retry라는 함수다.

- 재시도할 함수
- 최대 재시도 횟수
- 재시도 사이의 시간 간격

이 함수는 예외를 다시 던져서는 안 되며 대신에 Result를 반환해야 한다. 다음은 이 함수의 시그니처다.

```
fun <A, B> retry(f: (A) -> B,
                 times: Int,
                 delay: Long = 10): (A) -> Result<B>
```

이 함수를 사용하면 코드를 다음과 같이 작성할 수 있다.

```
val functionWithRetry = retry(::get, 10, 100)
functionWithRetry("/my/file.txt")
    .forEach({ println(it) }, { println(it.message) })
```

이런 결과를 여러 가지 방식으로 만들어낼 수 있다. 한 가지 방법은 쇼트 서킷을 제공하는 접기 연산을 사용하는 것이다. 접는 범위는 0부터 **최대 재시도 횟수**지만, get 함수가 성공하면 바로 접기 연산에서 빠져나와야 한다. 레이블과 표준 코틀린 range에 대한 fold 함수를 사용하면 쉽게 이런 함수를 구현할 수 있다.

```
fun <A, B> retry(f: (A) -> B, times: Int, delay: Long = 10) = rt@ { a: A ->
    (0 .. times).fold("Not executed") { _, n ->
        try {
            print("Try $n: ")
            return@rt "Success $n: ${f(a)}"
        } catch (e: Exception) {
            Thread.sleep(delay)
            "${e.message}"
        }
    }
}
```

반면에 이런 방법은 여러분이 연습문제 8-19에서 List 클래스를 사용해 만든 range 함수에 대해서는 잘 작동하지 않는다. 이는 코틀린 버그 때문인 것 같다. 어쨌든 코드가 컴파일되지 않는다.[1] 이 문제를 해결하는 한 가지 방법은 4장에서 배운 것처럼 명시적으로 공재귀를 사용하는 것이다. 항상 그랬듯이 공재귀를 사용한다는 말은 로컬 도우미 함수를 정의해야 한다는 뜻이다.

```
fun <A, B> retry(f: (A) -> B,
                 times: Int,
                 delay: Long = 10): (A) -> Result<B> {
    fun retry(a: A, result: Result<B>, e: Result<B>, tms: Int): Result<B> =
        result.orElse {
            when (tms) {
                0    -> e
                else -> {
                    Thread.sleep(delay)
                    // 재시도 횟수를 기록한다.
                    println("retry ${times - tms}")
                    retry(a, Result.of { f(a) }, result, tms - 1)
                }
            }
        }
    return { a -> retry(a, Result.of { f(a) }, Result(), times - 1)}
}
```

이 구현은 재시도 횟수가 0이 되거나 f 호출이 성공할 때까지 재시도 횟수를 1씩 감소시키면서 자신을 재귀적으로 호출하는 로컬 함수를 사용한다. 코틀린이 이 함수를 재귀적이라고 판단하지 않기 때문에 tailrec 키워드로부터 얻는 이익을 기대할 수 없다. 하지만 이는 재시도 횟수가 적어서 그리 큰 문제가 되지 않는다. 어떤 일이 벌어지는지 보여주고자 println 문을 추가했다.

로컬 함수는 처음에 Result.of { f(a) }를 파라미터로 호출된다. 이런 값을 사용해 함수를 호출하는 것은 꽤 이상하다. 일반적으로는 로컬 함수를 호출할 때는 주 함수의 인자와 똑같은 값과 더불어 인자를 하나 더 추가해 호출한다. 여기서는 초기에 지연 시간이 필요 없기 때문에 (재귀 호출 과정이) 약간 더 특별하다.

이 함수가 있으면 어떤 함수든 자동으로 재시도하는 함수로 바꿀 수 있다. 그리고 다음 코드 예제와 같이 이 함수를 순수한 효과(Unit을 반환하는 함수)와 함께 사용할 수 있다.

---

[1] 코틀린 버그 이슈 KT-24055, "로컬 return을 레이블과 잘못 사용하면 컴파일러 내부 예외가 발생한다", https://youtrack.jetbrains.com/issue/KT-24055

```
fun show(message: String) =
    Random().nextInt(10).let {
        when {
            it < 8 -> throw IllegalStateException("Failure !!!")
            else -> println(message)
        }
    }

fun main(args: Array<String>) {
    retry(::show, 10, 20)("Hello, World!").forEach(onFailure =
        { println(it.message) })
}
```

## 14.3 파일에서 프로퍼티 읽기

대부분의 소프트웨어 애플리케이션들은 시작할 때 설정이 담긴 프로퍼티 파일을 읽어서 초기화를 진행한다. 프로퍼티는 키/값 쌍이며, 키와 값은 모두 문자열이다. 프로퍼티 형식으로 어떤 것(키=값, XML, JSON, YAML 등)을 택하든 프로그래머는 항상 문자열을 읽어서 객체로 변환해야 한다. 이 과정은 지루하고 실수하기도 쉽다.

프로퍼티 파일을 읽기 위해 만들어진 라이브러리를 사용할 수도 있지만, 처리 도중에 문제가 발생하면 예외를 던지게 된다. 이를 좀 더 함수형으로 처리하려면 직접 라이브러리를 작성해야 한다. 여러분이 작성할 라이브러리는 다음 기능을 제공해야 한다.

- 프로퍼티를 문자열로 읽는다
- 프로퍼티를 다양한 수 타입의 값으로 읽는다
- 프로퍼티를 이넘이나 임의의 타입(클래스)로 읽는다
- 프로퍼티를 앞에 나열한 타입으로 이뤄진 컬렉션으로 읽는다
- 프로퍼티를 읽을 때 기본 값을 지정할 수 있고, 문제가 생기면 이를 쉽게 이해할 수 있게 알려주는 오류 메시지를 전달한다
- 프로퍼티를 읽는 과정에서 결코 예외를 (라이브러리 외부에) 던지지 않는다

## 14.3.1 프로퍼티 파일 읽기

어떤 형식을 사용하든 처리 과정은 똑같다. 먼저 파일을 읽고 처리하는 과정에서 발생하는 예외를 처리해야 한다. 다음 예제처럼 프로퍼티 파일을 읽어서 Result<Properties>를 반환한다.

**예제 14-2** 프로퍼티 파일 읽기

```kotlin
class PropertyReader(configFileName: String) {

    internal val properties: Result<Properties> =    ---- PropertyReader 클래스는 프로퍼티 값을 읽을 수
        Result.of {    ---- Result.of는 모든 과정이 잘 끝나면 Success를 반환하고, 예외가 발생하면 Failure를 반환한다.
            MethodHandles.lookup().lookupClass()----;
                    이렇게 하면 패키지 수준에 선언한 함수가 속한 코틀린 컴파일러가 생성한 클래스에 대한 참조를 얻을 수 있다.

                .getResourceAsStream(configFileName)    ---- 파일을 클래스 경로에서 읽는다.
                .use { inputStream ->
                    Properties().let {    ---- 프로퍼티 파일을 읽으며 그 과정에서 IOException이 발생할 수 있다.
                        it.load(inputStream)    ---- InputStream에서 프로퍼티를 읽는다.
                        it    ---- 블록의 마지막 줄은 값을 반환한다. 앞줄(load 호출)이 Boolean을 반환하므로
                              여기서 람다의 기본 인자 이름인 it을 써서 값을 반환해야 한다.
                    }
                }
        }
}

fun main(args: Array<String>) {
    val propertyReader = PropertyReader("/config.properties")    ---- 여기서 파일은 클래스
    propertyReader.properties.forEach(onSuccess =                     경로 루트에 위치한다.
        { println(it) }, onFailure = { println(it) })
}
```

파일을 찾지 못하면 use 함수가 IOException을 던지지 않고 InputStream을 null로 반환하기 때문에 NullPointerException이 발생한다. 이 함수를 사용하면 어떤 경우든 입력 스트림을 제대로 닫아준다.

> **Note ≡** 인텔리J를 사용한다면 이 예제를 실행하기 전에 프로젝트를 다시 빌드해야 한다. 프로젝트를 다시 빌드하지 않고 실행하면 클래스 파일은 다시 빌드하지만 자원을 출력 디렉터리에 복사하지 않는다. 프로퍼티 파일을 클래스 경로에서 읽기 때문에 이런 추가 작업이 필요하다. 물론 디스크상의 다른 위치나 원격 URL 등 원하는 다른 소스에서 프로퍼티 파일을 읽을 수도 있다.

## 14.3.2 프로퍼티를 문자열로 읽기

프로퍼티 파일을 처리할 때 가장 간단한 사용법은 프로퍼티를 문자열로 읽는 것이다. 단순한 일 같지만 다음 코드는 제대로 작동하지 않는다.

```
properties.map { it.getProperty("name") }
```

프로퍼티가 없으면 getProperty 함수는 null을 반환한다. 따라서 Success("null")을 돌려받는다. Properties 클래스를 만들 때 기본 프로퍼티 목록을 지정할 수 있고, getProperty 자체도 기본 값을 지정해 호출할 수 있다. 하지만 모든 프로퍼티에 적당한 기본 값이 존재하는 것은 아니다. 이런 문제를 처리하려면 Result.of와 flatMap 함수를 함께 사용해야 한다.

```
fun readProperty(name: String) =
    properties.flatMap {
        Result.of {
            it.getProperty(name)
        }
    }
```

다음과 같은 프로퍼티가 들어 있는 프로퍼티 파일이 클래스 경로에 있다고 하자.

```
host=acme.org
port=6666
name=
temp=71.3
price=$45
list=34,56,67,89
person=id:3;firstName:Jeanne;lastName:Doe
id=3
type=SERIAL
```

파일 이름은 config.properties이며 클래스 경로 루트에 들어 있다. 다음 코드로 이 프로퍼티를 안전하게 사용할 수 있다.

```
fun main(args: Array<String>) {
    val propertyReader = PropertyReader("/config.properties")
    propertyReader.readProperty("host")
        .forEach(onSuccess = { println(it) }, onFailure = { println(it) })
    propertyReader.readProperty("name")
        .forEach(onSuccess = { println(it) }, onFailure = { println(it) })
```

```
    propertyReader.readProperty("year")
        .forEach(onSuccess = { println(it) }, onFailure = { println(it) })
}
```

앞에서 본 프로퍼티 파일이 있으면 다음 결과를 볼 수 있다.

```
acme.org java.lang.NullPointerException
```

첫 번째 줄은 host 프로퍼티에 해당한다. 두 번째 줄은 name 프로퍼티에 해당하며 빈 문자열인데, 이 값이 올바른 값인지 아닌지 여러분은 알 수 없다. 이 문제는 비즈니스 관점에서 볼 때 이름이 필요한지 선택적인지에 따라 결정할 문제다.

세 번째 줄은 프로퍼티 파일에 들어 있지 않은 year 프로퍼티에 해당한다. 하지만 표시되는 메시지가 그리 많은 정보를 주지 않는다. year라는 이름의 프로퍼티를 읽어온 Result<String> 타입의 값에 이런 오류가 담겨 있으므로 프로퍼티 정의가 없었던 것이 아닐까 추측할 수는 있다. 하지만 메시지에 프로퍼티 이름이 들어 있으면 문제 파악이 좀 더 쉬울 것이다. 이제 오류 메시지를 좀 더 유용하게 만들자.

### 14.3.3 더 나은 오류 메시지 만들기

여기서 여러분이 접한 문제는 절대 생기면 안 되는 문제다. 코틀린은 자바 표준 라이브러리에 의존하므로 모든 게 자바에서 여러분이 알고 있던 대로 작동하리라 자신할 수 있다. 예를 들어 파일을 찾을 수 없거나 읽을 수 없으면 IOException이 발생한다. 파일을 찾지 못하는 이유의 대부분은 엉뚱한 위치에 파일이 있기 때문이므로 심지어 파일의 전체 경로를 지정하라는 메시지를 기대할 수도 있다. 이런 경우 좋은 오류 메시지는 아마 "'xyz'라는 위치에 있는 'abc'라는 파일을 찾을 수 없음"일 것이다. 이제 getResourceAsStream 자바 메서드 코드를 살펴보자.

```
public InputStream getResourceAsStream(String name) {
    URL url = getResource(name);
    try {
        return url != null ? url.openStream() : null;
    } catch (IOException e) {
        return null;
    }
}
```

그렇다. 자바 코드가 이런 식으로 쓰여 있다. 결론은 코드를 실제로 들여다보기 전에는 자바 표준 라이브러리에 있는 메서드를 절대 호출하지 말아야 한다는 것이다!

자바독에서는 이 메서드가 "(정상인 경우) 자원을 읽기 위한 입력 스트림, 자원을 찾을 수 없을 경우 null"을 반환한다고 되어 있다. 이 문장을 보면 잘못될 수 있는 경우가 많이 있다. 파일을 읽다가 문제가 생기면 IOException이 발생하지만 IOException을 잡아서 처리하기 때문에 이런 경우에는 null이 반환된다. name이 null이면 getResource()도 null을 반환하기 때문에 전체 결과도 null이다. name이 null은 아니지만 getResource()가 적절한 자원을 찾을 수 없으면 null이 반환된다. 이럴 때마다 무조건 null이 반환된다.

이런 경우에 여러분이 해야 할 최소한의 일은 각 경우에 대한 오류 메시지를 정의하는 것이다. IOException은 발생하지 않기 때문에 이를 처리할 필요는 없다.[2]

**예제 14-3** 구체적인 오류 메시지 만들기

```
// 이제 프로퍼티를 private으로 만들 수 있다
private val properties: Result<Properties> =
    try {
        MethodHandles.lookup().lookupClass()
            .getResourceAsStream(configFileName)
            .use { inputStream ->
                when (inputStream) {
                    null ->
                        Result.failure("File $configFileName not found in classpath")
                    else -> Properties().let {
                        it.load(inputStream)
                        Result(it)
                    }
                }
            }
    } catch (e: Exception) {
        Result.failure("Exception: ${e.message} " +
        " while reading classpath resource $configFileName")
    }
```

---

2  **역주** 원서를 보면 'And despite the fact that an IOException is unlikely to be thrown, you must still handle this case(IOException이 발생하지 않을 것 같지만, 여전히 이를 처리해야 한다)'라고 썼다. 하지만 실제로 IOException이 발생할 수 없다. 그래서 관련 예외 핸들러를 아예 예제 14-3에서 제거했다.

파일을 찾지 못하면 메시지는 다음과 같다.

```
File /config.properties not found in classpath
```

프로퍼티와 관련 있는 메시지를 처리해야 한다. 다음과 같은 코드를 사용하면

```
val year: Result<String> = propertyReader.readProperty(properties, "year")
```

NullPointerException 오류 메시지를 받을 것임에 분명하다. 이는 year라는 프로퍼티를 찾을 수 없다는 뜻이다. 하지만 다음 코드에서 오류 메시지는 어떤 프로퍼티를 얻지 못했는지 정보를 제공하지 못한다.

```
data class Person(val id: Int, val firstName: String, val lastName: String)

fun main(args: Array<String>) {
    val propertyReader = PropertyReader("/config.properties")
    val person = propertyReader.readProperty("id")
        .map(String::toInt)
        .flatMap { id ->
            propertyReader.readProperty("firstName")
                .flatMap { firstName ->
                    propertyReader.readProperty("lastName")
                        .map { lastName -> Person(id, firstName, lastName) }
                }
        }
    person.forEach(onSuccess = { println(it) }, onFailure = { println(it) })
}
```

이 문제를 해결할 때 쓸 수 있는 방법이 몇 가지 있다. 가장 간단한 방법은 PropertyReader 클래스에 readProperty라는 도우미 함수를 정의해서 실패를 매핑하는 것이다.

```
fun readProperty(name: String) =
    properties.flatMap {
        Result.of {
            it.getProperty(name)
        }.mapFailure("Property \"$name\" no found")
    }
```

조금 전 봤던 코드는 다음과 같은 오류 메시지를 만들어낸다. 이번에는 프로퍼티 파일에 id라는 프로퍼티가 없음을 분명히 알 수 있다.

```
java.lang.RuntimeException: Property "firstName" not found
```

다른 중요한 실패 원인으로는 id 프로퍼티 문자열을 정수로 변환하는 동안 구문 분석 오류가 발생하는 경우다. 예를 들어 프로퍼티가 다음과 같다면,

```
id=three
```

다음 오류를 볼 수 있다.

```
java.lang.NumberFormatException: For input string: "three"
```

이 오류 메시지는 충분한 정보를 주지 못한다. 이는 이 메시지가 (문자열을 수로 변환할 때 발생하는) 구문 분석 오류에 대한 표준 자바 오류 메시지이기 때문이다. 대부분의 표준 자바 오류 메시지는 이와 비슷하다. 이 메시지는 마치 NullPointerException과 같다. NullPointerException은 참조가 null이라는 사실을 알려주기는 하지만 어떤 참조가 null인지를 알려주지는 않는다. 다음과 같이 예외를 일으킨 원인이 되는 프로퍼티의 이름을 표시하면 좋다.

```
propertyReader.readProperty("id")
    .map(String::toInt)
    .mapFailure("Invalid format for property \"id\": ???")
```

하지만 프로퍼티 이름을 두 번 써야 한다. 그리고 ???를 찾아낸 값으로 바꿔서 표시하면 더 좋다(값을 이미 잃어버렸기 때문에 값을 표시할 수는 없다). 문자열이 아닌 프로퍼티의 경우 항상 프로퍼티 값을 구문 분석해야 하므로 오류 메시지를 처리하는 로직을 PropertyReader 클래스 안에서 추상화해야 한다. 추상화하려면 먼저 readProperty 함수의 이름을 바꿔야 한다.

```
fun readAsString(name: String) =
    properties.flatMap {
        Result.of {
            it.getProperty(name)
        }.mapFailure("Property \"$name\" no found")
    }
```

그런 다음 readAsInt 함수를 추가한다.

```
fun readAsInt(name: String): Result<Int> =
    readAsString(name).flatMap {
        try {
            Result(it.toInt())
        } catch (e: NumberFormatException) {
```

```
                Result.failure<Int>(
                    "Invalid value while parsing property '$name' to Int: '$it'")
            }
    }
```

이제 문자열을 정수로 변환하다 생기는 오류에 관해서는 걱정하지 않아도 된다.

```
val person = propertyReader.readAsInt("id")
    .flatMap { id ->
        propertyReader.readAsString("firstName")
            .flatMap { firstName ->
                propertyReader.readAsString("lastName")
                    .map { lastName -> Person(id, firstName, lastName) }
            }
    }

person.forEach(onSuccess = { println(it) }, onFailure = { println(it) })
```

id 프로퍼티를 구문 분석하다 예외가 발생하면 다음 메시지를 얻는다.

```
java.lang.IllegalStateException:
Invalid value while parsing property 'id' to Int: 'three'")
```

## 14.3.4 프로퍼티를 리스트로 읽기

정수를 처리했던 방식을 Long이나 Double 등 다른 수 타입에도 적용할 수 있으며 이보다 더 나갈 수도 있다. 예를 들어 다음과 같은 프로퍼티를 리스트로 읽을 수 있다.

```
list=34,56,67,89
```

단지 이런 경우를 처리하도록 특화된 함수를 추가하면 된다. 다음 함수를 사용해 정수 리스트인 프로퍼티를 읽을 수 있다.

```
fun readAsIntList(name: String): Result<List<Int>> =
    readAsString(name).flatMap {
        try {
            Result(fromSeparated(it, ",").map(String::toInt))
        } catch (e: NumberFormatException) {
            Result.failure<List<Int>>(
                "Invalid value while parsing property '$name' to List<Int>: '$it'")
```

            }
        }

이 코드는 com.fpinkotlin.common에 있는 List 클래스에 정의된 fromSeparated 함수를 사용한다. 해당 모듈은 이 책의 소스 코드에 있다. 이 코드가 표준 코틀린 List를 사용하도록 바꾸려면 한 줄만 바꾸면 된다.

```
fun readAsIntList(name: String): Result<List<Int>> =
    readAsString(name).flatMap {
        try {
            // 다음 줄은 코틀린 List를 사용한다
            Result(it.split(",").map(String::toInt))
        } catch (e: NumberFormatException) {
            Result.failure<List<Int>>(
                "Invalid value while parsing property '$name' to List<Int>: $it")
        }
    }
```

하지만 더 많은 일을 할 수 있다! 변환 함수를 제공하면 어떤 수 타입 값으로 이뤄진 리스트든지 프로퍼티에서 읽을 수 있다.

```
fun <T> readAsList(name: String, f: (String) -> T): Result<List<T>> =
    readAsString(name).flatMap {
        try {
            Result(fromSeparated(it, ",").map(f))
        } catch (e: Exception) {
            Result.failure<List<T>>(
                "Invalid value while parsing property '$name' to List: $it")
        }
    }
```

그리고 readAsList를 바탕으로 다양한 수 형식을 처리할 수 있는 함수를 정의할 수 있다.

```
fun readAsIntList(name: String): Result<List<Int>> =
    readAsList(name, String::toInt)
fun readAsDoubleList(name: String): Result<List<Double>> =
    readAsList(name, String::toDouble)
fun readAsBooleanList(name: String): Result<List<Boolean>> =
    readAsList(name, String::toBoolean)
```

프로퍼티를 enum 값으로 읽는 경우도 자주 생긴다. 이런 경우는 프로퍼티를 임의의 타입으로 읽는 방법 중에 특별한 경우라 할 수 있다.

## 14.3.5 이넘(enum) 값 읽기

String을 Result<T>로 보내는 함수를 받아서 프로퍼티를 임의의 타입 T로 변환하는 함수를 먼저 만들어야 한다.

```
fun <T> readAsType(f: (String) -> Result<T>, name: String) =
    readAsString(name).flatMap {
        try {
            f(it)
        } catch (e: Exception) {
            Result.failure<T>(
                "Invalid value while parsing property '$name': '$it'")
        }
    }
```

이제 readAsType을 사용해 readAsEnum을 만들 수 있다.

```
inline
fun <reified T: Enum<T>> readAsEnum(name: String,
                                    enumClass: Class<T>): Result<T> {
    val f: (String) -> Result<T> = {
        try {
            val value = enumValueOf<T>(it)
            Result(value)
        } catch (e: Exception) {
            Result.failure("Error parsing property '$name': " +
                "value '$it' can't be parsed to ${enumClass.name}.")
        }
    }
    return readAsType(f, name)
}
```

여기서 reified는 실행 시점에 T의 타입을 읽을 수 있다는 뜻이다. 자바와 달리 코틀린에서 reified라는 키워드를 사용하면 타입 파라미터가 지워지지 않아서[3] 실행 시점에 타입 파라미터에 접근할 수 있다. 단지 inline으로 정의된 함수 내부에서만 해당 타입에 접근할 수 있다. inline은 해당 함수를 참조(함수 호출)하는 대신 함수 본문을 함수를 호출한 지점으로 복사(인라이닝, inlining)한다는 뜻이다. 인라이닝을 사용하면 컴파일된 코드 크기가 커진다.

---

[3] 역주 저자가 착각한 것 같다. 런타임에 타입 파라미터 정보가 남지 않지만 컴파일 시점에 인자이닝하면서 컴파일러가 알고 있는 파라미터 정보를 사용하는 것뿐이다. 정확한 스펙은 https://github.com/JetBrains/kotlin/blob/master/spec-docs/reified-type-parameters.md를 참조하기 바란다.

다음과 같은 프로퍼티가 있고

  type=SERIAL

다음과 같은 enum이 있으면

  enum class Type {SERIAL, PARALLEL}

다음 코드를 사용해 프로퍼티를 읽을 수 있다.

  val type = propertyReader.readAsEnum("type", Type::class.java)

지금까지 프로퍼티를 String, Int, Double, Boolean, List, Enum으로 읽었다. 프로퍼티를 임의의 객체로 읽는 것도 흥미로울 것이다. 이를 위해서는 프로퍼티 파일에 객체 프로퍼티를 직렬화(serialization)한 형태로 쓰고, 이런 프로퍼티를 읽어서 역직렬화(deserialization)해야 한다.

### 14.3.6 임의의 타입으로 된 프로퍼티 읽기

getAsType 함수를 사용해 프로퍼티를 임의의 타입으로 읽을 수 있다. 예를 들어 다음 프로퍼티를 읽어서 Person을 얻고 싶다고 하자.

  person=id:3,firstName:Jane,lastName:Doe

여러분이 해야 할 일은 String에서 Result<Person>으로 가는 함수를 제공하는 것뿐이다. 이 함수는 "id:3,firstName:Jane,lastName:Doe"라는 문자열에서 Person을 만들 수 있어야 한다. 이런 함수를 쉽게 사용할 수 있도록 readAsPerson이라는 함수를 작성할 수도 있다. 하지만 readAsPerson와 같은 함수는 특정 타입에 따라 달라지는 함수이므로 이런 함수를 PropertyReader 클래스에 넣을 수는 없다. 더 나은 해법은 PropertyReader와 프로퍼티 이름을 인자로 받아서 Person 클래스로 바꿔주는 함수를 만드는 것이다.

이런 함수를 구현하는 방법이 몇 가지 있다. 한 가지 방법은 프로퍼티를 리스트로 받아 각 원소를 분리한 후에 키-값 쌍을 맵에 넣는 것이다. 그러고 나면 이 맵에서 Person을 쉽게 만들 수 있다. 다른 방법은 문자열에서 콤마를 새 줄 문자로 바꾼 값을 읽어서 처리하는 두 번째 PropertyReader를 만드는 것이다. 다음 예제는 프로퍼티 문자열에서 인스턴스를 만드는 두 가지 함수가 들어 있는 Person 클래스를 보여준다.

**예제 14-4** 프로퍼티를 객체로 읽는 메서드와 프로퍼티를 객체 리스트로 읽는 메서드

```kotlin
data class Person(val id: Int,
                  val firstName: String,
                  val lastName: String) {
    companion object {
        fun readAsPerson(propertyName: String,
                        propertyReader: PropertyReader): Result<Person> {
            val rString = propertyReader.readAsPropertyString(propertyName)
            val rPropReader = rString.map { stringPropertyReader(it) }
            return rPropReader.flatMap { readPerson(it) }
        }
        fun readAsPersonList(propertyName: String,
                            propertyReader: PropertyReader): Result<List<Person>> =
            propertyReader.readAsList(propertyName, { it }).flatMap { list ->
                sequence(list.map { s ->
                    readPerson(PropertyReader
                        .stringPropertyReader(PropertyReader.toPropertyString(s)))
                })
            }
        private fun readPerson(propReader: PropertyReader): Result<Person> =
            propReader.readAsInt("id")
                .flatMap { id ->
                    propReader.readAsString("firstName")
                        .flatMap { firstName ->
                            propReader.readAsString("lastName")
                                .map { lastName -> Person(id, firstName, lastName) }
                        }
                }
    }
}
```

readAsPersonList 함수를 사용해 다음과 같이 작성된 벡터 프로퍼티를 읽을 수 있다.

```
employees=\
id:3;firstName:Jane;lastName:Doe,\
id:5;firstName:Paul;lastName:Smith,\
id:8;firstName:Mary;lastName:Winston
```

이런 함수로 인해 PropertyReader 클래스를 다음 예제처럼 고쳐야 한다.

**예제 14-5** PropertyReader에 함수 추가하기

```kotlin
class PropertyReader(private val properties: Result<Properties>,
                                                          // Result<Properties>를 가지고 PropertyReader를 생성한다.
                     private val source: String) {    // 오류 메시지에 사용하고자 source를 등록한다.
    ...
                                                     // 한 프로퍼티 값을 내포된 PropertyReader의 입력으로 사용할 수 있는 문자열로 변환한다.
    fun readAsPropertyString(propertyName: String): Result<String> =
        readAsString(propertyName).map { toPropertyString(it) }

    companion object {
                                                     // 프로퍼티를 읽어서 값을 프로퍼티 문자열로 변환한다.
        fun toPropertyString(s: String): String = s.replace(";", "\n")
        private                                      // 프로퍼티 파일을 읽는 원래의 구현이다.
        fun readPropertiesFromFile(configFileName: String): Result<Properties> =
            try {
                MethodHandles.lookup().lookupClass()
                    .getResourceAsStream(configFileName)
                    .use { inputStream ->
                        when (inputStream) {
                            null -> Result.failure(
                                "File $configFileName not found in classpath")
                            else -> Properties().let {
                                it.load(inputStream)
                                Result(it)
                            }
                        }
                    }
            } catch (e: IOException) {
                Result.failure(
                    "IOException reading classpath resource $configFileName")
            } catch (e: Exception) {
                Result.failure("Exception: ${e.message}reading classpath"
                    + " resource $configFileName")
            }
        private                                      // 프로퍼티 문자열로부터 프로퍼티를 읽는 새로운 함수다.
        fun readPropertiesFromString(propString: String): Result<Properties> =
            try {
                StringReader(propString).use { reader ->
                    val properties = Properties()
                    properties.load(reader)
                    Result(properties)
                }
            } catch (e: Exception) {
```

```kotlin
            Result.failure("Exception reading property string " +
                "$propString: ${e.message}")
        }
    fun filePropertyReader(fileName: String): PropertyReader =          // 파일 이름에 해당하는 PropertyReader를 생성한다.
        PropertyReader(readPropertiesFromFile(fileName),
            "File: $fileName")
                                                                        // 프로퍼티 문자열로부터 PropertyReader를 만든다.
    fun stringPropertyReader(propString: String): PropertyReader =
        PropertyReader(readPropertiesFromString(propString),
            "String: $propString")
    }
}
```

똑같은 방식을 XML 프로퍼티 파일, JSON, YAML 등의 다른 형식에도 적용할 수 있다.

## 14.4 명령형 프로그램 변환하기: XML 리더

여러분이 달성해야 하는 어떤 작업을 위해 함수형 프로그램을 새로 짜는 일은 흥미진진하지만, 대부분의 프로그래머들은 이런 일을 할 만한 시간이 없다. 그래서 기존 명령형 프로그램을 여러분의 코드에 사용하고 싶은 경우가 자주 있다. 기존 라이브러리를 사용하고 싶은 경우 대부분이 이에 해당한다.

여러분도 무에서 시작해서 완전히 새로운 100% 함수형 해법을 만드는 게 더 흥미롭다는 사실을 알 것이다. 하지만 우리는 좀 더 현실적이어야 한다. 보통은 모든 것을 새로 만들 만한 시간이나 예산이 없기 때문에 널, 예외 발생, 외부 세계에 있는 변수를 변이시키는 비순수 함수 등으로 범벅된 기존의 비함수형 라이브러리를 사용한다.

함수형 기법에 일단 익숙해지고 나면 예전의 명령형 코딩 스타일을 사용하는 것이 고통스럽다는 사실을 알게 된다. 일반적인 해법은 명령형 라이브러리 주변을 감싸는 얇은 함수형 래퍼를 추가하는 것이다. 예를 들어 XML 파일을 읽는 일반적인 라이브러리인 JDOM 2.0.6을 살펴보자. 이 라이브러리는 XML을 처리할 때 가장 널리 쓰이는 자바 라이브러리이며 코틀린에서도 완벽히 사용할 수 있다.

## 14.4.1 1단계: 명령형 해법

예제 14-6에 있는 예제 프로그램을 먼저 살펴보자. 이 프로그램은 JDOM 사용법에 대한 여러 튜토리얼에서 골랐다.[4] 이 예제를 고른 이유는 JDOM을 최소한만 포함하면서 이 책에 잘 들어맞기 때문이다. 이 코드는 자바 라이브러리를 사용하는 자바 프로그램이다.

**예제 14-6** JDOM으로 XML 읽기: 자바 버전

```java
import org.jdom2.Document;
import org.jdom2.Element;
import org.jdom2.JDOMException;
import org.jdom2.input.SAXBuilder;
import java.io.File;
import java.io.IOException;
import java.util.List;

public class ReadXmlFile {
    public static void main(String[] args) {
        SAXBuilder builder = new SAXBuilder();
        File xmlFile = new File("path_to_file"); // 파일 경로로 바꿔야 함
        try {
            Document document = (Document) builder.build(xmlFile);
            Element rootNode = document.getRootElement();
            List list = rootNode.getChildren("staff");
            for (int i = 0; i < list.size(); i++) {
                Element node = (Element) list.get(i);
                System.out.println("First Name : " + node.getChildText("firstname"));
                System.out.println("\tLast Name : " + node.getChildText("lastname"));
                System.out.println("\tNick Name : " + node.getChildText("email"));
                System.out.println("\tSalary : " + node.getChildText("salary"));
            }
        } catch (IOException io) {
            System.out.println(io.getMessage());
        } catch (JDOMException jdomex) {
            System.out.println(jdomex.getMessage());
        }
    }
}
```

---

4  역주 http://www.mkyong.com/java/how-to-read-xml-file-in-java-jdom-example

다음 예제처럼 이 자바 프로그램을 명령형 코틀린으로 쉽게 바꿔 쓸 수 있다.

**예제 14-7** JDOM으로 XML 읽기: 명령형 코틀린 버전

```kotlin
import org.jdom2.JDOMException
import org.jdom2.input.SAXBuilder
import java.io.File
import java.io.IOException

/**
 * 테스트하기 어렵고 예외를 던짐
 */
fun main(args: Array<String>) {
    val builder = SAXBuilder()
    val xmlFile = File("/path/to/file.xml") // 파일 경로로 바꿔야 함
    try {
        val document = builder.build(xmlFile)
        val rootNode = document.rootElement
        val list = rootNode.getChildren("staff")
        list.forEach {
            println("First Name: ${it.getChildText("firstName")}")
            println("\tLast Name: ${it.getChildText("lastName")}")
            println("\tEmail: ${it.getChildText("email")}")
            println("\tSalary: ${it.getChildText("salary")}")
        }
    } catch (io: IOException) {
        println(io.message)
    } catch (e: JDOMException) {
        println(e.message)
    }
}
```

이 예제에 사용한 데이터 파일은 다음 예제와 같다.

**예제 14-8** 읽을 XML 파일

```xml
<?xml version="1.0"?>
<company>
    <staff>
        <firstName>Paul</firstName>
        <lastName>Smith</lastName>
        <email>paul.smith@acme.com</email>
        <salary>100000</salary>
```

```
        </staff>
        <staff>
            <firstName>Mary</firstName>
            <lastName>Colson</lastName>
            <email>mary.colson@acme.com</email>
            <salary>200000</salary>
        </staff>
</company>
```

이 예제를 함수형으로 고쳐 씀으로써 얻을 수 있는 이익을 살펴보자. 첫 번째 문제는 이 프로그램에서 재사용할 수 있는 부분이 하나도 없다는 점이다. 이 코드는 단지 예제일 뿐이지만, 단순한 예제조차도 재사용 가능한 방식으로 작성하면 적어도 테스트는 쉬워진다. 여기서 이 프로그램을 테스트하는 유일한 방법은 원하는 값이 표시되는지, 오류가 표시되는지 확인하기 위해 콘솔을 살펴보는 것이다. 잠시 후에 보겠지만, 심지어 이 프로그램은 잘못된 결과를 출력할 수 있다.

## 14.4.2 2단계: 명령형 프로그램을 좀 더 함수형으로 만들기

어떤 함수가 필요할지 결정하고 프로그램을 좀 더 함수형으로 만들기 위해 다음부터 시작해 보자.

- 필요한 기본 함수를 나열한다.
- 기본 함수를 독립적이고 재사용 가능하며 테스트하기 좋은 단위로 작성한다.
- 작성한 함수를 활용해 예제를 코딩한다.

여러분에게 필요한 주요 함수가 수행할 기능은 다음과 같다.

- 파일을 읽고 내용을 XML 문자열로 돌려준다.
- XML 문자열을 엘리먼트의 리스트로 변환한다.
- 엘리먼트의 리스트를 엘리먼트를 표현한 문자열의 리스트로 변환한다.

그리고 컴퓨터 화면에 문자열 리스트를 출력하기 위한 효과가 필요하다.

> Note ≡ 본문에 있는 설명은 한꺼번에 메모리에 읽을 수 있을 정도로 파일이 작은 경우에만 적용할 수 있다.

첫 번째로 필요한 함수는 파일을 읽어서 내용을 XML 문자열로 돌려준다. 다음과 같은 시그니처로 이 함수를 구현할 수 있다.

```
fun readFile2String(path: String): Result<String>
```

이 함수는 예외를 던지지 않고 Result<String>을 반환한다.

두 번째 함수는 XML 문자열을 엘리먼트의 리스트로 변환한다. 따라서 이 함수는 루트 XML 엘리먼트가 무엇인지 알아야만 한다. 다음 시그니처로 이 함수를 만들 수 있다.

```
fun readDocument(rootElementName: String, stringDoc: String): Result<List<Element>>
```

세 번째 함수는 엘리먼트의 리스트를 인자로 받아서 엘리먼트를 표현한 문자열의 리스트를 반환한다. 이 함수를 다음 시그니처로 구현할 수 있다.

```
fun toStringList(list: List<Element>, format: String): List<String>
```

결국에는 데이터에 효과를 적용해야 한다. 따라서 다음 시그니처의 함수도 필요하다.

```
fun <A> processList(list: List<A>)
```

이런 식으로 함수를 분해한 것이 명령형 프로그래밍에서 생각할 수 있는 것과 그리 달리 보이지 않는다. 어쨌든 명령형 프로그램을 단일 책임 원칙을 따르는 함수로 나누는 것은 좋은 습관이다. 하지만 함수형 프로그래밍에서 함수로 분해한 것과 명령형 프로그래밍에서 함수로 분해한 것은 겉보기보다 큰 차이가 있다.

readDocument 함수가 첫 번째 파라미터로 받는 문자열이 (명령형 세계에 있기 때문에) 예외를 던질 수 있는 함수가 반환한 문자열이라는 점을 기억하라. 따라서 이를 처리하기 위한 함수를 추가해야 한다.

```
fun getRootElementName(): Result<String>
```

마찬가지로 비슷한 종류의 함수로부터 파일 경로를 받아야 한다.

```
fun getXmlFilePath(): Result<String>
```

여기서 꼭 알아두어야 할 중요한 내용은 여기서 함수들의 인자 타입과 반환 타입이 일치하지 않는다는 점이다! 타입이 일치하지 않게 된 것은 이런 함수들의 명령형 버전이 부분 함수일 수 있어 예외를 던질 수 있다는 사실을 직접 코드로 변환했기 때문이다. 예외를 던지는 함수는 합성하기에 좋지 않다. 반대로 여러분이 만든 함수는 합성이 아주 잘 된다.

## 함수 합성하고 효과 적용하기

인자와 반환 타입이 일치하지는 않지만, 다음과 같이 컴프리헨션 패턴을 사용하면 이런 함수들을 쉽게 합성할 수 있다.

```
const val format = "First Name : %s\n" +
    "\tLast Name : %s\n" +
    "\tEmail : %s\n" +
    "\tSalary : %s"

fun main(args: Array<String>) {
    val path = getXmlFilePath()
    val rDoc = path.flatMap(::readFile2String)
    val rRoot = getRootElementName()
    val result = rDoc.flatMap { doc ->
        rRoot.flatMap { rootElementName ->
            readDocument(rootElementName, doc)
        }.map { list ->
            toStringList(list, format)
        }
    }
    ...
}
```

결과를 출력하려면 출력을 처리하는 효과를 적용하면 된다.

```
result.forEach(onSuccess = { processList(it) }, onFailure = { it.printStackTrace() })
```

이렇게 만든 함수형 버전은 훨씬 깔끔하고 테스트도 쉽다. (현 상황에서 이 코드가 더 깔끔하고 테스트하기 쉽다는 점을 인정 못 한다 해도) 최소한 필요한 모든 함수를 다 구현하고 나면 분명히 그렇게 될 것이다.

## 함수 구현하기

여러분이 작성한 프로그램은 상대적으로 더 우아하지만, 이 프로그램이 제대로 작동하려면 필요한 함수와 효과를 구현해야 한다. 하지만 각 함수가 간단하고 아주 쉽게 테스트할 수 있다는 장점이 있다.

먼저 getXmlFilePath와 getRootElementName 함수를 구현하자. 예제에서 이 두 함수는 실제 애플리케이션에서 구체적인 구현으로 변경할 수 있는 상수를 돌려준다.

```
fun getRootElementName(): Result<String> =
    Result.of { "staff" } // 실패할 수 있는 계산을 시뮬레이션함

fun getXmlFilePath(): Result<String> =
    Result.of { "file.xml" } // <-- 경로를 조정해야 함
```

이제 readFile2String 함수를 구현해야 한다. 가능한 구현 방법 중 하나는 다음과 같다.

```
fun readFile2String(path: String): Result<String> = Result.of { File(path).readText() }
```

다음으로 readDocument 함수를 구현해야 한다. 이 함수는 파라미터로 XML 데이터가 들어 있는 XML 문자열과 루트 엘리먼트 이름을 받는다.

```
fun readDocument(rootElementName: String, stringDoc: String): Result<List<Element>> =
    SAXBuilder().let { builder ->
        try {
            val document = builder.build(StringReader(stringDoc))  // NullPointerException를 던질 수 있다.
            val rootElement = document.rootElement  // IllegalStateException를 던질 수 있다.
            Result(List(*rootElement.getChildren(rootElementName)
                            .toTypedArray()))  // 식의 맨 앞에 있는 *는 결과 배열을 단일 객체가 아니라 vararg로 사용해야 한다는 뜻이다(스프레드 연산자).
        } catch (io: IOException) {
            Result.failure("Invalid root element name '$rootElementName' "
                + "or XML data $stringDoc: ${io.message}")
        } catch (jde: JDOMException) {
            Result.failure("Invalid root element name '$rootElementName' "
                + "or XML data $stringDoc: ${jde.message}")
        } catch (e: Exception) {
            Result.failure("Unexpected error while reading XML data "
                + "$stringDoc: ${e.message}")
        }
    }
```

먼저 IOException(문자열을 읽으므로 발생 가능성이 거의 없음)과 JDOMException을 잡아야 한다. 두 예외는 모두 검사 예외다. 적당한 오류 메시지와 함께 실패를 반환한다. 하지만 JDOM 코드를 살펴보면(내부 구현을 살펴보기 전에 라이브러리 함수를 호출하지 말라고 한 것을 기억하라), 코드가 IllegalStateException이나 NullPointerException을 던질 수 있음을 알 수 있다. 따라서 여

기서도 Exception을 처리해야 한다. toStringList 함수는 리스트에 들어 있는 엘리먼트를 변환 함수를 사용해 매핑한다.

```
fun toStringList(list: List<Element>, format: String): List<String> =
    list.map { e -> processElement(e, format) }

fun processElement(element: Element, format: String): String =
    String.format(format, element.getChildText("firstName"),
        element.getChildText("lastName"),
        element.getChildText("email"),
        element.getChildText("salary"))
```

마지막으로 결과에 적용할 효과를 구현해야 한다.

```
fun <A> processList(list: List<A>) = list.forEach(::println)
```

### 14.4.3 3단계: 프로그램을 더욱더 함수형으로 만들기

여러분이 만든 프로그램은 원래보다 훨씬 더 모듈화되고, 테스트하기 좋아지고, 일부분은 재사용이 가능해졌다. 하지만 아직 더 잘할 수 있는 여지가 있다. 아직도 네 가지 비함수형 요소가 남아 있다.

- 파일 경로
- 루트 엘리먼트 이름
- 엘리먼트를 문자열로 변환하는 형식
- 결과에 적용할 효과

비함수형이라고 말한 것은 여러분의 함수 구현이 각 요소를 직접 사용하기 때문에 각 요소에 대한 참조 투명성이 없다는 뜻이다. 프로그램을 완전히 함수형으로 만들려면 이런 요소를 프로그램의 파라미터로 만들어야 한다.

processElement 함수도 엘리먼트 이름이라는 미리 정해진 데이터를 사용한다. 이 이름에 해당하는 엘리먼트를 표시할 때는 함수가 파라미터로 받는 format 문자열을 적용해야 한다. 따라서 format이라는 파라미터의 타입을 (형식 문자열과 엘리먼트 이름의 리스트로 이뤄진) Pair로 바꾸자. 이렇게 바꾼 processElement 함수는 다음과 같다.

```kotlin
fun toStringList(list: List<Element>, format: Pair<String, List<String>>): List<String> =
    list.map { e -> processElement(e, format) }

fun processElement(element: Element, format: Pair<String, List<String>>): String {
    val formatString = format.first
    val parameters = format.second.map { element.getChildText(it) }
    return String.format(formatString, *parameters.toArrayList().toArray())
}
```

이제 프로그램을 네 가지 인자를 받아서 (비함수형) 실행 프로그램을 결과로 내놓는 순수 함수로 만들 수 있다. 이런 버전의 프로그램을 다음 예제에서 볼 수 있다.

**예제 14-9** 완전히 함수형인 XML 리더 프로그램

```kotlin
import com.fpinkotlin.common.List
import com.fpinkotlin.common.Result
import org.jdom2.Element
import org.jdom2.JDOMException
import org.jdom2.input.SAXBuilder
import java.io.File
import java.io.FileInputStream
import java.io.IOException
import java.io.StringReader

fun readXmlFile(sPath: () -> Result<String>,
                sRootName: () -> Result<String>,
                format: Pair<String, List<String>>,
                effect: (List<String>) -> Unit): () -> Unit {    // 경로와 루트 엘리먼트 이름을 이제는 상수 함수로 받는다. format에는 파라미터 이름의 리스트가 포함되며, 추가 파라미터로 (List<String>) -> Unit) 타입의 이펙트를 받는다. 적용할 효과를 파라미터로 받는다.
    val path = sPath()    // 함수를 평가해서 파라미터 값을 얻는다.
    val rDoc = path.flatMap(::readFile2String)
    val rRoot = sRootName()    // 함수를 평가해서 파라미터 값을 얻는다.
    val result = rDoc.flatMap { doc ->
        rRoot.flatMap { rootElementName ->
            readDocument(rootElementName, doc) }
                .map { list -> toStringList(list, format) }
    }

    return {
        result.forEach(onSuccess = { effect(it) },
```

```kotlin
                onFailure = { it.printStackTrace() }) ┄┄;
```
이 함수는 프로그램을 반환한다. 프로그램은 () -> Unit 타입의 함수이며, 이 함수를 평가하면 결과에 인자로 받은 효과를 적용해준다. 이 함수는 (효과가 예외를 발생시키는 경우) 예외를 던진다. 하지만 효과는 결과를 반환하지 않기 때문에 예외를 처리할 방법이 없다.
```kotlin
    }
}

fun readFile2String(path: String): Result<String> = Result.of { File(path).readText() }

fun readDocument(rootElementName: String, stringDoc: String): Result<List<Element>> =
    SAXBuilder().let { builder ->
        try {
            val document = builder.build(StringReader(stringDoc))
            val rootElement = document.rootElement
            Result(List(*rootElement.getChildren(rootElementName)
                            .toTypedArray()))
        } catch (io: IOException) {
            Result.failure("Invalid root element name '$rootElementName' "
                + "or XML data $stringDoc: ${io.message}")
        } catch (jde: JDOMException) {
            Result.failure("Invalid root element name '$rootElementName' "
                + "or XML data $stringDoc: ${jde.message}")
        } catch (e: Exception) {
            Result.failure("Unexpected error while reading XML data "
                + "$stringDoc: ${e.message}")
        }
    }

fun toStringList(list: List<Element>, ormat: Pair<String, List<String>>): List<String>
=
    list.map { e -> processElement(e, format) }

fun processElement(element: Element, ormat: Pair<String, List<String>>):
    String { ┄┄ processElement 함수는 더 이상 미리 정해진 엘리먼트를 처리하지 않는다.
        val formatString = format.first
        val parameters = format.second.map { element.getChildText(it) }
        return String.format(formatString, *parameters.toArrayList().toArray())
}
```

이제는 다음 클라이언트 코드를 가지고 이 프로그램을 테스트할 수 있다.

**예제 14-10** XML 리더를 테스트하기 위한 클라이언트 프로그램

```
import com.fpinkotlin.common.List
import com.fpinkotlin.common.Result

fun <A> processList(list: List<A>) = list.forEach(::println)

fun getRootElementName(): Result<String> =
    Result.of { "staff" } // 실패할 수 있는 계산을 시뮬레이션한다.

fun getXmlFilePath(): Result<String> =
    Result.of { "/path/to/file.xml" } // <-- 실제로는 정상 XML 파일 경로로 변경해야 한다.

private val format = Pair("First Name : %s\n" +
                         "\tLast Name : %s\n" +
                         "\tEmail : %s\n" +
                         "\tSalary : %s", List("firstName", "lastName", "email", "salary"))

fun main(args: Array<String>) {
    val program = readXmlFile( { getXmlFilePath() },
                               { getRootElementName() },
                               format, { processList(it) })
    program()
}
```

이 프로그램은 엘리먼트 이름이 잘못된 경우 발생할 수 있는 오류를 처리하지 않기 때문에 이상적인 프로그램은 아니다. 예를 들어 다음과 같이 엘리먼트 이름을 잘못 쓰면,

```
<company>
    <staff>
        <firstneme>Paul</firstneme>
        <lastName>Smith</lastName>
        <email>paul.smith@acme.com</email>
        <salary>100000</salary>
    </staff>
    <staff>
        <firstname>Mary</firstname>
        <lastName>Colson</lastName>
        <email>mary.colson@acme.com</email>
        <salary>200000</salary>
    </staff>
</company>
```

다음과 같은 결과를 보게 된다.

```
First Name : null
  Last Name : Smith
  email : paul.smith@acme.com
  Salary : 100000
First Name : null
  Last Name : Colson
  email : mary.colson@acme.com
  Salary : 200000
```

이름(first name)이 null인 것을 보고 오류가 무엇인지 추측할 수 있을 것이다. 하지만 null을 오류가 난 엘리먼트 이름을 표시하는 명시적인 메시지로 바꿔서 표시하면 더 좋을 것이다. 더 중요한 문제로는 리스트에서 원소 이름을 깜빡하고 빼먹은 경우다. 이런 경우에는 다음 코드로 인해 String.format에서 오류가 발생한다.

```
val parameters = format.second.map { element.getChildText(it) }
return String.format(formatString, *parameters.toArrayList().toArray())
```

(원소 이름을 하나 빼먹은 경우) 이 코드에서 parameters에는 네 개가 아니라 세 개의 원소만 들어있다. 하지만 예외의 스택 트레이스로부터 오류가 발생한 위치를 찾아내기는 어렵다. 사실 이 오류의 실제 원인은 루트 엘리먼트 이름, 파일 경로, 적용할 효과 등의 모든 구체적인 데이터를 readXmlFile에서 뺐지만 processElement 함수가 여전히 클라이언트의 비즈니스 용례에 따라 미리 정해진다는 데 있다. readXmlFile 함수는 루트 엘리먼트의 직접적인 자식 엘리먼트만 읽도록 허용하고, 그런 자식 엘리먼트의 값 중에 일부만(표시 형식과 함께 제공되는 엘리먼트 이름 리스트에 들어있는 것들만) 수집한다.

세 번째 문제는 readXmlFile이 같은 타입의 인자를 두 개 받는다는 사실이다. 타입이 같은 인자가 여럿 있으면 인자의 위치를 바꿔서 호출해도 컴파일러가 이를 걸러낼 수 없으므로 이는 오류의 근원이다. 이 문제를 쉽게 고칠 수 있다. 따라서 다음에는 이 문제를 해결하자. 그 이후에 나머지 두 문제를 해결하자.

### 14.4.4 4단계: 인자 타입 문제 해결하기

3장에서 소개한 값 타입 기법을 활용하면 세 번째 문제를 쉽게 해결할 수 있다. Result<String> 인자를 사용하는 대신 Result<FilePath>와 Result<ElementName>을 사용한다. FilePath와 ElementName은 다음 코드와 같이 문자열 값에 대한 값 클래스다.

```
data class FilePath private constructor(val value: Result<String>) {
    companion object {
        operator fun invoke(value: String): FilePath =
            FilePath(Result.of({ isValidPath(it) }, value,
                               "Invalid file path: $value"))
        // 검증 코드로 대체해야 한다.
        private fun isValidPath(path: String): Boolean = true
    }
}
```

ElementName도 비슷하지만, 검증하고 싶으면 검증 코드를 추가해야 한다. 가장 간단한 방법은 정규식으로 값을 검사하는 것이다. 이렇게 새로 만든 타입을 사용하면 readXmlFile 함수를 다음과 같이 변경할 수 있다.

```
fun readXmlFile(sPath: () -> FilePath,
                sRootName: () -> ElementName,
                format: Pair<String, List<String>>,
                effect: (List<String>) -> Unit): () -> Unit {
    val path = sPath()
    val rDoc = path.flatMap(::readFile2String)
    val rRoot = sRootName().value
```

코드를 보면 알 수 있지만, 변경해야 할 부분을 최소화할 수 있다. 클라이언트 클래스도 이에 맞게 고쳐야 한다.

```
fun getRootElementName(): ElementName =
    ElementName("staff") // 실패할 수 있는 계산을 시뮬레이션한다.
fun getXmlFilePath(): FilePath =
    FilePath("/path/to/file.xml") // <-- 경로를 조정해야 한다.
```

이렇게 바꾸고 나면 인자의 순서를 바꾸면 항상 컴파일러 경고가 발생한다.

### 14.4.5 5단계: 원소 처리 함수를 파라미터로 만들기

한 가지만 변경하면 남은 두 가지 문제를 다 해결할 수 있다. 원소를 처리하는 함수를 readXmlFile 메서드의 파라미터로 만들면 된다. 이 방법을 사용하면 readXmlFile은 파일에서 첫 번째 수준의 엘리먼트만 리스트로 읽어서 파라미터로 받은 처리 함수를 이 리스트에 적용한 다음에 결과를 반환하는 한 가지 작업만 수행하게 된다. 주된 차이는 함수가 더 이상 문자열의 리스트를 만들어내지 않고 문자열에 효과를 적용하지도 않는다는 점에 있다. 이 함수를 제네릭하게 만들어야 한다. 제네릭 함수로 만들기 위해 변경해야 할 부분은 한 군데뿐이다.

```
fun <T> readXmlFile(sPath: () -> FilePath,      ---- 함수를 제네릭 함수로 만든다.
                    sRootName: () -> ElementName,
                    function: (Element) -> T,   ----┐
                        Pair<String, List<String>> 타입의 format 인자가 사라지고 이를 대신하는 새로운 함수 인자가 도입됐다.
                        이 함수는 엘리먼트로 이루어진 리스트를 T 타입으로 이루어진 리스트로 변환하는 데 적용할 함수다.
                    effect: (List<T>) -> Unit): () -> Unit {   ---- 적용할 효과가 이제는
                                                                    List<T>를 파라미터로 받는다.
    val path = sPath().value
    val rDoc = path.flatMap(::readFile2String)
    val rRoot = sRootName().value
    val result = rDoc.flatMap { doc ->
        rRoot.flatMap { rootElementName ->
            readDocument(rootElementName, doc) }
                .map { list -> list.map(function) }   ---- toStringList와 processElement를 제거했으며
    }                                                      이 두 함수가 하던 일을 새로 추가된
    return {                                               function이 수행한다.
        result.forEach(onSuccess = { effect(it) },
                       onFailure = { throw it })
    }
}
```

이에 맞춰 클라이언트 프로그램도 바꿔야 한다. 이제 형식 문자열과 엘리먼트 이름 리스트를 Pair로 묶는 꼼수를 쓰지 않아도 된다.

```
const val format = "First Name : %s\n" +    ---- format은 이제 단순한 문자열이다.
                   "\tLast Name : %s\n" +
                   "\tEmail : %s\n" +
                   "\tSalary : %s"

private val elementNames =   ---- 엘리먼트 이름을 적절히 바꿔야 한다.
    List("firstName", "lastName", "email", "salary")
                                                이제는 클라이언트가
private fun processElement(element: Element): String =   ---- processElement 함수를 구현한다.
    String.format(format, *elementNames.map { element.getChildText(it) }
        .toArrayList()
        .toArray())

fun main(args: Array<String>) {
```

```
val program = readXmlFile(::getXmlFilePath,
                          ::getRootElementName,
                          ::processElement,    ···· processElement 함수를 인자로 전달한다.
                          ::processList)
...
```

processList 효과는 바뀌지 않는다. 대신, 이제는 엘리먼트를 변환하고 효과를 이 엘리먼트에 적용할 책임을 클라이언트가 져야 한다.

### 14.4.6 6단계: 엘리먼트 이름의 오류 처리하기

이제 엘리먼트를 읽을 때 발생하는 오류가 문제로 남았다. readXmlFile 함수에 전달하는 함수는 일반 함수 타입이다. 이 타입은 해당 함수가 전함수여야 한다는 의미지만 실제로는 그렇지 않다. 오류가 나면 널 문자열을 만들 수 있기 때문에 앞 예제에 있는 함수는 전함수가 아니다. 이제 Element를 T로 변환하는 함수를 사용하므로 타입 파라미터 T를 Result<String>로 실체화해 이 함수를 사용할 수 있을 것이다. 하지만 이런 식으로 사용하면 List<Result<T>>가 생기고, 이를 다시 Result<List<T>>로 바꿔야 한다. 이런 변환이 어려운 것은 아니지만, 분명 이 과정을 추상화해야 한다.

해법은 function을 Element에서 Result<T>로 가는 함수로 만들고, 8장에서 만든 sequence 함수를 사용해 결과를 Result<List<T>>로 변환하는 것이다. 이런 식으로 새로 만든 함수가 다음 코드다.

```
fun <T> readXmlFile(sPath: () -> FilePath,
                    sRootName: () -> ElementName,
                    function: (Element) -> Result<T>,    ···· 인자로 받는 function은 이제 Element를
                    effect: (List<T>) -> Unit): () -> Unit {          Result<T>로 보내는 함수다.
    val path = sPath().value
    val rDoc = path.flatMap(::readFile2String)
    val rRoot = sRootName().value
    val result = rDoc.flatMap { doc ->
        rRoot.flatMap { rootElementName ->
            readDocument(rootElementName, doc) }
            .flatMap { list ->
                sequence(list.map(function)) } ···· 결과를 sequence를 사용해 Result<List<T>>로 만들고
    }                                                이 타입에 맞춰 map 함수를 flatMap으로 바꿔야 한다.
    return {
        result.forEach(onSuccess = { effect(it) },
                       onFailure = { throw it })
```

```
        }
    }
    ...
```

추가로 변경해야 할 것은 processElement 함수에서 발생할 수 있는 오류를 처리하게 만드는 것이다. JDOM의 getChildText를 살펴보는 것이 가장 좋은 방법이며, 이 메서드 구현은 다음과 같다.

```
/**
 * 이름 붙은 자식 엘리먼트의 텍스트 내용을 반환한다.
 * 이름에 해당하는 자식이 없으면 null을 반환한다.
 * <code>getChild().getText()</code>를 호출하면 NullPointerException이 발생할 수 있는데,
 * 그 대신 이 함수를 사용하면 편리하다.
 *
 * @param cname 자식 엘리먼트 이름
 * @return text 이름에 해당하는 자식 엘리먼트의 내용. 해당하는 자식이 없는 경우 null
 */
public String getChildText(final String cname) {
    final Element child = getChild(cname);
    if (child == null) {
        return null;
    }
    return child.getText();
}
```

getChild 메서드를 더 살펴봐도 메서드가 예외를 발생시키지는 않는다. 하지만 원소가 존재하지 않으면 null을 반환한다. processElement를 다음과 같이 변경한다.

```
fun processElement(element: Element): Result<String> =    ---- 이 함수는 이제 Result<String>을 돌려준다.
    try {
        Result(String.format(format, *elementNames.map { getChildText(element, it) }
                                        .toArrayList()
                                        .toArray()))
    } catch (e: Exception) {
        Result.failure(
            "Exception while formatting element. " +    ---- 형식화 과정에서 예외가 발생하면
            "Probable cause is a missing element name in element " +    오류 메시지를 명시적으로 만든다.
            "list $elementNames")
    }

fun getChildText(element: Element,
                 name: String): String =    ---- 반환 값이 null이면 명시적인 오류 메시지로 대신한다.
    element.getChildText(name) ?:
        "Element $name is not a child of ${element.name}"
```

이제 대부분의 잠재적인 오류를 모두 함수적인 방식으로 처리하게 됐다. 하지만 모든 오류를 함수적으로 처리하고 있지는 않다. 앞에서 말했지만(예제 14-9의 설명을 보라) readXmlFile 메서드에 전달되는 효과가 예외를 발생시키면 Result 등을 사용하는 방식으로는 처리할 수 없다. 이런 예외는 readXmlFile이 반환하는 프로그램에서 발생한다. readXmlFile 함수가 프로그램을 반환하는 시점은 아직 프로그램이 실행되기 전이다. 이런 예외는 결과 프로그램을 실행하는 과정에서 처리해야 한다. 예를 들면 다음과 같다.

```
fun main(args: Array<String>) {
    val program = readXmlFile(::getXmlFilePath,
                              ::getRootElementName,
                              ::processElement,
                              ::processList)
    try {
        program()
    } catch (e: Exception) {
        println("An exception occurred: ${e.message}")
    }
}
```

전체 소스 코드는 이 책의 깃허브에서 볼 수 있다.

### 14.4.7 7단계: 예전 명령형 코드를 추가로 개선하는 방법

processElement 함수가 format과 elementNames 참조를 클로저에 저장하는 것이 함수형이 아닌 것처럼 보여서 반대할 수도 있다(클로저에 대해서는 3장을 보라). 사실 이 예제에서 format과 elementNames 값은 상수이므로 실제로는 문제되지 않는다. 하지만 실전에서는 이 두 값이 상수가 아닐 수도 있다.

이에 대한 해법은 간단하다. 이 두 참조는 processElement의 암시적인 인자라고 할 수 있다. 이 문제가 뜻하는 것은 이 두 값이 현재 processElement의 정의에도 불구하고 클라이언트 프로그램인 main 함수의 일부분이어야 한다는 것이다.

processElement 함수까지 main 함수에 (로컬 함수로) 넣을 수도 있다. 하지만 이렇게 만들면 재사용을 할 수 없다. 해법은 3장에서 설명한 것처럼 커리한 val 함수에 인자를 명시하는 것이다.

```
val processElement: (List<String>) -> (String) -> (Element) -> Result<String> =
    { elementNames ->
```

```
            { format ->
                { element ->
                    try {
                        Result(String.format(format,
                            *elementNames.map { getChildText(element, it) }
                                        .toArrayList()
                                        .toArray()))
                    } catch (e: Exception) {
                        Result.failure("Exception while formatting element. " +
                            "Probable cause is a missing element name in" +
                            " element list $elementNames")
                    }
                }
            }
        }
```

이제 readXmlFile 파일에 processElement을 부분 적용한 버전을 넘겨서 호출하면 된다. format과 elementName은 클라이언트 구현에 따라 달라지지만, processElement는 더 일반적인 함수로 특정 format과 elementName을 클로저 내부에서 참조하지 않게 된다. processElement와 getChildText 함수를 ReadXmlFile.kt으로 옮기고, processList, getRootElementName, getXmlFilePath를 main 함수 안의 로컬 함수로 정의한다.

```
fun main(args: Array<String>) {
    fun <A> processList(list: List<A>) = list.forEach(::println)

    // 실패할 수도 있는 계산을 시뮬레이션한다.
    fun getRootElementName(): ElementName = ElementName("staff")

    fun getXmlFilePath(): FilePath =
        FilePath("/path/to/file.xml") // <-- adjust path

    val format = "First Name : %s\n" +
                "\tLast Name : %s\n" +
                "\tEmail : %s\n" +
                "\tSalary : %s"

    val elementNames =
        List("firstName", "lastName", "email", "salary")

    val program = readXmlFile(::getXmlFilePath,
                              ::getRootElementName,
                              processElement(elementNames)(format),
```

```
            ::processList)
    try {
        program()
    } catch (e: Exception) {
        println("An exception occurred: ${e.message}")
    }
}
```

동일한 과정을 모든 프로그래밍 작업에 적용할 수 있다. 모든 하위 작업을 함수로 추상화함으로써 프로그램을 테스트하기 좋게 만들 수 있고, 그에 따라 프로그램을 더 신뢰할 수 있게 된다. 그리고 이렇게 추상화한 함수를 다시 테스트할 필요 없이 다른 프로그램에 사용할 수 있다. 테스트에 추상화를 적용하는 방법은 부록 B를 참고하길 바란다.

## 14.5 요약

- 함수형 방식에서 값을 Result 컨텍스트에 넣는 것은 명령형의 단언문과 동등한 역할을 할 수 있다.
- 프로퍼티 파일을 Result 컨텍스트를 사용해 안전한 방법으로 읽을 수 있다.
- 함수형으로 프로퍼티를 읽으면 변환 오류를 처리하는 수고를 덜 수 있다.
- 추상화한 방식을 사용해 프로퍼티를 임의의 타입, 이넘, 컬렉션 등으로 읽을 수 있다.
- 자동 재시도를 함수로 추상화할 수 있다.
- 레거시 명령형 라이브러리를 감싸는 함수형 래퍼를 사용할 수 있다.

부록 A

# 코틀린과 자바 함께 쓰기

A.1 혼합 프로젝트를 만들고 관리하기
A.2 자바 라이브러리 메서드와 코틀린 코드
A.3 SAM 인터페이스
A.4 코틀린 함수와 자바 코드
A.5 코틀린/자바 혼합 프로젝트에서만 발생하는 문제
A.6 요약

코틀린은 자바 가상 머신(JVM)에서 실행되는 언어다. 그런데 젯브레인(JetBrains)은 자바스크립트 VM에서 실행되는 코틀린 버전인 코틀린JS, 그리고 네이티브 바이너리로 컴파일되어 VM 없이 실행할 수 있는 코틀린/네이티브를 내놓았다. 하지만 대부분의 코틀린 프로그램은 JVM 환경에서 실행되도록 작성된다.

JVM에서 실행되는 프로그램은 자바 라이브러리의 이점을 살릴 수 있다. 이는 코틀린 프로그램에서 자바 라이브러리의 메서드를 원하는 대로 호출할 수 있다는 뜻이다. 이런 식의 호출에는 아무런 제약이 없다. 물론 코틀린이 더 나은 해법을 제공하지는 않는지 살펴봐서 적당한 것이 없는 경우에만 자바 라이브러리를 활용한다. 반대로, 코틀린에서 자바를 호출하는 것만큼 쉽지는 않지만 자바 프로그램도 코틀린에서 개발한 라이브러리를 사용할 수 있다. 코틀린은 자바보다 더 많은 기능을 제공하기 때문에 자바에서 사용할 수 없는 기능은 조심스럽게 다뤄야 한다. 모든 코틀린 라이브러리를 자바 프로그램에서 사용할 수 있는 것은 아니다.

방금 설명한 두 방식은 프로그래머가 자바에서 컴파일한 라이브러리를 코틀린 소스 코드에서 호출하는 방법과 코틀린에서 컴파일한 라이브러리를 자바 소스 코드에서 호출하는 방식에 대한 것이었다. 그러나 약간의 제약이 있지만 코틀린과 자바 소스 코드를 한 프로젝트에서 함께 쓸 수도 있다. 이에 부록에서는 다음을 살펴보고자 한다.

- 그레이들로 코틀린과 자바를 함께 쓰는 프로젝트를 생성하는 방법
- 코틀린에서 자바를 호출하는 방법
- 자바에서 코틀린을 호출하는 방법
- 코틀린/자바 혼합 프로젝트에서 생길 수 있는 구체적인 문제들

> Note ≡ 부록의 예제 코드는 이 책 깃허브의 examples 디렉터리에 있다.

# A.1 혼합 프로젝트를 만들고 관리하기

코틀린 프로젝트를 만들고 관리하는 가장 효율적인 방법은 그레이들(Gradle)을 사용하는 것이다. 그레이들은 코틀린 프로그램을 빌드하는 빌드 시스템의 사실상 표준(de facto standard)으로 자리 잡았다. 그레이들은 자바 프로젝트를 관리할 때도 최고의 도구 중 하나다. 따라서 코틀린/자바 혼

합 프로젝트를 만들 때 그레이들을 사용한다는 것은 그리 놀라운 일이 아니다. 혼합 프로젝트에서는 자바와 코틀린의 장점을 함께 취할 수 있다. 즉, 거대한 기존 자바 오픈 소스 코드를 코틀린 프로그램에서 사용할 수 있다.

자바 프로그램을 빌드할 때 그레이들을 사용해본 독자라면 자바 프로젝트를 그레이들로 빌드하고 관리할 때처럼 코틀린이나 코틀린/자바 혼합 프로젝트도 빌드하고 관리할 수 있다. 그렇지 않은 독자라면 이번이 그레이들이라는 최신 빌드 도구로 갈아탈 좋은 기회다. 그리고 그레이들을 사용하는 독자도 그레이들 스크립트를 코틀린으로 작성하는 법을 알아두면 도움이 된다.

2016년 5월 그레이들 팀은 코틀린이 그레이들 스크립트를 작성할 수 있는 언어로 선택됐음을 알렸다. 그 이전에는 그루비(Groovy) 언어를 그레이들 스크립트 작성에 사용했다. 코틀린을 선택했다는 공지가 그루비 지원을 그만두겠다는 뜻은 아니다. 여전히 그루비로 그레이들 스크립트를 작성할 수 있지만, 코틀린이 훨씬 더 실용적이라 코틀린을 그레이들 스크립트 작성에 한번 써 보길 바란다. 여러분이 그레이들을 처음 사용한다면 곧바로 코틀린을 사용하는 것이 좋다.

코틀린이나 코틀린/자바 프로젝트를 위한 그레이들 스크립트를 코틀린으로 작성하면 이점이 많은데, 그중 하나가 다른 언어를 배울 필요가 없다는 점이다. 하지만 가장 좋은 것은 IDE가 코틀린 그레이들 스크립트 지원을 잘해준다는 점이다(적어도 인텔리J는 그렇다). 인텔리J는 코틀린 그레이들 스크립트를 코틀린 프로그램과 똑같은 수준으로 지원한다. 이런 지원에는 문법 검사, 자동 완성, 리팩터링 등이 있다.

## A.1.1 그레이들로 간단한 프로젝트 만들기

그레이들로 코틀린/자바 프로젝트를 만드는 것은 정말 쉽다. 다음 예제를 보자.

```
plugins {
    application
    kotlin("jvm") version "1.3.21"
    // 필요에 따라 버전을 변경한다.
}
application {
    mainClassName = "com.mydomain.mysimpleproject.MainKt"
}
repositories {
    jcenter()
}
dependencies {
```

```
        compile(kotlin("stdlib"))
    }
```

이 스크립트를 build.gradle.kts라는 이름으로 여러분의 프로젝트와 이름이 같은 디렉터리 아래에 저장한다. 예를 들어 프로젝트 이름을 MySimpleProject라 하자. 이 디렉터리 안에 다음과 같은 하위 디렉터리 구조를 추가한다.

```
MySimpleProject
    src
        main
            java
            kotlin
        test
            java
            kotlin
```

다 됐다! 이제 코틀린과 자바 파일을 프로젝트에 추가하고 여러 그레이들 명령을 활용해 여러분의 프로젝트를 관리할 수 있다. 코틀린 프로그램에 자바 의존 관계를 주기 위해 다음 파일을 프로젝트에 추가한다.

- MySimpleProject/src/main/java/com/mydomain/mysimpleproject/MyClass.java
- MySimpleProject/src/main/kotlin/com/mydomain/mysimpleproject/Main.kt

다음은 MyClass.java의 내용이다.

```java
package com.mydomain.mysimpleproject;

public class MyClass {
    public static String getMessage(Lang language) {
        switch (language) {
            case ENGLISH:
                return "Hello";
            case FRENCH:
                return "Bonjour";
            case GERMAN:
                return "Hallo";
            case SPANISH:
                return "Hola";
            default:
                return "Saluton";
        }
    }
}
```

}
```

다음은 Main.kt의 내용이다.

```
package com.mydomain.mysimpleproject

fun main(args: Array<String>) {
    println(MyClass.getMessage(Lang.GERMAN))
}

enum class Lang { GERMAN, FRENCH, ENGLISH, SPANISH }
```

다음 그레이들 명령을 프로젝트 디렉터리(MySimpleProject)에서 실행하면 프로젝트를 실행할 수 있다.

```
<그레이들_경로>/bin/gradle run
```

프로젝트를 빌드해서 ZIP이나 TAR 파일로 묶고 싶으면 프로젝트 디렉터리(MySimpleProject)에서 다음 그레이들 명령을 사용한다.

```
<그레이들_경로>/bin/gradle assembleDist
```

이 명령은 다음 두 파일을 생성한다.

- MySimpleProject/build/distributions/MySimpleProject.tar
- MySimpleProject/build/distributions/MySimpleProject.zip

두 아카이브(archive) 중 하나를 선택해 압축을 풀고, 압축을 푼 디렉터리의 셸 스크립트를 사용해 프로그램을 시작한다.

## A.1.2 그레이들 프로젝트를 인텔리J로 임포트하기

그레이들 프로젝트를 인텔리J로 임포트하는 것은 간단하다.

- File 〉 New 〉 Project from Existing Sources를 선택하고, 프로젝트 디렉터리를 선택한 다음에 OK를 클릭한다.
- Import project from external model에서 Gradle을 선택하고 Finish를 클릭한다.
```

터미널을 열어 명령줄에서 그레이들을 활용해 프로젝트를 생성할 수도 있다. 원하는 프로젝트 디렉터리를 만들고 그 디렉터리에서 gradle init 명령을 실행한다. 다음 내용을 입력하고 나면 자동으로 디렉터리 구조와 빌드 설정 파일이 만들어진다.

- **프로젝트 타입** java-application, kotlin-application 등의 옵션이 있다. 적절한 옵션을 선택한다.
- **빌드 스크립트 DSL** 코틀린과 그루비 중 하나를 선택한다.
- **프로젝트 이름** 디렉터리 이름과 같은 이름이 기본으로 설정된다. 바꾸고 싶다면 원하는 이름을 입력하면 된다.
- **패키지 이름** 디렉터리 이름에 따라 적당한 이름이 기본으로 설정된다. 원하는 패키지 이름을 입력하면 된다.

빌드 설정 파일과 디렉터리 구조가 만들어지고 BUILD SUCCSSFUL이라는 메시지가 나온다. 이후 빌드 설정 파일을 적당히 손본 다음, 이 디렉터리를 원하는 IDE에서 임포트해 프로그램을 개발하면 된다.

## A.1.3 프로젝트에 의존 관계 추가하기

의존 관계를 프로젝트에 추가하려면 표준 그레이들 문법을 사용한다.

```
val kotlintestVersion = "3.1.10"
val logbackVersion = "1.2.3"
val slf4jVersion = "1.7.25"

plugins {
    application
    kotlin("jvm") version "1.3.21" // 필요에 따라 버전을 변경한다.
}

application {
    mainClassName = "com.mydomain.mysimpleproject.MainKt"
}

repositories {
    jcenter()
}
```

```
dependencies {
    compile(kotlin("stdlib"))
    testCompile("io.kotlintest:kotlintest-runner-junit5:$kotlintestVersion")
    testRuntime("org.slf4j:slf4j-nop:$slf4jVersion")
}
```

plugins 블록에서는 변수로 버전을 지정할 수 없다. 리터럴(상수)만 허용되므로 코틀린 버전을 파일의 다른 곳에서도 써야 한다면 여러 번 같은 버전 문자열을 반복하거나, plugins 블록 안에서는 상수를 직접 쓰고 그 외의 부분에서는 변수를 사용해야 한다. 다음 그레이들 버전에서는 이런 제약이 사라져야 한다.[1]

## A.1.4 멀티 모듈 프로젝트 만들기

응당 프로젝트라면 모듈이 여럿 있기 마련이다. 멀티 모듈 프로젝트를 만들려면 프로젝트 저장소에 settings.gradle.kts와 build.gradle.kts라는 파일이 있어야 한다. settings.gradle.kts는 다음과 같이 모듈을 나열한다.

```
include("server", "client", "common")
```

build.gradle.kts 파일에는 일반 설정이 들어간다.

```
ext["kotlintestVersion"] = "3.1.10"
ext["logbackVersion"] = "1.2.3"
ext["slf4jVersion"] = "1.7.25"

plugins {
    base
    kotlin("jvm") version "1.3.21" // 필요에 따라 버전을 변경한다.
}

allprojects {
    group = "com.mydomain.mymultipleproject"
    version = "1.0-SNAPSHOT"
    repositories {
        jcenter()
        mavenCentral()
```

---

1  역주 https://github.com/gradle/gradle/issues/3593을 읽어 보기 바란다.

            }
        }

프로젝트 디렉터리에서 각 하위 프로젝트마다 하위 디렉터리를 하나씩 만든다. 각 하위 디렉터리에는 각 프로젝트에 해당하는 build.gradle.kts 파일이 들어간다. 다음은 server 모듈의 build.gradle.kts 파일이다.

```
plugins {
    application
    kotlin("jvm")
}

application {
    mainClassName = "com.mydomain.mymultipleproject.server.main.Server"
}

dependencies {
    compile(kotlin("stdlib"))
    compile(project(":common"))
}
```

> **Note ≡** 코틀린 플러그인 버전은 지정하지 않는다. 그레이들이 자동으로 부모 프로젝트에서 플러그인 버전을 가져온다.

server 프로젝트는 common 프로젝트에 의존한다. 그리고 프로젝트 모듈에 대한 의존 관계를 지정할 때는 프로젝트 이름 앞에 콜론(:)을 붙인다. application 설정은 프로젝트의 메인 클래스를 표시하는데, 모든 하위 프로젝트에 메인 클래스가 있지는 않다. 이 멀티 모듈 프로젝트의 전체 구조는 다음과 같다.

```
MyMultipleProject
    settings.gradle.kts
    build.gradle.kts
    client
        build.gradle.kts
    common
        build.gradle.kts
    server
        build.gradle.kts
```

여러분에게 필요한 내용은 이게 전부다. 앞 절에서 말한 것처럼 이제는 인텔리J에서 새 프로젝트를 만든다. 그러면 자바와 코틀린 소스 코드에 대한 필요한 모든 하위 디렉터리(main과 test)와 resources 디렉터리가 생성된다.

### A.1.5 멀티 모듈 프로젝트에 의존 관계 추가하기

각 모듈에서는 단일 모듈 프로젝트와 똑같은 방식으로 의존 관계를 추가할 수 있다. 유지 보수를 쉽게 하려면 버전 정보를 한곳에 모아서 선언한다. 이렇게 하면 버전을 변경하고 싶을 때 여러 하위 모듈을 변경할 필요 없이 부모 모듈에서 한 번에 변경할 수 있다. 이를 위해서는 부모 빌드 스크립트에서 설정하고 하위 프로젝트에서 사용할 수 있는 ext라는 특별한 객체를 써야 한다. 부모 빌드 스크립트에 다음 줄을 추가한다.

```
ext["slf4jVersion"] = "1.7.25"
```

이제 이 값을 각 하위 프로젝트에서 사용할 수 있다.

```
dependencies {
    compile(kotlin("stdlib"))
    testRuntime("org.slf4j:slf4j-nop:${project.rootProject.
    ext["slf4jVersion"]}")
}
```

## A.2 자바 라이브러리 메서드와 코틀린 코드

자바 라이브러리 메서드를 코틀린 코드에서 호출하는 방식이 두 언어가 상호작용하는 가장 흔한 방식일 것이다. 사실 JVM에서 실행되는 코틀린 프로그램은 자바 메서드를 명시적으로든 암시적으로든 호출할 수밖에 없다. 이는 코틀린 표준 라이브러리 함수가 자바 표준 라이브러리 메서드를 호출하기 때문이다.

코틀린과 자바 타입이 같다면 자바 메서드를 코틀린 코드에서 호출하는 데 아무 문제가 없을 것이다. 하지만 두 언어의 타입은 같지 않다. 코틀린 타입이 자바 타입보다 훨씬 강력하기 때문에 이는 좋은 일이지만, 타입이 다르다는 것은 여러분이 두 언어의 타입 차이를 처리하고 변환해야 한다는 뜻이기도 하다.

## A.2.1 자바 원시 타입 사용하기

눈에 띄는 가장 큰 차이는 코틀린이 원시 타입을 제공하지 않는다는 점이다. 자바에서 int와 Integer는 각각 원시 타입과 원시 타입 정숫값에 대한 객체 표현을 뜻한다. 코틀린은 Int만 사용하며 때로는 이런 타입을 값 타입(value type)이라고 부르기도 한다. 이는 이런 타입을 객체처럼 다룰 수 있지만, 원시 타입과 비슷한 성능을 낸다는 뜻이다. 자바에도 조만간 값 타입이 도입될 것이다.[2]

코틀린에서 Int 값이 객체이지만 내부에서 계산할 때는 원시 타입을 사용한다. 자바 원시 타입과 동등한 코틀린 값 타입이 있는 타입(byte, short, long, float, double, boolean)에 대해서도 마찬가지다. 객체처럼 취급한다는 점을 제외하면 유일한 차이는 코틀린에서는 각 타입의 첫 글자가 대문자라는 점뿐이다.

코틀린은 자동으로 자바 원시 타입 값을 코틀린 값 타입으로 변환해준다. 여전히 코틀린에서도 자바 Integer 타입을 사용할 수 있지만, 이때는 값 타입에서 누리는 이점이 없어진다. 코틀린에서도 자바의 다른 수 객체 타입(Short, Double 등)을 사용할 수 있지만, 코틀린 타입과 이름이 같기 때문에 java.lang.Long처럼 전체 이름을 사용해야만 한다. 이런 타입을 사용하면 다음과 같은 경고를 보게 된다.

```
Warning:(...) Kotlin: This class shouldn't be used in Kotlin. Use kotlin.Long instead.
```

코틀린이 값을 변환해주는 힘든 일을 다 처리하므로 여러분은 거의 항상 자바 수 객체 타입을 사용하지 말아야 한다. 다음을 생각해 보자.

```
val a: java.lang.Long = java.lang.Long.valueOf(3L)
```

이 코드는 컴파일이 되지 않으며, 다음 오류 메시지가 표시된다.

```
Error:(...) Kotlin: Type mismatch: inferred type is kotlin.Long! but java.lang.Long was expected
```

---

2  프로젝트 발할라(Valhalla)의 값 타입에 대한 설명을 http://cr.openjdk.java.net/~jrose/values/values-0.html에서 볼 수 있다.

코틀린은 java.lang.Long.valueOf()를 호출한 결과를 자동으로 kotlin.Long으로 변환해준다. 따라서 이 코드는 컴파일되지 않는다. 하지만 다음과 같이 쓸 수 있다.

```
val a: java.lang.Long = java.lang.Long(3)
```

하지만 왜 이런 일을 해야 할까? 자바 원시 타입은 널이 아닌 타입으로 변환되지만(예를 들어 자바 int는 Int로 변환된다), 객체 수 타입은 널이 될 수 있는 타입으로 변환된다(즉, 자바 Integer는 Int?으로 변환된다).

## A.2.2 자바 수 객체 타입 사용하기

자바는 BigInteger이나 BigDecimal 같이 상응하는 원시 타입이 없는 수 타입도 제공한다. 이런 타입을 코틀린에서 사용할 때는 코틀린이 제공하는 편의를 누릴 수 있다. 예를 들어 다음과 같이 쓸 수 있다.

```
val a = BigInteger.valueOf(3)
val b = BigInteger.valueOf(5)

println(a + b == BigInteger.valueOf(8))
```

이 코드는 다음을 출력한다.

```
true
```

BigInteger에 대해 + 연산자뿐 아니라 == 연산자로 동등성 비교를 할 수 있다. 이런 식으로 쓸 수 있는 이유는 코틀린이 + 호출을 add라는 메서드로, == 호출을 equals 메서드로 변환해주기 때문이다(코틀린에서는 자바와 달리 객체 동일성 비교를 ===로 한다).

## A.2.3 널 값 빠르게 실패시키기

자바 객체 타입은 항상 널이 될 수 있다. 하지만 원시 타입은 그렇지 않다. 코틀린은 널이 될 수 있는 타입과 널이 될 수 없는 타입을 구분한다. 예를 들어 BigInteger.valueOf()에 대해 코틀린이 추론한 타입은 BigInteger?이다. 코틀린은 BigInteger?의 하위 타입이면서 널이 될 수 없는 타입인 BigInteger도 제공한다. 타입을 명시해야만 한다면 다음과 같이 써야 한다.

```
val a: BigInteger? = BigInteger.valueOf(3)
```

하지만 이렇게 하면 + 연산을 사용할 때 NullPointerException이 발생할 수 있기 때문에 이 연산자를 쓸 수 없다. 같은 이유로 역참조 연산인 .도 사용할 수 없다. 그 대신에 다음과 같이 해야 한다.

```
val a: BigInteger? = BigInteger.valueOf(3)

val b: BigInteger? = BigInteger.valueOf(5)

println(a?.add(b) == BigInteger.valueOf(8))
```

여기서 ?.라는 안전한 역참조 연산자를 사용했다. 수신 객체가 null이면 이 연산의 결과도 null이 된다. 코틀린이 이 타입을 추론하게 하면 다음과 같은 일을 한다.

```
val a: BigInteger! = BigInteger.valueOf(3)
```

이 코드는 컴파일이 되지는 않는다. 다만 코틀린이 어떤 식으로 val a = BigInteger.valueOf(3)를 처리하는지를 보여줄 뿐이다. 여기서 BigInteger!를 플랫폼 타입(platform type)이라고 부른다.[3] 여러분이 코드에 이런 타입을 명시할 수는 없고 컴파일러 내부에서만 사용하는 타입이다(하지만 인텔리J는 추론한 플랫폼 타입을 표시해준다). 플랫폼 타입이라는 말은 플랫폼(JVM)에서 사용하는 타입이라서 코틀린이 널인지 아닌지를 알 수 없어서 프로그래머에게 모든 책임을 떠넘긴다는 뜻이다. 여러분이 다음과 같이 쓴다면,

```
val a: BigInteger = BigInteger.valueOf(3)
```

(타입이 널이 아닌 타입임에도 불구하고) 자바 메서드가 반환하는 값이 null이면 NullPointerException이 발생한다. 물론 BigInteger.valueOf가 null을 반환하는 일은 없지만 자바 메서드 중에는 null을 반환하는 것도 있다(자바 표준 라이브러리 메서드 중에도 그런 경우가 많다). 이럴 때 (플랫폼 타입의 값을 널이 될 수 없는 값으로 선언하면) 프로그램이 가능한 빨리 실패하도록 만들 수 있어서 null이 여러분의 코드 속으로 들어오지 못하게 막을 수 있다.

원한다면 플랫폼 타입을 BigInteger?와 같이 널이 될 수 있는 타입으로 지정할 수도 있다. 코틀린의 널이 될 수 있는 타입에 대해서는 2장을 살펴보라.

---

3 역주 원서에는 non denotable type(표현 불가 타입)이라고 되어 있다. 이 말은 자바에 로컬 변수 타입 추론이 등장하면서 생긴 용어로, 로컬 변수의 타입 중에서 컴파일러가 추론할 수는 있지만, 프로그래머가 명시할 수는 없는 타입을 말한다. 플랫폼 타입도 프로그래머가 지정할 수 없다는 점은 표현 불가 타입과 같지만, 코틀린이 그 타입이 무슨 타입인지 명확히 알고 있어도 자바 타입이라서 널인지 아닌지를 100% 결정할 수 없다는 점에서 표현 불가 타입과는 다르다. 관련 내용을 코틀린 공식 문서 https://kotlinlang.org/docs/reference/java-interop.html에서 찾아볼 수 있다.

## A.2.4 코틀린과 자바 문자열 타입 사용하기

코틀린은 kotlin.String이라는 특별한 문자열 타입을 사용하지만 자바는 java.lang.String 타입을 사용한다. 여기서도 코틀린 타입이 자바 타입보다 훨씬 강력하다. 간단한 예로 자바에서 문자열의 마지막 문자를 제거하는 경우를 살펴보자.

```
String string = "abcde";
String string2 = string.substring(0, string.length() - 1);
```

똑같은 일을 코틀린에서는 다음과 같이 할 수 있다.

```
val s: String = "abcde".dropLast(1)
```

kotlin.String 클래스는 이와 같은 쓸모 있는 함수 수십 개를 추가로 제공한다. 이 밖에도 java.lang.String에서 kotlin.String으로의 변환이 완전히 자동화되어 있으며 프로그래머에게도 투명하게 진행된다.

## A.2.5 다른 타입 변환 구현하기

자바 메서드를 호출할 때 컬렉션이나 배열에서 상당한 타입 변환이 발생한다. 원시 타입의 배열은 ByteArray, IntArray, LongArray 등의 특별한 타입으로 변환된다. T 타입의 배열은 Array<T>로 변환되며, 이 타입은 무공변 타입(자바 배열과 같음)이다. 하지만 Array<out T>와 같이 변성을 지정하면 변성 배열을 사용할 수도 있다.

구체적인 자바 컬렉션 타입을 사용하는 경우에는 코틀린에서도 그 타입을 볼 수 있다.

```
val x = java.util.LinkedList(listOf(1,2,3,4,5)) // x는 java.util.LinkedList<kotlin.Int!>
                                                // 타입
```

하지만 java.util.List 등 컬렉션 인터페이스를 반환하는 경우에는 kotlin.collections.(Mutable)List<kotlin.Int!>! 같은 플랫폼 타입으로 내부에서 인식된다.

```
val intSingleton = java.util.Collections.singletonList(1) // kotlin.collections.
                                                          // (Mutable)List<kotlin.Int!>! 타입
```

플랫폼 타입을 널이 될 수 있는 타입이나 널이 될 수 없는 타입 중 어떤 코틀린 컬렉션으로 변환할지, 그리고 (Mutable)List와 같은 타입을 MutableList나 List (코틀린 List는 불변, 즉 읽기 전용

리스트다) 중 어떤 타입으로 해석할지는 코틀린에서 변수에 어떤 타입을 지정하느냐에 따라 달라질 수 있다. 여러 자바 타입의 매핑에 관해서는 https://kotlinlang.org/docs/reference/java-interop.html#mapped-types를 참고하기 바란다.

코틀린이 자바 컬렉션을 널이 될 수 없는 타입의 코틀린 컬렉션으로 인식하게 할 수는 있지만, 그렇다고 진짜 널이 될 수 있다고 코틀린이 보장해주지는 않는다(책임은 프로그래머의 몫이다). 널이 될 수 없는 타입으로 자바에서 반환받은 객체를 선언해 사용하면 널 안전성 검사를 코틀린이 해줄 것이라 가정하면 실행 시점에 문제가 생길 수 있다. 다음 자바 코드를 보자.

```java
package test;

import java.util.Arrays;
import java.util.List;

public class Test {
    public static List<Integer> getIntegerList() {
        return Arrays.asList(1, 2, 3, null);
    }
}
```

getIntegerList 메서드를 코틀린에서 다음과 같이 호출할 수 있다.

```
val list: MutableList<Int> = test.Test.getIntegerList()

println(list)
```

이 코드는 오류를 내지 않고 다음을 출력한다.

```
[1, 2, 3, null]
```

하지만 다음 코틀린 코드를 실행하면 문제가 생긴다.

```
val list: MutableList<Int> = test.Test.getIntegerList()

list.forEach { println(it + 1) }
```

코틀린이 세 번째 원소를 읽어서 람다의 인자(it)에 넘기려고 list[3]을 역참조하는 순간 NullPointerException이 발생한다.

## A.2.6 자바 varargs 사용하기

vararg를 인자로 받는 자바 메서드를 코틀린에서 호출할 때는 스프레드 연산자 *를 배열 앞에 붙인다. 다음 예제 자바 메서드를 보자.

```
public static void show(String... strings) {
    for (String string : strings) {
        System.out.println(string);
    }
}
```

이 메서드를 코틀린에서 배열을 사용해 호출하면 다음과 같다.

```
val stringArray = arrayOf("Mickey", "Donald", "Pluto")
MyClass.show(*stringArray)
```

## A.2.7 자바에서 널 가능성 지정하기

앞에서 말한 것처럼 모든 비원시 자바 타입은 항상 널이 될 수 있는 타입이다. 반면 어떤 정해진 애너테이션을 붙이면 여러 도구가 그 애너테이션을 사용해서 특정 타입의 참조가 절대 널이 될 수 없음을 표현할 수 있다. 이에 대한 자바 표준(JSR-305 javax.annotation)이 있지만, 여러 도구가 자체 애너테이션을 더 선호한다.

- 인텔리J는 org.jetbrains.annotations 패키지에 있는 @Nullable과 @NotNull을 사용해 자바에서 널 가능성을 지정한다.
- 이클립스는 org.eclipse.jdt.annotation 패키지를 사용한다.
- 안드로이드에는 com.android.annotations와 android.support.annotations 패키지가 있다.
- 파인드버그즈(FindBugs)는 edu.umd.cs.findbugs.annotations를 사용한다.

코틀린은 앞에 나열한 애너테이션(그리고 더 많은 애너테이션들)을 널 가능성을 지정하기 위해 사용한 경우 이를 인식할 수 있다. 예를 들어 자바 프로퍼티에 다음과 같이 애너테이션이 붙을 수 있다.

```
@NotNull
public static List<@NotNull Integer> getIntegerList() {
    return null;
}
```

인텔리J는 null 값에 대해 "Passing 'null' argument to parameter annotated with @NotNull" 이라는 오류(@NotNull로 애너테이션을 붙인 파라미터에 'null'을 인자로 넘김이라는 뜻)를 표시하지만 자바 코드가 컴파일되는 것을 막지는 않는다. 이 메서드를 코틀린에서 호출하면 코틀린은 (Mutable)List<Int>!! 타입이 아니라 (Mutable)List<Int> 타입을 추론한다. 그리고 컴파일러는 다음 예외를 발생시킨다.

```
java.lang.IllegalStateException: @NotNull method test/MyClass.getIntegerList must not return null
```

불행히도 타입 파라미터를 이런 식으로 처리하지는 못한다. 다음 자바 메서드를 생각해 보자.

```java
@NotNull
public static List<@NotNull Integer> getIntegerList() {
    return Arrays.asList(1, 2, 3, null);
}
```

자바에서는 null 값에 대한 경고를 볼 수 있지만, 코틀린에서는 실제 null 값을 사용하려고 시도하기(이런 시도를 하면 NullPointerException 예외가 발생한다) 전까지 아무 경고도 볼 수 없다. 자바에서 @NotNull을 타입 파라미터에 붙이는 것은 코틀린에서 널이 아닌 타입 파라미터를 지정하는 것이나 자바에서 타입 파라미터에 아무 애너테이션도 붙이지 않는 것과 같다. 코틀린이 이 코드에서 List<Int!> 타입을 추론하기 때문에 똑같은 결과가 나온다. 하지만 타입 파라미터에 애너테이션을 사용하고 싶다면 org.jetbrains.annotation 라이브러리 버전은 1.5.0 이상을 사용하고 컴파일 타깃을 자바 8 이상으로 설정해야 한다.

> Note ≡ 코틀린은 JSR-305 명세를 지원한다. 자바 애너테이션 지원에 관해 더 많이 알고 싶다면 https://kotlinlang.org/docs/reference/java-interop.html을 살펴보기 바란다.

## A.2.8 게터와 세터 호출하기

자바 게터와 세터를 코틀린 코드에서 일반적인 메서드처럼 호출할 수 있다. 코틀린은 자바 게터와 세터를 코틀린 프로퍼티 구문을 사용해 호출하는 것도 허용한다. 다음과 같은 자바 코드가 있다고 하자.

```java
public class MyClass {
    private int value;

    public int getValue() {
        return value;
    }

    public void setValue(int value) {
        this.value = value;
    }
}
```

코틀린에서는 이 value 프로퍼티에 메서드 구문이나 프로퍼티 구문을 사용해 접근할 수 있다.

```kotlin
val myClass = MyClass()
myClass.value = 1
println(myClass.value)

myClass.setValue(2)
println(myClass.getValue())
```

프로퍼티 구문 사용을 적극 권장한다. 프로퍼티 구문을 세터가 없는 자바 필드를 읽을 때도 사용할 수 있으며 이때는 생성자가 필드를 초기화해야 한다. 심지어 다음과 같이 필드가 없는 게터에 대해서도 프로퍼티 구문을 사용할 수 있다.

```java
public class MyClass {
    public int getValue() {
        return 0;
    }
}
```

하지만 게터가 없는 프로퍼티를 설정할 때는 프로퍼티 구문을 쓸 수 없다. 자바 게터가 is로 시작하는 Boolean 프로퍼티라면 코틀린 프로퍼티 구문에서도 is로 시작하는 이름을 사용한다. 다음 자바 클래스를 보자.

```java
public class MyClass {
    boolean started = true;
    boolean working = false;

    public boolean isStarted() {
        return started;
```

```
        }

        public boolean getWorking() {
            return working;
        }
    }
```

이런 프로퍼티를 코틀린에서 다음과 같은 구문으로 사용할 수 있다.

```
val myClass = MyClass()

myClass.started = true
myClass.working = false

println(myClass.started)
println(myClass.isStarted)
println(myClass.working)
```

이 규칙들은 자바 클래스에서 isSomething과 getSomething을 동시에 지원할 때 생길 수 있는 충돌을 방지한다.[4] 자바 세터는 실제로는 void를 반환하는 메서드다. 이런 메서드를 코틀린에서 메서드/함수 구문을 사용해 호출하면 Unit을 반환하며 이때 Unit 타입은 싱글턴 객체다.

```
val result: Unit = myClass.setWorking(false)
```

## A.2.9 예약어로 된 자바 프로퍼티에 접근하기

가끔은 코틀린 예약어로 이름 붙인 자바 프로퍼티를 코틀린에서 사용해야 할 때가 있다. 예를 들어 in이나 is를 input이나 inputStream 객체를 가리키는 변수로 쓰는 경우가 자주 있는데, in과 is 모두 코틀린 예약어다. 자바나 코틀린 코드를 작성할 때는 이런 이름을 피해야 한다. 하지만 여러분이 소스 코드를 변경할 수 없는 라이브러리를 활용하는 경우라면 백틱(`)을 사용해 프로퍼티 이름을 이스케이프(escape)한다. 예제를 하나 살펴보자.

다음은 자바 코드다.

---

4 역주 MyClass 안에 public boolean getStarte()라는 자바 메서드를 추가한다고 해도 코틀린에서 myClass.isStarted 구문을 사용할 때 호출되는 게터 메서드는 public boolean isStarted()이지 public boolean getStarted()가 아니다.

```java
public class MyClass {
    private InputStream in;

    public void setIn(InputStream in) {
        this.in = in;
    }

    public InputStream getIn() {
        return in;
    }
}
```

다음은 코틀린 코드다.

```
val input = myClass.`in`
```

## A.2.10 검사 예외 호출하기

코틀린에서 모든 예외는 비검사 예외다. 따라서 코틀린에서는 try ... catch 블록을 사용하지 않고 검사 예외를 던지는 자바 메서드를 호출할 수 있다.

다음은 자바 코드다.

```java
try {
    Thread.sleep(10);
} catch (InterruptedException e) {
    // 예외를 처리한다.
}
```

다음은 코틀린 코드다.

```
Thread.sleep(10)
```

코틀린에는 표준 라이브러리에 정의된 Thread.sleep 래핑 함수가 없기 때문에 이 코드는 바로 자바 Thread.sleep을 호출하지만, 코틀린에서는 검사 예외를 처리하지 않아도 되므로 이 코드는 컴파일된다. 이 코드 주변을 try ... catch 블록으로 감싸면 원래의 InterruptedException 검사 예외가 발생하는 것을 처리할 수 있다. 검사 예외를 try ... catch로 처리하지 않아도 되지만, 검사 예외를 감싼 비검사 예외가 발생하지는 않는다.

# A.3 SAM 인터페이스

코틀린과 달리 자바에는 함수 타입이 없다. 대신 람다를 람다와 동등한 역할을 하는 개체로 변환한다. 이 개체는 단일 추상 메서드(Single Abstract Method, SAM) 인터페이스 구현과 같다(람다를 변환한 개체는 SAM을 구현한 클래스는 아니지만 마치 그런 클래스인 것처럼 작동한다).

반면 코틀린에는 진짜 함수 타입이 있기 때문에 그런 변환이 불필요하다. 하지만 SAM 인터페이스를 인자로 받는 자바 메서드를 호출할 때는 코틀린 함수를 SAM으로 자동 변환해준다. 예를 들어 다음과 같이 코틀린 코드를 작성할 수 있다.

```
val executor = Executors.newSingleThreadExecutor()
executor.submit { println("Hello, World!") }
```

submit 자바 메서드는 Runnable을 파라미터로 받는다. 자바에서는 같은 프로그램을 다음과 같이 작성할 수 있다.

```
ExecutorService executor = Executors.newSingleThreadExecutor();
executor.submit(() -> System.out.println("Hello, World!"));
```

코틀린에서도 다음과 같이 java.lang.Runnable 구현을 명시적으로 만들 수 있다는 점에 유의한다.

```
val runnable = Runnable { println("Hello, World!") }
```

하지만 이런 식으로 인터페이스를 구현한 객체를 만드는 방식을 택하면 안 된다. 그 대신에 코틀린 함수를 만들어 자바 메서드를 호출할 때 그 함수를 넘겨 자동으로 Runnable로 변환되게 만든다.

```
val executor = Executors.newSingleThreadExecutor()
val runnable: () -> Unit = { println("Hello, World!") }
executor.submit(runnable)
```

# A.4 코틀린 함수와 자바 코드

자바에서 코틀린 함수를 호출하는 것도 코틀린에서 자바를 호출하는 것처럼 어렵지 않다. 하지만 코틀린이 자바보다 더 많은 기능을 제공하기 때문에 코틀린의 기능을 살리지 못하는 경우가 종종 생긴다.

## A.4.1 코틀린 프로퍼티 변환하기

자바의 프로퍼티는 코딩 관례(coding convention)를 따라 만들어진다. 코틀린 프로퍼티는 언어가 제공하는 기능이다. 코틀린 프로그램을 자바 바이트코드로 컴파일할 때 컴파일러는 자바 프로퍼티 코딩 관례를 지키려고 노력한다. 코틀린 프로퍼티는 자바 필드와 접근자(accessor)로 이루어진 표준적인 프로퍼티로 변환된다.

- 프로퍼티와 이름이 같은 비공개(private) 필드
- 프로퍼티 이름의 첫 글자를 대문자로 바꾸고 앞에 get을 덧붙인 게터
- 프로퍼티 이름의 첫 글자를 대문자로 바꾸고 앞에 set을 덧붙인 세터

유일한 차이는 코틀린 프로퍼티가 is로 시작하는 경우다. 이런 경우에는 게터 이름에 코틀린 프로퍼티 이름을 사용하고, 세터 이름은 is를 set으로 바꾼 이름을 사용한다.

## A.4.2 코틀린 공개 필드 사용하기

코틀린 공개(public) 필드는 자바 프로퍼티(게터와 세터를 제공한다는 뜻이다)로 노출된다. 이를 자바 필드로 사용하고 싶다면 다음과 같이 @JvmField 애너테이션을 붙여야 한다.

```
@JvmField
val age = 25
```

이렇게 코틀린 필드를 정의하면 자바에서는 더 이상 접근자를 통해 코틀린 프로퍼티에 접근할 수 없다. 또한 lateinit으로 선언한 코틀린 프로퍼티는 자바에서 필드로도 접근할 수 있고 게터로도 접근할 수 있지만 lateinit 프로퍼티에 @JvmField 애너테이션을 붙일 수는 없다.

## A.4.3 정적 필드

코틀린은 명시적인 정적(static) 필드를 제공하지 않는다. 하지만 일부 코틀린 필드를 자바에서 정적 필드로 보이게 만들 수 있다. 객체(object로 선언한 싱글턴 객체)에 정의된 필드(동반 객체도 포함)와 패키지 수준에 선언된 필드가 바로 이런 경우에 해당한다. 자바 코드는 이런 필드를 프로퍼티와 같은 방식으로 접근할 수 있지만, 필드 종류에 따라 약간 다른 부분이 있다. 동반 객체에 선언한 필드는 다음 구문을 사용해 세터와 게터를 통해 접근할 수 있다.

```
int weight = MyClass.Companion.getWeight();
```

하지만 const로 선언한 필드는 동반 객체를 둘러싼 클래스의 정적 필드로 사용해야 한다.

```
int weight = MyClass.weight;
```

필드에 @JvmField 애너테이션이 붙여도 const를 사용할 때와 똑같은 결과를 얻을 수 있다. 독립 싱글턴 객체에 선언된 필드는 다음 구문을 사용한다.

```
String firstName = MyObject.INSTANCE.getFirstName();
```

여기서도 필드를 const로 선언하거나 @JvmField 애너테이션을 붙이면 정적 필드처럼 접근해야 한다.

```
String firstName = MyObject.firstName;
```

패키지 수준에서 정의한 필드는 그 정의가 들어 있는 파일의 .kt라는 확장자를 쓰지 않고 Kt를 파일명 맨 뒤에 붙여 만든 이름의 클래스에 들어 있는 정적 필드인 것처럼 사용할 수 있다. 다음 코드가 MyFile.kt라는 파일에 들어 있다고 하자.

```
const val length = 12

val width = 3
```

이 필드를 자바에서 사용할 때는 다음과 같이 할 수 있다.

```
int length = MyFileKt.length;
int width = MyFileKt.getWidth();
```

하지만 패키지 수준 필드에는 @JvmField 애너테이션을 붙일 수 없다는 점에 유의하라.

## A.4.4 코틀린 함수를 자바 메서드인 것처럼 호출하기

클래스 안에서 fun으로 정의한 함수는 자바에서 메서드인 것처럼 사용할 수 있다. 객체나 패키지 수준에 선언한 함수는 정적 메서드인 것처럼 사용할 수 있다. `MyFile.kt`라는 파일에 다음 프로그램이 있다고 하자.

```kotlin
fun method1() = "method 1"

class MyClass {
    companion object {
        fun method2() = "method 2"
        @JvmStatic
        fun method3() = "method 3"
    }
}

object MyObject {
    fun method4() = "method 4"
    @JvmStatic
    fun method5() = "method 5"
}
```

이 프로그램에 정의된 함수를 다음과 같이 자바에서 호출할 수 있다.

```java
String s1 = MyFileKt.method1();
String s2 = MyClass.Companion.method2();
String s3a = MyClass.method3();
String s3b = MyClass.Companion.method3();
String s4 = MyObject.INSTANCE.method4();
String s5a = MyObject.method5();
String s5b = MyObject.INSTANCE.method5();
```

클래스 인스턴스에 대해 자바 정적 메서드를 호출할 때처럼 `MyObject.INSTANCE.method5()`에 대해 "Static member accessed via instance reference"("정적 멤버를 인스턴스 참조를 통해 접근하고 있음"이라는 뜻)라는 경고 메시지가 표시된다는 사실에 유의한다.

### 자바에서 확장 함수 호출하기

코틀린 확장 함수는 수신 객체를 추가 파라미터로 받는 정적 함수로 컴파일된다. 자바에서는 컴파일된 형태 그대로 확장 함수를 호출할 수 있다. 다음 확장 함수를 `MyFile.kt`라는 파일에 정의했다고 하자.

```
fun List<String>.concat(): String = this.fold("") { acc, s -> "$acc$s" }
```

이 함수를 코틀린에서는 마치 문자열로 이루어진 리스트의 메서드(인스턴스 함수)처럼 사용할 수 있지만, 자바에서는 정적 메서드로 호출해야 한다.

```
String s = MyFileKt.concat(Arrays.asList("a", "b", "c"));
```

## 다른 이름으로 함수 호출하기

자바 코드에서 코틀린 함수를 호출할 때 사용할 이름을 지정할 수도 있다. 이를 위해 코틀린 함수 앞에 @JvmName("새_이름")이라는 애너테이션을 붙여야 한다. 자바 관점에서 이렇게 해야 하는 이유가 몇 가지 있다. 그리고 경우에 따라서는 자바에서 코틀린 함수를 호출할 일이 전혀 없어도 이렇게 해야만 할 때도 있다. 다음 두 함수를 살펴보자.

```
fun List<String>.concat(): String = this.fold("") { acc, s -> "$acc$s" }
fun List<Int>.concat(): String = this.fold("") { acc, i -> "$acc$i" }
```

이 코드는 다음 이유로 컴파일되지 않는다.

- 코틀린 함수는 자바 바이트코드로 컴파일된다.
- 타입 소거로 인해 타입 파라미터가 컴파일 시 사라진다.

왜 이런 이유로 앞의 코드가 컴파일되지 않을까? (컴파일이 제대로 된다면) 앞의 함수는 다음 자바 메서드와 똑같아야 한다.

```
MyFileKt.concat(List<String> list)
MyFileKt.concat(List<Integer> list)
```

하지만 타입 소거로 인해 이 두 함수가 같은 클래스(MyFileKt) 안에 존재할 수가 없다. 타입 파라미터를 제외하면 두 함수는 다음과 같이 컴파일된다.

```
MyFileKt.concat(List list)
MyFileKt.concat(List list)
```

따라서 이 두 함수를 자바에서 호출할 일이 전혀 없더라도 이 두 함수를 별도의 파일에 넣거나 둘 중 한 함수를 컴파일한 함수의 이름을 애너테이션을 통해 변경해야만 한다.

```kotlin
fun List<String>.concat(): String = this.fold("") { acc, s -> "$acc$s" }

@JvmName("concatIntegers")
fun List<Int>.concat(): String = this.fold("") { acc, i -> "$acc$i" }
```

코틀린 프로퍼티에 대해 생성되는 자바 게터와 세터의 이름도 동일한 방식으로 변경할 수 있다.

```kotlin
@get:JvmName("retrieveName")
@set:JvmName("storeName")
var name: String?
```

## 기본 값과 파라미터 다루기

코틀린에서는 함수 파라미터에 대해 기본 값을 지정할 수 있다. 자바 코드에서 이런 함수를 호출할 수 있지만 기본 값이 있는 파라미터를 포함해 모든 파라미터를 반드시 지정해야 한다. 자바에서 오버로딩을 사용해 기본 값을 다룬다. 코틀린 함수를 오버로딩한 여러 자바 메서드로 컴파일하려면 @JvmOverloads 애너테이션을 붙인다.

```kotlin
@JvmOverloads
fun computePrice(price: Double, tax: Double = 0.20) = price * (1.0 + tax)
```

자바에서는 computePrice 코틀린 함수를 다음 두 가지 함수로 사용할 수 있다.

```
Double computePrice(Double price,)
Double computePrice(Double price, Double tax)
```

여러 파라미터에 기본 값이 있는 경우에는 가능한 모든 조합 중 일부는 사용이 불가능하다.

```kotlin
@JvmOverloads
fun computePrice(price: Double,
                 tax: Double = 0.20,
                 shipping: Double = 8.75) = price * (1.0 + tax) + shipping
```

앞의 함수를 컴파일하면 다음 자바 메서드를 사용할 수 있다.

```
Double computePrice(Double price,)
Double computePrice(Double price, Double tax)
Double computePrice(Double price, Double tax, Double shipping)
```

컴파일 결과를 보면 price와 shipping 값을 지정하면서 tax의 기본 값을 쓸 수 있는 방법이 없다. 그리고 @JvmOverloads 애너테이션을 생성자에 사용할 수 있다.

```kotlin
class MyClass @JvmOverloads constructor(name: String, age: Int = 18)
```

## 예외를 던지는 함수 다루기

코틀린에서는 모든 예외를 비검사 예외로 다룬다(그래서 코틀린 함수는 그 어떤 검사 예외도 발생하지 않는 자바 함수인 것처럼 컴파일된다). 그에 따라 예외를 던지는 코틀린 함수를 자바 코드에서 호출하면서 예외를 처리하려고 하면 컴파일 오류가 발생한다. 다음 코틀린 함수를 보자.

```kotlin
fun readFile(filename: String): String = File(filename).readText()
```

다음과 같이 자바에서 try ... catch 블록 안에서 이 함수를 호출하고 싶다.

```java
try {
    System.out.println(MyFileKt.readFile("myFile"));
} catch (IOException e) {
    e.printStackTrace();
}
```

하지만 이 코드는 컴파일되지 않고, 컴파일러는 다음 오류를 출력한다.

```
Error: exception java.io.IOException is never thrown in body of corresponding try statement
```

이런 상황을 방지하려면 @Throws 애너테이션을 사용해 어떤 예외가 발생할 수 있는지 명시해야 한다.

```kotlin
@Throws(IOException::class)
fun readFile(filename: String): String = File(filename).readText()
```

@Throws 애너테이션을 반복 적용할 수 없다는 점에 유의한다. 여러분이 정의한 코틀린 함수가 자바 검사 오류를 발생시킨다면 다음 구문을 사용해야 한다.

```kotlin
@Throws(IOException::class, IndexOutOfBoundsException::class)
fun readFile(filename: String): String = File(filename).readText()
```

자바에서 비검사 오류를 자유롭게 catch 문으로 처리할 수 있으므로 비검사 오류를 명시할 필요는 없다.

## A.4.5 코틀린 타입을 자바 타입으로 변환하기

코틀린은 널이 될 수 있는 타입과 널이 될 수 없는 타입을 구분하지만, 자바는 구분하지 않는다. (코틀린에서 자바로) 타입을 변환하면 그 구분이 사라진다.

수 타입은 자바 쪽 선언에 따라 원시 타입이나 객체 타입으로 변환된다. 불변 컬렉션은 자바 컬렉션으로 변환된다. 예를 들어 코틀린에서 listOf로 만든 리스트는 자바 Arrays.ArrayList로 변환된다. 자바 Arrays.ArrayList는 AbstractList를 확장하되 add 메서드를 구현하지 않은[5] Arrays의 비공개 클래스다. 이에 따른 결과로 여러분이 이 리스트에 원소를 추가하려고 시도하면 UnsupportedOperationException이 발생되어 이 리스트를 변경할 수 없다고 생각할 수 있다. 그렇지만 새 원소를 추가하거나 제거할 수는 없어도 set 메서드에 원소 인덱스와 바꾸려는 새 값을 넘겨서 원소를 변경할 수는 있다. 코틀린 불변 리스트를 자바로 변환하면 훨씬 덜 불변적인 리스트가 된다.

코틀린에는 있지만 자바에는 없는 타입들도 있다.

- Unit은 void로 변환되지만, 이 둘은 정확히 같은 의미는 아니다(코틀린에서 Unit은 싱글턴 객체다). 본래 코틀린 Unit은 자바 Void(이 타입을 자바에서 본 적이 있다면 말이다)에 더 가깝다. 하지만 타입의 기능을 보면 void에 더 가깝다.
- Any는 Object로 변환된다.
- Nothing은 변환되지 않는다. 자바에는 Nothing과 상응될 만한 타입이 없다. Set<Nothing>처럼 타입 파라미터로 Nothing이 쓰이면 변환한 타입은 로 타입(raw type)이 된다(여기서는 set).

인자가 1개 이상 22개 이하인 함수는 kotlin.jvm.functions.Function1부터 kotlin.jvm.functions.Function22까지 특별한 코틀린 타입으로 변환된다. 이 타입들은 모두 SAM 인터페이스이며, 자바의 함수 인터페이스보다 이 인터페이스가 더 유용하다.

## A.4.6 함수 타입

인자가 없는 함수 타입은 kotlin.jvm.functions.Function0으로 변환되며 자바 Supplier 인터페이스에 해당한다.

---

[5] 역주 add뿐 아니라 remove 등 원소를 추가하거나 삭제할 수 있는 다른 연산을 모두 구현하지 않는다.

() → Unit 타입의 코틀린 함수는 kotlin.jvm.functions.Function0<Unit>로 변환되며 자바 Runnable에 해당한다. Function1<A, Unit>는 자바 Consumer<A>에, Function2<A, B, Unit>는 자바 BiConsumer<A, B>에 해당한다. Unit을 반환하는 다른 코틀린 함수 타입들은 자바로 말하자면 다중 소비자(multi consumer)에 해당하지만, 각각에 상응하는 자바 클래스는 (자바 언어에) 정의되어 있지 않다.

변환한 함수를 해당 타입을 자바에서 사용하는 것처럼 쓸 수 있다. 다만 코틀린 함수를 변환한 함수는 모두 apply, test, accept, get 등의 메서드 이름이 아니라 apply라는 메서드 이름을 사용한다. 이런 코틀린 함수 중 하나를 자바 타입으로 변환하고 싶은데 자바에 상응하는 타입이 있으면 쉽게 변환할 수 있다. 예를 들어 타입이 Function1<Int, Boolean>인 코틀린 함수를 생각해 보자.

```
@JvmField
val isEven: (Int) -> Boolean = { it % 2 == 0 }
```

이 함수를 자바에서 직접 사용할 수 있다.

```
System.out.println(MyFileKt.isEven.invoke(2));
```

자바에서 이 함수의 타입은 kotlin.jvm.functions.Function1<Integer, Boolean>이며, 이를 IntPredicate로 변환하기 위해서는 다음과 같이 써야 한다.[6]

```
IntPredicate p = MyFileKt.isEven::invoke;
```

# A.5 코틀린/자바 혼합 프로젝트에서만 발생하는 문제

KOTLIN

코틀린과 자바를 같이 하나의 프로젝트에서 사용하기란 (그레이들을 쓰든, 인텔리J를 쓰든, 둘 다 쓰든 관계없이) 쉽지만, 증분 컴파일(incremental compile)을 주의해야 한다. 증분 컴파일

---

6  역주 풀어서 설명하면 다음과 같다. IntPredicate는 SAM이며 내부에 test라는 메서드를 정의해야 한다. 하지만 자바에서 SAM에 람다나 메서드 참조를 대입할 수 있다. 코틀린 isEven 함수(val이므로 메서드가 아니라 함수 값이다)에 @JvmField를 붙여서 자바에서 필드로 이 함수 값에 접근할 수 있게 했다. 그 후 IntPredicate 타입의 변수 p에 MyFileKt.isEven::invoke라는 인스턴스 메서드 참조를 대입한다. 이 인스턴스 메서드 참조는 MyFileKt.isEven이라는 함수 값 객체의 invoke 메서드(코틀린의 모든 함수는 invoke 메서드를 내부에 정의한다는 점을 기억하라)를 가리킨다.

(incremental compile)은 프로그램에서 필요한 부분만 컴파일하는 기법이다. 증분 컴파일은 마지막 컴파일 이후 바뀐 클래스만 다시 컴파일하는 수준부터 여러분이 코드를 입력할 때마다 코드를 한 줄씩 컴파일하는 수준에 이르기까지 다양한 수준이 있다.

그레이들과 인텔리J는 모두 증분 컴파일을 어느 정도 지원한다. 하지만 마지막 컴파일 이후 변경된 클래스를 찾는 것만으로는 충분하지 않다. 어떤 클래스는 변경되지 않았지만 그 클래스가 의존하는 다른 클래스가 변경됐다면 두 클래스를 모두 다 컴파일해야 한다.

이런 식의 증분 컴파일은 일반적으로 자바와 코틀린에서는 잘 작동한다. 하지만 혼합 프로젝트에서는 문제가 생긴다. 여러분이 다루는 프로젝트가 여러 모듈로 구성되어 있고 여러 모듈이 common이라는 공통 모듈에 의존하는 경우에는 이런 문제를 마주칠 수 있다. A 모듈을 작업하는 과정에서 common을 수정해야 할 일이 생길 수 있다. 이런 경우 개발 과정에서 코드를 실행할 때는 인텔리J나 그레이들이 모듈 A와 common에서 필요한 클래스만 재컴파일한다. 나중에 모듈 B를 수정하면서 common을 변경하고 변경 사항을 실행하면 두 모듈(B와 compile)만 재컴파일된다. 이 결과 common에 의존하는 A 모듈이 깨질 수 있다. 하지만 여러분은 (인텔리J나 그레이들에서 B를 실행하는 한) 이를 알 수 없다.

이런 문제를 피하는 가장 좋은 방법은 정기적으로 전체 프로젝트를 재빌드하는 것이다. 그렇게 하면 어디가 깨졌는지 즉시 알 수 있다. 이런 식으로 문제를 미리 예방하지 않으면 변경한 내용이 너무 많이 쌓여서 잘못된 부분을 고치느라 추가 작업이 필요해질 수도 있다.

여러분이 마주칠 수 있는 다른 문제는 코드를 인텔리J와 그레이들에서 실행할 때 다른 결과를 얻을 수도 있다는 점이다. 전업 프로그래머의 개발 환경에서 프로그래밍하는 동안에는 인텔리J에서 코드를 실행하고 나중에 빌드 서버에서 그레이들을 사용해 프로젝트를 빌드하는 경우가 자주 있다. 변경 사항을 빌드 서버가 프로젝트를 빌드할 때 사용하는 저장소에 푸시하기 전에 여러분이 작업하는 컴퓨터에서 그레이들 빌드를 테스트해 보고 싶을 것이다. 이렇게 직접 그레이들 빌드를 해보면 인텔리J에서는 발생하지 않던 컴파일 오류가 나오는 것을 보고 아마 놀라게 될 것이다.

이런 일이 벌어지는 이유는 간단하며, 이 오류를 피하거나 수정하기도 쉽다. 하지만 왜 그런지 이유를 모르면 인텔리J에서는 전혀 문제가 없었는데 그레이들로 컴파일을 하는 과정에서 컴파일러가 여러분이 코틀린에 추가한 새로운 함수를 자바 코드에서 볼 수 없다고 오류를 내는 이유를 알아내느라 시간을 낭비하게 된다. 바로 그 이유는 인텔리J와 달리 그레이들은 코틀린이 생성한 바이트코드를 정리하지 않고 예전에 컴파일한 바이트코드(새로 추가한 함수가 들어 있지 않음)를 계속 사용하기 때문이다.

이런 문제를 마주치면 명시적으로 그레이들에서 clean을 수행한다. clean 명령은 컴파일된 코드를 모두 제거하기 때문에 전체 컴파일 시간이 더 오래 걸리게 된다. 하지만 생성된 바이트코드를 모두 정리하고 컴파일을 새로 하는 편이 훨씬 더 안전하다. 그리고 운이 좋다는 사실을 깨닫게 될 것이다. 만약 (오류를 변경했음에도 불구하고) 컴파일 오류가 생기지 않아서 예전 버전의 함수를 사용했다면 실행 시점에서 잘못된 결과가 만들어진다. 이런 일이 벌어지면 실제 이유가 무엇인지 찾을 때까지 상당히 오랜 시간 머리를 긁적이면서 심란했을 것이다!

## A.6 요약

여기서는 여러분의 프로젝트에서 자바와 코틀린을 함께 사용하는 방법을 배웠다. 코틀린 프로젝트는 항상 암시적으로 자바 코드(자바 표준 라이브러리)에 의존적이다. 따라서 명시적으로 두 언어를 혼합 사용하는 프로젝트를 만들지는 않는다고 해도 여기서 설명한 내용의 상당 부분을 제대로 알아두어야 한다. 이들 내용을 제대로 알고 있으면 다음과 같은 일을 할 수 있다.

- 그레이들이나 인텔리J로 코틀린과 자바를 함께 사용하는 혼합 프로젝트(싱글 또는 멀티 모듈)를 설정과 관리할 수 있고, 이때 그레이들 빌드 스크립트를 코틀린으로 작성할 수 있다. 이클립스를 사용하고 싶다면 그레이들 프로젝트를 만들어 이클립스에서 그레이들 프로젝트를 임포트해야 한다. 인텔리J에서 프로젝트를 직접 만들 수도 있지만, 정의한 프로젝트를 그레이들을 사용해 인텔리J로 임포트하는 편이 훨씬 쉽고 낫다. 그레이들로 IDE에서 임포트하면 여러분이 작성한 프로젝트 설정을 읽을 수 있고 코드 저장소에서 버전 관리를 할 수 있다.
- 자바 프로그램을 코틀린 코드에서 호출할 수 있다.
- 코틀린 프로그램을 자바 코드에서 호출할 수 있다.

혼합 프로젝트를 사용하면 자바와 코틀린의 장점만 취할 수 있으며, 자바로 작성된 방대한 오픈 소스 코드를 코틀린 프로그램에서 사용할 수 있다.

## 부록 B

# 코틀린에서 속성 기반 테스트하기

B.1 속성 기반 테스트를 사용해야 하는 이유는 무엇인가

B.2 속성 기반 테스트는 무엇인가

B.3 추상화와 속성 기반 테스트

B.4 속성 기반 단위 테스트의 의존 관계

B.5 속성 기반 테스트 작성하기

B.6 요약

테스트는 프로그래밍에서 논란이 많은 주제 중 하나일 것이다. 테스트를 할지 말지, 언제 어떤 것을 얼마나 많이 그리고 자주 테스트해야 할지, 어떻게 테스트 품질을 측정할지, 가장 좋은 커버리지(coverage) 지표는 무엇인지 등등 테스트에 대한 거의 모든 관점에 대해 이런 논란이 존재한다. 하지만 이 주제 중 어느 것도 독립적으로 고려할 수 있는 대상이 아니다. 거의 모든 질문이 다른 질문에 의존하기 때문에 논의가 가장 적게 이루어지는 주제라 할지라도 논의가 제대로 안 되고 있다고 말할 수는 없다.

여기서는 속성 기반 테스트(property based test)를 사용해 프로그램을 테스트하기 좋게 만들고 효과적인 테스트를 작성하는 방법을 다음과 같이 살펴본다.

- 프로그램이 생성하는 결과가 반드시 만족해야 하는 속성의 집합을 생각해낸다.
- 인터페이스를 작성한 뒤 테스트를 작성한다. 그리고 마지막으로 구현을 작성한다. 이를 통해 테스트가 구현에만 의존하는 일이 없게 만든다.
- 신뢰해야만 하는 부분을 제거함으로써 테스트를 단순화할 수 있도록 추상화를 활용한다.
- 테스트에 사용할 임의의 값과 그에 따른 속성을 검사할 때 사용할 데이터를 만들어내는 생성기(generator)를 작성한다.
- 수천 개의 입력 데이터를 사용하는 테스트를 설정하고 빌드할 때마다 실행한다.

> Note ≡ 부록의 예제 코드는 이 책 깃허브의 examples 디렉터리에 있다.

# B.1 속성 기반 테스트를 사용해야 하는 이유는 무엇인가

대부분의 프로그래머들이 프로그램의 올바름(correctness)을 증명하는 최선의 방법이 테스트가 아닐지 몰라도 일종의 단위 테스트가 필요하다는 점에는 동의한다. 테스트는 프로그램이 올바르다는 사실을 증명하지는 못한다.

실패한 테스트는 아마도 프로그램이 잘못됐음을 증명할 수는 있다('아마'인 이유는 테스트 자체도 문제가 있을 수 있기 때문이다!). 하지만 테스트에 성공했다는 사실이 테스트한 프로그램이 올바르다는 사실을 증명하지는 못한다. 성공한 테스트는 다만 여러분이 버그를 찾을 수 있을 만큼 똑똑하지 못하다는 사실을 증명할 뿐이다. 프로그램을 개발하는 데 들이는 노력과 같은 수준의 노력을 테스트를 개발하는 데 들이더라도 충분하지 못하다. 그리고 여전히 대부분의 프로그래머들은 프로그램을 작성할 때의 노력보다 훨씬 적은 노력을 테스트 작성에 기울인다.

결국 여러분이 작성한 프로그램이 올바르다는 것을 증명해야 한다. 함수형 프로그래밍이 달성하고자 하는 목표가 바로 이것이다. 하지만 그런 증명이 100% 가능한 경우는 드물다. 이상적인 프로그램은 가능한 구현이 단 한 가지밖에 없는 프로그램이다. 이 말이 미친 소리처럼 들릴지도 모르지만, 가만히 생각해보면 버그의 위험성은 프로그램이 취할 수 있는 구현의 가짓수에 비례한다는 사실을 깨닫게 될 것이다. 따라서 여러분은 가능한 구현의 개수를 최소화해야 한다.

구현의 개수를 최소화하는 한 가지 방법은 추상화를 통하는 것이다. 정수 리스트에서 주어진 수의 배수를 찾고, 찾은 배수 중에 최댓값을 찾는 프로그램을 예제로 살펴보자. 전통적인 프로그래밍에서는 인덱스를 사용하는 루프를 통해 다음 예제와 같이 이 목표를 달성할 수 있다(이 코드에는 버그가 있는데 이는 의도한 것이다).

```
// 예제 00
fun maxMultiple(multiple: Int, list: List<Int>): Int {
    var result = 0
    for (i in 1 until list.size) {
        if (list[i] / multiple * multiple == list[i] && list[i] > result) {
            result = list[i]
        }
    }
    return result
}
```

이런 프로그램을 어떻게 테스트할까? 물론 코드에서 버그가 보이므로 테스트를 작성하기 전에 버그부터 잡으려는 독자도 있을 것이다. 하지만 여러분이 버그를 만든 당사자라면 아마 이 버그를 볼 수 없다. 버그를 만든 당사자는 아마도 몇 가지 제한적인 값에 대해 구현을 테스트해 보고 싶을 것이다. 두 파라미터가 정수와 리스트이므로 Int 타입의 multiple 파라미터에 0을 넣거나 빈 리스트를 list에 넣어 테스트한다. multiple에 0을 넣으면 java.lang.ArithmeticException: / by zero 예외가 발생하고, 빈 리스트를 넣으면 0이 결과로 나온다.

여기서 multiple에 0을 넘기는 동시에 list에 빈 리스트를 넘기면 예외가 발생하지 않고 0이 결과로 나온다는 사실에 유의한다.

이 예제에서 다른 버그는 첫 번째 원소가 무시된다는 데 있다. 대부분의 경우에는 이는 문제가 되지 않는다.

- 리스트가 비어 있는 경우
- 첫 번째 파라미터가 0(0으로 나누는 오류를 이미 해결했으므로)
- 첫 번째 원소가 첫 번째 파라미터의 배수가 아닌 경우
- 첫 번째 원소가 첫 번째 파라미터의 배수이긴 하지만 가장 큰 배수는 아닌 경우

물론 여러분은 지금 무엇을 해야 하는지 알고 있을 것이다. 첫 번째 파라미터로 0이 아닌 값을, 리스트의 첫 번째 원소로 가장 큰 배수를 넣은 테스트를 작성하는 것이다. 하지만 잠깐… 여러분이 그런 테스트를 고안해낼 정도로 똑똑하다면 이런 버그를 만들지도 않았을 테니, 이 경우에는 테스트가 유용하지 않다.

일부 프로그래머들은 구현을 하기 전에 테스트를 작성해야 한다고 말한다. 그런 의견에 완전히 동의하지만, 여기서 그런 접근 방법이 어떤 도움을 줄 수 있을까? 아마도 여러분이 0이나 빈 리스트에 대한 테스트를 작성하기는 하겠지만, multiple에 0이 아닌 수가 들어가고 list의 첫 번째 원소가 가장 큰 배수인 테스트를 만들어야 한다는 사실을 어떻게 미리 알 수 있을까? 구현을 알고 있는 경우에만 그런 생각을 할 수 있을 것이다.[1]

구현을 알고 테스트를 하면 (테스트를 작성하는) 여러분이 구현을 작성한 사람이기 때문에 편향될 수밖에 없어서 이상적이지 않다. 반면에 여러분이 작성하지 않은 구현에 대한 테스트를 작성한다면 실패하는 테스트를 작성하려고 노력하는 과정이 재미있을 것이다.

하지만 실제 해야 할 일은 구현을 보지 않고 프로그램이 깨지는 테스트를 만들어내는 것이다. 여러분이 테스트와 구현을 모두 작성하므로 구현을 보지 않고 테스트를 만들기에 가장 좋은 시점은 구현을 시작하기 전밖에 없다. 따라서 개발 과정은 다음과 같아야 한다.

1. 인터페이스를 작성한다.
2. 테스트를 작성한다.
3. 구현을 작성하고 테스트에 성공하는지 검사한다.

이제 각 단계를 살펴보자.

---

1 **역주** 물론 multiple에 0을 넣어야 한다는 생각을 한 프로그래머라면 0이 아닌 수를 넣어야 한다는 생각도 당연히 할 것이고, 이때 multiple의 배수 중 가장 큰 수가 0번째에 있는 경우, 마지막에 있는 경우, 중간에 있는 경우 정도는 일종의 경계 조건(boundary condition)으로 생각해 테스트를 고안해낼 수 있을 것이다. 따라서 이 경우에는 구현을 몰라도 저자가 이야기한 테스트를 만들 수 있을 것이다. 하지만 두 번째 원소를 무시하는 구현을 누가 실수로 만들어낸다면? 이때는 결국 구현을 알아야 테스트를 작성할 수 있다는 이야기가 맞을 수도 있다. 아니면 가능한 모든 조합을 테스트해 보는 테스트를 만들어야 하는데 이는 가능하지도 않고 실용적이지도 않다.

## B.1.1 인터페이스 작성하기

인터페이스 작성은 쉽다. 대부분의 인터페이스 작성은 함수 시그니처 작성으로 이루어진다.[2]

```
fun maxMultiple(multiple: Int, list: List<Int>): Int = TODO()
```

## B.1.2 테스트 작성하기

이제 테스트를 작성해야 한다. 전통적인 테스트라면 다음과 같이 시작할지도 모른다.

```
// 예제 00 테스트

import io.kotlintest.shouldBe
import io.kotlintest.specs.StringSpec

internal class MyKotlinLibraryKtTest: StringSpec() {
    init {
        "maxMultiple" {
            val multiple = 2
            val list = listOf(4, 11, 8, 2, 3, 1, 14, 9, 5, 17, 6, 7)
            maxMultiple(multiple, list).shouldBe(14)
        }
    }
}
```

여러분이 사용하려는 구체적인 값의 종류대로 테스트를 많이 작성할 수 있다. 물론 0이나 빈 리스트같이 특별한 값은 반드시 테스트해야 한다. 하지만 그런 특별한 값이 아닌 값에 대한 테스트를 어떻게 할 수 있을까?

일반적으로 프로그래머들이 택하는 방법은 일부 입력값을 택하고 그에 따른 출력이 올바른지 보는 것이다. 앞의 예제에서는 테스트 대상 함수에 2와 [4, 11, 8, 2, 3, 1, 14, 9, 5, 17, 6, 7]를 넘긴 결과가 14와 같은지 비교하는 것으로 테스트를 작성할 수 있다.

하지만 14라는 값(예상값)을 어떻게 찾았을까? 함수에 넘길 튜플(2와 리스트)에 대해 여러분이 구

---

[2] **역주** 사실 인터페이스 작성은 절대 쉽지 않다. 인터페이스 작성은 시스템을 설계하는 것과 동일하다. 전체 설계라고 이야기할 수는 없더라도 외부 접점과의 약속을 정의하는 것이 인터페이스이므로 인터페이스 작성은 요구 사항을 분석하고 이를 명세화하는 과정을 포함한다고 할 수 있으며 이 일은 굉장히 중요하고 쉽지 않은 일이다. 다만, 아주 작은 일을 담당하는 클래스 단위에서는 상위 단위의 설계에 맞춰서 각 함수(메서드)의 입력과 출력이 명확히 정해지는 경우가 많을 것이다.

현하려고 생각한 것과 똑같은 과정을 적용해 14를 얻는다. 사람이 완벽하지 않기 때문에 이런 사고 과정은 실패할 수 있다. 하지만 대부분의 경우 테스트가 성공하는데, 이는 여러분이 같은 일을 머릿속에서 14를 계산하기 위해 한 번 수행하고 이때 생각해 낸 로직을 그대로 구현한 컴퓨터 프로그램에서 다시 한 번 더 수행하기 때문이다. 이는 구현을 먼저 작성하고 주어진 파라미터를 가지고 그 구현을 실행한 다음에 같은 출력을 검증하기 위한 테스트를 작성하는 것과 같다.[3]

> **Note ≡** 여러분은 올바른 구현이라고 생각하는 것과 코드가 일치하는지를 알기 위해 코드를 테스트하지 코드가 문제를 제대로 구현한 것인지 알기 위해 테스트하지 않는다. 보다 나은 테스트를 위해서는 여러분의 코드가 계산한 값과 여러분이 머리로 계산한 값이 같은지 검증하지 말고 다른 것을 검증해 보아야 한다. 속성 기반 테스트가 바로 그것이다.

구현을 어떻게 코드로 작성할지 살펴보기 전에 속성 기반 테스트를 좀 더 자세히 살펴보자.

## B.2 속성 기반 테스트는 무엇인가

속성 기반 테스트는 결과가 입력 데이터와 관련 있는 어떤 속성(property)을 만족하는지 검증하는 것이다. 예를 들어 두 문자열을 연결하는 프로그램(+라고 이를 부른다)을 작성한다면 검증해야 할 속성은 다음과 같다.

- (string1 + string2).length == string1.length + string2.length
- string + "" == string
- "" + string == string
- string1.reverse() + string2.reverse() == (string2 + string1).reverse()

이런 속성을 테스트하면 프로그램이 올바르다는 사실을 보장하기에 충분할 것이다(심지어 앞에서

---

[3] 역주 저자의 주장이 억지라고 생각할 수도 있다. 예를 들어 본문의 문제는 문제 정의 자체가 수학적으로 명확하고 답도 명확하기 때문에 테스트에서 사용할 예상값을 계산하는 과정이 세부 구현과 관계없는 추상적이고 수학적인 수준에서 이뤄질 수도 있다. 하지만 예상값을 어떤 절차를 거쳐야만 뽑아낼 수 있는 경우라면(SHA256이나 AEC 알고리즘의 구현) 최초 예상값을 구하는 과정과 구현이 쫓아가야 하는 과정이 동일할 수밖에 없는 경우도 있다. 졸역이 보기에는 문제가 복잡할수록 저자의 주장이 잘 적용되는 상황이 되는 것 같다.

세 가지는 사실 필요 없다[4]). 이런 속성을 검증하는 테스트가 있으면 실제 결과를 생각해내려고 고생할 필요 없이 임의로 만든 수백만 개의 문자열에 대해 속성을 검증해 볼 수 있다. 문제가 되는 것은 속성을 검증할 수 있느냐 없느냐 뿐이다.

코딩(프로그램의 주 로직이든 테스트든)보다 먼저 해야 할 일은 함수의 입력과 출력을 고려할 때 검증해야만 하는 속성이 무엇인지 찾아보는 관점에서 문제를 살펴보는 것이다. 이런 관점에서 생각해 보면 부작용이 없는 함수가 속성을 훨씬 더 쉽게 찾아낼 수 있다는 사실을 금방 깨닫게 된다.

앞의 최대 배수 문제를 생각해 보자. 인터페이스를 작성할 때 이런(문제에서 입출력을 꼭 검증해야 하는) 속성을 알아내기란 항상 쉽지만은 않다는 사실을 깨닫게 된다. ((Int, List<Int>), Int)라는 타입의 모든 튜플에 대해 마지막 Int가 앞의 Int와 List<Int> 쌍을 함수에 적용해 만들어낸 결과가 올바른 경우에만 참이 되는 검증 가능한 속성의 집합을 찾아내야 한다는 점을 기억하라. 기억을 되살리기 위해 함수를 다시 쓰면 다음과 같다.

```
fun maxMultiple(multiple: Int, list: List<Int>): Int = TODO()
```

우리가 원하는 속성 중 몇 가지를 찾는 것은 쉬울 수도 있지만, 중요한 속성을 찾아내는 것은 훨씬 어렵다. 이상적인 경우 결과가 올바르다는 사실을 검증할 수 있는 최소 속성 집합을 찾아내야 한다. 하지만 함수를 구현할 때 사용하는 것과 같은 논리를 사용하지 않고 그런 속성을 찾아내야 한다. 이런 속성을 찾는 방법은 다음 두 가지가 있다.

- 항상 성립해야 하는 조건을 찾는다.
- 항상 성립하지 않아야만 하는 조건을 찾는다.

예를 들어 리스트의 원소에 대해 이터레이션하는 경우 첫 번째 파라미터(multiple)의 배수이면서 함수가 반환하는 결과보다 큰 원소가 리스트 안에 있을 수 없다. 문제는 이런 속성을 테스트하는 동안 함수를 구현할 때와 똑같은 알고리즘을 사용할 수도 있다는 점에 있다. (똑같은 알고리즘을 쓴다면) 함수를 두 번 호출해서 같은 결과가 나오는지 비교하는 것보다 쓸모가 더 있지는 않다! 이런 문제를 해결할 방법이 바로 추상화다.

---

4 역주 저자가 틀렸다. 길이 조건을 없애면 reverse()함수가 ""를 반환하게 만들면 항상 조건을 만족시킬 수 있다. 길이 조건을 남겨두거나 추가로 string.reverse().reverse() = string이라는 조건을 지정해야 한다.

## B.3 추상화와 속성 기반 테스트

여러분이 해야 할 일은 문제의 각 부분을 추상화할 방법을 찾고 각 부분을 구현하는 함수를 작성한 다음에 각각을 별도로 테스트하는 것이다. 여러분은 이 문제(maxMultiple)를 이렇게 나눠 구현할 수 있는 방법을 이미 알고 있다. 5장에서 살펴본 내용을 기억한다면 이런 연산이 바로 fold임을 알 것이다. 문제를 두 가지 함수(접기 함수와 접기 함수의 두 번째 인자로 쓰인 함수)로 나눠서 추상화할 수 있다.

```
fun maxMultiple(multiple: Int, list: List<Int>): Int =
    list.fold(initialValue) { acc, int -> ... }
```

여기서는 코틀린 리스트에 사용할 수 있는 코틀린 표준 fold 함수를 사용한다. 5장에서 만든 List를 사용하고 싶다면 다음과 같이 작성한다.

```
fun maxMultiple(multiple: Int, list: List<Int>): Int =
    list.foldLeft(initialValue) { acc -> { int -> ... } }
```

> **Note** ≡ 이 예제의 나머지 부분에서는 코틀린 표준 타입을 사용한다.

이제 fold에 사용할 함수를 테스트해야 한다. 그에 따라 앞 코드처럼 람다와 같은 익명 함수를 더 이상 쓰지 않고 대신에 다음과 같이 코드를 작성한다.

```
fun maxMultiple(multiple: Int, list: List<Int>): Int =
    list.fold(0, ::isMaxMultiple)

fun isMaxMultiple(acc: Int, value: Int) = ...
```

이렇게 함으로써 테스트하기 쉽게 문제를 바꾸었다. 테스트가 쉬워진 이유는 이터레이션 부분을 추상화했기 때문이다. 그리고 이터레이션 부분은 테스트할 필요가 없으며, 이미 다른 곳에서 테스트가 이루어졌다. 여러분이 코틀린 fold 함수를 사용한다면 이는 코틀린 언어를 믿는 것이다. 5장에서 만든 foldLeft 함수를 사용한다면 여러분이 이 함수를 이미 테스트했기 때문에 믿을 수 있다.

> Note ≡ 언어나 외부 라이브러리의 함수를 테스트해서는 안 된다. 여러분이 신뢰할 수 없는 언어나 외부 라이브러리 함수라면 사용하지도 말라.

이제 여러분이 풀어야 하는 문제는 약간 교묘한 해결책이 필요하다. multiple 파라미터의 값이 2라고 하자. 이 경우 구현은 당연히 다음과 같다.

```
fun isMaxMultiple(acc: Int, elem: Int): Int =
    if (elem / 2 * 2 == elem && elem > acc) elem else acc
```

여러분이 해야 할 일은 2라는 수를 multiple이라는 파라미터로 바꾸는 것이며, 로컬 함수를 사용하면 쉽게 바꿀 수 있다.

```
fun maxMultiple(multiple: Int, list: List<Int>): Int {
    fun isMaxMultiple(acc: Int, elem: Int): Int =
        if (elem / multiple * multiple == elem && elem > acc) elem else acc
    return list.fold(0, ::isMaxMultiple)
}
```

이런 구현에서 곤란한 점은 이 구현이 테스트를 쉽게 작성하도록 돕지 못한다는 점이다. 여기서도 추상화가 해결책이다. multiple 파라미터를 다음과 같이 추상화한다.

```
// 예제 01
fun isMaxMultiple(multiple: Int) =
    { max: Int, value: Int ->
        when {
            value / multiple * multiple == value && value > max -> value
            else -> max
        }
    }
```

항상 추상화를 해야 한다. 예를 들어 여기서는 그 어느 프로그래머라도 value / multiple * multiple == value를 중위 연산자 %로 표현된 rem 함수로 자연스럽게 추상화할 수 있다.

```
fun isMaxMultiple(multiple: Int) =
    { max: Int, value: Int ->
        when {
            value % multiple == 0 && value > max -> value
            else -> max
        }
    }
```

이제 이 함수를 단위 테스트할 수 있다. isMaxMultiple을 이 테스트에서 다음과 같이 사용한다.

```
fun test(value: Int, max:Int, multiple: Int): Boolean {
    val result = isMaxMultiple(multiple)(max, value)

        ... // 속성 검증
}
```

테스트할 속성이 몇 가지 더 있다.

- result >= max
- result % multiple == 0 || result == max
- (result % multiple == 0 && result >= value) || result % multiple != 0

다른 속성을 찾을 수도 있다. 이상적으로는 함수가 만들어내는 결과가 올바름을 증명할 수 있는 최소 속성 집합을 찾아야 한다. 실제로는 일부 겹치는 부분이 있어도 문제가 되지는 않는다. 속성이 겹치거나 남아돌아도 해가 되지 않는다(검사하는 데 시간이 오래 걸리면 물론 문제가 되긴 한다). 오히려 속성이 모자라면 더 문제가 된다.

# B.4 속성 기반 단위 테스트의 의존 관계

코틀린으로 단위 테스트를 작성할 때 사용할 수 있는 테스트 프레임워크가 많이 있다. 그중 대부분은 한 가지 이상의 방식으로 제이유닛(JUnit)등 유명한 자바 테스트 프레임워크에 의존한다. 속성 기반 테스트를 구현하기 위해서 코틀린테스트(Kotlintest)를 사용한다. 코틀린테스트는 제이유닛에 의존하며 여러 테스트 스타일의 DSL(Domain Specific Language)을 추가로 제공한다. 코틀린테스트가 제공하는 DSL 중에 속성 기반 테스트도 있다. 코틀린 테스트를 여러분의 프로젝트에서 사용하려면 다음 dependencies 블록을 build.gradle.kts 파일에 추가한다.

```
dependencies {
    ...

    testCompile("io.kotlintest:kotlintest-runner-junit5:${project
        .rootProject.ext["kotlintestVersion"]}")
```

```
    testRuntime("org.slf4j:slf4j-nop:${project
        .rootProject.ext["slf4jVersion"]}")
}
```

버전 번호에 변수를 사용하는 방법에 유의하라. 이 두 줄을 모든 모듈 빌드 스크립트에도 추가한다. (버전이 바뀔 때마다) 모든 모듈에서 버전 번호가 변경되는 일을 피하기 위해 다음 정의를 부모 프로젝트 빌드 스크립트에 추가한다.

```
ext["kotlintestVersion"] = "3.1.10"
ext["slf4jVersion"] = "1.7.25"
```

Slf4j에 대한 testRuntime 의존 관계는 필수가 아니며 원한다면 생략해도 좋다. 경고 메시지가 표시되지만 그래도 여전히 테스트는 잘 작동한다.

코틀린테스트는 Slf4j를 로깅에 사용하며 기본으로 verbose(로그를 자세히 남김) 모드로 작동한다. 테스트 시 로깅을 하고 싶지 않다면 slf4j-nop 의존 관계를 사용해 로깅과 로깅 오류를 숨겨라. 물론 여러분이 사용하고 싶은 로깅 구현을 선택하고 여러분의 필요에 맞는 로깅 설정을 추가할 수 있다.

# B.5 속성 기반 테스트 작성하기

속성 테스트도 표준 제이유닛 테스트와 같은 위치, 즉 각 하위 프로젝트의 src/test/kotlin 디렉터리 아래에 작성한다. 인텔리J를 사용한다면 테스트할 함수를 클릭하고 Alt + Enter 를 누른 후 Create Test를 선택한다. 대화창이 뜨면 제이유닛 버전을 선택한다. 인텔리J가 버전이 없다고 불평하면서 문제를 해결할 방법을 제안할 것이다. 이 오류를 무시하고 대상 패키지가 올바른 위치(혼합 프로젝트의 경우 java나 kotlin)에 있다고 체크한다. 원한다면 인텔리J가 표시하는 클래스 이름을 변경하되, 테스트할 함수를 선택하지는 말라. 그 후 OK를 클릭한다. 그러면 인텔리J가 올바른 패키지 안에 빈 파일을 만든다.

각 테스트 클래스는 다음 구조를 지닌다.

```kotlin
// 예제 01 테스트
import io.kotlintest.properties.forAll
import io.kotlintest.specs.StringSpec

class MyClassTest: StringSpec() {
    init {
        "test1" {
            forAll {
                // 속성을 여기서 체크한다.
            }
        }
    }
}
```

이 방식 대신 실행할 테스트 횟수를 지정할 수도 있다(기본은 1,000번이다).

```kotlin
import io.kotlintest.properties.forAll
import io.kotlintest.specs.StringSpec

class MyClassTest: StringSpec() {
    init {
        "test1" {
            forAll(3,000) {
                // 속성을 여기서 체크한다.
            }
        }
    }
}
```

forAll 함수의 마지막 파라미터는 테스트가 통과하려면 true를 반환해야만 하는 함수다. 이 함수는 자동으로 생성되는 여러 인자를 취할 수 있다. 예를 들어 다음과 같이 쓸 수 있다.

```kotlin
// 예제 01 테스트
class MyKotlinLibraryTest: StringSpec() {
    init {
        "isMaxMultiple" {
            forAll { multiple: Int, max:Int, value: Int ->
                isMaxMultiple(multiple)(max, value).let { result ->
                    result >= value
                        && result % multiple == 0 || result == max
                        && ((result % multiple == 0 && result >= value)
                            || result % multiple != 0)
                }
```

```
                    }
                }
            }
        }
```

이 테스트의 이름은 isMaxMultiple이다. 결과를 표시할 때 이 이름을 사용한다. init 블록 안에 서로 다른 테스트 이름으로 시작하는 이런 식의 블록을 여러 개 추가할 수 있다. 이름은 인트로스펙션(introspection)에 의해 검색되며, 테스트 이름이 같으면 안 되는 것을 컴파일 시 검사해서 강제하지는 않는다. 하지만 실행 시점에 여러 테스트가 같은 이름을 사용하는 것을 (테스트 프레임워크가) 찾아낸다면 "Cannot add test with duplicate name isMaxMultiple"이라는 오류와 함께 IllegalArgumentException 예외가 발생하고 아무 테스트도 실행되지 않는다.

forAll 함수에 전달하는 람다의 모든 파라미터는 코틀린테스트가 제공하는 표준 생성기에 의해 자동으로 생성된다. 하지만 표준 생성기가 아닌 다른 생성기가 필요할 수도 있다. 정수의 경우 Gen.int() 함수가 기본 생성기를 제공한다. 앞 테스트는 다음과 동등하다.

```
class MyKotlinLibraryTest: StringSpec() {
    init {
        "isMaxMultiple" {
            forAll(Gen.int(), Gen.int(), Gen.int())
                { multiple: Int, max:Int, value: Int ->
                    isMaxMultiple(multiple)(max, value).let { result ->
                        result >= value
                            && result % multiple == 0 || result == max
                            && ((result % multiple == 0 && result >= value)
                                || result % multiple != 0)
                    }
                }
        }
    }
}
```

생성기를 하나라도 명시하려면 모든 생성기를 명시해야 한다. 기본 Gen.int() 생성기는 0, Int.MAX_VALUE, Int.MIN_VALUE와 함께 기본으로 지정된 1,000 또는 구체적으로 지정한 테스트 횟수를 채울 수 있는 난수 Int 값을 생성한다. 각 생성기는 각 타입의 경곗값과 난수 값을 생성하려고 시도한다. 예를 들어 String 생성기는 항상 빈 문자열을 만들어낸다. 앞의 테스트를 실행하면 다음 오류 메시지를 표시하면서 실패하는 것을 볼 수 있다.

```
Attempting to shrink failed arg -2147483648
Shrink #1: 0 fail
Shrink result => 0

...

java.lang.AssertionError: Property failed for
Arg 0: 0 (shrunk from -2147483648)
Arg 1: 0 (shrunk from -2147483648)
Arg 2: 0 (shrunk from 2147483648)
after 1 attempts
Caused by: expected: true but was: false
Expected :true
Actual   :false
```

이 오류 메시지는 테스트가 일부 값에 대해 실패했다는 뜻이다. 실패가 발생하는 경우 코틀린테스트는 인자 값을 줄여서(shrinking, 축소) 테스트 실패의 원인이 되는 값을 찾으려 시도한다.

테스트를 실패시킨 값(또는 데이터 타입)이 아주 클 때 이 기능이 유용하지만 단지 실패만 보고하면 유용하지 않을 수 있다.[5] 테스트 프레임워크가 실패 메시지만 보고한다면 테스트가 실패하는 원인을 찾기 위해 여러분이 직접 실패를 발생시키는 최소값을 찾는 작업을 해야 한다. 앞의 메시지를 보면 모든 값을 0으로 축소시켰음을 볼 수 있고 인자가 모두 0인 경우에도 테스트가 실패했음을 알 수 있다. 사실 다른 정수를 0으로 나눌 수 없으므로 첫 번째 인자가 0이면 항상 테스트는 실패한다.

여기서 필요한 것은 0이 아닌 정숫값만 생성하는 생성기다. Gen 인터페이스는 다양한 용도에 쓸 수 있는 여러 생성기를 제공한다. 예를 들어 Gen.positiveIntegers()를 사용해 만든 생성기는 양의 정수만 생성한다.

```
// 예제 02 테스트
class MyKotlinLibraryTest: StringSpec() {
    init {
        "isMaxMultiple" {
            forAll(Gen.positiveIntegers(), Gen.int(), Gen.int())
                { multiple: Int, max:Int, value: Int ->
```

---

5 역주 실패 보고에 입력값이 들어가고, 입력값을 보면 왜 테스트가 실패했는지 알 수 있는데 축소 기능이 왜 필요한지 궁금한 독자도 있을 것이다. 테스트 함수의 인자가 하나뿐이고 그 값이 정수라면 축소 기능이 그리 필요 없을 수 있다. 하지만 인자가 많거나 컬렉션을 함수가 인자로 받는 경우에는 축소 기능이 있으면 아주 편리하다. 리스트를 인자로 받고 결과로 돌려주는 함수를 테스트할 때, 속성 테스트 프레임워크가 실패 지점을 발견했는데 그때 사용한 입력 리스트에 원소가 1,000개 있다면 문제의 원인을 파악하기가 쉽지 않다. 이런 경우 테스트를 실패시키는 리스트를 찾는 것만으로는 충분하지 않다. 그 리스트에서 테스트를 실패시키는 최소 리스트를 찾아낼 수 있으면 훨씬 도움이 될 것이다.

```
                isMaxMultiple(multiple)(max, value).let { result ->
                    result >= value
                        && result % multiple == 0 || result == max
                        && ((result % multiple == 0 && result >= value)
                            || result % multiple != 0)
                }
            }
        }
    }
}
```

이제는 테스트에 성공했다.[6]

## B.5.1 커스텀 생성기 작성하기

코틀린테스트는 대부분의 표준 타입(수, 불, 문자열)와 컬렉션에 대해 다양한 생성기를 제공한다. 하지만 때로 직접 생성기를 만들어야 할 때가 있다. 가장 일반적인 경우는 여러분이 직접 작성한 클래스의 인스턴스를 생성하는 생성기가 필요할 때다. 과정은 간단하다. 다음과 같은 인터페이스를 구현하면 된다.

```
interface Gen<T> {
    fun constants(): Iterable<T>
    fun random(): Sequence<T>
}
```

constants 함수는 경곗값 집합을 만든다(정수의 경우 Int.MIN_VALUE, 0, Int.MAX_VALUE). 빈 리스트를 반환하는 경우가 가장 흔할 것이다. random 함수는 임의로 만든 인스턴스의 시퀀스를 반환한다.

인스턴스를 생성하는 것은 재귀적인 과정이다. 인스턴스를 만들려는 클래스의 생성자가 인자로 받는 타입에 해당하는 생성기가 이미 Gen에 있다면 그 생성기를 사용해 생성자 인자를 만든다. 그렇지 않은 경우(생성기가 없는 경우) 커스텀 생성기를 정의해야 한다.

---

6 **역주** 테스트에 성공하긴 했지만, 첫 번째 인자가 0인 경우를 해결하지 못했다는 점에서 저자는 문제를 반만 해결한 것으로 볼 수도 있다고 이야기하면서 isMaxMultiple 안에 인자 유효성 검사를 추가해야 한다고 주장할 수도 있다. 반론으로 어차피 0이 인자로 들어오면 java.lang.ArithmeticException: / by zero 오류가 나는데 이걸 IllegalArgumentException으로 바꿔치기하는 게 어떤 의미가 있냐고 주장할 수도 있다. 졸역 생각에는 이런 경우에는 정답이 없는 것 같다. 하지만 가능하면 유효성 체크를 (부하가 걱정된다면 디버깅 모드에서만 작동하는 단언문을 사용해서라도) 집어넣는 편이 더 낫다고 생각한다.

가능하면 생성기를 처음부터 만드는 일을 피해야 한다. 모든 데이터 객체는 수, 문자열, 불, 이넘 등으로 구성되거나 다른 객체로 구성되고 이들 객체는 다시 재귀적으로 여러 타입이나 객체로부터 구성된다. 최종적으로는 기존 생성기를 조합해 객체를 생성할 수 있다. 생성기를 조합하는 가장 좋은 방법은 bind 함수를 다음과 같이 사용하는 것이다.

```
data class Person(val name: String, val age: Int)

val genPerson: Gen<Person> =
    Gen.bind(Gen.string(), Gen.choose(1, 50))
        { name, age -> Person(name, age) }
```

## B.5.2 커스텀 생성기 사용하기

커스텀 생성기가 있어 그 생성기를 사용하고 싶지만 생성기가 생성하는 값 중 특정 값을 제외하거나 특정 조건을 추가하고 싶다고 하자. 방금 예를 든 경우보다는 자주 일어나지 않지만 더 유용한 경우로는 생성되는 값에 대한 제어를 유지하고 싶은 경우가 있다.

예를 들어 문자열에 사용된 문자로 이뤄진 집합을 계산하는 프로그램을 작성한다고 하자. 임의로 생성한 문자열에 대해 생성한 결과가 올바르다는 사실을 어떻게 검증할 수 있을까? 다음과 같은 평가 기준을 생각해낼 수 있을 것이다.

- 결과 집합의 모든 문자열이 입력 문자열에 들어 있어야 한다.
- 입력 문자열에 있는 모든 문자가 반드시 결과 집합에 존재해야 한다.

이 기준은 꽤 단순하다. 하지만 여러분이 작성할 함수가 집합 대신 문자열에 있는 문자의 빈도를 표현하는 문자가 키, 수가 값인 맵을 만들어야 한다면 어떨까? 예를 들어 문자열 리스트를 입력으로 받아서 문자 출현 빈도와 문자 집합이 완전히 같은 문자열별로 그룹을 만들고 싶다고 하자.[7] 이 프로그램은 다음과 같다.

```
// 예제 03
fun main(args: Array<String>) {
    val words = listOf("the", "act", "cat", "is", "bats",
                       "tabs", "tac", "aabc", "abbc", "abca")
    val map = getCharUsed(words)
```

---

[7] 역주 알고리즘 연습문제로 많이 쓰는 애너그램(anagram, 철자 순서를 바꾼 말)인 문자열을 짝짓는 문제다.

```
        println(map)
}

fun getCharUsed(words: List<String>) = words.groupBy(::getCharMap)

fun getCharMap(s: String): Map<Char, Int> {
    val result = mutableMapOf<Char, Int>()
    for (i in 0 until s.length) {
        val ch = s[i]
        if (result.containsKey(ch)) {
            result.replace(ch, result[ch]!! + 1)
        } else {
            result[ch] = 1
        }
    }
    return result
}
```

이 프로그램은 다음을 반환한다.

```
{
    {t=1, h=1, e=1}=[the],
    {a=1, c=1, t=1}=[act, cat, tac],
    {i=1, s=1}=[is],
    {b=1, a=1, t=1, s=1}=[bats, tabs],
    {a=2, b=1, c=1}=[aabc, abca],
    {a=1, b=2, c=1}=[abbc]
}
```

이 프로그램을 어떻게 테스트할 수 있을까? 몇 가지 단어 리스트에 대해 이를 시도해 볼 수 있지만, 그런 테스트에 통과한다고 해도 모든 조합에서 이 함수가 작동한다고 보장할 수 없다. 속성 기반 테스팅을 사용해서 임의의 문자열들로 이루어진 리스트를 만들고 어떤 속성을 검사하는 편이 낫다. 하지만 어떻게 좋은 속성 집합을 생각해낼 수 있을까? (이 문제에서) 그런 속성은 복잡할 것이다.

복잡한 속성을 생각해내는 대신, 문자열을 생성할 때 생성할 문자열에 문자를 추가하면서 맵도 갱신하는 문자열 생성기를 만들 수 있다. 생성이 끝나면 생성기가 Pair<String, Map<Char, Int>>를 반환한다. 이렇게 생성한 데이터를 사용하면 오직 한 가지 속성만 테스트하면 된다. 바로 프로그램이 테스트 문자열로부터 만들어낸 맵이 생성기가 만들어낸 맵과 같아야 한다는 속성이다. 다음은 이런 생성기를 보여준다.

```kotlin
// 예제 03 테스트
val stringGenerator: Gen<List<Pair<String, Map<Char, Int>>>> =
    Gen.list(Gen.list(Gen.choose(97, 122)))
        .map { intListList ->
            intListList.asSequence().map { intList ->
                intList.map { n ->
                    n.toChar()
                }
            }.map { charList ->
                Pair(String(charList.toCharArray()),
                    makeMap(charList))
            }.toList()
        }

fun makeMap(charList: List<Char>): Map<Char, Int> =
    charList.fold(mapOf(), ::updateMap)

fun updateMap(map: Map<Char, Int>, char: Char) = when {
    map.containsKey(char) -> map + Pair(char, map[char]!! + 1)
    else -> map + Pair(char, 1)
}
```

이 생성기는 임의로 생성한 문자열과 문자열에 사용된 문자를 키, 문자의 빈도를 값으로 하는 맵을 묶은 쌍의 리스트를 반환한다. 여기서 문자열을 분석해서 맵을 얻지 않았다는 사실에 유의한다. 같은 데이터에서 문자열과 맵을 생성했다.

이 생성기를 사용하면 검사할 속성이 하나뿐이기 때문에 getCharUsed를 쉽게 테스트할 수 있다. 비록 이 속성이 여전히 읽기 어렵지만, 적어도 방대한 속성 집합이 필요하지 않고 테스트가 가능한 모든 경우를 처리한다고 확신할 수 있다.

```kotlin
// 예제 03 테스트
import io.kotlintest.properties.forAll
import io.kotlintest.specs.StringSpec

class SameLettersStringKtTest: StringSpec() {
    init {
        "getCharUsed" {
            forAll(stringGenerator) {
                list: List<Pair<String, Map<Char, Int>>> ->
                    getCharUsed(list.map { it.first }).keys.toSet() ==
                        list.asSequence().map { it.second }.toSet()
            }
```

```
            }
        }
}
```

계산을 하기 전에 리스트를 집합으로 변환했음에 유의한다. 이는 만들어진 문자열 리스트가 같은 문자열을 중복으로 포함할 수도 있음을 고려한 것이다. 생성기는 최대 100글자짜리 문자열을 최대 100개 만든다. 이런 값을 파라미터화하고 싶다면 다음과 같이 처음부터 새 생성기를 구현하고 싶은 유혹을 받게 된다.

```
// 예제 04 테스트
class StringGenerator(private val maxList: Int,
                      private val maxString: Int) :
                        Gen<List<Pair<String, Map<Char, Int>>>> {
    override
    fun constants(): Iterable<List<Pair<String, Map<Char, Int>>>> =
        listOf(listOf(Pair("", mapOf())))

    override
    fun random(): Sequence<List<Pair<String, Map<Char, Int>>>> =
        Random().let { random ->
            generateSequence {
                (0 until random.nextInt(maxList)).map {
                    (0 until random.nextInt(maxString))
                        .fold(Pair("", mapOf<Char, Int>())) { pair, _ ->
                            (random.nextInt(122 - 96) + 96).toChar().let { char ->
                                Pair("${pair.first}$char", updateMap(pair.second, char))
                            }
                        }
                }
            }
        }
}
```

생성되는 문자열의 최댓값과 최솟값에 대해서도 비슷하게 생성기를 구현할 수 있다. 하지만 리스트 생성기를 사용하는 것이 더 나은 방법이다.

```
class ListGenerator<T>(private val gen: Gen<T>,
                       private val maxLength: Int) : Gen<List<T>> {

    private val random = Random()
```

```
        override fun constants(): Iterable<List<T>> =
                        listOf(gen.constants().toList())

        override fun random(): Sequence<List<T>> = generateSequence {
            val size = random.nextInt(maxLength)
            gen.random().take(size).toList()
        }

        override fun shrinker() = ListShrinker<T>()
    }
```

이 생성기를 문자열 생성기 안에서 사용할 수 있다.

```
    fun stringGenerator(maxList: Int,
                    maxString: Int): Gen<List<Pair<String, Map<Char, Int>>>> =
        ListGenerator(ListGenerator(Gen.choose(32, 127), maxString), maxList)
    .map { intListList ->
        intListList.asSequence().map { intList ->
            intList.map { n ->
                n.toChar()
            }
        }.map { charList ->
            Pair(String(charList.toCharArray()), makeMap(charList))
        }.toList()
    }
```

생성된 문자열의 길이는 바깥쪽 리스트 생성기(문자열 리스트를 생성)를 걸러내는 것으로 제한할 수 있다. 하지만 생성된 문자열 중 1/10,000,000 비율로 리스트가 채택되기 때문에 이런 접근 방법은 아주 비효율적이고 느리다. 더 나아가 이런 식으로 걸러내면 생성된 문자열의 길이를 제한할 수는 있어도 스트링으로 이뤄진 리스트의 길이를 제한할 수는 없다.

다음은 이 생성기를 사용하는 방법을 보여준다.

```
    class SameLettersStringKtTest: StringSpec() {
        init {
            "getCharUsed" {
                forAll(stringGenerator(100, 100)) {
                    list: List<Pair<String, Map<Char, Int>>> ->
                        getCharUsed(list.map { it.first }).keys.toSet() ==
                            list.asSequence().map { it.second }.toSet()
                }
            }
```

            }
        }

같은 테스트 문제를 해결하는 다른 방법으로는 부록 맨 앞에서 본 것처럼 추상화를 더 진행하는 방법이 있다.

### B.5.3 추상화를 더 진행해서 코드를 간단하게 만들기

getCharUsed 함수는 이미 groupBy 함수와 getCharMap 함수라는 추상화를 사용하고 있다. 사실 getCharUsed 함수를 더 추상화할 수 있다.

```
// 예제 05
fun getCharUsed(words: List<String>): Map<Map<Char, Int>, List<String>> =
    words.groupBy(::getCharMap)

fun getCharMap(s: String): Map<Char, Int> = s.fold(mapOf(), ::updateMap)

fun updateMap(map: Map<Char, Int>, char: Char): Map<Char, Int> =
    when {
        map.containsKey(char) -> map + Pair(char, map[char]!! + 1)
        else -> map + Pair(char, 1)
    }
```

getCharMap 함수는 두 가지 추상화를 사용한다. 한 가지는 fold 함수다. 이 함수는 테스트할 필요는 없다. 다른 한 가지는 updateMap 함수다. 이 함수가 바로 테스트해야 하는 유일한 함수다. 테스트해야 할 속성은 다음과 같다.

- 모든 char와 그 char가 키로 들어있는 map에 대해 getCharMap(map, char)[char]는 map[char] + 1과 같아야 한다.
- 모든 char와 그 char가 키로 들어있지 않은 map에 대해 getCharMap(map, char)[char]는 1이어야 한다.
- 모든 char와 map에 대해 getCharMap(map, char)[char]에서 char 키를 제거한 결과와 map에서 char 키를 제거한 결과는 같아야 한다(이 속성은 맵에 다른 변경이 가해지지 않는다는 사실을 검증한다).

이 테스트를 하려면 임의의 데이터가 들어 있는 임의의 맵을 생성해야 한다. 다음 MapGenerator([a..z] 범위의 문자들을 생성함)를 만들 수 있다.

```
// 예제 05 테스트
fun mapGenerator(min: Char = 'a', max: Char = 'z'): Gen<Map<Char, Int>> =
    Gen.list(Gen.choose(min.toInt(), max.toInt())
              .map(Int::toChar)).map(::makeMap)
```

이 생성기를 다음 테스트에 사용한다.

```
// 예제 05 테스트
class UpdateMapTest: StringSpec() {
    private val random = Random()
    private val min = 'a'
    private val max = 'z'

    init {
        "getCharUsed" {
            forAll(mapGenerator()) { map: Map<Char, Int> ->
                (random.nextInt(max.toInt() - min.toInt())
                    + min.toInt()).toChar().let {
                    if (map.containsKey(it)) {
                        updateMap(map, it)[it] == map[it]!! + 1
                    } else {
                        updateMap(map, it)[it] == 1
                    } && updateMap(map, it) - it == map - it
                }
            }
        }
    }
}
```

최대한으로 추상화하자는 원칙을 테스트에도 적용할 수 있음에 기억하라. 추상화할 수 있는 것 중에는 Char 생성이 있다. Gen 인터페이스는 Char 생성기를 제공하지 않지만 쉽게 Char 생성기를 만들 수 있다. 그리고 몇 가지 문자만 생성하고 싶을 때는 문자 선택을 별도 함수로 뽑아낼 수 있다.

```
// 예제 06 테스트
fun charGenerator(p: (Char) -> Boolean): Gen<Char> =
    Gen.choose(0, 255).map(Int::toChar).filter(p)
```

이제 좀 전에 작성했던 테스트를 보다 깔끔하게 다음과 같이 다시 쓸 수 있다.

```
class UpdateMapTest: StringSpec() {
    init {
        "getCharUsed" {
            forAll(MapGenerator, charGenerator(Char::isLetterOrDigit)) {
                map: Map<Char, Int>, char ->
                    if (map.containsKey(char)) {
                        updateMap(map, char)[char] == map[char]!! + 1
                    } else {
                        updateMap(map, char)[char] == 1
                    }
                    && updateMap(map, char) - char == map - char
            }
        }
    }
}
```

아직도 map의 기본 값을 사용해 이 코드를 더 간단하게 만들 수 있다. 맵에서 문자를 검색했는데 해당 문자가 없을 때 반환해야 하는 수는 0이어야 한다. 빈도를 의미하므로 이런 경우 0이 타당하다.

맵에서 발생할 수 있는 모든 문자의 빈도를 0으로 초기화하는 대신 getOrDefault 함수를 호출하거나 [ ] 구문(get을 호출하는 것과 동등함)을 사용해야 한다.

```
// 예제 06 테스트
class UpdateMapTest: StringSpec() {
    init {
        "getCharUsed" {
            forAll(MapGenerator, charGenerator(Char::isLetterOrDigit)) {
                map: Map<Char, Int>, char ->
                    updateMap(map, char)[char] == map.getOrDefault(char, 0) + 1
                        && updateMap(map, char) - char == map - char
            }
        }
    }
}
```

이제 테스트해야 하는 부분을 최소화했고 결과를 테스트할 수 있는 강력한 수단을 만들었다. 빌드할 때마다 수천 개의 값을 생성하는 테스트를 실행하기 때문에 얼마 지나지 않아 프로그램에서 수백만 가지의 경우를 테스트하게 된다. 주 프로그램과 테스트가 모두 updateMap 함수를 사용하므로 이를 공통 모듈에 넣어야 한다.

## B.6 요약

속성 기반 테스트를 사용해 프로그램을 쉽게 테스트할 수 있게 만들고 효율적인 테스트를 작성하는 방법을 알아보았다.

- 여러분의 프로그램이 반드시 만족해야 하는 속성 집합을 생각해내는 방법
- 테스트가 구현에 의존하는 일이 없게 인터페이스를 작성한 후 테스트를 작성하고 마지막으로 구현을 작성한다는 교훈
- 추상화를 통해 코드에서 신뢰해야만 하는 부분을 제거함으로써 테스트를 단순하게 만드는 방법
- 테스트에 사용할 임의의 값과 생성한 값을 사용해 속성을 검사할 때 필요한 부가 정보를 함께 생성해주는 생성기를 작성하는 방법
- 수천 개의 입력 데이터를 사용하는 테스트를 설정하고 빌드할 때마다 실행하는 방법

## 찾아보기

### A

abstract   211
AbstractActor   518, 521
accessor   55, 59, 605
actor   515
Actor   518, 519
ActorContext   518, 520
ADT, Abstract Data Type   206
anonymous function   72, 124
Any   88, 220, 397, 462, 482, 611
append   147, 149
as?   85
associative array   196, 457
AutoClosable   83

### B

BiFunction   128
big O   198
BigDecimal   595
BigInteger   163, 168, 595
binary tree   396
Boolean   64, 223, 288
boxing   64
branch   396
break   80
BST, Binary Search Tree   401
build.gradle.kts   588, 591
business null   242
by lazy   53, 162, 355

### C

call by name   354
call by need   354
checked exception   82
ClassCastException   84, 209, 477
clean   613
Closable   83
Closeable   487
closure   70
collection   196
companion object   61
Comparable   306, 308, 408, 476, 532
componentN   60
compose   116, 122, 126
comprehension   298
concat   215, 216, 223, 233, 235
Cons   206, 223, 308
constant   103, 240
constant function   105
constructor   43, 55, 68
contains   412, 449, 463
Continue   508
contravariant   88
copy   43, 60, 93, 143, 185
corecursion   146
covariance   88
curried function   97
currying   103

### D

data class   60, 191
data sharing   66, 203

data tree   396
declaration-site variance   91
defensive copy   203
Delegate   351
deque   149
dereference   52, 241
deserialization   563
destructing   61, 391
DI, Dependency Injection   53
dictionary   196, 457
Double   64, 109, 126, 246, 560, 594
doubly recursive function   166
downTo   82
drop   148, 210, 212
dropWhile   214, 223, 382, 393

## E

edge   415
effect   36, 79, 481
Either   272, 274, 300
else   80
Elvis   76
Empty   386, 407, 410
enumeration   244
equality   86
equals   43, 59, 86, 93, 106, 191, 323, 458, 595
exactness   108
ExecutorService   340, 522
exists   289, 335, 383
expression syntax   69
ext   593
extension function   71

## F

Failure   278, 320, 341, 484
field   50
FIFO, First In First Out   197, 464
filter   236, 288, 393
final   50, 54, 240
first   148
flatMap   237, 255, 268, 276, 363, 500, 555
flatten   237
flattenResult   312
Float   64
fold   82, 140, 173
foldLeft   172, 226, 230, 238, 328, 427, 622
foldRight   173, 207, 226, 238, 266, 427
for   82, 156, 349
forEach   83, 180, 293, 301
forEachLine   83
forEachOrElse   293, 294
from   381
fun   69, 105, 114
function   36, 69, 97
Function   128
function value   47

## G

getDefault   253
getOrElse   252, 256, 279, 292, 392
getResult   281
getter   43, 59
groupBy   46, 331, 635

### H

hashCode   43, 59, 93, 191, 307, 458
head   164, 207, 467, 470
headSafe   309, 464
Heap   472, 475, 531
HOF, Higher-Order Function   120, 124, 226

### I

identity   136, 142, 323
identity element   136, 224
if ... else   77, 82, 147, 347, 372
IllegalStateException   209, 258, 350, 375, 572
immutability   12, 33
immutable   64
immutable reference   240
in   88, 220, 387, 408, 413, 501
incremental compile   612
index   197
infix   66, 140
init   55, 218, 627
instanceof   84, 208
Int   64, 89, 118, 219
Integer   64, 86, 594
Integer Binary Operator   119
internal   54, 68, 166, 212, 218, 277, 440
interning   86
invariant   88, 219
inverse function   99
invoke   142, 207, 251
IO   506, 512
IOException   273, 503, 550, 572
is   208

isEmpty   207
it   44, 73, 113, 229
iterate   184, 380, 391

### K, L

kotlin.String   597
lambda   52
lastSafe   310
lateinit   53, 162, 605
lazy   15, 83, 346
Lazy   351, 480
leaf   397
Left   274
leftist heap   446
length   230, 304, 308,
let   319, 321, 332
LIFO, Last In First Out   197, 464
lift   262, 295, 301
lineSequence   83
List   72, 164, 206, 309, 352, 427, 480
List⟨Result⟩   312
listOf   65, 611
log   41, 295
Long   64, 560

### M

map   46, 73, 184, 236, 254, 432
map   72
mapFailure   290
mean   261
memoization   181
Memoizer   188

MessageProcessor  519
method  36
minus  449, 463, 464
mock  40, 298
modular  128
module  67
multi-argument  118
mutable  64
MutableMap  457

### N

neutral element  136, 224, 498
Nil  204, 206, 222, 308, 320
node  396
None  249, 251, 253, 254, 273
nonfunctional operation  480
non-nullable type  52
Nothing  209, 219, 220, 410, 456
NPE  75
null  75, 85, 242, 258, 290, 557, 596
null pointer  240
null reference  240
nullable type  52
NullPointerException  52, 75, 241, 247, 462, 554, 572, 596

### O

object  62, 204, 220, 606, 611
open  54, 56,
operator  140, 207, 225, 456
Option  241, 249, 268, 269, 272, 300, 480
Optional  251, 257

optional data  243, 268, 269, 283, 353
out  88, 220, 387, 408,
overflow  108
overload  45, 57
override  43, 71

### P

package private  54, 68
Pair  118, 190, 204
parameterized type  43
partial function  100
partially applied function  104
persistency  203
persistent data structure  66
platform type  596
plus  66, 142, 305, 408, 411, 449, 456
polymorphic  117
prepend  172, 175
primitive type  63
private  54, 68, 166, 212, 218, 232, 277, 454, 605
procedure  36
product type  274
property based test  616
protected  54, 68, 433, 454
public  54, 68, 440, 454, 605
pure function  47, 96, 107

### Q, R

qualifier  89
range  176, 335
rank  466
recursion  146

recursive function   146
red-black tree   446
reduce   46, 47, 140,
reference   240
referential equality   86
referential transparency   13, 33
Result   272, 278, 281, 297, 300, 309, 480, 547
retry   551
return   69, 113
Return   508
reverse   174, 217, 429, 474
Right   274
root   397
Runnable   604, 611

## S

safe call   76
SAM, Single Abstract Method   604
scope   37
sealed class   206
sentinel value   242
Sequence   83, 349, 375
sequence   266, 313, 368, 580
sequence   266, 313, 365
serialization   515
setter   43, 59
side effect   37, 481
sigleton   62
singly linked list   196
size   72
smart cast   85
Some   249, 251, 253, 254
spaghetti code   36

StackOverflowException   155, 160, 192, 378, 384, 415
static   58, 606
step   81
Stream   373, 375, 380, 480
String   47, 88, 105, 136, 172, 275
string interpolation   87
structural equality   86
subpackage   67
substitution model   33, 41
subtree   397
Success   278, 341, 484
sum type   274
Suspend   508
switch ... case   79

## T

tail   164, 207, 467, 470
tailrec   154, 158, 165, 340, 552
Task   531
TCE, Tail Call Elimination   154, 158, 193
terminal element   397
this   112, 211, 215, 217, 222, 228, 419, 519
times   141
toString   43, 60, 93, 148, 305, 307
total function   100
trampolining   508
traverse   267, 314, 368
Tree   407, 410
trimMargin   87
Triple   118, 190
try ... catch   247, 263, 603, 610
try ... catch ... Finally   82

643

tuple   102, 118
type inference   51

## U

unboxing   64
unfold   177, 179, 438
Unit   148, 293, 483, 497, 552, 602, 611
until   81
unzip   318
unzipping   315
update in place   200
useLines   83
use-site variance   91

## V, W, Z

val   50, 51
value type   139, 594
values   46, 460, 463
var   51, 162, 240, 351
vararg   411, 599
variable   240
variance   88
verbose   625
visibility   67
void   148, 483, 602, 611
when   80, 85, 93, 455
while   81, 156, 176, 349
Y2K 버그   32
zipping   315
zipWith   315

## 기호, 숫자

@UnsafeVariance   222, 252, 256, 408, 412
@JvmStatic   62
3중 따옴표(""")   87

## ㄱ

가변 리스트   66, 196, 202, 210, 306
가변 참조   35, 51, 74, 154, 514
가변 컬렉션   64, 65
가시성   67, 93
가지   396
간선   415
값 타입   139, 594
값으로 전달   348
강제 타입 변환   84
객체 생성자   106
객체 표기법   111, 112, 211, 232, 380
검사 예외   82, 572, 603
게터   43, 59, 600, 605
결합 법칙   152, 424
고차 함수   120, 226
곱 타입   274
공개 가시성   67
공변성   88, 252, 414
공역   97
공재귀   146, 151, 155, 158, 175, 216, 238
교환 법칙   140, 152, 424, 427
구조 동등성   86
구조 분해   61, 184, 391
균형 트리   433
그래프 컬렉션   196, 197
깊이   399

깊이 우선 순회  406
꼬리  164, 204, 467, 470
꼬리 재귀  154, 164, 193, 446
꼬리 호출  154, 160
꼬리 호출 제거  154, 193
끝 원소  397

## ㄴ

내부 가시성  67
너비 우선  406
널 참조  35, 74, 240
널 포인터  240
널이 될 수 없는 타입  52, 75, 162, 245, 595, 611
널이 될 수 있는 타입  52, 75, 245, 248, 332, 595, 611
노드  396
높이  398

## ㄷ

다인자 함수  118, 189
다중 스레드  48, 201, 457, 515
다형적 함수  117
단일 스레드  200, 514, 515
단일 연결 리스트  149, 196, 199, 204, 207, 238, 325, 398, 401
단일 추상 메서드  604
대응 관계  97, 143
데이–스타우트–워런  436, 446
데이터 공유  66, 203, 238, 457
데이터 트리  396
데크  149
동등성  86, 106, 458, 595
동반 객체  61, 111, 142, 207, 212, 492, 503, 606

동일성  86
듀얼 관계  178

## ㄹ

람다  52, 72, 113, 161, 193, 604
랭크  466
레드–블랙 트리  446
레벨  398
레벨 우선  406
레프티스트 힙  446, 466
로컬 함수  69, 127, 157, 166, 268, 340, 552, 623
루프  35, 48, 81, 151, 156, 181, 349, 503, 617
리스트  196, 197

## ㅁ

머리  164, 204, 306, 407, 465, 467, 470,
메모화  86, 181, 187, 192, 306, 343, 354, 415, 466
메서드  36, 68, 96, 105
메서드 참조  114
모나드  269
모듈  67
모듈화  40, 128, 518, 573
목  40, 298
무공변성  88, 219
무한 스트림  346, 376, 384, 394
묶기  315
문자열 인터닝  86
문자열 인터폴레이션  87

## ㅂ

박싱  64, 247
반공변성  88

방어적 복사   203
백틱(`)   501, 602
버그   33
변성   88, 408
변수   240
봉인된 클래스   206
부분 적용 함수   104, 130, 143
부분 함수   100, 135, 246, 545, 570
부수 효과   37, 182, 329, 481, 514
불변 데이터 구조   201, 396, 446, 514
불변 리스트   64, 89, 174, 196, 202, 306, 611
불변 조건   449, 545
불변 참조   240
불변 컬렉션   64, 65, 611
불변성   12, 33, 162, 203, 457
블록 함수   148, 157
비검사 예외   82, 603, 610
비공개 가시성   67, 206
비공개 생성자   58, 142
비즈니스 널   242
비함수형 연산   480
빅오 표기법   198
뿌리   397

## ㅅ

사용 지점 변성   91
사전   196, 457
상수   103, 240
상수 함수   105, 277, 289, 353,
상태 변이   34, 35, 154, 200, 514, 541
생성자   43, 55, 58, 68, 241
선언 지점 변성   91
선입 선출   197, 464

선택적 데이터   240, 243
선형 컬렉션   196, 197
세미콜론   50
세터   43, 59, 600, 605
센티넬 값   242
소프트웨어의 신뢰성   32
속성 기반 테스트   616, 620
수집자 액터   516
순수 함수   47, 96, 107, 127, 481
순수 효과   96, 481
순수하지 않은 함수   107
술어   184, 257, 287, 288, 292, 324, 383, 390
스마트 캐스트   85
스택   153
스파게티 코드   36
스프레드 연산자   599
식 구문   69
싱글턴   62, 209, 223, 254, 331, 393, 407, 602
쌍   102

## ㅇ

안전성   42, 76, 86, 280, 515, 598
안전한 호출   76
암시적 메모화   183
액터   515
언박싱   64, 247
엘비스 연산자   76, 332
역질력화   563
역참조   52, 75, 241, 257, 596
역함수   99
연관 배열   196, 457
연관 컬렉션   196
연산자 오버로딩   411

영속적 데이터 구조 66
영속화 203
영역 37, 74, 111, 122, 127
예외 36, 366
오버라이드 43, 71, 142, 410, 440
오버로드 45, 57
오버플로 108, 155, 238, 384, 411, 443, 478
완벽한 트리 398
완전 균형 트리 398, 436
외부 조건 356, 358, 366
우선순위 큐 200, 446, 464, 478, 517, 532
원시 타입 63, 86, 242, 247, 594, 597, 611
의존 관계 주입 53
이름으로 전달 348
이름으로 호출 354
이중 재귀 함수 166
이진 검색 트리 401, 407
이진 트리 396
익명 함수 72, 124, 126
인덱스 81, 148, 197, 243, 315, 320, 329, 343, 375, 396, 611, 617
인스턴스 106, 109
인스턴스화 57, 126, 410, 482
인자가 없는 생성자 58
잎 397
잎 트리 400

## ㅈ

자동 메모화 186
자원을 사용하는 try 83
작업자 액터 516
재귀 146, 151
재귀 함수 146, 182, 186, 192, 424, 502

재귀 함수 146, 182, 186, 192, 424, 502
전위 순회 405
전함수 100, 546, 580
접근자 55, 59, 605
접기 연산 226, 304, 322, 329, 337, 343, 424, 464
정수 이항 연산 119
정의역 97
정적 멤버 58, 61, 607
정적 함수 66, 212, 607
정확성 108
제어 구조 36, 77, 81, 156, 180, 216, 347
제어 흐름 14, 77, 545
제자리 갱신 200
중괄호 69, 72, 78, 82, 87, 113, 148
중립 원소 136, 224, 498
중위 순회 405, 435
즉시 계산 153, 180, 253, 346, 347, 348, 372, 388, 394
증분 컴파일 612
지연 계산 15, 83, 180, 232, 301, 346, 496
지연 리스트 346, 373, 376
직렬화 515, 563

## ㅊ

참조 240
참조 동등성 86
참조 투명성 13, 33, 38, 127, 329, 482, 573
추상 클래스 206, 209, 218, 231, 249, 308, 440, 487
추상적 데이터 타입 206
추상화 47, 130, 515, 541, 584, 617, 622
축약 46, 227, 425
치역 98
치환 모델 33, 41

### ㅋ

커리한 함수  97, 102, 119, 143, 190, 226, 358
커링  103, 130, 234
컬렉션  64, 140, 196
컴프리헨션  298, 301, 317, 491, 504, 571
크기  398
클래스  54
클로저  70, 74, 127, 166, 582

### ㅌ, ㅍ

타입 추론  51, 66, 73, 121, 126, 235, 298
튜플  102, 118, 186, 464, 514, 619
트램폴리닝  508
파라미터화  122
파라미터화된 타입  43
패키지 내 공개  54, 68
팩토리 함수  142, 290, 301
포화된 트리  397
표준 타입  137, 622, 629
풀기  315
프러시저  36, 96, 114
플랫폼 타입  596
필드  50, 93
필요에 의한 호출  354

### ㅎ

하위 트리  397
하위 패키지  67
한정자  89
함수  36, 67, 68, 97
함수  68
함수 값  47, 52, 112, 144, 161, 369
함수 참조  114, 126, 144
함수 타입  99, 112, 113, 604, 611
함수 표기법  111
함수 합성  101, 116, 136, 249, 571
합 타입  274
합성  40, 101, 116, 146, 196, 213, 255, 281
항등 함수  136
항등원  136, 224, 227, 322, 498
해시 코드  305, 458
화살표  74, 80, 113, 131, 360
확장 함수  66, 71, 164, 202, 607
효과  36, 79, 96, 176, 258, 292, 481
후위 순회  405
후입 선출  197, 464
흐름도  34
흡수원  349